【第二十五辑】

历史文献与传统文化

刘正刚◎主编

陈乐素

安徽师范大学出版社
ANHUI NORMAL UNIVERSITY PRESS

·芜湖·

**图书在版编目（CIP）数据**

历史文献与传统文化.第二十五辑 / 刘正刚主编.—芜湖：安徽师范大学出版社，2021.4
ISBN 978-7-5676-4985-9

Ⅰ.①历… Ⅱ.①刘… Ⅲ.①文化史－中国－文集Ⅳ.①K203-53

中国版本图书馆CIP数据核字（2021）第067058号

LISHI WENXIAN YU CHUANTONG WENHUA·DI-ERSHIWUJI

## 历史文献与传统文化.第二十五辑

刘正刚◎主编

责任编辑：孙新文　　责任校对：牛　佳
装帧设计：张　玲　　责任印制：桑国磊
出版发行：安徽师范大学出版社
　　　　　芜湖市北京东路1号安徽师范大学赭山校区
网　　址：http://www.ahnupress.com/
发 行 部：0553-3883578　5910327　5910310（传真）
印　　刷：江苏凤凰数码印务有限公司
版　　次：2021年4月第1版
印　　次：2021年4月第1次印刷
规　　格：787 mm × 1092 mm　　1/16
印　　张：19.75
字　　数：508千字
书　　号：ISBN 978-7-5676-4985-9
定　　价：90.00元

# 目　录

《周易》古谣谚类型初探　⋯⋯⋯⋯⋯⋯⋯⋯⋯⋯⋯⋯⋯⋯⋯⋯张玉春　张艳芳　001

《史记·夏本纪》考源疏证　⋯⋯⋯⋯⋯⋯⋯⋯⋯⋯⋯⋯⋯⋯⋯⋯⋯⋯李　旭　012

魏晋南北朝类书考　⋯⋯⋯⋯⋯⋯⋯⋯⋯⋯⋯⋯⋯⋯⋯⋯⋯⋯⋯⋯王京州　033

南朝外域朝贡史事编年（刘宋之部）　⋯⋯⋯⋯⋯⋯⋯⋯⋯⋯⋯⋯赵灿鹏　052

吕大防《长安图碑》的制作背景　⋯⋯⋯⋯⋯⋯⋯⋯⋯⋯⋯⋯⋯⋯李芳瑶　079

宋代以前岭南地区的族群社会变迁　⋯⋯⋯⋯⋯⋯⋯⋯屈文军　许文燕　093

南宋初年将领赵哲史迹钩沉　⋯⋯⋯⋯⋯⋯⋯⋯⋯⋯⋯⋯⋯⋯⋯许起山　107

景观文学与谀颂文学的折冲
　　——以陆游《南园记》的产生、书写与传播为例　⋯⋯⋯张春晓　王伟琴　120

讲学中心地与祭祀空间的叠合
　　——试论明儒黄佐的宗族建设　⋯⋯⋯⋯⋯⋯⋯⋯⋯吴泽文　陈广恩　135

明成化中叶两广政治格局研究
　　——以成化十年《石门山重建西华寺碑》为中心　⋯⋯⋯⋯⋯麦思杰　148

明代广东石头霍氏家族研究
　　——以霍韬的宗族建设为中心　⋯⋯⋯⋯⋯⋯⋯⋯⋯沈佳嫒　吴青　158

张采生平、交游与著述考论　⋯⋯⋯⋯⋯⋯⋯⋯⋯⋯⋯毛星懿　曾肖　174

法国耶稣会士聂仲迁在华传教活动考述
　　——兼谈《鞑靼统治下的中国历史》一书的史料价值　⋯⋯⋯汤开建　194

清代广东铁业立法及其实践研究

　　——以《分类广东清代档案录》为中心 ·················· 刘正刚　朱睿　210

晚清名臣潘世恩之行迹与品格 ·························· 陈文源　李敏　230

清同治年间广东厘金制度研究 ·························· 黎俊棋　赵利峰　245

澳门语言教学演变历程探究 ·························· 叶农　宁有余　267

福汉会的创建及其与太平天国的关系 ·················· 陈才俊　李芊敏　284

张竞生博士与美的书店出版物 ·················· 廖粤　罗志欢　300

后　记 ················································ 312

# 《周易》古谣谚类型初探

张玉春　张艳芳

《周易》的成书时代，今人大多赞同顾颉刚先生《周易卦爻辞中的故事》一文所认定的西周初年的说法。但《周易》所采入的原始材料很可能经历了一个比较漫长的过程。占卜物的考古遗存发现早到石器时代，与原始巫术关系密切。占筮活动的长期演化，就伴有筮辞的记录和积累，从而在时间长河中形成了一种占筮的固定思维和一套占筮套语。这一筮辞套语既有巫术特定的神秘思维，也有古筮史的职业痕迹留存，形成了词句上押韵，易记易诵的筮史文本特点。所以我们从《周易》中既可以发现和"卜辞"很接近的占筮之辞，也可以看到类似《诗经》的富有优美形象和节律的文句。今天看到的卦爻辞有相当一部分与古谣谚性质相同，而功用不同。

《周易》本为卜筮之书，卦爻辞中有大量的占筮套语，如"元亨利贞""利涉大川"之类的话，出于对先民现实境遇的关照，具有实用理性的思维特征。从文本看，《周易》卦爻辞是韵散结合的形式，而且各爻在文句上互有呼应，具备整体诗性意味。因此，一些学者以上古韵为基础，以《诗经》为参照，考察《周易》中存在着的"大量短小简朴的古代诗歌"[①]。也有学者全面地对古歌进行系统恢复，认为"《易经》中隐藏着一部比《诗经》还古老的诗集"[②]。但是以《诗经》为参照全面复原《周易》古歌，在操作上有一定的局限性。其一，今传本《周易》的材料来源是多元的，其卦爻辞的构成非单一模式，且经过非一时一人之手的增订和改编，而古歌复原基于卦爻辞乃是一首首歌谣作为前提，以后世的写定本来恢复多源的材料，从逻辑上看难以实现；其二，从思维方式和传播方式看，《周易》卦爻辞在文本上尽管与"工歌合乐"的诗歌有相似之处，却有着不同的历史存在状态和传播方式：前者是以半韵诵的形式传播，具有巫术的神秘思维和筮占的世俗功利色彩；后者是以歌唱的形式展演，具有早期的艺术审美因素存在。所以《诗经》和《周易》在总体风格上也不可简单类比。

《诗经·魏风·园有桃》曰："心之忧矣，我歌且谣。"《毛传》曰："曲合乐曰歌，徒歌曰谣。"应该说，《周易》的占筮性质决定了它只能是"徒歌"，但《周易》的筮辞既有歌谣又有谚语。从韵诵方式看，合乐的韵语称为"歌"，徒歌谓之"谣"，简短平易的辞句称为"谚"[③]。像《左传》中筮史念诵的较有韵律的歌谣，也只是用"不歌而诵"的方式

---

① 张善文：《〈周易〉卦爻辞诗歌辨析》，载《周易与文学》，福建教育出版社1997年版，第24页。

② 黄玉顺：《易经古歌考释》，巴蜀书社1995年版，第2页。

③ （清）杜文澜辑，周绍良校点：《古谣谚·凡例》，中华书局1958年版，第3页。杜文澜详细申论了歌谣和谚语的区别："谣、谚二字之本义各有专属主名。盖谣训徒歌，歌者咏言之谓，咏言即永言，永言即长言也；谚训传言，言者直言之谓，直言即经言，经言即捷言。长言主于咏叹，故曲折而纡徐；捷言颂其显明，故平易而疾速。此谣谚所由判也。"

"曲折而纡徐"地讲出来，而不应该称作"乐歌"。从内容来看，谣谚具有一定的形象性和哲理性，是社会生活情景的描述或生活经验的总结。基于上面的判断，为避免"歌"之概念出现"乐歌"与"徒歌"的歧义，本文在对《周易》中的韵文进行定性时，不用"歌"的概念，而是"谣""谚"连称的说法，即"古谣谚"。

基于上面的基本认识，本文对《周易》古谣谚类型进行探析时，将从形式和内容方面兼顾《周易》卦爻辞的不同来源①及拟象辞和占筮辞的不同②，还从相关历史考证等方面进行类型探讨。

# 一、《周易》卦辞中的古谣谚

《周易》的卦爻辞本来只是占验筮辞的汇总，但由于这些材料本身具有的形象性和哲理性，因此具有一定的文学色彩。《周易》的文学性主要体现于其象征手法的运用。用于比拟的物象在潜意识和意识两个层面引起人们吉凶悔吝的体验，这种特征既有巫术宗教的神秘源头，又有审美艺术的比兴意味，更因其古朴的诗性智慧，让人难以割爱。这种诗性美相较于殷商卜辞更可彰显。殷商卜辞和《周易》的共同点在于都是借助于外在的灵验神物（龟和蓍草）对事情进行预测。卜辞是占卜的真实记录，具有现场性，在卜辞中通常会有具体的时间、贞人、占问事项、应验情况等。如："甲辰卜，偶贞：今日不其雨。今日其雨。乙巳其雨。"每次占问的事项都按照大致固定的格式记录下来，占问的范围也非常广泛，如占问天气、畋猎、健康、生育、战争等。

与卜辞的实录相比，《周易》卦辞虽然也显示吉凶，但因为在改编过程中省略了具体的占筮事件，没有了现场性和针对性，被抽离出一种广泛的指导意义，加之爻象、爻性的符号暗示作用，《周易》具有了"人谋"的色彩。下面我们将卦辞分为三类探讨：

第一类，主要由占验辞构成。如《乾》卦卦辞"元亨利贞"，《坤》"元亨，不利有攸往，利西南得朋……"等，这类占验辞主要如："元亨""利贞""亨""光亨""吉""某事吉""（不）利某事某人贞""小利贞""有孚""无咎""凶""利建侯""利涉大川""利有攸往""无用有攸往"等不借助物象，直接示以吉凶的词句，所涉及的人事也被抽象成仅具年龄、性别、社会等级、道德内涵的抽象概念，如"君子""小人""王""丈人""女""牝马""牝牛"之类。此类卦辞约有49卦，占3/4，与爻辞的关联不大，具有相当的独立性。可见，这类占辞就是《周易》占筮的常见语汇。《周易》成书的最早形态是将这类语汇抽离出了具体的占筮记录，依靠这类占筮套语，赋予每一卦一种相对固定的、实用便利的功能。卦辞中这些套语是《周易》筮书性质的内证。这是《周易》编纂者改造以往筮辞的一种方法，也是一种较原始的方法。这种改造使得《周易》获得了一种泛化的指导意义，但又过于机械，不能适应纷繁的万千事项。

第二类，卦辞往往与爻辞在内容上有联系：或可看作与爻辞有共同来源，或与爻辞属

---

① 如李镜池认为，卦爻辞不仅汇集引了大量旧的筮辞，还有卜史引用的民间的歌谣、谚语以及卜史的自我创造之辞等。见李镜池：《周易筮辞考》，载李镜池著：《周易探源》，中华书局1978年版。

② 这里采纳张善文的界定："'拟象辞'是拟取各种物象，配合卦爻符号说明卦、爻的象征意义；'占验辞'则根据卦爻符号和'拟象辞'所展示的象征意义，作出吉凶利弊之类的验证性判断。"张善文：《周易与文学》，福建教育出版社1997年版，第27页。

于同一范畴。约13卦的卦辞属于这类。

　　兹将具有描述事项或意象的卦辞列表说明：

| 卦名 | 卦辞 | 与爻辞的联系 |
|---|---|---|
| 蒙 | 亨。匪我求童蒙，童蒙求我，初筮告，再三渎，渎则不告。利贞。 | 爻辞皆与"蒙"有关，与卦辞属同类。 |
| 小畜 | 亨。密云不雨，自我西郊。 | 上九，既雨既处，尚德载。妇贞厉，月几望，君子征凶。 |
| 履 | 履虎尾，不咥人。亨。 | 六三，眇能视，跛能履，履虎尾，咥人，凶。武人为于大君。<br>九四，履虎尾，愬愬，终吉。 |
| 同人 | 同人于野，亨。利涉大川，利君子贞。 | 初九，同人于门，无咎。<br>六二，同人于宗，吝。<br>九五，同人，先号咷而后笑，大师克相遇。<br>上九，同人于郊，无悔。 |
| 颐 | 贞吉。观颐，自求口实。 | 初九，舍尔灵龟，观我朵颐。凶 |
| 大过 | 栋桡。利有攸往，亨。 | 九三，栋桡，凶。 |
| 夬 | 扬于王庭，孚号有厉，告自邑，不利即戎，利有攸往。 | 初九，壮于前趾，往不胜，为咎。<br>上六，无号，终有凶。 |
| 井 | 改邑不改井，无丧无得，往来井井，汔至，亦未繘井，羸其瓶，凶。 | 爻辞皆与"井"有关，与卦辞属同类。 |
| 震 | 亨。震来虩虩，笑言哑哑。震惊百里，不丧匕鬯。 | 初九，震来虩虩，后笑言哑哑。 |
| 艮 | 艮其背，不获其身，行其庭，不见其人。无咎。 | 爻辞皆与"艮"有关，与卦辞属同类。 |
| 节 | 亨。苦节，不可贞。 | 上六，苦节，贞凶，悔亡。 |
| 小过 | 亨。利贞。可小事，不可大事。飞鸟遗之音，不宜上，宜下。大吉。 | 初六，飞鸟以凶。<br>上六，弗遇过之，飞鸟离之，凶。是谓灾眚。 |
| 未济 | 亨。小狐汔济，濡其尾，无攸利。 | 初六，濡其尾，吝。 |

学界一般认为，卦辞的产生早于爻辞，经书一直有伏羲作八卦、文王演六十四卦、孔子作十翼的说法，即"人更三圣，世历三古"（《汉书·艺文志》）。可见《周易》这一体大虑周的体系不可能是一日之功、一人之力，而是经历了漫长的发展过程。上列的这类有描述事项或意象的卦辞，大部分从词句上点出了卦名，在字句上和爻辞也有联系。可看作是在卦名统领下的卦辞、爻辞三者一致的情况，具有系统的观念。王家台秦简《归藏》出土后，学者注意到《归藏》只有卦辞，没有爻辞。虽然秦简《归藏》非殷易之旧，但据此推测《周易》的产生也是卦辞在前，爻辞系之在后，应该距离真相不远。卦名、卦辞、爻辞三位一体的现象，只能说明三者的分化有一个共同的来源。但是，有些卦辞不可以看作是有韵律的歌谣，不押韵也不押调，句式上也没构成和谐的节奏，似乎更像是对社会、自然事项的直观描述。这种直观描述由于富有形象的鲜明特色，具有了某种象征意味，如卦辞中的飞鸟、井、小狐、雷电、云雨等物象，本是外在于人的客观存在，是不受人们主观精神制约的自然客体，但引入《周易》就被赋予了占筮活动的神秘意味，具有了一定的象征

意义，呈现出先民独特的感官体验和实践经验。《山海经》中的动物意象，已经具有神秘的预言性质，如凤鸟见，则天下太平。而上引卦辞中的"虎""飞鸟""小狐"等意象则难以和"天下"相联系，只是对日常琐屑之事有心理预兆作用。而《震》《丰》等卦对灾异现象的描述和《诗经》《左传》中的震雷、日食等异常天象所产生的天崩地坼、王纲败坏的联想也颇有差异。

第三类，还有少数卦辞从字句中看不出与爻辞的联系，似乎只是叙述性的句子，也相对独立，如《比》《观》《晋》《损》《中孚》等卦，分别对诸侯会盟、祭祀、母马繁殖等事进行描述。这些国之大事成为占筮套语的来源，具有不言而喻的吉凶征兆功能。见下表：

| 卦名 | 卦辞 |
| --- | --- |
| 比 | 吉。原筮，元永贞，无咎。不宁方来，后夫凶。 |
| 观 | 盥而不荐，有孚颙若。 |
| 晋 | 康侯用锡马蕃庶，昼日三接。 |
| 损 | 有孚，元吉。无咎，可贞。利有攸往。曷之用，二簋可用享。 |
| 中孚 | 豚鱼，吉。利涉大川。利贞。 |

要之，《周易》卦辞大部分是抽离出来的占断之辞，不具有谣谚的性质，少部分卦辞（约11卦左右，如《蒙》《履》《同人》《颐》《大过》《井》《震》《艮》《节》《小过》《未济》等卦）具有一定的形象性，和爻辞有较紧密的联系，虽然这些卦辞大多不押韵，但具有一定的节奏感，也可将之归入谣谚之列。总体来看，卦辞的古谣谚存在较少，大部分为占筮套语，不具备诗性色彩。

## 二、《周易》爻辞中古谣谚的存在状态

《左传》是保存《周易》占筮最早的文献，其中有很多筮史占筮过程中引用《周易》文本的例子，这种占筮实录对我们认识《周易》中古谣谚的存在状态无疑是有帮助的。如《左传·僖公十五年》例：

> 初，晋献公筮嫁伯姬于秦，遇《归妹》之《睽》。史苏占之，曰："不吉。其繇曰：士刲羊，亦无衁也；女承筐，亦无贶也。西邻责言，不可偿也。《归妹》之《睽》，犹无相也。"[①]

对照《周易·归妹》上六爻辞"女承筐无实，士刲羊无血。无攸利"可见，史苏改编了《周易》的爻辞，在爻辞中间和句尾加入了助词，并改变了两句爻辞的顺序，为了和自撰之辞叶韵，将"实"字换成"贶"字。形成了结构均齐、音韵和谐的四句占断歌谣，便于念诵[②]。

史苏之占断实例，为我们理解《周易》的编纂无疑具有重大的意义。我们可以推出史苏所属的筮史系统并不拘泥于《周易》原本，存在着对《周易》文本的临时改编，甚至也

---

① 杨伯峻编著：《春秋左传注》，中华书局1990年版，第363页。

② 有些学者认为，《左传》中以易为占的例子，说明在春秋时期《周易》还没有定本。据顾颉刚、余永梁、李学勤等人的考察，《周易》一书在周初已经存在了。

可能不依托《周易》卦爻辞而进行新编。《左传》中的某些占筮例证也表明，筮史有时根据现实情况，自编新词来说明占断结果，这些新词往往押韵，句式较整齐，且以比喻、象征手法影射具体占断之事。如：

《左传·僖公十五年》记述秦伯伐晋之事：

> 卜徒父筮之，吉。"涉河，侯车败。"诘之，对曰："乃大吉也。三败，必获晋君。其卦遇《蛊》曰：千乘三去，三去之余，获其雄狐。"[1]

《左传·成公十六年》记载晋楚鄢陵之战事：

> 晋侯筮之，史曰："吉。其卦遇《复》。曰：南国蹙，射其元王，中厥目。国蹙、王伤，不败何待？"公从之。[2]

这两次占筮，筮得卦名皆与《周易》同，但其占辞，却不见于《周易》卦爻辞。有学者认为，这是筮史用《周易》之外的占筮系统；也有学者认为，此处乃筮史临时吟诵之占辞。这里取后一说[3]。因为商周之际，文化为官守执掌，史官具有藏书、作册、诵史等职能，他们参与国家各项重大政治、宗教活动，承担这些活动的文辞创作、文字记录、祭祀仪式上的祝祷念诵等事务。韵语适于记诵，筮史创作韵语确为筮史的专长。

由《左传》中筮史具体运用《周易》占筮的实例，我们可以推想《周易》文辞的来源，既有对以往占筮结果的直接采集，也有自创新词，还可能在自创时融入了当时流行的古谣谚，或在引用时进行了改编等，具体情况不一而足。可见《周易》古谣谚丛生于占断之辞的包围之中。这样就造成了一部分拟象之辞和常见的占辞混合押韵的现象，形成一种别具特色的"谣占"之体，和常见的古谣谚不类。这种"谣占"之辞，本来产生于具体的占筮活动中，为口耳相传之辞，但因为筮史将其写入《周易》文本之中，就实现了口传向书面的转换。随着《周易》文本的经典化程度提高，这类"谣占"反而成为了浑然一体地反映古代意识的"成语"，具有了独特的审美意味，如"飞龙在天，利见大人"，几乎成为明君盛事、志行天下的代名词。但我们在对《周易》中古谣谚进行分析时，仍着眼于《周易》材料的来源以进行分类。

## 三、《周易》爻辞中古谣谚的分类

本文认为，归属于古谣谚性质的《周易》卦爻辞应符合以下要求：1.音韵和谐（一般以《诗经》为标尺的上古韵来衡量）；2.句式基本一致或参差形成节奏，二言、三言、四言不等。以此标准，我们对《周易》爻辞进行辨析。

① 杨伯峻编著：《春秋左传注》，中华书局1990年版，第353页。

② 杨伯峻编著：《春秋左传注》，中华书局1990年版，第885页。

③ 学界对《左传》中的筮例看法还不一致，有学者如高亨将全部筮例都看作以《周易》占筮，有学者认为《左传》筮例是以"三易"并占。据饶宗颐等学者对《归藏》的研究认为，《归藏》卦名与《周易》大部分相同，因此上述遇《蛊》、遇《复》，也可推测是以《归藏》易占筮。本文认为，即使"三易"并占的情况在《左传》中确实存在，但以上二例所引不见《周易》卦爻辞，且预测极准，可看作是卜史的临时占断之辞。

我们将《周易》爻辞中的古谣谚分为4类[1]：

第一类，筮史引用的古谣谚。我们判断的依据是：（1）拟象辞[2]押韵，而和占断辞不押韵。（2）这些拟象辞有时在不同的卦爻辞中重复出现。

第二类，筮史引用的属于前代"史记"[3]的那些押韵的爻辞，这些爻辞可能来源于《周易》前的占筮材料，反映了殷周史事，有的时代久远，记述言辞也很隐晦。

第三类，拟象辞和占断辞押韵，或出于借用，或出于自创。我们判断的依据是：（1）《周易》中各爻辞句式一致的句子，必然一部分出自筮史的整理和改编；（2）这类整理和改编形成了拟象辞和占断辞之间的押韵。

第四类，筮史自创的占断辞。我们的标准是这类筮辞充分体现了占筮性质和占筮思维，带有夫子自道的职业术语。

第一类，筮史引用的古谣谚。

| 序号 | 引用的谣谚 | 韵部 | 所在卦爻 |
|---|---|---|---|
| 1 | 屯如，邅如，乘马班如；匪寇，婚媾。<br>女子贞不字，十年乃字。<br>乘马班如，泣血涟如。 | 元部<br>之部<br>元部 | 《屯·六二》<br>《屯·上六》 |
| 2 | 拔茅茹，以其汇。 | 鱼部 | 《泰·初九》<br>《否·初九》 |
| 3 | 其亡，其亡，系于苞桑。 | 阳部 | 《否·九五》 |
| 4 | 厥孚交如，威如。 | 鱼部 | 《大有·六五》 |
| 5 | 贲如，皤如，白马翰如。<br>匪寇，婚媾。 | 元部<br>侯部 | 《贲·六四》 |
| 6 | 不耕获，不菑畲。 | 鱼铎通韵 | 《无妄·六二》 |
| 7 | 樽酒，簋贰用缶，纳约自牖。 | 幽部 | 《坎·六四》 |
| 8 | 坎不盈，祗既平。 | 耕部 | 《坎·九五》 |
| 9 | 突如，其来如，焚如，死如，弃如。<br>出涕沱若，戚嗟若。 | 鱼部<br>铎部 | 《离·九四》<br>《离·六五》 |
| 10 | 憧憧往来，朋从尔思。 | 之部 | 《咸·九四》 |
| 11 | 羝羊，触藩，<br>不能退，不能遂。 | 阳部<br>物部 | 《大壮·上六》 |
| 12 | 晋如，摧如。<br>晋如，愁如。<br>晋如，鼫鼠。 | 鱼部 | 《晋·初六》<br>《晋·六二》<br>《晋·九四》 |

---

[1] 这里我们判断往往以押韵作为重要依据，虽然符合谣谚和谐均齐的特色，但有时破坏了爻辞的整体性，难以两全其美。

[2] 这类拟象辞具有形象描述的特色，不涉及价值、功利判断。如《否》卦："九五，其亡，其亡，系于苞桑。"

[3] 顾颉刚先生《周易卦爻辞中的故事》中考证出许多商周的帝王、诸侯事迹，我们把这类历史故事作为"史记"，因为筮史职能分离之前，记录史事也是巫史的重要职能。

[4] 此处的占断辞略不同于张善文先生的界定，而是排除了"吉""凶"等直接的判断，占断辞在内容与风格与拟象辞形成了统一体。如《明夷》"初九，明夷于飞，垂其翼；君子于行，三日不食。"

| 序号 | 引用的谣谚 | 韵部 | 所在卦爻 |
|---|---|---|---|
| 13 | 见舆曳，其牛掣，其人天且劓。 | 质月合韵 | 《睽·六三》 |
| 14 | 睽孤，遇元夫，交孚。 | 鱼部 | 《睽·九四》 |
| | 睽孤，见豕负涂，载鬼一车；先张之弧，后说之弧， | 鱼部 | 《睽·上九》 |
| | 匪寇，婚媾。 | 侯部 | |
| 15 | 萃如，嗟如。 | 鱼部 | 《萃·六三》 |
| | 赍咨，涕洟。 | 脂部 | 《萃·上六》 |
| 16 | 困于酒食，朱绂方来。 | 职部 | 《困·九二》 |
| | 来徐徐，困于金车。 | 鱼部 | 《困·九四》 |
| | 劓刖，困于赤绂，乃徐有说。 | 月部 | 《困·九五》 |
| | 困于葛藟，于臲卼。 | 微部 | 《困·上六》 |
| 17 | 君子豹变，小人革面。 | 元部 | 《革·上六》 |
| 18 | 震来虩虩，后笑言哑哑。 | 鱼部 | 《震·初九》 |
| | 震索索，视矍矍。 | 铎部 | 《震·六二》 |
| 19 | 女承筐，无实，士刲羊，无血。 | 阳部/质部 | 《归妹·上六》 |
| 20 | 不节若，则嗟若。 | 鱼部 | 《节·六三》 |
| 21 | 鸣鹤在阴，其子和之，我有好爵，吾与尔靡之。 | 歌部 | 《中孚·九二》 |
| | 得敌，或鼓，或罢，或泣，或歌。 | | 《中孚·六三》 |

以上一些古谣谚中蕴含了该卦的卦名，由此推阐一些卦名未必特别高深，《易传·序卦传》中所指示的卦序规律，代表的是后世易学的发展高度，并非创始之初就蕴含这些辩证哲理。就如《诗经》中的诗歌名字取前两字的惯例，《周易》中的卦名有些可能也是得自歌谣的首字，如《屯》《贲》《坎》《晋》《睽》《困》《震》等。古谣谚中的艺术审美特征可与《诗经》媲美，如二言一句的节奏铿锵、层次转进："突如，其来如，焚如，死如，弃如"；"晋如，摧如/晋如，愁如/晋如，鼫鼠"；"得敌，或鼓，或罢，或泣，或歌"。如三言两句的短小精悍，形象鲜明："坎不盈，祗既平"；"震索索，视矍矍"；"不节若，则嗟若"。如四言的从容诗意、余韵悠长："憧憧往来，朋从尔思"；"鸣鹤在阴，其子和之，我有好爵，吾与尔靡之"。

这些古谣谚积淀的初民的生存智慧，加之《周易》哲学符号的内在逻辑理论，造就了《周易》卦爻辞的诗学特点。如："拔茅茹，以其汇"，暗示的牵一发而动千钧的联系思维；"羝羊，触藩，不能退，不能遂"，蕴含的进退维谷的两难处境；"君子豹变，小人革面"，描述了不同阶层的革新力度；"不节若，则嗟若"，将俭以持德的告诫蕴蓄在具体的形象中，意象玲珑，富有哲理深度。

第二类，筮史引用的属于前代"史记"、故事的那些押韵的爻辞。

| 序号 | "史记"、故事类爻辞 | 上古韵部 | 所在卦爻 |
|---|---|---|---|
| 1 | 同人，先号咷，而后笑。 | 宵部 | 《同人·九五》 |
| 2 | 旅琐琐，斯其所，取灾。 | 之鱼合韵 | 《旅·初六》 |
|  | 旅即次，怀其资，得僮仆。 | 脂部 | 《旅·六二》 |
|  | 旅焚其次，丧其僮仆。 | 无韵 | 《旅·九三》 |
|  | 旅于处，得其资斧，我心不快。 | 鱼部 | 《旅·九四》 |
|  | 鸟焚其巢，旅人先笑，后号咷，丧牛于易。 | 宵部 | 《旅·上九》 |
| 3 | 拘系之，乃从维之。 | 之部 | 《随·上六》 |
| 4 | 受兹介福，于其王母。 | 之职通韵 | 《晋·六二》 |
| 5 | 明夷于南狩，得其大首。 | 幽部 | 《明夷·九三》 |
| 6 | 王用出征，有嘉折首，获匪其丑。 | 幽部 | 《离·上九》 |
| 7 | 井渫不食，为我心恻，可用汲，王明并受其福。 | 职缉合韵 | 《井·九三》 |
| 8 | 归妹以娣，跛能履。 | 脂部 | 《归妹·初九》 |
| 9 | 归妹愆期，迟归有时。 | 之部 | 《归妹·六三》 |

据顾颉刚等前辈学者研究，以上爻辞都是属于记叙前代故事的占筮之辞①。如《旅》卦各爻辞记述的是殷先公王亥在有易国旅居引起敌对的故事。《随·上六》"拘系之，乃从维之"指的是周文王被殷纣王拘禁又被放出的事情。《归妹》卦指的是帝乙嫁女的故事等。所以，以上各卦爻辞应属于筮史引用前代"史记"的一类，因为记述的内容特殊，所以易被后人破译。

　　这些卦爻辞故事时代久远，在周初引用者那里已不甚清楚其史实。《周易》不仅承接了古老的占筮记录，而且也截取了古谣的重叠字词作为卦名，这些古谣或口传，或笔录，遗弃其史实记忆作用后，又具有怎样的现实意义呢？是否已被采入殷易的卜筮书中呢？史传卜筮书有大量的故事传说，如《左传·僖公二十五年》所引"黄帝战于坂泉"之兆，王家台秦简《归藏》所见卦名与《周易》大多相同，其中多见黄帝、恒我（嫦娥）、夏后启、殷王等名。虽然此《归藏》非殷易之旧，但战国之《归藏》卦名定非空穴来风②。《周易》所引古史记与卜辞、《归藏》的做法具有一致性。宋代李过《西溪易说》："以《周易》质之《归藏》，不特卦名用商，辞亦用商，如《屯》之'屯膏'、《师》之'帅师'、《渐》之'取女'、《归妹》之'承筐'，《明夷》之'垂其翼'，皆因商《易》旧文。"③这表明《周易》的产生不是横空出世，而是有所凭依。卦爻辞的古"史记"及其卦名就是明证。

　　第三类，拟象辞和占断辞押韵，或出于借用，或出于自创。

　　① 卦辞中也有类似故事，如《比》卦辞："不宁方来，后夫凶。"可能是大禹会稽会盟诸侯，防风氏后至被杀的故事，而《晋》卦："康侯用锡马蕃庶，昼日三接。"可能和康侯接受王所赐母马的史事有关，只是康侯还不能遽然断定是卫康叔。

　　② 梁韦弦《王家台秦简"易占"与殷易〈归藏〉》一文认为，秦简"易占"之卦名大多即殷易《归藏》之卦名，秦简"易占"之占辞很多即殷易《归藏》所收夏商旧有的占筮记录之辞。载《周易研究》2002年第3期。

　　③ 《文津阁四库全书》（五），商务印书馆影印本2005年版，第84页。

| 序号 | 拟象之辞 | 占断之辞 | 上古韵部 | 所在卦爻 |
|------|----------|----------|----------|----------|
| 1 | 潜龙<br>见龙在田<br>飞龙在天 | 勿用<br>利见大人<br>利见大人 | 东部<br>真部<br>真部 | 《乾·初九》<br>《乾·九二》<br>《乾·九五》 |
| 2 | 需于泥<br>需于血 | 致寇至<br>出自穴 | 脂质通韵质部 | 《需·九三》<br>《需·六四》 |
| 3 | 舆说辐 | 夫妻反目 | 职觉合韵 | 《小畜·九三》 |
| 4 | 有孚挛如<br>翩翩 | 富以其邻<br>不富以其邻 | 真元合韵真部 | 《小畜·九五》<br>《泰·六四》 |
| 5 | 无平不陂，无往不复 | 勿恤其孚，于食有福 | 职觉合韵 | 《泰·九三》 |
| 6 | 伏戎于莽，升其高陵<br>乘其墉 | 三岁不兴<br>弗克攻 | 蒸部<br>东部 | 《同人·九三》<br>《同人·九四》 |
| 7 | 观国之光 | 利用宾于王 | 阳部 | 《观·六四》 |
| 8 | 枯杨生稊<br>枯杨生华 | 老夫得其女妻<br>老妇得其士夫 | 脂部<br>鱼部 | 《大过·九二》<br>《大过·九五》 |
| 9 | 系用徽缰，寘于丛棘 | 三岁不得 | 职部 | 《坎·上六》 |
| 10 | 日昃之离 | 不鼓缶而歌，则大耋之嗟。 | 歌部 | 《离·九三》 |
| 11 | 解而拇 | 朋至斯孚 | 之幽合韵 | 《解·九四》 |
| 12 | 臀困于株木，入于幽谷 | 三岁不觌 | 屋部 | 《困·初六》 |
| 13 | 困于石，据于蒺藜， | 入于其宫，不见其妻。 | 脂部 | 《困·六三》 |
| 14 | 鼎颠趾<br>鼎有实<br>鼎耳革<br>鼎折足 | 利出否，得妾以其子<br>我仇有疾，不我能即<br>其行塞，雉膏不食，方雨亏悔<br>覆公𫗧，其形渥 | 之部<br>质部<br>之职通韵<br>屋部 | 《鼎·初六》<br>《鼎·九二》<br>《鼎·九三》<br>《鼎·九四》 |
| 15 | 明夷于飞，垂其翼； | 君子于行，三日不食。 | 职部 | 《明夷·初九》 |
| 16 | 震来厉 | 亿丧贝 | 月部 | 《震·六二》 |
| 17 | 艮其限<br>艮其辅 | 列其夤<br>言有序 | 真文合韵鱼部 | 《艮·九三》<br>《艮·六五》 |
| 18 | 鸿渐于磐<br>鸿渐于陆<br>鸿渐于木<br>鸿渐于陵 | 饮食衎衎<br>夫征不复，妇孕不育<br>或得其桷<br>妇三岁不孕，终莫之胜 | 真元合韵<br>觉部<br>屋部<br>蒸部 | 《渐·六二》<br>《渐·九三》<br>《渐·六四》<br>《渐·九五》 |
| 19 | 丰其蔀，日中见斗<br>丰其屋，蔀其家 | 遇其夷主<br>窥其户，阒其无人，三岁不觌 | 侯部<br>屋部/鱼部 | 《丰·九四》<br>《丰·上六》 |
| 20 | 巽在床下 | 丧其资斧 | 鱼部 | 《巽·上九》 |
| 21 | 贲于丘园 | 束帛戋戋。 | 元部 | 《贲·六五》 |

《周易》卦爻辞的构成并非只遵循一种规律，所以某些卦爻辞显得较为杂乱，各爻辞之间看不出必然联系。而《乾》《需》《咸》《困》《鼎》《震》《艮》《渐》等卦都具有整体感，

可见这些爻辞的来源具有一致性。有些还极富诗歌韵味，完全可以看作筮史的自创。也有借用民歌的情况，如"鸿渐于磐/鸿渐于陆/鸿渐于木/鸿渐于陵"，四句和《诗经·豳风·九罭》诗句一致："鸿飞遵渚，公归无所，于女信处。""无平不陂，无往不复"将往复循环、平陂相承的哲理道尽，一如《老子》中的韵语"高下相倾""难易相成""前后相随"，作者也许和老子具有同样深邃的史官智慧。

这些或借用或自创的形象，也遗存了初民的宗教心理和意识形态，这些拟象之辞往往带有被神化的痕迹，从而在人们的生存体验中留存下来，在心理层面形成厚厚的积淀。如《乾》卦龙的形象与大人的对应关系。龙为四象之一，且很早就与二十八星宿相配，华夏族又一直有龙图腾的信仰，尽管闻一多等人引用《说文解字》从星象的角度去解释《乾》卦，但其在爻辞中的象征作用反映了龙图腾的信仰，后来成为氏族首领的化身，因此和大人国君相配。《鼎》卦中象征王权的重器鼎的神性象征作用，亦可见一斑。正如普列汉诺夫所说："使用象征的确在若干意识形态的历史上起着不小的作用。因此，必须部分地在使用象征中去寻找意识形态的解释。"[1]再如《丰》卦所记述的日食征象在人们心理上烙下的印象："丰其屋，蔀其家，窥其户，阒其无人，三岁不觌"。《周易》中的这种描述是初民时期生活经验中日食给人们造成的"简单的感觉体验的凝集与升华"，"以确定的客观的形式和形象对主观的冲动和激动情状的表象"[2]，这被卡西尔称为"原根型隐喻"，反映的是产生于人类原始时代的一种基本的心理活动。又如枯杨、日昃象征的老年晚景，鸿渐昭示的人生事态，丛棘、蒺藜代表的牢狱之灾，舆脱辐暗含的龃龉现象等，都是这种暗含有一定的宗教意识形态且渗透了人事经验与体验的"原根型隐喻"。

第四类，筮史自创的占断辞。

| 序号 | 自创的占断辞 | 上古韵部 | 所在卦爻 |
|---|---|---|---|
| 1 | 无妄之灾，或系之牛，行人之得，邑人之灾。 | 之部 | 《无妄·六三》 |
| 2 | 硕果不食，君子得舆，小人剥庐。 | 鱼部 | 《剥·上九》 |
| 3 | 小人用壮，君子用罔。 | 阳部 | 《大壮·九三》 |
| 4 | 丧马，勿逐，自复。 | 觉部 | 《睽·初九》 |
| 5 | 舍尔灵龟，观我朵颐。 | 之部 | 《颐·初九》 |

《周易》的成书一定离不开筮史的参与，《巽》卦爻辞亦见"用史巫纷若"的词句，《周易》卦爻辞中有几处巫史现身说法、自报职能的地方，如《蒙》卦卦辞"匪我求童蒙，童蒙求我，初筮告，再三渎，渎则不告"，占筮者从后台现身，突出了自身的立场和态度；又如《颐》卦卦辞："舍尔灵龟，观我朵颐，凶"这类调侃之语。《无妄·六三》："无妄之灾，或系之牛，行人之得，邑人之灾。"此句爻辞一气呵成，为一件意想不到的丢牛事情占筮，有人顺手牵牛，邑人的财产遭损。牛为大牢之一，在古代祭祀与生产中都极为重要。牛、马之象在《周易》中屡见不鲜，如《睽·初九》是为"丧马"所作占断，筮史曰："勿逐，自复。"《剥·上九》："硕果不食，君子得舆，小人剥庐。"此句反映了典型的观卦系辞的特点，《剥》卦五爻皆阴，只有上九没被消尽，因此象征"硕果不食"，此爻对君子吉，小

---

① ［俄］普列汉诺夫著，曹葆华译：《论艺术：没有地址的信》，生活·读书·新知三联书店1964年版，第142页。

② ［德］恩斯特·卡西尔著，于晓等译：《语言与神话》，生活·读书·新知三联书店1988年版，第106页。

人凶，因为上九为卦主，一阳统众阴。筮史在巫术活动中积累了丰富的经验，其占断在巫术时代具有绝对的权威，《尚书·洪范》记载商王决疑，卜、筮的吉凶比王的意志、卿士的意见都重要，具有决定性作用。筮史自创的占断辞显示了《周易》本为卜筮之书的性质。

以上，我们基于对《周易》卜筮性质的卦爻辞类型进行的探析，既关照到《周易》筮辞的来源，将《周易》的发展置于卜筮之书的整个文化序列中考察，又突出了筮史的职官职能及其擅长的韵诵文体，显现了他们的借鉴理路和独创价值。在此基础上，将卦爻辞分为四类考察，凸显出《周易》独特的文化特点和诗性特质。

# 《史记·夏本纪》考源疏证[①]

李　旭

## 引　言

自2018年秋始，余所开"史源学实习"以《史记》为会读、考源、疏证之基本书。

师生会读经典文献，盖为研究生训练之良法。昔余旁听邓晓芒先生主持会读《实践理性批判》，从杨果师会读两宋史料，从侯旭东先生会读中古史料，从彭林师会读《仪礼》，虽为资质、学力所限，无由登堂入室，然亦略窥门径，受用至今。

今与诸生会读，略依杨果师往日授课法度：

一、前提：会读诸人，无论师、生，均须全力以赴，预为准备。

二、程序：会读前一周，教师指定共读之文献范围。前一日，所有参与者提交各自研读报告，教师择取其中一二篇作为评议重点，使参与者提前通读，留意彼此异同。会读时，作者先陈述报告思路，随后余人逐一发表评议意见。

三、态度：求深，求细，不求速。重在提出问题，不急于求问题之彻底解决。

基于会读，试为《史记》考源疏证，粗定义例如次：

一、立意：此项工作所着力探究者，为先秦两汉群书之源流关系与太史公撰述之本义，而非先秦史事。

二、考源：《史记》史源有明确可考者，先予指明。

三、疏证：《史记》史源有无法确考者，略仿杨树达先生《论语疏证》之例，就于先秦两汉经子典籍之整体脉络，展开讨论。两汉文献之出于《史记》之后者，内容若别有所本，足以反映《史记》"同源"或"异源"之史源，亦当采择讨论。

四、限度：《史记》成书于两千年前，今欲考其史源，究其旨趣，实多限制：（1）古书经刘向校雠，形态大变。如《史记集解序》引班固说，举《战国策》为《史记》史源之一，《索隐》辨析云："《战国策》，高诱云：'六国时纵横之说也，一曰《短长书》，亦曰《国事》，刘向撰为三十三篇，名曰《战国策》。'案：此是班固取其后名而书之，非迁时已名《战国策》也。"（2）太史公书本身，亦非当日之旧，读《史记集解序》可知。然则奈何？鄙意以为一是一切经验性研究，皆"近真"耳，无由得其绝对之真。先知此项工作之重重局限，然后可知此间"近真"之可能性。二是今日所用传世文献，非太史公当日之

---

① 本文为国家社会科学基金青年项目"汉宋礼学的秩序理路嬗变研究"（编号18CZS076）以及暨南大学研究生教育教学优秀成果培育项目"人文学科研究生文献能力提升对策研究"的阶段性研究成果。

旧，当知"书"与"版本"之辨①，注意校读之分寸，然后可望执筌蹄而求鱼兔。三是《史记》流传久远，局部字句出入，自不能免，读者不可意必拘执。至若前后呼应、贯通可解之文本内容，则非传抄改易所能淆乱。着眼于《史记》文本及思想之整体脉络，留心通例、通性问题，当可逼近太史公书之原貌与本意。

2019年秋季课程，有黄彩云、陈硕、汪益、申家盼、李东霖、许文锦、张超、黄家攀、柳俊熙、梁天麒、谢钊馨、朱睿、沈佳暧、李淑恋诸君选课，往届冯博文君亦时来参与。继《五帝本纪》之后，本学年会读《夏本纪》。此篇史源较明朗，大体本诸《尚书》之《皋陶谟》《禹贡》等篇，然其间亦颇有待探究之处。诸君勤勉，启予良多，以下疏稿，凡采诸君创见处，悉加注明。

# 考源疏证

夏禹，名曰文命。禹之父曰鲧，鲧之父曰帝颛顼，颛顼之父曰昌意，昌意之父曰黄帝。禹者，黄帝之玄孙而帝颛顼之孙也。禹之曾大父昌意及父鲧皆不得在帝位，为人臣。

## 【考源疏证】

此章述禹之世系，盖本《帝系》：

少典产轩辕，是为黄帝。黄帝产玄嚣，玄嚣产蟜极，蟜极产高辛，是为帝喾。帝喾产放勋，是为帝尧。黄帝产昌意，昌意产高阳，是为帝颛顼。颛顼产穷蝉，穷蝉产敬康，敬康产句芒，句芒产蟜牛，蟜牛产瞽叟，瞽叟产重华，是为帝舜，及产象、敖。颛顼产鲧，鲧产文命，是为禹。

又：

鲧娶于有莘氏之子，谓之女志氏，产文命。

《史记索隐》于两处有疑，其一，禹名是否"文命"：

《尚书》云"文命敷于四海"，孔安国云"外布文德教命"，不云是禹名。太史公皆以放勋、重华、文命为尧、舜、禹之名，未必为得。孔又云"虞氏，舜名"，则尧、禹、汤皆名矣。盖古者帝王之号皆以名，后代因其行，追而为谥。其实禹是名。

《史记索隐》据伪孔传立说，其失在源流不明，未能上探《史记》史源，转据后儒之说，故虽看似辨陈精密，实无所得。按《帝系》之说，"鲧产文命"，乃就其初生而言，"是为禹"，则就其为天下后世所知者而言，太史公称"夏禹，名曰文命"，义盖本此。按《五帝德》云：

宰我曰："请问禹。"孔子曰："高阳之孙，鲧之子也，曰文命。"

---

① 参考乔秀岩先生《古籍整理的理论与实践》一文，载［日］乔秀岩、叶纯芳：《文献学读书记》，生活·读书·新知三联书店2018年版。

亦未明言"文命"即禹名。实则古帝王姓氏名号，若依后世之制回溯求之，不啻刻舟求剑，吾人观其大略可也。

《史记索隐》又疑鲧是否颛顼之子：

> 皇甫谧云："鲧，帝颛顼之子，字熙。"又《连山易》云"鲧封于崇"，故《国语》谓之"崇伯鲧"。《系本》亦以鲧为颛顼子。《汉书·律历志》则云"颛顼五代而生鲧"。按：鲧既仕尧，与舜代系殊悬，舜即颛顼六代孙，则鲧非是颛顼之子。盖班氏之言近得其实。

此说颇为敏锐，盖依《帝系》，则五帝世系如下图：

黄帝（轩辕）➡玄嚣➡蟜极　　➡帝喾（高辛）➡帝尧（放勋）
　　　　　　➡昌意➡颛顼（高阳）➡穷蝉　　➡敬康➡句芒➡蟜牛➡瞽叟➡舜（重华）
　　　　　　　　　➡鲧　　　　　➡禹（文命）

禹之世代尚在舜前，殊乖情理。然历史之真相如何，亦非今日所能确求矣。

　　当帝尧之时，鸿水滔天，浩浩怀山襄陵，下民其忧。尧求能治水者，群臣四岳皆曰鲧可。尧曰："鲧为人负命毁族，不可。"四岳曰："等之未有贤于鲧者，愿帝试之。"于是尧听四岳，用鲧治水。九年而水不息，功用不成。于是帝尧乃求人，更得舜。舜登用，摄行天子之政，巡狩。行视鲧之治水无状，乃殛鲧于羽山以死。天下皆以舜之诛为是。于是舜举鲧子禹，而使续鲧之业。尧崩，帝舜问四岳曰："有能成美尧之事者使居官？"皆曰："伯禹为司空，可成美尧之功。"舜曰："嗟，然！"命禹："女平水土，维是勉之。"禹拜稽首，让于契、后稷、皋陶。舜曰："女其往视尔事矣。"

## 【考源疏证】

此章所述尧、舜、禹事，具于《五帝本纪》，按帝尧纪云：

> 尧又曰："嗟！四岳：汤汤洪水滔天，浩浩怀山襄陵，下民其忧，有能使治者？"皆曰鲧可。尧曰："鲧负命毁族，不可。"岳曰："异哉，试不可用而已。"尧于是听岳用鲧。九岁，功用不成。

> 尧曰："嗟！四岳：朕在位七十载，汝能庸命，践朕位？"岳应曰："鄙惪忝帝位。"尧曰："悉举贵戚及疏远隐匿者。"众皆言于尧曰："有矜在民间，曰虞舜。"尧曰："然，朕闻之。其何如？"岳曰："盲者子。父顽，母嚚，弟傲，能和以孝，烝烝治，不至奸。"尧曰："吾其试哉。"于是尧妻之二女，观其德于二女。舜饬下二女于妫汭，如妇礼。尧善之，乃使舜慎和五典，五典能从。乃遍入百官，百官时序。宾于四门，四门穆穆，诸侯远方宾客皆敬。尧使舜入山林川泽，暴风雷雨，舜行不迷。尧以为圣，召舜曰："女谋事至而言可绩，三年矣。女登帝位。"舜让于德，不怿。

> 正月上日，舜受终于文祖。文祖者，尧大祖也。于是帝尧老，命舜摄行天子之政，以观天命。舜乃在璇玑玉衡，以齐七政。遂类于上帝，禋于六宗，望于山川，辩于群神。揖五瑞，择吉月日，见四岳诸牧，班瑞。岁二月，东巡狩，至于岱宗，柴，

望秩于山川。遂见东方君长，合时月正日，同律度量衡，修五礼，五玉三帛二生一死为挚，如五器，卒乃复。五月，南巡狩；八月，西巡狩；十一月，北巡狩：皆如初。归，至于祖祢庙，用特牛礼。五岁一巡狩，群后四朝。遍告以言，明试以功，车服以庸。肇十有二州，决川。

象以典刑，流宥五刑，鞭作官刑，扑作教刑，金作赎刑。眚灾过，赦；怙终贼，刑。钦哉，钦哉，惟刑之静哉！讙兜进言共工，尧曰不可，而试之工师，共工果淫辟。四岳举鲧治鸿水，尧以为不可，岳强请试之，试之而无功，故百姓不便。三苗在江淮、荆州数为乱。于是舜归而言于帝，请流共工于幽陵，以变北狄；放讙兜于崇山，以变南蛮；迁三苗于三危，以变西戎；殛鲧于羽山，以变东夷：四辠而天下咸服。

帝舜纪云：

尧老，使舜摄行天子政，巡狩。舜得举，用事二十年，而尧使摄政。摄政八年而尧崩。三年丧毕，让丹朱，天下归舜。而禹、皋陶、契、后稷、伯夷、夔、龙、倕、益、彭祖自尧时而皆举用，未有分职。于是舜乃至于文祖，谋于四岳，辟四门，明通四方耳目，命十二牧论帝德，行厚德，远佞人，则蛮夷率服。舜谓四岳曰："有能奋庸美尧之事者，使居官相事？"皆曰："伯禹为司空，可美帝功。"舜曰："嗟，然！禹，汝平水土，维是勉哉。"禹拜稽首，让于稷、契与皋陶。舜曰："然，往矣。"

二帝纪之史源，详拙稿《〈史记·五帝本纪〉考源疏证》[1]，今不赘述。太史公骤括上述内容，重在引出下文大禹治水一事，立意既明，故笔法如水注地，极为明快。此见太史公文章之美，然于史事则恐疏略，其易生误解处有三：

（一）鲧受命治水不成，此云"于是帝尧乃求人"，读之，似求人之意仍在治水。然据《五帝本纪》，求人之意实在继位，此处之衔接恐有未安。

（二）此云"舜登用，摄行天子之政，巡狩"，似谓：尧之求舜，意在治水，舜一登用，即已摄政。然据《五帝本纪》，自舜之登用至摄政，间隔一十七年。

（三）此云"于是舜举鲧子禹，而使续鲧之业"，"于是"之语，仍恐造成误解：舜既殛鲧，即用禹治水。实则舜之用禹在尧崩而服三年之丧以后，此时距舜之摄政，又一十一年矣。此句在"尧崩，帝舜问四岳"前，恐有叙事失次之嫌。


禹为人敏给克勤；其德不违，其仁可亲，其言可信；声为律，身为度，称以出；亹亹穆穆，为纲为纪。

禹乃遂与益、后稷奉帝命，命诸侯百姓兴人徒以傅土，行山表木，定高山大川。禹伤先人父鲧功之不成受诛，乃劳身焦思，居外十三年，过家门不敢入。薄衣食，致孝于鬼神。卑宫室，致费于沟淢。陆行乘车，水行乘船，泥行乘橇，山行乘檋。左准绳，右规矩，载四时，以开九州，通九道，陂九泽，度九山。令益予众庶稻，可种卑湿。命后稷予众庶难得之食。食少，调有余相给，以均诸侯。禹乃行相地宜所有以

① 李旭：《〈史记·五帝本纪〉考源疏证》，载刘正刚主编：《历史文献与传统文化》（第二十四辑），安徽师范大学出版社2020年版。

贡，及山川之便利。

## 【考源疏证】

此章主干史源为《五帝德》：

> 宰我曰："请问禹。"孔子曰："高阳之孙，鲧之子也，曰文命。敏给克济，其德不回，其仁可亲，其言可信；声为律，身为度，称以上士；亹亹穆穆，为纲为纪。巡九州，通九道，陂九泽，度九山。为神主，为民父母。左准绳，右规矩，履四时，据四海，平九州，戴九天，明耳目，治天下。举皋陶与益，以赞其身。举干戈以征不享、不庭、无道之民。四海之内，舟车所至，莫不宾服。"

《五帝德》篇中宰予、孔子问答，所论述者凡六帝，然大禹与黄帝、颛顼、帝喾、尧、舜五帝有别：

> 宰我问于孔子曰："昔者予闻诸荣伊，言黄帝三百年。请问黄帝者人邪？亦非人邪？何以至于三百年乎？"孔子曰："予！禹、汤、文、武、成王、周公，可胜观也？夫黄帝尚矣，女何以为？先生难言之。"宰我曰："上世之传，隐微之说，卒业之辨，暗昏忽之，意非君子之道也，则予之问也固矣。"

观此，时人对于大禹以降之历史，所知较详，如上溯五帝，则渺远难知。此乃远古历史之一大转折，太史公据《五帝德》述《五帝本纪》，别出帝禹事迹以为《夏本纪》之主体，亦可谓对此一转折之刻画。

《五帝德》所述帝禹事，大体可分三层：1.述禹之德性；2.述禹之治水；3.述禹之成功。

述禹之德行，"敏给克济……为纲为纪"一节，《史记》大体沿用之。（"称以上士"，《史记》作"称以出"，或不同版本之异文也。）

述禹之治水，"巡九州，通九道，陂九泽，度九山"一句实为轴心。太史公移"左准绳，右规矩，履四时"一句于"巡九州"前，以见禹巡九州之器用措施；复辨证、补充、发挥"举皋陶与益，以赞其身"一语，以见禹巡九州之人事缘助。由是融会他书史料，以构成一前后贯穿之叙事。此章重在叙述大禹治水之起始，因而导出《禹贡》文，至其成功，则于《禹贡》之后乃及之，故《五帝德》"据四海，平九州，戴九天，明耳目，治天下"，"举干戈以征不享、不庭、无道之民；四海之内，舟车所至，莫不宾服"等述禹之成功语，太史公暂置之。

大禹治水之人事缘助，观"举皋陶与益，以赞其身"句，则禹举皋陶、益为己之副贰。然《尚书·皋陶谟》云：

> 帝曰："来，禹！汝亦昌言。"禹拜曰："都，帝！予何言？予思日孜孜。"皋陶曰："吁！如何？"禹曰："洪水滔天，浩浩怀山襄陵，下民昏垫。予乘四载，随山刊木。暨益奏庶鲜食。予决九川，距四海，浚畎浍，距川。暨稷播奏庶艰食。鲜食，懋迁有无化居。烝民乃粒，万邦作乂。"皋陶曰："俞，师汝昌言。"

是赞禹者益、稷也。又《五帝德》帝舜章云帝舜"使后稷播种，务勤嘉谷，以作饮食"，

"使益行火，以辟山莱"，"皋陶作士，忠信疏通，知民之情"；《舜典》亦云帝舜命后稷"播时百谷"，命皋陶"作士，五刑有服，五服三就，五流有宅，五宅三居，惟明克允"，命益作朕虞，"畴若予上下草木鸟兽"：后稷掌百谷，益掌山莱，允为大禹治水之良辅也。故太史公从《皋陶谟》说，云："禹乃遂与益、后稷奉帝命……令益予众庶稻，可种卑湿。命后稷予众庶难得之食。食少，调有余相给，以均诸侯。"唯伪孔传释"鲜食"云："鸟兽新杀曰鲜。与益槎木获鸟兽，民以进食。"释"艰食"云："众难得食处，则与稷教民播种之。"适与二氏所掌相应。太史公说与此别，未详何故。又，柳俊熙君以为《皋陶谟》云"暨益""暨稷"，是大禹与益、稷为平等关系，《夏本纪》改云"令益""命后稷"，则见尊卑差等矣。余以为禹与益、后稷上禀帝命，三人之间复有主从之别，可由《五帝德》"举皋陶与益，以赞其身"一语觇之。此见太史公行文之糅合《五帝德》《皋陶谟》之微妙处。

《夏本纪》"行山表木，定高山大川……载四时"一节，盖述禹巡九州之器用措施也。

"行山表木，定高山大川"一语，本《尚书·禹贡》开篇所云：

> 禹敷土，随山刊木，奠高山大川。

"禹伤先人父鲧功之不成受诛，乃劳身焦思，居外十三年，过家门不敢入"一句，言禹治洪水十三年，然《孟子·滕文公上》云：

> 当尧之时，天下犹未平，洪水横流，泛滥于天下，草木畅茂，禽兽繁殖，五谷不登，禽兽偪人，兽蹄鸟迹之道交于中国。尧独忧之，举舜而敷治焉。舜使益掌火，益烈山泽而焚之，禽兽逃匿。禹疏九河，瀹济漯而注诸海，决汝汉，排淮泗，而注之江，然后中国可得而食也。当是时也，禹八年于外，三过其门而不入，虽欲耕，得乎？

所述年数有异。清人梁玉绳尝疑《史记》本兖州"作十有三载乃同"[①]之词为言（沈佳嗳君引），按《尚书·禹贡》兖州条：

> 济河惟兖州。九河既道，雷夏既泽，灉、沮会同。桑土既蚕，是降丘宅土。厥土黑坟，厥草惟繇，厥木惟条。厥田惟中下，厥赋贞，作十有三载乃同。厥贡漆丝，厥篚织文。浮于济、漯，达于河。海岱惟青州。嵎夷既略，潍、淄其道。厥土白坟，海滨广斥。厥田惟上下，厥赋中上。厥贡盐絺，海物惟错。岱畎丝、枲、铅、松、怪石。莱夷作牧。厥篚檿丝。浮于汶，达于济。

此条材料柳俊熙君亦留意及之。"作十有三载乃同"句伪孔传云："治水十三年，乃有赋法与他州同。"是大禹治水至少十三年。《禹贡》经书，太史公从之。又太史公云"禹伤先人父鲧功之不成受诛"，此于《皋陶谟》《五帝德》《孟子》均无征，按《吴越春秋·越王无余外传》云：

> 舜与四岳举鲧之子高密。四岳谓禹曰："舜以治水无功，举尔嗣考之勋。"禹曰："俞！小子敢悉考绩，以统天意，惟委而已。"禹伤父功不成，循江泝河，尽济甄淮，乃劳身焦思以行。七年闻乐不听，过门不入，冠挂不顾，履遗不蹑，功未及成，愁然沉思。

---

① （清）梁玉绳：《史记志疑》卷二，中华书局1981年版，第28页。

可为辅证。沈家暖君以为诸书但言"过门不入"，太史公易为"不敢人"，与上文相呼应，尤为传神。

"薄衣食，致孝于鬼神。卑宫室，致费于沟减"一句，本《论语·泰伯》：

> 子曰："禹，吾无间然矣。菲饮食，而致孝乎鬼神；恶衣服，而致美乎黻冕；卑宫室，而尽力乎沟洫。禹，吾无间然矣。"

"陆行乘车，水行乘船，泥行乘橇，山行乘檋"一句，史源不易考实，按《皋陶谟》"予乘四载"伪孔传云：

> 所载者四，谓水乘舟，陆乘车，泥乘辅，山乘樏。

此则史料为沈家暖君检出，虽出自伪孔传，然可与下引《史记·河渠书》所引《夏书》互证，或渊源甚早，未可忽之也。

《史记·河渠书》云：

> 夏书曰：禹抑洪水十三年，过家不入门。陆行载车，水行载舟，泥行蹈毳，山行即桥。以别九州，随山浚川，任土作贡。通九道，陂九泽，度九山。

此则史料为黄家攀、黄彩云君检出。可为辅证。

综而观之，《夏本纪》纳入《禹贡》文以前，仍以《帝系姓》《五帝德》文为基本架构，而以《尚书》史料附益之。

本章末句"禹乃行相地宜所有以贡，及山川之便利"，承上启下，引出《禹贡》之文，史源颇为明朗，故一一排比如次。

> 禹行自冀州始。冀州既载，壶口治梁及岐①。既修太原，至于岳阳。覃怀致功，至于衡漳。其土白壤。赋上上错，田中中。常、卫既从，大陆既为。鸟夷皮服。夹右碣石，入于海。

**【考源疏证】**

《禹贡》云：

> 冀州既载，壶口治梁及岐。既修太原，至于岳阳。覃怀底绩，至于衡漳。厥土惟白壤，厥赋惟上上错，厥田惟中中。恒卫既从，大陆既作。岛夷皮服。夹右碣石入于河。

按：《汉书》颜师古注："载，始也。"此《尚书》汉今文家之遗说也②。《史记》云"禹行自冀州始"，盖本"冀州既载"一语而衍为过渡句。

又，此章末句，《禹贡》作"入于河"，《史记》作"入于海"，《史记集解》引徐广说

---

① 《史记》点校本作："冀州：既载壶口，治梁及岐。"（中华书局1959年点校本，第52页；2014年修订本，第67页。）此句本《尚书·禹贡》，历代《尚书》注，莫不以"冀州既载"为句，但于"载"字释义有分歧耳；《史记集解》、《史记正义》二家注，亦在"既载"二字之后。中华点校本未能循由旧注脉络断句，不足取，今正之。

② 参考（清）皮锡瑞撰，盛冬玲、陈抗点校：《今文尚书考证》卷三，中华书局1989年版，第135—136页。

"海"一作"河"。皮锡瑞论证碣石山在海中,《史记》言"入于海"于义为长,盖本西汉今文《尚书》之文,一作"河"者,后人妄改也[①]。

> 济、河维沇州:九河既道,雷夏既泽,雍、沮会同,桑土既蚕,于是民得下丘居土。其土黑坟,草繇木条。田中下,赋贞,作十有三年乃同。其贡漆丝,其篚织文。浮于济、漯,通于河。

**【考源疏证】**

《禹贡》云:

> 济、河惟兖州。九河既道,雷夏既泽,灉、沮会同,桑土既蚕,是降丘宅土。厥土黑坟,厥草惟繇,厥木惟条。厥田惟中下,厥赋贞,作十有三载,乃同。厥贡漆丝,厥篚织文。浮于济、漯,达于河。

此《禹贡》"达于河",《夏本纪》《汉志》皆作"通于河",皮锡瑞以为本今文《尚书》。按下文凡云"通"处,《夏本纪》皆作"达",唯豫州章作"通";《汉志》或作"达",或作"通",或作"入"。皮氏既以今文作"通于河",凡《史记》《汉志》不作"通"处,皆视为后人妄改。其说拘滞,恐不足取,《史记》《汉志》云"通"云"入",盖释《禹贡》原文"达"字耳,不必一本今文也。

> 海、岱维青州:嵎夷既略,潍、淄其道。其土白坟,海滨广潟,厥田斥卤。田上下,赋中上。厥贡盐缔,海物维错,岱畎丝、枲、铅、松、怪石,莱夷为牧,其篚檿丝。浮于汶,通于济。

**【考源疏证】**

《禹贡》云:

> 海、岱惟青州。嵎夷既略,潍、淄其道。厥土白坟,海滨广斥。厥田惟上下,厥赋中上。厥贡盐、缔,海物惟错,岱畎丝、枲、铅、松、怪石,莱夷作牧,厥篚檿丝。浮于汶,达于济。

> 海、岱及淮维徐州:淮、沂其治,蒙、羽其艺。大野既都,东原底平。其土赤埴坟,草木渐包。其田上中,赋中中。贡维土五色,羽畎夏狄,峄阳孤桐,泗滨浮磬,淮夷蚌珠暨鱼,其篚玄纤缟。浮于淮、泗,通于河。

**【考源疏证】**

《禹贡》云:

① (清) 皮锡瑞撰,盛冬玲、陈抗点校:《今文尚书考证》卷三,中华书局 1989 年版,第 139 页。

海、岱及惟徐州。淮、沂其乂，蒙、羽其艺。大野既猪，东原底平。厥土赤埴坟，草木渐包。厥田惟上中，厥赋中中。厥贡惟土五色，羽畎夏翟，峄阳孤桐，泗滨浮磬，淮夷蚌珠暨鱼，厥篚玄纤缟。浮于淮、泗，达于河。

淮海维扬州：彭蠡既都，阳鸟所居。三江既入，震泽致定。竹箭既布。其草惟夭，其木惟乔，其土涂泥。田下下，赋下上上杂。贡金三品，瑶、琨、竹箭，齿、革、羽、旄，岛夷卉服，其篚织贝，其包橘、柚锡贡。均江海，通淮、泗。

## 【考源疏证】

《禹贡》云：

淮海惟扬州。彭蠡既猪，阳鸟攸居。三江既入，震泽底定。篠簜既敷，厥草惟夭，厥木惟乔，厥土惟涂泥。厥田惟下下，厥赋下上上错。厥贡惟金三品，瑶、琨、篠簜，齿、革、羽、毛、惟木。岛夷卉服，厥篚织贝，厥包橘、柚，锡贡。沿于江、海，达于淮、泗。

《禹贡》"篠簜"，伪孔传释云："篠，竹箭；簜，大竹。"《史记》作"竹箭"，或亦为转释之辞。然清儒陈寿祺云："《史记》此篇所纪九州贡物，无有易以训诂者，不应于'篠簜'二字独变，盖今文《尚书》'篠簜'必作'竹箭'，太史公据而书之。"[1]可备一说。《禹贡》"惟木"二字，《史记》无，段玉裁以为本今文《尚书》[2]。

荆及衡阳维荆州：江、汉朝宗于海。九江甚中，沱、涔已道，云土、梦为治。其土涂泥。田下中，赋上下。贡羽、旄、齿、革，金三品，杶、榦、栝、柏，砺、砥、砮、丹，维箘簵、楛，三国致贡其名，包匦菁茅，其篚玄纁玑组，九江入赐大龟。浮于江、沱、涔、汉，逾于雒，至于南河。

## 【考源疏证】

《禹贡》云：

荆及衡阳惟荆州。江、汉朝宗于海。九江孔殷，沱、潜既道，云土梦作乂。厥土惟涂泥。厥田惟下中，厥赋上下。厥贡羽、毛、齿、革，惟金三品，杶、榦、栝、柏，砺、砥、砮、丹，惟箘簵、楛，三邦底贡厥名，包匦菁茅，厥篚玄纁玑组，九江纳锡大龟。浮于江、沱、潜、汉，逾于洛，至于南河。

荆、河惟豫州：伊、雒、瀍、涧既入于河，荥播既都，道荷泽，被明都。其土

---

① （清）皮锡瑞撰，盛冬玲、陈抗点校：《今文尚书考证》卷三，中华书局1989年版，第152页。
② （清）皮锡瑞撰，盛冬玲、陈抗点校：《今文尚书考证》卷三，中华书局1989年版，第153页。

壤，下土坟垆。田中上，赋杂上中。贡漆、丝、绵、纻，其筐纤絮，锡贡磬错。浮于雒，达于河。

## 【考源疏证】

《禹贡》云：

> 荆、河惟豫州。伊、洛、瀍、涧既入于河，荥、波既猪，导菏泽，被孟猪。厥土惟壤，下土坟垆。厥田惟中上，厥赋错上中。厥贡漆、枲、绨、纻，厥筐纤纩，锡贡磬错。浮于洛，达于河。

《尚书正义》释"孟猪"云：

> 孟猪在梁国睢阳县东北。以今地验之，则胡陵在睢阳之东，定陶在睢阳之北，其水皆不流溢，东北被孟猪也。然郡县之名，随代变易，古之胡陵当在睢阳之西北，故得东出被孟猪也。于此作"孟猪"，《左传》《尔雅》作"孟诸"，《周礼》作"望诸"，声转字异，正是一地也。

《史记索隐》本《尚书正义》而释云：

> 明都音孟猪。孟猪泽在梁国睢阳县东北。《尔雅》《左传》谓之"孟诸"，今文亦为然，唯周礼称"望诸"，皆此地之一名。

是以"孟猪"为今文。皮锡瑞素以《史记》本今文《尚书》，故以此"孟猪""明都"二语，属三家文异，非今古文异①。

> 华阳、黑水惟梁州：汶、嶓既艺，沱、涔既道，蔡、蒙旅平，和夷底绩。其土青骊。田下上，赋下中三错。贡璆、铁、银、镂、砮、磬，熊、罴、狐、狸。织皮西倾因桓是来②，浮于潜，逾于沔，入于渭，乱于河。

## 【考源疏证】

《禹贡》云：

> 华阳、黑水惟梁州。岷、嶓既艺，沱、潜既道，蔡蒙旅平，和夷底绩。厥土青黎，厥田惟下上，厥赋下中三错。厥贡璆、铁、银、镂、砮、磬，熊、罴、狐、狸。织皮西倾因桓是来，浮于潜，逾于沔，入于渭，乱于河。

> 黑水、西河惟雍州：弱水既西，泾属渭汭。漆、沮既从，沣水所同。荆、岐已旅，终南、敦物至于鸟鼠。原隰底绩，至于都野。三危既度，三苗大序。其土黄壤。

---

① （清）皮锡瑞撰，盛冬玲、陈抗点校：《今文尚书考证》卷三，中华书局1989年版，第161页。
② 点校本原作："熊、罴、狐、狸、织皮。"按《史记集解》："孔安国曰：贡四兽之皮也。"可见"织皮"与前举四兽非并列关系，不宜施顿号于其间，可标点为："熊、罴、狐、狸织皮。"然据荆州条观之，"织皮"恐非贡品，当属下读。

田上上，赋中下。贡璆、琳、琅玕。浮于积石，至于龙门西河，会于渭汭。织皮昆仑、析支、渠搜，西戎即序。

**【考源疏证】**

《禹贡》云：

> 黑水、西河惟雍州。弱水既西，泾属渭汭。漆、沮既从，沣水攸同。荆、岐既旅，终南惇物，至于鸟鼠。原隰底绩，至于猪野。三危既宅，三苗丕叙。厥土惟黄壤。厥田惟上上，厥赋中下。厥贡惟球、琳、琅玕。浮于积石，至于龙门西河，会于渭汭。织皮昆仑、析支、渠搜，西戎即叙。

> 道九山：汧及岐至于荆山，逾于河；壶口、雷首至于太岳；砥柱、析城至于王屋；太行、常山至于碣石，入于海；西倾、朱圉、鸟鼠至于太华；熊耳、外方、桐柏至于负尾；道嶓冢，至于荆山；内方至于大别；汶山之阳至衡山，过九江，至于敷浅原。

**【考源疏证】**

《禹贡》云：

> 导岍及岐，至于荆山，逾于河；壶口、雷首，至于太岳；底柱、析城，至于王屋；大行、恒山，至于碣石，入于海；西倾、朱圉、鸟鼠，至于太华；熊耳、外方、桐柏，至于陪尾；导嶓冢，至于荆山；内方，至于大别；岷山之阳，至于衡山，过九江，至于敷浅原。

"道九山"一语，盖为太史公连缀总括之言，皮锡瑞以为今文《尚书》如此，恐非。

> 道九川：弱水至于合黎，余波入于流沙。道黑水，至于三危，入于南海。道河积石，至于龙门，南至华阴，东至砥柱，又东至于盟津，东过雒汭，至于大邳，北过降水，至于大陆，北播为九河，同为逆河，入于海。嶓冢道瀁，东流为汉，又东为苍浪之水，过三澨，入于大别，南入于江，东汇泽为彭蠡，东为北江，入于海。汶山道江，东别为沱，又东至于醴，过九江，至于东陵，东迤北会于汇，东为中江，入于梅。道沇水，东为济，入于河，泆为荥，东出陶丘北，又东至于荷，又东北会于汶，又东北入于海。道淮自桐柏，东会于泗、沂，东入于海。道渭自鸟鼠同穴，东会于沣，又东北至于泾，东过漆沮，入于河。道雒自熊耳，东北会于涧、瀍，又东会于伊，东北入于河。

**【考源疏证】**

《禹贡》云：

> 导弱水，至于合黎，余波入于流沙。导黑水，至于三危，入于南海。导河积石，

至于龙门，南至于华阴，东至于厎柱，又东至于孟津，东过洛汭，至于大伾，北过降水，至于大陆，又北播为九河，同为逆河，入于海。嶓冢导漾，东流为汉，又东为沧浪之水，过三澨，至于大别，南入于江，东汇泽为彭蠡，东为北江，入于海。岷山导江，东别为沱，又东至于沣，过九江，至于东陵，东迆北会于汇，东为中江，入于海。导沇水，东流为济，入于河，溢为荥，东出于陶丘北，又东至于菏，又东北会于汶，又北东入于海。导淮自桐柏，东会于泗、沂，东入于海。导渭自鸟鼠同穴，东会于沣，又东会于泾，又东过漆、沮，入于河。导洛自熊耳，东北会于涧、瀍，又东会于伊，又东北入于河。

《禹贡》"东会于泾"，《史记》作"东北至于泾"。

于是九州攸同，四奥既居，九山刊旅，九川涤原，九泽既陂，四海会同。六府甚脩，众土交正，致慎财赋，咸则三壤成赋。中国赐土姓："祗台德先，不距朕行。"

## 【考源疏证】

《禹贡》云：

九州攸同，四隩既宅，九山刊旅，九川涤源，九泽既陂，四海会同。六府孔修，庶土交正，厎慎财赋，咸则三壤，成赋中邦。锡土姓："祗台德先，不距朕行。"

令天子之国以外五百里甸服：百里赋纳总，二百里纳铚，三百里纳秸服，四百里粟，五百里米。甸服外五百里侯服：百里采，二百里任国，三百里诸侯。侯服外五百里绥服：三百里揆文教，二百里奋武卫。绥服外五百里要服：三百里夷，二百里蔡。要服外五百里荒服：三百里蛮，二百里流。

## 【考源疏证】

《禹贡》云：

五百里甸服：百里赋纳总，二百里纳铚，三百里纳秸服，四百里粟，五百里米。五百里侯服：百里采，二百里男邦，三百里诸侯。五百里绥服：三百里揆文教，二百里奋武卫。五百里要服：三百里夷，二百里蔡。五百里荒服：三百里蛮，二百里流。

东渐于海，西被于流沙，朔、南暨：声教讫于四海。于是帝锡禹玄圭，以告成功于天下。天下于是太平治。

## 【考源疏证】

《禹贡》云：

东渐于海，西被于流沙，朔南暨，声教讫于四海。禹锡玄圭，告厥成功。

皋陶作士以理民。帝舜朝，禹、伯夷、皋陶相与语帝前。皋陶述其谋曰："信其道德，谋明辅和。"禹曰："然，如何？"皋陶曰："于！慎其身脩，思长，敦序九族，众明高翼，近可远，在已。"禹拜美言，曰："然。"皋陶曰："于！在知人，在安民。"禹曰："吁！皆若是，惟帝其难之。知人则智，能官人；能安民则惠，黎民怀之。能知能惠，何忧乎驩兜，何迁乎有苗，何畏乎巧言善色佞人？"皋陶曰："然，于！亦行有九德，亦言其有德。"乃言曰："始事事，宽而栗，柔而立，愿而共，治而敬，扰而毅，直而温，简而廉，刚而实，强而义，章其有常，吉哉。日宣三德，蚤夜翊明有家。日严振敬六德，亮采有国。翕受普施，九德咸事，俊乂在官，百吏肃谨。毋教邪淫奇谋。非其人居其官，是谓乱天事。天讨有罪，五刑五用哉。吾言底可行乎？"禹曰："女言致可绩行。"皋陶曰："余未有知，思赞道哉。"

## 【考源疏证】

《皋陶谟》云：

日若稽古，皋陶曰："允迪厥德，谟明弼谐。"禹曰："俞，如何？"皋陶曰："都！慎厥身修，思永，惇叙九族。庶明励翼，迩可远，在兹。"禹拜昌言曰："俞。"皋陶曰："都！在知人，在安民。"禹曰："吁！咸若时，惟帝其难之。知人则哲，能官人；安民则惠，黎民怀之。能哲而惠，何忧乎驩兜？何迁乎有苗？何畏乎巧言令色孔壬？"皋陶曰："都！亦行有九德，亦言其人有德，乃言曰：载采采。"禹曰："何？"皋陶曰："宽而栗，柔而立，愿而恭，乱而敬，扰而毅，直而温，简而廉，刚而塞，强而义。彰厥有常，吉哉。日宣三德，凤夜浚明有家；日严祇敬六德，亮采有邦。翕受敷施，九德咸事；俊乂在官，百僚师师，百工惟时。抚于五辰，庶绩其凝。无教逸欲有邦，兢兢业业，一日二日万几。无旷庶官，天工人其代之。天叙有典，敕我五典五惇哉；天秩有礼，自我五礼有庸哉，同寅协恭，和衷哉；天命有德，五服五章哉；天讨有罪，五刑五用哉。政事懋哉懋哉。天聪明，自我民聪明；天明畏，自我民明威。达于上下，敬哉有土！"皋陶曰："朕言惠可厎行？"禹曰："俞，乃言厎可绩。"皋陶曰："予未有知，思日赞赞襄哉。"

帝舜谓禹曰："女亦昌言。"禹拜曰："于，予何言！予思日孳孳。"皋陶难禹曰："何谓孳孳？"禹曰："鸿水滔天，浩浩怀山襄陵，下民皆服于水。予陆行乘车，水行乘舟，泥行乘橇，山行乘樏，行山刊木。与益予众庶稻鲜食。以决九川致四海，浚畎浍致之川。与稷予众庶难得之食。食少，调有余补不足，徙居。众民乃定，万国为治。"皋陶曰："然，此而美也。"

## 【考源疏证】

《皋陶谟》云：

帝曰："来，禹！汝亦昌言。"禹拜曰："都，帝！予何言？予思日孜孜。"皋陶曰："吁！如何？"禹曰："洪水滔天，浩浩怀山襄陵，下民昏垫。予乘四载，随山刊木。暨益奏庶鲜食。予决九川，距四海，浚畎浍，距川。暨稷播奏庶艰食。鲜食，懋迁有无化居。烝民乃粒，万邦作乂。"皋陶曰："俞，师汝昌言。"

禹曰："于，帝！慎乃在位，安尔止。辅德，天下大应。清意以昭待上帝命，天其重命用休。"帝曰："吁，臣哉，臣哉！臣作朕股肱耳目。予欲左右有民，女辅之。余欲观古人之象，日月星辰，作文绣服色，女明之。予欲闻六律五声八音，来始滑，以出入五言，女听。予即辟，女匡拂予。女无面谀，退而谤予。敬四辅臣。诸众谗嬖臣，君德诚施皆清矣。"禹曰："然。帝即不时，布同善恶则毋功。"

**【考源疏证】**

《皋陶谟》云：

禹曰："都，帝！慎乃在位。"帝曰："俞。"禹曰："安汝止，惟几惟康。其弼直，惟动丕应。徯志以昭受上帝，天其申命用休。"帝曰："吁！臣哉邻哉！邻哉臣哉！"禹曰："俞。"帝曰："臣作朕股肱耳目：予欲左右有民，汝翼；予欲宣力四方，汝为；予欲观古人之象，日、月、星辰、山、龙、华虫、作会，宗彝、藻、火、粉米、黼、黻、絺绣，以五采彰施于五色，作服，汝明；予欲闻六律、五声、八音，在治忽，以出纳五言，汝听。予违，汝弼，汝无面从，退有后言。钦四邻，庶顽谗说，若不在时，侯以明之，挞以记之；书用识哉，欲并生哉。工以纳言，时而飏之；格则承之庸之，否则威之。"禹曰："俞哉，帝！光天之下，至于海隅苍生，万邦黎献，共惟帝臣，惟帝时举。敷纳以言，明庶以功，车服以庸。谁敢不让，敢不敬应？帝不时敷，同日奏、罔功。"

《夏本纪》所本此，而要删焉。

帝曰："毋若丹朱傲，维慢游是好，毋水行舟，朋淫于家，用绝其世。予不能顺是。"禹曰："予娶涂山，辛壬癸甲，生启予不子，以故能成水土功。辅成五服，至于五千里，州十二师，外薄四海，咸建五长，各道有功。苗顽不即功，帝其念哉。"帝曰："道吾德，乃女功序之也。"皋陶于是敬禹之德，令民皆则禹。不如言，刑从之。舜德大明。

**【考源疏证】**

《皋陶谟》云：

"无若丹朱傲，惟慢游是好，敖虐是作，罔昼夜额额；罔水行舟，朋淫于家，用殄厥世。""予创若时。娶于涂山，辛壬癸甲，启呱呱而泣，予弗子，惟荒度土功。弼成五服，至于五千；州十有二师；外薄四海，咸建五长。各迪有功，苗顽弗即工。帝其念哉。"帝曰："迪朕德，时乃功惟叙。"皋陶方祗厥叙，方施象刑，惟明。

于是夔行乐，祖考至，群后相让，鸟兽翔舞，箫韶九成，凤皇来仪，百兽率舞，百官信谐。帝用此作歌曰："陟天之命，维时维几。"乃歌曰："股肱喜哉，元首起哉，百工熙哉！"皋陶拜手稽首扬言曰："念哉，率为兴事，慎乃宪，敬哉！"乃更为歌曰："元首明哉，股肱良哉，庶事康哉！"又歌曰："元首丛脞哉，股肱惰哉，万事堕哉！"帝拜曰："然，往钦哉！"于是天下皆宗禹之明度数声乐，为山川神主。

## 【考源疏证】

《皋陶谟》云：

夔曰："戛击鸣球，搏拊琴瑟以咏，祖考来格；虞宾在位，群后德让。下管鼗鼓，合止柷敔，笙镛以间；鸟兽跄跄。箫韶九成，凤皇来仪。"夔曰："于！予击石拊石，百兽率舞，庶尹允谐。"帝庸作歌，曰："敕天之命，惟时惟几。"乃歌曰："股肱喜哉，元首起哉！百工熙哉。"皋陶拜手稽首，飏言曰："念哉！率作兴事，慎乃宪，钦哉！屡省乃成，钦哉！"乃赓载歌曰："元首明哉，股肱良哉，庶事康哉！"又歌曰："元首丛脞哉，股肱惰哉，万事堕哉！"帝拜曰："俞，往钦哉！"

沈佳嗳君指出，《夏本纪》"于是天下皆宗禹之明度数声乐，为山川神主"非《皋陶谟》原文，司马贞《史记集解》引徐广曰："舜本纪云禹乃兴九韶之乐。"当有关联。谢钊馨君亦留意此节，并引梁玉绳说：

禹无兴乐之事，而史谓招乐是禹兴之，《夏纪》亦云，禹明度数声乐，未知何据，岂因《大戴礼》身度声律之语而误欤？《吕氏春秋》古乐篇言，誉作九招，舜令质修之，又言皋陶为禹作夏籥，九成以招其功，《山海大荒西经》言：启始歌九招，谓禹兴九招，亦犹斯说，则不必一夔而足矣，殿本史记考证，满洲德龄氏曰，禹字疑当作夔，盖夔为典乐之官，不归其功于夔，不可叙，二十二人之成功，而独遗典乐之夔，亦不可，且叙禹于诸臣后者，以禹功为最大也，而大乐之作，所以告成功，故又叙夔于禹之后，其次序固秩然不紊也，《夏本纪》"舜德大明，于是夔行乐"一段，尤可为夔字明证。[1]

谢君以为："梁氏的说法不一定完全符合事实，但若和上述的文本相对照，我们反而可以推测，太史公是因为'唯禹之功为大'，故意将禹与九招之乐联系起来，而不列出夔，到了《夏本纪》中，为了对《五帝本纪》做补充，又将'夔行乐'一段的文本补上，并且特意再次联系禹作乐来与前文呼应，因而在后面加了'于是天下皆宗禹之明度数声乐，为山川神主'一句，认为该句太史公应是糅合了《五帝德》篇中'声为律，身为度，称以上士'和'亹亹穆穆，为纲为纪，巡九州，通九道，陂九泽，度九山，为神主，为民父母'这两段。"

帝舜荐禹于天，为嗣。十七年而帝舜崩。三年丧毕，禹辞辟舜之子商均于阳城。天下诸侯皆去商均而朝禹。禹于是遂即天子位，南面朝天下，国号曰夏后，姓姒氏。

---

[1] （清）梁玉绳：《史记志疑》卷一，中华书局1981年版，第23页。

帝禹立而举皋陶荐之，且授政焉，而皋陶卒。封皋陶之后于英、六，或在许。而后举益，任之政。十年，帝禹东巡狩，至于会稽而崩。以天下授益。三年之丧毕，益让帝禹之子启，而辟居箕山之阳。禹子启贤，天下属意焉。及禹崩，虽授益，益之佐禹日浅，天下未洽。故诸侯皆去益而朝启，曰"吾君帝禹之子也"。于是启遂即天子之位，是为夏后帝启。

## 【考源疏证】

《孟子·万章上》云：

> 万章问曰："人有言：'至于禹而德衰，不传于贤，而传于子。'有诸？"孟子曰："否，不然也。天与贤，则与贤；天与子，则与子。昔者，舜荐禹于天，十有七年，舜崩，三年之丧毕，禹避舜之子于阳城，天下之民从之，若尧崩之后不从尧之子而从舜也。禹荐益于天，七年，禹崩，三年之丧毕，益避禹子于箕山之阴。朝觐讼狱者不之益而之启，曰：'吾君之子也。'讴歌者不讴歌益而讴歌启，曰：'吾君之子也。'丹朱之不肖，舜之子亦不肖。舜之相尧、禹之相舜也，历年多，施泽于民久。启贤，能敬承继禹之道。益之相禹也，历年少，施泽于民未久。舜、禹、益相去久远，其子之贤不肖，皆天也，非人之所能为也。莫之为而为者，天也；莫之致而至者，命也。匹夫而有天下者，德必若舜禹，而又有天子荐之者，故仲尼不有天下。继世而有天下，天之所废，必若桀纣者也，故益、伊尹、周公不有天下。伊尹相汤以王于天下，汤崩，太丁未立，外丙二年，仲壬四年，太甲颠覆汤之典刑，伊尹放之于桐，三年，太甲悔过，自怨自艾，于桐处仁迁义，三年，以听伊尹之训己也，复归于亳。周公之不有天下，犹益之于夏、伊尹之于殷也。孔子曰：'唐虞禅，夏后殷周继，其义一也。'"①

如《五帝本纪》述尧、舜禅让，此节史公述舜、禹禅让及天下归心于禹子启，史事与义理均本《孟子》。唯插叙禹荐皋陶荐于天而皋陶卒一节，史源未详。按《史记·陈杞世家》尝述及皋陶之后受封之事：

> 舜之后，周武王封之陈，至楚惠王灭之，有世家言。禹之后，周武王封之杞，楚惠王灭之，有世家言。契之后为殷，殷有本纪言。殷破，周封其后于宋，齐湣王灭之，有世家言。后稷之后为周，秦昭王灭之，有本纪言。皋陶之后，或封英、六，楚穆王灭之，无谱。伯夷之后，至周武王复封于齐，曰太公望，陈氏灭之，有世家言。伯翳之后，至周平王时封为秦，项羽灭之，有本纪言。垂、益、夔、龙，其后不知所封，不见也。右十一人者，皆唐虞之际名有功德臣也；其五人之后皆至帝王，余乃为显诸侯。滕、薛、骓、夏、殷、周之间封也，小，不足齿列，弗论也。

未及皋陶受禹之荐一事。然补入此事，关系实大。盖大禹荐继位者，就一时功德论之，皋陶最贤，何舍皋陶而荐益？又益终不得人心，孟子以为"历年少，施泽于民未久"之故，

---

① 沈佳嗳君指出，《夏本纪》有两点与《孟子·万章上》不同：（一）禹在位之年，《孟子》作"七年"，《竹书纪年》作"八年"，太史公据何作"十年"？（二）《夏本纪》"益让帝禹之子启，而辟居箕山之阳"，而《孟子》"阳"字作"阴"，待考。

若然，则非益之不贤所致，实禹帝不早为预备之过也。循此推论，则禹帝恐有私天下之嫌。实则战国诸子颇有持论如此者，如《韩非子·外储说右下》云：

> 潘寿谓燕王曰："王不如以国让子之。人所以谓尧贤者，以其让天下于许由，许由必不受也，则是尧有让许由之名而实不失天下也。今王以国让子之，子之必不受也，则是王有让子之之名而与尧同行也。"于是燕王因举国而属之，子之大重。

> 一曰：潘寿，阚者。燕使之聘之。潘寿见燕王曰："臣恐子之之如益也。"王曰："何益哉？"对曰："古者，禹死，将传天下于益，启之人因相与攻益而立启。今王信爱子之，将传国子之，太子之人尽怀印，为子之之人无一人在朝廷者。王不幸弃群臣，则子之亦益也。"王因收吏玺，自三百石以上皆效之子之，子之大重。夫人主之所以镜照者，诸侯之士徒也；今诸侯之士徒，皆私门之党也。人主之所以自浅娟者，岩穴之士徒也；今岩穴之士徒，皆私门之舍人也。是何也？夺褫之资，在子之也。故吴章曰："人主不佯憎爱人，佯爱人不得复憎也，佯憎人不得复爱也。"

> 一曰：燕王欲传国于子之也，问之潘寿。对曰："禹爱益而任天下于益，已而以启人为吏，及老，而以启为不足任天下，故传天下于益，而势重尽在启也。已而启与友党攻益，而夺之天下，是禹名传天下于益，而实令启自取之也。此禹之不及尧舜明矣。今王欲传之子之，而吏无非太子之人者也，是名传之，而实令太子自取之也。"燕王乃收玺，自三百石以上皆效之子之，子之遂重。

又《战国策·燕策》云：

> 或曰："禹授益而以启为吏，及老，而以启为不足任天下，传之益也。启与支党委公益而夺之天下，是禹名传天下于益，其实令启自取。今王言属国子之，而吏无非太子人者，是名属子之，而太子用事。"王因收印自三百石吏而效之子之。子之南面行王事，而哙老不听政，顾为臣，国事皆决子之。

燕王、子之之事，《史记·燕召公世家》亦采之：

> 鹿毛寿谓燕王："不如以国让相子之。人之谓尧贤者，以其让天下于许由，许由不受，有让天下之名而实不失天下。今王以国让于子之，子之必不敢受，是王与尧同行也。"燕王因属国于子之，子之大重。或曰："禹荐益，已而以启人为吏。及老，而以启人为不足任乎天下，传之益。已而启与交党攻益，夺之。天下谓禹名传天下于益，已而实令启自取之。今王言属国于子之，而吏无非太子人者，是名属子之而实太子用事也。"王因收印自三百石吏已上而效之子之。子之南面行王事，而哙老不听政，顾为臣，国事皆决于子之。

虽然，太史公述禹帝事，义理一本《孟子》，特为补入荐举皋陶一重曲折，则自可消弭燕王子之史事中所议禹帝之失。

禹、启继统，为华夏历史一大转关，《礼记·礼运》所论最为详切：

> 昔者仲尼与于蜡宾，事毕，出游于观之上，喟然而叹。仲尼之叹，盖叹鲁也。言偃在侧曰："君子何叹？"孔子曰："大道之行也，与三代之英，丘未之逮也，而有志焉。"大道之行也，天下为公，选贤与能，讲信修睦。故人不独亲其亲，不独子其子，

使老有所终，壮有所用，幼有所长，矜寡孤独废疾者，皆有所养。男有分，女有归。货恶其弃于地也，不必藏于己；力恶其不出于身也，不必为己。是故谋闭而不兴，盗窃乱贼而不作，故外户而不闭，是谓大同。今大道既隐，天下为家，各亲其亲，各子其子，货力为己，大人世及以为礼。城郭沟池以为固，礼义以为纪；以正君臣，以笃父子，以睦兄弟，以和夫妇，以设制度，以立田里，以贤勇知，以功为己。故谋用是作，而兵由此起。禹、汤、文、武、成王、周公，由此其选也。此六君子者，未有不谨于礼者也。以著其义，以考其信，著有过，刑仁讲让，示民有常。如有不由此者，在势者去，众以为殃，是谓小康。

自大同世转入小康世，儒家虽不无感慨，但仍以此为历史大势所趋，故肯定禹、汤、文、武、成王、周公之功。

夏后帝启，禹之子，其母涂山氏之女也。有扈氏不服，启伐之，大战于甘。将战，作《甘誓》，乃召六卿申之。启曰："嗟！六事之人，予誓告女：有扈氏威侮五行，怠弃三正，天用剿绝其命。今予维共行天之罚。左不攻于左，右不攻于右，女不共命。御非其马之政，女不共命。用命，赏于祖；不用命，戮于社，予则帑戮女。"遂灭有扈氏。天下咸朝。

**【考源疏证】**

《书序》云："启与有扈战于甘之野，作《甘誓》。"《甘誓》云：

大战于甘，乃召六卿。王曰："嗟！六事之人，予誓告汝。有扈氏威侮五行，怠弃三正。天用剿绝其命，今予惟恭行天之罚。左不攻于左，汝不恭命；右不攻于右，汝不恭命；御非其马之正，汝不恭命。用命，赏于祖；弗用命，戮于社。予则孥戮汝。"

《史记》本之。又《吕氏春秋·季春纪》载：

夏后伯启与有扈战于甘泽而不胜，六卿请复之，夏后伯启曰："不可。吾地不浅，吾民不寡，战而不胜，是吾德薄而教不善也。"于是乎处不重席，食不贰味，琴瑟不张，钟鼓不修，子女不饬，亲亲长长，尊贤使能，期年而有扈氏服。故欲胜人者必先自胜，欲论人者必先自论，欲知人者必先自知。

此说启以德服有扈，与《甘誓》之说有别，太史公考信于六艺，百家言有违六艺者，则不之取，此其例也。

夏后帝启崩，子帝太康立。帝太康失国，昆弟五人，须于洛汭，作《五子之歌》。

**【考源疏证】**

《书序》："太康失邦，昆弟五人，须于洛汭，作《五子之歌》。"

　　太康崩，弟中康立，是为帝中康。帝中康时，羲、和湎淫，废时乱日。胤往征之，作《胤征》。

**【考源疏证】**

《书序》："羲、和湎淫，废时乱日。胤往征之，作《胤征》。"

　　中康崩，子帝相立。帝相崩，子帝少康立。帝少康崩，子帝予立。帝予崩，子帝槐立。帝槐崩，子帝芒立。帝芒崩，子帝泄立。帝泄崩，子帝不降立。帝不降崩，弟帝扃立。帝扃崩，子帝廑立。帝廑崩，立帝不降之子孔甲，是为帝孔甲。帝孔甲立，好方鬼神，事淫乱。夏后氏德衰，诸侯畔之。天降龙二，有雌雄，孔甲不能食，未得豢龙氏。陶唐既衰，其后有刘累，学扰龙于豢龙氏，以事孔甲。孔甲赐之姓曰御龙氏，受豕韦之后。龙一雌死，以食夏后。夏后使求，惧而迁去。

**【考源疏证】**

此章述孔甲食龙事，本诸《左传》昭公二九年：

　　秋，龙见于绛郊。魏献子问于蔡墨曰："吾闻之：虫莫知于龙，以其不生得也，谓之知，信乎？"对曰："人实不知，非龙实知。古者畜龙，故国有豢龙氏，有御龙氏。"献子曰："是二氏者，吾亦闻之，而不知其故，是何谓也？"对曰："昔有飂叔安，有裔子曰董父，实甚好龙，能求其耆欲以饮食之，龙多归之，乃扰畜龙，以服事帝舜，帝赐之姓曰董，氏曰豢龙，封诸鬷川，鬷夷氏其后也。故帝舜氏世有畜龙。及有夏孔甲，扰于有帝，帝赐之乘龙，河、汉各二，各有雌雄。孔甲不能食，而未获豢龙氏。有陶唐氏既衰，其后有刘累，学扰龙于豢龙氏，以事孔甲，能饮食之。夏后嘉之，赐氏曰御龙，以更豕韦之后。龙一雌死，潜醢以食夏后。夏后飧之，既而使求之。惧而迁于鲁县，范氏其后也。"

按《史记·封禅书》云："后十四世，至帝孔甲，淫德好神，神渎，二龙去之。"《三代世表》亦采此说，则与《夏本纪》稍异。

孔甲事迹，又见于《吕氏春秋·季夏纪》：

　　夏后氏孔甲田于东阳萯山，天大风晦盲，孔甲迷惑，入于民室，主人方乳，或曰："后来是良日也，之子是必大吉"，或曰："不胜也，之子是必有殃"。后乃取其子以归，曰："以为余子，谁敢殃之？"子长成人，幕动坼橑，斧斫斩其足，遂为守门者。孔甲曰："呜呼！有疾，命矣夫！"乃作为《破斧》之歌，实始为东音。

《史记》不载此事。

　　孔甲崩，子帝皋立。帝皋崩，子帝发立。帝发崩，子帝履癸立，是为桀。帝桀之时，自孔甲以来而诸侯多畔夏，桀不务德而武伤百姓，百姓弗堪。乃召汤而囚之夏台，已而释之。汤修德，诸侯皆归汤，汤遂率兵以伐夏桀。桀走鸣条，遂放而死。桀谓人曰："吾悔不遂杀汤于夏台，使至此。"汤乃践天子位，代夏朝天下。汤封夏之后，至周封于杞也。

## 【考源疏证】

上述夏朝世系，未能详其史源。按《史记·三代世表序》云：

> 太史公曰：五帝、三代之记，尚矣。自殷以前诸侯不可得而谱，周以来乃颇可
> 着。孔子因史文次春秋，纪元年，正时日月，盖其详哉。至于序尚书则略，无年月；
> 或颇有，然多阙，不可录。故疑则传疑，盖其慎也。余读谍记，黄帝以来皆有年数。
> 稽其历谱谍终始五德之传，古文咸不同，乖异。夫子之弗论次其年月，岂虚哉！于是
> 以《五帝系谍》《尚书》集世纪黄帝以来讫共和为世表。

观此，则知太史公序次三代世系之审慎。谢钊馨君引金德建先生《司马迁所见书考》说：
"《谍记》乃总名，包括五帝三代历谱，而《春秋历谱谍》乃其一。《谍记》即《世本》，
《汉志·六艺略》《世本》十五篇。《论衡·对作篇》亦称《世本》十五家，家即篇也。班
云：'古史官记皇帝以来，讫春秋时诸侯大夫。'其说盖本《别录》。以为古史官作，固未
必确；……余意当出张仓。《史记·十二诸侯年表序》曰：'汉相张苍，《历谱》五德。'此
《历谱》作于张苍之证。《颜氏家训》称'《世本》有燕王喜、汉高祖，能纪高祖'。其作
必在汉代，而司马迁已早见及……计全书之亡，当在宋代。有清人钱大昭、孙冯翼、秦嘉
谟、洪饴孙、雷学淇、张澍诸家辑本。"[1]今按清儒茆泮林辑《世本》：

> 启，禹子。（《书·益稷》正义。）〇帝杼。（《史·夏本纪》索隐。）〇帝芬。
> （仝上。）〇帝降。（仝上。）〇帝皋生发及桀。（仝上。）帝皋生发及履癸，履癸一名
> 桀。（《史·三代世表》索隐）[2]

《世本》以桀为帝发之弟，非其子，与《夏本纪》异。

关于夏、商革命，《书序》云："伊尹相汤，伐桀，升自陑，遂与桀战于鸣条之野，作
《汤誓》。"《汤誓》云：

> 予惟闻汝众言，夏氏有罪，予畏上帝，不敢不正。今汝其曰："夏罪其如台？"夏
> 王率遏众力，率割夏邑，有众率怠弗协，曰："时日曷丧？予及汝皆亡！"

故太史公曰："桀不务德而武伤百姓，百姓弗堪。"民心不附，于是天命转移。

商汤克夏，太史公云："汤修德，诸侯皆归汤，汤遂率兵以伐夏桀。"修德为本，而后
兵力从之，此自黄帝纪以来一贯之叙事也。《大戴礼记·诰志》云：

> 文王治以俟时；汤治以伐乱；禹治以移众，众服，以立天下；尧贵以乐治时，举
> 舜，舜治以德使力。

言之最谛。

克夏始末，诸子颇有述其事者，如《吕氏春秋·仲秋纪》云：

> 殷汤良车七十乘，必死六千人，以戊子战于郕，遂禽推移、大牺，登自鸣条，乃

① 金德建：《司马迁所见书考》，上海人民出版社1963年版，第19—20页。

② （清）茆泮林辑：《世本》，《世本八种》，中华书局2008年版，第13页。

入巢门，遂有夏。桀既奔走，于是行大仁慈以恤黔首；反桀之事，遂其贤良，顺民所喜，远近归之，故王天下。

《淮南子·本经训》云：

> 舜之时，共工振滔洪水，以薄空桑，龙门未开，吕梁未发，江、淮通流，四海溟津，民皆上丘陵，赴树木。舜乃使禹疏三江五湖，辟伊阙，导瀍、涧，平通沟陆，流注东海。鸿水漏，九州干，万民皆宁其性。是以称尧、舜以为圣。晚世之时，帝有桀、纣，（桀）为琁室、瑶台、象廊、玉床，纣为肉圃、酒池，燎焚天下之财，罢苦万民之力。刳谏者，剔孕妇，攘天下，虐百姓。于是汤乃以革车三百乘伐桀于南巢，放之夏台；武王甲卒三千破纣牧野，杀之于宣室，天下宁定，百姓和集。是以称汤、武之贤。由此观之，有贤圣之名者，必遭乱世之患也。

《淮南子·泛论训》云：

> 故乱国之君，务广其地而不务仁义，务高其位而不务道德，是释其所以存，而造其所以亡也。故桀囚于焦门，而不能自非其所行，而悔不杀汤于夏台；纣（拘）于宣室，而不反其过，而悔不诛文王于羑里。二君处强大（之势），脩仁义之道，汤、武救罪之不给，何谋之敢（虑）！

商汤既代夏，乃封夏之后。按《书序》云："汤既胜夏，欲迁其社，不可。作《夏社》《疑至》《臣扈》。"晚出孔传云："汤承尧、舜禅代之后，顺天应人，逆取顺守而有惭德，故革命创制，改正易服，变置社稷，而后世无及句龙者，故不可而止。"立夏后者，盖亦逆取顺守之意也。

> 太史公曰：禹为姒姓，其后分封，用国为姓，故有夏后氏、有扈氏、有男氏、斟寻氏、彤城氏、褒氏、费氏、杞氏、缯氏、辛氏、冥氏、斟（氏）戈氏。孔子正夏时，学者多传夏小正云。自虞、夏时，贡赋备矣。或言禹会诸侯江南，计功而崩，因葬焉，命曰会稽。会稽者，会计也。

# 魏晋南北朝类书考①

## 王京州

　　自魏文帝曹丕"使诸儒撰集经传，随类相从"（《三国志·魏书·文帝纪》）而编成的《皇览》问世，类书一体得以确立，然而此后两百年间，该著述体式却寖微不振。直至齐梁，类书又沛然复兴，《四部要略》《寿光书苑》《华林遍略》等类书迭出，前后辉映。至于北朝，则有《帝王集要》《科录》《修文殿御览》等，与南朝相竞胜。官修类书之外，又有刘孝标《类苑》、陶弘景《学苑》等私修类书，篇幅亦不遑多让。然而令人遗憾的是，除佛教类书《经律异相》、道教类书《无上密要》尚留存于今外，魏晋南北朝类书从整体上已沉湮于历史的深处，仅保存有零星的佚文，无法复原昔日的繁华胜景。

　　官修类书，篇帙浩瀚，互相标榜，前后相因，如《长洲玉镜》"源本出自《华林遍略》"（杜宝《大业杂记》）、《三教珠英》"增损《文思博要》"（《太平御览》卷六〇一引《唐书》）而成之类。魏晋南北朝类书虽大多亡佚不传，然而早已衣被后世，如《太平御览》"参详条次"《修文殿御览》《艺文类聚》《文思博要》等前代类书，则《修文殿御览》正可赖《太平御览》以赓续。不惟类书，其他典籍也多受类书滋养，如贾思勰《齐民要术》引书多达一百六十余种，尤其卷十更是缥缃满目，有学者怀疑这些引文即出自《华林遍略》②。此外出自北人之手却大量引用南人著作的《水经注》很可能也受到了类书的沾溉③。

　　本文拟在前贤时彦辑录考证的基础上，对产生于魏晋南北朝时期，可考知名目的三十六部类书撰写提要，从撰人、著录、流传、体例、辑佚、价值等方面进行考索和梳理，尽可能呈现这一时期类书编纂的面貌。疏误之处，必不可免，恳请方家不吝指正。

## 一、皇览

　　"皇览"二字，一般认为源自《离骚》"皇览揆余初度兮"，并受王逸注"皇，皇考也；览，观也"之影响，司马贞《史记索隐》"宜皇王之省览，故曰'皇览'"可谓代表。朱晓海先生则认为"取义《周易》卷三《观·象》'大观在上……下观而化也……圣人以神道设教，而天下服矣'"④。

　　《皇览》一书规模巨大，篇幅浩繁。据《三国志·魏书·文帝纪》"凡千余篇"，《杨俊

　　① 本文为国家社科基金重大项目"中国古代类书叙录、整理与研究"（19ZDA245）的阶段性研究成果。

　　② 参考刘安志：《关于中古官修类书的源流问题》，《新资料与中古文史论稿》，上海世纪出版股份有限公司、上海古籍出版社2014年版，第270—275页。

　　③ 参考邢培顺：《论〈水经〉为〈皇览〉的一部分》，《古籍整理研究学刊》2016年第3期。

　　④ 朱晓海：《〈隋书·经籍志·叙论〉东汉至西晋节补正》，《中正大学中文学术年刊》总第16期，2010年12月。

传》注引《魏略》"合四十余部，部有数十篇，通合八百余万字"，可知该书大致规模。由于整体亡佚，各部类之名已难以探知。据现存佚文，仅可推知其中的三种分类，分别是"冢墓""逸礼""阴谋"。

《皇览》堪称是南北朝类书勃兴的渊泉，据史臣记载，此期类书大多摹仿《皇览》而成。如《史林》"魏文帝《皇览》之流也"（《南史·齐高帝纪》）、《四部要略》"集学士抄五经百家，依《皇览》例"（《南史·齐竟陵文宣王子良传》）、《法宝连璧》"以比王象、刘邵之《皇览》焉"（《南史·陆罩传》）、《修文殿御览》的编者钦慕"《皇览》包括群言、区分义别"（祖珽《上〈修文殿御览〉表》）等。由此可见，《皇览》的垂范作用是巨大的。

宋代以来，《皇览》为"类书之祖"的说法不断得到强化，如吴淑《事类赋序》、王应麟《玉海·艺文·承诏撰述篇》、方以智《通雅·释诂》及《四库提要·事类赋提要》等，均有相关认定。至于《皇览》非类书的质疑则起于近世，日本学者铃木启造率先发难，木岛史雄翊赞其说，此后津田资久则对《皇览》的类书性质予以回护，而朱晓海先生也认为《皇览》不著出处，与一般的类书不同①。以上诸家的说法有助于我们重新审视《皇览》的体例，但其笼括群言、分门区义的类书性质以及"类书之祖"的地位是难以撼动的。

后世有三种辑本：（1）王谟辑《皇览逸礼》，收入《汉魏遗书钞》；（2）孙冯翼辑《皇览》一卷，收入《问经堂丛书》；（3）黄奭辑《魏皇览》一卷，收入《黄氏逸书考》。日本学者新美宽、铃木隆一补辑该书佚文五条②。

## 二、要览

文人私编小型类书，以裨益于文学创作，陆机《要览》为滥觞之作，开后世沈约《袖中记》、李商隐《密钥》等私编类书之先河。《旧唐书·经籍志》子部杂家类著录"陆士衡《要览》三卷"，《新唐书·艺文志》《通志·艺文略》因之。《崇文总目》改入类书类，称"《要览》二卷"，不题撰人；《遂初堂书目》类书类称"陆机《要览》"，不题卷数；《宋史·艺文志》类事类则题作"陆机《会要》一卷"。盖是书宋时尚存，然已有阙佚。《玉海·艺文》存陆机自序，称："直省之暇，乃集要术三篇，上曰《连璧》，集其嘉名，取其连类；中曰《述闻》，实述余之所闻；下曰《析名》，乃搜同辨异也。"③尚可略窥其内容与体制。《玉海》之后，不复著录，盖亡于宋元之际。

马国翰《玉函山房辑佚书》有该书辑本一卷，刘运好、刘全波在此基础上各有补遗④。

---

① ［日］铃木启造：《类书考——〈皇览〉について》，《中国古代史研究》，东京研文出版1989年版；［日］木岛史雄：《类书の发生——〈皇览〉の性格なめぐって》，《汲古24》，东京汲古书院1994年版；［日］津田资久：《汉魏之际的〈皇览〉编纂》，《魏晋南北朝史论文集》，巴蜀书社2006年版，第319—324页。

② ［日］新美宽编、［日］铃木隆一补：《本邦残存典籍による辑佚数据集成（续）》，京都大学人文科学研究所1963年版。

③ 武秀成、赵庶洋校证：《玉海艺文校证（修订本）》，凤凰出版社2017年版，第955页。

④ 参考刘运好：《陆士衡文集校注》，凤凰出版社2007年版，第1294—1298页；刘全波：《魏晋南北朝类书编纂研究》，民族出版社2018年版，第255页。

## 三、并合皇览

《皇览》流布至南朝，虽流传有序，被时人奉为经典，然由于部帙浩繁，学者利用多有不便，何承天、徐爰各自撰述之《并合皇览》应是为迎合这种需要而产生。《新唐书·艺文志》子部类书类著录："何承天《并合皇览》一百二十卷。徐爰《并合皇览》八十四卷。"《隋书·经籍志》《旧唐书·经籍志》亦著录，书名则径称《皇览》。其中《隋书·经籍志》称：

> 梁又有《皇览》一百二十三卷，何承天合，亡；梁又有《皇览》五十卷，徐爰合，《皇览目》四卷，亡。

所言"合"或"并合"，应指一种著述方式，即在辨疑和考证的基础上，加以删削和订正。丁子复《唐书合抄补正序》称："沈氏标举阙讹，鲜有折衷，所举之外，犹多疑义，不加考证，疏略奈何？"沈氏指沈炳震，《唐书合抄》一书出于其手。丁子复在序中认为"合抄"理应"标举阙讹"，加以"折衷"和"考证"，而《唐书合抄》未能臻此，显得名不副实。

新美宽编、铃木隆一补《本邦残存典籍による辑佚数据集成》辑有何承天《纂要》佚文八则，疑此《纂要》为《并合皇览》之部分内容，涉戴逵、颜延之《纂要》之名而讹。

## 四、古今善言

《隋书·经籍志》子部杂家类著录："《古今善言》三十卷，宋车骑将军范泰撰。"按，范泰为范晔之父，《宋书》本传称其"博览篇籍，好为文章，爱奖后生，孜孜无倦。撰《古今善言》二十四篇及文集，传于世"。《日本国见在书目录》《旧唐书·经籍志》《新唐书·艺文志》俱著录，卷数则有所不同。《崇文总目》《宋史·艺文志》亦载之，盖此书宋时犹存，此后渐次亡佚。马国翰《玉函山房辑佚书》有辑本一卷，实则仅收佚文三条。

《太平御览》两处所引均为羊续事，前称"灵帝时欲用羊续为三司，而中官求其贿，续出黄纸补袍以示使者"，后称"续出黄纸补葛袍以示使人，时人曰'天下清苦羊续祖'"，二事可缀合为一。按，羊续"出葛袍以示使"事又见《北堂书钞》，孔广陶校注本曾据《太平御览》以校《北堂书钞》，发现二书异文正可互相参补。

以现存佚文观之，《古今善言》辑录古今妙语佳句，并不征引典籍，与《世说新语》之《言语》《识鉴》《赏誉》等篇目旨趣相通，然而《隋书·经籍志》列于杂家，盖以其言必有据，与小说家言不类。由于现存佚文太少，无法确知其性质，《秘书省续编到四库阙书目》归为类书类，今从之。

## 五、史林

《南史·齐本纪上》称："（齐高帝）又诏东观学士撰《史林》三十篇，魏文帝《皇览》之流也。"《南齐书·高帝纪》未载此事，《隋书·经籍志》亦未著录该书。按东观即总明观，宋明帝泰始六年（470）立，下设儒、玄、文、史四科；随后又以国学既立，省总明观，开学士观于王俭宅，事载《南史·王俭传》。王立群曾考证南齐学士职责渐繁，涉及撰写郊庙雅乐歌辞、修礼以及著书抄书等[1]，以《史林》及齐竟陵王萧子良"集学士"编《四部要略》等行为来看，南齐学士奉命"著书抄书"正体现为类书的编纂。

齐东观学士姓名可考者有刘融、何法图、何昙秀、司马宪（分别见《南史·谢朓宗传》及《丘巨源传附司马宪传》），四人是否即奉敕编纂《史林》的东观学士则不可确考。书称"史林"，盖主要采摘史书材料，分类编纂而成，或参编之东观学士主要为史馆学士，亦未可知。

# 六、四部要略

关于《四部要略》的记载远较《史林》为详，见《南齐书·竟陵文宣王子良传》：

> 五年，正位司徒，给班剑二十人，侍中如故。移居鸡笼山邸，集学士抄五经、百家，依《皇览》例为《四部要略》千卷。招致名僧，讲语佛法，造经呗新声。道俗之盛，江左未有也。

《南史》与此所记略同。萧子良位至司徒、侍中，倾意宾客，广开西邸，"天下才学皆游集焉"。《读史方舆纪要》卷二〇《江南二》"鸡鸣山"条载："齐永明二年，竟陵王子良镇西州，开西邸于鸡笼山。"至于永明五年（487），西邸已开三年，名僧高士，一时云集。遂命诸学士以抄书为基础，进而编成类书，既是萧子良提高声誉，也是他笼络士人之手段。竟陵西邸学士姓名可考者有宗夬、孔休源、江革，另外参与该书编纂的可能还有陆慧晓、王亮[2]。

《四部要略》从称名来看，应是涵括经、史、子、集四部而言，然而《南齐书》称"抄五经、百家"，虽仅就经、子而言，史、集的内容亦应涉及。由此可上推《皇览》的"撰集经传""经传"亦应涵括四部内容，必不限于经、传。《皇览》"千余篇"，《四部要略》亦"千卷"，其体制之恢弘，规模之浩大，不仅在六朝时代罕有其匹，在整个类书史上也不多见。

# 七、皇览抄

《隋书·经籍志》子部杂家类："梁又有《皇览抄》二十卷，梁特进萧琛抄，亡。"《旧唐书·经籍志》《新唐书·艺文志》不复著录。据《南史》本传，萧琛尚有《汉书文府》《齐梁拾遗》，盖亦为抄撮之作。又萧琛列名"竟陵八友"之一，竟陵王萧子良曾于西邸命诸学士撰《四部要略》，萧琛纵未参与，亦应对编类书之事耳濡目染，其《皇览抄》或即受萧子良"集学士""依《皇览》例"编《四部要略》的影响。

---

[1] 王立群：《〈文选〉成书研究》，大象出版社2015年版，第89—90页。
[2] 参见雷敦渊：《隋代以前类书之研究》，花木兰文化出版社2011年版，第50—56页。

## 八、金海

《南史》卷七《梁武帝纪》载其著述有"《金海》三十卷"，王应麟《玉海·艺文》"承诏撰述类书"载之。胡应麟《少室山房笔丛·乙部艺林学山二》称："梁武帝撰《金海》，王应麟撰《玉海》；周兴嗣撰《千字文》，隋满徽撰《万字文》。"盖以著述题名前后相承，故记之。接着又指出："齐张融集名《玉海》，在梁武前，王伯厚盖祖之，非始创也。"后又加注称："伯厚书名虽本张融，实与《金海》同为类书。""玉海"与"金海"，取义相同，王应麟著录梁武帝《金海》三十卷，并将之归入类书，亦应有比况之意。

## 九、袖中记

沈约《袖中记》不见于本传，而见载于《隋书·经籍志》子部杂家类，《旧唐书·经籍志》亦著录，卷数则从二卷减为一卷，或前后分卷不同，或已是残剩之稿。《日本国见在书目录》著录《袖中记》二卷，又有《袖中书》十一卷、《袖中抄》一卷。孙猛怀疑后者为《袖中记》之摘抄，前者则包含《袖中记》《俗说》《杂说》《珠丛》而言[1]。《隋书·经籍志》著录梁有《俗说》五卷，《袖中记》《杂说》各二卷，《珠丛》一卷，合为十卷，多出一卷，或即目录。此四书作者均题为沈约，卷少帙薄，便于携带，可置于袖中，与葛稚川《肘后备急方》命意相仿。

学界认为丛书始见于宋代，《儒学警悟》《百川学海》开风气之先，如上所述，《袖中记》十一卷本可能包含了沈约的四种著作，已可视为丛书之滥觞。沈约既服膺于同时士人的博闻强识，如对刘杳腹笥五车"大以为然"（《梁书·文学·刘杳传》），又深谙时主倾心于博学炫才，如以梁武之"护前"而"少帝三事"（《梁书·沈约传》）。作为文坛领袖的沈约，必深受当时征事之风的影响，虽未必侧身于大型官修类书如《四部要略》《华林遍略》的修纂，却躬身私纂小型类书，这是治文学史者应当注意的。

## 十、类苑

《梁书》本传称刘孝标遍借异书，号为"书淫"，通夜不寐，燎炬读书，蔚然高才，名动京师。然而"率性而动，不能随众浮沉，高祖颇嫌之"，何种率性？何不随众？何以嫌之？《梁书》本传未详，而《南史》载其轶事，称梁武帝尝策事"锦被"，众人"咸言已罄"，而刘孝标"忽请纸笔，疏十余事"，坐客莫不大惊失色。盖权贵护前，自当藏锋守拙，此所以鲍照"文多鄙言累句"（《宋书·鲍照传》）而江淹"晚节才思微退"（《梁书·江淹传》）也。

刘孝标《辨命论》为千古名论，《梁书》本传详录之，又见载于《文选》卷五四。关于此论撰作之动因，史臣称"高祖颇嫌之，故不任用，乃著《辨命论》以寄其怀"，而李善注称"负材矜地，自谓坐致云霄，岂图逡巡十稔，而荣惭一命，因著兹论"，均未得其

---

① 孙猛：《日本国见在书目录详考》，上海古籍出版社2015年版，第1118—1119页。

详。《南史》虽未详载《辨命论》原文，却指出其创作背景正在于与梁武帝之间的类书"竞赛"："及峻《类苑》成，凡一百二十卷，帝即命诸学士撰《华林遍略》以高之，竟不见用。乃著《辨命论》以寄其怀。"盖物有沉浮，人有穷达，自古迄今，无足复数，而呕心沥血之成果，一旦遭厄被黜，令人痛何如之。其《答刘之遴借〈类苑〉书》末称："岂冀藏山之石，播于士大夫哉！"盖仍怀怨于类书、视梁武为仇雠也。

刘孝标《类苑》之修纂，史称为安成康王萧秀"给其书籍，使抄录事类"，爰成《类苑》一书，与胤祉资助陈梦雷纂《古今图书集成》略相仿。《类苑》著录于《隋书·经籍志》《旧唐书·经籍志》《新唐书·艺文志》及《日本国见在书目录》，并云一百二十卷，唯《隋书·经籍志》又称"梁《七录》八十二卷"，盖书未成已行世之未完本。宋代书目除《通志·艺文略》外，均未著录，盖亡于唐末兵燹。孙猛称日本《撮壤集》引有此书，程金造、桂罗敏各有辑佚[1]。

# 十一、华林遍略

据《南史·何思澄传》，奉敕撰《华林遍略》之诸学士以徐勉领衔，还包括何思澄、顾协、刘杳、王子云、钟屿等六人，"八年乃书成，合七百卷"。《梁书·文学·刘杳传》《梁书·文学·钟嵘传》《梁书·文学·何思澄传》等文献亦可互证。关于奉敕编撰《华林遍略》的学士总人数，除上引徐勉等六人之说外，还有二说：一见于法琳《辨正论》，"又使刘杳、顾协等一十八人"；一见于晁载之《续谈助》卷四引杜宝《大业杂记》，"敕华林园学士七百余人，人撰一卷"。前一说法仅举刘、顾二人之名，未知其详；后一说法则过于夸张，不可信据。《隋书·经籍志》《日本国见在书目录》称编者为"徐僧权"，按史未载，难以凭信。

《华林遍略》成书后，很快便传入北方。《北齐书·祖珽传》："州客至，请卖《华林遍略》。文襄多集书人，一日一夜写毕，退其本曰：'不须也'。"其中文襄即高澄，其领中书监在东魏兴和二年（540），距《华林遍略》编成尚不足二十年，扬州贾客已将其当作奇货运抵北方。高澄重视《华林遍略》，不仅命人连夜抄写，而且更进而在此书的基础上再编类书，与之相抗衡。据唐人丘悦《三国典略》记载，北齐后主采纳阳休之的创意，命祖珽等"取《芳林遍略》，加《十六国春秋》《六经拾遗录》《魏史》等书"，仅历时七个月即编纂而成。

此后南北两大类书的流传，《修文殿御览》似较《华林遍略》影响更大，传世时间也更久，但在距古较近的隋唐时代，《华林遍略》不仅没有被《修文殿御览》所取代，在隋及唐初反而更受官方的重视，几度成为官修类书编纂的蓝本。如隋炀帝敕命编纂的《长洲玉镜》"源本出自《华林遍略》"，欧阳询编《艺文类聚》以《皇览》《华林遍略》等为基础，再"弃其浮杂，删其冗长"等。此外据刘安志考察，以《文思博要》为蓝本编纂的《三教珠英》，连同《文思博要》也都是《华林遍略》的后裔[2]。

---

[1] 孙猛：《日本国见在书目录详考》，上海古籍出版社2015年版，第1145页；程金造编著：《〈史记索隐〉引书考实》，中华书局1998年版，第714页；桂罗敏：《〈类苑〉考辨》，《图书情报工作》2012年增刊（2）。

[2] 刘安志：《关于中古官修类书的源流问题》，《新资料与中古文史论稿》，上海世纪出版股份有限公司、上海古籍出版社2014年版，第279—281页。

《华林遍略》著录于《隋书·经籍志》《旧唐书·经籍志》《新唐书·艺文志》，至于宋代，则仅《通志·艺文略》著于录，可推知该书亡于唐宋之际。现存《华林遍略》的佚文，除《大业杂记》所载柳顾言对隋炀帝所称"宝剑出自昆吾溪"诗外，仅存法琳《辨正论》卷七所引一则。不仅《华林遍略》已沉湮匿迹，以之为蓝本的《长洲玉镜》《文思博要》《三教珠英》也都未能存留于后世。其原因略如白化文、李鼎霞所言："同类型的书，隔一段时期便有规模旧钞的新编出现。特别是在写本时代，这样就常导致旧编的书佚失。"[1]这确实是"中国类书史的规律"，不仅佛教类书如此，官修类书亦概莫能外。

敦煌写本P.2526全卷存二百七十四行，涉及鹤、鸿、黄鹄、雉四门，共计八十八条。由于前后残缺，无题目，无纪年，无法探知究竟，但从内容看当为类书无疑。自重现于世以来，该写本在学术界备受关注，对其归属的研判，可谓聚讼纷纭。细绎该写本引书止于晋宋，故在成书时代上被认定为齐梁或与之对峙的北朝时期，又以其鸟类细分为鹤、鸿、黄鹄、雉等多个门目，可推知该类书在体量上应为长篇巨制，而揆诸南北朝时期的大型类书，举其要者有《类苑》《华林遍略》《修文殿御览》三部，所以写本的定名就聚焦于以上三书，尤其是《华林遍略》和《修文殿御览》。由于最先起而论之的罗振玉和刘师培，均将该写本定为《修文殿御览》，随后尽管洪业的考证"已动摇了残卷之为《修文殿御览》的说法，而使人觉得这卷石室本古类书残卷应是出于南朝的编撰而不为北朝之产物"[2]，因此更可能是《华林遍略》，接着更有美国学者丁爱博，日本学者森鹿三、饭田瑞穗、胜村哲也、远藤光正等人翊赞洪业之说，但在中国学界仍维系着"所谓《修文殿御览》"的旧说，王三庆《敦煌类书》所称"仍乏事证之下，姑承罗氏旧名"的做法可谓代表[3]，而胡道静《中国古代的类书》将"石室本的发现"仍置于对《修文殿御览》的介绍一节之下，尤为明证。

根据刘安志的考察，国内敦煌学的权威书目如《敦煌遗书总目索引》《敦煌宝藏》《敦煌遗书最新目录》《敦煌遗书总目索引新编》《法藏敦煌西域文献》《续修四库全书》等均仍将该写本定为《修文殿御览》，但洪业针对罗振玉提出的有力质疑和反驳，已经彻底动摇了写本为《修文殿御览》之说，而九十余条《修文殿御览》佚文的相继发现，更印证了《太平御览》对《修文殿御览》的承续，而由《太平御览》《艺文类聚》等现存类书反推敦煌写本，无论是体例还是内容都进一步印证了洪业早年的观点[4]。笔者认同此说，以该写本残卷为《华林遍略》，故于此述之。

# 十二、寿光书苑

《隋书·经籍志》子部杂家类著录"《寿光书苑》二百卷，梁尚书左丞刘杳撰"，《旧唐书·经籍志》《新唐书·艺文志》因之，《玉海·艺文》亦同。《梁书·文学·刘杳传》

---

① 白化文、李鼎霞：《〈经律异相〉及其主编释宝唱》，《国学研究》第二卷，北京大学出版社1994年版，第591页。

② 胡道静：《中国古代的类书》，中华书局1982年版，第54页。

③ 王三庆：《敦煌类书》，丽文文化事业股份有限公司1993年版，第20页。

④ 刘安志：《关于中古官修类书的源流问题》，《新资料与中古文史论稿》，上海世纪出版股份有限公司、上海古籍出版社2014年版，第230页、第240—255页。

载其曾获徐勉荐，"入华林撰《遍略》"，而不云其有《寿光书苑》之修撰。

因相关本事极为幽眇，故后世学者聚焦于"寿光"二字，进而旁搜别采，发现齐梁称寿光者有阁，有殿，有省。其中，寿光阁史事流传最少，可置不论；寿光殿征集抄撰学士，寿光省号称图书渊府，均可能是类书的修纂地①。与"寿光省"相勾连，姚振宗率先发掘了《梁书·张率传》的材料，张率曾"直寿光省，治丙丁部书抄"，此前还"（天监初）直文德待诏省，敕使抄乙部书"②。后来胡道静又发现《到洽传》"使抄甲部书"，虽然到洽不曾直寿光省，但此处的"甲部"与上引"乙部""丙丁部"合而观之，正好形成完整的四部系列，很多观点便由此生发：一是《寿光书苑》乃"统辑四部书资料而成"③，二是"参加编纂的不止刘杳一人"④，三是《寿光书苑》的编纂时间，"这是开国初年诏修的一部类书，在天监初年即已开始""始事于开国之初，葳事在天监七年后"⑤。

然而按诸刘杳生平，天监元年（502），他才十五岁，天监七年（508），也不过二十二岁。以常理揆之，年方弱冠的刘杳似不足以承担编修大型类书的重责。胡道静之所以将其纂修时间上推至天监初，其背后原因在于先认定此书为奉敕撰，而梁武帝于天监十五年（516）曾敕撰《华林遍略》，其后不可能再有敕撰《寿光书苑》一事，故此只能将其时间提前。但问题是，何以《寿光书苑》必然是出于敕撰，而不可能与刘孝标《类苑》等私修类书的性质相类呢？他的"《高士传》二卷、《东宫新旧记》三十卷、《古今四部书目》五卷"（《梁书·文学·刘杳传》）虽然在体量上无法与《寿光书苑》相比，但从性质上均非奉敕而作，而是出于私修。前贤之所以将其定性为奉敕，盖受《华林遍略》《修文殿御览》等官修类书命名方式的影响，然而《寿光书苑》之命名却不必苟同于《华林遍略》与《修文殿御览》，而极有可能与后世的《北堂书钞》同一旨趣，"虞公之为秘书，于省后堂集群书中事可为文用者，号为《北堂书钞》"（刘禹锡《嘉言录》）。

# 十三、学苑

陶弘景《学苑》一百卷，见于《南史·隐逸·陶弘景传》，又见于宋代贾嵩《华阳陶隐居内传》（《道藏》洞真部记传类）卷中，称其为"在世所著书"，与"在山所著书"分列。又梁朝陶翊《华阳隐居先生本起录》载：

> 《学苑》十秩百卷。此一书，先生常云：群书舛杂，欲探一事，不可遍检。乃钞撰古今要用，以类相从，为一百五十条，名为《学苑》，比于《皇览》，十倍该备。近赐翊语：吾无复此暇，汝可踵成之。此书若毕，于学问手笔家，无复他寻之劳矣。

此段记载弥为珍贵，不仅详记《学苑》体例为"十秩百卷""一百五十条"，以及"钞撰古今要用，以类相从"，而且揭示类书编撰的动因和功用："群书舛杂，欲探一事，不可遍检""于学问手笔家，无复他寻之劳矣"，此正可与《南史》陶弘景本传所载"读书万余

---

① 雷敦渊：《隋代以前类书之研究》，花木兰文化出版社2011年版，第59—68页。

② （清）姚振宗：《隋书经籍志考证》，《二十五史补编》第四册，开明书店1936年版，第5525页。

③ 胡道静：《中国古代的类书》，中华书局1982年版，第43页。

④ 彭邦炯：《百川汇海——古代类书与丛书》，万卷楼图书有限公司2001年版，第72—73页。

⑤ 胡道静：《中国古代的类书》，中华书局1982年版，第43页。

卷，一事不知，以为深耻"相参证，以见陶弘景追求博学的深衷。

概括来说，陶弘景在隐居前撰《学苑》百卷，根源于其"一事不知，以为深耻"的潜在心理，于是通过类书之编纂，既便利检索，扣一环而动全局，又集腋成裘，学问功底于兹建立。成为"学问手笔家"既是陶弘景的自我期冀，又何尝不是六朝时期类书家们的共同向往和追寻呢？又据"吾无复此暇，汝可踵成之"，似《学苑》撰而未竟，也显示了类书事业的无止境。"比于《皇览》，十倍该备"，则为陶翊夸耀语，不可信以为真。

# 十四、子抄

《隋书·经籍志》子部杂家类著录："《子抄》三十卷，梁黟令庾仲容撰。"齐梁时期抄撮、抄撰之风盛行，如何尚之"抄撰五经"（《南齐书·何尚之传》），庾于陵与谢朓、宗夬"抄撰群书"（《梁书·庾于陵传》），庾肩吾等高斋学士"抄撰众籍"（《梁书·庾肩吾传》），到洽"抄甲部书"（《梁书·到洽传》），张率"抄乙部书""治丙丁部书抄"（《梁书·张率传》）等。庾仲容《子抄》三十卷当是这种风气下的产物。

由于旁搜博采，体例精善，该书在当时众多子部书抄中昂然鹤立，以至于为唐代马总《意林》所取资。高似孙《子略》所称"马总《意林》一遵庾目"，其中"庾目"即指《子抄》而言。该书宋时犹存，《郡斋读书志》《直斋书录解题》均予著录，宋代苏颂校订《风俗通义》也曾加以利用。元明以后，渐次散佚。《四库全书总目·御定子史精华提要》称："《子抄》世无传本，其文散见《永乐大典》中。"知该书见存于《永乐大典》，如四库馆臣加以辑录，必能保全大量佚文，如今十不存一，其原貌只能从马总《意林》中略加探求了。

# 十五、彩璧

庾肩吾《彩璧》不见于本传，始载于《隋书·经籍志》子部杂家类，其后《旧唐书·经籍志》《新唐书·艺文志》因之，并云三卷。至于宋代，仍见流传，《秘书省续编到四库阙书目》《宋史·艺文志》均予著录，盖亡于宋元之际。二目均改入类书类，允为恰当，然而增溢为五卷，则不明其故。

庾肩吾与庾信父子、徐摛与徐陵父子，一并入选文德省学士，"父子在东宫，出入禁闼，恩礼莫与比隆"（《南史·庾信传》）。四人又尝奉敕预修佛教类书《法宝联璧》。庾肩吾《彩璧》之纂，或即纂修《法宝连璧》之暇隙，退而肆其余力而成。"联璧"与"彩璧"，均透示出当时崇尚绮丽的文风，"徐庾体"的形成，不应忽视类书的作用。

# 十六、鸿宝

张缵撰《鸿宝》，既见于《梁书》本传，复载于《南史》本传，均称其有一百卷之多。《隋书·经籍志》子部杂家类著录仅十卷，而且不著撰人，若果为张缵所撰，则知此书至于唐代已大部分散佚。

《南史》称张缵"晚颇好积聚，多写图书数万卷"，又言其"欲遍观阁内书籍"，《鸿宝》一书，盖其晚岁所纂。侯景乱后，张缵投奔湘东王萧绎，"推诚委结"，倾心结交，并为金楼主人引为"知己"①。

钟嵘《诗品·中品序》称"王微《鸿宝》，密而无裁"，考钟嵘《诗品》撰于梁初，其时张缵《鸿宝》应尚未出。王微（415—453），字景玄，琅琊临沂人，《宋书》卷六二有传。二人之书名应仅是偶然相同，实际并无关联。

## 十七、语丽

《隋书·经籍志》子部杂家类载"《语丽》十卷，朱澹远撰"，然遍检南北朝七史而未见，《金楼子·聚书》篇称"又得州民朱澹远送异书"，应即其人。所谓"异书"，或即指其《语丽》《语对》，将其称为"州民"，可能他在当时尚未任职。《语丽》虽出于一介布衣之手，却幸而流布海外，且得以传至唐宋，不惟《日本国见在书目录》《旧唐书·经籍志》《新唐书·艺文志》均予著录，且见录于《崇文总目》《遂初堂书目》《直斋书录解题》《宋史·艺文志》等，可证其书宋时尚流传于世。

陈振孙解题称："《语丽》十卷，梁湘东王功曹参军朱澹远撰。采摭书语之丽者，为四十门。"一指陈作者身份，二明称该书体例，陈氏必目验是书也。《金楼子》前称朱澹远为"州民"，陈振孙又称其为"湘东王功曹参军"，盖正以献"异书"而得入幕，类书之作用岂小哉！

## 十八、语对

《语丽》之外，朱澹远又有《语对》十卷，见载于《隋书·经籍志》《新唐书·艺文志》及《通志·艺文略》。唯《直斋书录解题》称"澹远又有《语对》一卷，不传"，从十卷如何流变为一卷，难以考究。孙猛疑《日本国见在书目录》所著录"《语丽》十一卷"，"或其中含《语对》一卷"②，可备一说。《金楼子·著书篇》有"《语对》三峡三十卷"，非是与澹远书名偶同，"或出朱澹远之手"。果如所说，则萧绎乃据他人书为己有。三十卷之数，与朱澹远书卷数不合，故也可能包括《语丽》在内以及湘东王萧绎自撰部分。

《语对》与《语丽》内容与体例之异同，"似一取'书语之丽者'，一为'对语'，余则性质、门类或者近似"③。敦煌遗书 P.2524 与 P.2526 接踵而出，两部写本在作者、书名等方面一概阙如，罗振玉、刘师培开研治敦煌写本类书之先声。刘师培举虞世南《兔园册》、陆贽《备举文言》及李途《记室新书》三书，以为"略与此书相似"；王重民又联系 S.0078、S.0079、P.2588 号敦煌类书，疑其为杜嗣先《兔园册府》；其后日本学者川口久雄复将该写本与类林系诸类书进行比勘。王三庆继承前贤，详加考证，认为可补"谈讲"为四十类，若不考虑卷前佚失，正好与陈振孙所称《语丽》"四十门"相合，由此为契机，结合对语体类书的发展脉络，将该写本定名为《语对》，然而又明确称其并非朱澹远《语

---

① （南朝梁）萧绎《金楼子序》："裴几原、刘嗣芳、萧光侯、张简宪，余之知己也。"张缵谥简宪公，故称。

② 孙猛：《日本国见在书目录详考》，上海古籍出版社 2015 年版，第 1130 页。

③ 王三庆：《敦煌本古类书〈语对〉研究》，文史哲出版社 1985 年版，第 24 页。

历史文献与传统文化·第二十五辑

对》原书，而是受朱澹远《语对》影响的唐代类书[1]。

# 十九、书图泉海

《隋书·经籍志》子部杂家类著录："《书图泉海》二十卷，陈张式撰。"《旧唐书·经籍志》《新唐书·艺文志》著录为七十卷，作者"张氏"，"氏""式"显系同音而讹，七又因形近易于致误，然究不知何者为是。

按《隋书·经籍志》著录体例，作者张式名前应载其官职，而此条阙如，所幸《隋书·经籍志》"别集类"有"陈右卫将军《张式集》十四卷"，或即此人。雷敦渊发掘《岁时杂咏》所载陈后主诗，其六首诗题之下显示"座有张式……"等字样，而据题称"玄圃"以及与宴多人卒于后主即位之前等信息，可推知张式曾担任东宫僚属，而且职位优渥[2]。

# 二十、帝王集要

《帝王集要》三十卷，《隋书·经籍志》作崔安撰，《新唐书·艺文志》作崔宏撰，《通志·艺文略》则作崔氏撰。检《魏书》《北史》，不见有名崔安者，应以崔宏为是。《北史》卷八二《黎景熙传》"从吏部尚书清河崔宏受字义"，四库本"崔宏"作"崔安"，可知"宏"字易致讹为"安"。

姚振宗称"《魏书》《北史》不言宏撰是书，而微露其端"[3]，盖指《魏书·崔宏传》所称魏道武帝"常引问古今旧事、王者制度，宏陈古人制作之体，及往代废兴之由，甚合上意"，所谓"微露其端"，指崔宏口头陈述而已，未见有撰作之事。故姚振宗复据《崔浩传》"寇谦之每与浩言"一节，疑《帝王集要》为崔宏子崔浩所撰，所谓"撰列王者治典，并论其大要"，与《帝王集要》之内容相合，"似此书或本为崔浩，而传讹为崔宏，又转写误为崔安欤"，虽为理校，无版本依据，却新人耳目，颇可信从。

# 二十一、科录

《魏书·元晖传》称：

> 晖颇爱文学，招集儒士崔鸿等撰录百家要事，以类相从，名为《科录》，凡二百七十卷，上起伏羲，迄于晋、宋，凡十四代。

《北史·元晖传》因之，惟"晋宋"作"晋"，考虑到北魏与刘宋南北对峙，元晖所撰必不涉及刘宋史事，应以《北史》所载为是。崔鸿有《十六国春秋》，而此书为奉元晖之命而作，方法是"撰录百家要事"，又"以类相从"，此正为类书取材的特点。《隋书·经籍志》子部杂家类著录，置于《寿光书苑》《书图泉海》之间，显视其为类书。《旧唐书·经籍

---

① 参见王三庆：《敦煌本古类书〈语对〉研究》，文史哲出版社1985年版，第1—31页。

② 参见雷敦渊：《隋代以前类书之研究》，花木兰文化出版社2011年版，第124—125页。

③ （清）姚振宗：《隋书经籍志考证》，《二十五史补编》第四册，开明书店1936年版，第5524页。

志》《新唐书·艺文志》史部杂传类"《秘录》二百七十卷"应即《科录》，姚振宗已指出为"写刊之误"①。

刘知几《史通·六家》称：

> 其后元魏济阴王晖业，又著《科录》二百七十卷，其断限亦起自上古，而终于宋年。其编次多依放《通史》，而取其行事尤相似者，共为一科，故以《科录》为号。

《科录》一方面采用了起自伏羲、以迄于晋的通史格局，与梁武帝敕撰的《通史》相仿，又据"取其行事尤相似者，共为一科"，则明显是类书的撰写体例。盖元晖、崔鸿等所撰《科录》，在内容上以史部为主，在体例上则规摹类书，其体例与性质介于类书与史书之间，开宋四大书之一《册府元龟》之先声。

# 二十二、修文殿御览

《修文殿御览》三百六十卷，虽大多蹈袭《华林遍略》，然而确能后来居上，成为六朝类书史上最具标志性的作品。据《三国典略》等史传记载，《修文殿御览》以《华林遍略》为蓝本并益以《十六国春秋》《六经拾遗录》《魏史》等"旧书"的做法，是出于阳休之的创意，其领衔纂修者则为祖珽。而在此前，曾有宋士素"录古来帝王言行要事三卷，名为《御览》"。《修文殿御览》虽屡易其名，从《玄洲苑御览》到《圣寿堂御览》，再到《修文殿御览》，其始终未变的"御览"二字乃从宋士素著作的标题中剿袭而来。北齐后主武平三年（572）二月到八月，《修文殿御览》历时七个月而成，故洪业称"梁以八年成书，齐以七月纂毕，创难而踵易也"②。

《三国典略》引祖珽上言，称该书"放天地之数，为五十部；象乾坤之策，成三百六十卷"，胡道静据《易·系辞》"天数二十有五，地数三十，凡天地之数五十有五"以及《太平御览》亦分五十五部，校补祖珽上言之"五十部"为"五十五部"。《修文殿御览》在《华林遍略》的基础上，增补《十六国春秋》《六经拾遗录》《魏书》等书内容，在编纂体例上既有继承也有创新，不仅体现了北朝文化的特色，而且"萧、颜撰例，诸贤秉笔"，撰例谨严是其一大特色③。刘安志进一步将其优点概括为三："条目清晰，编排有序""事、文分列""文字简洁凝练"④。

《修文殿御览》成书后，跨越北周、隋、唐，至宋犹存。《太平御览》"以前代《修文殿御览》《艺文类聚》《文思博要》及诸书，参详条次编纂"。据刘安志分析，《修文殿御览》现存95条佚文"录入《太平御览》80条，总比例是84.21%"⑤。宋以后《修文殿御览》之流传甚微，《绛云楼书目》卷四有《修文殿御览》一百六十四册，杨慎屡次称引《修文殿御览》，严可均称引"汉中府张姓有藏本"以及后世种种传说，李慈铭《缘督庐日

① （清）姚振宗：《隋书经籍志考证》，《二十五史补编》第四册，开明书店1936年版，第5526页。

② 洪业：《所谓〈修文殿御览〉者》，《燕京学报》1932年第12期。

③ 胡道静：《中国古代的类书》，中华书局1982年版，第51页。

④ 刘安志：《〈修文殿御览〉佚文辑校》，《新资料与中古文史论稿》，上海世纪出版股份有限公司、上海古籍出版社2014年版，第316页。

⑤ 刘安志：《〈华林遍略〉乎？〈修文殿御览〉乎？——敦煌写本P.2526号新探》，《新资料与中古文史论稿》，上海世纪出版股份有限公司、上海古籍出版社2014年版，第244页。

记抄》及汪辟疆《读常见书斋小记》均有辨说，可参见。

日本学者森鹿三据兼意《宝要抄》《香要抄》《药种抄》等古抄，揭示《修文殿御览》佚文10类61条，胜村哲也从惟宗允亮《政事要略》中辑出9条，远藤光正又从《明文抄》中辑出3条，新美宽、铃木隆一等又拈出佚文5条，刘安志则据中国典籍补辑佚文17条，总计现存佚文95条[1]。

## 二十三、玉府新书

该书未见著录于《隋书·经籍志》《旧唐书·经籍志》《新唐书·艺文志》，至宋代而复出，《通志·艺文略》《崇文总目》《宋史·艺文志》均著录为三卷，除《崇文总目》不题撰人外，余二目并题撰人为"齐逸人"，《通志》又载其时代为"梁"。考此前《日本国见在书目录》已载此书，著录为五十卷，较宋代书目所载三卷为巨侈，故姚振宗疑《隋书·经籍志》所载《玉府集》八卷"似其残剩"，则宋代书目所载更属吉光片羽。

《日本国见在书目录》亦不题撰人，秦桦林、孙猛相继拈出西安市文物保护考古所《西安市东郊枣园苏村出土唐代齐璇墓前碑石》："曾祖讳善，北齐开府行参军。多才而入官，强学以待问。兼包术艺，综纬图史。著书五十卷，名曰《玉府新书》，婉而章，志而晦，惩恶而劝善，稽往而考来，足以润色鸿业，丹青神化矣。"[2]碑石所见齐璇曾祖齐善生平行事，载其撰有《玉府新书》五十卷，与《日本国见在书目录》所载若合符节，则该书作者因出土材料而得以证实。

## 二十四、杂书抄

《隋书·经籍志》子部杂家类著录"《杂书抄》四十四卷""《杂事抄》二十四卷"，子部小说家类著录"《杂书抄》十三卷"，均为同类著作，并不题撰人。盖齐梁时抄撮之风盛行，此类著作必极夥，当时未必题有书名，书志著录时临时命题为"杂抄""杂书抄""杂事抄"，并无实质区别。

日本宫内厅书陵部藏《杂抄》残卷，敦煌遗书中以"杂抄"为书名者为数甚多，参见周一良《敦煌写本杂抄考》、孙猛《日本国见在书目录详考》[3]。姚振宗疑"此犹在《北堂书钞》之前，似即虞永兴所据之蓝本"[4]。按虞世南未必据某部杂抄为底本，但在发凡起例和搜采资料时必得此类书之启钥。

---

① 参见刘安志：《〈华林遍略〉乎？〈修文殿御览〉乎？——敦煌写本P.256号新探》，《新资料与中古文史论稿》，上海世纪出版股份有限公司、上海古籍出版社2014年版，第241—242页；刘安志：《〈修文殿御览〉佚文辑校》，《新资料与中古文史论稿》，上海世纪出版股份有限公司、上海古籍出版社2014年版，第291—317页。

② 西安市文物保护考古所：《西安市东郊枣园苏村出土唐代齐璇墓前碑石》，《文物》2009年第8期。

③ 参见周一良：《敦煌写本〈杂抄〉考》，《燕京学报》1948年第35期；孙猛：《日本国见在书目录详考》，上海古籍出版社2015年版，第1135—1136页。

④ （清）姚振宗：《隋书经籍志考证》，《二十五史补编》第四册，开明书店1936年版，第5522页。

## 二十五、众经要抄

《众经要抄》是佛教类书的开创之作，始著录于《历代三宝记》卷一一：

> 《众经要抄》一部，并目录八十八卷。天监七年十一月，帝以法海浩博，浅识难寻，卒难该究，因敕庄严寺沙门释僧旻等，于定林上寺辑撰此部，到八年夏四月方了。

其后，《大唐内典录》《法苑珠林》著录相沿。释宝唱《经律异相序》称："以天监七年，敕释僧旻等备钞众典，显证深文，控会神宗，辞略意晓，于钻求者已有太半之益。"此处所言虽未点出书名，但从"备钞众典"来看，必是《众经要抄》无疑。"创难而踵易"，此经抄为开创之作，然仅用半年即毕其功，究其原因，其中僧旻统领大局至关重要，而参与者"才学道俗释僧智、僧晃、临川王记室东莞刘勰等三十人"（《续高僧传·僧旻传》）也起到了关键的作用。

梁武帝天监七年（508），正在临川王记室任上的刘勰，作为"僧俗"之"俗"家的代表，奉命参纂《众经要抄》。在此之前，刘勰曾"依沙门僧佑，与之居处积十余年，遂博通经论，因区别部类，录而序之""今定林寺所藏，勰所定也"（《梁书·刘勰传》）。这十余年中，刘勰"于继续攻读经史群籍外，研读释典，谅亦焚膏继晷，不遗余力"[1]，他在释典上纵意渔猎，不仅为后来"弥伦群言"的《文心雕龙》"积学储宝"，而且客观上也为助力僧旻主持的《众经要抄》做好了准备。

## 二十六、义林

据《续高僧传》卷一《梁扬都庄严寺金陵沙门释宝唱传》：

> 帝以法海浩汗，浅识难寻，敕庄严僧旻于定林上寺缵《众经要抄》八十八卷；又敕开善智藏缵众经理义，号曰《义林》八十卷；又敕建元僧朗注《大般涅盘经》七十二卷。并唱奉别敕，兼赞其功，纶综终始，缉成部帙。

据此则释智藏主编之《义林》与僧旻主编之《众经要抄》以及僧朗《大般涅盘经注》，同为天监七年（508）奉敕纂修。《历代三宝记》称"普通年"，《大唐内典录》称"大通年"，《法苑珠林》又称"梁简文帝敕"并误，刘全波《魏晋南北朝类书编纂研究》已有考[2]。

汤用彤《南北朝释教撰述》、刘跃进《徐陵事迹编年丛考》均将《义林》一书之修纂编于天监七年（508）[3]。然据上揭《续高僧传》所载，释宝唱以一人而"兼赞其功"，作为助编的宝唱似不可能同时游走于三者之间，而必有其先后，据此则此三书又应非撰于

---

① 杨明照：《〈梁书·刘勰传〉笺注》，《中华文史论丛》，上海古籍出版社1979年第1辑。

② 参见刘全波：《魏晋南北朝类书编纂研究》，民族出版社2018年版，第310—311页。

③ 汤用彤：《汉魏两晋南北朝佛教史》，上海人民出版社2015年版，第462页；刘跃进：《〈玉台新咏〉研究》，中华书局2000年版，第234页。

同时①。

# 二十七、经律异相

该书为释宝唱奉敕撰，共五十卷，见《大正新修大藏经》卷五十三。"经律"泛指经律论三藏。该书材料主要采自经、律二藏，但也有出自《大智度论》《大毗婆沙论》等论藏的材料。"异相"相对于"同相"而言，后者指带有规律性的"真如"或"本原"，而前者则指千差万别的具体形象。经律中的异相，指本生经、佛传、西土佛教史话为解经而采用的寓言、譬喻、传说、故事等。

《经律异相》在编排上也受到了当时类书编纂依照儒家"天地人三才"宇宙本体观系列编排的方式，不过揉进了佛教徒所理解的佛家宇宙观，始于"天部""地部"，主体部分是相当于"人部"的从"佛""菩萨""僧""国王"一直到"贾客""庶人"的"十法界"系统，终于"畜生部""地狱部"，从而将大千世界的人物、事件以佛教教理统摄而逐层编排。

据现存文献进行比对，可以发现《经律异相》在采集材料时不照录原文，而是采用摘录法，仅存大意和梗概，所以保存的数据多是吉光片羽，无法据以恢复旧籍的原貌。但由于保存佚书"约有一百四十种之多"②，而且"有许多是当时见行而后散落绝传的珍本和孤本"③，可据以推知全经大意，具有无法替代的佛学史料价值。另外，《经律异相》在引书时多标记卷数，是目前所知完整保存至今且最早标记引书卷数的类书。

# 二十八、法宝联璧

《法宝联璧》二百卷，先后著录于《历代三宝记》《大唐内典录》《法苑珠林》等典籍。关于此书编纂之由来，《南史·陆罩传》言之甚详：

> 初，简文在雍州，撰《法宝联璧》，罩与群贤并抄撰区分者数岁，中大通六年而书成。命湘东王为序。其作者有侍中国子祭酒南兰陵萧子显等三十人，以比王象、刘邵之《皇览》焉。

据此，《法宝联璧》一书撰于梁普通四年（523）萧纲出任雍州刺史时，至于中大通六年（534）而书成，前后历时十二年。其成书之前三年，因昭明太子萧统去世，萧纲被立为太子。因此《法宝联璧》的纂修地也由雍州之高斋移砚到了东宫文德省④。

该书早已亡佚，而湘东王序犹存于《广弘明集》。《法宝联璧序》详载三十八位撰人之姓名、官职及其年齿，具有极为重要的史料价值，曹道衡、兴膳宏、王达津、刘林魁等均

① 白化文、李鼎霞在考订释宝唱撰述时，将释法朗为《大般涅盘经》作"子注"的时间系在天监四年到七年，而释智藏编纂《义林》的时间则"当在普通元年到普通三年之间"。见白化文、李鼎霞：《〈经律异相〉及其主编释宝唱》，《国学研究》第二卷，北京大学出版社1994年版，第585、587页。

② 田光烈：《经律异相》，《中国佛教》第四辑，知识出版社1989年版，第87页。

③ 陈士强：《〈经律异相〉大意》，《五台山研究》1988年第4期。

④ 张蓓蓓：《〈法宝联璧〉编纂考》，《中华文化论坛》2009年第4期。

据以考证梁代士人生平活动①。三十八人除萧绎、陆罩、萧子显外，还包括庾肩吾、徐摛、到溉、刘孝威、刘遵等，均为士林名家，与梁武帝敕撰之《众经要抄》《义林》《经律异相》等由高僧大德主持迥然不同。

## 二十九、内典博要

《隋书·经籍志》著录，不著撰人，《旧唐书·经籍志》《新唐书·艺文志》著撰人而不著官职，《日本国见在书目录》作"《内传博要》"，亦不题撰人。《续高僧传》卷一《僧伽婆罗传》载之甚详："逮太清中，湘东王记室虞孝敬，学周内外，撰《内典博要》三十卷。"《梁书·元帝纪》及《南史·梁本纪》又称梁元帝撰《内典博要》一百卷，《金楼子·著书篇》亦列为己有。此与"州民朱澹远送异书"，《金楼子·著书篇》遂攘有"《语对》三帙三十卷"正同。虞孝敬尝为湘东王萧绎记室，梁亡出家，更名道命，流离关辅。事迹具《续高僧传》卷一《僧伽婆罗传》及《法苑珠林》卷一〇〇。

《广弘明集》卷二〇李俨《法苑珠林序》称"义丰文约，纽虞氏之《博要》"，《博要》即《内典博要》，赞其"义丰文约"，可证《内典博要》体例精审，并可能为《法苑珠林》所效仿。孙猛疑《大日本古文书》卷三太平二十年六月十日《写章疏目录》所著录《内典序》一卷，"或为此书之序"。日本源顺《和名类聚抄》引有《内典》数十条，或即此书佚文②。

## 三十、菩萨藏众经要

西魏沙门释昙显《菩萨藏众经要》，见载于《大唐内典录》卷五。所谓"菩萨藏"，指诠释大乘菩萨修因证果等大乘经典，如《法华经》《华严经》等。此书又名《经要》《众经要》《众经要集》《周众经要》，前三种异称均为简称，《周众经要》盖入周后追改。宇文黑泰即宇文泰，字黑獭，一作黑泰，以丞相位长期专制西魏朝局，其子宇文觉禅位后追尊为文王。释昙显，北魏时漂泊无定，每于法会倾听密理，上统法师钦其远识。北齐时，曾受文宣王之命与道徒斗法，生平事迹见《续高僧传》卷二四。

## 三十一、金藏论

《续高僧传》称："其撰集名为《金藏论》也，一帙七卷，以类相从。"日本、韩国以及敦煌遗书中相继发现相关文本，可复原七卷中的四卷，分别为卷一、二、五、六。作者道纪，未详氏族。北齐高帝时，以《成实论》见知。在邺城讲《成实论》积三十载，享誉当时。后激于南门外与弟子争路风波，将所有弟子遣散。退而广读经论，撰成《金藏论》一书后，携书复宣讲于邺城周围，并通过身体力行孝养老母，礼法扫塔，以励道俗。

在日本学者荒见泰史、山路芳范、本井牧子、宫井里佳以及韩国学者南权熙、崔鈆植

---

① 刘林魁：《〈法宝联璧〉编者笺证》，《宝鸡文理学院学报》（社会科学版）2009年第4期。
② 孙猛：《日本国见在书目录详考》，上海古籍出版社2015年版，第1199页。

等人的努力发掘下，关于《金藏论》的新数据不断面世，已得到确认的《金藏论》文本共计以下十种：（一）日本古写经三种：（1）大谷大学博物馆藏本（存卷一、二），（2）京都大学附属图书馆藏本（存卷一、二），（3）兴福寺本——兴福寺藏本（首残，存卷六部分）；（二）韩国刻本两种、写本一种：（1）个人收藏本（首尾均残，存卷二部分），（2）梵鱼寺藏本（存卷一、二），（3）国立中央图书馆藏写本（存卷一、二及四则新出的因缘谭）；（三）敦煌遗书四种：（1）BD.3686※ДХ00977※ДХ02117※北京大学 D.156（此四号为同一写本，但不能直接缀合。首尾均残，存卷五、六部分），（2）BD.07316（首尾均残，存卷五、六部分），（3）S.03962（首残尾全，存卷五部分），（4）S.04654（首尾均残，存卷六部分）。又据王招国（定源）述及韩国学者崔鉁植又发现一种《金藏论》的写本①，另外本井牧子在《释氏源流》中发现了引用《金藏论》的内容，并提及韩国学者南权熙发现的版本，包括卷三和卷四，惜尚未见刊布②。

# 三十二、典言

该书已佚，有写本残卷，出土于吐鲁番阿斯塔那一三四号墓，释文先载于《吐鲁番出土文书》（录文本）第五册，题为《古写本隋薛道衡〈典言〉残卷》。原件现藏于新疆维吾尔自治区博物馆，图文载于《吐鲁番出土文书》（图文本）第二册、《新疆考古三十年》等书。

传世文献记载《典言》作者说法不一，有言李穆叔撰者，除《隋书·经籍志》《新唐书·艺文志》《日本国见在书目录》外，《北齐书·李公绪传》亦云"撰《典言》十卷"；有言荀士逊或李若撰者，见《隋书·经籍志》《旧唐书·经籍志》；又有言荀士逊与李若合撰者，见《北齐书·荀士逊传》，《册府元龟》卷四五八亦载之。姚振宗据此推论为三人合撰，见《隋书经籍志考证》卷三〇。新出土的《典言》残卷，则明确标作者为"薛道衡"，据此有学者疑薛道衡为主持修纂者，李公绪、荀士逊、李若等为具体参与者③。又据敦煌文献 P.2721《杂抄》"《典言》，李德林撰之"，可知撰者共计五人：薛道衡、李公绪、荀士逊、李若、李德林④。

此写本的抄写年代，可能晚至唐代，而《典言》的撰写年代，据诸撰者的生平仕履，应上溯至北齐时代。除李公绪外，李若、荀士逊、李德林、薛道衡四人曾同朝为官，其中李德林、薛道衡还曾待诏文林馆，预修《修文殿御览》。李公绪则未尝出仕北齐，因此东野治之《典言の成立と受容》一文认为"或有李穆叔所撰与荀士逊四人合撰两个系统"。寻绎史载李公绪生平行事，不仅早于荀士逊、李若等人，更较李德林、薛道衡两人为先辈，又据《典言》残卷注文"臣谨按"之例，此书应为奉敕而修，与荀士逊、李若等人的身份相符，而李公绪未仕于北齐，其所撰《典言》之体例必不如此。"典言"为常见书名，犹"纂要""子抄"之类，先后出于不同人之手的两部甚至两部以上极有可能。《隋书·经

① 王招国（定源）：《韩国松广寺旧藏〈金藏论〉写本及其文献价值》，《魏晋南北朝隋唐史资料》第三十六辑，上海古籍出版社 2017 年版，第 229 页。

② 参见［日］本井牧子、［日］宫井里佳：《金藏论——本文と研究》，京都临川书店 2011 年版，第 15—25 页。

③ 胡秋妍：《薛道衡〈典言〉唐写本残卷的来源、体例和学术价值》，《文献》2013 年第 6 期。

④ 孙猛：《日本国见在书目录详考》，上海古籍出版社 2015 年版，第 1124 页。

籍志》既载"后魏人李穆叔"所撰的"《典言》四卷"，又载"后齐中书郎荀士逊"所撰的同名著作，必是唐初史臣曾目验二书之不同。吐鲁番出土的写本残卷，则应为荀士逊、李若、李德林、薛道衡等四人合撰，与李公绪无涉，其单署"薛道衡"而不署另外三人的原因，盖因抄写时荀士逊、李若、李德林等人远不及因《昔昔盐》等诗而蜚声后世的薛道衡。

新美宽编、铃木隆一补《本邦残存典籍による辑佚数据集成》，东野治之《典言の成立と受容》附《本邦古文献所引典言佚文》。孙猛《日本国见在书目录》0742《典言四卷》条补充敦煌文献S.1380引两则，《性灵集著》引四则。

## 三十三、真言要集

《隋书·经籍志》子部杂家类著录"《真言要集》十卷"，不著撰人。《旧唐书·经籍志》《新唐书·艺文志》著录此书，称作者为释贤明。《大正新修大藏经》卷五五《目录部》隋翻经沙门及学士等撰《众经目录》卷三著录此书，称"梁世沙门贤明撰"。贤明，生平事迹不详。

《大正新修大藏经》卷八五《古逸部》有《真言要诀》卷一和卷三，收录日本石山寺藏写本及敦煌写本P.2044、P.2695。《真言要诀》与《真言要集》未知是否一书，录以备考。《日本国见在书目录》杂家又有《真要要决论》，不题撰人和卷数。

## 三十四、玄书通义

《旧唐书·经籍志》子部道家类著录："《玄书通义》十卷，张机撰。"居《无上秘要》之后，丁培仁将之归入类书类[1]。《新唐书·艺文志》子部神仙类则录为"张讥《玄书通义》十卷"，《通志·艺文略》沿之，并将其与张讥"《游玄桂林》二十一卷"归置一处。姚振宗称"机当为讥"[2]，可从。张讥又有《庄子讲疏》，见《隋书·经籍志》子部道家类。

张讥，南朝陈人，《陈书》卷三三本传称其"撰《周易义》三十卷、《尚书义》十五卷、《毛诗义》二十卷、《孝经义》八卷、《论语义》二十卷、《老子义》十一卷、《庄子内篇义》十二卷、《外篇义》二十卷、《杂篇义》十卷、《玄部通义》十二卷，又撰《游玄桂林》二十四卷"，此所言"《玄部通义》"即《玄书通义》。《日本国见在书目录》著录"《玄书通义》十二卷，张讥撰"，与本传合。

## 三十五、道要

《旧唐书·经籍志》子部道家类、《新唐书·艺文志》子部神仙类均著录《道要》三十卷，不著撰人。丁培仁据敦煌写本S.3370，将其认定为道教类书。进而指出敦煌写本

---

[1] 丁培仁编著：《增注新修道藏目录》，巴蜀书社2008年版，第663页。

[2] （清）姚振宗：《隋书经籍志考证》，《二十五史补编》第四册，开明书店1936年版，第5485页。

P.2573、S.3370、S.986、P.2432、P.2753、P.3297、P.3356、S.1728、北京大学藏本199为此书残本《道要灵祇神鬼品经》[①]。

# 三十六、无上秘要

宇文邕宠信道教，曾多次召集百官僧道讨论教义，定三教先后，"以儒教为先，道教为次，佛教为后"，因群臣、沙门皆持异议，乃于建德三年（574）并废佛、道二教，但仍下诏立通道观，研究道家学说及道教教义。敕令道士王延校理道书，撰《三洞珠囊》经目。建德六年（577）平齐之后，自纂道书，号《无上秘要》。史称宇文邕自纂道书，当是集道士编成[②]。原书一百卷，存六十八卷。

残本见《正统道藏》太平部"叔""犹""子""比""儿""孔"字函所收，《续修四库全书》子部道家类据涵芬楼影印《道藏》本影印。敦煌遗书存《无上秘要》残卷十三件，分别是P.2861、S.80、P.2602、P.2371、北珍20（BD5520/北8452）、P.3141、P.3773、S.5751、S.5382、P.3327、DX169a、DX170a、DX2632a。其中十一件由敦煌县神泉观道士马处幽、马抱一抄写，P.2861号存有全本一百卷的完整目录。《中华道藏》所收即为《正统道藏》本与敦煌遗书本的合并。中华书局近年出版、由周作明教授点校整理的《无上秘要》则据《正统道藏》所收六十八卷残本为底本，校补敦煌出土的残卷，并广泛利用《道藏》所收原经及敦煌道经等材料进行勘正，为学界提供了一个可靠易读的标点本[③]。

全书以品进行分类，共分二百九十二品，现存一百三十五品。每品之下摘引相关经文。如卷三收"日品""月品""星品"三类，"日品"开篇为"南极上元君曰：日广二千四十里"之下的五段文字论述，文末指出处为"右出《洞真黄气阳精经》"。《道藏》本的引文体例一般是先出经文，文后用"右出××"的字样标明出处，然而征引体例并不统一，卷四五及四七的引文方式为先标经名，后引文段。敦煌遗书本《无上秘要》的引文体例与道藏本正好相反，先引经名，后引文段，据此可推知《无上秘要》的引书原貌。道藏本后出，改变了原书的引文体例，卷四五和四七两卷可能是改移未尽的遗留。

① 丁培仁编著：《增注新修道藏目录》，巴蜀书社2008年版，第663页。

② 丁培仁编著：《增注新修道藏目录》，巴蜀书社2008年版，第662页。

③ 周作明点校：《无上秘要》，中华书局2016年版。

# 南朝外域朝贡史事编年（刘宋之部）

## 赵灿鹏

关于南朝宋、齐、梁、陈四代与周边国家部族之间的朝贡关系，现代学术著作中已有较多涉及①，但以宏观论述居多，较为专门的实证研究成果并不多见②。就笔者见闻所及，似尚未见有论著将南朝周边国家部族的朝贡史实，进行较为全面的搜集整理。

清人朱铭盘（字俶傡，号曼君，江苏泰兴人，1852—1893）撰有《历代四裔朝献长编》遗稿，辑录西汉至明代二十五朝之朝贡史事③。此书迄未刊行，疑佚。朱氏另撰有《宋齐梁陈会要》（顾吉辰等点校，分为《南朝宋会要》《南朝齐会要》《南朝梁会要》《南朝陈会要》四册，上海古籍出版社，1984—1986年出版），每朝都有《蕃夷》一节，根据历代正史记载，将南朝周边国家部族的朝贡活动，作了较为详细的叙述。但是朱氏主要根据《南史·夷貊传》，而《宋书》《南齐书》《梁书》《陈书》等几部南朝正史使用并不充分，记述较多阙略，诸国部族的名称亦有混淆失考之处④。

有鉴于此，笔者希望在史料取材范围、史事编年考证等方面，较前贤更进一步，将南朝外域国家部族的朝贡记录，进行较为全面完整的钩稽研寻，以供学者参考使用。

关于题目需要略加说明。历代正史往往使用不同的称谓，对中原王朝以外的国家与部

---

① 其中以韩昇《海东集：古代东亚史实考论》（上海人民出版社2009年版）、《东亚世界形成史论》（增订版，中国方正出版社2015年版），日本学者堀敏一《中國と古代東アジア世界：中華的世界と諸民族》（岩波书店1993年版）、《東アジア世界の形成：中国と周辺国家》（汲古书院2006年版）等较为重要。

② 刘文健《高句丽与南北朝朝贡关系研究》（吉林大学硕士学位论文，2007年）、于春英《百济与南北朝朝贡关系研究》（吉林大学硕士学位论文，2009年），日本学者河上麻由子《佛教与朝贡的关系——以南北朝时期为中心》（《传统中国研究集刊》第一辑，2006年）、《中国南朝の対外関係において仏教が果たした役割について：南海諸国が奉った上表文の検討を中心に》（《史学雑誌》117卷12号，2008年），赤羽奈津子《魏晋南北朝時代の朝貢》（《研究論集》14集，2019年6月）等论文可以参考。

③ 《历代四裔朝献长编》稿本五十六卷，八册，约二十万言。依年分条记述，各注参考书名，朱氏《桂之华轩文集》卷九有《四裔朝献长编叙》（参见郑肇经：《朱曼君先生事略》，载《泰兴文史资料》第一辑，1984年，第31—32页）。"中央研究院"历史语言研究所于20世纪30年代拟加以整理［参见蔡元培：《致顾祝同函》（1933年5月20日）、《复顾祝同函》（1933年7月6日），载高平叔等编注：《蔡元培书信集》下册，浙江教育出版社2000年版，第1520、1559页］。丁文江亦于1935年6月致书王云五，谋求于商务印书馆出版此书而未果（参见方继孝：《王云五往来书函珍藏的故事》，《碎锦零笺：文化名人的墨迹与往事》，山东画报出版社2009年版，第141—148页）。《历代四裔朝献长编》稿本原藏南京豆菜桥郑肇经处（参见朱东润：《读桂之华轩诗集》，《朱东润文存》，上海古籍出版社2014年版，第450页），而郑肇经《朱曼君先生事略》文中未言此稿下落。《清史稿》卷四八六《文苑三·张裕钊传》附《朱铭盘传》作"《朝鲜长编》四十卷"，张舜徽《清人文集别录》（华中师范大学出版社2004年版）卷二三《桂之华轩文集》条谓即此书，"朝鲜"是音近之讹。

④ 例如《南朝宋会要·蕃夷》篇中单列婆利国，记元徽元年三月遣使献方物事（第716页）；而天竺迦毗黎国下，又有元徽元年婆黎国遣使贡献事（第717页）。婆利国即婆黎国，二者实系一事，当为重出。

族进行类别区分。就传世史籍而言，自《史记》以降，至北齐时魏收所撰《魏书》，还没有一个总括的统称。唐代前期修撰两晋南北朝诸史，开始出现总括性质的称谓。《梁书》有《诸夷传》，《周书》称《异域传》，《晋书》称《四夷传》，《南史》称《夷貊传》，这或许可以反映出古代中国人政治地理观念的演进，到了唐代有一个较为系统化的表达。"诸夷""四夷""夷貊"等称谓，源于上古时期"夷夏之辨"的传统思想，其中包含着明显的政治价值与种族文化意识。今天研究古代中国周边国家部族的朝贡活动，使用"诸夷"等名目作为指称，似乎与现代学术语境有些不协调的意味。经过考虑，我们选择使用"外域"这个较为中性的概念。唐人张彦远撰《历代名画记》卷五注引《梁书·外域传》，这应该是唐以前所修的别本《梁书》。又唐人释道宣撰《广弘明集》卷一九梁陆云（公）《御讲波若经序》，有"外域杂使一千三百六十人"云云，可见"外域"也是南朝当时人通行的称谓。

由于篇幅关系，这里刊布的是刘宋时期的朝贡史事。

### 永初元年（420）

闰八月丁酉，林邑国遣使朝贡。

《南史》卷一《宋本纪》上：（永初元年闰八月）丁酉，林邑国遣使朝贡。

### 永初二年（421）

二月，倭国遣使朝贡。

《南史》卷一《宋本纪》上：（永初二年二月）倭国遣使朝贡。

《宋书》卷九七《夷蛮·倭国传》：（上略）世修贡职。高祖永初二年，诏曰："倭赞万里修贡，远诚宜甄，可赐除授。" ●鹏按：《南史》卷七九《夷貊》下《倭国传》略同。

本年，林邑国遣使朝贡。

《宋书》卷九七《夷蛮·林邑国传》：高祖永初二年，林邑王范阳迈遣使贡献，即加除授。

《梁书》卷五四《诸夷·林邑国传》：宋永初二年，遣使贡献，以阳迈为林邑王。 ●鹏按：《南史》卷七八《夷貊》上《林邑国传》同。

本年，鄯善等西域三十六国遣使朝贡。

《宋书》卷九八《氐胡·大且渠蒙逊传》：（永初三年①三月）于是鄯善王比龙入朝，西域三十六国皆称臣贡献。

### 景平元年（423）

二月，河西国、吐谷浑遣使朝贡。

---

① 中华书局点校本《宋书》（修订本）校勘记：（上略）疑"三年"乃"二年"之讹。

《宋书》卷四《少帝纪》：（景平元年二月）沮渠蒙逊、吐谷浑阿豺并遣使朝贡。

《南史》卷一《宋本纪》上：（景平元年二月）镇军大将军大且渠蒙逊、河南鲜卑吐谷浑阿豺并遣使朝贡。

《建康实录》卷一一：（景平元年二月）大沮渠蒙逊、吐谷浑阿豺遣使贡献①。

《通鉴》卷一一九《宋纪》一营阳王景平元年：（二月）河西王蒙逊及吐谷浑王阿柴皆遣使入贡。

《宋书》卷九六《鲜卑吐谷浑传》：少帝景平中，阿豺遣使上表献方物。诏曰："吐谷浑阿豺介在遐表，慕义可嘉，宜有宠任。今酬其来款，可督塞表诸军事、安西将军、沙州刺史、浇河公。"

《魏书》卷一〇一《吐谷浑传》：阿豺兼并羌氐，地方数千里，号为强国。田于西强山，观垫江源，问于群臣曰："此水东流，有何名？由何郡国入何水也？"其长史曾和曰："此水经仇池，过晋寿，出宕渠，号垫江，至巴郡入江，度广陵会于海。"阿豺曰："水尚知有归，吾虽塞表小国，而独无所归乎？"遣使通刘义符，献其方物。义符封为浇河公。　●鹏按：《北史》卷九六《吐谷浑传》略同。

《南史》卷七九《夷貊》下《河南传》：至其末孙阿豺，始通江左，受官爵。

三月，高丽国遣使朝贡。

《宋书》卷四《少帝纪》：（景平元年三月）是月，高丽国遣使朝贡。

《南史》卷一《宋本纪》上：（景平元年三月）是月，高丽国遣使朝贡。

## 景平二年（424，八月改元元嘉）

二月，高丽国遣使朝贡。

《宋书》卷四《少帝纪》：（景平二年二月）高丽国遣使贡献。

《南史》卷一《宋本纪》上：（景平二年二月）高丽国遣使朝贡。

《建康实录》卷一一：（景平二年）高丽国遣贡献②。

《宋书》卷九七《夷蛮·高句骊国传》：少帝景平二年，（高句骊王高）琏遣长史马娄等诣阙献方物，遣使慰劳之，曰："皇帝问使持节、散骑常侍、都督营平二州诸军事、征东大将军、高句骊王、乐浪公，纂戎东服，庸绩继轨，厥惠既彰，款诚亦著，踰辽越海，纳贡本朝。朕以不德，忝承鸿绪，永怀先踪，思覃遗泽。今遣谒者朱邵伯、副谒者王邵子等，宣旨慰劳。其茂康惠政，永隆厥功，式昭往命，称朕意焉。"　●鹏按：《南史》卷七九《夷貊》下《高句丽传》略同。

本年，百济国遣使朝贡。

《宋书》卷九七《夷蛮·百济国传》：少帝景平二年，（百济王余）映遣长史张威诣阙贡献。　●鹏按：《南史》卷七九《夷貊》下《百济传》同。

---

① 中华书局点校本《建康实录》校勘记："大沮渠蒙逊"上原有"十二月"三字。《宋书·少帝纪》《南史·宋本纪》上及《通鉴》一一九皆系于二月，今据删。

② "遣"，《文渊阁四库全书》本作"使"。

本年，宜都蛮朝贡。

《宋书》卷九七《夷蛮·荆雍州蛮传》：少帝景平二年，宜都蛮帅石宁等一百二十三人诣阙上献。　●鹏按：《南史》卷七九《夷貊》下《荆雍州蛮传》同。

## 元嘉二年（425）

六月，武都国遣使朝贡。

《宋书》卷九八《氐胡·略阳清水氐杨氏》：盛嗣位三十年，太祖元嘉二年六月卒，时年六十二，私谥曰惠文王。玄字黄眉，自号使持节、都督陇右诸军事、征西大将军、开府仪同三司、平羌校尉、秦州刺史、武都王。虽为蕃臣，犹奉义熙之号。（中略）太祖即以玄为使持节、征西将军、平羌校尉、北秦州刺史、武都王。乃改义熙之号，奉元嘉正朔。初，盛谓玄曰：“吾年已老，当为晋臣，汝善事宋帝。”故玄奉焉。

《通鉴》卷一二〇《宋纪》二文帝元嘉二年：六月，武都惠文王杨盛卒。初，盛闻晋亡，不改义熙年号，谓世子玄曰：“吾老矣，当终为晋臣，汝善事宋帝。”及盛卒，玄自称都督陇右诸军事、征西大将军、开府仪同三司、秦州刺史、武都王，遣使来告丧，始用元嘉年号。

本年，倭国遣使朝贡。

《宋书》卷九七《夷蛮·倭国传》：太祖元嘉二年，赞又遣司马曹达奉表献方物。　●鹏按：《南史》卷七九《夷貊》下《倭国传》略同。

## 元嘉三年（426）

本年，河西国遣使朝贡。

《宋书》卷九八《氐胡·大且渠蒙逊传》：（元嘉三年）世子兴国遣使奉表，请《周易》及子集诸书，太祖并赐之，合四百七十五卷。蒙逊又就司徒王弘求《搜神记》，弘写与之。

《北史》卷九三《僭伪附庸·北凉传》：后又称蕃于宋，并求书，宋文帝并给之。蒙逊又就宋司徒王弘求《搜神记》，弘与之。

## 元嘉五年（428）

十二月，天竺国遣使朝贡。

《宋书》卷五《文帝纪》：（元嘉五年）是岁，天竺国遣使献方物。
《南史》卷二《宋本纪》中：（元嘉五年）十二月，天竺国遣使朝贡。
《建康实录》卷一二：（元嘉五年）十二月，天竺毗黎国遣使贡献。
《宋书》卷九七《夷蛮·天竺迦毗黎国传》：元嘉五年，国王月爱遣使奉表曰：“伏闻彼国，据江傍海，山川周固，众妙悉备，庄严清净，犹如化城，宫殿庄严，街巷平坦，人民充满，欢娱安乐。圣王出游，四海随从，圣明仁爱，不害众生，万邦归仰，国富如海。国中众生，奉顺正法，大王仁圣，化之以道，慈施群生，无所遗惜。帝修净戒，轨道不及，无上法船，济诸沈溺，群寮百官，受乐无怨，诸天拥护，万神侍卫，天魔降伏，莫不归化。王身端严，如日初出，仁泽普润，犹如大云，圣贤承业，如日月天，于彼真丹，最为殊胜。臣之所住，名迦毗河，东际于海，其城四边，悉紫绀石，首罗天护，令国安隐。国王相承，未尝断绝，国中人民，率皆修善，诸国来集，共遵道法，诸寺舍中，皆七宝形像，众妙供具，如先王法。臣自修检，不犯道禁，臣名月爱，弃世王种。惟愿大王圣体和善，群臣百官，悉自安隐。今以此国群臣吏民，山川珍宝，一切归属，五体归诚大王足下。山海遐隔，无由朝觐，宗仰之至，遣使下承。使主父名天魔悉达，使主名尼陁达，此人由来良善忠信，是故今遣奉使表诚。大王若有所须，珍奇异物，悉当奉送，此之境土，便是王国，王之法令，治国善道，悉当承用。愿二国信使往来不绝，此反使还，愿赐一使，具宣圣命，备敕所宜。款至之诚，望不空反，所白如是，愿加哀愍。"奉献金刚指环、摩勒金环诸宝物，赤白鹦鹉各一头。　●鹏按：《南史》卷七八《夷貊》上《天竺迦毗黎国传》略同。

《御览》卷七八七引《宋元嘉起居注》：五年，天竺毗加梨国王月□遣使上表[1]，并奉金刚指环一枚，刚印摩勒金环一枚，龕一具，白旃檀六段，白赤鹦鹉各一头，细叠两张。

本年，师子国遣使朝贡。

《宋书》卷九七《夷蛮·师子国传》：元嘉五年[2]，国王刹利摩诃南奉表曰："谨白大宋明主，虽山海殊隔，而音信时通。伏承皇帝道德高远，覆载同于天地，明照齐乎日月，四海之外，无往不伏，方国诸王，莫不遣信奉献，以表归德之诚，或泛海三年，陆行千日，畏威怀德，无远不至。我先王以来，唯以修德为正，不严而治，奉事三宝，道济天下，欣人为善，庆若在己，欲与天子共弘正法，以度难化。故托四道人遣二白衣送牙台像以为信誓，信还，愿垂音告。"　●鹏按：《宋书》卷五《文帝纪》，《南史》卷二《宋本纪》中未载元嘉五年师子国遣使朝贡。

《南史》卷七八《夷貊》上《师子国传》：宋元嘉五年，其王刹利摩诃遣使奉表贡献。

《通鉴》卷一二一《宋纪》三文帝元嘉五年：是岁，师子王刹利摩诃及天竺迦毗黎王月爱皆遣使奉表入贡，表辞皆如浮屠之言。

## 元嘉六年（429）

七月，百济国遣使朝贡。

《宋书》卷五《文帝纪》：（元嘉六年七月）是月，百济王遣使献方物。

《南史》卷二《宋本纪》中：（元嘉六年）秋七月，百济国遣使朝贡。

《三国史记》卷二五《百济本纪》三《毗有王》：三年秋，遣使入宋朝贡。　●鹏

---

[1]　"月□"，《文渊阁四库全书》本作"月受"，疑为"月爱"之讹。

[2]　中华书局点校本《宋书》（修订本）校勘记：按本书卷五《文帝纪》元嘉七年七月，有师子国遣使献方物之记载，元嘉五年无。

按：百济国毗有王三年即宋元嘉六年。

十二月丁亥，河南国、河西国遣使朝贡。

《宋书》卷五《文帝纪》：（元嘉六年）十二月丁亥，河南国、河西王遣使献方物。

《南史》卷二《宋本纪》中：（元嘉六年）十二月，河西、河南国并遣使朝贡。

《建康实录》卷一二：（元嘉六年十二月）陇西诸国使使贡献。

《宋书》卷九六《鲜卑吐谷浑传》：（上略）阿犲死，弟慕璝立。（元嘉）六年，表曰："大宋应运，四海宅心，臣亡兄阿犲慕义天朝，款情素著。去年七月五日，谒者董湛至，宣传明诏，显授荣爵，而臣私门不幸，亡兄见背。臣以懦弱，负荷后任，然天恩所报，本在臣门，若更反覆，惧停信命。辄拜受宠任，奉遵上旨，伏愿详处，更授章策。"

《通鉴》卷一二一《宋纪》三文帝元嘉六年：十二月，河西王蒙逊、吐谷浑王慕璝皆遣使入贡。

本年，师子国遣使朝贡。

《梁书》卷五四《诸夷·师子国传》：宋元嘉六年，十二年，其王刹利摩诃遣使贡献。　●鹏按：《宋书》卷五《文帝纪》，《南史》卷二《宋本纪》中未载元嘉六年师子国遣使朝贡。

本年，建平蛮朝贡。

《宋书》卷九七《夷蛮·荆雍州蛮传》：太祖元嘉六年，建平蛮张雎之等五十人，（中略）诣阙献见。　●鹏按：《南史》卷七九《夷貊》下《荆雍州蛮传》略同，"张雎之"作"张维之"。

## 元嘉七年（430）

正月，倭国遣使朝贡。

《宋书》卷五《文帝纪》：（元嘉七年正月）是月，倭国王遣使献方物。

四月癸未，诃罗单国遣使朝贡。

《宋书》卷五《文帝纪》：（元嘉七年）夏四月癸未，诃罗单国遣使献方物。

《宋书》卷九七《夷蛮·诃罗单国传》：元嘉七年，遣使献金刚指镮、赤鹦鹉鸟、天竺国白叠古贝、叶波国古贝等物。　●鹏按：《南史》卷七八《夷貊》上《诃罗单国传》略同。

七月甲寅，林邑国、诃罗陁国、师子国遣使朝贡。

《宋书》卷五《文帝纪》：（元嘉七年七月）甲寅，林邑国、诃罗陁国、师子国遣使献方物。

《宋书》卷九七《夷蛮·林邑国传》：（元嘉）七年，阳迈遣使，自陈与交州不睦，求蒙恕宥。

《宋书》卷九七《夷蛮·诃罗陁国传》：元嘉七年，遣使奉表曰："伏承圣王，信重三宝，兴立塔寺，周满国界。城郭庄严，清净无秽，四衢交通，广博平坦。台殿罗列，状若众山，庄严微妙，犹如天宫。圣王出时，四兵具足，导从无数，以为守卫。都人士女，丽服光饰，市廛丰富，珍贿无量，王法清整，无相侵夺。学徒游集，三乘竞进，敷演正法，云布雨润。四海流通，万国交会，长江眇漫，清净深广，有生咸资，莫能销秽，阴阳调和，灾厉不行。谁有斯美，大宋扬都，圣王无伦，临覆上国。有大慈悲，子育万物，平等忍辱，怨亲无二，济乏周穷，无所藏积，靡不照达，如日之明，无不受乐，犹如净月。宰辅贤良，群臣贞洁，尽忠奉主，心无异想。伏惟皇帝，是我真主。臣是诃罗陁国主名曰坚铠，今敬稽首圣王足下，惟愿大王知我此心久矣，非适今也。山海阻远，无缘自达，今故遣使，表此丹诚。所遣二人，一名毗纫，一名婆田，令到天子足下。坚铠微蔑，谁能知者，是故今遣二人，表此微心，此情既果，虽死犹生。仰惟大国，藩守旷远，我即边方藩守之一。上国臣民，普蒙慈泽，愿垂恩逮，等彼仆臣。臣国先时人众殷盛，不为诸国所见陵迫，今转衰弱，邻国竞侵。伏愿圣王，远垂覆护，并市易往反，不为禁闭。若见哀念，愿时遣还，令此诸国，不见轻侮，亦令大王名声普闻，扶危救弱，正是今日。今遣二人，是臣同心，有所宣启，诚实可信。愿敕广州时遣舶还，不令所在有所陵夺。愿自今以后，赐年年奉使。今奉微物，愿垂哀纳。"　●鹏按：《南史》卷七八《夷貊》上《诃罗陁国传》略同。

《通鉴》卷一二一《宋纪》三文帝元嘉七年：（七月）甲寅，林邑王范阳迈遣使入贡，自陈与交州不睦，乞蒙恕宥。

本年，百济国遣使朝贡。

《南史》卷二《宋本纪》中：（元嘉七年）是岁，（中略）倭、百济、呵罗单、林邑、呵罗他、师子等国并遣使朝贡。

《建康实录》卷一二：（元嘉七年四月）百济、林邑国使使贡献。

《宋书》卷九七《夷蛮·百济国传》：其后每岁遣使奉表献方物。（元嘉）七年，百济王余毗复修贡职，以映爵号授之。　●鹏按：《南史》卷七九《夷貊》下《百济传》略同。

本年，宜都蛮朝贡。

《宋书》卷九七《夷蛮·荆雍州蛮传》：（元嘉）七年，宜都蛮田生等一百一十三人，并诣阙献见。　●鹏按：《南史》卷七九《夷貊》下《荆雍州蛮传》同。

## 元嘉七年（430）

本年，芮芮国遣使朝贡。

《宋书》卷四六《张邵传》：元嘉五年，转征虏将军，领宁蛮校尉、雍州刺史，加都督。（中略）子敷至襄阳定省，当还都，群蛮伺欲取之。会蠕蠕国遣使朝贡，贼以为敷，遂执之，邵坐降号扬烈将军。

《南史》卷三二《张邵传》：元嘉五年，转征虏将军，领宁蛮校尉、雍州刺史，加都督。（中略）七年，子敷至襄阳定省，当还都，群蛮欲断取之，会蠕蠕国献使下，蛮以为是敷，因掠之。邵坐降号扬烈将军。

《宋书》卷九五《索虏传》附《芮芮虏传》：僭称大号，部众殷强，岁时遣使诣京师，与中国亢礼。

## 元嘉九年（432）

七月壬申，河南国、河西国遣使朝贡。

《宋书》卷五《文帝纪》：（元嘉九年七月）壬申，河南国、河西王遣使献方物。

《宋书》卷九六《鲜卑吐谷浑传》：（元嘉）九年，慕璝遣司马赵叙奉贡献，并言二万人捷。

《通鉴》卷一二二《宋纪》四文帝元嘉九年：（六月）吐谷浑王慕璝遣其司马赵叙入贡，且来告捷。

## 元嘉十年（433）

五月，林邑国遣使朝贡。

《宋书》卷五《文帝纪》：（元嘉十年）五月，林邑王遣使献方物。

《宋书》卷九七《夷蛮·林邑国传》：（元嘉）十年，阳迈遣使上表献方物，求领交州，诏答以道远，不许。

《梁书》卷五四《诸夷·林邑国传》：尔后（●鹏按：此承上文指元嘉八年以后）频年遣使贡献，而寇盗不已。

《通鉴》卷一二二《宋纪》四文帝元嘉十年：（五月）林邑王范阳迈遣使入贡，求领交州，诏答以道远，不许。

六月，阇婆州诃罗单国遣使朝贡。

《宋书》卷五《文帝纪》：（元嘉十年六月）阇婆州诃罗单国遣使献方物。

《南史》卷二《宋本纪》中：（元嘉十年）夏，林邑、阇婆娑州诃罗单国并遣使朝贡①。

《建康实录》卷一二：（元嘉十年）六月，阇婆诃罗单国遣使贡献。

《宋书》卷九七《夷蛮·呵罗单国传》：呵罗单国治阇婆洲。（中略）（元嘉）十年，呵罗单国王毗沙跋摩奉表曰："常胜天子陛下：诸佛世尊，常乐安隐，三达六通，为世间道，是名如来，应供正觉，遗形舍利，造诸塔像，庄严国土，如须弥山，村邑聚落，次第罗匝，城郭馆宇，如忉利天宫，宫殿高广，楼阁庄严，四兵具足，能伏怨敌，国土丰乐，无诸患难。奉承先王，正法治化，人民良善，庆无不利，处雪山阴，雪水流注，百川洋溢，八味清净，周匝屈曲，顺趣大海，一切众生，咸得受用。于诸国土，殊胜第一，是名震旦，大宋扬都，承嗣常胜大王之业，德合天心，仁荫四海，圣智周备，化无不顺，虽人是天，护世降生，功德宝藏，大悲救世，为我尊主常胜天子。是故至诚五体敬礼。呵罗单国王毗沙跋摩稽首问讯。" ●鹏按：《南史》卷七八

---

① 中华书局点校本《南史》校勘记："阇婆娑州"《宋书》作"阇婆州"。按下文十二年，《宋书》及本书又出"阇婆娑达国"，而《宋书·夷蛮传》、本书《夷貊传》并有"阇婆达国"传。疑衍"娑"字，脱"达"字，"州"为"国"之误。当以传为正。

《夷貊》上《呵罗单国传》略同。

《类聚》卷七六引《宋元嘉起居注》：阿罗单国王毗沙跋摩遣使云："诸佛世尊，常乐安隐。处雪山阴，雪水流注，百川洋溢，以味清净，周回屈曲，从趣大海，一切众生，咸得受用。"

《御览》卷七八七引《宋元嘉起居注》：去年六月①，阇婆洲呵罗单国王毗沙跋摩遣使献奉。

## 元嘉十一年（434）

本年，林邑国、扶南国、诃罗单国遣使朝贡。

《宋书》卷五《文帝纪》：（元嘉十一年）是岁，林邑国、扶南国、诃罗单国遣使献方物。

《南史》卷二《宋本纪》中：（元嘉十一年）是岁，林邑、扶南、诃罗单国并遣使朝贡。

《建康实录》卷一二：（元嘉十一年）冬十二月，扶南、诃罗单国遣使贡献。

《宋书》卷九七《夷蛮·扶南国传》：太祖元嘉十一、十二、十五年，国王持黎跋摩遣使奉献。

《南齐书》卷五八《东南夷·扶南国传》：晋、宋世通职贡。

《梁书》卷五四《诸夷·扶南国传》：㤭陈如死，后王持梨陀跋摩，宋文帝世奉表献方物。

《南史》卷七八《夷貊》上《扶南国传》：㤭陈如死，后王持黎陀跋摩，宋文帝元嘉十一年、十二年、十五年，奉表献方物。

《御览》卷七八七引《宋元嘉起居注》：十一年，呵罗单国王尸梨毗遮耶献银渗榉等。

本年，武都国、河西国遣使朝贡。

《宋书》卷九八《氐胡·略阳清水氐杨氏传》：（元嘉十年）四月②，（武都王杨）难当遣使奉表谢罪，曰："臣闻生成之德，含气同系，而荣悴殊涂，遭遇异兆，至于恩降自然，诚无答谢。夫以狂圣道隔，犹存克念之诚，况君亲莫二，不期自感者哉。每思自竭，奉遵光训，丹诚未谅，大谤已臻。梁州刺史甄法护诬臣遣司马飞龙扰乱西蜀，诸所谮引，言非一事，长涂万里，无路自明，风尘之声，日有滋甚。与其逆生，宁就清灭，文武同愤，制不自由。遣参军姚道贤赍书诣梁州刺史萧思话，寻续又遣诣台归罪。道贤至西城，为守兵所杀，行李蔽拥，日月莫照。法护恫扰，望风奔逃，臣即回军，秋毫无犯，权留少守，以俟会通。其后数旬，官军寻至，守兵单弱，惧不自免，续遣轻兵，共相迎接。值秦流民，怀土及本，行将既旋，不容禁制，由臣约防无素，以致斯阙。臣本历代守蕃，世荷殊宠，王化始基，顺天委命，要名期义，不在今

---

① "去年"，《文渊阁四库全书》本作"十年"。
② 中华书局点校本《宋书》（修订本）校勘记：据本书卷五《文帝纪》，《建康实录》卷一二，《通鉴》卷一二二《宋纪》，萧思话讨杨难当以及下文所载之此年"四月，难当遣使奉表谢罪"等，皆为元嘉十一年事。

日，岂可假托妖妄，毁败成功，如此之形，灼然易见，仰恃圣明，必垂鉴察。但臣微心不达，迹违忠顺，至乃声闻朝庭，劳烦师旅，负辱之深，罪当诛责。远隔遐荒，告谢无地，谨遣兼长史齐亮听命有司，并奉送所授第十一符策，伏待天旨。"太祖以其边裔，下诏曰："杨难当表如此，悔谢前愆，可特恕宥，并特还章节。"

《宋书》卷九八《氐胡·大且渠蒙逊传》：（元嘉）十年四月，蒙逊卒，时年六十六。私谥曰武宣王。（中略）蒙逊第三子茂虔时为酒泉太守，众议推茂虔为主，袭蒙逊位号。十一年，茂虔上表曰："臣闻功以济物为高，非竹帛无以述德，名以当实为美，非谥号无以休终。先臣蒙逊西复凉城，泽憺崐裔，芟夷群暴，清洒区夏。暨运钟有道，备大宋之宗臣，爵班九服，享惟永之丕祚，功名昭著，克固贞节。考终由正，而请名之路无阶，懿迹虽弘，而述叙之美有缺。臣子痛感，咸用不安。谨案谥法，克定祸乱曰武，善闻周达曰宣。先臣廓清河外，勋光天府，标榜称迹，实兼斯义。辄上谥为武宣王。若允天听，垂之史笔，则幽显荷荣，始终无恨。"诏曰："使持节、侍中、都督秦河沙凉四州诸军事、车骑大将军、开府仪同三司、领护匈奴中郎将、西夷校尉、凉州牧河西王蒙逊，才兼文武，勋济西服，爰自万里，款诚夙著，方仗忠果，翼宣远略，奄至薨陨，凄悼于怀。便遣使吊祭，并加显谥。嗣子茂虔，纂戎前轨，乃心弥彰，宜蒙宠授，绍兹蕃业。可持节、散骑常侍、都督凉秦河沙四州诸军事、征西大将军、领护匈奴中郎将、西夷校尉、凉州刺史、河西王。"

《通鉴》卷一二二《宋纪》四文帝元嘉十一年：（四月）杨难当遣使奉表谢罪，帝下诏赦之。河西王牧犍遣使上表，告嗣位。戊寅，诏以牧犍为都督凉秦等四州诸军事、征西大将军、凉州刺史、河西王。 ●吴玉贵《资治通鉴疑年录》肆《宋纪》：上接四月壬戌。按，元嘉十一年四月癸巳朔，壬戌三十日，月内无戊寅。《宋书·文帝纪》："（五月）戊寅，以大沮渠茂虔为征西大将军、凉州刺史"。大沮渠茂虔即牧犍。《南史·宋本纪》亦作"五月戊寅"。五月癸亥朔，戊寅为五月十六日。《通鉴》本年四月后径接六月，不书五月。当从《宋书》及《南史》，《通鉴》"戊寅"上脱"五月"二字。

## 元嘉十二年（435）

正月，黄龙国遣使朝贡。

《宋书》卷五《文帝纪》：（元嘉十二年正月）癸酉，封黄龙国主冯弘为燕王。

《南史》卷二《宋本纪》中：（元嘉十二年正月）癸酉，封冯弘为燕王。

《宋书》卷九七《夷蛮·高句骊国传》：先是，鲜卑慕容宝治中山，为索虏所破，东走黄龙。义熙初，宝弟熙为其下冯跋所杀，跋自立为主，自号燕王，以其治黄龙城，故谓之黄龙国。跋死，子弘立，屡为索虏所攻，不能下。太祖世，每岁遣使献方物。元嘉十二年，赐加除授。

《通鉴》卷一二二《宋纪》四文帝元嘉十二年：燕王数为魏所攻，遣使诣建康称藩奉贡。（正月）癸酉，诏封为燕王。江南谓之黄龙国。

六月，师子国遣使朝贡。

《宋书》卷五《文帝纪》：（元嘉十二年六月）师子国遣使献方物。

《南史》卷二《宋本纪》中：（元嘉十二年六月）师子国遣使朝贡。

《宋书》卷九七《夷蛮·师子国传》：至（元嘉）十二年，又复遣使奉献。　　●鹏按：《南史》卷七八《夷貊》上《师子国传》略同。

《梁书》卷五四《诸夷·师子国传》：宋元嘉（中略）十二年，其王刹利摩诃遣使贡献。

《类聚》卷七六引《宋元嘉起居注》：师子王国遣使奉献，诏答云："此小乘经甚少，彼国所有，皆可写送。"　　●鹏按：以下二条年代不详，姑系于此。

《御览》卷七八七引《宋元嘉起居注》：师子国王遣使奉献，诏曰："此小乘经甚少，彼国所有，皆可悉为写送之。闻彼邻多有师子，此所未睹，可悉致之。"

七月乙酉，阇婆娑达国、扶南国遣使朝贡。

《宋书》卷五《文帝纪》：（元嘉十二年）秋七月乙酉①，阇婆娑达国、扶南国并遣使献方物。

《南史》卷二《宋本纪》中：（元嘉十二年）秋七月辛酉，阇婆娑达、扶南国并遣使朝贡。

《宋书》卷九七《夷蛮·阇婆婆达国传》：元嘉十二年，国王师黎婆达陁阿罗跋摩遣使奉表曰："宋国大主大吉天子足下：敬礼一切种智安隐，天人师降伏四魔，成等正觉，转尊法轮，度脱众生，教化已周，入于涅槃，舍利流布，起无量塔，众宝庄严，如须弥山，经法流布，如日照明，无量净僧，犹如列宿。国界广大，民人众多，宫殿城郭，如忉利天宫。名大宋扬州大国大吉天子，安处其中，绍继先圣，王有四海，阎浮提内，莫不来服。悉以兹水，普饮一切，我虽在远，亦沾灵润，是以虽隔巨海，常遥臣属，愿照至诚，垂哀纳受。若蒙听许，当年遣信，若有所须，惟命是献，伏愿信受，不生异想。今遣使主佛大陁婆、副使葛抵奉宣微诚，稽首敬礼大吉天子足下，陁婆所启，愿见信受，诸有所请，唯愿赐听。今奉微物，以表微心。"　　●鹏按：《南史》卷七八《夷貊》上《阇婆达国传》略同，"师黎婆达陁阿罗跋摩"作"师黎婆达呵陁罗跋摩"。

《宋书》卷九七《夷蛮·扶南国传》：太祖元嘉十一、十二、十五年，国王持黎跋摩遣使奉献。

《南史》卷七八《夷貊》上《扶南国传》：后王持黎陁跋摩，宋文帝元嘉十一年、十二年、十五年，奉表献方物。

本年，林邑国遣使朝贡。

《宋书》卷九七《夷蛮·林邑国传》：（元嘉）十二、十五、十六、十八年，频遣贡献，而寇盗不已，所贡亦陋薄。　　●鹏按：《宋书》卷五《文帝纪》，《南史》卷二《宋本纪》中未载元嘉十二年林邑国遣使朝贡。

《南史》卷七八《夷貊》上《林邑国传》：（元嘉）十二年、十五年、十六年、十

---

① 中华书局点校本《宋书》（修订本）校勘记："乙酉"，《南史》卷二《宋本纪》中作"辛酉"。按是月丙辰朔，初六日辛酉，三十日乙酉。

八年，每遣使贡献，献亦陋薄，而寇盗不已。

## 元嘉十三年（436）

六月，高丽国、武都国遣使朝贡。

《宋书》卷五《文帝纪》：（元嘉十三年）六月，高丽国、武都王遣使献方物。

《南史》卷二《宋本纪》中：（元嘉十三年）夏六月，高丽、武都等国并遣使朝贡。

《建康实录》卷一二：（元嘉十三年）夏六月，高丽国遣使贡献。

《宋书》卷九七《夷蛮·高句骊国传》：琏每岁遣使。

《宋书》卷九八《氐胡·略阳清水氐杨氏传》：（元嘉）十三年三月，难当自立为大秦王，号年曰建义，立妻为王后，世子为太子，置百官，具拟天朝，然犹奉朝庭，贡献不绝。

本年，呵罗单国遣使朝贡。

《宋书》卷九七《夷蛮·呵罗单国传》：其后为子所篡夺。（元嘉）十三年，又上表曰："大吉天子足下：离淫怒痴，哀愍群生，想好具足，天龙神等，恭敬供养，世尊威德，身光明照，如水中月，如日初出，眉间白豪，普照十方，其白如雪，亦如月光，清净如华，颜色照曜，威仪殊胜，诸天龙神之所恭敬，以正法宝，梵行众僧，庄严国土，人民炽盛，安隐快乐。城阁高峻，如乾他山，众多勇士，守护此城，楼阁庄严，道巷平正，着种种衣，犹如天服，于一切国，为最殊胜吉。扬州城无忧天主，愍念群生，安乐民人，律仪清净，慈心深广，正法治化，共养三宝，名称远至，一切并闻。民人乐见，如月初生，譬如梵王，世界之主，一切人天，恭敬作礼。呵罗单跋摩以顶礼足，犹如现前，以体布地，如殿陛道，供养恭敬，如奉世尊，以顶着地，曲躬问讯。忝承先业，嘉庆无量，忽为恶子所见争夺，遂失本国。今唯一心归诚天子，以自存命。今遣毗纫问讯大家，意欲自往，归诚宣诉，复畏大海，风波不达。今命得存，亦由毗纫此人忠志，其恩难报。此是大家国，今为恶子所夺，而见驱摈，意颇怂惋，规欲雪复。伏愿大家听毗纫买诸铠仗袍袄及马，愿为料理毗纫使得时还。前遣闍邪仙婆罗诃，蒙大家厚赐，悉恶子夺去，启大家使知。今奉薄献，愿垂纳受。"此后又遣使。　●鹏按：《南史》卷七八《夷貊》上《呵罗单国传》略同。

## 元嘉十四年（437）

十二月，河南国、河西国、诃罗单国遣使朝贡。

《宋书》卷五《文帝纪》：（元嘉十四年十二月）河南国、河西王、诃罗单国并遣使献方物。

《南史》卷二《宋本纪》中：（元嘉十四年十二月）河南、河西、诃罗单国并遣使朝贡。

《建康实录》卷一二：（元嘉十四年十二月）河南、河西、诃罗单国使使贡献。

《宋书》卷九六《鲜卑吐谷浑传》：慕璝死，弟慕延立，遣使奉表。

《宋书》卷九八《氐胡·大且渠蒙逊传》：（元嘉）十四年，茂虔奉表献方物，并献《周生子》十三卷，《时务论》十二卷，《三国总略》二十卷，《俗问》十一卷，《十三州志》十卷，《文检》六卷，《四科传》四卷，《敦煌实录》十卷，《凉书》十卷，《汉皇德传》二十五卷，《亡典》七卷，《魏驳》九卷，《谢艾集》八卷，《古今字》二卷，《乘丘先生》三卷①，《周髀》一卷，《皇帝王历三合纪》一卷，《赵歐传》并《甲寅元历》一卷，《孔子赞》一卷，合一百五十四卷。茂虔又求晋、赵《起居注》诸杂书数十件，太祖赐之。

《通鉴》卷一二三《宋纪》五文帝元嘉十四年：是岁，牧犍（中略）遣使诣建康，献杂书及敦煌赵歐所撰《甲寅元历》，并求杂书数十种，帝皆与之。

## 元嘉十五年（438）

四月甲辰，黄龙国遣使朝贡。

《宋书》卷五《文帝纪》：（元嘉十五年）夏四月甲辰，燕王弘遣使献方物。

《建康实录》卷一二：（元嘉十五年）夏四月，黄龙国使使贡献。

本年，武都国、河南国、高丽国、倭国、扶南国、林邑国遣使朝贡。

《宋书》卷五《文帝纪》：（元嘉十五年）是岁，武都王、河南国、高丽国、倭国、扶南国、林邑国并遣使献方物。

《南史》卷二《宋本纪》中：（元嘉十五年）是岁，武都、河南、高丽、倭、扶南、林邑等国并遣使朝贡。

《宋书》卷九六《鲜卑吐谷浑传》：慕璝死，弟慕延立，遣使奉表。十五年，除慕延使持节、散骑常侍、都督西秦河沙三州诸军事、镇西大将军、领护羌校尉、西秦河二州刺史、陇西王。

《宋书》卷九七《夷蛮·林邑国传》：（元嘉）十二、十五、十六、十八年，频遣贡献，而寇盗不已，所贡亦陋薄。

《南史》卷七八《夷貊》上《林邑国传》：（元嘉）十二年、十五年、十六年、十八年，每遣使贡献，献亦陋薄，而寇盗不已。

《宋书》卷九七《夷蛮·扶南国传》：太祖元嘉十一、十二、十五年，国王持黎跋摩遣使奉献。

《南史》卷七八《夷貊》上《扶南国传》：后王持黎陁跋摩，宋文帝元嘉十一年、十二年、十五年，奉表献方物。

《宋书》卷九七《夷蛮·倭国传》：赞死，弟珍立，遣使贡献，自称使持节、都督倭百济新罗任那秦韩慕韩六国诸军事、安东大将军、倭国王，表求除正。诏除安东将军、倭国王。　●鹏按：《南史》卷七九《夷貊》下《倭国传》同。

---

① 中华书局点校本《宋书》（修订本）校勘记："乘丘"，《册府》卷二三二作"桑丘"。《隋书》卷三四《经籍志》三："《桑丘先生书》二卷，晋征南军师杨伟撰，亡。"章宗源《考证》："案《宋书·大且渠蒙逊传》'乘丘先生'，即此'桑丘先生'也。'生'下当有'书'字。"

## 元嘉十六年（439）

本年，武都国、河南国、林邑国、高丽国遣使朝贡。

《宋书》卷五《文帝纪》：（元嘉十六年）是岁，武都王、河南王、林邑国、高丽国并遣使献方物。

《南史》卷二《宋本纪》中：（元嘉十六年）是岁，武都、河南、林邑、高丽等国并遣使朝贡。

《建康实录》卷一二：（元嘉十六年）武都、河内①、林邑并遣使贡献。

《宋书》卷九七《夷蛮·林邑国传》：（元嘉）十二、十五、十六、十八年，频遣贡献，而寇盗不已，所贡亦陋薄。

《南史》卷七八《夷貊》上《林邑国传》：（元嘉）十二年、十五年、十六年、十八年，每遣使贡献，献亦陋薄，而寇盗不已。

《宋书》卷九七《夷蛮·高句骊国传》：琏每岁遣使。（元嘉）十六年，太祖欲北讨，诏琏送马，琏献马八百匹。　●鹏按：《南史》卷七九《夷貊》下《高句丽传》略同。

## 元嘉十七年（440）

本年，武都国、河南国、百济国遣使朝贡。

《宋书》卷五《文帝纪》：（元嘉十七年）是岁，武都王、河南王、百济国遣使献方物。

《南史》卷二《宋本纪》中：（元嘉十七年十二月）戊辰②，武都、河南、百济等国并遣使朝贡。

《三国史记》卷二五《百济本纪》三《毗有王》：（十四年）冬十月，遣使入宋朝贡。　●鹏按：百济国毗有王十四年即宋元嘉十七年。

## 元嘉十八年（441）

本年，河南国、肃特国（一作肃慎）、高丽国、苏靡黎国、林邑国遣使朝贡。

《宋书》卷五《文帝纪》：（元嘉十八年）是岁，肃特国、高丽国、苏靡黎国、林邑国并遣使献方物。

《南史》卷二《宋本纪》中：（元嘉十八年）是岁，河南、肃特、高丽、苏摩黎、林邑等国并遣使来朝贡。

《建康实录》卷一二：（元嘉十八年）十二月，河南、肃慎、高丽、林邑、苏摩黎

---

① 中华书局点校本《建康实录》校勘记："河内"，《宋书·文帝纪》作"河南王"，《南史·宋本纪》中作"河南"，皆指河南王慕容延，此作"河内"当误。

② 中华书局点校本《南史》校勘记：《宋书》"戊辰"下有"以南豫州刺史始兴王濬为扬州刺史"等三十八字；"武都"上有"是岁"二字。此于"戊辰"下删去三十八字，而入之以武都诸国并遣使朝贡，致诸国使来同在"戊辰"一日之内，非是，当据《宋书》以正。

并令使贡献。

《宋书》卷九七《夷蛮·林邑国传》：（元嘉）十二、十五、十六、十八年，频遣贡献，而寇盗不已，所贡亦陋薄。

《南史》卷七八《夷貊》上《林邑国传》：（元嘉）十二年、十五年、十六年、十八年，每遣使贡献，献亦陋薄，而寇盗不已。

《宋书》卷九七《夷蛮·天竺迦毗黎国传》：元嘉十八年，苏摩黎国王那邻那罗跋摩遣使献方物。　●鹏按：《南史》卷七八《夷貊》上《天竺迦毗黎国传》略同，"那邻那罗跋摩"作"那罗跋摩"。

## 元嘉十九年（442）

九月，河西国遣使朝贡。

《宋书》卷九八《氐胡·大且渠蒙逊传》：（元嘉十九年）九月，无讳遣将卫寮夜袭高昌，（高昌城主阚）爽奔芮芮，无讳复据高昌。遣常侍氾儁奉表使京师，献方物。太祖诏曰："往年狡虏纵逸，侵害凉土，西河王茂虔遂至不守，沦陷寇逆，累世著诚，以为矜悼。次弟无讳克绍遗业，保据方隅，外结邻国，内辑民庶，系心阙庭，践修贡职，宜加朝命，以褒笃勋。可持节、散骑常侍、都督凉河沙三州诸军事、征西大将军、领护匈奴中郎将、西夷校尉、凉州刺史、河西王。"

《通鉴》卷一二四《宋纪》六文帝元嘉十九年：九月，无讳将卫兴奴夜袭高昌，屠其城，（阚）爽奔柔然，无讳据高昌。遣其常侍氾隽奉表诣建康。诏以无讳都督凉河沙三州诸军事、征西大将军、凉州刺史、河西王。　●《通鉴考异》卷五：《宋本纪》封爵在六月，《传》在九月末。今从《传》。　●鹏按：《宋书》卷五《文帝纪》：（元嘉十九年）六月壬午，以大沮渠无讳为征西大将军、凉州刺史。

十月甲申，芮芮国遣使朝贡。

《宋书》卷五《文帝纪》：（元嘉十九年）冬十月甲申，芮芮国遣使献方物。

《建康实录》卷一二：（元嘉十九年）冬十月，蠕蠕国遣使贡献。

《通鉴》卷一二四《宋纪》六文帝元嘉十九年：（十月）甲申，柔然遣使诣建康。

本年，婆皇国、河南国、扶南国遣使朝贡。

《宋书》卷五《文帝纪》：（元嘉十九年）是岁，婆皇国遣使献方物。

《南史》卷二《宋本纪》中：（元嘉十九年）是岁，蠕蠕、河南、扶南、婆皇国并遣使朝贡。

《建康实录》卷一二：（元嘉十九年）婆皇国使使贡献。

## 元嘉二十年（443）

本年，河西国、高丽国、百济国、倭国遣使朝贡。

《宋书》卷五《文帝纪》：（元嘉二十年）是岁，河西国、高丽国、百济国、倭国并遣使献方物。

《南史》卷二《宋本纪》中：（元嘉二十年）是岁，河西、高丽、百济、倭国并遣使朝贡。

《建康实录》卷一二：（元嘉二十年）百济、倭国使使贡献。

《宋书》卷九七《夷蛮·倭国传》：（元嘉）二十年，倭国王济遣使奉献，复以为安东将军、倭王。　●鹏按：《南史》卷七九《夷貊》下《倭国传》同。

## 元嘉二十六年（449）

五月丙戌，婆皇国遣使朝贡。壬辰，婆达国遣使朝贡。

《宋书》卷五《文帝纪》：（元嘉二十六年五月）丙戌，婆皇国，壬辰，婆达国，并遣使献方物。

《南史》卷二《宋本纪》中：（元嘉二十六年五月）丙戌，婆皇国，壬辰，婆达国并遣使朝贡。

《建康实录》卷一二：（元嘉二十六年二月）壬午[1]，婆皇国、婆达国并遣使贡献。

《宋书》卷九七《夷蛮·婆皇国传》：元嘉二十六年，国王舍利婆罗跋摩遣使献方物四十一种。　●鹏按：《南史》卷七八《夷貊》上《婆皇国传》略同，"舍利婆罗跋摩"作"舍利婆罗跋摩"。

《御览》卷七八七引《宋元嘉起居注》：二十六年，蒲黄国献牛黄等物，又献欝金香等物。　●鹏按："蒲黄国"当即"婆皇国"，疑为音译之异。

《宋书》卷九七《夷蛮·婆达国传》：元嘉二十六年，国王舍利不陵伽跋摩遣使献方物。　●鹏按：《南史》卷七八《夷貊》上《婆达国传》同。

本年，呵罗单国遣使朝贡。

《宋书》卷九七《夷蛮·呵罗单国传》：（元嘉）二十六年，太祖诏曰："呵罗单、婆皇、婆达三国，频越遐海，款化纳贡，远诚宜甄，可并加除授。"乃遣使策命之曰："惟尔慕义款化，效诚荒遐，恩之所洽，殊远必甄，用敷典章，显兹策授。尔其钦奉凝命，永固厥职，可不慎欤。"　●鹏按：《南史》卷七八《夷貊》上《呵罗单国传》略同。《宋书》卷五《文帝纪》，《南史》卷二《宋本纪》中未载元嘉二十六年呵罗单国遣使朝贡。

## 元嘉二十七年（450）

正月辛卯，百济国遣使朝贡。

《宋书》卷五《文帝纪》：（元嘉二十七年正月）辛卯，百济国遣使献方物。

《南史》卷二《宋本纪》中：（元嘉）二十七年春正月辛卯，百济国遣使朝贡。

《建康实录》卷一二：（元嘉）二十七年春正月辛卯，百济国遣使贡献。

《宋书》卷九七《夷蛮·百济国传》：（元嘉）二十七年，（百济王余）毗上书献方物，私假台使冯野夫西河太守，表求《易林》《式占》、腰弩，太祖并与之。　●鹏

---

① 中华书局点校本《建康实录》校勘记：二月丁酉朔，无壬午。

按：《南史》卷七九《夷貊》下《百济传》略同。

《梁书》卷五四《诸夷·百济传》：宋元嘉中，王余毗，并遣献生口。

本年，河南国遣使朝贡。

《宋书》卷九六《鲜卑吐谷浑传》：索虏拓跋焘遣军击慕延，大破之，慕延率部落西奔白兰，攻破于阗国。虑虏复至，二十七年，遣使上表云："若不自固者，欲率部曲入龙涸越巂门。"并求牵车，献乌九帽、女国金酒器、胡王金钏等物。太祖赐以牵车，若虏至不自立，听入越巂。虏竟不至也。

《通鉴》卷一二五《宋纪》七文帝元嘉二十七年：（六月）吐谷浑王慕利延为魏所逼，上表求入保越巂。上许之，慕利延竟不至。

### 元嘉二十八年（451）

四月癸酉，婆达国遣使朝贡。

《宋书》卷五《文帝纪》：（元嘉二十八年）夏四月癸酉，婆达国遣使献方物。

《南史》卷二《宋本纪》中：（元嘉二十八年）夏四月癸酉，婆达国遣使朝贡。

《建康实录》卷一二：（元嘉二十八年）四月癸酉，婆达国遣使贡献。

《宋书》卷九七《夷蛮·婆达国传》：（元嘉）二十八年，复遣使献方物。　●鹏按：《南史》卷七八《夷貊》上《婆达国传》同。

五月丁巳，婆皇国遣使朝贡。戊戌，河南国遣使朝贡。

《宋书》卷五《文帝纪》：（元嘉二十八年五月）丁巳①，婆皇国，戊戌，河南王，并遣使献方物。

《南史》卷二《宋本纪》中：（元嘉二十八年五月）丁巳，婆皇国，戊戌，河南国并遣使朝贡。

《建康实录》卷一二：（元嘉二十八年五月）丁巳，婆皇国、河南国并遣使贡献。

《宋书》卷九七《夷蛮·婆皇国传》：（元嘉）二十八年，复贡献。　●鹏按：《南史》卷七八《夷貊》上《婆皇国传》略同。

十月癸亥，高丽国遣使朝贡。

《宋书》卷五《文帝纪》：（元嘉二十八年）冬十月癸亥，高丽国遣使献方物。

《南史》卷二《宋本纪》中：（元嘉二十八年）冬十月癸亥，高丽国遣使朝贡。

《建康实录》卷一二：（元嘉二十八年）冬十月，高丽国遣使贡献。

### 元嘉二十九年（452）

四月戊午，诃罗单国遣使朝贡。

《宋书》卷五《文帝纪》：（元嘉二十九年）夏四月戊午，诃罗单国遣使献方物。

---

① 中华书局点校本《宋书》（修订本）校勘记：按是年五月甲申朔，初二日乙酉，十五日戊戌，无丁巳。丁巳日支当有误。

《南史》卷二《宋本纪》中：（元嘉二十九年）夏四月戊午，诃罗单国遣使朝贡。

《建康实录》卷一二：（元嘉二十九年）夏四月戊午，诃罗国遣使贡献。

《宋书》卷九七《夷蛮·呵罗单国传》：（元嘉）二十九年，又遣长史婆和沙弥献方物。 ●鹏按：《南史》卷七八《夷貊》上《呵罗单国传》略同，"婆和"作"婆和"。

九月，河南国遣使朝贡。

《宋书》卷五《文帝纪》：（元嘉二十九年）九月丁亥，以平西将军吐谷浑拾寅为安西将军、西秦河二州刺史。

《通鉴》卷一二六《宋纪》八文帝元嘉二十九年：吐谷浑王慕利延卒，树洛干之子拾寅立，始居伏罗川。遣使来请命，（中略）（九月）丁亥，以拾寅为安西将军、西秦河沙三州刺史、河南王。

## 元嘉三十年（453）

十一月丙寅，高丽国遣使朝贡。

《宋书》卷六《孝武帝纪》：（元嘉三十年十一月）丙寅，高丽国遣使献方物。

《南史》卷二《宋本纪》中：（元嘉三十年十一月）丙寅，高丽国遣使朝贡。

《建康实录》卷一三：（元嘉三十年十月）高丽使贡方物。

槃槃国（西北诸戎）、赵昌国、粟特国、盘盘国（海南诸国）、邓至国遣使朝贡。

《宋书》卷九五《索房传》：其（●鹏按：指芮芮房）东有槃槃国、赵昌国，渡流沙万里，又有粟特国，太祖世，并奉表贡献。 ●鹏按：西北诸戎、海南诸国并有盘盘国（一作槃槃）。《梁书》卷五四《诸夷·滑国传》："征其旁国波斯、盘盘、罽宾、焉者、龟兹、疏勒、姑墨、于阗、句盘等国，（下略）"吕思勉《吕思勉读史札记》丙帙《滑国考》："渴盘陁，盖即《滑传》之盘盘也。"此下各条年代不详，姑系于此。

《梁书》卷五四《诸夷·盘盘国传》：宋文帝元嘉，孝武孝建、大明中，并遣使贡献。 ●鹏按：《南史》卷七八《夷貊》上《槃槃国传》略同。

《梁书》卷五四《诸夷·邓至国传》：宋文帝时，王象屈耽遣使献马。 ●鹏按：《南史》卷七九《夷貊》下《邓至国传》同。

《梁职贡图》：宋文帝世，邓至王象屈耽，遣其所置黑水镇将象破羌上书献骏马[1]。

## 孝建二年（455）

二月己丑，婆皇国遣使朝贡。

《宋书》卷六《孝武帝纪》：（孝建二年）二月己丑[2]，婆皇国遣使献方物。

---

[1] "象破羌"，《诸番职贡图卷》作"象破虏"。

[2] 中华书局点校本《宋书》（修订本）校勘记：此下有丙寅。按是月壬戌朔，初五日丙寅，二十八日己丑，己丑不当在丙寅前。疑"己丑"为"乙丑"之讹，"乙丑"为二月初四日。

《南史》卷二《宋本纪》中：（孝建）二年春二月己丑，婆皇国遣使朝贡。

《建康实录》卷一三：（孝建）二年春二月，婆皇国遣使贡献。

四月壬申，河南国遣使朝贡。

《宋书》卷六《孝武帝纪》：（孝建二年）夏四月壬申，河南国遣使献方物。

《南史》卷二《宋本纪》中：（孝建二年）夏四月壬申，河南国遣使朝贡。

七月己酉，槃槃国（盘盘国）遣使朝贡。

《宋书》卷六《孝武帝纪》：（孝建二年七月己酉）槃槃国遣使献方物。

《南史》卷二《宋本纪》中：（孝建二年七月）己酉，槃槃国遣使朝贡。

《梁书》卷五四《诸夷·盘盘国传》：宋文帝元嘉，孝武孝建、大明中，并遣使贡献。　●鹏按：《南史》卷七八《夷貊》上《槃槃国传》略同。

《御览》卷七八七引《宋起居注》：孝建二年七月二十日，槃槃国王遣长史竺伽蓝婆奉献金银、琉璃、诸香药等物。　●鹏按：孝建二年七月庚寅朔，二十日己酉。

八月辛酉，斤陀利国遣使朝贡。

《宋书》卷六《孝武帝纪》：（孝建二年八月辛酉）斤陀利国遣使献方物。

《南史》卷二《宋本纪》中：（孝建二年八月）辛酉，干陀利国遣使朝贡①。

《宋书》卷九七《夷蛮·天竺迦毗黎国传》：世祖孝建二年，斤陁利国王释婆罗那邻陁遣长史竺留陁及多献金银宝器。　●鹏按：《南史》卷七八《夷貊》上《天竺迦毗黎国传》略同。

《梁书》卷五四《诸夷·干陁利国传》：宋孝武世，王释婆罗郍怜陁遣长史竺留陁献金银宝器。　●鹏按：《南史》卷七八《夷貊》上《干陁利国传》略同，"释婆罗郍怜陁"作"释婆罗那邻陁"。

《御览》卷七八七引《宋起居注》：孝建二年八月二日，斤陁利国王释陁罗降陁遣长史竹留陁及多奉表献方物②。　●鹏按：孝建二年八月庚申朔，二日辛酉。

十一月辛亥，高丽国遣使朝贡。

《宋书》卷六《孝武帝纪》：（孝建二年十一月）辛亥，高丽国遣使献方物。

《南史》卷二《宋本纪》中：（孝建二年）十一月辛亥，高丽国遣使朝贡。

《宋书》卷九七《夷蛮·高句骊国传》：世祖孝建二年，琏遣长史董腾奉表，慰国哀再周，并献方物。　●鹏按：《南史》卷七九《夷貊》下《高句丽传》略同。

《三国史记》卷一八《高句丽本纪》六《长寿王》：四十三年，遣使入宋朝贡。●鹏按：高句丽国长寿王四十三年即宋孝建二年。

本年，林邑国遣使朝贡。

《宋书》卷九七《夷蛮·林邑国传》：世祖孝建二年，林邑又遣长史范龙跋奉使贡

---

① 中华书局点校本《南史》校勘记："干"各本作"斤"。据《夷貊传》改。按此"干陀利"《宋书》作"斤陀利"，实即一国。《南史》误分为二。

② "释陁罗降陁"，《文渊阁四库全书》本作"释陀罗隣陁"。

献，除龙跋扬武将军。　●鹏按：《南史》卷七八《夷貊》上《林邑国传》略同。

《梁书》卷五四《诸夷·林邑国传》：孝武建元[①]、大明中，林邑王范神成累遣长史奉表贡献。

## 孝建三年（456）

本年，婆皇国遣使朝贡。

《宋书》卷九七《夷蛮·婆皇国传》：世祖孝建三年，又遣长史竺那婆智奉表献方物。　●鹏按：《南史》卷七八《夷貊》上《婆皇国传》略同，"竺那婆智"作"竺那婆智"。《宋书》卷六《孝武帝纪》、《南史》卷二《宋本纪》中未载孝建三年婆皇国遣使朝贡。

## 大明元年（457）

本年，百济国遣使朝贡。

《宋书》卷九七《夷蛮·百济国传》：（百济王余）毗死，子庆代立。世祖大明元年，遣使求除授，诏许。　●鹏按：《南史》卷七九《夷貊》下《百济传》略同。

## 大明二年（458）

八月乙酉，河南国遣使朝贡。

《宋书》卷六《孝武帝纪》：（大明二年）八月乙酉，河南王遣使献方物。

十月乙未，高丽国遣使朝贡。

《宋书》卷六《孝武帝纪》：（大明二年十月）乙未，高丽国遣使献方物。

闰十二月壬戌，林邑国遣使朝贡。

《宋书》卷六《孝武帝纪》：（大明二年闰十二月）壬戌，林邑国遣使献方物。

《南史》卷二《宋本纪》中：（大明二年）是岁，河南、高丽、林邑等国并遣使朝贡。

《宋书》卷九七《夷蛮·林邑国传》：大明二年，林邑王范神成又遣长史范流奉表献金银器及香布诸物。　●鹏按：《南史》卷七八《夷貊》上《林邑国传》略同。

《梁书》卷五四《诸夷·林邑国传》：孝武（中略）大明中，林邑王范神成累遣长史奉表贡献。

本年，百济国遣使朝贡。

《宋书》卷九七《夷蛮·百济国传》：（大明）二年，（百济王余）庆遣使上表曰："臣国累叶，偏受殊恩，文武良辅，世蒙朝爵。行冠军将军右贤王余纪等十一人忠勤，宜在

---

① 中华书局点校本《梁书》（修订本）校勘记："建元"，《宋书》卷九七《夷蛮·林邑国传》、《南史》卷七八《夷貊》上《林邑国传》作"孝建"，疑是。按宋孝武帝无建元年号，而孝建与大明相接。

显进，伏愿垂愍，并听赐除。"　　●鹏按：《南史》卷七九《夷貊》下《百济传》略同。

## 大明三年（459）

正月丙申，婆皇国遣使朝贡。

　　《宋书》卷六《孝武帝纪》：（大明三年正月）丙申，婆皇国遣使献方物。

　　《宋书》卷二九《符瑞志》下：孝武帝大明三年正月丙申，婆皇国献赤白鹦鹉各一。

　　《宋书》卷九七《夷蛮·婆皇国传》：大明三年，献赤白鹦鹉。　　●鹏按：《南史》卷七八《夷貊》上《婆皇国传》同。

十月戊申，河西国遣使朝贡。

　　《宋书》卷六《孝武帝纪》：（大明三年十月）戊申，河西国遣使献方物。

　　《宋书》卷九八《氐胡·大且渠蒙逊传》：世祖大明三年，安周奉献方物。

十一月己巳，高丽国、肃慎国遣使朝贡。

　　《宋书》卷六《孝武帝纪》：（大明三年）十一月己巳，高丽国遣使献方物。肃慎国重译献楛矢、石砮。西域献舞马。

　　《南史》卷二《宋本纪》中：（大明三年）是岁，婆皇、河西、高丽、肃慎等国各遣使朝贡。西域献僻马。

　　《宋书》卷二九《符瑞志》下：孝武帝大明三年十一月己巳，肃慎氏献楛矢石砮，高丽国译而至。

　　《宋书》卷九七《夷蛮·高句骊国传》：大明三年，又献肃慎氏楛矢石砮。

　　《南史》卷七九《夷貊》下《高句丽传》：大明二年，又献肃慎氏楛矢石砮。　　●鹏按："二年"疑误。

## 大明四年（460）

正月甲戌，宕昌国遣使朝贡。

　　《宋书》卷六《孝武帝纪》：（大明四年正月）甲戌，宕昌王奉表献方物。

　　《南史》卷二《宋本纪》中：（大明四年正月）甲戌，宕昌国遣使朝贡。

八月壬寅，宕昌国遣使朝贡。

　　《宋书》卷六《孝武帝纪》：（大明四年）八月壬寅，宕昌王遣使献方物。

　　《梁书》卷五四《诸夷·宕昌国传》：宋孝武世，其王梁瑾忽始献方物。　　●鹏按：《南史》卷七九《夷貊》下《宕昌国传》略同，"梁瑾忽"作"梁瑾忽"。

　　《诸番职贡图卷》：宕昌国，（中略）宋孝武世，有宕昌王梁谨忽始献方物。

十二月，倭国遣使朝贡。

　　《宋书》卷六《孝武帝纪》：（大明四年十二月）倭国遣使献方物。

　　《南史》卷二《宋本纪》中：（大明四年十二月）倭国遣使朝贡。

《建康实录》卷一三：（大明四年十二月）丁未，倭国遣使贡献。

《宋书》卷九七《夷蛮·倭国传》：（倭国王）济死，世子兴遣使贡献。　●鹏按：《南史》卷七九《夷貊》下《倭国传》同。

## 大明五年（461）

七月丁卯，高丽国遣使朝贡。

《宋书》卷六《孝武帝纪》：（大明五年七月）丁卯，高丽国遣使献方物。

《南史》卷二《宋本纪》中：（大明五年）秋七月丁卯，高丽国遣使朝贡。

本年，河南国遣使朝贡。

《宋书》卷九六《鲜卑吐谷浑传》：世祖大明五年，拾寅遣使献善舞马，四角羊。皇太子、王公以下上《舞马歌》者二十七首。

《北史》卷九六《吐谷浑传》：后拾寅（中略）通使于宋，献善马①、四角羊。●鹏按：《魏书》卷一〇一《吐谷浑传》略同。

《宋书》卷八五《谢庄传》：时河南献舞马，诏群臣为赋，庄所上其词曰：（中略）又使庄作《舞马歌》，令乐府歌之。　●鹏按：《南史》卷二〇《谢弘微传》附《谢庄传》略同。

## 大明七年（463）

六月戊申，芮芮国、高丽国遣使朝贡。

《宋书》卷六《孝武帝纪》：（大明七年六月）戊申，芮芮国、高丽国遣使献方物。

《南史》卷二《宋本纪》中：（大明七年）六月戊申，蠕蠕、高丽等国并遣使朝贡。　●鹏按：《册府》九六八《外臣部》作"（大明）七年，芮芮国、百济国并遣使献方物"，"百济国"疑误。

## 大明八年（464）

七月庚戌，婆皇国遣使朝贡。

《宋书》卷七《前废帝纪》：（大明八年七月）庚戌，婆皇国遣使献方物。

《南史》卷二《宋本纪》中：（大明八年）秋七月庚戌，婆皇国遣使朝贡。

《宋书》卷九七《夷蛮·婆皇国传》：大明八年，（中略）又遣使贡献。　●鹏按：《南史》卷七八《夷貊》上《婆皇国传》同。

粟特国遣使朝贡。

《宋书》卷九五《索虏传》：粟特大明中遣使献生师子、火浣布、汗血马，道中遇寇，失之。　●鹏按：此条年代不详，姑系于此。

盘盘国遣使朝贡。

---

① 中华书局点校本《北史》校勘记：《宋书》作"善舞马"，此脱"舞"字。

《梁书》卷五四《诸夷·盘盘国传》：宋文帝元嘉，孝武孝建、大明中，并遣使贡献。　●鹏按：《南史》卷七八《夷貊》上《槃槃国传》略同。此条年代不详，姑系于此。

### 泰始二年（466）

本年，婆皇国遣使朝贡。

《宋书》卷九七《夷蛮·婆皇国传》：太宗泰始二年，又遣使贡献。　●鹏按：《南史》卷七八《夷貊》上《婆皇国传》略同。

本年，天竺迦毗黎国遣使朝贡。

《宋书》卷九七《夷蛮·天竺迦毗黎国传》：太宗泰始二年，又遣使贡献，以其使主竺扶大、竺阿弥并为建威将军。　●鹏按：《南史》卷七八《夷貊》上《天竺迦毗黎国传》略同，"竺阿弥"作"竺阿珍"。

### 泰始三年（467）

十月戊子，芮芮国遣使朝贡。

《宋书》卷八《明帝纪》：（泰始三年）十月戊子，芮芮国遣使献方物。
《建康实录》卷一四：（泰始三年十月）戊子，蠕蠕国遣使朝贡。

十一月，高丽国、百济国遣使朝贡。

《宋书》卷八《明帝纪》：（泰始三年十一月）高丽国、百济国遣使献方物。
《建康实录》卷一四：（泰始三年十一月）高丽、百济等并遣使朝贡。
《南齐书》卷二七《刘怀珍传》：（泰始三年）伪东莱太守鞠延僧数百人据城，劫留高丽献使。怀珍又遣宁朔将军明庆符与（王）广之击降延僧，遣高丽使诣京师。
《宋书》卷九七《夷蛮·高句骊国传》：太宗泰始（中略）中，贡献不绝。　●鹏按：《南史》卷七九《夷貊》下《高句丽传》略同。

### 泰始四年（468）

四月辛丑，芮芮国、河南国遣使朝贡。

《宋书》卷八《明帝纪》：（泰始四年四月）辛丑，芮芮国及河南王并遣使献方物。
《建康实录》卷一四：（泰始四年四月）辛丑，蠕蠕国、河南国遣使朝贡。

### 泰始五年（469）

三月己巳，河南国遣使朝贡。

《宋书》卷八《明帝纪》：（泰始五年三月）己巳，河南王遣使献方物。

《建康实录》卷一四：（泰始五年）五月己巳①，河南国遣使朝贡。

《宋书》卷九六《鲜卑吐谷浑传》：（泰始）五年，拾寅奉表献方物。

## 泰始六年（470）

十一月己巳，高丽国遣使朝贡。

《宋书》卷八《明帝纪》：（泰始六年）十一月己巳，高丽国遣使献方物。

《建康实录》卷一四：（泰始六年）十一月，高丽遣使朝贡。

## 泰始七年（471）

三月壬戌，芮芮国遣使朝贡。

《宋书》卷八《明帝纪》：（泰始七年三月）壬戌，芮芮国遣使奉献。

六月甲辰，芮芮国遣使朝贡。

《宋书》卷八《明帝纪》：（泰始七年六月）甲辰，芮芮国遣使献方物。

十一月戊午，百济国遣使朝贡。

《宋书》卷八《明帝纪》：（泰始七年）冬十一月戊午②，百济国遣使献方物。

《建康实录》卷一四：（泰始七年）冬十一月戊午，百济国遣使朝贡。

《宋书》卷九七《夷蛮·百济国传》：太宗泰始七年，又遣使贡献。　　●鹏按：《南史》卷七九《夷貊》下《百济传》略同。

## 泰豫元年（472）

三月癸丑，林邑国遣使朝贡。

《宋书》卷八《明帝纪》：（泰豫元年）三月癸丑朔，林邑国遣使献方物。

《建康实录》卷一四：（泰豫元年）三月癸丑朔，林邑国遣使朝贡。

《宋书》卷九七《夷蛮·林邑国传》：太宗泰豫元年，又遣使献方物。

《梁书》卷五四《诸夷·林邑国传》：明帝泰豫元年，又遣使献方物。　　●鹏按：《南史》卷七八《夷貊》上《林邑国传》同。

《出三藏记集》卷一二《法苑杂缘原始集目录序》载《杂图像集》上卷有《林邑国献无量寿鍮石像记》第八。　　●鹏按：此条上有"《宋孝武皇帝造无量寿金像记》第五，《宋明皇帝造丈四金像记》第六"，下有"《宋明帝齐文宣造行像八部鬼神记》第十"，疑此记宋明帝时林邑国朝贡献佛像事，姑系于此。

十一月，芮芮国、高丽国遣使朝贡。

---

① 中华书局点校本《建康实录》校勘记：五月庚子朔，无己巳。（中略）三月辛丑朔，二十九日己巳，此"五月"二字疑衍。

② 中华书局点校本《宋书》（修订本）校勘记："十一月"，原作"十月"，据《建康实录》卷一四改。按十月丙戌朔，无戊午。十一月乙卯朔，初四日戊午。

《宋书》卷九《后废帝纪》：（泰豫元年十一月）芮芮国、高丽国遣使献方物。

《建康实录》卷一四：（泰豫元年十一月）蠕蠕国、高丽国并遣使朝贡。

## 元徽元年（473）

三月，婆利国遣使朝贡。

《宋书》卷九《后废帝纪》：（元徽元年三月）婆利国遣使献方物。

《宋书》卷九七《夷蛮·天竺迦毗黎国传》：后废帝元徽元年，婆黎国遣使贡献。 ●鹏按：《南史》卷七八《夷貊》上《天竺迦毗黎国传》同。 ●中华书局点校本《南史》校勘记：按婆黎国即婆利国。

《高僧传》卷七《释慧严传》：东海何承天以博物著名，乃问严："佛国将用何历？"严云："天竺夏至之日，方中无影，所谓天中，于五行土德，色尚黄，数尚五，八寸为一尺，十两当此土十二两，建辰之月为岁首。"及讨覈分至，推校薄蚀，顾步光影，其法甚详，宿度年纪，咸有条例，承天无所厝难。后婆利国人来，果同严说。帝敕任豫受焉。 ●鹏按：此下二条年代不详，姑系于此。

《出三藏记集》卷一二《法苑杂缘原始集目录序》载《杂图像集》下卷有《婆利国献真金像记》。

五月丙申，河南国遣使朝贡。

《宋书》卷九《后废帝纪》：（元徽元年五月）丙申，河南王遣使献方物。

十二月丙寅，河南国遣使朝贡。

《宋书》卷九《后废帝纪》：（元徽元年十二月）丙寅，河南王遣使献方物。

《建康实录》卷一四：（元徽元年）是岁，利浮南遣使朝贡。 ●鹏按："利浮南"，《文渊阁四库全书》本作"浮南国"。此处疑有讹脱，"利浮南"疑当作"婆利河南国"。

## 元徽二年（474）

五月，芮芮国遣使朝贡。

《宋书》卷九《后废帝纪》：（元徽二年五月）芮芮国遣使献方物。

《建康实录》卷一四：（元徽二年五月）己亥，蠕蠕国遣使朝贡。

《通鉴》卷一三三《宋纪》一五苍梧王元徽二年：（五月）柔然遣使来聘。

七月，高丽国遣使朝贡。

《三国史记》卷一八《高句丽本纪》六《长寿王》：（六十二年七月）遣使入宋朝贡。 ●鹏按：高句丽国长寿王六十二年即宋元徽二年。

## 元徽三年（475）

三月丙寅，河南国遣使朝贡。

《宋书》卷九《后废帝纪》：（元徽三年）三月丙寅，河南王遣使献方物。

十月丙戌，高丽国遣使朝贡。

《宋书》卷九《后废帝纪》：（元徽三年）冬十月丙戌，高丽国遣使献方物。

《建康实录》卷一四：（元徽三年）是岁，浮南国、高丽国并遣使朝贡。　　●鹏按："浮"字疑误，"浮南国"当为"河南国"之讹。

《宋书》卷九七《夷蛮·高句骊国传》：后废帝元徽中，贡献不绝。　　●鹏按：《南史》卷七九《夷貊》下《高句丽传》同。

## 元徽四年（476）

三月，百济国遣使朝贡。

《三国史记》卷二六《百济本纪》四《文周王》：（二年）三月，遣使朝宋，高句丽塞路，不达而还。　　●鹏按：百济国文周王二年即宋元徽四年。

## 昇明元年（477）

十一月己酉，倭国遣使朝贡。

《宋书》卷一〇《顺帝纪》：（昇明元年）冬十一月己酉①，倭国遣使献方物。

《建康实录》卷一四：（昇平元年）冬十一月丁酉，倭国遣使朝贡。　　●鹏按：南朝宋无"昇平"年号，当为"昇明"之讹。下同。

## 昇明二年（478）

五月戊午，倭国遣使朝贡。

《宋书》卷一〇《顺帝纪》：（昇明二年）五月戊午，倭国王武遣使献方物，以武为安东大将军。

《宋书》卷九七《夷蛮·倭国传》：（倭国王）兴死，弟武立，自称使持节、都督倭百济新罗任那加罗秦韩慕韩七国诸军事、安东大将军、倭国王。顺帝昇明二年，遣使上表曰："封国偏远，作藩于外，自昔祖祢，躬擐甲胄，跋涉山川，不遑宁处。东征毛人五十五国，西服众夷六十六国，渡平海北九十五国，王道融泰，廓土遐畿，累叶朝宗，不愆于岁。臣虽下愚，忝胤先绪，驱率所统，归崇天极，道遥百济，装治船舫，而句骊无道，图欲见吞，掠抄边隶，虔刘不已，每致稽滞，以失良风。虽曰进路，或通或不。臣亡考济实忿寇雠，壅塞天路，控弦百万，义声感激，方欲大举，奄丧父兄，使垂成之功，不获一篑。居在谅闇，不动兵甲，是以偃息未捷。至今欲练甲治兵，申父兄之志，义士虎贲，文武效功，白刃交前，亦所不顾。若以帝德覆载，摧此强敌，克靖方难，无替前功。窃自假开府仪同三司，其余咸各假授，以劝忠节。"诏除武使持节、都督倭新罗任那加罗秦韩慕韩六国诸军事、安东大将军、倭王。　　●

---

① 中华书局点校本《宋书》（修订本）校勘记："己酉"，《建康实录》卷一四作"丁酉"。按下有丙午，是月辛巳朔，二十六日丙午，二十九日己酉。己酉不当在丙午前。疑作"丁酉"是。

鹏按：《南史》卷七九《夷貊》下《倭国传》略同。

九月己未，芮芮国遣使朝贡。

    《宋书》卷一〇《顺帝纪》：（昇明二年九月）己未，芮芮国遣使献方物。

十二月戊子，高丽国遣使朝贡。

    《宋书》卷一〇《顺帝纪》：（昇明二年十二月）戊子，高丽国遣使献方物。

    《建康实录》卷一四：（昇平二年）是岁，蠕蠕国、高丽国、倭国并遣使朝贡。

    《三国史记》卷一八《高句丽本纪》六《长寿王》：六十六年，遣使入宋朝贡。

●鹏按：高句丽国长寿王六十六年即宋昇明二年。

# 吕大防《长安图碑》的制作背景[①]

李芳瑶

北宋神宗元丰三年（1080）知永兴军吕大防（1027—1097）主持绘制《长安图碑》，上绘汉和隋唐长安城、北部禁苑和南部山川，以及吕大防对长安城的简述和评论。吕大防同时绘制《三宫图碑》，内容为唐代长安的三座宫城：太极宫、大明宫和兴庆宫（本文对两座石碑的图像部分以《长安图》和《三宫图》称之）。《长安图》是历史上著名的大比例尺城市地图，也是中国现存最早的石刻古代城市地图，是了解唐都长安最为直观详备的图像[②]。另一方面，生活于北宋中期的吕大防制作此图，又有着与北宋政治文化紧密相关的思想背景。本文意图结合图像、题记文字和残石出土时的相关信息，深入讨论《长安图碑》的制作背景。

## 一、《长安图碑》的流传和现状

《长安图碑》在后世的战乱中毁佚。石碑毁佚的相关记载现仅见于元代李好文《长安志图》转引元代京兆府学教授邸邦用的跋文："此图旧有碑刻，在京兆府公署，兵后失之。"[③]句中"兵后"时间确指不详，学界目前有宋金兵乱、金元兵乱和"二次销毁"三种说法。宋金兵乱说见高良佐《石刻唐大明兴庆两宫图考》和周铮《吕大防长安图碑和三宫图碑》[④]。民国邵章在其《长安图》拓本上的题诗持金元兵乱说[⑤]。辛德勇亦持此说，且进一步认为邸邦用所云兵难是指金哀宗正大八年（1231）元兵破凤翔，金弃京兆府、迁居民于河南一事[⑥]。民国时期石碑的发现者、国立北平研究院研究员何士骥提出"二次销毁

① 本文为国家社科基金青年项目"唐宋长安文献研究"（18CZS002）的研究成果。

② 胡海帆：《北京大学图书馆藏吕大防〈长安图〉残石拓本的初步研究》，《唐研究》第二十一卷，北京大学出版社2015年版，第1页。

③ （元）李好文：《长安志图》，《四库全书》史部地理类，台湾商务印书馆影印文渊阁1986年本，587册，第478页下栏。

④ 高良佐：《石刻唐大明兴庆两宫图考》，载《大陆杂志》第4卷第8期，收入中国社会科学院考古研究所、西安市大明宫遗址区改造保护领导小组编：《唐大明宫遗址考古发现与研究》，文物出版社2007年版，第267—269页。周铮在《吕大防长安图碑和三宫图碑》中对碑的毁佚时间做了仔细的考证辨析，收入曹婉如主编：《中国古代地图集（战国—元）》，文物出版社1990年版，第25—29页。

⑤ 邵章此拓本现存北京大学图书馆。

⑥ 辛德勇：《考〈长安图〉〈长安志图〉的版本——兼论吕大防〈长安图〉》，《古代文献研究集林》第2集，陕西师范大学出版社1992年版，第159—201页，收入辛德勇：《古代交通与地理文献研究》，中华书局1996年版，第304—341页。

说"①。1934年国立北平研究院帮助陕西省建立陕西考古会②，发掘到石碑一块③，绘有大明宫南部城门部分和兴庆宫全部，名之《唐大明宫残图兴庆宫图》，又在西安城南门内小湘子庙街的水沟中觅得一块绘有太极宫和部分南部皇城及周边坊市的石碑残片，名之《唐太极宫暨府寺坊市残图》。何士骥根据《唐大明宫残图兴庆宫图》出土的地层、土色、深度和附带出土物，推测该石在宋金之际已入土，又根据《唐太极宫暨府寺坊市残图》的出土地层和地点认为该部分应在金元之际入土④。何士骥身为发掘者，他对毁佚时间的推论基于考古现场的第一手资料，在更多考古材料出现之前，他的论断尤其值得重视。但他混淆了两石的出处，认为两石同在《长安图碑》之上，是同一石碑的不同部分在不同时期遭到毁坏。实际上，《唐太极宫暨府寺坊市残图》来自于《长安图碑》，《唐大明宫残图兴庆宫图》则是《三宫图碑》的一部分⑤。因此可将何氏的观点修正为：宋金之间，《三宫图碑》遭到毁坏，《长安图碑》仍存，直到金末仍矗立于京兆府前，为当时的长安人邵邦用所见⑥，金元战乱中方遭毁灭性破坏。

吕大防立《长安图碑》《三宫图碑》之后，两碑的拓本或者摹本开始流传，以"《长安图》""吕图"等名见于南宋郑樵《通志》⑦、赵彦卫《云麓漫钞》⑧、陈振孙《直斋书录解题》⑨、程大昌《雍录》和元代李好文《长安志图》等史籍⑩。《通志》卷七二《图谱略》著录唐代长安图若干幅，包括吕大防《唐长安京城图》《唐太极宫图》《唐大明宫图》《唐兴庆宫图》《三宫合为一图》⑪。陈振孙在《直斋书录解题》卷八中记载有"《长安图记》一卷"⑫。由此推测《长安图碑》《三宫图碑》和各宫分图的拓本或者摹本以及题记都

① 何士骥：《石刻唐太极宫暨府寺坊市残图大明宫残图兴庆宫图之研究》，《考古专报》1935年第1卷第1号，第1—74页。

② 国立北平研究院：《本院与陕西省政府合组陕西考古会经过》，《国立北平研究院院务汇报》1934年第5卷第4期，第67—76页。

③ 何士骥：《唐大明兴庆及太极宫图残石发掘报告》，《国立北平研究院院务汇报》1934年第5卷第4期，第53—61页。

④ 何士骥：《石刻唐太极宫暨府寺坊市残图大明宫残图兴庆宫图之研究》，《国立北平研究院院务汇报》1934年第5卷第4期，第71页。

⑤ 此点已由北平研究院的张鹏一指出，见张鹏一《唐大明兴庆宫残石跋文》和《唐太极宫图残石跋文》，《国立北平研究院院务汇报》1934年第5卷第4期，第62—65页。文章发表在何士骥《石刻唐太极宫暨府寺坊市残图大明宫残图兴庆宫图之研究》之前，不解何士骥为何没有采纳张鹏一的观点。

⑥ 辛德勇考证邵邦用为金哀宗正大元年进士，正大二年至七年间为承直郎、京兆府学教授，《考〈长安图〉〈长安志图〉的版本——兼论吕大防〈长安图〉》，《古代文献研究集林》第2集，陕西师范大学出版社1992年版，第191页。

⑦ 《通志》约于南宋高宗绍兴十三年完成。

⑧ 赵彦卫生活年代约为宋高宗绍兴十年至宋宁宗嘉定初年。

⑨ 陈振孙生卒年约为南宋孝宗淳熙十三年至宋理宗嘉定三年。

⑩ 《雍录》约完成于宋孝宗隆兴元年至宋宁宗庆元元年。《长安志图》李好文序作于元至正二年，此书大致完成于前后。

⑪ （宋）郑樵撰，王树民点校：《通志·二十略》，中华书局1995年版，第1830页。

⑫ （宋）陈振孙著，徐晓蛮、顾美华点校：《直斋书录解题》，上海古籍出版社1987年版，第242页。

曾单独流传①。由于文字的传抄和刊刻较图像容易，题记的流传应该比《长安图》《三宫图》等图广泛得多②。

清末民初，早已佚失的《长安图碑》残片重新出现。现今所知最早的记录在金石收藏家叶昌炽的《语石》中③，卷五提到"宋吕大防长安志图已佚，近新出土残石数十片，余尝从西估得拓本，离合钩贯，不能得其斗笋之处。"④卷十"残碑位置"有"余曾得吕大防《长安志图》残石，石苍舒书⑤，仅存七片，首尾残缺，潜心钩索，迄未得其原次，乃知古人精诣为不可及。"⑥当时出土石碑残石已有"数十片"，叶氏仅购得其中七片的拓本。

柯昌泗在《语石异同评》中补充："甲戌，长安发见地图残石两方：一题唐兴庆宫图，一题唐大明宫图，盖宋吕大防长安志图刻石之遗也。"⑦甲戌岁即公元1934年，民国二十三年。他所说即陕西考古所发现的《唐大明宫残图兴庆宫图》和《唐太极宫暨府寺坊市残图》，而非"唐兴庆宫图"和"唐大明宫图"。发掘缘起和过程大致如下：1922年，陕西省民政厅院内出土唐颜真卿书《颜勤礼碑》，当时发现碑下有残石，没有深入发掘。1934年，陕西省考古会在出土《颜勤礼碑》的地点附近继续发掘，得《唐大明宫残图兴庆宫图》残碑。负责人何士骥"发掘之外，兼留心探访"，和友人夏小欣在西安南门内小湘子庙街泥淖中发现一块残石，即《唐太极宫暨府寺坊市残图》残碑。当时有吕姓人家称此为家传之物，经交涉后石碑由陕西省考古会保存，陕西考古会成员对两石做了最初的研究⑧。两块碑石现藏西安碑林博物馆⑨。

1936年刊印的《咸宁长安两县续志》卷一中"唐西内太极宫图"和"唐南内兴庆宫图"两条专门介绍新出土的残石："按吕氏唐宫原刻有总分图，俱为保经堂夏氏所藏。拓本总图石断裂凡七段，仅前图太极宫较完好。此图兴庆宫乃分图之一，亦完好。……又汉故城并有拓本二段，画石人、马之类，疑亦吕刻，然太残缺，故不采。"⑩其中保经堂夏氏

① 福山敏男认为陈氏所见"长安图记"就是《长安图碑》题记的单行本，见［日］福山敏男：《唐长安城の東南部——吕大防长安圖碑の復原》，《古代學》1953年第2卷4号，第288—300页，收入［日］福山敏男：《中國建築と金石文の研究》，中央公论美术1983年版，第185—202页。本文主要参照收入《中國建築と金石文の研究》的文本，关于题记单行的观点见189页。

② 由于题记单独流传，必须谨慎看待很多史籍对《长安图》的记载，如果记载没有超出题记的内容，则不能冒险判断该书作者看到了《长安图》。以《云麓漫钞》为例，赵彦卫提及自己"好收古碑"，对于亲见的碑石往往述及寻访之经过或者得见之因由，卷八虽对吕大防《长安图》记载甚详，但内容不出题记，丝毫没有提到曾亲见碑石或者拓片，不似赵彦卫在书中对同类材料的记载，很可能赵彦卫本人没有看到《长安图》拓本或摹本。再如王应麟《玉海》卷一五、卷一四七和《通鉴地理通释》亦提到吕大防《长安图》，但其中关于唐代宫室的内容多引自宋敏求《长安志》，仅有《玉海》卷一五七"唐未央宫"提到"吕大防《图》以未央宫为通光殿"，不出题记内容，王应麟亦有可能只看到单行本题记，没有看到《长安图》。

③ 《语石》为叶昌炽于清光绪二十六年年开始编撰，之后陆续增补，宣统元年刊刻。

④（清）叶昌炽撰，柯昌泗评，陈公柔、张明善点校：《语石·语石异同评》，中华书局1994年版，第341页。

⑤ 石苍舒与吕大防、苏轼等人交游。苏轼《东坡全集》有《石苍舒醉墨堂》诗一首。南宋王十朋《东坡诗集注》卷二八记："苍舒，京兆人。字才美，善行草，人谓得'草圣三昧'。官为承事郎，通判保安库。尝为丞相汲郡吕公微仲所荐，不达而卒。"（《四库全书》集部别集类，台湾商务印书馆影印文渊阁1986年本，1109册，第536页下栏。）

⑥（清）叶昌炽撰，柯昌泗评，陈公柔、张明善点校：《语石·语石异同评》，中华书局1994年版，第562页。

⑦（清）叶昌炽撰，柯昌泗评，陈公柔、张明善点校：《语石·语石异同评》，中华书局1994年版，第341页。

⑧ 即上引何士骥和张鹏一文。

⑨ 陈忠凯等编著：《西安碑林博物馆藏碑刻总目提要》，线装书局2006年版，第14页。

⑩ 翁柽修，宋联奎纂：《咸宁长安两县续志》，中国地方志丛书影印本，成文出版社有限公司1969年版，第78页。

为何人，是否是与何士骥一起寻得《唐太极宫暨府寺坊市残图》的夏小欣，尚待进一步查证。书中未将"汉故城……拓本二段"算入，它们实际也是《长安图碑》的一部分，因此除《唐太极宫暨府寺坊市残图》以外还有8块新的拓片入藏。《咸宁长安两县续志》还提到"惟末行工张佑画、李甫、安师民、武德成十二字下刓泐，当是刻石人姓名，尤足证为吕氏原图无疑也"①，以上名字皆见吕氏题记，可见新的收获品还包括了题记残片。

近代收藏家邵章通过各种渠道获得《长安图碑》拓片。邵章（1872—1953），字伯炯（亦作伯褧、伯絅），近代著名书法家，有文集《倬盦遗稿》。他有一套拓片为日本元史研究者前田直典获得，后毁坏，平冈武夫根据照片和曾经刊布的图片重绘了《长安图》②。1934年发掘的当月，邵章即从何士骥处看到了《唐太极宫暨府寺坊市残图》和《唐大明宫残图兴庆宫图》，不久又从厂市（应为北京琉璃厂）得到"丛拓一束"，将其连缀裱糊并题诗。中山大学藏有何士骥赠陈寅恪先生的《唐太极宫暨府寺坊市残图》拓片一块，杭州名人纪念馆有章太炎旧藏《唐太极宫暨府寺坊市残图》拓片一块③。推测何士骥得到两碑残石后，携拓片走访各方学者，以深入对石碑的研究。这一举动无疑提高了当时学术界对《长安图碑》的关注，推动和宣传了《长安图碑》和对唐代长安城的研究。

此后北京大学图书馆成为《长安图》拓片数量最多的拥有者，共有4套。分别为（1）北大A本，即邵章旧藏。含残石21块，入馆前已经缀合并托裱为两整张，第一纸上裱吕大防题记6石，第二张纸上裱城图12石和城南郊图3石。图和题记旁皆有邵章题字，述及得图由来和邵章的考证。（2）北大B本，是吕大防题记、《长安图》整体缀合本。有残石21块，原为散页，来源不详，自1950年以来一直堆积在北大书库，1985年开始编目，2009年北大图书馆将其缀合成一整张。上有吕氏题记6石，城图11石，城南郊4石。与A本相比，缺了一块城图残石，但是比A本多了一块西南郊残石。最可贵的是题记残石可以与城图残石相连接，从而得知题记与城图的位置关系，订正福山敏男、平冈武夫、周铮等人的错误。结合A本和B本，可以得到迄今所知《长安图》残石最全本，共计22块残石。（3）北大C本，散页，仅存4块残石，有吕氏题记3石，城图1石。（4）北大D本，散页，仅存1石城图，与C本的城图相同。C、D本均为北京大学文科研究所旧藏，民国年间所得，1952年院系调整时随文科研究所三万余拓片移交北大图书馆④。

## 二、吕大防及吕氏家族

吕大防，字微仲，排行为二。北宋京兆府蓝田（今陕西蓝田）人。北宋仁宗皇祐元年（1049）进士及第。初仕冯翊主簿，后转永寿（今陕西永寿）令。英宗时历任太常博士，监察御史。担任监察御史期间，因对英宗追谥生父一事连上奏章，被贬为休宁（今安徽休

---

① 翁柽修，宋联奎纂：《咸宁长安两县续志》，中国地方志丛书影印本，成文出版社有限公司1969年版，第74—75页。

② 平冈武夫的重绘和考证见《唐代的长安与洛阳·地图》图版二，上海古籍出版社1991年版，第35—44页。

③ 胡海帆：《北京大学图书馆藏吕大防〈长安图〉残石拓本的初步研究》，《唐研究》第二十一卷，北京大学出版社2015年版，第6页。

④ 胡海帆：《北京大学图书馆藏吕大防〈长安图〉残石拓本的初步研究》，《唐研究》第二十一卷，北京大学出版社2015年版，第11—17页。

宁）知县。此后长期在外任职，历神宗朝。元丰初年，吕大防知永兴军，治所京兆府①，《长安图碑》即在任上完成。哲宗即位，司马光任宰相，行"元祐更化"，调吕大防进京，次年授尚书左丞，进中书侍郎，参与朝政。元祐三年（1088），吕大防拜尚书左仆射兼门下侍郎。为相长达八年，持续执行司马光的政策。哲宗亲政后任用变法派官员，吕大防接连被罢相、弹劾、外贬，绍圣四年（1097）在途中病逝，享年七十一。其著述，南宋晁公武《郡斋读书志》著录有《周易古经》二卷、《吕汲公文录》二十卷、《文录掇遗》一卷。陈振孙《直斋书录解题》著录有《周易古经》十二卷、《吕氏家祭礼》一卷（与吕大临合撰）、《长安图记》一卷。现都已散佚，唯有诗文散见于各种别集、总集、类书和丛书中②。

《宋史·吕大防传》提及其家学。吕大防出身关中礼学世家，祖父通，曾为太常博士，父蕡，曾任比部郎中。蕡子六，五人进士及第，其中吕大忠、吕大防、吕大钧和吕大临被尊称为"吕氏四贤"，兄弟四人"相切磋论道考礼，冠昏丧祭一本于古，关中言《礼》学者推吕氏。"③吕氏家族不仅习"三礼"，而且将他们对礼制的理解运用于实际。以吕大防为例，他任永寿令期间曾以《考工记》为依据，疏通当地水道，遭英宗贬黜亦是由于上奏英宗追谥生父不合礼制。近年来，吕氏家族墓的发掘更帮助我们更加了解吕氏家族在礼制上的亲身实践。2006—2009年，陕西省考古研究院抢救发掘了陕西蓝田县北宋吕氏家族墓。墓地使用时间为宋神宗熙宁七年至徽宗政和元年（1074—1111），共埋葬五代吕氏族人。考古人员清理了墓园内29座墓葬，勘探到家庙遗址一处，包括吕大防在内的24方墓志及大量随葬品出土④。出土墓志称"其（墓葬）排列秩序完全合乎《周礼》的要求。"⑤

吕大防和吕大临（1040—1092）皆有深厚的礼学背景，加之他们身为本地人对长安史地有着较多了解，很自然使人们意识到《长安图碑》是他们为正前人之说而完成的学术著作。何士骥即持此观点："观宋史吕大防及吕大均、吕大临传，知吕氏兄弟皆为极忠实之礼学家，故言行动作，必多规则，宫室礼志，尤所注意。大防言宫禁，则举'唐人阁图'，言引渠，则用考工水地置泉法。至大钧尤喜讲井田兵制，悉撰为图籍，以见于用。而大临则撰考古图以见古代礼器之制。此皆吕氏兄弟行事切实，好为图谱，不事空疏之证，则其作唐宫室图刻之于石以垂永久，亦意中之事耳。"⑥

美术史研究者提醒我们，作为物质体的艺术品和历史事件一样具有意图性（intentionality）⑦。无论是从广义的艺术品角度来理解《长安图碑》，还是将其制作归为一个历史事

---

① 城已缩小至唐代皇城的范围。

② 吕大防著作的收集和整理可参见陈俊民：《蓝田吕氏遗著辑校》，中华书局1993年版。

③ 《宋史》卷三四〇《吕大防传》，中华书局1977年版，第10844页。关于吕大防的政治观点和吕氏兄弟的学术，可参见燕永成：《试论北宋元祐时期的吕大防》，《咸阳师范学院学报》2002年第17卷第3期，第60—63页。秦草：《蓝田"吕氏四贤"——吕大忠、吕大防、吕大钧、吕大临》，《西安教育学院学报》2001年第16卷第3期，第94—96页。

④ 参见《陕西省考古研究院、甘肃省文物考古研究所获2007—2008年度国家文物局田野考古奖项目简介》，《考古与文物》2009年第5期，第108—109页；张蕴、卫峰：《蓝田五里头北宋"考古学家"的家族墓地》，《中国文化遗产》2010年第2期，第78—85页；陕西省考古研究院：《陕西蓝田县五里头北宋吕氏家族墓地》，《考古》2010年第8期，第46—52页，图版12至14；张蕴：《考古鼻祖北宋吕大临家族墓地出土文物》，《收藏》2010年第7期，第26—31页。

⑤ 陕西省考古研究院：《陕西蓝田县五里头北宋吕氏家族墓地》，《考古》2010年第8期，第52页。

⑥ 何士骥：《石刻唐太极宫暨府寺坊市残图大明宫残图兴庆宫图之研究》，《国立北平研究院院务汇报》1934年第5卷第4期，第69—70页。

⑦ George Kubler, *The Shape of Time: Remarks on the History of Things*, New Haven: Yale University Press, 1962, p.9.

件，图像的客观性都不能否定制作者的主观意图的存在。日本妹尾达彦先生在《都城图中描绘的唐代长安的城市空间——以吕大防〈长安图〉残石拓片图的分析为中心》一文中的分析，可视为对吕大防制《长安图碑》意图的回答。他关注到吕大防制《长安图碑》正值北宋中期恢复唐王朝文物制度的复古运动，元丰改制正是这场运动的高潮。这场复古运动的背景是西北党项西夏和北部契丹辽国势力的兴起，以及他们与北宋在唐朝继承者的正统地位上的争夺。吕大防"通过文章与画描述、描绘了隋大兴城的划时代性，以及继其后的唐长安城的宏伟面貌，以此来显示作为隋唐王朝直接继承人的宋朝知识人的自豪情感。"[1]

本文同意妹尾达彦先生对时代背景的描述。北宋建国伊始，即处于与周边王朝争夺正统地位的焦虑之中。同时，北宋初期继承晚唐五代以来的机构设置，制度上呈现纷乱芜杂的局面。了解唐朝各项制度对于时人还有一个更切实的用途，即帮助梳理和廓清本朝制度。因此，唐朝除了具有正统性的象征意义之外，亦是制度上的楷模和效仿对象。以下将从北宋人对唐制的讨论和使用开始，探讨唐代长安尤其是长安宫城在当时的意义。

## 三、北宋对唐代宫城的讨论

北宋人在讨论本朝制度时十分关注唐朝的政治空间[2]，而唐朝最重要的政治空间即宫城及其南部的皇城，尤其皇城中的尚书省。清人徐松在《唐两京城坊考序》中提到，"昔宋皇祐中欲行入阁仪，而莫知故实，后仁宗得《唐长安图》，其仪始定。元丰时，都官员外郎蒙安国得《唐都省图》，献于朝，遂迁旧七寺监如唐制。……是唐宫省之图在宋时已珍重如斯，况于今又数百年后哉。"[3]徐松言及北宋行"入阁仪"和尚书省改革两事。"入阁仪"的行废牵涉到北宋宫城的朝参制度改革。现今所存的史料中不见仁宗以《唐长安图》定入阁仪一事，却另有一《入阁图》与"入阁仪"紧密相关。

北宋对朝参制度的改革声音始自对一项特殊的朝会仪式——"入阁仪"的讨论[4]。每月朔日，皇帝于外朝正殿（宋太祖最初行于大殿崇元殿，后改于文德殿）朝会文武百官，举行"入阁仪"，是除了元日、冬至、五月一日大朝会以外规模较大且较为频繁的大型朝会。北宋前期的君主对"入阁仪"十分重视，屡次下诏详定"入阁仪"注。淳化二年（991），宋太宗"以入阁旧图承五代草创，礼容不备，于是命史馆修撰杨徽之等讨论故事，别为新图"[5]，十二月行新礼于文德殿。右谏议大夫张泊"既与徽之等同撰定新仪"，又独奏曰：

① 参见［日］妹尾达彦：《都城图中描绘的唐代长安的城市空间——以吕大防〈长安图〉残石拓片图的分析为中心》。

② 虽然平田茂树对北宋的"政治空间"有一番独特的阐释，除了人类活动的空间，他还将由特定空间中产生的政治性秩序、社会性秩序结构包含在其中（参见［日］平田茂树：《解读北宋的政治空间》，收入［日］平田茂树：《宋代政治结构研究》，上海古籍出版社2010年版，第289～333页。他引述的仁木宏、包弼德对空间的理解见注1）。但是本文只使用"空间"的最基本指涉，即场地，场所（site）。

③ （清）徐松撰，张穆校补，方严点校：《唐两京城坊考》，中华书局1985年版，第1页。

④ 北宋宫城的朝参制度可参见朱瑞熙：《中国政治制度通史·宋代卷》，第三章第一节"皇帝坐殿视朝听政"部分，人民出版社1996年版，第99～112页。其中专门提到了北宋初仿唐制行"入阁仪"。

⑤ （宋）李焘：《续资治通鉴长编》卷三二淳化二年"十二月丙寅朔，遂行其礼（入阁仪）"条，中华书局2004年版，第725页。

窃以今之乾元殿①，即唐之含元殿也，在周为外朝，在唐为大朝，冬至、元日，立全仗，朝万国，在此殿也。今之文德殿，即唐之宣政殿也，在周为中朝，在汉为前殿，在唐为正衙，凡朔望起居及册拜妃后、皇子、王公、大臣，对四夷君长，试制策举人，在此殿也。今之崇德殿，即唐之紫宸殿也，在周为内朝，在汉为宣室，在唐为上阁，即只日常朝之殿也。……前代谓之入阁仪者，盖只日御紫宸上阁之时，先于宣政殿前立黄麾金吾仗，俟勘契毕，唤仗，即自东、西阁门入，故谓之入阁。今朝廷且以文德正衙权宜为上阁，甚非宪度。……窃见长春殿正与文德殿南北相对，伏请改创此殿以为上阁，作只日立仗视朝之所，其崇德殿、崇政殿即唐之延英殿是也，为双日常时听政之所。庶乎临御之式，允叶前经。今舆论乃以入阁仪注为朝廷非常之礼，甚无谓也。②

张洎指出"入阁仪"来源于唐朝常参官每日常参时所行的常朝仪式。当时的舆论以这项仪式"为朝廷非常之礼"，张洎认为"甚无谓也"，应该予以废除，而代之以和唐朝类似的朝参制度。太宗没有听取张洎的意见，仍行"入阁仪"。真宗大中祥符七年（1014），又对入阁旧图做了修改，"令有司依新定仪制重画《入阁图》，有唐朝职官悉改之"③。《入阁图》上有唐朝职官，可能为唐朝旧物④。此后，又有仁宗朝的宋庠、神宗朝的王珪建议废止"入阁仪"。直到神宗朝熙宁三年（1070）"入阁仪"才最终废止。元丰四年（1081），参考《唐六典》和唐《仪制令》重建了朝会体系，"及官制既行，又有日参、望参、朔参之制。"⑤

　　虽然北宋对"入阁仪"的重视出于对唐朝制度的误会，但是这一误会正体现了时人对唐制的重视。实际上，北宋初期所行的朝会制度大都有唐制渊源，如"五月一日"行于大庆殿的朝会和常参官每日集中于文德殿的"常朝"⑥。元丰改制中的尚书省改革背后也透露着对"唐制"的模仿。元丰三年（1080），神宗以校订过的《唐六典》摹本颁赐群臣，并于六月置详定官制局，这一系列措施被认为是元丰改制的发轫⑦。元丰五年（1082）五月一日，神宗颁布《元丰官制格目》，尚书省新的官署也于这年开始兴建。改制以恢复《唐六典》的官制格局为目标，重振尚书省的计划从一开始就是重要的一环。神宗对新建尚书省的工程非常重视，甚至亲自规划新官署的蓝图⑧。据曾经参与元丰官制局改制的陈缜回忆：

　　　　初画尚书省图，局官与宋用臣凡三进，皆不称旨，其后御笔亲制置一图，出，元

① 即外朝崇元殿，太祖乾德四年改为乾元殿，仁宗明道二年七月改为大庆殿。

② （宋）李焘：《续资治通鉴长编》，中华书局2004年版，第725—726页。

③ （宋）李焘：《续资治通鉴长编》卷八二，真宗大中祥符七年夏四月丙辰朔条，中华书局2004年版，第1870页。

④ 也有可能经过五代后唐人的重新修订。

⑤ （宋）庞元英：《文昌杂录》卷三，中华书局1985年版，第30—32页。

⑥ "五月朔"参见徐松辑：《宋会要辑稿》礼五六之三，中华书局影印本1957年版，第1586页。"常朝"参见《宋史·礼志》卷一一六，中华书局1977年版，第2751页。

⑦ 龚延明：《北宋元丰官制改革论》，《中国史研究》1990年第1期，第132—143页。

⑧ （宋）李焘：《续资治通鉴长编》卷三四一，元丰六年（1083）十二月甲申条"上稽古董正治官，既复尚书省二十四司职事，创作新省，其规摹区处、详密曲折，皆出制旨裁定"条，第8211页。

丰尚书省是也。既成，亲幸遍览，悉如初旨。①

说明元丰改制中的尚书省出自神宗的亲手设计，并非有图可据。那么，后世所追溯的元丰《唐都省图》从何而来？此事发生于徽宗移建尚书省之前。《石林燕语》卷二记载：

（元丰）时首拜王禹玉、蔡持正为相，至元祐、绍圣间二人皆贬，其后追治元祐党人，吕申公、司马温公、吕汲公、范忠宣、刘莘老皆贬，免者惟苏公一人而已。故言阴阳者，皆谓凡居室以后为重，今仆射厅不当在六曹前。使言于是，都官员外郎家安国自言得唐都省图，六曹在前，持献请迁。遂迁旧七寺监，移建如唐制。②

据《宋会要辑稿》，徽宗崇宁三年（1104）六月二十九日，充讲议司检讨文字家安国号称自己得到了唐尚书省图③，并上言："窃闻本省讫工，才经考落，神宗得唐制尚书省图按视，已有意改作。……欲望改修尚书省，伏乞收采施行。"可见家安国亦知神宗重建尚书省时没有使用尚书省图，因此说自己呈上的图是神宗建都省后得到的，而且神宗"已有意改作"，徽宗以此图建尚书省，正可弥补神宗缺憾。在元丰改制之后的宰相屡遭噩运的阴阳术数说之后，又有家安国所进的《唐都省图》，徽宗迁移尚书省有了较为充分的理由，于是下诏："令将作监画到图子修盖。"④所以家安国所谓的《唐都省图》很可能是为徽宗模仿神宗进行改革张本，神宗是否真的得到此图值得怀疑。

朝会制度和官制改革背后体现着宋人了解唐朝宫省和相关制度的努力。这一时期关于长安的研究，《长安图碑》以外最重要者为宋敏求的《长安志》。《长安志》完成于熙宁九年（1076），早《长安图碑》三年。此书着重记述唐朝长安，上及汉代长安和长安周边地区，唐朝部分主要参考了《两京新记》，在此基础上加以增补，较之详过十倍。除了这两部作品，北宋时期与长安相关者还有被程大昌称为"阁图"的南宋绍兴秘书省藏长安宫城图三幅，分别是《阁本太极宫图》《阁本大明宫图》和《阁本兴庆宫图》⑤。"阁图"为南宋宫廷藏书，难以知晓其版本来源。将"阁图"和吕图相较，《阁本兴庆宫图》与出土的《唐大明宫残图兴庆宫图》石碑残片内容相同。《阁本大明宫图》《阁本太极宫图》的内容却较《长安图》拓本上的"太极宫"和"大明宫"部分多。同时，对比《长安志》唐朝宫室部分、《阁本大明宫图》和《阁本太极宫图》，发现《长安志》基本涵盖两图的图像信息，如《阁本太极宫图》太极门（《长安图碑》为承天门）两侧有钟楼、鼓楼，两仪殿西侧有归真观、丝彩殿、金花落、第三落、第四落、第五落等并列的建筑⑥。"阁图"和《长安志》《长安图》信息的重合说明宋敏求、吕大防利用了与"阁图"类似的史料来源。

北宋时期并不乏了解唐朝长安的文献资料，文字形式者如韦述的《两京新记》，图像形式者如上述的"长安故图"。宋敏求和吕大防身为历史学家、礼学家，同时也是政治活

---

① （宋）王巩：《甲申杂记》3892册，中华书局1991年版，第3页。

② （宋）叶梦得、宇文绍奕考异，侯忠义点校：《石林燕语》卷二，中华书局1984年版，第18页。

③ 徐松称为蒙安国，误。

④ 《宋会要辑稿》职官四之十三。

⑤ 三幅"阁图"后为《永乐大典》收录，清代徐松从中抄出，将《阁本大明宫图》《阁本太极宫图》附于所抄元《河南志》后，《阁本兴庆宫图》下落不明。关于"阁图"的考证，请参见辛德勇：《考〈长安图〉〈长安志图〉的版本——兼论吕大防〈长安图〉》，《古代文献研究集林》第2集，陕西师范大学出版社1992年版，第194—196页。他认为"阁图"版本除了《雍录》转绘和《永乐大典》藏外，胡三省注《资治通鉴》时还征引了另一版本的"阁图"。

⑥ 参见《长安志》卷六，宋元方志丛刊影印本，中华书局1990年版，102页下栏—103页上栏。

动的参与者①，他们并没有满足于此类图籍的记载，以求进一步研究唐朝的长安。宋敏求编撰的《长安志》是长安的资料汇编，充实了时人对于《两京新记》以外长安的理解。吕大防凭借地利之便和他本人对长安地区的熟悉，组织人手绘制《长安图碑》。在北宋前期以唐制为蓝图的各项制度改革中，他们都以自己的作品为这场了解和模仿唐制的运动提供了信息。

## 四、《长安图碑》题记中的正统性诉求

本节意图讨论《长安图碑》题记的最后一段议论文字。题记全文内容为：

长安图。隋都城、大明宫，并以二寸折一里，城外取容，不用折法。大率以旧图及韦述《西京记》为本，参以诸书及遗迹考定。

太极、大明、兴庆三宫，用折地法，不能尽容诸殿，又为别图。

汉都城，纵广各十五里，周六十五里。十二门，八街，九陌，城之南北曲折，有南斗、北斗之象。未央、长乐宫在其中。未央在西，直便门，长乐在东，直社门。

隋都城。外郭。纵十五里一百七十五步，广十八里百一十五步，周六十七里，高一丈八尺。东西南北各三门，纵十一街，横十四街。当皇城朱雀门，曰朱雀街，亦曰天门街，南直明德门，南北九里一百七十五步。纵十一街，各广百步。皇城之南横街十，各广四十七步。皇城左右各横街四，三街各六十步，一街直安福、延喜门，广百步。朱雀街之东，市一、坊五十五，万年治之。街之西，市一、坊五十五，长安治之。坊之制，皇城之南三十六坊，各东西二门，纵各三百五十步。中十八坊，广各三百五十步。外十八坊，广各四百五十步。皇城之左右共七十四坊，各四门，广各六百五十步。皇城左右之南六坊，纵各五百五十步，北六坊，纵各四百步。市居二坊之地，各方六百步，四面街各广百步，面各二门。

皇城，纵三里一百四十步，广五里一百一十五步，周十七里一百五十步，纵五街，横七街，百司居之。北附宫城，南直朱雀门，皆有大街，各广百步。东西各二门，南三门。

太极宫城，广四里，纵二里四十步，周十三里一百八十步，高三丈五尺。东一门，西二门，南六门，北三门。宫城之西有大安宫。

唐大明宫城，在苑内，广二里一百四十八步，纵四里九十五步。东、北各一门，南五门，西二门。

禁苑，广二十七里，纵三十里，东一门，南二门，北五门。

西内苑，广四里，纵二里，四面各一门。东内苑，广二百五十步，纵四里九十五步，东一门。

以渠导水入城者三，一曰龙首渠，自城东南导浐至长乐坡，酾为二渠，一北流入苑，一经通化门、兴庆宫，由皇城入太极宫。二曰永安渠，导交水，自大安坊西街入城，北流入苑，注渭。三曰清明渠，导坑水，自大安坊东街入城，由皇城入太极宫。

① 宋敏求是北宋朝会制度改革的直接参与者和仪注制定者。《宋史》卷九八《礼志》载元丰元年，"命龙图直学士宋敏求同御史台、阁门、礼院详定《朝会仪注》，总四十六卷。"

城内有六高岗横列,如乾之六爻。初,隋建都,以九二置宫室,九三处百司,九五不欲令民居,乃置玄都观、兴善寺。

右汉、隋、唐宫禁城邑之制。

而《西京记》云:"街东西各五十四坊。"《六典注》:"两市居其中四坊之地,凡一百一十坊。"今除市居二坊外,各五十五坊,当以《六典注》为正。

又《六典注》:"上阁之西延英。"李庚赋:"东则延英耽耽。"当以庚赋为正。

又《西京记》:"大兴城南直子午谷。"今据子午谷,乃汉城所直,隋城南直石鳖谷,则已微西,不正与子午谷对也。古今水道有移改,山无移故也。

又《唐志》:"大明宫,纵一千八百步,广一千八十步。"今实计,纵一千一百一十八步,广一千五百三十五步。此旧说之误也。

唐高宗始营大明宫,于丹凤门南,开翊善、永昌二坊,各为二。外郭东北隅永福一坊,筑入苑,先天以后,为十六王内宅。

又玄宗以隆庆坊为兴庆宫,附外郭为复道,自大明宫,经过通化门,磴道潜通,以达此宫,谓之夹城。又制永嘉坊南百步入宫。外郭东南隅一坊,始建都城,以地高不便,隔在郭外,为芙蓉园,引黄渠水注之,号曲江。明皇增筑兴庆宫,夹城直至芙蓉园。

又武宗于宣政殿东北筑台,曰望仙,今人误以为蓬莱山。武宗又修未央宫,为通光亭。

宣宗修宪宗遗迹,于夹城中开便门,自芙蓉园北入至青龙寺,俗号新开门。自门至寺,开敦化以北四坊,各为二。此迁改之异也。

隋氏设都,虽不能尽循先王之法,然畦分棋布,闾巷皆中绳墨,坊有墉,墉有门,逋亡奸伪,无所容足,而朝廷官寺、民居市区,不复相参,亦一代之精制也。唐人蒙之以为治,更数百年间,但能增大别宫观游之美者矣,至其规模之正,则不能有改,其功亦岂小哉。噫!隋文之有国,才二十二年而已,其划除不延者,非一国兴利,后世者非一事大趣,皆以惠民为本,躬决庶务,未尝逸豫,虽古圣人夙兴待旦,殆无以过此。惜其不学无术,故不能追三代之盛。予因考证长安故图,爱其制度之密而勇于敢为,且伤唐人冒疾,史氏没其实,聊记于后。元丰三年五月五日,龙图阁待制、知永兴军府事、汲郡吕大防题。

京兆府户曹参军刘景阳按视,邠州观察推官吕大临检定,鄜州观察支使石苍舒书,工张佑画,李甫、安师民、武德诚镌。[1]

内容上,题记的作用是说明和补充图像所不能表达的涵义;视觉上,作为文字的题记和图像一样具有公共性,同样要为人所观赏、理解。题记中写道,"隋氏设都","唐人蒙之以为治,更数百年间,但能增大别宫观游之美者矣,至其规模之正,则不能有改,其功亦岂小哉",吕大防对于唐朝的贬抑之意表露无疑,很难仅以"昭示唐朝正统继承者"理解这段文字。"予……爱其(隋文帝)制度之密而勇于敢为,且伤唐人冒疾,史氏没其实,聊记于后",吕大防似乎更想通过《长安图碑》昭示隋代都城的功绩。除了隋唐两代的比较

---

[1] 参见胡海帆:《北京大学图书馆藏吕大防〈长安图〉残石拓本的初步研究》,《唐研究》第二十一卷,北京大学出版社2015年版,第54—56页。

之外，吕大防还提到一个更遥远的名词——三代，"惜其（隋文帝）不学无术，故不能追三代之盛"。传说中的"三代"代表了中国古代士大夫的理想政治，却与长安城没有直接的联系，令人不禁猜测，题记是否应该放入一个更大的语境之中理解。

除了制度和知识文化上的了解需要，北宋人对于唐朝的讨论和模仿还包含着正统性的诉求。这个思考方向可以帮助理解北宋前期的一些政治和制度背景。然而，到了吕大防生活的北宋中后期，在国势已经稳定多年之后，追求承袭自唐朝的正统是否仍然是这个时期士大夫的主要考虑？日本学者宫崎圣明曾借北宋尚书省改革梳理北宋前期和中期官制改革目标的微妙变化[①]。他认为在北宋初期（太宗朝至真宗朝初期），统治者为了否定五代的统治，显示自己作为唐朝继承者的正统王朝，这一时期的官制改革以恢复唐制为目标。仁宗时期，由于国势的稳定，不再需要通过恢复唐制获得正统性，这时官制改革已不再是无条件复古唐制，而是要求恢复汉制和《周礼》。这一时期还兴起了所谓的"儒学复兴运动"[②]。作为宋朝政治之纲的"祖宗之法"亦在这时期第一次作为施政的原则精神提出[③]。在北宋中期开始活跃的思想运动中，北宋前期已经开始讨论的"唐制""本朝之制"仍是士大夫讨论的内容，却远远比之前复杂且系统化。举政治理想和目标为例，对于北宋前期人而言，《唐六典》描绘的唐制或许是他们效仿的制度蓝图。对于北宋中期人而言，唐制已不是他们唯一尊崇的目标，他们追求的政治蓝图是《唐六典》所本的《周礼》，他们的政治目标，则是周之前的传说时代——三代[④]。司马光于嘉祐六年（1061）七月《上仁宗论人君之大德有三》中云：

> 伏惟陛下少垂圣恩，以天授之至仁，廓日月之容光，奋乾刚之威断，善无微而不录，恶无细而不诛，则唐、虞、三代之隆何远之有！[⑤]

又，孙觉在熙宁元年（1068）上书神宗：

> 陛下增益其所未至，勉强其所不能，救其所偏，解其所蔽，则臣将见陛下之治，度越汉、唐而比隆于三代矣。[⑥]

从北宋仁宗朝时期，士大夫开始构建更为复杂的政治文化谱系，唐朝已经不是这个谱系中唯一的正统，欧阳修在《正统论下》中的论述可作为代表：

① ［日］宫崎圣明：《北宋前期における官制改革と集議官論争——元豊官制改革前史》，《東洋學報》2004年第86卷第3号，第37—67页。

② 刘复生在《北宋中期儒学复兴运动》（台北文津出版公司1991年版）《序言》中提到，仁宗庆历前后，"在社会各个领域中掀起了以新儒学思想为标识的复兴运动，或复古，或创新，或借复古的创新"。

③ 邓小南：《祖宗之法——北宋前期政治述略》，生活·读书·新知三联书店2006年版，第340—421页。

④ 余英时先生在《朱熹的历史世界：宋代士大夫政治文化的研究》（生活·读书·新知三联书店2004年版）中对北宋的"三代论"作了专门的讨论。他认为"回向三代"的意识并非如《宋史·太祖本纪》所说，自太祖开国伊始即为一朝的执政目标，而是大盛于仁宗之世。仁宗时期，宋代不少士大夫开始在"三代"理想的号召下提出对文化、政治和社会进行大规模革新的要求，神宗熙宁变法亦是以"回向三代"为思想背景开始的。

⑤ （宋）赵汝愚编，北京大学中国中古史研究中心校点整理：《宋朝诸臣奏议》卷一"君道门"，上海古籍出版社1999年版，第2页。此篇亦收入司马光《温国文正司马公文集》一文，可参考（宋）司马光撰，李之亮笺注：《司马温公集编年笺注》卷一八《三德》篇，巴蜀书社2009年版，第52页。

⑥ （宋）孙觉：《上神宗论人主有高世之资求治之意在成之以学》，（宋）赵汝愚编，北京大学中国中古史研究中心校点整理：《宋朝诸臣奏议》卷五，上海古籍出版社1999年版，第44页。

夫居天下之正，合天下于一，斯正统矣，尧、舜、夏、商、周、秦、汉、唐是也。①

这个政治文化谱系比宋初的唐朝正统论更为高远。它不仅可以提供最为高远的政治理想——三代，而且可以帮助北宋人解决隐隐存在的寻找本朝历史定位的焦虑——如何直面唐朝。在北宋中后期的议论中，我们常常会见到"三代"的身影，用于与各个朝代，尤其是唐朝和本朝，做出比较。在和唐朝的比较中，往往是唐朝之盛，未如"三代"，如欧阳修在《新唐书·仪卫志》所云："夫仪卫所以尊君而肃臣，其声容文采，虽非三代之制，至其盛也，有足取焉。"②而在本朝与"三代"的比较中，往往是本朝之治，已近"三代"。如范祖禹在《上宣仁皇后乞先正君心》中云："恭惟祖宗受天命百三十年，自三代以来，未有承平如此之久。"③欧阳修在《正统论序论》："伏惟大宋之兴，统一天下，与尧舜三代无异。"④在他们的谱系中，真正实现治世的时代是"三代"，应该学习和模仿的应是"三代"之治。一旦实现或者接近"三代"，就自然而然地超越汉唐。因此，我们不意外在吕大防《长安图碑》题记中又看到"唐"和"三代"的比较，只是中间多了"隋"的出现。这是因为隋文帝是长安城最初的建设者，隋朝是唐朝都城制度的真正来源。吕大防为《长安图》正名，提高隋的创建之功，贬抑唐朝的功劳，接之将笔锋一转，又将议论带入与"三代"的比较之中，其论断与他的同时代人一样，认为隋亦"不能追三代之盛"。

无独有偶，元丰四年（1081），神宗元丰朝会制度改革中也有和吕大防类似的说法，《文昌杂录》卷三载侍御史知杂满中行札子：

窃考周官天子三朝，内外异位，燕治异仪。……唐因隋制……虽于古制未必尽合，而内外有序，隆杀有辨，良有取焉。伏观陛下稽经考古，更定官制，损益革因，发自圣学。一代之典，于斯为盛。⑤

"唐因隋制"，与《周礼》做比较仍有不合。神宗元丰改制的朝会制度改革和官制改革都参考了《唐六典》，却不是对唐制的照搬，而是"稽经考古，更定官制，损益革因，发自圣学。"⑥

有宋一朝，士大夫对唐朝的文化和制度有着强烈的求知欲望，这是《长安志》和《长安图碑》等各种关于唐朝及其都城论著的共同形成背景。吕大防生活于北宋中期，他对于唐朝以及它的都城的情感和判断又具有时代性。在他之前很长时间，北宋朝廷和士大夫对于唐朝制度的讨论和模仿背后蕴藏着与邻国争夺正统性的政治需要。永兴军是北宋与西夏对峙的西北军事重镇，难以否认《长安图碑》昭示唐朝正统的意图。然而，从北宋中期开始，士大夫已经开始建构比"唐朝正统"更为复杂的政治文化谱系，唐朝在这个谱系中不

---

① （宋）欧阳修撰，洪本健校笺：《欧阳修诗文集校笺》卷一六，上海古籍出版社2007年版，第500页。

② 《新唐书》卷二三上《仪卫志》，中华书局1975年版，第481页。

③ （宋）赵汝愚编，北京大学中国中古史研究中心校点整理：《宋朝诸臣奏议》卷三，上海古籍出版社1999年版，第32页。此篇亦收入（宋）范祖禹：《范太史集》卷五，名《正始劄子》。

④ （宋）欧阳修撰，洪本健校笺：《欧阳修诗文集校笺》，卷一六，上海古籍出版社2007年版，第494页。

⑤ （宋）庞元英：《文昌杂录》卷三，中华书局1985年版，第31页。

⑥ 元丰改制不是对唐制的模仿，而是有意识的制度选择。神宗元丰改制中分割事权、增加制衡的政治用心，可参考方诚峰：《走出新旧：北宋哲宗朝政治史研究（1086—1100）》，北京大学博士论文，2005年，第20—25页。

再具有最高政治理想的意义。《长安图碑》承担了吕大防身为北宋士大夫在政治和文化上的双重使命，以直观图像的方式提供了唐朝宫城和皇城的参考，又以文字形式表达了自仁宗朝以来北宋士大夫努力追求的更为高远的政治目标[①]。

# 余 论

与之前研究多关注《长安图碑》的图像内容不同，本文想解释更多关于《长安图碑》所处时代的信息。也就是说，相比起《长安图碑》复原的唐代长安城的"客观性"，笔者更想讨论图碑在制作过程中不为大多数人所注意到的"主观性"。这些"主观性"未必能够让我们了解唐代长安究竟如何，却帮助我们知晓图碑的制造者和他同时代的人如何讨论和复原唐代长安。正是他们在讨论中形成的对唐代长安的认识，驱使他们完成关于长安的作品，也就是艺术史中所说的意图（intention）。对于意图和"主观性"的讨论并不代表对作品"客观性"的质疑。相反，它帮助我们更清晰全面地看待作品本身，并提醒我们今日借以研究唐代长安的基本资料是在某个特殊的时代、特殊的语境下完成的。

图碑本身就是一个展示意图性的独特物质存在。巫鸿在《时空中的美术》中对碑的公用性论断是"立碑一直是中国文化中纪念和标准化的主要方式"，"碑定义了一种合法性的场域（legitimate site），在那里'共识的历史'（consensual history）被建构，并向公众呈现。当后世的历史学家研究过去的时候，碑自然便成为历史知识的一种主要源泉，上面的碑铭为重构过往时代中的晦涩事件提供了文字证据"[②]。吕大防在《长安图碑》中重现的不是他的时代，而是历史，是一座他亦未曾亲见的城市。他不仅帮助了当代和后代人塑造了对这座城市的理解，而且对这座城市的主人下了带有浓重的感情色彩的判断。"客观"与"主观"皆是吕大防在制作《长安图碑》中想表达的内容。

最后《长安图碑》所处的结构环境为我们留下了新的疑问，同时也提供了新的理解途径。关于石碑的放置地点，《唐大明宫残图兴庆宫图》的出土提示了两碑曾经放置于北宋京兆府公署[③]。据何士骥的发掘报告，残石出土的正南方向发现一个砖坡和一个全体平铺的砖层。"砖有纯素者、有带花纹、字纹者。其花纹为直条纹、方格纹、棱形格子纹，手印纹等，字纹为'天下太平'，及篆隶印章纹等"，"按其制作，皆为唐物"[④]。残石东面发现唐《独孤墓志》一方。另外，同一地点还有《颜勤礼碑》的出土[⑤]。南宋赵明诚《金石录》卷二八记《颜勤礼碑》："元祐间，有守长安者后圃建亭榭，多辇取境内古石刻以为基

① 辛德勇《说阜昌石刻〈禹迹图〉与〈华夷图〉》（《燕京学报》2010年新28期）一文从北宋时期关中地区的石刻文化角度出发理解《长安图》这一种石刻地图在关中地区的出现，谈到了仁宗庆历以来学术风尚的变化引发对古代器物和历史遗迹的探索欲望，关中地区兴起了搜集石碑石刻的风气。他还进一步讨论了参与刻《长安图》的刻工"安师民"的背景。

② ［美］巫鸿著，梅玫等译：《时空中的美术——巫鸿中国美术史文编二集》，生活·读书·新知三联书店2009年版，第47页。

③ 出土地民国时期的陕西省民政厅在今西安市社会路。该址唐代为尚书省的西南隅，宋金时为京兆府衙署。参见史念海主编：《西安历史地图集》，西安地图出版社1996年版，第80—81页，82—83页，111页。

④ 何士骥：《唐大明兴庆及太极宫图残石发掘报告》，《国立北平研究院院务汇报》1934年第5卷第4期，第57页。

⑤ 颜真卿为曾祖父颜勤礼作，自署立于大历十四年。碑现藏于西安碑林博物馆。欧阳修曾为《颜勤礼碑》作跋，著录于《集古录》。

址。此《碑》几毁而存，然已摩去其铭文，可惜也。"①柯昌泗在《语石异同评》中载出土之事："颜勤礼碑，欧、赵以后，久不知所在。壬戌（1922）十月，陕西省署卫队营长宜阳何家星（梦庚），获之长安旧藩廨库堂后土中，遂传于世。碑文四面环刻，仅铭词一面为宋人磨去耳。"②出土的《颜勤礼碑》有一面已被磨去，它是否在元祐之后得到收集和保护，并和《长安图碑》《三宫图碑》一起放置于京兆府，在宋金兵乱中和《三宫图碑》一起埋于土中？联系到和《三宫图碑》同时出土的《独孤墓志》，以及刻意用唐代砖平铺而成的砖层，将《长安图碑》《三宫图碑》和各种唐代遗物安放在一起，这些是否是有意的安排？以上问题很难得到解答，我们只能推测它们最后趋向于一个与吕大防有关的答案：吕大防将唐代长安城和它的三座宫殿复原在两座公示性的石碑之上，并将当时可见的唐代遗物围绕着两座石碑摆设。换言之，吕大防在北宋京兆府官衙创造了一个"唐朝情境"。

类似于这样的"古代情境再现"并不是吕氏兄弟的唯一一次尝试。吕大忠在担任陕西转运副使期间，把《石台孝经》和《开成石经》及长安一带遭到损坏的历代石碑移置于当时的学府北（唐代的国子监旧址），成为现今碑林博物馆的基础。后人一般将之理解为对古代文物的收集和保护。吕氏兄弟对其家族墓葬的设计则体现了独特的设计意识。上文提及吕氏家族出土墓志称其墓葬"排列秩序完全合乎《周礼》的要求"，考古研究者进一步分析："《周礼》中对墓地内排列顺序记载颇少，很难得到确切答案。吕大临兄弟皆擅长研究礼学，家族墓地之排序必然经过认真切磋考证，因而此墓地应反映了宋人对《周礼》中埋葬制度的理解与研究。"③在缺乏文本记载的情况下，以场景再现对文献的理解，此举可视为一次创造性的实践活动。又，吕大临完成了历史上第一本系统的古器物图录《考古图》④，吕氏兄弟共同创作了《吕氏乡约》，将士人礼仪扩展为乡民准则。和《宋史》所记载的"冠昏丧祭一本于古"相比，将吕氏兄弟的论著和实践理解为对古代文化和古代文献的创造性的再读和重现（representation）可能更符合其实质。那么，《长安图碑》的制作和其周围场景的布置是否是吕氏兄弟理解和再现唐代长安的一种独特的方式？后世研究者往往将包括吕氏兄弟在内，北宋士大夫对古代文化和古代文献的尊崇和复原称为"复古"，其"复"的实质为何？"古"又包括什么？唐朝和长安是否是北宋士大夫意图重新理解和阐释的"古代文化"的一部分？以上问题牵涉到比政治制度改革更大范围的北宋思想和相关文化产品创造问题⑤，在此仅提出疑问，以期待更深入的研究。

---

① （宋）赵明诚撰，金文明校证：《金石录校证》，广西师范大学出版社2005年版，第485页。

② （清）叶昌炽撰，柯昌泗评，陈公柔、张明善点校：《语石·语石异同评》，中华书局1994年版，第545页。

③ 陕西省考古研究院：《陕西蓝田县五里头北宋吕氏家族墓地》，《考古》2010年第8期，第52页。

④ 较为系统的研究，可参见李小旋：《吕大临〈考古图〉研究》，中央美术学院硕士论文，2009年。

⑤ 在"复古"浪潮下产生的艺术品生产问题，可参见陈芳妹：《宋古器物学的兴起与宋仿古铜器》，收入颜娟英主编：《美术与考古》，中国大百科全书出版社2005年版，第347—457页。

# 宋代以前岭南地区的族群社会变迁[①]

屈文军　　许文燕

以广州为中心城市的狭义的岭南地区，大致包括今天的广东省、曾属广东省范围的海南省以及广西壮族自治区东部部分区域，有文献记载的最早的原住民是先秦时期与同时期中原华夏族群有别的"越人"。岭南地区其后两千多年的历史演变，于族群社会变迁方面，最明显的变化趋势就是"越人"和其后不断进入该区域的各个族群的人，越来越多地融入华夏族群和其后裔汉族群当中，这一变化趋势直到今天依然还在进行。粗略地看，"越人"和其他族群的汉化过程，大致可以分为以下三个阶段。第一个阶段，先秦到唐末五代，这一阶段的主要特征是，"越人"和进入岭南地区的其他族群成员不断地成为汉式中央王朝直接统治下的编户齐民，"华""蛮"之间的区别主要就在于是否纳入编户齐民版籍，这一阶段结束时"蛮人"比例仍然很高。第二个阶段，从北宋到元末，这一阶段的特征是，一方面，非汉族群专门的称号有所增多，"蛮僚"也不断地被纳入王朝版籍，但岭南地区依然"华蛮杂处"；另一方面，以理学所追求的价值体系和儒家教育、礼仪为重点的华夏汉文化在编户齐民中日益盛行，编户齐民越来越深入地汉化，"华""蛮"之间的差别则有所拉大。第三个阶段，从明代开始，这一阶段的主要特征是，一方面非汉族群纳入国家编户齐民版籍的速度大大加快，到清朝前期，"蛮僚"的分布区域已经极少，而真正具有内部族群认同心理意识的少数民族也随之逐渐形成；另一方面，已经成为全国汉族一部分的族群成员则逐渐形成与国内其他地方汉族群有所区别的带有明显地域特色的文化，一般被认作为"广东文化"或"粤文化""岭南文化"。可以说，岭南地区各族群汉化的过程中，宋代和明代是两个非常重要的朝代，这两个立国基础在汉地（南宋则仅在南方汉地）的王朝，因为对北方民族地区影响有限，相应地，统治的重点就转向了南方，它们对包括岭南地区在内的中国南部的统辖和治理也就远较汉唐时期更为深入。元、清两朝则分别继承了宋、明在这方面的直接结果。本文主要分析第一阶段，即宋代以前岭南地区的族群社会变迁，其他时期的情况另文论述。

一

岭南地区发现有不少旧石器中晚期和新石器时代的文化遗存，"越人"与创造了当地旧石器中晚期文化的原始人群有无继承关系，目前还不能确定，而创造了当地新石器文明的原始人群，则极可能是"越人"的祖先。不过，先秦文献中，把中国东南和南部地区的

---

① 本文为《广州大典》2015年项目"宋元时期广州地区少数民族社会变迁"（项目号2015GZY06）的研究成果之一。

原住民都称为"越人"，其分布范围，北至浙江，南至岭南，西至云贵，包括了今浙江、江西、福建、台湾、广东、广西、贵州、云南部分地区以及越南的北部等。分布极为广泛的"越人"，早期文献中也称为"百越"，有"于越""瓯越""闽越""南越""骆越"等不同种类。以往学者们多数认为"百越"人员属于同一个"百越族系"或同一个"越族集团"，说他们有共同的文化特征，如断发文身、食虫蛇蚌蛤等异物、巢居、用戉（有人认为"越"名称即来源于他们使用名为"戉"的兵器或工具）与剑、制作并使用铜鼓、善于制造舟楫等。学者们争论的焦点只在于两点：一是"越人"的分布边界究竟在哪里，如春秋时期江南的"吴人"、江汉的"濮人"是否也是"越人"；二是不同种类的"百越"人员是否其实只是一个单一的古代民族"越族"的不同支系。不论是否认可为单一民族，学者们多数认为分布于广大南方地区的各地"越人"属于同一个族系，彼此间有一定的亲缘关系。

西汉刘向《说苑》中记载了一篇《越人歌》，用汉字记音记录了一首公元前六世纪的"越人"歌辞，并用当时楚地的古汉语意译了它。有学者认为这首"越人"歌辞与今天壮侗语族的语言有相通之处[1]。另有学者把以温州（古"瓯越"地）话为代表的吴语，以广州（古"南越"地）话为代表的粤语，与广西（古"骆越"地）的瑶族语和闽（古"闽越"地）语加以比较研究，发现它们当中有许多词语相当一致，从而认为古代的"百越"各种之间，语言大概可以互通[2]。近些年来，又有学者从分子人类学的角度，对被认为是"越人"后裔并较少加入其他族群遗传基因的壮侗语族的一些成员进行了体质测定，认为他们与马来群岛的族群实有近缘关系[3]。另有学者则据最近一些年所进行的分子人类学研究成果和语言学成就推测："今日中国绝大多数人口的祖先，是在大约两三万年前到达今缅甸西部后分成不多几支，从中南半岛先后进入今中国境内的。其中横穿老挝进入越南和广西，并沿中国东南海岸线不断北上的一支，逐渐形成为说原始南岛-壮侗共同语的人群；大约六千年前，他们又分化为说原始壮侗共同语，以及说原始南岛共同语的两个人群。约三万年前与后来说原始南岛-壮侗共同语的人群各自分叉、经今缅甸-云南交界地区入滇的另一支人群内部，在两万年前左右又发生进一步的分化，由此产生说原始孟-高棉语族共同语，以及说原始汉藏-苗瑶共同语的两个人群。后者又在约一万两千年前取道云贵高原北上入川，而后又在那里分化为说原始苗瑶语族共同语和说原始汉-藏缅语共同语的两支。……又经过六千年，说原始汉-藏缅语共同语的人群在其迁徙所至之西北中国再分化为两支，即说原始汉语和说原始藏缅语族共同语的这样两个人群。"[4]

借鉴、利用分子人类学和语言学等学科的成果分析远古和上古时期人类族群的分布与迁徙，无疑是一种很有前景的研究途径和方式。不过，目前看来，这些还只处于初步的尝试和试错阶段，其研究结论只可以作为一种参考。就与岭南地区上古"越人"有关的历史而言，有许多问题我们还是不能回答或解决。今天操壮侗语族语言的民族，怎么证明必然

① 韦庆稳：《试论百越民族的语言》，载百越民族史研究会编：《百越民族史论集》，中国社会科学出版社1982年版，第289—305页。

② 蒋炳钊、吴绵吉、辛城：《百越民族文化》，学林出版社1988年版，第243页。

③ 参见徐杰舜、李辉：《岭南民族源流史》，云南人民出版社2014年版，第226—276页。

④ 姚大力：《谁来决定我们是谁——关于中国民族史研究的三把钥匙》，载葛剑雄等：《谁来决定我们是谁》，译林出版社2013年版，第152页。

是以前"越人"的后代？刘向并没有说《越人歌》记载的是哪一地的"越人"歌辞，分布极为广泛的"越人"，他们说的都是壮侗语族语言吗？通过寻找几种语言（主要是今天在使用的几种语言）中的一些共通因素，来证明它们间的亲缘关系，共通因素的标准和尺度是什么其实很难把握，更不用说用今天的语言去推测上古时期的情况，这样更加容易出现偏差。

古文献中所记载的"百越"人群，在上古交通极为不便的情况下，彼此之间仍有单一的民族心理认同，这是不可想象的。即使认为属于同一个族系集团，似乎也难有坚实的依据。所谓的"越人"文化特征，更多其实缘于适应当地的地理环境和当时的生产能力与生产方式。当然，族群的认同，更多出于地域和文化因素而非种族和血缘因素，不过，这需要有一定的外在政治条件。在春秋、战国以前，"越人"分布的长江下游流域及其以南的中国东南部地区，尚不具有让这些"越人"成为一个族群的外在政治因缘，顶多只有部分区域内的认同，如春秋时期越国的内部民众，可能是彼此认为属同一族群的，以与别处的"吴人""楚人"有别。但春秋越国人群要说与当时岭南"越人"有某种对内的基本情感联系或族群内聚力，这几乎是没有任何可信证据的。

鲁西奇认为先秦的"越人"主要是两种不相干的人群。一是自称为"越"并在春秋时建立过越国的人群，他们最初的集中居住地，大抵在以今绍兴为中心的浙东及其周围地区，"越"是他们的"自称族名"，也称"于越"，"于"是一个前缀发声词。越国"越人"居于水乡，善于乘舟，与中原人有异；其形象特征为被发、跣足或有文身；信仰方面，多"信机"，与"楚人""畏鬼"不同。后来秦汉时期的"瓯越"和"闽越"与这群人有些关联。"瓯越"人群有较强的"越人"意识，"瓯"乃小的意思，"瓯越"人强调自己与先秦越国的联系。"闽越"人群的主体是先秦时期即居于今福建地区的"闽人"，先秦文献中，"闽"与"越"并不联称；秦汉之际，一些"闽人"首领起兵反秦，他们自称为越王勾践之后，从而将"闽"与"越"联系了起来，但"闽越"内部其人群实无强烈的"越人"认同意识。越国亡于楚国之后，其人不再称"越人"。西汉时，"瓯越""闽越"之地先后纳入汉朝版图，其人也就不再称"越人"。另一种是战国后期"楚人"对其南境及更南地区的土著人群的称谓，是"他族族名"，"百越"之称实际上最早源于"楚人"，"楚人"眼中的"百越"很可能不包括建立越国的"于越人"。位于岭南地区的先秦"越人"，属于"楚人"眼中的"异己"者，他们中的多数后来被称为"南越"，另有一些"闽越"和"骆越"人。"楚人"眼中的"百越"，内部不可能有同属一种或同属一类的族或族群意识。对于"越"名称的来源，鲁西奇认为，在楚地语言中，"越"本指"上大本小"如车盖状的树，"楚人"称其南境及更远地区的土著人群为"越"，最初可能源于对他们形体特征的描述，盖以其"被发"如车盖也；而前一种"越人"，即位于今宁绍平原的土著人群也自称为"越"，本义可能也是指其"被发"的形体特征[①]。

笔者赞同鲁西奇的观点，先秦时期岭南的"越人"，是"楚人"眼中的"异己"者，岭南"越人"的内部，除了生产生活方式大致相同，语言可能也有一些相通外，同属一族或一族群的意识是不大会有的，至于内部是否有小范围的认同，这本来就不是"楚人"所关心的。岭南"越人"中的主体，即后来被称为"南越"的"越人"，与先秦建立越国的

① 鲁西奇：《说"越"》，载姚大力、刘迎胜主编：《清华元史》第3辑，商务印书馆2015年版，第277—352页。

"于越人"更是没有什么关系。

## 二

秦统一六国后，继续进军岭南，"越人皆入丛薄中，与禽兽处，莫肯为秦虏"[①]；秦定岭南后，"置桂林、南海、象郡，以谪徙民，与越杂处十三岁"[②]。"秦人"袭用"楚人"称呼，也称楚地以南的原住民为"越人"，并意识到他们与"秦人"有别。终秦之世，被强迁到岭南的中原人共有三批，有文献说总人数在50万以上[③]。秦统治岭南时间短暂，尽管立有郡县（南海郡包括今粤东、粤北、粤中全部和粤西一部分，下辖番禺、龙川等五县；桂林郡包括今粤西一部分和广西大部分，象郡含今粤西一部分、海南、桂西南及今越南北部、中部，桂林郡和象郡下是否设县，尚不清楚），但有多少"越人"被编入郡县户籍则没有明确记载。《史记》中说，秦取"百越"地后，"百越之君俯首系颈，委命下吏"[④]，秦的统治可能只是委命了一些郡县长吏，借助俯首听命的"百越之君"来间接控制岭南的"越人"。

西汉高祖三年（前204），时为南海郡尉的赵佗"击并桂林、象郡"，在岭南立国称王，其国号为"越"，"南越"当是俗称或随即西汉政府对该政权的正式称号。赵佗本为北方"中国人"，秦时为征岭南将领之一，后被任命为南海郡龙川县令。南越立国后，被汉高祖认可，十一年（前196），"诏曰：'粤（越）人之俗，好相攻击，前时秦徙中县之民南方三郡，使与百粤（越）杂处。会天下诛秦，南海尉它（佗）居南方长治之，甚有文理，中县人以故不耗减，粤人相攻击之俗益止，俱赖其力。'"[⑤]汉遣使陆贾携"南越王印"赐赵佗，赵佗对陆贾称自己"居蛮夷中久，殊失礼义"，"越中无足与语，至生来，令我日闻所不闻"[⑥]。赵佗视"越人"为"蛮夷"，"盖赵佗以'中国人'得为岭南之主，且'颇有中国人相辅'，遂以'中国人'之观念，建国号为'越'"；"越"或"南越"之称，是"赵佗等来自中原的华夏之人对岭南土著人群的'他称'，当地土著人群未必自认为'越人'或'南越'"[⑦]。高祖之后吕氏摄政时，赵佗"以兵威边，财物赂遗闽越、西瓯、骆，役属焉，东西万余里"；文帝初，赵佗上书为自己行为辩解，中间有谓"南方卑湿，蛮夷中间，其东闽越千人众号称王，其西瓯骆裸国亦称王"[⑧]。如此，则知在南越国境内，除主体人群"南越人"外，尚有与"南越人"有别的东境的"闽越人"与西境的"西瓯、骆人"。前面提到，"闽越"的主体部分本是"闽人"，"越"是在秦汉之际反秦自立战争中加上的标签，不过，在赵佗看来，"闽人"也是与"中国人"有别的人群，可以称为"越"。当然，被赵佗的南越国所控制的"闽越人"可能只是"闽越人"中的一小部分。"西瓯"

① 何宁：《淮南子集释》卷18《人间训》，中华书局1998年版，第1289—1290页。

② （汉）司马迁：《史记》卷113《南越列传》，中华书局1982年版，第2967页。

③ 方志钦、蒋祖缘主编：《广东通史》（古代上册），广东高等教育出版社1996年版，第182—183页。

④ （汉）司马迁：《史记》卷6《秦始皇本纪》，中华书局1982年版，第280页。

⑤ （汉）班固：《汉书》卷1下《高帝纪》，中华书局1962年版，第73页。

⑥ （汉）司马迁：《史记》卷97《陆贾传》，中华书局1982年版，第2698页。

⑦ 鲁西奇：《说"越"》，载姚大力、刘迎胜主编：《清华元史》第3辑，商务印书馆2015年版，第277—352页。

⑧ （汉）司马迁：《史记》卷113《南越列传》，中华书局1982年版，第2969—2970页。

"骆人"在有些文献中也称为"瓯骆""骆越"，应当是地域相连的一些人群，主要分布在原先的象郡内。"瓯骆人""亦称王"，但实际上很早就在南越国范围内。"西瓯"之名意为其在主体"南越人"的西部，且势力较小。"骆"很可能源自其中部分人的自称，也可能就是赵佗等"中国人"对一大群人的他称，"骆"的意思是一种田或一种耕作方式。"骆"之名最初如果是一种自称，那一定是一小部分人的自称，这小部分自我界定人群算是有一种设定了边界的内部心理认同，不过这个自称称呼很快就被"中国人"借用，用来指称分布广泛的区域内的人群。如果"骆"一名一开始就是"中国人"给某部分人群的他称，其所指的范围必然是相当广泛的。无论是由于自称而变成了他称还是一开始就是他称，我们今天在文献中所见到的"骆人"都是他称意义上的骆人，是一大群人，他们的内部是不可能有同一族群的心理意识的。除了"骆"以外，后世的"瑶"情况其实也跟它类似。西汉时期南越国的"中国人"用"骆"做他称，用来指"南越人"西部的所有人群。在赵佗看来，"骆人"也是与"中国人"有别的人群，自然也可以称为"越"。在赵佗眼中，"闽越人"也好、"南越人"也好、"骆人"也好，都属于岭南土著人群，都属于"蛮夷"（他在给文帝的文书中称自己为"蛮夷大长老"），自然都可以归入"越人"之列，但他也明白，三种"越人"间实有区别，只是区别何在，他没有去深究。从南越国主体土著人群看来，"闽越""骆越"必定也是与自己相异的人群，虽然无论是哪一种"越人"，内部其实都没有多深的同一族群意识。

不过，南越国在岭南立国近百年的政治条件终究逐渐导致了境内人群的"越人"认同，特别是在主体人群"南越"中，正如鲁西奇所指出的，"南越建国垂百年，国号以'越'（或'南越'）为称，赵氏及其所属之'中国人'亦频以'越人'指称南越国的主体土著人群，熏染既久，当地土著人群也自认为'越人'，并逐渐形成以'越民社稷'为中心的'越人'族群意识"①。在当时的西汉人眼中，"越"为方外之地，"越人"为化外之民，"不可以冠带之国法度理"之②；西汉时人经常将"越"与"胡"并称，所谓"北胡""南越"，也就是说，在西汉人看来，"越人"实为蛮荒之地的"异族"人群。南越国主体人群，逐渐形成"越人"族群意识，看来并没有在意西汉人对"越"字的用法，或者说，他们并不知道自己在西汉人眼中的"窜屏葭苇，与鱼鸟群，正朔不及其俗"③的"蛮夷"形象。他们的"越人"意识是南越立国近百年这一外在政治条件的产物。

但是，岭南人群的"越人"族群认同并没有能够维持多久。汉武帝于元鼎五年（前112）至六年（前111），派兵平定南越，岭南纳入汉王朝版图，"南越""骆越""闽越"等在岭南地区的各个族群的民众逐渐变成了中原王朝的编户齐民。成为编户齐民后，无论是他称还是自称，他们都不再称作或被称为"越人"，而成为华夏之民，文献中再次见到用"越"字说明他们的，多数只有地理位置的意义，而不再有族群名称意义或者贬称意味。在纳入汉王朝版图之前，自然早就有一些北方中原之人南下至岭南，前面说到，秦代就曾有数十万中原之民来到岭南；汉武帝平定南越，在范围比原南越国要大些的岭南区域，设置九郡（南海郡基本在今广东；苍梧、合浦二郡在今粤西、粤西南和广西东部；郁林郡在今广西东部；交趾、九真、日南三郡在今越南境内；珠崖、儋海二郡在今海南，西汉后期

① 鲁西奇：《说"越"》，载姚大力、刘迎胜主编：《清华元史》第3辑，商务印书馆2015年版，第277—352页。
② （汉）班固：《汉书》卷64上《严助传》，中华书局1962年版，第2777页。
③ （汉）班固：《汉书》卷64下《终军传》，中华书局1962年版，第2814—2815页。

裁撤；另今广东北部的部分地区，隶属郡治在岭北的桂阳郡和豫章郡），自然也会带来不少中原之民。南下的华夏人群，带来了一些中原地区的生产技术，他们的生活方式和文化多多少少会对岭南土著产生些影响，如土著人断发文身之俗大为减少，多变为穿袍、束发加冠或卷发束腰、着长袖汉装；以均衡对称为主要特色的汉地传统建筑体系在岭南逐渐推广；汉族葬制也在土著人中广泛采用①。不过，推动岭南土著人群汉化的最大力量，其实还是将他们纳入汉式王朝版籍的国家作为。在两宋之前，中央王朝对广大南方地区的社会控制并不太强，将这些地区的非汉族群民众纳入版籍，成为国家的编户齐民，让他们承担国家的赋役，便"属于中国……同之齐人"②，也就是说一旦入籍就变成了华夏之民或汉人。这些非汉族族群人员刚入籍之际，赋役可能比"齐民"为轻，他们可能还会在一段时间内被称作非汉民，但经过不长的时间，赋役等会等同齐民，这时他们就会被完全视为汉人③。汉唐时期，中央王朝对南方民众，首要关注的是赋役的顺利征收与征派以及地方社会秩序的稳定，对这些民众的"教化"尚不能成为统治的重点，所以，南方非汉族族群人员成为汉人后，其习俗是否与华夏人仍然有较大区别，汉唐王朝并不太在意。到两宋以后，政府对南方编户齐民的管控大大加强，革除或矫正南方汉民中不符合基于中原文化而形成的国家正统的习俗、信仰、礼仪等工作才成为王朝政治统治的重要内容。不过，无论在哪一王朝，对民众的"教化"工作毕竟都需要在将他们纳入版籍后进行，所以，南方非汉民族族群汉化的第一步，始终是成为王朝的编户齐民。我们可以这么说，在古代的岭南地区，土著人群只要纳入王朝版籍且不脱籍，绝大多数就会成为汉民，促使他们迅速汉化的第一力量，并不是以前很多学者所说的中原人民带来了"先进"的生产技术和汉族"先进"的文明。这一结论对古代中国南方其他地区其实也是适用的，否则我们不容易解释，比移民数量不知道要多多少倍的土著人群为何会立刻失去原来的族群意识和族群认同，如果有这样的族群意识的话。实际上很多土著可能并没有自己的族群意识，入籍以后，和其他的编户齐民接受同样的治理，承担同样的赋役，也就和其他编户齐民一样成为县人、平民、汉民了。

汉武帝平南越后，原南越国境内被检括、纳入版籍的土著民众不再被称作"越人"，而未成为编户齐民或已成编户齐民但后来又脱籍的则仍会被视作"蛮夷"，有时也会以"越"称之。汉武帝在海南岛设儋耳郡、珠崖郡，岛上"蛮夷"反抗不断。始元五年（前82），汉撤儋耳郡。初元元年（前48），珠崖郡"蛮夷"反，汉廷损兵折将万人以上未能济事，元帝为此举行廷议。贾捐之建议不当出击，王商诘之曰："珠崖内属为郡久矣，今背畔逆节，而云不当击，长蛮夷之乱，亏先帝功德，经义何以处之？"贾捐之对曰："骆越之人父子同川而浴，相习以鼻饮，与禽兽无异，本不足郡县置也。……又非独珠崖有珠犀玳瑁也，弃之不足惜，不击不损威。其民譬犹鱼鳖，何足贪也！"④贾捐之意见被采纳，珠崖郡也取消，海南岛上的原"骆越"民众再次被称为"越人"。海南岛土著入籍后又脱籍说

---

① 方志钦、蒋祖缘主编：《广东通史》（古代上册），广东高等教育出版社1996年版，第286—287页。

② （唐）魏征等：《隋书》卷82《南蛮传》，中华书局1973年版，第1831页。

③ 汉武帝"诛羌，灭南越"后，一度在"番禺以西至蜀南"地区"毋赋税"，不过，最晚到光武帝时期，岭南人籍之人就"输租赋，同之平民"了。见（汉）司马迁：《史记》卷30《平准书》，中华书局1982年版，第1440页；（刘宋）范晔：《后汉书》卷76《循吏传》，中华书局1965年版，第2459页。

④ （汉）班固：《汉书》卷64下《贾捐之传》，中华书局1962年版，第2830—2834页。

明，中央王朝要将土著居民纳入版籍并不容易，王朝也会考虑郡县土著的成本得失，如果力量不够强大，将土著纳入版籍后的赋役所得不能弥补之前征服他们的损耗和之后管理他们（包括防止他们叛乱）所需代价时，王朝对他们就不一定会感兴趣，在他们的外围布置些预防他们骚扰郡县人群的力量便成为王朝的优先策略，这与后来宋、明王朝时期尤其是明王朝着意于对南方少数民族人群"开边拓土"的政策是迥异的。

岭南地区的"越人"，纳入版籍后，一般不再被称为"越人"。《后汉书》卷76《循吏传》记载九真郡太守任延事迹时说："骆越之民无嫁娶礼法，各因淫好，无适对匹，不识父子之性，夫妇之道。延乃移书属县，各使男年二十至五十，女年十五至四十，皆以年齿相配。其贫无礼聘，令长吏以下各省奉禄以赈助之。同时相娶者二千余人。"①婚配被政府干预，这群"骆越之民"自然已经著籍，本不当再被称为"越人"，只是这条史料为了突出任延的循吏作为，刻意强调了这群著籍之民在中原汉人眼中的落后习俗，并加上了表示贬义的"越"字眼。这例子也说明，纳入版籍的原先"骆越"之人，虽然同之齐人，但在中原人眼中还是不怎么沾染华风的。《通志》卷198《四夷南蛮传》说："凡交趾所统，虽置郡县，而言语重译乃通。人如禽兽，长幼无别，项髻，徒跣，以布贯头而著之。"②交趾是指交趾部，西汉在岭南地区所设的全国十三部刺史之一，东汉末年改称交州，东吴时分设交州和广州。广州治所在番禺（今广州），辖南海、苍梧、郁林、高凉、宁浦（后两郡主要从西汉的合浦郡中分出）五郡，到东晋末时，广州则辖有十三郡六十余县（今广东境内有三十县以上），新增郡县，多缘于土著入籍、人口增多。交州辖交趾、日南、九真、珠崖（今雷州半岛）及合浦（比西汉时的合浦为小）五郡。上述这条史料记载的是中原之人的片面看法，但也说明，入版籍的土著民众真正与中原华人无别还需要一定的时间。笔者认为，岭南地区民众深入地汉化实是进入宋代以后的事。

<h2 style="text-align:center">三</h2>

西汉以后将著籍之民仍然称为"越"的例证极少，实际上，就是原南越国境内未曾编民的人，在东汉以后的文献中也很少称"越"，而多称"蛮"（或"蛮夷"）或"俚""僚"。唐代文宗开成年间，卢钧为广州刺史，"山越之俗，服其德义，令不严而人化。三年将代，华蛮数千人诣阙请立生祠，铭功颂德。先是土人与蛮僚杂居，婚娶相通，吏或挠之，相诱为乱。钧至立法，俾华蛮异处，婚娶不通，蛮人不得立田宅，由是徼外肃清，而不相犯。"③唐代广州大致相当于今天的珠江三角洲范围，其时，这一地区有杂居并且"婚娶相通"的两种人，一种为"土人""华人"，即入籍之民；另一种"不得立田宅"，也就是未著籍，则是"蛮人""山越""蛮僚"。卢钧令两种人异处，不通婚姻，互不相犯，就令当地"华蛮""请立生祠"，说明唐代对纳土著民入版籍也不是特别热心，会量力而行，岭南中心城市广州周边的珠江三角州地区直到唐代，还依然有众多"蛮人"。这条史料中，将岭南未入籍之人称为"山越"，这种指称是比较少见的，东汉以后的"山越"一般指今苏、浙、赣、闽境内的不入籍之人，他们多居山区。岭南未入籍之人，则多称"蛮"

① （刘宋）范晔：《后汉书》卷76《循吏传》，中华书局1965年版，第2462页。

② （宋）郑樵：《通志》卷198《四夷南蛮传》，浙江古籍出版社2000年影印本，第3169页。

③ （后晋）刘昫等：《旧唐书》卷177《卢钧传》，中华书局1975年版，第4592页。

"俚""僚"。

"蛮"（"蛮夷"）很早就是一种泛称，多指南方与华夏有别之人，"越人"本来就在"蛮"之列，不入籍的"越人"被称作为"蛮"顺理成章。"俚"很可能与"骆"同音同义，是一种源于生产方式的部分人群的自称或者对他们的他称。原先南越国境内，"闽越"人口本来不多，主要是"南越人"和"骆越人"，两汉王朝对"越人"编组户籍，由于自然地理条件和交通条件等因素，东部地区的"南越人"入籍比例高于西部的"骆越人"，这是将所有未编入之人都称为"骆"又转称为"俚"的主要原因，而且极有可能，未编入的人确实也有"骆"这样的生产方式；但这并不是说，"俚人"就全部是原先"骆越人"的后裔，他们当中有原先的"南越人"，也有大量曾经在户籍中后又脱籍的汉人，这些汉人有入籍的"越人"，也有本身来自北方的中原人。东吴人万震撰《南州异物志》说："（三国时）广州南有贼曰俚。此贼在广州之南，苍梧、郁林、合浦、宁浦、高凉五郡中央。地方数千里，往往别村，各有长帅，无君主，恃在山险，不用王。自古及今，弥历年纪。"同书又说："（俚人）民俗蠢愚，唯知贪利，无有仁义道理。土俗不爱骨肉而贪宝货及牛犊，若见贾人有财物水牛者，便以其子易之。夫或鬻妇，兄亦卖弟。"[1]这显然只是华夏人眼中的"异己"者，是未入籍之人，他们的无君、恃山险、贪利等特征肯定不构成一个族群的形成条件。西晋张华《博物志》云："交州夷名曰俚子。俚子弓长数尺，箭长尺余，以燋铜为镝，涂毒药于镝锋，中人即死。"[2]说的也是未入籍之人的"异己"情况。

"僚"字来源，有学者认为与"俚"字同义，不过"僚人"分布极为广泛。张华《博物志》说："荆州极西南界至蜀，诸民曰僚子，妇人妊娠七月而产。临水生儿，便置于水中，浮则取养之，沈便弃之，然千百多浮。既长，皆拔去上齿牙各一，以为身饰。"[3]《魏书》说："僚者，盖南蛮之别种，自汉中达于邛笮川洞之间，所在皆有。种类甚多，散居山谷，略无氏族之别。又无名字，所生男女，唯以长幼次第呼之。……依树积木，以长居上，名曰'干兰'，干兰大小，随其家口之数。往往推一长者为王，亦不能远相统摄。父死则子继。"[4]如《魏书》所说，"僚"为"南蛮"别种，是"蛮"的一部分，"僚""蛮"之区分可能是地域差别，称"僚"者也可以称"蛮"，不过称"蛮"者倒不一定是"僚"。在"僚人"分布区内，"蛮"和"僚"则都是对非汉人的泛称。当人们用"蛮"字来指称岭南非汉族时，自然也可以称他们为"僚"。前面提及，岭南非汉族也称"俚"，文献中遂有"俚僚"一词，意为又称为"俚"的"僚人"，以与其他地方的"僚人"区别。岭南的"俚""僚"是同样的人群，都是指的不服王化的未入籍之人，"俚""僚"并不是狭义的种族、民族意义上的名称，往昔学者辩论"俚""僚"是同一民族还是不同民族，似乎是在证明一个伪命题，南朝以后，岭南非汉人少称"俚"而多称"僚"。

两汉以后，岭南地区非汉人即不入籍之人很少称"越"，所以这一地区的"俚""僚"记载就多了起来。《宋书》载，东晋末年，交州石碕"盘结俚僚，各有部曲"[5]。《太平御览》卷785引裴渊（估计为南朝人）《广州记》云："俚僚贵铜鼓，唯高大为贵……风俗好

---

① （宋）李昉等：《太平御览》卷785引，中华书局1960年影印本，第3478页。

② （晋）张华撰，王根林校点：《博物志》卷2《异俗》，上海古籍出版社2012年版，第14页。

③ （晋）张华撰，王根林校点：《博物志》卷2《异俗》，上海古籍出版社2012年版，第14页。

④ （北齐）魏收等：《魏书》卷101《僚传》，中华书局1974年版，第2248页。

⑤ （梁）沈约：《宋书》卷92《良吏传》，中华书局1974年版，第2264页。

杀，多构仇怨，欲相攻击，鸣此鼓集众，到者如云。有是鼓者，极为豪强。"①记载的是南朝时情况。《南齐书》卷54《州郡志》载，越州，"本合浦北界也。夷僚丛居"，宋元徽二年（474），陈伯绍为刺史，"威服俚僚"②。

东汉南朝时期，岭南地区尚有"乌浒"和"僻人"。东汉灵帝建宁三年（170），"郁林太守谷永以恩信招降乌浒人十余万内属，皆受冠带，开置七县"③。据东吴万震《南州异物志》，"交广之界，民曰乌浒。东界在广州之南，交州之北"④，交州、广州是指东吴时期从汉代交趾部分立出来的交州、广州。宋代的《太平寰宇记》说，横州（治今广西横县）乃"乌浒""所巢"⑤。其分布区域，主要在今粤西，差不多在西汉的合浦郡境内。《后汉书·南蛮传》说，谷永之前，有"合浦蛮"⑥，这些"合浦蛮"可能就是"乌浒"，"乌浒"或许是"合浦"的音转⑦。不过，《后汉书·南蛮传》又说："（交趾之）西有噉人国，生首子辄解而食之，谓之宜弟。……取妻美，则让其兄。今乌浒人是也。"⑧万震《南州异物志》对"乌浒人"习俗记载更详细，说他们以竹为弓矢，有铜鼓，采珠为产，喜袭击商旅等⑨。"乌浒"很可能开始只是合浦一带不入籍之人的自称或他称，以地名称之，后来所称范围稍有扩大。《新唐书》中记有"乌武僚"："有乌武僚，地多瘴毒，中者不能饮药，故自凿齿。"⑩"乌武僚"当即"乌浒"，唐人避高祖祖父李虎名讳改"浒"为"武"。此后史料中不再见有"乌浒"活动记载，如果继续不入籍的话，他们当在"僚人"中。南朝沈怀远撰《南越志》记载，刘宋时期，"晋康郡（治所在今广东德庆境内）夫阤县夷人曰僻，其俗栅居，实惟俚之城落"⑪。"僻"名来源不详，可能是一种生产方式，有学者将"僻人"与后世的"疍民"联系，实无依据。"僻人"与"乌浒人"应当都是东汉南朝时期对岭南某个区域一些非汉人群的称呼，他们属于"蛮"，属于"俚"，属于"僚"。

史料中有一些岭南地区的人口数字记载。据《汉书·地理志》和《后汉书·郡国志》，从西汉平帝元始二年（2）到东汉顺帝永和五年（140），近140年内，南海郡人口从94253人增至250282人，苍梧郡从146160人增至466975人，合浦郡从78980人增至86617人，包含部分岭南区域的桂阳郡人口由15万余人增至50万余人。同一时期，全国人口则由于两汉之际的战乱而从5919万余人减少约1000万人至4915万余人。岭南地区人口的增多主要缘于原先土著人口的入籍，虽然也有北方人口的流入和已经入籍人口的自然繁衍原因。不过，之后再过140年，到西晋太康元年（280）全国人口统计时，岭南人口则有惊人锐减。西晋时的南海郡与东汉时的南海郡地域大致相同，永和五年（140）时有71477户，而太康元年（280）时仅有9500户；东汉苍梧郡有11万余户，西晋与之地域差不多的苍梧、临

---

① （宋）李昉等：《太平御览》卷785引，中华书局1960年影印本，第3478页。
② （梁）萧子显：《南齐书》卷14《州郡志上》，中华书局1972年版，第267页。
③ （刘宋）范晔：《后汉书》卷86《南蛮传》，中华书局1965年版，第2839页。
④ （宋）李昉等：《太平御览》卷786引，中华书局1960年影印本，第3480页。
⑤ （宋）乐史：《太平寰宇记》卷166《横州》，文海出版社1971年印行"宋代地理书四种之一"本，第442页。
⑥ （刘宋）范晔：《后汉书》卷86《南蛮传》，中华书局1965年版，第2837页。
⑦ 方志钦、蒋祖缘主编：《广东通史》（古代上册），广东高等教育出版社1996年版，第288—289页。
⑧ （刘宋）范晔：《后汉书》卷86《南蛮传》，中华书局1965年版，第2834页。
⑨ （宋）李昉等：《太平御览》卷786引，中华书局1960年影印本，第3480页。
⑩ （宋）欧阳修、宋祁：《新唐书》卷222下《南蛮传下》，中华书局1975年版，第6326页。
⑪ （宋）李昉等：《太平御览》卷785引，中华书局1960年影印本，第3478页。

宋代以前岭南地区的族群社会变迁

贺、始安三郡户口总和才16200户。史料中记载的人口数、户数自然很不准确，不过作为一个大致的参考还是可以的。人口户数的锐减，有一个原因是不少民户成为了豪强的部曲，而不再著录于郡县户籍，但更主要的原因则是脱离户籍成为"不宾属"之人。太康初年交州刺史陶璜上奏说："广州南岸，周旋六千余里，不宾属者乃五万余户，及桂林不羁之辈，复当万户。至于宾从官役，才五千余家。"①政府横征暴敛，一些民众会反抗脱籍，东汉后期的社会动乱，使得民众脱籍变得更加容易。脱籍之人，有的会成为汉族豪强的部曲，他们虽然不在郡县户籍之内，不过由于沾染华风，一般不大会被视为"蛮夷"，当然豪强部曲中也是会有不少本不曾入籍的土著非汉民的，他们在一定时间内可能仍会被视为"蛮夷"，多数脱籍之人，或者散居山谷无雄长，或者依附一些"俚人"酋帅。"不宾属者"应当主要是这些既不在郡县户籍内也不为汉人豪强部曲的人，他们是非汉人，是"蛮夷"、是"俚僚"，尽管其中有些人曾经入过版籍。东汉后期开始，岭南大量已入籍之人又脱籍成了非汉人，到西晋时期，"不宾属"的非汉人要远多于"宾从官役"的汉人，尽管东汉、东吴、西晋不断有将土著纳入版籍的政府行为，但其速度和规模比不上民众的脱籍行为。

# 四

针对岭南地区有较多非汉人酋帅，不入户籍的"俚人"又远多于入籍汉人的情形，南朝在该地区开始实行羁縻制度，就是在"俚人"分布区域广泛设置县、郡、州，以"俚人"首领（有的"俚人"首领还是来自汉族的豪强）为县令、郡守乃至刺史，地位世袭。东吴、东晋时期，岭南郡县数目较东汉时期略有增多，如前所说，主要缘于土著入籍，这不能算是羁縻制度。羁縻制度的推行大致从南朝开始，新增州、郡、县主要分布于岭南地区的西部，这些地方可谓是"俚人"的集中分布区域。岭南地区的东部，"俚人"也众多，不过，这里汉人势力强大，汉族豪强也多。南朝时期岭南东部新增州、郡、县较少，而西部则很多。刘宋时交州刺史陈伯绍奏立越州，开置9郡，陈伯绍为首任越州刺史，"始立州镇，穿山为城门，威镇俚僚"，南齐时，"（越州）刺史常事戎马，唯以贬伐为务"②。此越州系割交州合浦等郡及广州个别地区而置，目的是为了震慑"俚僚"，为了将境内"俚僚"纳入版籍，也不算是羁縻州。梁、陈二朝在岭南新置11州，多数小于原来的郡，又新置17郡，多数小于原来的县，新设县的数目更多。梁、陈新设州、郡、县多在岭南西部，任命"俚人"首领为郡县长官甚至州的刺史，它们绝大多数是羁縻性质的地方机构。梁朝在全国新置州80余个，下品州20余个，"徒有州名而无土地，或因荒僻之民所居村落置州及郡县，刺史守令皆用彼人为之"，有些州甚至"不知处所"③。这些"有名无土地"，长官"用彼人为之"以及"不知处所"的州，有些当是岭南地区的羁縻州，著名的"俚人"首领冼夫人影响下的一些郡县便是这样的羁縻机构。羁縻地区尽管成了王朝的郡县，其长吏亦属王朝的正式地方官员，羁縻民众亦有向政府缴纳一定贡献的义务，不过如《隋书·食货志》所说，"所课甚轻"，多只是象征意义，"岭外酋帅，因生口翡翠明珠犀象之饶，

---

① （唐）房玄龄等：《晋书》卷57《陶璜传》，中华书局1974年版，第1560页。

② （梁）萧子显：《南齐书》卷14《州郡志上》，中华书局1972年版，第267页。

③ （宋）司马光：《资治通鉴》卷158《梁纪十四》，中华书局1956年版，第4904页。

雄于乡曲者，朝廷多因而署之，以收其利"①。但羁縻地区民众毕竟不入国家户籍，与编户齐民有别，甚至与同样不入国家版籍的汉族豪强下的部曲民有别，他们是非汉族人。与两汉时期相对有些简单的征讨纳籍方式相比，设置羁縻机构提供了另一种比较和缓的改变民族地区社会面貌的方式，这一方式后来一直延续并逐渐有所改进，后世的土官制度、民族区域自治制度都与此有关联。

隋唐时期，地方实行州（郡）县二级制。隋代岭南地区州郡数有所减少，唐代岭南地区州郡数量与南朝后期差不多。唐代广州城以北、以东地区面积占岭南全境一半，但仅有5州31县；以西面积也占全境一半，则有20个左右的州和60个以上的县。州、县分布的不均匀，也是缘于西部州、县多数出于原来的羁縻机构。与南朝时相比，隋唐在岭南地区的族群政策上有几点明显变化。第一，两朝对"俚人"酋帅的限制、打击非常明显。州（郡）、县官吏不断改以汉人为之，酋帅反叛王朝多会被立即镇压，酋帅兵力也多被征调去镇压叛民，包括本地的"俚人"叛乱。隋唐时期，岭南地区尽管出现过"所居地方二千里，奴婢万余人，珍货充积"②的强大"俚人"豪族（冼夫人后代），但总的而言，"俚人"豪族势力不断被削弱，可以说，"中唐以后基本上退出历史舞台"③，原来的羁縻州县也就与一般州县无别。第二，隋唐时期，政府能够通过酋帅加以间接控驭或者政府可以直接控驭的"俚人"需要承担一定量的实质性的国家赋役，这与南朝时期有所区别。唐代实行租庸调制时，其中租的部分，北方课户每丁租粟二石，"岭南诸州则税米，上户一石二斗，次户八斗，下户六斗。若夷僚之户，皆从半输"④，庸、调情况不详。岭南民户负担比北方为轻，"夷僚"之人则更轻，他们的赋役可能由酋帅征收或征派，没有酋帅时则当由政府直接征收征派。两税法实行后，岭南非汉族民众赋役承担情况不详，除两税外，政府尚对民众征收身丁钱等其他税种，来自国外的"蕃胡内附者"也要征收⑤，能被控制的非汉族"夷僚"估计难以避免。

"夷僚"需要承担一定量的实质性的赋役而不是象征性的奉献，他们应该也会有一个户籍，但不同于编户齐民之户籍，所以他们仍然是"夷僚"，是非汉人。"俚人"酋帅担任羁縻州、县的官吏，算是国家的正式地方官员，但也仍被视为"蛮夷"。冼夫人是南朝后期"俚人"首领，嫁与高凉太守汉人冯宝，冯冼家族逐渐成为岭南首屈一指的豪族势力，冼夫人之孙冯盎为隋代高州刺史，潮州等地"僚人"反隋，冯盎驰至京师，请发兵讨伐，其议论独到，为大臣杨素叹服，说，"不意蛮夷中乃生是人"⑥。唐初，冯盎降唐，为高州总管，其子冯智戴为春州刺史，冯智戣为东合州刺史。贞观七年（633），冯盎遣冯智戴入京朝觐，唐太宗与太上皇（唐高祖）在未央宫举行宴会，"上皇命突厥颉利可汗起舞，又命南蛮酋长冯智戴咏诗，既而笑曰：'胡越一家，自古未有也。'"⑦冯盎之祖父为汉人，其祖母冼夫人为"俚人"，冼夫人以约束"俚人"服从朝廷在史上著称，冯盎和其子冯智

①（唐）魏征等：《隋书》卷24《食货志》，中华书局1973年版，第673页。

②（宋）司马光：《资治通鉴》卷193《唐纪九》，中华书局1956年版，第6092页。

③方志钦、蒋祖缘主编：《广东通史》（古代上册），广东高等教育出版社1996年版，第557页。

④（后晋）刘昫等：《旧唐书》卷48《食货志上》，中华书局1975年版，第2088页。

⑤（后晋）刘昫等：《旧唐书》卷48《食货志上》，中华书局1975年版，第2088—2089页。

⑥（宋）欧阳修、宋祁：《新唐书》卷110《冯盎传》，中华书局1975年版，第4112页。

⑦（宋）司马光：《资治通鉴》卷194《唐纪十》，中华书局1956年版，第6103—6104页。

戴不说是汉人至少也当是汉化的"俚人",但在隋唐统治者眼中,即使他们担任了州郡的长官,他们仍然是与汉人有别的"蛮夷""南蛮""越人"。与两汉时期区别汉人和"越人"的标准只在于入籍与不入籍,只在于是否承担国家赋役稍稍有些差异,隋唐时期"俚僚"虽然承担了一些赋役,但要等入了正式的编户齐民之籍才会被视作为真正汉人,不过这步跨越在当时实是相当容易。可以说,是否是国家真正编户齐民此时仍是划分汉人和"俚僚"之人的标志。也就是说,岭南"俚僚"之人要成为汉人,实际上只要成为国家的正式编户齐民即可。在隋唐人眼中,汉人和"俚僚"并不是族群差异特别明显的两种人群,只要条件合适,政府有能力直接管控,"俚僚"就可以迅速变成汉人。同样地,作为编户齐民的汉人不论成为汉人有了多久,也可能因为外在因素变化而迅速脱离编户齐民之籍而成为"俚僚"。隋唐时期岭南的"俚僚"与"蕃胡""昆仑奴"不同,"蕃胡""昆仑奴"是来自海外的人,在人种上与汉人、"俚僚"差异甚大,隋唐政府看来没有把他们纳入编户齐民的意图,而"俚僚"之人,则是有希望他们都成为汉人的意愿的。

唐代以后,"俚人"极少见于记载,学者们多数认为"俚人"逐渐融合于汉人当中。隋唐对"俚人"酋帅的限制打击,自然会使得不少"俚人"由依附酋帅转而变成国家编户齐民。但是我们也注意到,唐代中期以降,关于"僚人"的记载增多了起来。在岭南,"俚"与"僚"都是对非汉人的泛称,在不少"俚人"成为汉人的同时,实际上也有相当多的编户齐民脱籍而成了非汉人,他们虽然不怎么称"俚",但会被称为"僚"。前面提到唐文宗期间,作为岭南东部发达地区的广州依然是"土人与蛮僚杂居"。史料中另有广州百姓"与夷人杂处""蕃僚与华人错居"的说法[1]。岭南地区的西部更是错杂"蛮夷"。唐代在南方少数民族当中设有不少羁縻州、县,在岭南几无严格意义上的羁縻州,这并不意味着岭南"俚人"等"蛮夷"多数已经汉化,而只是因为他们已经不再有势力较大的酋帅首领。有论著说,中唐改行两税法后,"岭南及时实行,而且全国统一的法令基本上不再有岭南夷僚纳税较轻的特殊规定,这说明与汉人杂居的'夷僚'地区,有更大量的各族人民融合于汉族"[2]。这一判断可能不够准确。两税法实行后,未见岭南"夷僚"纳轻税的规定,一种可能,史料漏载;更大的可能,"夷僚"不用纳税,或者那些与汉人杂居、政府也容易控驭的"夷僚"需要如"蕃胡内附者"那样交点身丁钱。总之,以往学者所持唐代后期岭南地区土著多数已融合到汉族的观点,其对土著汉化的比例估计明显偏高。香港学者科大卫(David Faure)说,唐代"广州刺史的真正考验,在于他是否有能力对付广州城城墙以外洪荒世界里的野蛮部落","广州城以外,是个由本地力量控制的'蛮荒世界',对于这个'蛮荒世界',广州城里没有多少人理解,也没有多少人打算理解"[3]。

## 五

综合前面的论述,到唐代为止,岭南地区汉人和主要出自岭南、大概有少量来自岭北的土著"蛮夷"(来自境外的则称为"蕃""昆仑奴"等)之间的区别,其实就只在于是否

---

① (后晋)刘昫等:《旧唐书》卷151《王锷传》,中华书局1975年版,第4060页;(宋)欧阳修、宋祁:《新唐书》卷182《卢钧传》,中华书局1975年版,第5367页。

② 方志钦、蒋祖缘主编:《广东通史》(古代上册),广东高等教育出版社1996年版,第574页。

③ 科大卫著、卜永坚译:《皇帝和祖宗——华南的国家与宗族》,江苏人民出版社2010年版,第25、29页。

纳入了编户齐民版籍。"蛮夷"入了编户齐民版籍，就成为汉人；反之，没有入籍的和入籍之后又脱籍的，则是"蛮夷"，是"越人"、是"俚人"、是"僚人"。土著汉化，主要缘于外在的政治条件，华夏之人的南下及他们带来的所谓"中原先进技术"的影响是次要的。中原王朝势力较大时，岭南"蛮夷"纳入编户齐民版籍、成为汉人的比例就高；势力衰弱时，就会有不少的编户齐民脱籍而成"蛮夷"。土著"蛮夷"与来自境外的"蕃胡"不一样，前者与汉人间其实没有特别的族群差异，"蛮夷"能否成为汉人取决于中央王朝的政治力量能否把他们编入编户齐民版籍，唐代之后的南汉也是这样。这种情况不仅岭南如此，中国南方整个雨作农业地区都是这样，而与北方游牧地区、西北干旱区域、青藏高原地区迥然有别，后者区域，汉、唐等中原王朝本来就不易于控驭，郡县制度也难以在其中推行，其民众与华夏人及中国南方的"蛮夷"可能也有较大的族群差异。岭南土著汉化，自称或他称都为汉人，认可汉文明，这是政治的产物；反过来，因为一般没有合适的政治条件，"蛮夷"内部也就不会有什么族群认同，史料中说他们种类繁多，语言不通。"蛮夷"可能有一定的地域认同，有一定的基于相近生产方式上的认同，在酋帅统领下也可能有一定程度的小范围内的政治认同，但到唐代为止，他们很难有什么族群认同。有些学者费劲地探讨"越人""俚人""僚人"等岭南土著和今天民族间的渊源关系，很可能是在论证一个伪命题，其研究也往往不得要领。

到唐代（包括其后的南汉）为止，岭南汉人和"蛮夷"之间的区别仅在于一个编户齐民版籍而已，两大族群人的生产生活方式并没有太多的差异，从北方华夏人看来，岭南就是光怪陆离的。不仅岭南地区自然风光奇异，岭南的"蛮夷"奇异，岭南的汉人也是奇异落后的。唐人刘恂撰《岭表录异》充满了岭南奇异风情的记载，如毒人致死的瘴气、蛮人头领的铜鼓、半人半鱼的卢亭等。《太平广记》卷288"岭南淫祀"条说："岭南风俗：家有人病，先杀鸡鹅等以祀之，将为修福；若不差，即刺杀猪狗以祈之；不差，即刺杀太牢以祷之；更不差，即是命也，不复更祈。死则打鼓鸣钟于堂，比至葬讫。初死，但走，大叫而哭。"[1]岭南习俗在北方华夏人看来是古怪原始的，有学者认为是汉化尚不深入，还保留了以往"越人"的原始习俗，实际上，直到唐代为止，政府对岭南的关注还只是在于汉"蛮"相安无事，在于汉人、"蛮人"那些影响到了政府对汉人管治的骚乱能够及时平定，至于"蛮夷"彼此之间的互相攻伐往往没有精力干预。唐代政府条件许可时就将"蛮夷"纳入版籍，条件不够时也不强求，入籍之民脱籍也并不在意或者没有多大能力去阻止。唐政府对岭南的关注重点还是在将"来自南方的珍异宝货能够运到北方的唐朝宫廷"[2]。到岭南赴任的北方官员，多为贬官，他们来岭南之前，"在心理上视广大的南方皆为瘴乡"，对岭南已经视为畏途，来到岭南后又确有不适应南方瘴疠之事，心理上的排拒则更加重了他们的恐慌。本为戴罪之身，来到"远僻"[3]之地，心理的不平衡使他们中的多数人并没有什么立功建业的雄心壮志，得过且过是普遍的常态，"甚至出现官吏为了保全性命，并未亲赴任所的事例"[4]。贬官的身份，普遍得过且过的心态，加上国家力量的不济，面对

---

① （宋）李昉等编，张国风会校：《太平广记会校》卷288，北京燕山出版社2011年版，第4778页。

② 科大卫著、卜永坚译：《皇帝和祖宗——华南的国家与宗族》，江苏人民出版社2010年版，第25页。

③ （宋）王溥撰，牛继清校证：《唐会要校证》卷68《刺史上》，三秦出版社2012年版，第1031页。

④ 参见杨俊峰：《唐宋之间的国家与祠祀——以国家和南方祀神之风互动为焦点》，上海古籍出版社2019年版，第86—106页。

华夷杂居、"殊俗理难"的岭南"蛮荒世界",即使当中有官员具有移风易俗的志向,甚至也有化俗的实际行为,但效果一定是不大明显的。张九龄、刘瞻是唐代两位岭南籍宰相,他们的主要事迹在朝廷,张九龄于开元初年家居期间主持重修贯通岭南、岭北的大庾岭路,"兹路既开,然后五岭以南之人才出矣,财货通矣,中原之声教日渐矣,遐陬之风俗日变矣"①,这种久远影响主要发生在唐代以后的王朝而不是在当时。刘禹锡、韩愈、李德裕等左降官在岭南期间对提高当地的"文化素质与文化水平,或多或少地出过力"②,比如韩愈在潮州曾遏制蓄奴之风。文献中说韩愈因为《祭鳄鱼文》《祭城隍文》《祭大湖神文》《祭止雨文》等几篇文章而使"峒獠海夷,陶然自化"③,"自是潮之士皆笃于文行"④,显然是夸大其词的说法,韩愈本人在诗文中一直把潮州说成是不可一日而居的"蛮夷""魑魅"所在之地⑤。韩愈等名士在岭南的影响,主要在于宋代以后在他们生前活动之地为他们建立了一些先贤祠和书院等,以此来激励当地民众向化之心。

---

① (明)丘濬:《重编琼台稿》卷17《唐丞相张文献公开凿大庾岭碑阴记》,转引自方志钦、蒋祖缘主编:《广东通史》(古代上册),广东高等教育出版社1996年版,第514—515页。

② 方志钦、蒋祖缘主编:《广东通史》(古代上册),广东高等教育出版社1996年版,第597页。

③ (唐)张读撰,萧逸校点:《宣室志》卷4《韩愈驱鳄》,上海古籍出版社2012年版,第28页。

④ (宋)苏轼:《东坡全集》后集卷15《潮州韩文公庙碑》,收入李之亮:《苏轼文集编年笺注》,巴蜀书社2011年版,第638页。

⑤ (唐)韩愈:《(朱文公校)昌黎先生集》卷39《潮州刺史谢上表》,中国书店2016年影印《四部丛刊初编》本,第172册,第956—959页。

# 南宋初年将领赵哲史迹钩沉①

## 许起山

宋高宗建炎年间，外有强敌入侵，内有大盗作乱，局势十分危急，宋朝前景堪忧。赵哲，出生于将门世家，北宋末年时，为军中的使臣，在南宋建炎年间屡立战功，为一时名将，后随张浚经营川陕，任环庆路经略使，参与了宋金富平之战，因此战失利而被张浚匆匆斩杀。赵哲在《宋史》中没有传记，其他史料也无对其专门评述。其出生于何时，为何地之人，靖康二年（1127）之前有何表现，已难以考知，目前学术界也无对其的专门研究。唯有努力搜集史料，方能勾勒赵哲在南宋初年的主要事迹。富平之败与南宋政局关联紧密，有些史料把宋军大败的原因归于赵哲的擅离所部，通过比较不同古籍记载内容，发现其间多有曲折可疑之处，故详论之。

## 一、崭露头角

宋朝建国之初，汲取前代教训，压制武臣，优待文士，形成了崇文抑武的局面。此后宋代武力渐弱，军队战斗力每况愈下。至北宋末，金兵南下，攻城略地，易如骋马，宋都开封被金军攻破，徽、钦二帝沦为阶下之囚。宋朝文武官员，多数畏金如虎，一旦与金军遭遇，或逃或降，甚至徘徊在外，莫敢勤王，视赵宋皇室播迁如路人。

赵哲的官职不高，兵也不多，但他在靖康之变后敢于和金人作战：

> 时范讷、赵野合兵屯南京，遣使臣赵哲献书帅府。哲，将家子，有胆略。以百骑分三队，道与虏人三四战，获数级，夺金人马三匹以献，王大悦。都监康履面责哲不当，王叱退之。②

靖康二年（1127）二月初，金军拘禁宋钦宗，不久又把太上皇宋徽宗及后宫、宗室等押赴金营，继而将二帝废为庶人，立张邦昌为帝，将宋帝及赵宋皇室掳至北方。康王赵构虽在靖康元年（1126）的十二月开了大元帅府，以勤王的名义集结了一批将士，但能够调动的兵力非常有限，又对金兵十分畏怯，不敢与之交战。靖康二年（1127）元月，赵构与汪伯彦等人为避开金人，逃到东平府（今山东东平），二月又退至济州（今山东巨野）③。当时范讷为宁武军节度使、河东河北路宣抚使，赵野为北道总管，两人合军南京，号宣总司。范、赵皆是开封人，位高权重，又统有军队，却不敢号召军兵攻击正在开封城中的金人，

---

① 本文为国家社科基金青年项目"两宋之际杂史辑佚与研究"（20CZS009）的阶段性研究成果。

② （宋）李心传撰，胡坤点校：《建炎以来系年要录》卷二，建炎元年二月戊寅条，中华书局2013年版，第61页。

③ （元）脱脱等：《宋史》卷二四《高宗纪一》，中华书局1977年版，第440—441页。

仅是派赵哲联络康王。赵哲仅率领百骑，冲破金人重重围堵，来到赵构的大元帅府。赵哲出身将门①，当时的身份为"使臣"，属于低级武官，奉范讷、赵野之命与赵构接应。在金军南下、将士多闻风而逃时，赵哲与金兵数次交战，皆能获胜，可谓作战勇猛，善于统兵，鼓舞了宋朝军队的士气。后来，宋儒魏了翁不无感慨地说："靖康之祸，荐绅大夫士未尝不愤惋。于大官贵人无足倚赖，而冗曹稗官犹可与有为也。赵哲一使臣，能以百骑束虏马。"②可知赵哲的英勇表现，在许多年后仍然被人们所称道。

或因赵哲杀伤金人过多，颇受赵构宠信的宦官康履怕招来金人报复，便指斥赵哲的举动不当。赵构当时正在招兵买马，"王旅寡弱，至招溃卒、收群盗以补之"③，正值用人之际，赵哲的到来让他十分高兴，所以才会叱退康履。身为将家子、有胆略的赵哲，是较早率兵拥护赵构的将领之一。赵哲此后逐渐受到宋高宗的重用，官职升迁较快。

## 二、出使金国

建炎元年（1127）五月，赵构即位不久，迫于内外严峻的形势，即向金国遣使通好。《宋会要辑稿》载：

> 九日，诏从事郎傅雱特授宣义郎，假工部侍郎，充金国通和使，武功大夫赵哲副之……已而辅臣黄潜善、汪伯彦请遣祈请使，改傅雱为祈请使，马识远副之。④

由此可知，朝廷虽然任命赵哲为通和副使，但因宰臣黄潜善、汪伯彦的干预，将通和使改为祈请使，随之将赵哲换下，让马识远做了副使。或者赵哲为主战派，故不为一味求和的权臣黄潜善、汪伯彦所喜。此时，赵哲之官是武功大夫。

因为当时宋金为敌国，宋弱金强，加之各地动荡不安，出使金国显然是极其危险的事情，很少有臣僚愿意接受朝廷的任命，作为使臣出使金国。所以朝廷必须给出使者加官进爵，赏赐丰厚的钱物，以激其贪金帛获厚禄之心。当然，在出使金国的文武臣僚当中，也有主动请求出使，希望以正常的外交手段缓解南宋生存压力者。同时为了表示对金人的重视，宋廷往往暂借较高的官衔给出使者。如前所引《宋会要辑稿》的记载，傅雱即是借工部侍郎出使金国的。傅雱原为从事郎，此官为选人阶官名，因其出使，特迁宣义郎，此官为文臣京朝官寄禄官。据李心传记载："雱，清江人，以赃罪不得改官，故求出使。"⑤不得改官，预示着他不能由选人改为京官，官运受阻，日后很难升迁。所以傅雱不惧危险，

---

① 清人赵翼总结道："宋南渡诸将皆北人。"且言："统计诸名将，无一非出自山陕者。是南宋之偏安，犹是北宋之余力也。"见（清）赵翼撰，王树民校证：《廿二史札记校证》卷二六，中华书局2013年版，第602页。赵哲为将家子，极有可能也是北人。

② （宋）魏子翁：《重校鹤山先生大全文集》卷六四《题蕲州仪曹范垧元帅府牒后》，《四部丛刊初编》影印宋刻本，商务印书馆1936年版。

③ （宋）马端临撰，上海师范大学古籍研究所、华东师范大学古籍研究所点校：《文献通考》卷一五四《兵考六·兵制》，中华书局2011年版，第4607页。

④ （清）徐松辑，刘琳、刁忠民、舒大刚、尹波等点校：《宋会要辑稿》职官五一，上海古籍出版社2014年版，第4422页。

⑤ （宋）李心传撰，胡坤点校：《建炎以来系年要录》卷五，建炎元年五月戊戌条，中华书局2013年版，第144页。

主动要求出使，完全是为了升官。按照宋代文官一般升转状况，傅雱由选人改为京官，确实是朝廷的破格提拔。

《建炎以来系年要录》卷五记载："（建炎元年五月）戊午，太常少卿周望假给事中、充大金通问使，武功大夫赵哲领达州刺史，副之。"[①]南宋出使金国的使团由正使、副使、三节人从组成，正使由文官充任，副使由武臣担当[②]。赵哲为武臣，故为副使。据《皇宋中兴两朝圣政》记载，朝廷初以傅雱为金国通问使，在其出行之前，朝臣进行了一番讨论，认为傅雱官职低微，恐受金人轻视，"欲更遣重臣以取信"，故而令周望代替傅雱出使[③]。

赵哲成了金国通问副使，其官职则由武功大夫加领达州刺史，史料中没有提及假借之事，或是实际授予，毕竟一年后赵哲仍然有武功大夫、达州刺史的身份。汪藻《文溪集》中有《通问副使武功大夫赵哲可达州刺史制》，其中有如下数语：

> 朕通两国之和，遣单车之使，求专对四方之士。既得忠良，顾出疆万里之行，可无褒擢？具官某，受材肤敏，临事激昂，久厌在服之荣，兹预聘邻之选。[④]

据《建炎以来系年要录》卷一五记载，建炎二年五月戊申，"太常少卿周望守起居郎"，其后有李心传小注："望初受命出使，会金帅宗杰死，遂辍行。"[⑤]由此可知，周望、赵哲的这次出使未能成行，不久赵哲又回到军中。六月，朝廷复令傅雱和马识远出使金国，傅雱由宣义郎再迁宣教郎[⑥]。

# 三、平定叶浓

随着金兵的南下，赵构一味地向东南退缩，两浙地区显得尤为重要。在盗贼四起的建炎年间，掌管刑狱公事的两浙提点刑狱这一官职，也较平常倍受重视。宋高宗继位的次月，即下诏令诸路提举常平司归并到提刑司[⑦]。此举便于将地方钱物运输到行在，以供朝廷非常之需。建炎元年（1127）十月，两浙提点刑狱周格去世之后，宗室成员赵叔近以直龙图阁、知秀州的身份权提刑事[⑧]。此年十月二十四日，朝廷任命武将赵哲为两浙提点刑

① （宋）李心传撰，胡坤点校：《建炎以来系年要录》卷五，建炎元年五月戊午条，中华书局2013年版，第157页。

② 有关南宋使金的使节选派问题，可参见李辉：《宋金交聘制度研究（1127—1234）》第二章《南宋聘使制度》，上海古籍出版社2014年版。

③ （宋）佚名撰，孔学辑校：《皇宋中兴两朝圣政辑校》卷一《高宗皇帝一》，中华书局2019年版，第15页。

④ （宋）汪藻：《浮溪集》卷一〇《外制》，文津阁《四库全书》影印本，商务印书馆2005年版，第377册，第31页。

⑤ （宋）李心传撰，胡坤点校：《建炎以来系年要录》卷一五，建炎二年五月戊申条，中华书局2013年版，第376页。

⑥ （宋）李心传撰，胡坤点校：《建炎以来系年要录》卷六，建炎元年六月戊寅条，中华书局2013年版，182页。

⑦ （清）徐松辑，刘琳、刁忠民、舒大刚、尹波等点校：《宋会要辑稿》职官四三，上海古籍出版社2014年版，第8852页。

⑧ （宋）李心传撰，胡坤点校：《建炎以来系年要录》卷一〇，建炎元年十月甲子条，中华书局2013年版，第266页。

狱，配合刘光世一起讨伐镇江府叛兵①。而赵哲接替的正是赵叔近②。汪藻《浮溪集》卷八有《赵哲提举两浙路巡社兼提点刑狱公事制》，其中言"兹用假尔绣衣之荣，往临吴会。汝其遍诣提封，申明约束，毋强不欲，毋纵败群。使农安于野，行旅通于途，则为称职。"③宋廷注意到武臣在社会纷乱状态下镇压盗匪、流寇的突出作用，因此于建炎二年（1128），出于当时治安的考虑，各路增添提刑使一员，由武臣充任，专管捉杀盗贼④。

建炎二年（1128）五月，建州（今福建南平市）兵卒叶浓等奉命勤王。六月一日夜，叶浓徘徊不前，率兵卒叛乱，"盗州印及观察使印，妄作文移，攻掠州县"。六月二十一日攻陷福州，七月又回到建州。当时福建路提点刑狱李芘"拥兵三万余人"，却没有及时追捕叶浓等人，致其猖獗⑤。面对"官兵屡战不胜而溃"的严峻形势，朝廷免去李芘官职，特派御营中军统制张俊与赵哲一同前往建州追捕叶浓等叛卒⑥。宋廷令福建的民兵首领季洞为赵哲军中的参谋官，便于北军了解叛军内情，熟悉当地自然环境。为了集中力量镇压叛贼，宋廷下令："福建路监司、兵官，并听两浙提点刑狱公事赵哲约期会合。"⑦此时的赵哲成为福建一路的最高长官，掌握着该路的军政大权。这次出兵，赵哲功绩显著。《建炎以来系年要录》卷一八有简单记载：

> （建炎二年十一月）癸巳，两浙提点刑狱公事赵哲与叶浓战于建州城下，大败之。浓引其兵东走，哲遣人招谕，浓遂降。其后浓至张俊军中，复谋为变，俊执而诛之。⑧

由此可知，是赵哲率兵大败叶浓叛军并收复建州的，接下来接受了叶浓等人的投降。朝廷将叶浓所部安置在张俊军中，但叶浓复谋为乱，张俊将其擒斩。

建炎二年（1128）十一月二十二日，朝廷特下诏旨："武功大夫、达州刺史、两浙路提点刑狱公事赵哲领秀州团练使，以平叶浓之功也。"⑨而张俊依旧为御营中军统制官。实际上，宋廷听闻金军又有南侵的预谋，不久便调张俊到北方备战，张俊并没有全程参与平

---

① （宋）李心传撰，胡坤点校：《建炎以来系年要录》卷一〇，建炎元年十月庚辰条，中华书局2013年版，第268页。

② （清）嵇曾筠：《（雍正）浙江通志》卷一一四《职官四》，商务印书馆1936年版，第2023页。

③ （宋）汪藻：《浮溪集》卷八《赵哲提举两浙路巡社兼提点刑狱公事制》，《丛书集成初编》本，中华书局1985年版，第95—96页。

④ （清）徐松辑，刘琳、刁忠民、舒大刚、尹波等点校：《宋会要辑稿》兵一三，上海古籍出版社2014年版，第8852页。

⑤ （清）徐松辑，刘琳、刁忠民、舒大刚、尹波等点校：《宋会要辑稿》职官七〇，上海古籍出版社2014年版，第4918页。

⑥ （清）徐松辑，刘琳、刁忠民、舒大刚、尹波等点校：《宋会要辑稿》兵一三，上海古籍出版社2014年版，第8853页。

⑦ （宋）李心传撰，胡坤点校：《建炎以来系年要录》卷一七，建炎二年八月辛丑条，中华书局2013年版，第413—414页。

⑧ （宋）李心传撰，胡坤点校：《建炎以来系年要录》卷一八，建炎二年十一月癸巳条，中华书局2013年版，第427页。

⑨ （宋）李心传撰，胡坤点校：《建炎以来系年要录》卷一八，建炎二年十一月壬寅条，中华书局2013年版，第430页。

叛。有些史籍提及平定叶浓之乱时，认为张俊的功劳最大，而湮没赵哲战功，实不应该[①]。

## 四、在平定苗、刘之变中的作为

建炎三年（1129）二月，张俊、赵哲已从闽地北还，朝廷"遣御营中军统制张俊以所部八千人，往吴江县防托"[②]，赵哲被派往平江（今属苏州）驻扎。当时，宋高宗以杭州为行在，苏杭相近，朝廷在平江府布置重军，自然是出于保卫皇室的考虑。同时，朝廷令宰相"朱胜非节制平江府、秀州控扼军马，礼部侍郎张浚副之"。数日后，朝廷"召朱胜非赴行在，留张浚驻平江"[③]。朱胜非向朝廷进言，他认为镇江重地非平庸之辈所能守，于是朝廷令赵哲知镇江府。宋朝以武臣做镇江知府者极为罕见，但在战时状态下，形势危如累卵，文臣难当其任，宋廷或考虑到赵哲能武能文，让他担任镇江知府比文臣更合适。但张浚已派赵哲在平江担负"检视控扼等事"，委之尤重，所以赵哲没有前去镇江[④]。由此可知，赵哲的能力得到了当时大臣们的认可，朝廷对他十分器重。

建炎三年（1129）三月，在杭州发生了以军中将领苗傅、刘正彦为首的，企图废掉皇帝赵构，另立赵构之子为新君的兵变。

当时宋高宗正在逃亡途中，金人即将再次南下，南宋军民慌乱南移，各地反朝廷势力蜂起，苗、刘之变突然发生，宋朝上下震怖，人心不安。苗、刘控制了皇帝、太后、太子及宰相等人，试图"挟天子以令诸侯"，以皇帝诏旨的形式对文臣武将们进行安抚、调遣，以图稳定局势。当时，张俊领兵在吴江（今属苏州）驻守，赵哲在平江驻守，与杭州距离较近，对苗、刘的威胁较大。张俊的资历与职位，苗、刘之辈是不能与之相提并论的，他们若想拉拢张俊为己所用，很难达到目的。赵哲当时的资历与身份，与苗、刘相差无几，把赵哲拉拢过来是有可能的。于是，苗、刘盗用朝廷名义，试图把张俊调离吴江，"以堂帖趣张俊赴秦州"，同时命赵哲统领张俊的军队。但赵哲并没有因为眼前之利而接受这项任命[⑤]。

张浚当时也在平江，苗、刘之变发生后，他积极准备起兵平乱，连夜急召赵哲，"令哲尽调浙西射士，以急切防江为名，使汤东野密治财计"。但苗、刘也料想到近在咫尺的张浚会起兵讨伐，急忙以皇帝的名义下诏，令张浚速来行在，以便将其控制，并继续拉拢赵哲，令张浚"所部人马尽付赵哲"。张浚权衡再三，决定"起兵问罪"。

投鼠忌器，辛永宗、赵哲向张浚进言："（苗）傅每事取决王钧甫、马柔吉，傅素乏心机，而刘正彦轻疏。闻公旧识钧甫，乞先以书离间二人，然后徐为之计。"张浚同意了辛、赵二人的建议，恐生他变，先送上态度较为暧昧的奏书，以安抚苗、刘，以计缓之。

---

① 《宋会要辑稿》代表了官方的记载，叙述平定叶浓之乱："十一月十三日，王师与贼兵接战，大捷，俘获二千余级。残党星散，分兵追袭。十四日，遂擒叶浓及以次首领。"丝毫没有提起赵哲在平江过种中的战功如何。参见（清）徐松辑，刘琳、刁忠民、舒大刚、尹波等点校：《宋会要辑稿》兵一三，上海古籍出版社2014年版，第8853页。

② （宋）李心传撰，胡坤点校：《建炎以来系年要录》卷二〇，建炎三年二月庚申条，中华书局2013年版，第464页。

③ （元）脱脱等：《宋史》卷二五《高宗纪二》，中华书局1977年版，第460—461页。

④ （宋）李心传撰，胡坤点校：《建炎以来系年要录》卷二〇，建炎三年二月癸亥条，中华书局2013年版，第465—466页。

⑤ （元）脱脱等：《宋史》卷四七五《叛臣上·苗傅传》，中华书局1977年版，第13806页。

驻守在吴江的张俊部队，闻事甚为慌乱，主将张俊不知所措，只好将八千将士交付文臣张浚调遣。当时张俊所部军心不稳，稍有不慎，即有可能酿成哗变。若他们与苗、刘所属的军队里应外合，难免江山易姓之事发生。张浚"即同赵哲驰入张俊军抚谕，且厚犒之，人情大悦"，命张俊率领精兵二千扼守吴江①。张浚选赵哲一起抚谕张俊军，赵哲先前在平定叶浓之乱时与张俊军队有过接触，了解该军将士的具体情况，便于安抚。

张浚、吕颐浩联络在外诸将，集结力量，积极准备讨伐苗、刘。三月二十四日，"吕颐浩、张浚议进兵，韩世忠为前军，张俊以精兵翼之，刘光世亲以选卒为游击"，赵哲的任务是"调集民兵"，配合作战。与建炎二年（1128）十一月相比，赵哲此时的官职又有变化，吕颐浩、张浚等人发往各地檄书的末尾有文武臣僚署名，其中有"新除左武大夫、观察使、两浙提点刑狱公事赵哲"②，观察使一官定是苗、刘之变前所加。

苗、刘二将虽敢仓促发动兵变，但并无远虑，对军政之事的处理甚为乖张。吕颐浩、张浚等人经过周密计划，讨伐苗、刘的军队迅速进发，很快战胜了叛军。四月二日，"吕颐浩、刘光世、张浚、韩世忠、张俊、赵哲将兵入城。颐浩等入见，上慰劳之。"③吕颐浩、张浚为当时重臣，不久即为宰相。刘光世、韩世忠、张俊与后来崛起的岳飞同为南宋中兴四大将，当时已手握重兵，在军中地位甚高。赵哲之名与张、韩等名将紧连，足见他在当时的身份地位不可小觑，并在平定苗、刘之变中发挥了重要作用。《宋史·李迨传》也载，在平定苗、刘之变后，李迨"同赵哲等入对，上慰劳之"。李迨是文臣，当时为"中散大夫直龙图阁，为御营使司参议官兼措置军前财用"④。不久即得到朝廷重用，任四川都转运使兼提举成都等路茶事。

赵哲在这次平定叛乱过程中，立场鲜明，处事镇定，不为眼前利益所动，经受住了考验，与文臣张浚密切配合，助其抚谕军队，招集民兵，领军入城，迎宋高宗复辟，功劳显著。赵哲既能充当武将统驭军队，又能审时度势，为张浚出谋划策，自然会受到朝廷的重用和得到张浚的信赖。

宋人周应合编纂的《景定建康志》提到赵哲的官职："建炎年，左武大夫、明州观察使、枢密都承旨，权主管侍卫马军司公事。"⑤所列官职应是在平定苗、刘之变后，朝廷对赵哲的赏赐。"权主管侍卫马军司公事"属于三衙主帅之一，统领御前马军，此职往往由皇帝信赖的武将担任。赵哲此时地位已直近张俊、韩世忠。

# 五、枉死陕地

建炎三年（1129）五月，宋廷"以张浚为宣抚处置使，以川、陕、京西、湖南北路隶

---

① （宋）李心传撰，胡坤点校：《建炎以来系年要录》卷二一，建炎三年三月丁亥条至戊子条，中华书局2013年版，第494—497页。

② （宋）李心传撰，胡坤点校：《建炎以来系年要录》卷二一，建炎三年三月癸卯条，中华书局2013年版，第522—523页。

③ （宋）刘时举撰，王瑞来点校：《续宋中兴编年资治通鉴》卷二，中华书局2014年版，第36页。

④ （元）脱脱等：《宋史》卷三七四《李迨传》，中华书局1977年版，第11593页。

⑤ （宋）周应合纂，王晓波点校：《景定建康志》卷二六《官守志三·侍卫马军司》，《宋元珍稀地方志丛刊》甲编，四川大学出版社2007年版，第1247页。

之，听便宜黜陟"①。经过一番准备，七月二十一日，张浚从建康（今南京）出发，率亲兵一千五百、骑三百前往川、陕。与张浚同往的有"明州观察使刘锡""亲卫大夫、明州观察使赵哲""武功大夫、忠州防御使王彦"等将领，还有刘子羽、傅雱、冯康国、何洋、甄援等谋士②。十月，张浚一行到达兴元（今陕西省汉中市）。

当时原属宋朝的北方大部分地区已被金人占领，战略位置十分重要的陕西大部尚在宋朝的掌控之下。西北军在宋朝各军队中战斗力最强，他们固守家园，屡挫金兵。开封城破后，陕西局势也日渐恶化，再加上宋高宗一味南迁，西北地区的个别军队开始出现不稳定的迹象。朝廷派遣张浚宣抚陕西，若能恰当地安抚各方面势力，谨慎利用好西北军较强的战斗力和有利的地形，与东南军队互相配合，数年之后，定有一番大作为。

但张浚立功心切，想尽快掌控川、陕大权，以图速效。"才数日，即出行关陕，移环庆帅王似知成都府，而以武臣赵哲代之。"③此时赵哲很受张浚的重用，是张浚的心腹爱将。赵哲也没有辜负张浚厚望，建炎四年（1130）七月"丁未，环庆路经略使赵哲遣统制吕世存、王俊率兵出鄜延。戊申，复鄜州，其余州县皆迎降。"④

建炎四年（1130）九月，张浚召集刘锡、孙渥、刘锜、赵哲、吴玠五路兵马，合计兵四十万、马七万，以刘锡为统帅，与金军战于富平，大败⑤。"关陕之陷自此始，至今败绩之大者，必曰富平之役。"⑥关于富平之败的原因，诸书记载甚有差异，因牵涉到赵哲之死，故而在此做一番讨论⑦。

朱熹撰写的《（张浚）行状》云：

> 富平大战。泾原帅刘锜身率将士先薄虏阵，自辰至未，杀获颇众。会环庆帅赵哲擅离所部，哲军将校望见尘起惊遁，而诸军亦退舍。公斩哲以徇，退保兴州。⑧

战后，张浚依旧经略川陕，绍兴三年（1133）朝廷令其回朝，绍兴四年（1134）将其贬在福州，不久又任命为知枢密院事，绍兴五年（1135）担任右相。张浚为相时对后进多有提拔，平时喜与文士交往，坚决反对与金讲和。绍兴七年（1137）罢相后，虽被安置在边远地方，但秦桧对待张浚的态度与前宰相赵鼎显然不同，并没有将其置之死地。张浚一直被

① （元）脱脱等：《宋史》卷二五《高宗纪二》，中华书局1977年版，第465页。

② （宋）李心传撰，胡坤点校：《建炎以来系年要录》卷二五，建炎三年七月庚子条，中华书局2013年版，第597页。

③ （宋）熊克：《皇朝中兴纪事本末》卷一一，北京图书馆出版社2005年版，第261页。

④ （宋）李埴撰，燕永成校正：《皇宋十朝纲要校正》卷二一《高宗》，中华书局2013年版，第621页。

⑤ （宋）李心传撰，胡坤点校：《建炎以来系年要录》卷三七，建炎四年九月癸亥条，中华书局2013年版，第838—839页。

⑥ （宋）徐自明撰，王瑞来校补：《宋宰辅编年录校补》卷一五引《秀水闲居录》，中华书局1986年版，第994页。

⑦ 关于富平之战，前辈学者多有研究，如王曾瑜《宋金富平之战》（《中州学刊》第1期）、吴泰《南宋初宋金陕西"富平之战"述论》（《西南师范大学学报》（人文社会科学版），1983年第3期）、杨德泉《张浚事迹述评》（邓广铭、郦家驹等主编《宋史研究论文集》，河南大学出版社1984年版）等。学者们虽多认为张浚应负富平之败之责，但也信赖《建炎以来系年要录》之说，认为赵哲擅离所部，直接导致大军溃败。还有个别学者认为张浚组织富平之战是有功于南宋社稷的，他斩杀赵哲也是应该的。杨德泉先生虽提及赵哲被张浚冤杀，但对赵哲在此战中的表现，论述较为简略，今特详加分析。

⑧ （宋）朱熹：《晦庵先生朱文公文集》卷九五《少师保信军节度使魏国公致仕赠太保张公行状上》，见朱杰人、严佐之、刘永翔主编：《朱子全书》第25册，上海古籍出版社、安徽教育出版社2010年版，第4372页。

认为是主战派的代表，颇为清流所称誉，且在宋孝宗朝又为枢密使，组织北伐。朱熹是应好友张栻所请为其父张浚撰写《（张浚）行状》的，有关张浚生平的材料全由张栻提供。《（张浚）行状》洋洋数万言，对张浚生平记述得十分详细。后来朱熹看到《高宗实录》，发现官方记载的许多事实与张栻提供的材料有较大差异，知被张栻所欺，十分后悔地对弟子说："某向来《张魏公行状》，亦只凭钦夫（指张栻）写来事实做将去。后见《光尧实录》，其中煞有不相应处，故于这般文字不敢轻易下笔。"[1]后来朱熹再也不敢轻易动笔为他人撰写《行状》或碑铭。

虽然朱熹对撰写《（张浚）行状》之事懊悔不已，但《（张浚）行状》还是很快流传开来。名臣张浚有数次入相经历，抗金意志持久不变，受到过秦桧压制，门生故吏众多，影响当时政坛数十年，以及其子道学家张栻在当时声名甚隆[2]，官修史书和私人撰写的野史、笔记之类，对张浚评价很高。朱熹虽然提到《（张浚）行状》中有一些不实的记载，但并未指明哪些地方有偏差。朱熹作为道学权威，一字一句，皆能影响后世学者。况且，有关张浚的材料，当属《（张浚）行状》的记载最有系统。因此，朱熹的懊悔之言，并不影响宋元学者对《（张浚）行状》的认可。

《宋史·张浚传》便沿袭了《（张浚）行状》的记载：

> 泾原帅刘锜身率将士薄敌阵，杀获颇众。会环庆帅赵哲擅离所部，哲军将校望见尘起，惊遁，诸军皆溃。[3]

从史源方面来讲，元朝史臣撰修的《宋史》，脱胎于宋朝国史。国史是在实录的基础上修改而成，实录中的臣僚列传多取材于行状、碑志、家传等。编修《宋史》的元朝史官多是理学家，对朱熹、张栻尤为崇敬。《宋史》中的《张浚传》来源于朱熹撰写的《（张浚）行状》，家传的观点转而成了官方观点。官修史书影响较大，所言赵哲擅离军队，导致富平大败，不少人信以为真。

《（张浚）行状》和《宋史·张浚传》皆提到在富平之战中，刘锜身先士卒，亲临敌阵，率领部属杀敌众多。刘锜在南宋初年抗金有功，尤其是顺昌大捷的显著军功，奠定其名将地位。在绍兴末完颜亮率金军南下时，年迈的刘锜又临危授命，带领大军抵御金人，江南人倚之为长城，其军功一直为宋人所称道[4]。然而，刘锜在富平之战中"杀获颇众"

---

① （宋）黎靖德编，王星贤点校：《朱子语类》卷一三一，中华书局1986年版，第3149—3150页。

② 清人朱彝尊《曝书亭集》卷四五《书〈宋史·张浚传〉后》云："因浚有子讲学，浚死，徽国公为之作状，天下后世遂信而不疑尔。"（国学整理社1937年版，第547页）徽国公即朱熹。《四库全书总目》卷一五八《汉滨集》言："讲学家以张栻之故，回护其父，殊未免颠倒是非。"（中华书局1965年版，第1364页）（清）钱大昕：《廿二史考异》卷七九《宋史（十三）》提到张浚时，云："史家以其子为道学宗，因于浚多溢美之词。"（上海古籍出版社2014年版，第1091页）

③ （元）脱脱等：《宋史》卷三六一《张浚传》，中华书局1977年版，第11301页。

④ 在绍兴三十一年金兵南下攻宋时，当时人就认为："今日天下军民之所欣慕，胡虏之所畏服者，张浚、刘锜是也。"当时和议已久，天下太平近二十年，经历过南宋初年宋金战争的杰出文臣、武将多已凋零。张浚在建炎年间及绍兴初年多次督兵在外，虽多以失败告终，但在当时人心中，文臣中只有他略懂军事，且敢与金军一战。当时武将中能独当一面者，首推刘锜。所以，绍兴末年完颜亮准备南侵时，张浚、刘锜二人在宋人心中的地位甚高。参见（宋）徐梦莘：《三朝北盟会编》卷二二七，绍兴三十一年正月条，上海古籍出版社1987年版，第1634页。与朱熹同时的文人章颖所撰《南渡十将传》，将刘锜排在第一位，在论及宋金富平之战时有言："锜身率将士先薄虏阵，自辰至未，杀获颇众。会环庆帅赵哲擅离所部，哲军将校望见尘起，惊遁，而大军亦退。"显然是从《（张浚）行状》抄袭而来。参见《四库全书存目丛书》影印元刻本，齐鲁书社1996年版，史部第87册，第588页。

这一史实，《宋史·刘锜传》中却无只字记载①。刘锜有此英勇事迹，按照正史列传体例，应当凸显此事，表扬刘锜，而不应该遗漏。《宋史》本传不提一语，可知在宋代史官纂修国史、元代史臣纂修《宋史》时，这段记载是不被认可的。如此看来，《（张浚）行状》"富平大战，泾原帅刘锜身率将士先薄虏阵，自辰至未，杀获颇众"的记载颇显突兀，应属子虚乌有。故而此段后所记赵哲"擅离所部"事，其真实性也是值得怀疑的。

主要取材于宋高宗朝《实录》《日历》等官方史料的《建炎以来系年要录》，卷三七有云：

> 自辰至未，胜负未分。虏更薄环庆军，他路军无与援者。会哲擅离所部，将士望见尘起，惊遁，军遂大溃。哲旗牌未及卷，众呼曰："环庆赵经略先走。"至邠州，乃稍定。②

卷三八又载：

> 初，诸军既败还，浚召（刘）锡等计事，浚立堂上，诸将帅立堂下，浚问："误国大事，谁当任其咎者？"众言："环庆兵先走。"浚命拥哲斩之。哲不肯伏，且自言有复辟功，浚亲校以挝击其口，斩于堠下，军士为之丧气。浚遂以黄榜放诸军罪。哲已死，诸将帅听令，浚命各归本路歇泊。③

李心传擅长考索史实，他编撰《建炎以来系年要录》时，对《（张浚）行状》的某些记载并不完全认可。对比以上摘录的《建炎以来系年要录》两条记载可知，李心传在《（张浚）行状》的基础上有所增补。按照《建炎以来系年要录》的描写，在宋、金两军相持不下、胜负未分时，金兵转而重点攻击赵哲所率领的环庆一军，因赵哲不在军中导致了其部退败，从而引发了全军大溃。据此而言，赵哲理应受罚。但金军重点攻击赵哲一军时，其他四路军竟不来援助④，无论赵哲在不在军中，皆难抵御金军的猛烈进攻了。这一点，在《（张浚）行状》和《宋史》张浚本传中都忽略了。待追问罪责时，其他军队的长官为逃避罪责，既不承认不援赵哲军事实，又齐声喧言环庆军先退。赵哲面对众人的指责，已是百口莫辩，张浚竟然不做任何调查，武断下令将其斩杀。赵哲想做解释，但张浚亲校击破其口，使其不能说话，随即将他斩杀。若确实因为赵哲擅离所部，导致富平大败，张浚立即将赵哲斩首的做法虽为莽撞，但杀一儆百，并不为大过。可是李心传又有"军士为之丧气"的一句记载，表明当时军中大多数将士并不认可张浚斩杀赵哲的举动。李心传尊重了朱熹的记述，但似乎又想有所突破，他的用笔显得闪烁其词。

李心传正生活于理学盛行，朱熹权威逐渐得到认可的时代，其兄李道传、李性传皆极力推崇道学。《宋史·李心传传》虽然也说"心传有史才，通故实"，但又说他"志在川蜀，而薄东南之士"⑤。审视《建炎以来系年要录》，李心传确实有为乡人回护的地方。张浚是蜀人，李心传也是蜀人，他的艰于措词、欲言又止，可以认为，一是受到道学的影

① （元）脱脱等：《宋史》卷三六六《刘锜传》，中华书局1977年版，第11399页。

② （宋）李心传撰，胡坤点校：《建炎以来系年要录》卷三七，中华书局2013年版，第839页。

③ （宋）李心传撰，胡坤点校：《建炎以来系年要录》卷三八，中华书局2013年版，第847页。

④ 宋高宗继位后的次月即颁布"军制二十一条"，其中提到"军危急而他军不救者，刑主将"。见（宋）李心传撰，胡坤点校：《建炎以来系年要录》卷六，建炎元年六月癸亥条，中华书局2013年版，第180页。

⑤ （元）脱脱等：《宋史》卷四三八《李心传传》，中华书局1977年版，第12985页。

响，二是怀有乡曲之私①。另外，张浚擅杀骁将曲端，今人何忠礼先生认为李心传为张浚的辩解"并不客观"，"南宋义理史学盛行，李心传是最少受其影响之人，但面对张浚（原注：朱熹挚友张栻之父）这种人物，他也不得不笔下留情"②。是故，李心传对张浚斩杀赵哲的记载，也难免有祖护之心、笔下留情之事。

以收录各种史料为主的《三朝北盟会编》卷一四二详细叙述了富平之战的经过。当张浚提出聚集众军与金军进行大决战时，王彦、曲端、吴玠等将领认为张浚刚到陕地，"陕西兵将，上下之情，皆未相通"，应当训兵保疆，以逸待劳。早在北宋时，陕西即存在一些将领世家，他们之间往往有利益冲突。北宋灭亡后，西北军处在金、宋、夏各势力之间，军心容易动摇。若要他们完全听命于张浚的宣抚司，首先要解决各土著将领之间的矛盾，晓以大义，激其杀敌报国之心。王彦、曲端、吴玠等人皆为西北宿将，了解各路军队之间的矛盾，也清楚仅仅把各军召集在一起，并不能保证他们能够协调作战。张浚理应利用当地的有利地形和西北将士保卫乡土的心理，协调诸军，寻找战机，逐渐将来犯的金人消灭。但张浚不了解西北诸军的实际情况，加上年少轻进，立功心切，没有接受这些将领的建议，而是在一些文人门客的怂恿下，迅速集结军队，准备与金人大战。同时，张浚令"诸路乡民运粮草辎重者络绎于道路，至军前绕寨安泊"。金兵选取三千精锐，"囊土逾淖，径赴乡民小寨。乡民奔乱不止，践寨而入，诸军惊乱……唯环庆路经略使赵哲牌旗不及卷，众呼曰：'环庆路经略赵都承先走'。""浚自愧轻举无功，乃归罪赵哲矣"。时人以诸葛亮"应变将略，非其所长，是以似之"来讥讽张浚③。张浚不知应变，草率集结西北诸军，与兵强马壮、作战勇猛、机动灵活的金军进行大规模的阵地战，自然难以取胜。

《三朝北盟会编》又言："富平之败，张浚欲斩大将以藉口"，"哲不伏，且言有复辟功。提辖官以骨朵击其口，血流不能作声，斩于堠下。不厌公议，众语喧哗。浚遂以黄榜赦诸将罪，以安其心。"④比较前文所引《建炎以来系年要录》记载，张浚杀将卸罪的图谋更加明显。

富平败后，宋军主力犹存，张浚没有趁机招集流散将士再与金军一战，也没有修筑工事，据险固守，反而令各部分散在各地休息，实为失策。诸军之前便各自为战，此后为自保之计，更难忠于宋朝。赵哲死后，张浚以孙恂为环庆路经略使，令其安抚环庆军。但赵哲的部下，因统帅被枉杀，"人人痛切张浚杀将卸罪"。孙恂在张浚高级幕僚刘子羽的指使下，将赵哲昔日部将、环庆军的统制官乔泽、张忠斩杀。环庆军将领人人自危，统制官慕

① 李心传对乡人虞允文也有祖护，如在采石之战中，水军统领盛新功劳卓著，但功最多而赏最轻。主要是虞允文向朝廷所进奏疏中，对盛新的战功有所隐瞒。王明清《挥麈三录》说"盛新功多而获赏最轻，抑郁而死"。而李心传在引《挥麈三录》时，却改作"自以功多而赏轻，抑郁而死"，盛新之死似乎是自我所致，与虞允文毫不相干。此处足见李心传为乡人回护之心态。可参见顾宏义先生《"层累地造成"的宋金采石之战史发覆》一文，载辛薇主编：《南宋史及南宋都城临安研究（续）》上，人民出版社2013年版，第521—550页。拙作《赵甡之与〈中兴遗史〉》对李心传的乡曲情结也有讨论，载《宋史研究论丛》第21辑，科学出版社2018年版，第282—291页。

② 何忠礼：《南宋全史（一）》，上海古籍出版社2011年版，第99页。

③ （宋）徐梦莘：《三朝北盟会编》卷一四二，建炎四年九月二十三日壬戌条，上海古籍出版社1987年版，第1033—1034页。注：此处引用时参校了文津阁《四库全书》本。

④ （宋）徐梦莘：《三朝北盟会编》卷一四二，建炎四年十月一日庚午条，上海古籍出版社1987年版，第1038页。

洄带领部属在环州叛宋①。此后，一部分西北军向金或西夏投降，一部分随吴玠退到四川，还有一部分沦为流寇。

《三朝北盟会编》卷一五七收录了"臣僚上言"：

> 富平之役，惟赵哲在众人中尚能当前，转战用命，势力不敌而溃，诸路略无策应。浚乃独诛哲，致其徒怨叛，后并力攻川口者是也。②

这条记载与之前《宋史·张浚传》等书的叙述大相径庭，虽然是为弹劾张浚所发，但并非完全空穴来风，至少代表了朝中部分臣僚的看法。

参加富平之战的另外一名主要将领吴玠，后来声名甚为显赫。《宋史·吴玠传》中有对富平之败的简单描述：

> 已而敌骤至，舆柴囊土，藉淖平行，进薄（吴）玠营。军遂大溃，五路皆陷，巴蜀大震。③

单从这则史料来看，直接导致五路溃败的是吴玠，与赵哲无关。

综合以上记载可知，富平战败，主要在于张浚不明时势，刚愎自用，处置失当，宋军虽众，但军心不齐，号令不一④。赵哲也随着诸军溃败了，但没有及时收卷本军大旗，其他将领便以此诬陷赵哲。张浚不自我检讨，而是急于找替罪羊，其他将领也怕担负罪责，怂恿张浚斩了赵哲。

建炎三年（1129）跟随张浚从东南到西北的武将有刘锡、赵哲、王彦，富平之战前，王彦根据当时敌我形势，劝说张浚不要在富平与金兵作战，张浚不听。或许王彦预料到张浚必败，"即请为利路钤辖，俄改金均房州安抚使、知金州"⑤。所以，王彦没有参加富平之战，张浚心腹旧将还有刘锡、赵哲。张浚任命刘锡为五路统帅，在前线指挥作战。富平败后，张浚除了将赵哲斩首，还"贬刘锡合州安置"⑥。但朝廷不久又重新重用他，而对其他参与作战的主要将领吴玠、刘锜等，并无责罚，反而加以安抚。吴玠等人为西北宿将，所统兵皆是当地人，在战败后的紧要关头，张浚自然不敢贸然处置。刘锡虽是随张浚

① （宋）徐梦莘：《三朝北盟会编》卷一四二，建炎四年十月一日庚午条，上海古籍出版社1987年版，第1038页。

② （宋）徐梦莘：《三朝北盟会编》卷一五七，绍兴四年三月十五日乙丑条，上海古籍出版社1987年版，第1139页。此段话出自辛炳，他没有亲历战场，但所言代表了当时朝中士大夫对富平之败的一般看法，可供参考。后来有臣僚弹劾刘子羽，亦言："妒功害能，掩蔽赵哲鏖战之勋。耻己谋之贻败，则移咎于他人。既斩赵哲，复售曲端。冤陷二人，一方怨怒。"刘子羽为张浚的重要谋臣，最终决议终归张浚。可参见（宋）徐梦莘：《三朝北盟会编》卷一五八，绍兴四年四月一日庚辰条，上海古籍出版社1987年版，第1146页。

③ （元）脱脱等：《宋史》卷三六六《吴玠传》，中华书局1977年版，第11409页。

④ 绍兴七年八月，因张浚对刘光世平抚御失当，任用非才，导致将领郦琼带领数万兵将叛逃伪齐。张浚辜负了朝廷的期望，不久罢相。绍兴三十一年，完颜亮率金军南下，正值用人之秋，程宏图上书朝廷，请求朝廷重用张浚。他在极力称赞张浚才能的同时，也不得不说："五路之失，骁将之诛，此固浚少年轻躁之故。"参见（宋）徐梦莘：《三朝北盟会编》卷二三七，绍兴三十一年十月二十九日戊辰条，上海古籍出版社1987年版，第1704页。宋高宗没有委张浚于重任，也是鉴于张浚富平大败、淮西之变。

⑤ （元）脱脱等：《宋史》卷三六八《王彦传》，中华书局1977年版，第11452页。

⑥ （元）脱脱等：《宋史》卷二六《高宗纪三》，中华书局1977年版，第482页。

从东南而来，但他原是西北将领，又是刘锜之兄，其父刘仲武为西北名将①。当张浚追问战败罪责时，只有赵哲是"外人"，且数年前仅为使臣，在军中根基不深，虽是将家子，但家族声望远不及刘锡，其他将领自然心照不宣，言行一致地针对赵哲了。既然已有赵哲做替罪羊，即便后来朝廷知晓吴玠等人对富平之败有不可推卸的责任，也会考虑到吴玠率领所部在和尚原、仙人关等地大败金人，国家正处用兵之时，便不会重提旧事了。张浚将他的心腹旧将或斩或贬，并且用黄榜赦免西北诸将之罪，以安其心塞其口，"哲已死，诸将帅听令"。张浚杀赵哲，既有杀将卸罪的目的，又希望残存的西北将士能够继续用命，保住四川。

赵哲原为张浚心腹大将，仓促斩杀，出人意料，更知张浚只顾私利，不较其他。富平之败后，蜀地流行一则民谚，对张浚加以嘲讽，其中有"一事无成，二帅枉死（原注：曲端、赵哲），三军怨恨，四川空虚"②一句。"二帅枉死"是当时普通民众对赵哲、曲端被张浚处死的一般看法。川、陕相接，蜀人容易知晓内情，一般平民也不会对乡人张浚刻意中伤，所言值得信赖。洪迈认为张浚"杀曲端、赵哲而失秦、陕诸州"③，并且在《夷坚志》中收录《张女对冥事》的故事再次为赵哲、曲端鸣不平④。就连千方百计褒扬张浚功绩、隐藏其失职的《鹤林玉露》作者罗大经，也不得不承认张浚杀赵哲、曲端，"尤非也"⑤。可知张浚杀赵哲，大失民心、军心、士大夫心。

绍兴四年（1134）七月，朝廷追复赵哲亲卫大夫、明州观察使⑥。赵哲的儿子赵甡之讼于朝，要求追复其父原官，朝廷最终赐赵哲同州观察使⑦，也算是为赵哲平反雪冤了。

## 六、结语

赵哲与金人作战勇猛，恩威并施地平定叶浓之乱，在平定苗、刘之变中又立下功勋，后随张浚入陕，不断收复失地，是一位足智多谋、不可多得的将领。富平之败，却被当作张浚及其他将领的替罪羊，匆匆斩杀。从宋至今，文人议论曲端被张浚枉杀一事屡见不鲜，却忽略了与曲端同在陕地，同为高级将领，更早被张浚枉杀的赵哲。赵哲于靖康、建炎间功勋卓著，身在高级将领之列，但毕竟是昙花一现式的人物，也无杰出的后代立于朝堂。更何况，张浚在南宋人心中的地位甚高，加之朝廷上下的崇文抑武，现

---

① 参见（元）脱脱等：《宋史》卷三五〇《刘仲武传》，中华书局1977年版，第11081—11082页。

② （宋）张知甫撰，孔凡礼点校：《可书》，中华书局2002年版，第433页。

③ （宋）刘时举撰，王瑞来点校：《续宋中兴编年资治通鉴》卷八，中华书局2014年版，第180页。

④ （宋）洪迈撰，何卓点校：《夷坚乙志》卷五《张女对冥事》，中华书局1981年版，第224页。

⑤ （宋）罗大经撰，王瑞来点校：《鹤林玉露》甲编卷四，中华书局1983年版，第68页。

⑥ （宋）徐梦莘：《三朝北盟会编》卷一五八，绍兴四年四月四日癸未条，上海古籍出版社1987年版，第1149页。

⑦ （宋）李心传撰，胡坤点校：《建炎以来系年要录》卷三八，建炎四年十月庚午条，中华书局2013年版，第847页。赵甡之又名洪，绍兴四年八月的官职是承节郎，此官应是朝廷为赵哲平反后，对其后代的赏赐。数十年后，赵甡之升至从八品的从义郎，仍旧未突破小使臣之阶，可谓升迁极慢，故其一生在政治、军事上不可能有大的作为，时人及后人对其生平经历较为陌生。赵甡之著有《中兴遗史》一书，史料价值较高，惜已散佚。今有辑校本，中华书局2018年出版。关于赵甡之事迹，可参见拙作《赵甡之与〈中兴遗史〉》，载《宋史研究论丛》第21辑，科学出版社2018年版，第282—291页。

存史料中，有关赵哲的记载十分稀少。因《宋史》与《（张浚）行状》的记载失实，反而使名将赵哲背负临阵脱逃的骂名。虽历史久远，但是非终不能混淆，邪正终需要辨析。

# 景观文学与谀颂文学的折冲

## ——以陆游《南园记》的产生、书写与传播为例[①]

张春晓　　王伟琴

陆游晚年为韩侂胄作《南园记》《阅古泉记》，引起南宋以下及至当代对其晚节的颇多热议。朱东润《陆游传》、欧小牧《陆游年谱》均认为陆游并未阿附韩氏，文中不仅无谀词且有规箴，虞云国《南宋行暮》亦认同此观点[②]。张毅《潜在的理学家立场和模糊的历史图景——陆游"晚节"问题的探讨》[③]和蒋凡《陆游晚节评议》[④]二文归纳前人诸说，重新审视了基于道学立场带来的陆游晚节问题。莫砺锋《论陆游、杨万里的诗学歧异》在事实基础上认为"陆、杨二人虽然晚年出处态度有异，但人品俱无可议之处。"[⑤]本文无意执着于"晚节"问题，而是意图追索陆游在山居闲适中，如何因为所观画作中的典故寓意，下定决心接过韩侂胄抛来的橄榄枝，从而产生了景观文学与谀颂文学的折冲产物——《南园记》的书写，并及探讨影响"南园阅古"二记最终在宋代及后世传播失衡的偶然因素。

## 一、从《观运粮图》到《南园记》：画图激励下的出处选择

淳熙十年（1189）冬天，65岁的陆游被免职回到山阴，此后乡居近二十年，完成了全部诗作中的三分之二，大多描写闲适生活，也有一些对年华逝去、身世国事的感慨。庆元六年（1200）春天，一首《观运粮图》以豪迈的风格成为特立之作，直面想象中的战争情事，直抒迫切的收复之望。细将前后诗篇，不乏前因后果的暗合之处，揭示出诗人在接受韩侂胄邀请写作《南园记》之前的心路历程。诗云：

> 王师北伐如宣王，风驰电击复土疆。中军歌舞入洛阳，前军已渡河流黄。马声萧萧阵堂堂，直跨井径登太行。壶浆箪食满道傍，刍粟岂复烦车箱？不须绝漠追败亡，亦勿分兵取河湟；但令中夏歌时康，千年万年无馈粮！[⑥]

1. 未具姓名的运粮图画作

陆游所观是何人所绘运粮图，或者说是摹绘何人图画，已不可知。随着北宋宣和画院的遗老相继南渡，"环境骤变使画师笔下的绘画题材随之发生变化。朱锐等人在逃难途中，

① 本文为教育部人文社会科学研究项目"南宋阅古堂与悦生堂研究"（19YJA751051）的研究成果。

② 虞云国：《南宋行暮：宋光宗宋宁宗时代》，上海人民出版社2018年版，第202页。

③ 张毅：《潜在的理学家立场和模糊的历史图景——陆游"晚节"问题的探讨》，吴兆路、[日]甲斐胜二、林俊相主编：《中国学研究》第11辑，济南出版社2008年版，第132页。

④ 蒋凡：《陆游晚节评议》，《文学遗产》2016年第5期，第19—28页。

⑤ 莫砺锋：《论陆游、杨万里的诗学歧异》，《文艺研究》2018第8期，第49—57页。

⑥ （宋）陆游撰，钱仲联校注：《剑南诗稿校注》第5册，上海古籍出版社1985年版，第2670页。

绘制下亲身经历的险径盘车、骡纲渡江、雪天运粮等画题，造成盘车运粮题材的盛行。"①自南渡以来，知名画家以运粮图为题材者有李唐、朱锐、刘松年等。陈天佑、钟巧灵根据"清人厉鹗②《风雪运粮图》所描写的环境来看，与陆诗不甚吻合"，认为所观是刘松年所作③。刘继才、孔寿山则认为是李唐《雪天运粮图》④，二说均未阐明判断缘由。

三种运粮图作家作品详情如下：

李唐《雪天运粮图》。李唐（1066—1150）字晞谷，历靖康之变，作有《晋文公复国图》表达复国之志。《书画记》著录"李唐《雪天运粮图》绢画一小长幅"，"画法纵横，草草而成，多得天趣。识三字曰'李唐画'。"⑤

朱锐《雪山运粮图》。朱锐生卒年不详，南渡画家，有《盘车图》传世。《南宋院画录》中著录《雪山运粮图》"画二棚车，前车有三牛，后车有二人，共有五车夫。坡上有数株古树，枝干垂下，皆为雪所压也，山背有村店人家。"⑥

刘松年《风雪运粮图》。刘松年，号清波，其师张训礼师法李唐。曾作《便桥会盟》《中兴四将》图。明代朱彝尊为其《风雪运粮图》作《蓝秀才见示刘松年风雪运粮图》，清代龚翔麟亦有《刘松年风雪运粮图诗》三首。

如果仅从上述三位画家情况考量，陆游所观运粮图更有可能是刘松年的《风雪运粮图》。一来刘松年在生活时代和地域上与陆游更为接近。刘松年为钱塘人，居清波门外，御前贡职历经孝宗、光宗、宁宗三朝，大致活动在1166—1243年间，可靠的画迹纪年有开禧丁卯（1207）、嘉定庚午（1210），宁宗朝时进献《耕织图》受赐金带，颇受恩宠⑦。陆游则经历高宗、孝宗、光宗、宁宗四朝，两人在朝代跨度上有颇多重合。二来刘松年画有《卧看南园十里春》一卷，"约长丈余，亦宜谦摹来"⑧，或是宁宗朝时为韩侂胄南园所画，则与陆游均同韩氏有关系。

另一种可能则是陆游所见实为无名氏所绘或者所摹。从陆游诗歌题序的习惯来看，《剑南诗稿》中既有不提署名如《观运粮图》，亦有如《题莹师钓鱼台》（卷十四）、《题张野夫监簿大招图》（卷二十）、《观苏沧浪草书绢图歌》（卷二十二）、《游昭牛图》（卷五十八）等提及作者。《游昭牛图》首句即称赏画家师承："游昭木石师李唐"。可知但凡有款，或为友朋之作，或为名家之属，陆游题序通常予以说明。何况无论所见为李唐亦或刘松年所绘，皆是当世院派名家名作，不应隐去不及。值得注意的是，摹画之风在南宋颇为盛行。从目前各大博物馆馆藏可知，李唐《晋文公复国图》、李嵩《货郎图》等作品多有稍晚于作者的南宋画家摹本流存至今。即如《书画记》亦记"李唐《雪山运粮图》绢画小镜

　　① ［美］彭慧萍：《虚拟的殿堂——南宋画院之省舍职制与后世想像》，北京大学出版社2018年版，第71页。

　　② 清人厉鹗著《南宋院画录》，其中载有龚翔麟《刘松年风雪运粮图诗》三首，陈天佑、钟巧灵二人误为厉鹗作《风雪运粮图》。

　　③ 陈天佑、钟巧灵：《从题画诗看陆游与画家的交游》，《中国文学研究》2017年第1期，第56—60页。

　　④ 参见刘继才：《中国题画诗发展史》，辽宁人民出版社2010年版，第195页；孔寿山：《中国题画诗大观》，敦煌文艺出版社1997年版，第332页。

　　⑤ （清）吴其贞撰，邵彦校点：《书画记》卷六，辽宁教育出版社2000年版，第246页。

　　⑥ （清）厉鹗辑著：《南宋院画录》，上海人民美术出版社1963年版，第35页。

　　⑦ （清）厉鹗辑著：《南宋院画录》，上海人民美术出版社1963年版，第72页。

　　⑧ （清）厉鹗辑著：《南宋院画录》，上海人民美术出版社1963年版，第77页。

面一张"，"用笔古雅，非为李唐，乃南宋人仿李营丘画也。"<sup>①</sup>在这样的艺术传播风习以及运粮图题材的持续盛行之下，陆游所见是一幅传达恢复之志的仿作，也就不足为奇。

宋代画家所作运粮图皆已亡佚，从前人题画和著录中略可窥知，李成、刘松年、朱锐三人所画运粮图有颇多相似之处。即这一创作母题的内容、形式皆有一定范式。详见下表：

表1　《风雪运粮图》历代著录及描述参照表

| | 李成《雪天运粮图》 | 李唐《雪天运粮图》 | 朱锐《雪山运粮图》 | 刘松年《雪山运粮图》 |
|---|---|---|---|---|
| 时代 | 五代北宋初 | 徽宗、高宗朝时人 | 南宋高宗时人 | 南宋孝宗、光宗、宁宗朝时人 |
| 题诗 | 明代韩纯玉《题李营丘风雪运粮图》 | | | 明代朱彝尊《蓝秀才见示刘松年风雪运粮图》<br>清代龚翔麟《刘松年风雪运粮图诗》三首 |
| 著录 | 明代吴其贞《书画记》 | 明代吴其贞《书画记》 | 明代吴其贞《书画记》<br>清代厉鹗《南宋院画录》 | 明代吴其贞《书画记》<br>清代厉鹗《南宋院画录》 |
| 画作内容 | 古木之下 | | 数株古树 | 千年老树，寒叶尽脱 |
| | 百步九折萦岩峦 | | 坡上 | 疾驰下坂 |
| | 何况严冬深雪里 | | 皆为雪所压也 | 遥峰隐隐露积雪 |
| | 车轮欲摧马蹄冻 | | 棚车 | 大车 |
| | 运粮马四只 | | 三牛 | 四黄犊 |
| | 草屋柴门 | | 村店人家 | 人家左右仅茅屋 |

由是可知，宋人以运粮图为题材的代表作均纳入古木、陡坡、深雪、粮车、牛马、野外人家等元素，粮车规格略有不同，树木或有多寡，构图要素基本上都是风雪户外，粮车艰难上下，整顿之处有渔樵闲话。南宋无论仿作还是同题另作，内容都应与已经经典化的作品大同小异。

陆游诗中未见正面书写运粮图内容，其想像空间落于平定中原的路上。前二句领起战事之正义与迅捷，其下四句想象进军直入，中原意象的洛阳、黄河、太行等纷至沓来；再下六句以百姓"壶浆箪食满道傍"迎接王师的盛大景象，从而展开何需风雪运粮的议论，一来百姓夹道挟食，二来穷寇无需远追，后者往往被人们认为是陆游北伐及民族观念的变化。这番议论切到画作之题，同时体现了诗人的浪漫主义个性。从来兵马未动粮草先行，诗人不过以此番畅想来衬托中原百姓对收复的热情期盼，亦属于无理而妙。

陆游诗中全无铺写画中图景，实为风雪运粮图的想象续写与翻案议论。对比同样题写运粮图的后人诗作，可以明显地看到差别之处。如明代朱彝尊《蓝秀才见示刘松年风雪运粮图》云：

> 潞河十月橹声绝，连樯如荠啼饥乌。层檐炙背苦岑寂，有客示我《运粮图》。遥峰隐隐露积雪，村原高下纷盘纡。千年老树风怒黑，寒叶尽脱无纤枯。人家左右仅茅屋，傍有水碓临山厨。秕糠既扬力输税，安有飖石存桑枢？大车槛槛四黄犊，疾驰下坂寻修涂。嗟尔农人岁已暮，妇子不得相欢愉。披图恍见南渡日，北征甲士连戈殳。

① （清）吴其贞撰，邵彦校点：《书画记》卷六，辽宁教育出版社2000年版，第270页。

当年诸将犹四出，转粟未乏军中需。同仇大义动畎亩，输将岂畏胥吏呼。始知绘事非漫与，堪与《无逸》《豳风》俱。古来工执艺事谏，斯人画院良所无。呜呼，斯人画院良所无！不见宋之君臣定和议，笙歌晨夕游西湖！①

又如清代龚翔麟《刘松年风雪运粮图诗》三首之前二首：

> 秃树撑老铁，瘦竹摇冬青，高下山积雪，野阔天沉冥。槛槛大犊车，辙迹无留停，碾沙去流水，下坂来奔霆。冲寒人与骑，登顿良苦辛，载此万斛粮，星挽输边庭。

> 行者亦劳止，居者何闲闲？场圃涤既平，人与牛俱闲。幅巾携短袖，开门对南山，优游以卒岁，妇子皆欢颜。太息古昔时，征调鲜横敛，戎马虽在郊，未尽嗟痛瘝。②

二诗作为常规的观画诗，夹叙夹议，既有对画作内容的描述，亦不乏对南渡北伐等时事、情怀的感慨与议论。陆游《题运粮图》诗中的跳脱固然在其观画诗中偶曾得见，如《论陆游成都时期爱国诗的特色》一文以《观大散关图》《观长安图》诗为例指出，前者"诗人完全不理会他正在阅览的地图，反而将重心放在他对此地的认识与其在复国一事的作用上"，后者"一样不就地图作文章""述说自己曾如此靠近长安却未能收复故土的悲伤以及遗民的惆怅"，并举《夜读东京记》《夜读唐诸人诗多赋烽火者因记在山南时登城观塞上传烽追赋一首》诗共同说明此类作品中"诗人描写的重点不在阅览的图书，而在于由此引起的联想与感慨，图书描绘与书写的城市关塞与图像，指向一个失落于过往的世界"③。然而文中所论诸诗与《观运粮图》仍有不同的地方在于，其所列的观图均是地图，而非画图。对《剑南诗稿》中的题画、观画诗略加考察，它如《观小孤山图》（卷五）"江平风不生，镜面渺千里"、《海棠图》（卷三十五）"我为西蜀客，辱与海棠游"等在夹叙夹议中多少都会触及图画内容。之所以出现几乎脱离所观图画内容而直接进入作者的自我想象空间，其根本原因多在于所观图画点燃了作者炽热的爱国主义情感，遂无暇顾及题观画诗的常规范式，而急于表述个体的情感与意见。更重要的是，在观这幅《运粮图》前后，正是诗人情绪上积蓄已久、暗流涌动的时期。

2. 与前后书写的暗合关系

陆游不仅没有在诗题中指出《运粮图》的作者，诗中亦未对南渡以来运粮图的经典意象作出描述，文字超越了图像的束缚，直接想象战事的前沿战况。诗人在这首诗里表现出来的奔放感情，与前后诸作的乡居平淡看似有断裂之意，实则暗中相合，流露出他在最终抉择前的出处犹豫。

庆元六年（1200）闰二月，陆游进职华文阁待制，遂有《恩赐龟紫》二首。《剑南诗稿》注释亦证以《渭南文集》卷十四《赵秘阁文集序》署名"庆元六年三月丁巳，中大夫、直华文阁致仕、赐紫金鱼袋山阴陆某序。"④嘉泰二年（1202）五月亦以是职提举佑神

① （明）朱彝尊撰，王镇远选注：《朱彝尊诗词选注》，上海古籍出版社1988年版，第49—50页。
② （清）厉鹗：《南宋院画录》，上海人民美术出版社1963年版，第92—93页。
③ 黄奕珍：《论陆游成都时期爱国诗的特色》，《文学遗产》2016年第5期，第29—37页。
④ （宋）陆游撰，马亚中、涂小马校注：《渭南文集校注》第2册，浙江古籍出版社2015年版，第129页。

观权同修国史①。《恩赐龟紫》诗二首云：

> 忆昔青衫上赤墀，颔间未有一茎丝；岂知晚拜金龟赐，却是霜髯雪鬓时。
>
> 已挂朝衣神武门，暂纡紫绶拜君恩。儿孙贺罢还无事，雨笠烟蓑自灌园。②

其一忆青年仕途，不意须发如霜竟获殊荣，百感交集之处却不言明，就此打住。其二则颇有些意趣，前二句明明写到准备谢恩，却暂缓了脚步。后二句索性表示回归农耕生活，感情在出处之上略见波澜，但是很快平复在闲适的诗风中。二首合看，实是功名之念的一次纠结与释怀。庆元元年（1195）韩侂胄专政，庆元二年（1196）立"伪学之禁"，次年立"伪学党籍"，而这次的恩赐鱼袋不仅是朝廷对老臣的优待，更是韩侂胄笼络主战文人的橄榄枝。是接受还是无视？退居十年的陆游是迟疑的，何况递来的不仅是功名，还有韩侂胄欲"立盖世功名以自固"以掩非议之声的北伐之志的邀约。于是诗中看似已经轻易放下的念头，在紧接的几篇作品中仍能看到出与处的交锋与犹疑。

《恩赐龟紫》之下即是《自警》篇。诗云："少年不自量，妄意慕管葛；晚节虽知难，犹觊终一豁。悲哉老病马，解纵谁复秣？既辞箠辔劳，始爱原野阔。饮涧啮霜菅，亦可数年活。勿复思长途，嘶鸣望天末。"③陆游是犹豫也是清醒的，他珍惜眼下自给自足的生活，知道接近韩侂胄便可能"见讥清议"。然而韩侂胄的力主北伐，无疑给陆游实现宿愿带来了希望之光，实难割舍。难以放弃的是平生素志，忧谗畏讥的是身后声名。于是紧随《自警》说服自己"勿复思长途，嘶鸣望天末"，不要怀抱不切实际的幻想之后，又有《独夜》明其无心利禄，清高自守，《雨夕枕上作》忧于眼前事业、身后褒贬。前者诗云：

> 一生食太仓，蠹耗均雀鼠；虽云久置散，饥饱尚撑拄。两年失微禄，始觉困羁旅。倾身营薪米，得食已过午。人观不堪忧，意气终自许。藜羹若大庖，草庐如万础。平生师颜原，本自藐晋楚。悠然卧北窗，残灯翳还吐。④

后者诗云：

> 鬓毛日夜雪霜稠，冉冉年光逝肯留？酒力但资愁作祟，雨声偏与睡为仇。铭旌官职眼前事，史册姓名身后忧。毕竟此生何处是，江湖万里有孤舟。⑤

自辨自清，是这个雨夜诗人为出处选择做出的补白。作者失眠了。诗中道是雨声干扰睡眠，实则因愁而饮酒已见得分明。第二句尚说是感于年光易逝而惆怅，即至颈联便可侦知，真正令他矛盾纠结之处在于：时不我与而功名未就，眼前功名与身后评议如何两全？究竟做何选择，应是以退居为宜，但似是而非之间又没有给出确定的结论。将这首诗和《自警》对看，《自警》的末句选择是明确的：纵然眼前生活清苦，安于现状足矣，不必空负豪情。而这里，结以深深的孤零感，却没有道破最后的抉择。

再之下以一首《喜晴》农闲之作，夹在《雨夕枕上作》与《观运粮图》之间，如《恩赐龟紫》第二首中所描述的"儿孙贺罢还无事，雨笠烟蓑自灌园"一般，扫却内心的波

① （宋）佚名：《南宋馆阁续录》卷九"官职三"，中华书局1998年版，第360页。
② （宋）陆游撰，钱仲联校注：《剑南诗稿校注》第5册，上海古籍出版社1985年版，第2667页。
③ （宋）陆游撰，钱仲联校注：《剑南诗稿校注》第5册，上海古籍出版社1985年版，第2668页。
④ （宋）陆游撰，钱仲联校注：《剑南诗稿校注》第5册，上海古籍出版社1985年版，第2669页。
⑤ （宋）陆游撰，钱仲联校注：《剑南诗稿校注》第5册，上海古籍出版社1985年版，第2670页。

澜，回归日常的农居生活。然而明白无误的选择终到眼前。《喜晴》之后，即《恩赐龟紫》以下的第五首《观运粮图》，诗中跳开了关于画图的描写，将掩抑不住的激情投入到王师收复中原的胜利想象中，描绘了北伐的壮阔场景，马声萧萧，旌旗悠悠，风驰电击。《雨夕枕上作》诗中缺如的抉择有了答案，陆游蓄势待发的最终取向不言而喻。

《观运粮图》之前所作的庆元六年（1200）春诗作中，多是归耕之作。仅以《恩赐龟紫》《观运粮图》二首同卷（《剑南诗稿校注》卷四十三）之作为例，《恩赐龟紫》以前《病退颇思远游信笔有作》《春晚闲步门外》《嘲布谷》《题斋壁》《龟堂晚兴》《长干行》《养生》《园中观草木有感》八首，多写乡居生活、闲适岁月，除感慨老去时光、旧友去尽，无太多纠结。而《观运粮图》这首特立之作的产生，不仅如前所述，呈现出陆游在受到朝廷赐紫金鱼袋以后的思想斗争过程，也反映出正是因为"素志"的强烈，而终打消了种种顾虑与迟疑。

素志，即恢复中原之志。这在陆游诗里"舆图"一词的使用中得到充分印证。白振奎《陆游地理空间》指出"地图与政治文化建立起了密切的关系，似乎赋予了地图某种政治力量，故而能够理解陆游面对地图时的复杂感情。"[①]"舆图"一词或在诗中，或在文中，反复地出现，寄托了陆游始终如一的北伐信念。即如：

淳熙九年（1182）二月《夜观秦蜀地图》："灯前此图忽到眼，白首流落悲涂穷。"[②]

淳熙十四（1187）年春《闻鼓角感怀》："雷霆愿复宽须臾，许臣指陈舆地图。"[③]

庆元元年（1195）冬《悲歌行》："中原宋舆图，今仍传胡雏！"[④]

庆元二年（1196）夏《雨夜》："但愿舆图早来复，白头敢望起云中。"[⑤]

庆元二年（1196）秋《九月二十八日五鼓起坐抽架上书得九域志泫然有感》："行年七十初心在，偶展舆图泪自倾。"[⑥]

庆元三年（1197）夏《夜观子虡所得淮上地图》："胡尘漫漫连淮颍，泪尽灯前看地图。"[⑦]

素志若此，由是可知即使是有强烈的退归居安之念，有种种声名的顾虑，适逢素志可申之际，陆游终于做出抉择。看似不加拘检的言志之作《观运粮图》，实与一次殊荣与橄榄枝的递送相互关合，其决然之情也非骤然而至，其中的纠结与决断均是明白无误。至于未曾具名的画作是否实属宫廷画院的珍藏，与朝廷的恩典、《南园记》的邀约相继到来是否有关？纵然无从查考，《恩赐龟紫》及至《观运粮图》连续数首作品透露的心曲，已经提示出诗人出处决断的节点，正是基于图画想象空间的激励与共鸣，最终推动了《南园记》的产生。之后同样基于景观想象空间的疏离，从而实现了景观文学与谀颂文学的折冲。

① 刘庆云主编：《放翁新论》，海峡文艺出版社2009年版，第237页。

② （宋）陆游撰，钱仲联校注：《剑南诗稿校注》第3册，上海古籍出版社1985年版，第1124页。

③ （宋）陆游撰，钱仲联校注：《剑南诗稿校注》第3册，上海古籍出版社1985年版，第1440页。

④ （宋）陆游撰，钱仲联校注：《剑南诗稿校注》第4册，上海古籍出版社1985年版，第2209页。

⑤ （宋）陆游撰，钱仲联校注：《剑南诗稿校注》第4册，上海古籍出版社1985年版，第2256页。

⑥ （宋）陆游撰，钱仲联校注：《剑南诗稿校注》第5册，上海古籍出版社1985年版，第2282页。

⑦ （宋）陆游撰，钱仲联校注：《剑南诗稿校注》第5册，上海古籍出版社1985年版，第2331页。

## 二、《南园记》与《南园诗》：想象空间下的景观文学

南园原为高宗别馆，庆元二年（1196）慈福太后将其赐给韩侂胄。韩侂胄势败被籍没后复归官家，改名庆乐园，理宗赐给福王，更名胜景园。《梦粱录》载"园内有十样亭榭，工巧无二，俗云'鲁班造者'，射圃、走马廊、流杯池、山洞，室宇宏丽，野店村庄，装点时景，观者不倦。内有阁门，名凌风，阁下香山，巍然立于关前，非古沈即枯梓木耳。"① 《四朝闻见录》记云："慈福以南园赐侂胄，有香山十样锦之胜，有奇石为十洞，洞有亭，顶画以文锦。香山本蜀守所献，高至五丈，出于沙蚀涛激之余，玲珑壁立，在凌风阁下，皆记所不载。"②

1. 异地同题的应邀之作

陆游应侂胄之邀作《南园记》，学界普遍认同时间在庆元六年（1200）春至同年十月初三之间③。姜特立（1125—1203）字邦杰，号梅山，《宋史》列入佞幸传，作有《平原郡王南园诗二十一首》（以下简称《南园诗》）。据《宋史》，韩侂胄于庆元五年（1199）九月庚寅加少师，封平原郡王，则《南园诗》作于庆元五年（1199）九月之后。《姜特立年表》④将是诗归为嘉泰元年（1201）前后。陆游与姜特立在此诗文前后都没有去过杭州的纪录，《南园记》《南园诗》应均为异地邀作，作于想象而非实地考察。

1201年春天，77岁的姜特立以和州防御使受封宁远军节度使，作《得节》诗二首：

> 年登八秩少三春，鼻祖功名事不伦。红旆碧油非本意，绿蓑青笠是前身。
>
> 风云际会少人同，玉殿宣麻出禁中。圣主念亲催赐钺，老臣扪泪痛遗弓。⑤

而其下第五首即《南园诗》。《梅山续稿》原为作者手定，明清抄本仍存其旧，四库本因附杂文等已非原编之旧。虽然不能具体得知其诗篇是否严格根据时间编次，但大体相接应无疑议。《得节》《南园诗》和陆游《恩赐龟紫》与《赐运粮图》之紧密相关颇见相似之处，不免令人暇思。

值得注意的是二篇诗文描述南园景观的顺序如出一辙，详见下表：

表2　《南园记》与《南园诗》景观叙述一览表

| 陆游《南园记》 | 姜特立《平原郡王南园诗二十一首》 |
| --- | --- |
| | 南园<br>南园山水神仙窟，上世源流忠献家。昼锦堂中诗句好，因诗名榜更光华。 |
| 堂最大者曰许闲，上为亲御翰墨以榜其颜 | 许闲<br>裴相功成归绿野，谢公人望起东山。巨川欲济须舟楫，只恐求闲未许闲。 |

---

① （宋）吴自牧撰，阚海娟校注：《梦粱录新校注》卷十九，巴蜀书社2015年版，第330页。

② （宋）叶绍翁撰，沈锡麟、冯惠民点校：《四朝闻见录》戊集"阅古南园"，中华书局1989年版，第185页。

③ 朱东润据记中称韩侂胄为少师，推断《南园记》写作时间"不可能早于庆元五年九月，也不可能迟至六年十月以后。"见朱东润：《陆游传》，上海古籍出版社1960年版，第221页。邱鸣皋根据陆游官衔"赐紫金鱼袋"推断时间"应在庆元六年春至同年十月初三之间。"见邱鸣皋：《陆游评传》，南京大学出版社2011年版，第204页。

④ 杨俊才：《姜特立年表》，《南宋诗人姜特立研究》附录二，延边大学出版社2009年版，第365页。

⑤ （宋）姜特立撰，钱之江整理：《姜特立集》，浙江古籍出版社2016年版，第172页。

| 陆游《南园记》 | 姜特立《平原郡王南园诗二十一首》 |
|---|---|
| 其射厅曰和容 | 和容（射亭。和谓德，容谓行）<br>君侯不与力科同，能事都归德行中。蔺相圊间唯孔子，和容堂上独韩公。 |
| 其台曰寒碧 | 寒碧（有山有水）<br>千层山色参空碧，十里波光照眼寒。六月火云横障日，好来此处凭栏干。 |
| 其门曰藏春 | 藏春（芍药）<br>牡丹过后看红药，赖有藏春得少留。恰似隋宫千彩女，锦驮一夜下扬州。 |
| 其阁曰凌风 | 凌风（关）<br>花木楼台锦不如，关门下瞰更凌虚。他时老子如相过，认取东来青犊车。 |
| 其积石为山曰西湖洞天 | 西湖洞天（别一境）<br>洞天别是一蓬瀛，桂馆时时吹玉笙。中有仙翁长不老，不知几个董双成。 |
| 其潴水艺稻，为囷为场，为牧羊牛。畜雁鹜之地曰归耕之庄。 | 归耕（庄）<br>归耕此计未为迟，畎亩艰难已素知。伊尹佐商功业盛，却思前日有莘时。 |
| 其他因其实而命之名。堂之名则曰夹芳，曰豁望，曰鲜霞，曰矜春，曰岁寒，曰忘机，曰照香，曰堆锦，曰清芬，曰红香。 | 夹芳（两边花木）<br>四时花木巧玲珑，夹路纷纷紫映红。步障不须西蜀锦，相公行处裹春风。 |
| | 豁望（山亭）<br>高亭四望与天开，乘兴登临亦快哉。胸次如公无滞念，时时只合眺崔嵬。 |
| | 鲜霞（桃）<br>蟠桃花发景争新，流水漂香几换春。洞口霞光长蔽日，须知中有武陵人。 |
| | 矜春（梅）<br>莫疑造物擅天工，先借孤根暖气通。待得乾坤生意广，一时散施与东风。 |
| | 岁寒（松）<br>森森翠色密藏烟，雾鬣风鬐上拂天。应伴我公长不老，不知化石在何年。 |
| | 忘机（水阁）<br>机心已尽自虚明，滓翳宁容点太清。寄语堂前鸥与鹭，五湖烟水莫寒盟。 |
| | 照香（池亭四围花木）<br>华池岛屿屹中间，花木氄氄水一环。恰似诸姬梳洗罢，一时窥镜弄娇颜。 |
| | 堆锦（海棠）<br>天机织处纷红绿，丹凤衔梭自往来。全似蜀江初濯罢，风和日暖锦千堆。 |
| | 清芬（桂）<br>仙桂扶踈秋复春，一天风露散氤氲。常娥自有长生药，相伴仙翁住月轮。 |
| | 红香（杏）<br>子因南岳仙人得，花自蓬莱海上来。每岁枝头春意闹，香风红艳满楼台。 |
| 亭之名则曰远尘，曰幽翠，曰多稼。 | 远尘（高亭）<br>高亭迥出人寰表，须信仙凡路已分。世上俗尘那得到，如今步步是青云。 |
| | 幽翠（竹）<br>万竿翠竹拥山隈，时有风前一鸟呼。公若来时罢箫鼓，尽收幽意入蓬壶。 |
| | 多稼<br>富贵多为居养移，田家作苦记农时。亭名多稼非无意，后代儿孙却要知 |

景观文学与诔颂文学的折冲——以陆游《南园记》的产生、书写与传播为例

由上表可见，诗与文对南园的方位叙述顺序完全相同，而其中理解与描述又略见差异，即如《南园记》"其他因其实而命之名"其下仅列出十种堂名、三种亭名，姜诗则在每首诗题下详细列出"其实"为何，诸如《夹芳》（两边花木）、《豁望》（山亭）、《鲜霞》（桃）、《秒春》（梅）、《岁寒》（松）、《忘机》（水阁）、《照香》（池亭四围花木）、《堆锦》（海棠）、《清芬》（桂）、《红香》（杏）、《远尘》（高亭）、《幽翠》（竹）等。由是可知，陆游与姜特立均是受邀而作诗文。从陆游在《南园记》结尾的谦抑之词，所谓"游老病谢事，居山阴泽中，公以手书来示，曰：'子为我作《南园记》。'游窃伏思公之门，才杰所萃也，而顾以属游者，岂谓其愚且老，又已挂冠而去，则庶几其无谀词、无侈言而足以道公之志欤？此游所以承公之命而不获辞也"，推此而及姜特立的身份经历亦足成立，或亦可贯通韩侂胄委此二老作记作诗的初衷。

既有委托者给予的园林基本介绍，有一定的格局认知，同时又未得身临其境的风物感知。于是在二手资料与想象空间中建构起集景观与谀颂于一体的文学写作。

2. 想象景观的结构之法

二篇诗文作为园林纪胜，自然会描写南园的山光水色、明净秀致。如《南园记》赞南园"自绍兴以来，王公将相之园林相望，莫能及南园之仿佛者"，《南园诗》"南园山水神仙窟"等，皆是此意。《南园记》与《南园诗》因为文体不同，而在想象中呈现出各自的文体特征，即文章单篇述志，诗歌联章抒情。

《南园记》全篇八百余字，结构明晰，分为四个段落。

开篇说明事由，阐明南园之所以归韩侂胄，以及韩侂胄新葺南园的过程和效果。作为景观文学的常规，既赞美了景观，又不忘带一笔营建之趣，并且有意识地呈现出韩氏营建之后的物态变化。未曾修葺之前固然"天造地设，极山湖之美"，正是韩侂胄"因其自然，辅以雅趣"的参与，终得以定规模、别物态，"奇葩美木，争效于前；清泉秀石，若顾若揖"。叙述其前由既具动态变化之美，对于韩氏的营建修葺之力并有暗捧。

第二部分略记园林格局，其顺序与南园联章诗句完全一致。因篇幅与体量，尤其着力点出两处，一是交待园中景观名称皆有来由，"悉取先侍中、魏忠献王之诗句而名之"；二是"堂最大者曰许闲，上为亲御翰墨以榜其颜"。既为申言韩公之志作足张本，即对曾祖韩琦的效法追慕，并突出"许闲"的吏隐之旨，以及圣恩之于韩侂胄的隆重。

第三部分作为文章主体，阐释"公之志"，其起承转合之处更见用心。"自绍兴以来，王公将相之园林相望，莫能及南园之仿佛者。然公之志，岂在于登临游观之美哉？始曰许闲，终曰归耕，是公之志也"，一句承上，一句启下。前句极赞园林之美，下句话锋一转而致"许闲""归耕"所体现出来的"公之志"，继而展开韩侂胄之志正是韩琦之志的论述：

> 公之为此名，皆取于忠献王之诗，则公之志，忠献之志也。与忠献同时，功名富贵略相埒者，岂无其人；今百四五十年，其后往往寂寥无闻。韩氏子孙，功足以铭彝鼎、被弦歌者，独相踵也。逮至于公，勤劳王家，勋在社稷，复如忠献之盛，而又谦恭抑畏，拳拳志忠献之志，不忘如此。公之子孙，又将嗣公之志而不敢忘。则韩氏之昌，将与宋无极，虽周之齐鲁，尚何加哉！[1]

---

[1] （宋）陆游撰，马亚中、涂小马校注：《渭南文集校注》第4册，浙江古籍出版社2015年版，第279页。

末句再次阐明《南园记》的主旨正在于"知上之倚公，而不知公之自处；知公之勋业，而不知公之志，此南园之所以不可无述"，由园林之旨趣，揭示出韩侂胄的自处和志向。

第四部分结尾，揣摩邀其作文之意，既点明谦抑之姿，亦免去攀附之嫌。

《南园记》作为以园林为书写对象的散文，景观描述约略，而对园林旨趣及其主人的志趣进行深入阐释，层次推进清晰，立意明确，是于严丝密合的结构之中紧扣主题书写的言志之作。

反观《南园诗》，开篇《南园》总起："南园山水神仙窟，上世源流忠献家。昼锦堂中诗句好，因诗名榜更光华。"首句写南园风光之美，次句写其家世，三四句实指亭台名称皆出自韩琦之诗。第八首《归耕》和陆游《南园记》同样突出了韩侂胄的"归耕"，所谓"伊尹佐商功业盛，却思前日有莘时"，强调其功业已就，回归吏隐初心。结尾再借《多稼》强调"亭名多稼非无意，后代儿孙却要知"，与开首、中段相互呼应，遂以首肯韩侂胄的自我标榜完成联章的结构支撑。其间则就各亭台之名写作绝句一首，局于亭台风物，随时比附园林主人的才华、闲适，圣贤比之孔子、伊尹，逍遥比之老子、武陵人、仙翁等。如《幽翠》"公若来时罢箫鼓，尽收幽意入蓬壶"，《岁寒》"应伴我公长不老，不知化石在何年"，《远尘》"世上俗尘那得到，如今步步是青云"，这种随时附加的赞美内容增加了本组诗篇的谀颂气质。而各诗之间虽有结构，却无层层递进的逻辑关系，使得这组联章书写流于表面化的景观揄扬和人物赞颂，不能呈现出更具升华的旨趣，就如杨俊才评价："跟《南园记》比较，《南园诗》更多了称颂、恭维。"①既受限于诗歌每篇28字，且未能相互勾连的有限体量，兼之诗歌不能身临其境，其抒情实难动人，这是《南园诗》在思想艺术上不及《南园记》的重要原因。

空间想象下的景观文学，虽然根据文体各有结构之法，却仍存在一些共性。首先是模糊的方位感。虽然受邀写作获得了必要的园林信息，但这和感同身受仍有差别，所以无论诗还是文，在场景转换的交待上都是缺failed的。陆游《南园记》借此模糊感，根据文章立意调整方位，在从叙述园林之美转折到述公之志时道："始曰许闲，终曰归耕，是公之志也。"依《南园记》亭台之名和姜特立《南园诗》的写作顺序，可知景观始于"许闲"堂，终于"多稼"亭，而非"归耕"庄。陆游行文时的有意调整，自然是为了突出"公之志"所在，而想像空间中模糊的方位感正好给予了便利。

其次是无一定之节序。由于是应题而作，对于想象者来说，写作时令无法统一在一个固定的时序上，于是按照花开四时的生活常识加以书写。如《寒碧》写临水之台，便云六月夏日在此纳凉"六月火云横障日，好来此处凭栏干"，《藏春》写芍药就是"牡丹过后看红药，赖有藏春得少留"，《清芬》写桂落在自秋至春："仙桂扶疏秋复春，一天风露散氤氲"，《红香》写杏便道"每岁枝头春意闹，香风红艳满楼台"。

再次是有效地实现了疏离感，在献颂的道路上不至于走向谄媚。想象空间的利好得益于现实的交际距离，即如陆游作《南园记》时人在绍兴，心态上仍能借此空间与韩侂胄保持疏离，在《南园记》一文结尾中自行开脱，试图撇清攀附的嫌疑。而自嘉泰二年（1202）四月入杭州修国史后，其与韩侂胄的交游活动就不得不转为密切而具体。无论是

---

① 杨俊才：《南宋诗人姜特立研究》第四章第六节"《南园记》与《南园诗》"，延边大学出版社2009年版，第139页。

当年十月所作《韩太傅生日》，还是1203年四月临行前所作《阅古泉记》，都无法再凭借空间距离保持应有的姿态了。

3. 共情之中的奉迎本质

二篇诗文受邀而作，本质上是谀颂文学，谀颂文学的重要特征即是奉迎主家的志趣，而韩侂胄的标榜一是效法忠献，二是吏隐归耕。

韩侂胄素有追步曾祖韩琦之志。从韩侂胄的收藏印鉴来看，印鉴六方，分别为"韩侂胄印""昼锦堂印""阅古珍玩""阅古审定法书之印""永兴军节度使印"（或"阅古永兴军节度使印"）、"安阳开国印"，除了个人名章，其他五方均与曾祖韩琦相关。

首先，阅古堂、昼锦堂都是袭自韩琦堂名。韩琦曾建阅古堂，取"盖欲阅古之人所为而为之法"意，韩侂胄遂有《阅古堂帖》、阅古泉名，其"阅古珍玩""阅古审定法书之印"皆是从阅古堂取意。至和年间，韩琦在相州修建昼锦堂，欧阳修为之写下《相州昼锦堂记》，盛赞韩琦"德被生民""功施社稷"①。韩琦又有"宋司徒兼侍中魏国公昼锦堂永传于家"②十六字篆文印。刘过曾代人献诗"三生昼锦堂前梦，莫忘当年作记人"③，明白无误地代言了韩侂胄因袭曾祖之志的愿望。其次，安阳开国、永兴军节度使均涉韩琦事功。韩琦曾封"南阳郡开国公"，并刻"安阳鬓叟""安阳病叟"两印。熙宁八年（1075），韩琦再判永兴军节度使。庆元元年（1195），韩侂胄建节保宁军节度使，史传未载曾任永兴军节度使④。韩侂胄之所以汲汲于"永兴军节度使"一职，而非宣扬"保宁军节度使"，其意昭然。从日常生活及休闲鉴藏的堂名，到表达追步事功之愿的封号，韩侂胄借印鉴所明确的追步曾祖韩琦之志是显而易见的。这种志趣遂成为谀颂文学的核心之一。

吏隐归耕之意，亦是韩侂胄所推崇。《鹤林玉露》载"韩平原作南园于吴山之上，其中有所谓村庄者，竹篱茅舍，宛然田家气象。平原尝游其间，甚喜曰：'撰得绝似，但欠鸡鸣犬吠耳。'既出庄游他所，忽闻庄中鸡犬声，令人视之，乃府尹所为也。平原大笑，益亲爱之。"⑤韩侂胄对田居生活的青睐，由此可见一斑。与此相关，韩侂胄曾多次表达致仕之意，即如嘉泰元年（1201）五月"乙亥，监太平惠民局夏允中请用文彦博故事，以韩侂胄平章军国重事。韩侂胄上疏请致仕，不许"⑥。结合《南园记》"始曰许闲，终曰归耕"来看，吏隐归耕正是韩侂胄所要标榜的风貌意态。

《南园记》中"忠献"一词出现六次，陆游反复言及韩侂胄之志，提及韩琦功业，称呼其为忠献子孙，勉励韩侂胄追随韩琦，不忘嗣公之志。姜特立《南园诗》其一《南园》亦承其意，取韩琦《昼锦堂》《再题昼锦堂》之典，将其诗中衣锦还乡、归耕求闲并及处江湖之远仍忧其君的意旨，映衬今时南园主人的旨趣所在。陆游在《阅古泉记》中一面为

---

① （宋）欧阳修撰，李逸安点校：《欧阳修全集》卷四十《居士集》，中华书局2001年版，第587页。

② （清）张照等撰：《石渠宝笈》卷二十九《贮》："晋王羲之《二谢帖》一卷，上等天一素笺本，行书，计七十六字，后署'羲之顿首'，下有严泽之印，有明文靖世家图书二印，前隔水有'宋司徒兼侍中魏国公昼锦堂永传于家'一印。"见（清）纪昀编纂：《景印文渊阁四库全书》第825册，台湾商务印书馆1986年版，第171页。

③ （宋）刘过：《有代欧阳丞上平章》，《龙洲集》，上海古籍出版社1978年版，第80页。

④ 王裕民根据《宋史·礼志》《宋史·宰辅表》《郡斋读书志·附志》等肯定韩侂胄确曾担任永兴军节度使一职，"永兴军节度使"一印为韩侂胄所有。见王裕民：《快雪时晴帖钤印的新发现——宋代官印研究之一》，《故宫文物月刊》1997年第6期，第110—117页。

⑤ （宋）罗大经撰，王瑞来点校：《鹤林玉露》乙编卷三"村庄鸡犬"，中华书局1983年版，第165页。

⑥ （元）脱脱等：《宋史》卷三十八《宁宗本纪》，中华书局1985年版，第730页。

韩侂胄作记载曲水流觞之风雅，一面表达自己年迈衰老、欲归故山的归隐之情。《南园诗》亦多次传达韩氏归隐意绪，如《许闲》"巨川欲济须舟楫，只恐求闲未许闲"，《归耕庄》"归耕此计未为迟，畎亩艰难已素知"，《鲜霞桃》"洞口霞光长蔽日，须知中有武陵人"等。

韩侂胄效法忠献自是一段佳话，吏隐则是南宋文人风气，归耕更是陆游与姜特立的生活常态，是以对陆游和姜特立而言，作品中即使有迎合却不违背他们自己的信念，并非违和。《剑南诗稿》中"归耕"一词频率极高。陆游与姜特立交谊甚久，多有唱和之作。1195 年秋，姜特立于寓居之地婺州武义王泽山建造退居别业，名曰"茧庵"。庆元三年（1197）陆游即奉作《姜总管自筑墓舍名茧庵求诗》，来信与诗一并收入姜特立诗集。告老安居的相似情状，对归耕生活的共同认知，使得二人在写作中的奉迎成为自然而然，进而在景观与献颂之间采取一种相对折中的姿态，表达出或是韩侂胄或是自身的吏隐、归耕之意。当然，无论写作之时两位老诗人对韩侂胄的自我标榜是否予以理解和达成共情，都不能改变《南园诗》《南园记》作为谀颂文学的奉迎本质。

# 三、《南园记》与《阅古泉记》：传播失衡的主客观因素

陆游《南园记》因为切中韩侂胄自我标榜而受到韩氏推崇，刻石于园林，吴琚书写并篆额。陆游从游阅古泉，因而有《阅古泉记》。韩侂胄邀写《南园记》目的或仍可揣测，而其邀写《阅古泉记》则旨在揄扬风雅："君为我记此泉，使后知吾辈之游，亦一胜也。"此记近五百字，没有《南园记》结构的层层递进和深邃主旨，从"酌以饮客。游年最老，独尽一瓢"的雅趣转而交待写作的缘起，大半部分描写阅古泉的环境及其泉水的特质。和《南园记》相比，《阅古泉记》末尾的谦抑之辞："游起于告老之后，视道士为有愧，其视泉尤有愧也。幸旦暮得复归故山，幅巾裋褐，从公一酌此泉而行，尚能赋之"[1]，着重表达的不再是疏离感，虽然相比忠献公的阅古堂名与道士题名"自觉有愧"，然而并未回避对韩侂胄知遇的感激。

1. 在南宋的传播：故事性情节的推动

宋代提及陆游为韩侂胄南园作记的书籍共九种，包括陈振孙《直斋书录解题》、董嗣杲《西湖百咏》、胡仔《苕溪渔隐丛话》、刘辰翁《须溪集》、罗大经《鹤林玉露》、叶绍翁《四朝闻见录》、周密《浩然斋雅谈》、周密《绝妙好词笺》、张炎《山中白云词》。仅见叶绍翁《四朝闻见录》记载《阅古泉记》事迹，则《南园记》与《阅古泉记》在宋代著录悬殊，除去文章本身略有高下之别外，其它主要原因或在两个方面：

其一，杨万里拒作《南园记》引发关注。《宋史》称："韩侂胄用事，欲网罗四方知名士相羽翼，尝筑南园，属万里为之记，许以擢垣。万里曰：'官可弃，记不可作也。'侂胄恚，改命他人。"[2]罗大经《鹤林玉露》载陆游"晚年为韩平原作《南园记》，除从官，杨诚斋寄诗云：'君居东浙我江西，镜里新添几缕丝。花落六回疎信息，月明千里两相思。不应李杜翻鲸海，更羡夔龙集凤池。道是樊川轻薄杀，犹将万户比干诗。'盖切磋之

① （宋）陆游撰，马亚中、涂小马校注：《渭南文集校注》第 4 册，浙江古籍出版社 2015 年版，第 276 页。

② （元）脱脱等：《宋史》卷四百三十三《杨万里传》，中华书局 1985 年版，第 12870 页。

也。"①莫砺锋认为《宋史》所载是"杨万里之子杨长孺于韩侂胄身败名裂后上献朝廷之'私家记载'",《鹤林玉露》实为捕风捉影之谈。②无论《宋史》抑或《鹤林玉露》所载是否属实，《南园记》从创作之初直至完成，始终伴随着拒作与规箴的"稗官野史"，而杨万里与陆游文坛地位相当，关系密切，这种故事性情节自然推动了《南园记》被误解的传播过程。其二，郑械、姜特立同作南园诗文推动传播。《四朝闻见录》载："又有郑械者，尝第进士，自作《南园记》，并砻石以献。韩以陆记为重，仆郑石瘗之地。后韩败，郑竟免。"③此事一方面烘托了陆游《南园记》的文学价值，另一方面同样为《南园记》的传播增加了故事性。

宋代以下多有议论，遂将此二则合而为一。清代梁绍壬《仆碑》记云："仆韩愈淮西碑，而用段文昌，韩遂以仆碑得名。仆郑械南园碑，而用陆务观，郑反以仆碑免祸。人之有幸有不幸，亦文之有幸有不幸也。案《南园记》，韩本以属杨万里，许以披垣。万里曰：'官可弃，记不可作。'韩恚，杨遂卧家十五年。见《余冬序录》。据此，则杨之高见，胜陆远矣。"④《仆碑》将《南园记》所衍生的仆郑械碑、杨万里拒作等故事串联起来，增加了《南园记》的历史品评，也以小说家言的特征为《南园记》的后世传播进一步推波助澜。

2.后代接受差异：景观的客观性制约

相较之下，《阅古泉记》既无稗官野史提升话题性，亦无同题诗文传世，兼之其在政治攀附层面上的意味大多为《南园记》所替代，自然削弱了在宋代当世的传播力度。直到清代，"二记"仍为后人议论，但《南园记》的传播与接受仍胜于《阅古泉记》，原因不仅在于宋代传播已有差异，还因为客观景观存在的实际情形，直接影响到后人咏怀古迹。

兹列宋代以下记叙题咏二记的相关书籍：

表3　《南园记》与《阅古泉记》历代记叙表

| 朝代 | 《南园记》 | 《阅古泉记》 |
|---|---|---|
| 元 | 白珽《湛渊集》、戴表元《剡源集》、刘埙《隐居通议》、《宋史》、马端临《文献通考·经籍考》 | 戴表元《剡源集》、陶宗仪《游志续编》、《宋史》 |
| 明 | 郭良翰《问奇类林》、郭子章《豫章诗话》、邵经邦《弘简录》、释大壑《南屏净慈寺志》、唐锦《龙江梦余录》、田汝成《西湖游览志》、叶廷秀《诗谭》续录、（万历）《绍兴府志》、蒋一葵《尧山堂外纪》、柯维骐《宋史新编》、李濂《嵩渚文集》、彭大翼《山堂肆考》、张萱《西园闻见录》、卓人月《古今词统》 | 郭良翰《问奇类林卷》、蒋一葵《尧山堂外纪》、柯维骐《宋史新编》、郎锳《七修类稿》、李濂《嵩渚文集》、田汝成《西湖游览志》、《西湖游览志余》、杨尔曾《海内奇观》、张萱《西园闻见录》、卓人月《古今词统》 |

① （宋）罗大经撰，王瑞来点校：《鹤林玉露》甲编卷四，中华书局1983年版，第71页。

② 莫砺锋：《论陆游、杨万里的诗学歧异》，《文艺研究》2018年第8期，第49—57页。

③ （宋）叶绍翁撰，沈锡麟、冯惠民点校：《四朝闻见录》乙集"陆放翁"，中华书局1989年版，第66页。

④ （清）梁绍壬：《两般秋雨盦随笔》卷六，上海古籍出版社1982年版，第311—312页。

| 朝代 | 《南园记》 | 《阅古泉记》 |
|---|---|---|
| 清 | 蔡显《闲渔闲闲录》、陈昌图《南屏山房集》、陈鸿墀辑《全唐文纪事》、陈文述《颐道堂集》、陈祖范《司业文集》、丁丙《善本书室藏书志》、法式善《存素堂诗初集录存》、樊增祥《樊山续集》、方濬师《蕉轩随录》、顾图河《雄雉斋选集》、郭麟《灵芬馆诗话》、洪亮吉《北江诗话》、胡承诺《绎志》、《浙江通志》、《宋诗纪事》、梁绍壬《两般秋雨盦随笔》、刘友光《香山草堂集》、陆时化《吴越所见书画录》、《宋稗类钞》、厉鹗等《南宋杂事诗》、史梦兰《止园笔谈》、舒位《瓶水斋诗集》、陶元藻《全浙诗话》、王庆勋《诒安堂诗稿》、王士稹《池北偶谈》、张宗柟辑《带经堂诗话》、王士禛《香祖笔记》、《骈字类编》、吴仰贤《小匏庵诗话》、谢朝征笺《白香词谱笺》、谢章铤《赌棋山庄词话》、徐乾学《资治通鉴后编》、叶昌炽《缘督庐日记抄》、叶良仪《余年闲话》、《四库全书总目》、俞樾《茶香室丛钞》、袁枚《随园随笔》、袁枚《小仓山房集》、查礼《铜鼓书堂遗稿》、张鉴《冬青馆集》、赵翼《瓯北集》、祝德麟《悦亲楼诗集》 | 陈昌图《南屏山房集》、陈鸿墀辑《全唐文纪事》、陈梓《删后文集》、董天工《武夷山志》、龚炜《巢林笔谈》、顾炎武《日知录》、厉鹗《樊榭山房集》、梁章钜《退庵随笔》、《宋稗类钞》、全祖望《鲒埼亭集外编》、厉鹗等《南宋杂事诗》、陶元藻《全浙诗话》、童槐《今白华堂诗录》、汪师韩《韩门缀学》、《四库全书总目》、《佩文韵府》、赵翼《瓯北诗话》、朱鹤龄《愚庵小集》 |

详考其流播失衡，尤其在清代差异尤大的原因，正在于南园旧址重建，而阅古泉故址难觅。南园废址在明代毁坏后，于清代重建。张雅丽据姜南《蓉塘诗话》"余为童子时，见所谓庆乐园，其峰磴石洞犹有存者，至正德间，尽为有力者移去矣"以及《万历杭州府志》"对岸号'南园'，旧有台榭之胜，自双溪跨桥以入。一日水大至，桥坏二亭摧，邑人自适无骋目纵步之地"，认为万历之前南园已毁①。然而清代文人在南园旧址上又建居所。朱绪《紫阳山石歌，本韩侂胄南园》有"留待韩家作阅古""为山一洗南园羞"②句，伊朝栋《题钱塘陆氏寒山旧庐卷，次韵》（地为韩侂胄南园废址）有云"漫说平原留旧迹，湖山秋回最添愁"③，汪又曾《题钱塘陆芑洲寒山旧庐图，次张文端公韵》云："南渡南园剩故邱，珍禽怪石卧堪游"，其下案语"园本韩平原故址"④。可知清代以下随着南园旧址重建，再次唤起怀古之情。

与此同时，阅古泉泉水干涸，胜迹磨灭。宋代周密《癸辛杂识》尚载有《游阅古泉》，明《西湖游览志余》已云："观此篇所序阅古泉诸胜，与今不同，而石壁镌书，亦漫灭不可读矣。"⑤阅古泉在明代已今非昔比，及至清代杭世骏《除夕吴山寻阅古泉云窦诸旧迹》⑥、曹芝《直指庵寻阅古泉旧址》⑦二诗题目均用"寻"字，可知故址难觅。朱绪《李

① 张雅丽：《繁华落尽胜景难留——韩侂胄南园考述》，《杭州学刊》2018年第1期，第227—236页。

② （清）朱绪：《北山集》，《武林坊巷志》第4册，浙江古籍出版社2018年版，第1194、1195页。

③ （清）伊朝栋：《赐砚斋诗钞》，《武林坊巷志》第4册，浙江古籍出版社2018年版，第1195页。

④ （清）汪又曾：《丁辛老屋集》，《武林坊巷志》第4册，浙江古籍出版社2018年版，第1196页。

⑤ （明）田汝成辑：《西湖游览志余》卷二十三，上海古籍出版社2018年版，第272页。

⑥ （清）杭世骏著，蔡锦芳，唐宸点校：《浙江文丛·杭世骏集》第4册，浙江古籍出版社2015年版，第986页。

⑦ （清）曹芝：《洗句亭诗钞》，《武林坊巷志》第4册，浙江古籍出版社2018年版，第1195页。

景观文学与讴颂文学的折冲——以陆游《南园记》的产生、书写与传播为例

芎园同年三咏韩侂胄，又和》称"阅古泉枯仄径危，玉津园废曲台敧"①，是知阅古泉已经干涸，小路难行，俨然荒芜。

综上，陆游为韩侂胄作"二记"为人见讥清议，但也推动了这两篇题记的传播与接受。《南园记》因附会的情节性更见丰富，是以在其时的传播中更受关注。而在南宋以下，阅古泉衰败，南园旧址则经历兴废重建，清代建成寒山旧庐，遂续成景观，特别是对钱塘陆芭洲《寒山旧庐图》的大量题咏，致使"二记"及其典故传播更加失衡。

## 小结

本文探讨了作为景观文学与谀颂文学的折冲范本——《南园记》及其产生、书写与传播的完整过程，并由此折射出来的艺术特征和文学史现象。因为谒客风习盛行，晚宋文人对于谀颂文学的尺度接受既相对宽松，对于南园诗文中试图张扬的理念也大致认同，是以即使在韩侂胄势败后，曾有官方贬职文书称陆游"子孙之累未忘，胡为改节"②，时人笔记亦并无讥议。如周密说"昔陆务观作《南园记》于平原极盛之时，当时勉之以仰畏退休"（《齐东野语·贾氏园池》），罗大经云"《南园记》唯勉以忠献之事业，无谀辞"（《鹤林玉露》）。陆游《南园记》固然因点明取法忠献得于止偏谤，韩侂胄亦得以借陆游之笔将心曲昭示于天下，及至陆家后人将此"南园阅古"二记终摒弃于《渭南文集》，正在于其谀颂文学本质所遭遇的尴尬境地。

① （清）朱绪：《北山集》，《武林坊巷志》第4册，浙江古籍出版社2018年版，第1192页。

② （宋）周密：《浩然斋雅谈》，中华书局2010年版，第5页。

# 讲学中心地与祭祀空间的叠合

## ——试论明儒黄佐的宗族建设

吴泽文　　陈广恩

中国的宗族制度自两宋以后逐渐成型，而宗族制度又是宋明以降统治者强化社会控制的重要手段。自宋以降的宗族组织无一例外均包含祠堂、家谱与族田等要素[①]。宋明理学家对宗法思想的阐发及宗族建设的实践对宗族组织的形成与壮大均起助益之功，祠堂、宗规、族谱与族田等要素因此兴起[②]。而理学士绅是宗族建设的主体，因此，理学伴随着宗族建设逐步下渗至地域社会。宗族势力在明代广东的展开是宗族研究的重要议题，它涉及到国家权力在地域社会下渗与广东地方精英主动参与秩序建构的历史过程，以往研究大抵在"国家—社会"的互动关系的框架之内展开阐述[③]。宗族在明代广东的扩散与明代广东的科举精英崛起进程几乎是同步进行的。

明中叶以降，随着科举制度在广东的深入推广，广东地方精英逐步被纳入科举的制度框架之中。以陈献章、湛若水、方献夫、霍韬、黄佐等为代表的广东士人，无论是朝政军事抑或儒学发覆，均独树一帜，他们在广东一方面以文化正统自居，通过延引宋明理学，推行王朝政令以消弭广东与国家正统之间的距离感，另一方面又将地方文化传统和价值观化入宋明理学的规范之中[④]，因而广东地域社会的建构得以兼含"国家"与"地方"两个身影。通过考究士绅的宗族建设进而窥视地域社会的变迁过程，已然成为学界较为流行的研究取径，而黄佐及其宗族建设，正为我们研究这一问题提供了一个很好的案例。通过以往研究，我们注意到黄佐在建设黄氏宗族时，具有讲学中心地与家庙相互叠合的特点。因此本文拟以黄佐的讲学中心地及黄氏家庙建设为切入点，考究黄佐宗法主张与宗族建设的过程，进而希望厘清明代广东地域社会中士绅对助推宗族势力崛起的意义。

## 一、讲学中心地的开辟

黄佐的讲学中心地在粤洲草堂。"佐荒邈粤洲之麓，葺先人弊庐，读书谈道其中，时

---

[①] 徐扬杰：《宋明家族制度史论》，中华书局1995年版，第20页。

[②] 左云鹏：《祠堂族长族权的形成与作用试说》，《历史研究》1964年第5—6期（合期）。

[③] 参见［英］科大卫、刘志伟：《宗族与地方社会的国家认同——明清华南地区宗族发展的意识形态基础》，《历史研究》2000年第3期；叶汉明：《明代中后期岭南的地方社会与家族文化》，《历史研究》2000年第3期；邓智华：《明代广东士绅的地方教化运动》，《青海社会科学》2007年第1期；邓智华：《士绅教化与地域社会变革——基于庞尚鹏〈庞氏家训〉的分析》，《中国社会经济史研究》2007年第1期；［英］科大卫：《明清社会和礼仪》，北京师范大学出版社2016年版。

[④] 刘志伟：《在国家与社会之间——明清广东地区里甲赋役制度与乡村社会》，中国人民大学出版社2010年版，第23页。

引山泉注而为塘，明霞净绿，上下辉映，登降岩樾，玩而忘返。"①粤洲草堂乃黄佐之父黄畿于成化二十一年（1485）建成，"此故老氏之遗也。成化乙巳，先君子粤洲府君得其左隙而屋以居，是为草堂之始"②。按照方志的记载，粤洲草堂与粤洲书院应是同一处地方不同时期的称呼："粤洲书院，在越井冈麓。成化二十一年，郡人黄畿筑室读书，匾曰'草堂'。嘉靖七年，佐重建。十二年，巡按御史周煦建'逸士坊'于其南。十四年，巡按御史戴璟改为书院"③。至于泰泉精舍，乃嘉靖十五年（1536）在粤洲草堂前修建而成，"十五年，巡按御史陈大用于草堂前隙地建泰泉精舍"④。

嘉靖九年（1530），黄佐任职广西提学时由于母亲患病，即多次上疏求归。其后未等朝廷批复，即直接从广西回家探望母亲，而后御史向朝廷弹劾黄佐擅离职守。黄佐"即日弃官去，督府核其擅离职守坐免，既归，卜筑粤洲草堂，学者多从之"⑤。赋闲在家的这段时间他常于粤洲草堂讲学："时大学士李公时行荐公有程朱之学，宜充经筵讲官，世宗亦知公名，而铨部核谓公母老且病，非诈也，止令致仕而已。公家居，远近学者踵至，始辟粤洲草堂以居之"⑥。其弟子黎民表记载说："嘉靖庚寅，先生弃官归养，讲学粤洲之麓。门弟子执业，日录所闻，迄今己酉罢讲。"⑦嘉靖十七年（1538）重新被起用之后，黄佐离开广州北上任职，直至嘉靖二十七年（1548）辞官返粤，才重新于粤洲草堂讲学："二十七年戊申，五十九岁，公抵家，诸生复请公讲学，乃为条约以申告之，朔望皆至精舍请业。诸生多以行业自饰。有宦游四方者，人见其持论，必知之，曰此泰泉先生弟子也"⑧。黄佐在粤洲草堂主要讲授程朱理学，"又以时人多宗象山，谓朱子为支离，因折衷以告之曰：'朱子有万世不易之定论，亦有一时答问之言偶书于传注者，则非定论也。'"⑨

黄佐重建粤洲草堂之前，该地先后为道观、书院所有，黄畿在道观周围修建草堂。而后道观被毁，草堂被并入书院。嘉靖七年（1528），儒家先贤的祭祀统一到周敦颐祠进行，书院随之荒废，可见书院的祭祀功能。在此情况下，黄佐认为应该要修复先人遗迹，于是向官府购地重建草堂。"此故老氏之遗也。成化乙巳，先君子粤洲府君得其左隙而屋以居，是为草堂之始。后乃毁老氏，立明道书院，祀子程子，草堂地入于院以废。嘉靖戊子，董

① （明）黄佐：《泰泉集》卷四十二《〈白沙先生集〉序》，《广州大典》第五十六辑《集部别集类》第7册，广州出版社2015年版，第514页。

② （明）汪思：《粤洲草堂记》，载（嘉靖）《广东通志》卷三十八《礼乐志三·书院》，香港大东图书公司1977年版，第926页。

③ 嘉靖《广东通志》卷三十八《礼乐志三·书院》，香港大东图书公司1977年版，第926页。

④ 嘉靖《广东通志》卷三十八《礼乐志三·书院》，香港大东图书公司1977年版，第927页。

⑤ （清）宋广业辑：《罗浮山志会编》卷六《名贤二》，康熙五十六年刻本。

⑥ （明）黎民表：《泰泉先生黄公行状》，载（明）黄佐：《泰泉集》，《广州大典》第五十六辑《集部别集类》第7册，广州出版社2015年版，第12页。

⑦ （明）黎民表：《〈泰泉先生庸言〉序》，载（明）黄佐：《庸言》，《广州大典》第四十一辑《子部儒家类》第1册，广州出版社2015年版，第265页。

⑧ （清）黄佛颐等：《黄氏家乘续编》，载北京图书馆编：《北京图书馆藏家谱丛刊·闽粤侨乡卷》第5册，北京图书馆出版社2000年版，第1056页。

⑨ （清）田明曜修，田澧等纂：（光绪）《香山县志》卷十三《黄佐传》，《广东历代方志集成·广州府部》第36册，岭南美术出版社2009年版，第272页。

学者合祀诸贤于周元公祠，院又废。不肖以为是有先人之遗迹焉。"①

## 二、粤洲草堂建制布局

粤洲草堂布局完备，功能全面，既备讲学育人之用，又能兼顾日常起居，俨然形成一个规格完善的讲学中心："建草堂五间。前为环碧塘，为蕊渊桥；后为清虚洞，洞之上为世祐祠，祠先君以上及先祖双槐府君，凡子孙有功德者嗣是附之。其上冠以万松，有冈以藏先蜕，曰飞鞅丘。左有冈特高而夷，栋宇之，曰玄览台，先人常赋诗《玄览》故也。又右有巢云轩，隐蔽松篁中。右有玩梅亭，乃先人手植，名亭若轩，皆摘先人诗语也。不肖弃官而归，时于此揭虔焉。又或陟降览观，景与目谋，道以神会，若先灵之启予，而山海之送款矣。庸选其尤而表之，左曰轩辕谷，曰采真迳，曰潜虬井。右曰桃源坞，曰放鹤冈，曰游鹿坪，而坞有兆域焉。假之功而积者，曰莲池，曰竹崦，曰荔塘，构石亭于塘上荔阴中，曰涵一亭。循竹崦而入，有泰泉精舍，左有希斋，右有拙窝。其来学之居，则有漱芳馆，盖先人遗芳而不肖漱之，诸子又从而漱不肖之漱云尔。于是缭以周垣，而署其前曰粤洲书院。"②

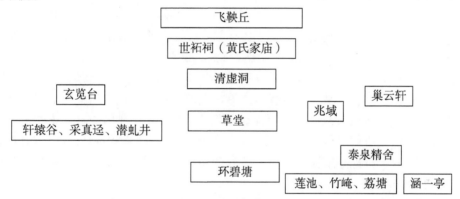

**图1 粤洲草堂布局图**

据黄佐编纂的《广东通志》载，他"常于草堂讲授"③，其诗文亦经常提及粤洲草堂，如《春日草堂雅集分得桥字》："招携二三子，莺歌蹑虹桥。弦琴坐白石，万壑生神飚。"④《草堂与诸生二首》："采菊登高冈，崎岖行苦饥。顾见阪田中，桀桀金满枝。"⑤《草堂踏月二首》："飞鞅登古台，抱膝晞天路。紫微何苍苍，玄化莽回互。"⑥这类诗歌在黄佐的诗文集《泰泉集》中还有很多。从以上诗文的内容来看，黄佐时常在粤洲草堂待客、讲学。此外，亦常携弟子同游草堂胜景。粤洲草堂已然成为黄佐主要的讲学中心与生活地点。

① （明）汪思：《粤洲草堂记》，载（嘉靖）《广东通志》卷三十八《礼乐志三·书院》，香港大东图书公司1977年版，第926页。

② （明）汪思：《粤洲草堂记》，载（嘉靖）《广东通志》卷三十八《礼乐志三·书院》，香港大东图书公司1977年版，第926页。

③ 嘉靖《广东通志》卷三十八《礼乐志三·书院》，香港大东图书公司1977年版，第926页。

④ （明）黄佐：《泰泉集》卷七，《广州大典》五十六辑《集部别集类》第7册，广州出版社2015年版，第79页。

⑤ （明）黄佐：《泰泉集》卷七，《广州大典》五十六辑《集部别集类》第7册，广州出版社2015年版，第79页。

⑥ （明）黄佐：《泰泉集》卷七，《广州大典》五十六辑《集部别集类》第7册，广州出版社2015年版，第80页。

# 三、粤洲草堂规约

制定书院章程与规约，能够有效规范师生行为，树立书院之权威，标志书院发展臻于完善。因此，是否建立健全的规约是衡量书院发展成熟程度的重要标准。作为一个以程朱为尊的理学家，黄佐借鉴朱熹《白鹿洞书院揭示》颁布《粤洲草堂讲学条约》。

通过对二者的对比我们可以发现，《粤洲草堂讲学条约》脱胎于朱熹《白鹿洞书院揭示》，前五条均是黄佐对《白鹿洞书院揭示》的具体阐述以及为如何践行提供具体的指引方法。《白鹿洞书院揭示》本已显示出浓重的道德实践色彩[1]，为学、笃行、修身、处事、接物统摄于五伦之下，此规约已不局限于修学的要求，而延伸至个人自我修养、接人待物的领域。此外，《白鹿洞书院揭示》亦欲破除因为科举所导致的追名逐利的浮躁学风。另一方面，《白鹿洞书院揭示》仅提供一个简略的道德修行框架，操作性强的方法有待填补充实。

黄佐《粤洲草堂讲学条约》在讲述五伦时指定传授"四书""五经"，兼谈性理，讨论婚丧嫁娶之礼数；讲授为学之道时，使用朝廷颁行的《四书大全》，以传注为主，兼谈与朱学相异者，进行对比，力求思辨，此外亦敦促弟子必须亲自践行；讲授修身之法时，强调"言行相顾"，利用"朱子调息法"排除杂念，自我反省；讲述处事之要时，强调用彰显"天理"的"义"与"道"，来战胜"人欲"所外化的"利"与"功"，亦是朱熹倡导的"存天理，灭人欲"，以上论述的均为个人的求学与自我修身之道，聚焦于"己"的范畴。第五条讲述接物，实质上应是处理自我与外界之间的关系，而黄佐所倡导的"忠恕"亦指向自我的修行之道，即朱熹提出的"反求诸己"。第六条主要突出诗与礼乐的重要性，粤洲草堂多次刊出师生所作之诗，例如《春日草堂雅集诗序》《草堂对月诗序》《春日登玄览台诗序》等。此外，黄佐亦编纂《乐典》，"故考乐必遵圣师以折浍乱，则名物度数皆出于义理，未有舍此而能直以臆断之者也"[2]，"凡君臣、父子、夫妇之纲，亲疏、贵贱、长幼、男女之纪，六府三事之叙，养民阜物之理，毕形于乐"[3]，礼乐亦被赋予儒家义理之意涵。第七条主要为抨击时文之弊，与朱熹类似，反对科举制所导致的不正学风，就书院与科举的关系，《粤洲草堂讲学条约》中仅有此条稍有提及，在处理时文的问题上，黄佐的态度较为决绝，反映粤洲草堂乃是专为传播理学的私营书院。第八条专为保护草堂山水草木环境而设。总体而言，此两部规约实质上是自我的修身之道，与其说是有约束作用的章程规约，毋宁说是道德修养的指南。

且看江门心学代表人物湛若水于正德十三年（1518）为南海西樵山大科书院所制定的《大科训规》。《大科训规》具有十分鲜明的"心学"特色："夫规何为者也？夫学心而已焉者也。何莫非心也？心得其职则敬，敬为义。心失其职则肆，肆为利。利义之判也，间焉者也"，"诸生用功，须随处体认天理，即《大学》所谓格物，程子所谓至其理。将意心、

---

① 参见邓洪波：《中国书院史》，台湾大学出版中心2005年版，第213页。

② （明）黄佐：《庸言》卷六《审乐第六》，《广州大典》第四十一辑《子部儒家类》第1册，广州出版社2015年版，第343页。

③ （明）黄佐：《泰泉集》卷三十七《〈乐典〉序》，《广州大典》五十六辑《集部别集类》第7册，广州出版社2015年版，第448页。

身家、家国、天下通作一段工夫，无有远近彼此，终日终身只是体认这天理二字。"①在"随处体认天理"宗旨的指导下，《大科训规》共有堂训61条，列出授课方法、课程安排、课外活动、体认心学、人伦处理、对待科举、学田使用等形形色色之规条。对比之下，《白鹿洞书院揭示》《粤洲草堂讲学条约》流于空疏简略，不及《大科训规》具体务实，规制之健全完备，一定程度上投射出江门心学在广东地区的兴盛，湛氏影响力之大。

与《白鹿洞书院揭示》《粤洲草堂讲学条约》强调讲学、斥责功利的学风不同，《大科训规》倡导讲学与学子举业的有机统一，对二者的处理并未完全对立："科举乃圣代之制，诸生若不遵习，即是生今反古，便非天理，虽孔孟复生，亦由此出。然孔孟为之，亦必异于今之习举业者，其根本上发出自别。故举业不足以害道，人自累耳，学者不可外此，外此便是外物也，为病不小"②，可见《大科训规》对待科举采取灵活而务实的态度，认为科举不会妨碍"道"，科举之弊完全是人自身造成的。《大科训规》亦通过"义利之辨"阐述举业与谋利的区别："科举之学，合下立心，便分义利，义利便，君子小人悬绝，岂可不痛省而其为小人之归？且读书以明心性，体贴此实事，根干、枝叶、花实自然成就，而举业在其中，此义之谓也。若读书徒事记诵，为举业之资，以取科第爵禄，便是计功谋利之心，大本已矣，此利之谓也"③。可见，科举之利弊取决于学子自身之"心"，反映湛氏"随处体认天理"的心学特色。王阳明亦认为"举业不患妨功，惟患夺志。只如前日所约，循循为之，亦自两无相碍"④。王湛之学所倡导的"德业"与"举业"相互统一之主张具有较大弹性，破除彼时黄佐等程朱学者对完全区隔讲学与科举之成见，力求学脉能够赓续绵延⑤。

实际上，黄佐作为程朱学者，其书院亦推崇朝廷推广正统的程朱学，教授内容应当是与科举制息息相关的《四书大全》等官方指定书目。现存有黄佐讲学语录《庸言》十二卷，记载黄佐在粤洲草堂讲学的内容，分别为学道、修德、求仁、游艺、制礼、审乐、政教、事业、著述、象数、天地、圣贤，传授程朱正统。既然信奉程朱理学，便不太可能存在学生脱离程朱学、放弃科举制的状况，其弟子有可能过分功利地追求科举，学风不正，因此黄佐便主张弟子应当摒弃急躁学风，修身求道。

永乐十三年（1415），朱棣下令全国刊行《五经大全》《四书大全》《性理大全》，标志着程朱学统治地位正式确立。除程朱学之外的学说，均斥为"邪说"："所谓道者，人伦日用之理，初非有待于外也。厥初圣人未生，道在天地；圣人既生，道在圣人；圣人已往，道在六经。六经者，圣人为治之迹也。六经之道明，则天地圣人之心可见，而至治之功可成。六经之道不明，则人之心术不正，而邪说行侵，寻蠹害欲，求善治，乌可得乎？朕为此惧，乃者命儒臣编修《五经四书》，集诸家传注而为《大全》，凡有发明经义者取之，悖

① （明）湛若水：《湛甘泉先生文集》卷六《大科训规》，《四库全书存目丛书·集部·别集类》第56册，齐鲁书社1997年版，第552—553页。

② （明）湛若水：《湛甘泉先生文集》卷六《大科训规》，《四库全书存目丛书·集部·别集类》第56册，齐鲁书社1997年版，第557页。

③ （明）湛若水：《湛甘泉先生文集》卷六《大科训规》，《四库全书存目丛书·集部·别集类》第56册，齐鲁书社1997年版，第557页。

④ （明）王阳明撰，吴光、钱明、董平、姚延福编校：《王阳明全集·上册》卷四《文录一·与辰中诸生》，上海古籍出版社1992年版，第144页。

⑤ 进一步的研究成果可参见李兵：《书院教育与科举关系研究》，台湾大学出版中心2005年版，第205—220页。

于经旨者去之"①。至明中叶，程朱理学日渐僵化，陷入桎梏，在此情势下，其他学说随之兴起，大有革新旧说之势，然而朝廷一再下令严禁"邪说"："祖宗设科取士，经书义一以朱子传注为主，诚有见也。比年各处试录，文字往往说诞支离，背戾经旨，此必有一等奸伪之徒，假道学之名鼓其邪说，以惑士心，不可不禁。礼部便行与各该提学官及各学校师生，今后若有创为异说，诡道背理，非毁朱子者，许科道官指名劾奏"②。嘉靖十六年（1537），御史游居敬弹劾湛若水"学术偏诐，志行邪伪，乞赐罢黜"，以此禁毁湛若水创办的书院，"仍禁约故兵部尚书王守仁及若水所著书，并毁门人所创书院，戒在学生徒毋远出从游，致妨本业。疏下吏部，覆言：'若水尝潜心经学，希迹古人，其学未可尽非，诸所论著，容有意见，不同然于经传，多所发明，但从游者日众，间有下类，因而为奸，故居敬以为言，惟书院名额似乖典制，相应毁改'。上曰：'若水已有旨谕留书院，不奉明旨，私自创建，令有司改毁，自今再有私创者，巡按御史参奏'。"③湛若水所倡导的心学及其书院之被动可见一斑。由于其地位不被承认，其学说亦与科举制相去甚远，湛氏强调"德业"与"举业"之统一，正投射心学对王朝正统的刻意趋近与迎合，亦反映心学游离于朝廷之外的尴尬境地。这正是黄佐强调远离功利学风，湛若水主张"德业"与"举业"相统一的内在原因。

以粤洲草堂为主的讲学中心，明末已经衰废。据黄佛颐考证，"双槐洞实为先粤洲、泰泉二公讲学遗址，明末圮废，后人因院中世祐祠祀双槐公，故以名之耳。"④

## 四、黄氏家庙布局之设计

宗族社会的视觉象征是祭祀先祖的祠堂或家庙，祠堂或家庙的兴建有益于宗族组织的建设与扩张。嘉靖八年（1529）十一月十五日，黄氏家庙在粤洲草堂落成，黄佐撰写《世祐祠祭文》："昔我先考，修真葆光；隐兹粤洲，肇开草堂。先祖来临，归感奇梦；天书金牌，回龙翔凤。谓兹福地，子孙必兴；佐今得之，竭力经营。甲子以来，戊子始复；己丑落成，年间廿六。先祖功德，中兴我家；先考承之，隐德无瑕。主当不祧，百世无斁；故兹名祠，扁曰'世祐'。凡我子孙，有德有功；两旁祔食，垂劝无穷。牌位填金，实膺皇命；孚梦妥灵，水长山静。尚飨！"⑤从这篇祭文可以看出，黄瑜逝世于弘治十年（1497），而黄氏家庙的营建始于弘治十七年（1504），间隔二十四年后，于嘉靖七年（1528）开始重新修缮，嘉靖八年（1529）正式修成。

讨论黄氏家庙形制布局的目的，在于考察黄佐在营建家庙时所反映出来的宗法主张，祠堂抑或家庙的建筑布局背后乃是理学家关于宗法制度的构思，而理学家的宗法主张又经

---

① 《明太宗实录》卷一六八，永乐十三年九月条己酉条，台湾"中央研究院"历史语言研究所校勘1962年版，第1873—1874页。

② 《明世宗实录》卷二一八，嘉靖十七年十一月条，台湾"中央研究院"历史语言研究所校勘1962年版，第4485页。

③ 《明世宗实录》卷一九九，嘉靖十六年四月壬申条，台湾"中央研究院"历史语言研究所校勘1962年版，第4191页。

④ （清）黄佛颐撰，钟文点校：《广州城坊志》卷一《双槐洞条》，暨南大学出版社1994年版，第63页。

⑤ （明）黄佐：《泰泉集》卷五十九《世祐祠落成祭告文》，《广州大典》五十六辑《集部别集类》第七册，广州出版社2015年版，第710页。

常指向王朝礼制、人伦秩序，其根本目的在于施行教化，保障基层社会的稳定。黄氏家庙建成时，黄佐请蒋冕撰写《黄氏家庙记》，该文大致描绘出家庙的布局与结构："佐所作家庙，在所居之东，围以蛎垣，为屋三间，中为大龛，间而为四，以奉四世栌主。每一小龛广五尺、深八尺，俾其前可容祭桌，略存同堂异室之制，而以先世旧龛为寝于其后，用庋遗衣。左右有辅屋各一，左为神厨，右为神库，两旁为厢房各三间，以为斋宿之所。檐前接以拜亭，匾曰'双槐'，盖先祖长乐府君尝手植双槐，曰：'吾不能如太原王氏，子若孙能更植其一，则吾志愿毕矣。'此亭所以识也。亭之前为三门，其制如坊牌，匾曰'家庙'。家庙前两旁各为小厅，每祭则宗子宗妇，率家之众男众妇，序立于左右，隔以屏障，祭毕则分男女燕焉。又其前为楼，以奉敕命贮书籍，则匾曰'宝书'。若小宗不祧之主，则别祀于先考粤洲草堂之世祐祠，使庙主亲尽得以迭迁，而不至为五龛之僭。"①据以上所记，黄氏家庙布局图如下：

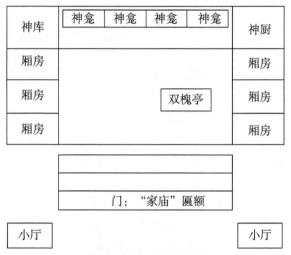

**图2　黄氏家庙布局图**

从嘉靖五年（1526）文征明为黄温德所撰写的墓志铭来看，黄佐在世时黄氏家族成员组成大致为："府君四子，洙、泗、涵、洋。女一人，婿曰龚材。孙男八人，珺、瑄、瑜、珩、琼、玟、瓚、琛，瑜仕为长乐知县，孙女六人。曾孙男十二人，畿以子贵，赠翰林院编修，阶文林郎。元孙十六人，而佐最著。"②

黄氏家庙的建制布局弥漫着浓重的理学精神，杂取吕祖谦与朱熹关于祠堂制度的主张。据大学士蒋冕记载，黄佐"效东莱《吕子家范》中《宗法》，作家庙以奉其先、立宗子，世世主之。……吕子效古礼，以行宗法，尝有书与晦庵朱子商榷其事，而朱子亦曰：'祭祀须是用宗子法'。吕子又效《礼·王制》士一庙之义，于所居之左立祠堂，而以家庙名之，使子孙不忘乎古。而朱子尝欲作一家庙，以后架作一长龛堂，又于中以板截作四龛堂，堂置神牌。今才伯名祀先之所不曰祠堂，而曰家庙，盖取法吕子，而于朱子盖亦有合。其于吕子《宗法》，则师其意，不尽同其制。考吕子与朱子书，有谓宗法方行得数月，

① （明）蒋冕：《湘皋集》卷二十一《黄氏家庙记》，《四库全书存目丛书·集部·别集》第44册，台南庄严文化事业有限公司1997年版，第229页。

② （明）文征明：《处士黄温德墓志铭》，载（道光）《广东通志》卷二百二十六《古迹略十一》，《广东历代方志集成·省部》第17册，岭南美术出版社2006年版，第3656页。

讲学中心地与祭祀空间的叠合——试论明儒黄佐的宗族建设

俟数年行有次第，条目始可定。盖未几遽捐馆舍，不能俟之于数年也。吕子不能俟之数年以定其条目，而才伯顾能推而行之，因略以致详于分所当为，力可有为者为之，必尽其心力焉，亦仁人孝子之用心哉。"①可以发现，黄佐对于宗族建设的论说与履践，兼取南宋吕祖谦《吕子家范·宗法》和朱熹《家礼》的礼制精神。

《吕子家范·宗法》注重于阐述宗法对于守礼明伦收族的作用，对如何区别大宗小宗则给予较为详细的指导，其他基本采用大而化之的叙述方式，引用《礼记》并且加入注解，显示着吕祖谦强烈的宗法精神，宗族建设关系国家社稷，民众如能强化宗族建设，社会亦随之稳定："敬宗故收族，收族如穷困者，收而养之，不知学者收而教之。收族故宗庙严，宗族既合，自然繁盛，族大则庙尊，如宗族离散无人收管，则宗庙安得严耶？宗庙严，故重社稷，盖有国家社稷，然后能保宗庙，安得不重社稷？重社稷故爱百姓，国以民为本，无民安得有国乎？故重社稷必爱百姓也。爱百姓故刑罚中，盖心诚爱民，则谨于刑罚，无不中矣。庶民安，故财用足，盖民有定居而上不扰之，则可以生殖财用，上既爱下，下亦爱上，此是第一件；其次欢欣奉上，乐输其财，和气感召，则时和岁丰，万物盛多。"②

理学家认为孝与忠相互统一，族权与皇权亦相互补充，因此，阐释宗法理论成为理学家推行地方教化的重要步骤。程颐提出宗法与王朝政令之间的内在关系，揭示宗法主张背后的教化愿景："今无宗子法，故朝廷无世臣。若宗子法立，则人知尊祖重本；人既重本，则朝廷之势自尊。"③作为一个坚定的宗法主义者，黄佐亦曾撰写《宗法考》提及"明宗法"对于维护人伦大纲之重要性，而人伦大纲之稳定有序又与地方教化息息相关："汉世宗法犹明，尝赐天下为父，后者之爵，则三代可知也，不明则乱，乱则恩绝，恩绝则彝伦斁矣。故立后以重宗，重宗以尊祖，尊祖以收族，人道之大纲也。"④

黄佐所著《泰泉乡礼》"广亲睦"一条较为详细地阐述了如何遵循宗法之制："凡创家者，必立宗法。大宗一，统小宗四，别子为祖，以嫡承嫡，百代不绝，是曰大宗。大宗之庶子，皆为小宗。小宗有四，五世则迁。己身庶也，宗祢宗。己父庶也，宗祖宗。己祖庶也，宗曾祖宗。己曾祖庶也，宗高祖宗。己高祖庶也则迁，而惟宗大宗。大宗绝，则族人以支子后之。凡祭，主于宗子，其余庶子虽贵且富，皆不敢祭，惟以上牲祭于宗子之家。宗子死，族中虽无服者，亦齐衰三月。祭毕，而合族以食。期而齐衰者，一年四会食。大功以下，世降一等。异居者必同财，有余，则归之宗；不足，则资之。宗族大事繁，则立司货、司书各一人。宗子愚幼，则立家相以摄之。各修族谱，以敦亲睦，或有骨肉争讼者，众共罚之。若肯同居共爨者，众相褒劝。"⑤

黄佐建立黄氏家庙，"不曰祠堂，而曰家庙，盖取法吕子，而于朱子盖亦有合，其于

① （明）蒋冕：《湘皋集》卷二十一《黄氏家庙记》，《四库全书存目丛书·集部·别集》第44册，台南庄严文化事业有限公司1997年版，第229—231页。

② （宋）吕祖谦撰：《东莱别集》卷一《家范一·宗法》，《文津阁四库全书》第384册《集部·别集类》，商务印书馆2005年版，第470页。

③ （宋）程颢、程颐著，王孝鱼点校：《二程集》卷十八《伊川先生语四》，中华书局1981年版，第242页。

④ （明）黄佐：《泰泉集》卷二十九《宗法考》，《广州大典》五十六辑《集部别集类》第7册，广州出版社2015年版，第365页。

⑤ （明）黄佐：《泰泉乡礼》卷一《乡礼纲领》，《广州大典》十九辑《经部礼类》第1册，广州出版社2015年版，第811页。

吕子宗法，则师其意，不尽同其制"。这种命名的改变本意取法于吕祖谦，而在具体的祠庙规制设计上则更多受朱熹的影响。蒋冕认为，黄佐建造宗族祭祀场所称为家庙，乃是模仿吕祖谦采用《礼记·王制》的做法。吕祖谦在论证以"家庙"之名代称"祠堂"时，杂取前贤主张："伊川先生《祭说》：'家有庙。古者庶人祭于寝，士大夫祭于庙，庶人无庙，可立影堂，庙中异位，祖居中，左右以昭穆次序，皆夫妇自相配为位，舅妇不同坐也。庙必有主'。……《礼》言'重主道也，埋重则立主。今大夫士有重，亦宜有主，主以纪别座位，有尸无主，何以为别？将表称号题祖考，何可无主？今按经传，未见大夫士无主之义，有者为长'。《庙制》载：在经史者，祐垎、户牖、碑礐之属，品节甚众，今皆未能具，谨效《王制》士一庙之义，于所居之左盖祠堂一间两厦，面势随地之宜，亦未能如古，以为藏主时祀之地，存家庙之名，以名祠堂，使子孙不忘古焉。"①在宋儒吕祖谦的认知中，祭祀场所命名为家庙，是天子乃至士四等贵族标榜身份地位的手段之一。庶人祭祀场所命名为"家庙"乃是僭越。朱熹将庶人祭祀场所命名为"祠堂"的原因即在于此："古之庙制不见于经，且今士庶人之贱亦有所不得为者，故特以祠堂名之。"②

强烈的宗法主义精神，正是祭祀场所借"祠堂"之实而行"家庙"之名的原因，表面看其目的是帮助后世子孙慎终怀远，实则以"家庙"之名彰显官宦身份。我们认为，黄氏家庙的命名显示了黄佐自我标榜的考量，利用官宦身份宣示营建家庙的合法性。且看黄佐《家庙考》：

> 家庙唐制，卿大夫皆祭三室。观诸昌黎韩氏所为庙碑，祢室于东，则曾祖初室在西可知。子朱子《家礼》祭及高祖，参以《大全集》，谓席南乡北乡，以西方为上，盖尚右之义，相沿如此。丘文庄公定为《仪节》，乃遵洪武旧制，高、曾居中，东祖西祢，而祭仪则仍《家礼》，岂吾夫子祝存商、文从周之遗意与？故予建家庙，中贮板屋，隔而为四，一如《仪节》，以奉四亲。

> 夫请席何乡，固古之文也，事亡如存，亦古之道也。方其生存，几卓尊卑既与古昔席地之时敻绝，略仿同堂异室之制，俾父子殊席，翁妇不相途，于以栖神而致生之，不亦协诸义乎？虽韩、朱复起，吾知其必从也。至于出主祭于正寝，以仿时祫，则非礼矣。翁妇相见，父子相并，如之何其合也？故四时岁暮，不必出主，惟于四室各为几筵，是亦祫也已。程子冬至祭初祖，立春祭先祖，季秋祭祢，虽近于禘祫明堂，然报本追远，礼以义起，吾亦行之。祖考逮事者，忌日则出主祭于正寝，昭其专也，配必以嫡妣，昭其尊也。凡岁时朔望，与夫谒告荐献之仪，旁亲祔食之位，皆从《家礼仪节》，其有功德当不祧者，则立世祐祠别祀之。义门郑氏祀五世，僭矣。魏校《祠堂说》必叙昭穆，则难行矣，吾无取焉。③

对于《吕子家范·宗法》，黄佐遵循该书提供宗祧祭祀上之礼法精神，而视觉上的建筑设

①（宋）吕祖谦撰：《东莱别集》卷四《家范四·祭礼》，《文津阁四库全书》第384册《集部·别集类》，商务印书馆2005年版，第481页。

②（宋）朱熹撰，王燕均、王光照校点：《家礼》卷一《通礼》，上海古籍出版社1999年版，第875页。

③（明）黄佐：《泰泉集》卷二十九《家庙考》，《广州大典》五十六辑《集部别集类》第7册，广州出版社2015年版，第365—366页；（明）黄佐：《庸言》卷五《制礼第五》，《广州大典》第四十一辑《子部儒家类》第1册，广州出版社2015年版，第326—327页。

计与神主牌位措放大抵遵循《家礼》的规则。朱子《家礼》载："君子将营宫室，先立祠堂于正寝之东。祠堂之制三间，外为中门，中门外为两阶，皆三级。东曰阼阶，西曰西阶。阶下随地广狭以屋覆之，令可容家众叙立。又为遗书、衣物、祭器库及神厨于其东，缭以周垣，别为外门，常加扃闭。若家贫地狭，则止为一间，不立厨库，而东西壁下置立两柜，西藏遗书、衣物，东藏祭器亦可。正寝谓前堂也。地狭，则于厅事之东亦可。凡祠堂所在之宅，宗子世守之，不得分析。凡屋之制，不问何向背，但以前为南，后为北，左为东，右为西，后皆放此。为四龛，以奉先世神主。祠堂之内，以近北一架为四龛，每龛内置一桌。"[1]在居室之侧营建祠堂，可以奉祀自高祖之下的四代先祖，突破了前代对民间祭祖代数的严格限制，客观上将"小宗"之祭推广至民间，郑振满称之为"庶民化"的祭礼[2]。黄佐设立四代神龛正效仿于此。

## 五、祖先谱系的建构

黄佐利用其仕宦关系多次让好友撰写追溯先祖的序文、墓志铭、传记，建构对黄氏祖先的记忆与想象，强调先祖的士绅传统与高风亮节，亦为标榜自身的士人身份，为不断膨胀黄氏宗族势力造势。嘉靖六年（1527）的《郡志自叙先世行状》，标志着黄氏祖先谱系建构的完成。黄佐撰写该文的缘由，乃是因为嘉靖初年返粤归省期间，伏谒先考墓，道泣而誓曰："所不如庭诲者，神灵厌之。会御史华亭苏公恩代巡至广，檄郡守范君禄曰：'郡乘缺有间矣，其盍修诸？夫邦国土地之图，地域广轮之数，总于六典。以典逆冢宰之治，则太史职也'。禄乃诣佐问焉。佐以为驭世善经，其大有三：曰德政，曰风俗，曰贤才，志非是莫之先也。探纂前记，缀辑旧闻，如沈怀远《南越志》，王范《交广春秋》，黄恭《交广记》，顾微、裴渊《广州记》，茅山水虫鱼之琐屑者尔。李昂英、陈大震修于宋、元，而五代以上轶略弗详。成化初，都御史姑苏韩公雍使教授王文风续焉，大者不书，而淫祠、佛老、献谀诗文，虽微必录，岁且陋矣。于是搜罗今古，删补成编"[3]。由于旧志年久失修，黄佐在监察御史苏恩与广州知府范禄的支持下修纂《广州志》，顺势将《郡志自叙先世行状》收录其中，由于嘉靖《广州志》现今仅有残本，未能十分准确考证府志编成的具体时间，而道光《广东通志》中介绍黄佐编纂府志时收录其所著《广州志·序录》："至于事纪，肇秦迄元，皆史书所传闻，而开国到今嘉靖丁亥则予所见所闻悉在，治乱得失诵训者，使若指掌矣"[4]，大致能推断出《广州志》与《郡志自叙先世行状》编写时间是嘉靖六年（1527）。

《郡志自叙先世行状》一文在溯源时，其谱系远至蜀汉黄忠，近至先考黄畿，首次系统而详细地描绘香山黄氏一脉的播迁与发展，精确地描述本族内祖先的谱系。对黄佐而言，谱系的完整建构指涉本族的"源远流长"，即连续性，而在这种连续性之下黄佐又不

① （宋）朱熹撰，王燕均、王光照校点：《家礼》卷一《通礼》，上海古籍出版社1999年版，第875—876页。

② 参见郑振满：《明清福建家族组织与社会变迁》，中国人民大学出版社2009年版，第172—206页。

③ （明）黄佐：《泰泉集》卷五十八《郡志自叙先世行状》，《广州大典》五十六辑《集部别集类》第7册，广州出版社2015年版，第707页。

④ 道光《广东通志》卷一百九十一《艺文略三》，《广东历代方志集成·省部》第17册，岭南美术出版社2006年版，第3181页。

断突出先祖的士绅传统与乡豪背景：

> 黄氏族最蕃，其先系所传不同。一曰嬴姓，出帝高阳之后陆终。陆终之后，受封于黄，即《春秋》所书黄人者，后并于楚，子孙散处江南，以国氏。一曰己姓，帝少昊之后台骀，封于汾川，亦为黄国，后并于晋。子孙仕晋者有黄渊，仕卫有黄夷。或又谓嬴之始得姓于伯翳，祖皋陶而本金天。三者之说，曷取衷哉？

> 盖伯翳与高阳同出，而黄国近楚。自汉以来，黄氏显者多江夏郡，意者江南诸黄，皆同出乎此。而其族在北者，容或别出金天，不可知也。若吾宗之所自出，相传为蜀汉将军忠之裔。唐末，有鸷者隐居，有奇操，石晋征拜谏议大夫。值乱，乃徙筠州。入宋，子孙益衍，巍科腴仕，往往而有。其昭然可据者，则谏议裔孙、度支员外郎汉卿为一世。旧有家乘，蠹漏过半，名字多缺略。其可见者，虽文节公庭坚，亦以为出谏议后。既与山谷之谱不合，刻其所载，又或与传志相牾，岂成都之黄，实流于金华耶？是又不可知也。

> 汉卿生某，某生某，二世皆阙其名。某生处士文敬，文敬生迪功郎重载，重载生朝奉，即楚州监税雍。雍生元西台御史宪昭，以直谏驰声朝署。会禁汉人、南人不得蓄兵器，犯者论死，乃上疏言："天生五材，谁能去兵？苟以南北异视，人人疑惧，为变非小。"忤虏君臣意，贬岭南，卒于途。子从简藐然孤子入广，留家南海之西樵，是为始迁祖也。南海县中隅第十图民籍。

> 元末，左丞何真起兵卫乡间，众推奉为副，累有功，官至宣慰司副使。有三子：长蚤世。次教，徙居罍潨，与宗人定家礼，变夷习，乡人化之。次敏，洪武癸酉乡贡进士，有学行，未及筮仕卒。教生温德，字朝贵，年十有四失怙，能干蛊，读书成儒业，事继母以孝闻。母病，思食柿，且欲致其兄嫂。时兵燹后，郊野皆荒榛，无居人。冒星雾走百里，往舅家求之。邂逅一妪，携柿一筐来，乃其姶也。母食柿而愈，人啧啧以为难。弱冠，英发善谋，上书永嘉侯朱亮祖。亮祖奇其言，留辕门，言之平章廖永忠，俾长百夫，慷慨辞不就。永忠怒，系诸尺伍，隶广州右卫，已而调南海卫以困苦之。居无何，又徙隶香山守御卒。少时有相者见之，曰："子貌殊奇伟，隆准阔颐，有德君子也。然火色不寿，后昆其必兴乎。"

> 子讳泗，字惟清，当家事日落，乃事懋迁以致裕。永乐丙申，邑大饥，谷价翔贵，独平粜。贫者造门，辄予之粟。尝有峒民来易粟，误倍其直。既去矣，会其数过赢，呼而还之，曰："掩人之误而利其有，犹盗也，吾岂为哉？"正统末，盗李千户来攻香山城，城门闭者三月，民有菜色，为粥以饲之。子女有流离者出金赎之，归其父母。乡人感其德义，称为长者。

> 子讳瑜，字廷美，即先大父也。幼聪颖，明《尚书》。景泰丙子，举于乡。入成均，与天下士讲肄。为文章必援经术，证时务，人尽逊谓弗如也。天顺癸未，疏正身、正家六事，凡数千言上之。触权贵，将得罪，赖吏部尚书王翱、户部侍郎薛远捄之而免，繇是誉日章。[1]

黄佐所建构的祖先谱系大致为：黄忠（蜀汉）——黄鸷（唐）——黄汉卿（宋）——黄文

① （明）黄佐：《泰泉集》卷五十八《郡志自叙先世行状》，《广州大典》五十六辑《集部别集类》第7册，广州出版社2015年版，第704—705页。

敬——黄重载——黄雍——黄宪昭（元）——黄从简（元末明初）——黄教——黄温德——黄泗——黄瑜——黄畿。可以看出，该谱系具有虚实结合的特点，攀附的远祖与真实的高曾祖均被囊括在内：黄佐将本宗一脉追至黄忠，而"昭然可据者"溯至宋朝黄汉卿，然经查阅资料可知黄汉卿此人已不可考，至黄从简才有史料显示可究可查。濑川昌久指出族谱文本中祖先的叙述可分为"新层"即最近的祖先、"中间层"即宗族的开基祖和"老层"即移居本地以前的远祖系谱①，而族谱书写中对本族"连续性"的强调，使得编纂者在溯源时，经常将系谱的终极起源指向黄帝抑或上古王朝的王族贵胄，以此作为证明自己作为汉民族正统性的根据②。我们认为，正是对宗族连续性的不懈追求，使得族谱编纂者在溯源时有意无意地加入"中间层"与"老层"这些虚构性较强的话语，使得明代祖先谱系呈现出真假相参、鱼目混珠的状态③。

值得注意的是，黄佐所书写的祖先谱系中，十分具体地描述了先祖在世时之高风亮节。除了出于作为后辈对先祖之缅怀所刻意加入的虚构之外，结合黄佐为福建建安《李氏族谱》所题写的序文来看，其先祖谱系之建构亦加入了推行教化的考量，充斥着十分明显的理学精神："是故谱与祠实相济焉者也。观于原谱而见明本焉，见立法焉；观于谱图而见远亲焉，见近亲焉；观于谱录而见尊尊焉，见贤贤焉，见贵贵焉。夫礼无服则亲尽，亲尽则祧，而盛德必百世祀，以为不祧之主。斯谱也，先亲贤而后恩命，详惇睦而略荣显，其义昭矣。是故高山乔木世所瞻仰者，非他也，有根基之谓也；名家甲族世所称重者，非他也，有行谊之谓也。"④修家谱与建祠堂乃是围绕宗族建设的两种重要方式，两者相辅相成。家谱能追溯宗族本源，建立宗族规约，明确祖先谱系与家族血缘关系，这仅是家谱的表面功用。更为重要的是，家谱通过慎终追远、追根溯源提醒族人向"尊""贤""贵"的先祖学习，进而践行儒学道德礼仪。宋儒程颐道："管摄天下人心，收宗族，厚风俗，使人不忘本，须是明谱系世族与立宗子法"⑤。因此，黄佐认为家谱编纂之旨归依旧聚焦于教化推行、统摄人心，这是理学精神在族谱的投射。

假若宗族礼仪不能践行，亲疏之道不彰，祖先神主便会迁庙。成为"不祧之主"须有"盛德"，"义"在家谱编纂中体现为对"亲贤"与"惇睦"的追求，来自朝廷的"恩命"与"荣显"处于次要地位，"行谊"乃是宗族名望的核心。大致可以推出，黄佐的家谱编纂或者谱系建构遵循着"修谱——明本——见贤思齐——教化下行"的逻辑理路。因此，黄佐在建构祖先的记忆时，除了完善必要的传承谱系之外，叙述祖先生平事迹主要聚焦于"盛德"与"行谊"，以激励族人蹈厉发扬祖先盛德。无论是族谱，抑或是传记、行状、墓志铭，这些文本背后承托的是书写者所要给阅读者传递的讯息和理念，于是出现不一样的书写理路与表达方式。作为一项社会化的活动，透过书写者对逝者生平事迹的描述，我们

---

① ［日］濑川昌久著，钱杭译：《族谱：华南汉族的宗教·风水·移居》，上海书店出版社1999年版，第3页。

② ［日］濑川昌久著，钱杭译：《族谱：华南汉族的宗教·风水·移居》，上海书店出版社1999年版，第23页。

③ 刘志伟在《明清族谱中的近代世系》（载《学术研究》2012年第1期）中提出："由宋明之后的士大夫族谱这种理念，我们可以把握到宋以后的族谱隐含着一个固定的结构，即由可逐代查考的继嗣线连接起来的近世系谱和'所闻先人之行'两部分构成。"

④ （明）黄佐：《泰泉集》卷三十九《〈建安徐地李氏族谱〉序》，《广州大典》五十六辑《集部别集类》第7册，广州出版社2015年版，第480页。

⑤ （宋）程颢、程颐著，王孝鱼点校：《二程集》卷六《二先生语六》，中华书局1981年版，第85页。

从这些文本中可以窥视到的乃是黄佐对于教化推行、理学下渗的冀望，此外亦可窥视到社会秩序与社会理念在书写者与逝者这两个主体身上的投射。

综上，讲学中心地粤洲草堂与黄氏家庙相互叠合，黄佐在粤洲草堂传播程朱学说的同时，也在此地致力于黄氏宗族的建设。修建黄氏家庙，完善祖先谱系，即是黄佐对振兴黄氏家族的期盼。从中亦可窥见，在理学宣讲与宗族建设这两个实践之中，理学更加牢固地在广东生发，士绅对此进程贡献巨大。明中叶，广东进士、举人人数迅速增加，科举制度在地化程度更高，当地精英不断通过科举制度参与到王朝政治之中，成为地域社会中举足轻重的士绅阶层。他们推行儒学正统，利用王朝所赋予的政治威势建设宗族势力，宗族制度得以迅速展开。因此，在种种理学实践之下，尽管广东在空间位置上乍看还是"边陲"，然而其社会机制已俨然化入王朝的制度框架之中，与王朝连为一体。

# 明成化中叶两广政治格局研究
## ——以成化十年《石门山重建西华寺碑》为中心

麦思杰

## 一、序言

明正统、天顺年间，广西中部地区爆发了著名的"大藤峡瑶乱"。"瑶乱"波及两广，严重危及了朝廷在华南地区的统治。成化元年（1465），明宪宗命"以征夷将军赵辅为征夷将军、都督和勇充总兵讨之，而以浙江左参政韩雍督理军务有文武才，升都察院右佥都御史。韩雍赞理军务，太监陈瑄监督之。贼平，留瑄镇守，以雍提督军务兼巡抚，旧两省巡抚皆革。"[1]在"瑶乱"平定的过程中，韩雍无疑是最为关键的人物，这一点在以往的研究中已多有论及，本文无需赘言。但遗憾的是，韩雍的宦绩却一直为人所忽视。除成化五年（1469）至六年（1470）"以忧制归"外，韩雍主政两广达九年之久。其在位期间推行的系列改革，奠定了明代中后期两广的政治格局。成化十年（1474），韩雍被弹劾离职，对两广政坛产生了巨大影响。因此，韩雍致仕前后两广（尤其是广东）的政治、人事关系，无疑是我们重新理解成化前期两广政治的重要切入点。但《明实录》《明史》等官修史书，对于上述事件的记述极为简略。如《明史》仅如是写道：

> 广西镇守中官黄沁素憾雍抑己，因讦雍。且言其贪欲纵酒，滥赏妄费。帝遣给事中张谦等往勘，而广西布政何宜、副使张敩衔雍素轻己，遂共酝酿成其罪。谦还奏，事虚实交半，竟命致仕去。[2]

史料记载的不足，导致这方面研究难以深入。数年前，南海西华寺迁址重建，出土了一块《石门山重建西华寺碑》。该碑的内容主要讲述了总镇太监陈瑄为何倡修西华寺。在捐款名列中，广东省的高级官员均榜上有名。更值得注意的是，该碑立于成化十年（1474）四月，时韩雍刚致仕而去。因此，陈瑄及广东官员刻立此碑，无疑有着特殊的政治目的。

本文试图在对《石门山重建西华寺碑》进行细致考证与解读的基础上，勾勒成化十年（1474）两广地区的政治关系与政治格局，以期对相关领域的研究提供一个细微的个案。

## 二、石门及西华寺文化之流变

在细致解读《石门山重建西华寺碑》前，我们不妨先对南海石门及西华寺的情况作一

---

① （明）应槚：《苍梧总督军门志》卷1，全国图书文献微缩复制中心1991年版，第15页。

② （清）张廷玉：《明史》卷229，清钞本。

基本了解。西华寺位于南海石门，石门为进入广州城的咽喉之地。屈大均在《广东新语》中对石门水道有细致的描述：

> 南海治西四十里，有两山对峙。吕嘉尝积石其下，名曰石门，盖百粤山川之会也。史称杨仆先破石门，得越船粟，即此水，今干浅。三江之水一由大路峡径九江以入熊海，一由黄雀冈径分水以趋珠江，其分流西南潭者，夏月四之一，余月十之一。以故舟楫不由石门。郭光禄云：西南潭二支之派，一绕广州，一护顺德、东莞，旧势然也。今则沙淤水涸，不趋石门，会城无朝宗之水，无以贯通元脉，不得不勤君子经纬之虑，然则疏浚之功不可阙矣。①

从材料可知，石门水道在康熙年间已经干浅，"舟楫不由石门"。但屈大均认为疏浚石门水道一事极为重要，攸关省城风水。如果不疏，则"会城无朝宗之水，无以贯通元脉"。因此，在广东地方文化的叙述里，石门不仅是交通要塞，更有着"贯通元脉"的文化意义。关于石门，在宋以前广东就流传着不同版本的故事。宋代方信孺在其所撰的《南海百咏》中进行了梳理及考证：

> 石门　在州西南二十里，或谓十五里。《郡国志》及《图经》云："吕嘉拒汉，积石江心为门。"《岭表异录》云："汉将军韩千秋征南越，全军覆没之地也。"按《汉书》云："韩千秋兵之入也，未至番禺四十里，越以兵击千秋等，灭之。"又元鼎六年冬，楼船将军将精卒先陷寻陜，破石门，以此考之，则石门非千秋覆军之处乃楼船破越之地也，而两山盖自宇宙以来之物积石之说其谬可知。
>
> 吕嘉积石浪相传，双阙天开尚宛然。成败古来俱一梦，千秋何事老楼船。②

石门的说法主要有二：《郡国志》《图经》及《岭表异录》认为其是南越国丞相吕嘉击退汉军之地；《汉书》则认为石门是楼船将军破越之地。方信孺采纳了《汉书》的版本。在宋以后，各种文献亦基本沿用了《南海百咏》的观点，吕嘉江中积石与楼船将军破越，构成了石门故事的两大元素。需要指出的是，宋以前的各种传说，不管是何种说法，都反映了中央王朝与地方势力的关系。换而言之，石门是连接地方与中央王朝的文化符号。根据《白云越秀二山合志》引用《宋史·艺文志》的记载，"石门返照"在宋代已经成为羊城八景③，石门传说的重要性可见一斑。

　　明清时期，石门传说的内容发生了新的变化。这一变化的原因在于西华寺在官方的地位更显重要。石门西华寺在明代属官祠，主要为广州城内及来往官员祭拜之所。从西面出入广州的官员均须经过石门西华寺。同时，该寺也是广州府官员出迎上级官员回城之地。《石门山重建西华寺碑》中即提到"凡陈公、韩公建节来巡，则广之官属出迓于此"。正因如此，吕嘉积石与楼船将军破越的元素被逐步淡化，而西华寺、贪泉及沉香洲被添加到石门文化的叙述之中。明代以后关于石门的各种记载，我们不妨通过几种史料加以了解。张诩在《南海杂咏》写道：

> 石门　在郡西北三十里。两山对峙，屹若门然。乃楼船破越之地也。积石之说有

①　（明）屈大均：《广东新语》卷4，清康熙水天阁刻本。

②　（宋）方信孺：《南海百咏》1卷本，清嘉庆宛委别藏本。

③　（清）崔弼：《白云越秀二山合志》卷13。

非之者，今创西华寺其上。①

《白云越秀二山合志》又记载道：

> 石门山 在郡城西北三十里，两山相对峙。吕嘉尝积石如门，盖要害处也。汉楼
> 船将军杨仆讨南越驻兵于此。上有控海楼，元时建西华寺，明毁，寺改建晋刺史吴隐
> 之祠，下有贪泉。②

李调元在《粤东笔记》中的描述则更为详尽：

> 石门返照 古迹
>
> 石门山 在城西北三十里，两山相对峙，夹石如门，高四十余丈，前有控海楼，下
> 有贪泉。晋吴隐之酌泉赋诗处所。海中有沉香洲。吴隐之任满还乡，舟帆至此，适遇
> 风狂浪大，舟欲覆水，自思为官清正，并不受脏，止有沉香坠一个，香飞入水，遂成
> 沉香洲。洋舶归国，在此讨水，最无沙虫。西华墟市，广涧清奇，万物皆满。上有西
> 华寺，汉大宝元年间建，宋嘉祐六年重修，日久倾圮。明成化八年都御史韩雍重建，
> 内有刺史吴隐之祠，庞尚鹏匾"清风万古"，郡人韩昌祚记。迹尤存东西礕石，高山
> 峭壁，水流深涧，凡日出时，返照两山，而贪泉中深不可测，天将两井中先鸣三日，
> 响如吹落，风雨遂至。一在石门，一在连州。在石门者吴刺史饮之，试使夷齐饮，终
> 当不易心，为僊城八景之六，日石门返照。③

关于西华寺修建的时间，上述史料的说法不一。《南海杂咏》认为其修于明代，《白云越秀
二山合志》认为修于元代，《粤东笔记》则认为修于汉代。三种说法之中，《粤东笔记》的
时间当然最不可信，根据前引史料，西华寺修建的时间不可能早于宋代。但值得注意的
是，《粤东笔记》的说法虽然有误，却揭示了两点重要内容：其一，西华寺原为商业繁荣
的墟市，"万物皆满"，也是"洋舶归国"必经之地；其二，西华寺内祀吴隐之，吴为官清
廉，返乡时"止有沉香坠一个，香飞入水，遂成沉香洲"，寺下有贪泉。商业的繁荣与吴
隐之清廉的鲜明对比，凸显了石门西华寺在明代对官员的训示意义。

因此，入明以后，作为各级官员西出广州城的必经之地，石门的文化意义已不在楼船
将军破越，而在于西华寺及贪泉和沉香洲。其叙述的重点已经从平定地方割据势力转变为
渲染清廉为官的政治规训。这一点构成了我们了解韩雍与陈瑄重修西华寺的地方背景。只
有了解了明代石门西华寺的文化意义，我们才能明白韩、陈二人为何重视西华寺的重修，
进而理解背后的政治动机。

## 三、《石门山重建西华寺碑》与广东官员的政治态度

成化八年（1472），韩雍与陈瑄倡修西华寺。成化十年（1474）三月，"（上）命两广
右都御史韩雍致仕"④。四月，西华寺落成。《石门山重建西华寺碑》详细记录了重修西华

---

① （明）张诩：《南海杂咏》卷4，广东人民出版社2010年版，第92页。

② （清）崔弼：《白云越秀二山合志》卷2。

③ （清）李雨村：《粤东笔记》，上海会文堂新记书局1928年版，第17页。

④ 《明宪宗实录》卷一二五，台湾"中央研究院"历史语言研究所校勘1962年版，第2397页。

寺的缘由及经历，兹抄录全文如下：

石门山重建西华寺碑
赐进士大中大夫资治少尹广东等处承宣布政…
赐进士徵仕郎工科右给事……
赐进士文林郎巡按广东监察……


去广州府城西三十里，有山曰石门。盖城之南为大海，其东北皆高山，盘绕数千里，益驰而西、而西南，诸山……而稍合。而三江诸水东流，其间以南入于海，望之隐若门然，故曰石门。自汉魏晋宋五季之世，盗名窃据者相……朝洪武初，遣平章廖友德南讨平之，置行省诸司，而广州为省属首府。石门清胜之境，始若天坠，然丰亨豫大……獠容有犯边境挠法者，朝廷屡遣将率兵讨之。□既剪薙异尽，而余孽时复窃作，大夫士一追游于清胜之境，未易得焉！

今上既临御，赫然震怒。于是命御马监太监陈公总镇两广，又敕都察院右都御史韩公特抚巡之，而总督其用兵之机宜。两公议既克协，遂大出师，先入断藤峡以捣覆贼巢，然后分兵击雷阳……诸叛者，不踰年而两广肃清。此两公之功，而圣天子至德盛烈，锐意用才之明，效大验也！大夫士乃相与庆慰惊叹，始复以良辰美景追探清胜，以乐上赐。而陈公适来问俗，振旅之暇因进大夫士，而谓之曰："石门如故，其民之耕者在田，蚕者在室，衣食足而礼义兴。诸君尔尝知所以□此者乎？！此皆我皇上之赐，而诸君尔尝知所以为报者乎！石门故有佛寺曰西华，废已久矣，吾欲修复之，使诸君之来游者有所止寓。感今怀昔之际，庶一坚其图报之心，诸君以为可乎？不可乎？"皆应曰："善！"陈公遂出禄入之资数百缗创之，□□□寺僧戒玫劝其乐助者，而以广州府通判杜英董其役。中作大雄殿，以严像设，前为仁智轩。凡陈公、韩公建节来巡，则广之官属出迓于此。其曰："仁智云者，仁之施，莫先于爱民；智之务，莫急于亲贤，爱民亲贤，为治之通法也。"而两公用是以靖两广、悦兆姓。虽临机应事、雄才大议，非人之所能，知要之其本是，以是自存，固所以自表也。轩左右以及殿之东西，偏各为屋，以待大夫士之来游。与僧之常棲者，不关于其大，不得以详书，故特书两公俊伟之绩，以惊动来世而彰石门今昔显晦之由，以重西华寺之修复，而系之铭曰：石门天井。三江赴之南、汇于海，群山固之，中储灵秀，佛寺攸作。来游来歌，民乐其乐。民乐其乐，伊谁之功？天子有命，命我两公以文以武靖此□□环海而疆□□鼓舞。两公来巡，怡怡于群从，如雨式迎以趋。昔也，石门丑类丛啸；今也，石门礼仪有效。轩曰：仁智、爱民、亲贤，惠泽旁流，几世几□，弘此禅棲心印，孰得刻我铭章，期永无沏！

成化十年龙集甲午夏四月初八日
敕命管理广东市舶司事内官监丞韦眷
钦差镇守广东珠池司礼监奉御黄福
广东布政司左布政使周铎　右布政使袁凯　左参政谢爌　右参政卓天赐

广东按察司按察使吕洪 副使冯宓 孔镛 涂棐 章格　佥事胡荣 陶鲁 林锦 俞俊 陈爕 诸正 陈昭

广东都指挥使司都指挥佥事姚英

广州府知府高橙 同知沈立 通判余志 推官陈明 立石

该碑现立于南海西华寺内。碑文的撰文者、书丹者及篆额者因字体剥落无法辨认。按照明代碑文的惯例，第一列应为撰文者。根据"赐进士大中大夫资治少尹广东等处承宣布政"的字样，我们可以知道撰文者的官职为从三品，故应为左参政谢㻋或右参政卓天赐。第二列为书丹者，职位为工科右给事中。第三列为篆额者，职位为巡按监察御史。因地方志的记载无具体任职时间，故未能确定具体人名。

值得注意的是，该碑的内容与一般的重修碑文有很大差异。该碑未彰神绩，亦没有提及石门贪泉的故事，而是重点讲述大藤峡瑶乱与石门西华寺的关系及为官施政的理念。碑文首先追述成化以前石门经常为"贼"所犯，致使地方官员未能出游石门清胜之境。成化元年（1465），上命陈瑄、韩雍肃清两广后，大夫士始能"追探清胜"。后陈瑄到当地问俗，言"石门如故，其民之耕者在田，蚕者在室，衣食足而礼义兴"，故倡修西华寺，以表"图报之心"。最后，陈瑄强调其与韩雍的施政理念，"爱民亲贤，为治之通法也。"石门西华寺为广州府官员出迓之地。陈瑄在此地修寺立碑，讲述自己与韩雍的施政理念，无疑有着强烈的政治动机。在碑文后参修人的题名部分，主管市舶司、珠池司的太监及广东都、布、按三司主要官员的姓名均列其上。这一点更证明该碑有着非同寻常的政治目的。更值得注意的是，该碑立于四月初八，时韩雍刚刚去职，而新任两广总督吴琛尚未到位。立碑的时间，无疑有非常值得玩味的问题。

因此，碑文中的人物立场及关系，我们可以从三个层面去解读：其一，陈瑄的态度。如果粗读碑文内容，陈瑄此举很容易让人误解为是为自己立功立德。但如果结合到当时具体的政治环境中考察，此碑实际上包含着复杂的政治、人事关系。文章开头已提，除成化五年（1469）至六年（1470）期间，韩雍因父亲去世"以忧制归"外，陈、韩两人一起主政两广达九年之久，私交甚笃。在韩雍所撰的《襄毅文集》中，既收录了不少其与陈瑄一同出游的诗赋，更有为陈瑄在梧州府邸所撰写的《静庵记》。韩雍在文中对陈瑄有以下的评价：

> ……镇守广东，宣布上恩，令行禁止，一时威灵气焰，震耀岭海，虽黄童白叟无不畏服而钦慕之！然其为人好善而谨德，平居无事未尝妄言哕，非所当得一介不苟取，服御、饮食皆从俭素。至于临大事、决大议，众论未定，而公折以一言，无不允当。虽献俘满前，必详审明辨，未尝肯妄杀一人。盖表里如一，仁人君子也！①

韩雍在文中对陈瑄的品行大加褒扬，认为其是"仁人君子"。由此可见，两人绝非浅交。在韩雍刚致仕而去的敏感时期，陈瑄立碑大书自己与韩雍的功绩，为同僚鸣不平的意图显而易见。文中所提及两公"临机应事、雄才大议，非人之所能，知要之其本在是，以是自存，固所以自表也"等评论，与说是陈瑄自表，不如说是对韩雍才能与德行的肯定。

其二，参修官员的立场。碑文的内容，无疑是主要参修官员共谋的结果。而此次捐款

① （明）韩雍：《襄毅文集》卷9，清文渊阁四库全书本。

参修的名列，几乎包括了广东所有的主要官员。因此，此碑除了体现陈瑄的意图外，更反映了捐修官员的政治立场。这些捐款名列中，既有跟随韩雍多年的部下（如陶鲁、林锦），亦有交往甚密的太监（如韦眷）。《襄毅文集》中《送同年泰和刘佥宪游岭南回》一诗的小序即是韩雍与韦眷私交甚密的证明：

> 予整兵西巡，辱中贵韦公携酒邀太监陈公、王公同饯别行台。酒酣，韦公探唐人早朝诗和韵，见赠走笔立就，词致高远观者，竦然起敬。公复属予和，辞不获，已且重公之为人，避权辞名，有古人风，因草草步韵并及之。①

韩雍被弹劾离开两广时候，争议极大。此碑的刻立，清楚地表明了广东地方官员对韩雍的态度。碑文所提及的"仁智、爱民、亲贤，惠泽旁流"，无疑是广东官员对韩雍在两广时期宦绩的肯定之词。

其三，陈瑄、广东官员与吴琛的关系。立碑之时，继任的两广总督吴琛尚未到位。成化五年（1469），韩雍以"以忧制归"时，吴琛就曾接替韩雍任巡抚两广。《弇山堂别集》对吴琛在两广任职的情况有如是记载：

> 吴琛，直隶繁昌人，景泰辛未进士。成化五年，以右佥都御史巡抚（两广），六年取回南院。十年，升右副都，总督军务，仍巡抚两广。十一年卒。②

因此，吴琛第二次赴广州任职，其此前与广东官员的关系便是一个需要考究的问题。而要理解这一问题，我们必须要对"大藤峡瑶乱"平定以后两广制度的流变作一简单梳理：

> 成化改元初，圣天子轸念两广生民久罹贼害，累征未能平。乃命将出师以今太监陈公瑄监督军务，雍赞理，来问叛夷之罪。师至广，前巡抚皆改任去，雍遂兼焉。明年，贼平班师，诏留太监陈公镇守广东，以雍提督两广军务，仍兼巡抚。久之，雍以地广，不克遍历，上章得请两广各添置都御史巡抚，雍专提督。五年春，雍以忧制归。是冬，巡按广东监察御史龚晟、广东按察司佥事陶鲁、林锦交章言于朝，以为两广事不协一，残贼日炽，须复得大臣提督兼巡抚，斯济时艰。上嘉其言，下廷臣议。兵部尚书白公宗玉集议规划，举雍对。上可之，以太监陈公总镇两广，起复雍进今官，总督两广军务兼理巡抚。雍固辞，弗获，始就任。未几，复以平江伯陈公锐挂征蛮将军印，充总兵官，镇守两广。同开总府于梧，便宜行事。③

成化元年（1465）至六年（1470），在大藤峡平定之后，两广的政治与军事制度处于不断调整的阶段。韩雍最初的职务为提督两广军务并兼任两广巡抚。后因两广地域辽阔，韩雍上疏请求两省各置巡抚，自己专任提督。但此议未成，韩雍便"以忧制归"。吴琛接任两广巡抚（未任提督），提督一职空缺。是年冬，巡按广东监察御史龚晟、广东按察司佥事陶鲁、林锦上疏明宪宗，言"两广事不协一，残贼日炽，须复得大臣提督兼巡抚"。广东官员此疏，无疑是对吴琛极不信任，等同将贼情严重归咎于吴琛才能欠缺。廷议的结果，是韩雍复职。韩雍"总督两广军务兼理巡抚"，吴琛"取回南院"。吴琛的离职，折射出其与广东官员（包括陈瑄）在短短的一年内已积累了较深的矛盾。

---

① （明）韩雍：《襄毅文集》卷7，清文渊阁四库全书本。
② （明）王世贞：《弇山堂别集》卷64，清文渊阁四库全书本。
③ （明）韩雍：《襄毅文集》卷9，清文渊阁四库全书本。

因此，吴琛第二次上任之时，陈瑄与广东主要官员在西华寺撰文立碑，更像是给吴琛的下马威。而在成化五年（1469）因上疏而导致吴琛离任的陶鲁、林锦仍在参修人名列之中。《石门山重建西华寺碑》大书陈瑄、韩雍的功绩，并讲述其在两广"爱民亲贤"的施政理念，不仅是对韩雍的肯定，更有着"警示"吴琛的意味。

吴琛在上任后，与陈瑄及其他官员矛盾不断，更是进一步证明了此碑的意图。是年冬天，作为总镇的陈瑄上奏朝廷，广西贼寇越境，暗指吴琛处事不力：

> 成化十年十二月乙酉 总镇两广太监等官陈瑄等奏："去冬以来，广西贼首韦万什等越界劫广东新会县。那房、上下二洞贼人郑迟等，近构新兴县那假塘宅等地，贼人留劫阳江、麻罩等村，佥事陶鲁领兵抚之，执迷不服。"章下，兵部言："瑄等隐蔽土官莫必胜叛乱重情，而总督军务都御史吴琛虽践任未久，不能论劾，亦依违妄奏，宜并究治。又新会贼徒既已啸聚，恐后渐滋蔓，移文瑄等令督广东游击三司等官桦谋剿捕。"上曰："瑄、琛等姑贷之，令亟弭贼，不得怠玩。"①

从此条材料不难推断，陈瑄与吴琛之间的矛盾异常尖锐，两人均有参奏对方之举。明宪宗最后裁定陈瑄与吴琛均有过失，但两人的矛盾并没有因此了结。成化十一年（1475）五月，陈瑄上疏请求回南京养病：

> 成化十一年五月庚申 总镇两广太监陈瑄乞还南京养病，总兵官平乡伯陈政等仍奏留之。兵部请敕遣医治，瑄疾愈仍前总镇。②

而吴琛亦在不久之后卒于任上。《明宪宗实录》毫不隐晦地指出了吴琛与广东官员之间的矛盾：

> （吴琛）总督两广，承韩雍之后，雍好大张威，颇费财力，然临机应变蛮寇畏之。至琛，矫以俭约，而拘来无远图，复浮躁褊愎，好自矜大，所行多拂人心。卒之日，两广军民幸之。③

《明宪宗实录》将吴琛与韩雍对比，对其在两广时期的宦绩基本持否定态度，认为吴"所行多拂人心"，甚至在死后"两广军民幸之"。

因此，陈瑄与广东主要官员撰立《石门山重建西华寺碑》，有两个主要的意图：其一，对韩雍在两广宦绩的认可；其二，对即将上任的吴琛抱着极不信任的态度，透过立碑向继任者施加政治压力。

## 四、《石门山重建西华寺碑》与两广官员间的矛盾

《石门山重建西华寺碑》所见广东官员对韩雍施政的认可，实际上又引申出另一个重要问题——明中叶两广官员之间的矛盾。与广东官员的态度截然不同的是，广西的重要官员对韩雍并不认可。文章开头已述，韩雍的致仕，就是广西官员弹劾所致。在韩雍任职的末期，两广官员对其评价的差异已经非常大。成化九年（1473），广州府修撰《广州志》。

---

① 《宪宗实录》卷136，台湾"中央研究院"历史语言研究所校勘1962年版，第2545页。
② 《宪宗实录》卷141，台湾"中央研究院"历史语言研究所校勘1962年版，第2629页。
③ 《宪宗实录》卷169，台湾"中央研究院"历史语言研究所校勘1962年版，第3069页。

广州府的官员如是评价韩雍：

> ……公性刚果□□无疑，赏罚明信，号令肃严。故兵之出，咸禀灵于□。席之安者，皆公力也。成此大功，未肯自居推推之，圣明神武所致，同之舜禹周文。事平尤悉处置，地方宁妥，事宜具奏疏。成化五年，以外艰去。公居广四年，恒□节苍梧以控制诸蛮。其留也，广人无不仰之；去也，广人无不惜之，于此足以知公。公在两广，有运筹亭、喜雨亭两堂。在梧有控粤亭、交清轩、瑞竹亭，俱有诗文。其谋谟功烈，则具载运筹、控粤二亭。成化六年，朝廷以两广残贼未尽全剿，复夺情起，公制中。公累辞不允，不得已就道，敕升转右都御史，总督两广军务，便宜行事。公始至奉敕开府苍梧，控制百粤，倚托之重，古今所无。①

广州府官员对韩雍的评价，与明代其他史料略有差异。材料除了指出韩雍平定"大藤峡瑶乱"的功绩外，还讲述其处置地方的能力，这一点是其他史料所没有的。虽然《广州志》的评价为下属之辞，有偏颇的可能，但在修志之时，韩雍已处于政治斗争的漩涡之中，广州府官员不顾及自己的政治生涯而作此评价，只能说明前者对韩雍治理两广的宦绩高度认可。广西官员对韩雍的负面评价，在《明史》中即有清晰地记载：

> 广西镇守中官黄沁素憾雍抑己，因讦雍。且言其贪欲纵酒，滥赏妄费。帝遣给事中张谦等往勘，而广西布政何宜副使张敔衔雍素轻己，共酝酿成其罪。谦还奏，事虚实交半，竟命致仕去。雍洞达闿爽，重信义……两地镇守宦官素骄恣，亦慑息无敢肆。疾恶严，坦中不为崖岸，挥斥财帛不少惜。故虽令行禁止，民得安堵，而谤议亦易起。为中官所龃龉，公论皆不平。②

韩雍致仕的原因是广西镇守太监黄沁与布政使何宜、张敔的弹劾。而三人"共酝酿成其罪"又因其遭受韩雍的打压。三位广西要员均受到打压，明显不是个人矛盾，而是整个两广政治制度存在着结构性问题。两省官员对韩雍评价差异的背后，实际上是两广在利益上存在着深层矛盾。

翻阅明代的史料，关于两广官员间矛盾的记载极为常见。这一矛盾，在正统年间已经初露端倪。时任兵部尚书的于谦在谈论广西"贼情"的奏疏中就提到：

> 照先因广西贼情紧急，本部累曾具奏，行令广东总兵等官董兴等调兵前来会合抚捕，而董兴公然不肯启发，展转捏词具奏，详其所由，盖是两处总兵官不相统摄，彼此颉颃，难于行事。况兵家之事，贵有节制，而军中号令，贵在专一。借使人各异见，岂能并力成功？今两广道路相接，贼寇更为出没，又兼土官衙门数多，若无平日有名望大臣一员总督其事节制两方，未免各相推调，不肯应援，卒难成功。③

从材料可知，明初两广官员各自为政的问题已经相当严重，两者不相统摄，互相推诿。这一情况导致"贼情"日益严重，大藤峡地区的"瑶乱"由是波及两广，严重影响到明朝在南疆的统治。因此，成化六年（1470）韩雍在梧州开设总府，目的就在于解决两广号令不专一的问题。韩雍在《总府开设记》中就写道：

---

① 成化《广州志》卷15，北京图书馆古籍珍本丛刊第38册，书目文献出版社2000年版，第1020页。

② （清）张廷玉：《明史》卷229，清乾隆武英殿刻本。

③ （明）于谦：《忠肃集》卷4，清文渊阁四库全书补配清文津阁四库全书。

……又以少监黄公沁、暨署都督佥事夏正充副总兵镇守广西，都督佥事冯升充游击将军，都指挥杨广、夏鉴、张寿充参将分守诸路，而地方大计，则悉取决于总府。①

而韩雍在梧州开设总府，节制两广官员，背后又有着更为全局的考虑：

梧州府设立总府，驻扎提督两广军务兼理巡抚一节，缘两广地方山川联络，境界毗连，二处贼徒频年窃发。广东借广西之兵力，广西亦借广东之钱粮，彼此相资利害相关。②

韩雍希望透过总府制度施行"以广东的钱粮供养广西之兵"的理念，集中财政权、军事权及行政权，解决两广不相统属的问题，进而从根本上解决瑶人越境"作乱"的问题。而两广总督要获得足够的财政来源，就必须依靠盐法的改革。黄佐在嘉靖年间总结这一时期的盐法时，如是写道：

天顺、成化以前至都御史叶盛、韩雍……并臣等相总督军务于此，因地方连年用兵，钱粮无处出办，商贩私盐数多，执难革而法难行，所以或奏请施行，或便宜处置，而有此盐利之征也。法之立于行盐地方，各立盐场，广西则于梧州，广东则于韶州南雄、肇庆、清远。商人到彼投税者，正盐一引带余盐六引，正盐一引抽银五分，余盐一引抽银一钱，余盐一引更有多余盐斤，许令自首，免其没官，每一引令其纳银二钱，此盐法之大概也，相沿行三、四十年，（商贾）通融，府库充实。地方逐年用兵剿贼，买粮赏功等项，甚为有赖！③

韩雍对盐法改革的关键，在于鼓励广东盐商越境至广西卖盐，正盐、余盐分别征收数额不等的盐税。这一改革实质上是废除了明初以来的开中法，广西的军饷改由两广总督统一调拨，广西官员的权力由是严重受到两广总督节制。因此，这一变革严重触犯了广西地方官员原有的利益。从明初开始，广西的地方官员开始勾结土司，贩卖私盐以获取暴利。如在正统年间，广西总兵官柳溥就因贩卖私盐而受到弹劾：

广西总兵官安远侯柳溥违法被弹。上封其章以示溥而宥其罪，仍命有司追溥所受银器及家人贩盐价。溥祈免，乃贷之。④

有明一代，广西因贩卖私盐而受到弹劾的官员不在少数。柳溥的儿子柳景在弘治年间又因贩卖私盐而受到时任两广总督的秦纮弹劾：

臣至两广，闻地方之害有二：总兵官、征蛮将军安远侯柳景侵夺民利，欺瞒官课，剥削贪婪，私通夷交易番货，党助土官滥杀无辜……两广军民终无安日。⑤

柳溥父子先后因同一问题而被弹劾，足以证明广西官员贩卖私盐的普遍性。秦纮在弘治三年（1490）更是直接指出：

① （明）韩雍：《襄毅文集》卷9，清文渊阁四库全书。

② （明）章潢：《图书编》卷49，清文渊阁四库全书。

③ （明）黄佐：《两广盐利疏》，《明经世文编》卷234，明崇祯平露堂刻本。

④ 《明英宗实录》卷75，台湾"中央研究院"历史语言研究所校勘1962年版，第1457页。

⑤ 《明孝宗实录》卷31，台湾"中央研究院"历史语言研究所校勘1962年版，第694页。

两广总镇等官多纵私人以扰商贾，居私家以理公政，滥杀无辜，交通土官为奸，请严加禁绝……①

有明一代，两广总督与广西官员互相弹劾的情况为数不少。而这一现象的背后折射出了明代两广总督制度运作的困境。通过上述的梳理，我们可以看到，在大藤峡地区"瑶乱"日渐严重的背景下，两广官员因互不节制而相互推诿，由此形成了两省官员间的制度性矛盾。韩雍在梧州开总府之后，广西官员的权力受到了两广总督的节制。同时，又因盐法的改革，广西官员的利益严重受损。与此相反的是，广东则因总府的开设而获益。开府之后，两广政府在军事权、行政权及财政权上的集中，有效控制了"瑶人"越境的问题。

因此，《石门山重建西华寺碑》在更深层次上反映的是两广总督、广东官员与广西官员之间的深层矛盾，而这一矛盾又基本贯穿了整个明代。

# 五、余论

在明代的华南区域历史里，成化是一个尤为关键的年份。大藤峡"瑶乱"平定后，两广的政治格局与政治秩序发生了重大调整。作为封疆大臣，韩雍在军事行政上的一系列措施，对明代中后期华南区域社会的转型产生了深远的影响。明中后期以后，珠江三角洲宗族社会的构建，无疑直接受益于韩雍改革后广东地方社会的稳定。但是，这些改革却在另外一方面又强化了两广官员在成化之前已有的矛盾，并使其变得更加复杂。将《石门山重建西华寺碑》放在这一宏大的背景下解读，我们看到了一幅呈现两广官场复杂政治关系的历史画卷。而这幅画卷的背后，就是两广总督制度运作机制的问题。这一套依赖于韩雍个人才能与声望建立起来的制度，在成化中叶，已经初现危机。吴琛的不受待见，预示着两广总督制度在明代中后期将面临的困局。关于这一问题，笔者以后将专门撰文论述。

---

① 《明孝宗实录》卷38，台湾"中央研究院"历史语言研究所校勘1962年版，第801页。

# 明代广东石头霍氏家族研究

## ——以霍韬的宗族建设为中心

沈佳嗳　吴　青

　　明代是新宗族形态承前启后的重要历史时期，也是宗族建设在全国范围迅速发展的时期。正德、嘉靖年间，佛山霍韬的宗族建设是珠江三角洲最早整合宗族的尝试，在此之后，其他家族纷纷走上了整合宗族的道路，推动了珠江三角洲士绅化的进程。学界关于石头霍氏家族的研究比较薄弱，霍氏家族在明清研究珠江三角洲地区社会著作中被屡次提及，但至今缺乏系统的研究①。常建华认为明代宗族研究的最大问题是资料占有太少，最大宗的资料是族谱，而忽略了明代士大夫的文集中丰富的宗族资料。霍韬的《渭厓文集》中有大量关于其宗族建设记载，但以往研究者不够重视。故本文主要以《石头霍氏族谱》《霍渭厓家训》《渭厓文集》《石头录》为主，辅以地方志、官方记载等，以霍韬的宗族建设为中心，系统探讨明代石头霍氏的历史。

# 一、霍韬与石头霍氏家族

　　霍韬，字渭先，广东南海人，正德九年（1514）进士。生于成化二十三年（1487），卒于嘉靖十九年（1540），终年54岁。官至太子少保、礼部尚书，掌詹事府事，谥号文敏。他和梁储，方献夫，并称为明代南海"三老阁"，是当时南海士大夫中官品最高的官员之一。霍韬中进士之时，江彬等人横恣妄为，他在回家成婚之后便归隐西樵山，并没有得到重用。正德十六年（1521），明武宗驾崩，因其没有子嗣，又没有同胞兄弟，由兴献王之子朱厚熜，即武宗堂弟继承皇位。嘉靖帝在初继皇位之时，为其父母争取礼制上的正统地位与朝臣发生争执。朝臣分成主继嗣和主继统两派，大礼议遂起。朝臣多以主继嗣之说，此时，霍韬上《大礼疏》，支持考兴献王。嘉靖帝"得疏甚喜"②，在"大礼议"议成之后，霍韬得到皇帝的宠信，"应召而起，咸获登用"，此后官运亨通。

　　霍韬在嘉靖六年（1527）重返京城任职后，从主事兵部职方司升到詹事府少詹事，兼翰林院侍讲学士，几个月后又升詹事府詹事、翰林学士。嘉靖七年（1528），更是"宠遇

---

　　① 罗一星：《明清佛山经济发展与社会变迁》（广东人民出版社1994年版）；科大卫著，卜永坚译：《皇帝和祖宗：华南的国家与宗族》（江苏人民出版社2010年版）在个案分析时，作者论述了石头霍氏的显赫的功名。储卉娟：《家国互构：社会史视角下的明代"大礼议"——以霍韬为切入点》（《社会学评论》2016第4期）研究以霍韬为代表的明代士大夫对宗族的建设。于海舒：《霍韬吏治思想研究——以〈渭厓文集〉为中心》（东北师范大学硕士论文，2015年）探讨霍韬吏治思想的特点及其与明代政治状况的联系。付新：《礼臣与乡宦——霍韬（1487—1540）研究》（东北师范大学硕士论文，2009年）从霍韬作为礼臣和乡宦这两种身份的角度进行研究；任建敏：《从"理学名山"到"文翰樵山"》（广西师范大学出版社2012年版）论述霍韬四峰书院与宗族建设，不足的是没有用到《石头霍氏族谱》。

　　② （明）霍韬著，霍与瑕增辑：《石头录》，广西师范大学出版社2015年版，第138页。

日隆", 除了升官之外, 皇帝更是下诏书给霍韬家人 "给诰命"。一年之内, 霍韬升至礼部尚书兼翰林学士、掌詹事府事, 居正二品的显要之职, 晋升速度甚快, 可反映出霍韬在大礼议之时的表现深得嘉靖帝之欢心。而石头霍氏的宗族建设, 正是从家族的首任官员霍韬之手开始的。

霍韬在溯祖寻源时, 谓 "我祖得姓实自霍叔, 食封于霍邑"①。石头霍氏如何由晋入粤的说法未知, 霍韬对于自己先祖从中原移民到南海的传说抱有怀疑态度, 所以他在记叙先德时显得非常谨慎, 只采入 "有知祖"。霍氏从始祖到六世, 可稽的家族历史只有百余年, 通过霍韬的记载, 可知他的先祖都是极为普通的底层百姓, 创业艰辛。或许石头霍氏仅为众多南迁移民中的一家, 而并非起源赫赫有名的太原霍氏。

霍氏家族转机出现于霍韬正德九年 (1514) 高中进士之后。学者科大卫称石头霍氏为 "暴发户", 事实确实如此。石头霍氏的始祖霍刚可在元末因 "粮役没身"。霍家起家于二世祖霍义, 号椿林, 明洪武初, "业焙鸭, 日得利什百, 遂起家"②, 时人称 "霍鸭氏"。霍韬的三世祖霍元珍, 因嗜酒得疾, 早早去世。正统己巳年 (1449), 广东爆发黄萧养事变, 霍家历四世积攒的家业基本被付之一炬, 地方社会也是 "时人无储, 食野禾。" 霍家也不例外, 全家 "惟畜牝牛二, 牝豕三。岁时滋生, 月入牛豕之孩, 遂以起家"。霍家先祖不仅经营养殖业, 还在市场上贩卖商品, "昼则鬻布于市, 暇则做扇, 市取直"③, 以此重整家业。霍韬的父亲霍华是个老实人, "性孝友, 与物无忤", 能 "教子读书, 以圣贤为的。"④其家 "素贫", 有五个儿子, "田不满四十亩"⑤, 科大卫推断: "霍韬的家族, 最初是个比较小的家族……他眼中的族人, 可能只有几家……大概不超过四十人。"⑥

## 二、追求私利: 霍氏拓充族产活动

由上文可知, 霍氏在霍韬任官前是一个小家庭, 家贫, 以致霍韬十九岁才进入私塾。在霍韬入仕后, 霍氏积极拓产, 集聚了大量的财富。霍韬于嘉靖五年 (1526) 归隐居家, 行合爨, "自合爨后, 所置产业悉与同祖子孙共之"⑦。通过嘉靖八年 (1529) 霍韬所增润的《家训前编》, 可知当时霍氏共有的族产包括由霍氏族人自己耕种的直营田和出租给佃农的租佃田; 商业方面有石湾窑冶, 佛山炭铁, 登州木植。霍韬任官后, 霍氏的族产迅速的膨胀, 甚至插手开采矿石、售卖私盐、占据渡口, 并抽取地头税、经营沙田等活动。嘉靖十二年 (1533), 霍韬居丧期满再次出山为官, 任吏部左侍郎的要职, 这个期间霍氏的活动最活跃。霍韬次子与瑕说: "先文敏尚书当其为吏部时, 气焰烜赫, 若佛山铁炭, 若苍梧木植, 若诸县盐蹉, 稍一启口, 立致富羡。"⑧那么, 霍氏是用什么手段实现短时间的

---

① (明) 霍韬:《霍渭厓家训》, 广西师范大学出版社2015年版, 第215页。
② (明) 霍韬:《霍渭厓家训》, 广西师范大学出版社2015年版, 第216页。
③ (明) 霍韬:《霍渭厓家训》, 广西师范大学出版社2015年版, 第220页。
④ (明) 霍韬:《霍渭厓家训》, 广西师范大学出版社2015年版, 第206页。
⑤ (明) 霍韬著, (明) 霍与瑕增辑:《石头录》, 广西师范大学出版社2015年版, 第122页。
⑥ 科大卫著, 卜永坚译:《皇帝和祖宗: 华南的国家与宗族》, 江苏人民出版社2010年版, 第150页。
⑦ (明) 霍韬著, (明) 霍与瑕增辑:《石头录》, 广西师范大学出版社2015年版, 第178页。
⑧ (明) 霍与瑕:《霍勉斋集》卷22,《寿官石屏梁公偕配安人何氏墓碑铭》, 明万历十六年霍与璲校刻本。

财富增殖？有研究指出：明代后半期，乡绅由于有优免特权并与地方官府勾结，接受诡寄，或者减价购买土地以增殖家产①。石头霍氏亦是如此，利用特权增殖族产。

嘉靖九年（1530），霍韬因母亲梁氏去世，回乡守孝三年。在此期间的嘉靖十一年（1532），发生了广东按察司佥事龚大稔弹劾方献夫及霍韬事件。具载《明世宗实录》，如下：

> 广东按察司佥事龚大稔劾奏吏部尚书方献夫及守制詹事霍韬言，献夫以阴鸷之资，纵溪壑之欲。而韬又以刚狠翼之，各任亲族盘结党与，侵夺盐利，笼络货权，分据要津，并为垄断，毁官署移巡司，以便其私，夺禅林，攘寺产，而擅其利。在二臣犹为细事。……韬居南海，乃受高要县民投献，而争过沙塘，致伤人命。臣理官也。据法以塘归主，以杀人者抵罪。韬乃取狱词标榜名曰：俗毒牍。解送臣胁使翻案。夫韬居丧未禫，方闭门读礼之不暇顾，乃纵奴周利，日与细民竞刀锥，已非大臣体。而又注解刑书，饰奸掩诈，而谓仁人孝子忍为之耶。韬又尝以书致抚臣林富谓献夫直欲上闻。韬曰，且无然，恐再起大狱，延衣冠祸。夫大狱出自朝廷，非大臣可以行威福。诚如韬言，是天下衣冠死生祸福皆悬二臣之手。臣为陛下守法，一死何憾。诚不忍以朝廷之法资奸人口实。②

《明史》言及此事，龚大稔指控方献夫③，词连霍韬。方、霍二人为亲家，又是好友，联系密切。上述控词细数了方、霍二人居乡不法之事：一、私下售盐，侵夺盐利；二、控制货物交易的权力，占据并垄断重要的码头；三、干涉地方官员的办案意志，以便其私；四、霸占寺庙，攘夺寺产。龚大稔详举霍韬居乡期间，接受高要县民的投献，争夺沙塘，伤及人命一案。但嘉靖帝听信方献夫的辩解，方、霍二族毫发无损，龚大稔反而被削为民籍。事关人命问题，若正如方献夫所言是龚大稔诬陷，他得罪二位当时煊赫的大臣，自毁前程意义何在？霍氏被指控之事似非空穴来风，下文将逐一分析。

### 1.卖盐做矿

有明一朝，盐法极严，在国家专卖下，私盐自始至终为朝廷所严禁。洪武初《大明律·盐法》十二条均严禁私盐。《明史·食货志》载洪武年间"鬻盐有定所，刊诸铜版，犯私盐者罪至死。"④尽管盐法极严，在利益的驱使下，私盐却愈演愈烈。嘉靖年间，盐法大坏，夹贩私煎的私盐活动大行。"洪武二十七年令：凡公、侯、伯及文武四品以上官，不得令家人、奴仆行商中盐，侵夺民利。"⑤然而从事私盐活动很多恰恰是知法犯法的官员家人。霍氏便是其中之一。霍韬家书记载其族人"又去卖盐，又开银矿，又去做沙，皆不知足也。"可知龚大稔所言非虚。霍韬所用"又"字，可推断出霍氏卖盐并非一二次。霍韬作为明王朝的高官，家人犯下贩卖私盐如此重罪，霍韬只是口头上指出"卖盐做矿必置

---

① [日]井上彻：《商业化、城市化、儒教化的潮流和家的上升——以南海县深村堡的霍氏为例》，见高瑞泉、[日]山口久和主编：《中国的现代性与城市知识分子》，上海古籍出版社2004年版，第92页。

② 《明世宗实录》卷140，嘉靖十一年七月丁未，台湾："中央研究院"历史语言研究所1962年版，第3272—3273页。

③ 方献夫：南海人，字叔贤，号西樵。弘治十八年进士，官至吏部尚书。

④ （清）张廷玉等撰：《明史》卷80《食货四》，中华书局1974年版，第1935页。

⑤ （明）申时行等修：《明会典》卷34，商务印书馆1936年版，第959页。

法之不许，解救愈解，此处行之愈急，是速致之死也。"①实际上，霍氏并没有受到什么处置。

不仅如此，霍氏还在西樵山私自采矿，按《大明会典》，私自开采矿石，发边充军。但在利益的驱使下，各地盗矿之事屡禁不止。霍韬曾写家书给郭肇乾②说："西樵铅矿事，新巡按决禁，但不知近何如？邵公云：不闻有矿否，只磐石便相应禁。"③考《广东通志·名宦》有载"邵幽，嘉靖六年以御史按广东，兴利革弊不遗余力，闻西樵石矿奸民擅利，害及丘垄。前巡按屠应坤奏禁，而御史徐相封禁未力，幽遂与总制尚书王守仁复前议，请明旨而禁之。"④则霍韬所言邵公为邵幽，邵幽巡按广东为嘉靖六年（1527），推断霍韬此信应写于嘉靖六年（1527）或嘉靖七年（1528），此时的霍韬在官场正值上升期。他对巡按绝禁西樵开矿事异常关切，似与其家人有关。果然不久后，霍韬写信指责霍氏的家长霍隆治家无方，言及："昨禁石，官法也。乃随众号石，致丹山起人来哄，又书来诉佃业被霍家兄弟胁制，为不平耳云云。"⑤霍氏随众号石，采石生事，实证霍氏确有在西樵山开矿行为。

霍氏采矿等不法行为如何，家书没有涉及，细节可参考屠应坤《禁西樵等处采石疏》称："切见广州府南海县地方有西樵……等处，先因乡民在山凿石，后遂凿得铅矿。奸民嗜利，因投充各衙门私匠行头名色，办纳月钱……事属违法。……或倚称乡宦势要，或诈冒各衙门匠役。……庶奸民不得假名射利，官属不得因公济私，权贵不得饵贿兆衅，豫绝祸根，为久远图。"⑥开采矿石，官民勾结，它的背后是奸民的假名射利，衙门的因公济私，权贵的饵贿兆衅。霍氏作为当时煊赫一方的豪族，想必也是通过假借霍韬这个高官名声而得到的一些特权与便利，继而贿赂官府，与衙门勾结，以便获取私利。

2.分据要津

嘉靖二十八年（1549）广东布政使司分守岭南道左参政项乔禁令：

> 近又查有势宦乡豪于墟市埠头交易凑集去处，或多开店面，或多搭捲蓬，或代出架阁。类先夤缘立为墟主。每岁愿纳银在官，听其取民顾赁之利，官府利之，而不知其害。往往给帖与之，彼即依凭恣肆，无时无处，不任意抽分。虽柴米鸡豚之常资、油盐酱酢之末品，亦无不厚收其税焉。……其外又有一等势豪不假官府下帖为重，自为墟主武断乡曲，明称某都堂某公卿某科道某部属等府，白眼横行，抽取小民货物。若不服明朝管束者，若不知人间有羞耻事者，尤为可恶。此则某官家人子侄假托之为求。必某官明知而故纵之也。借使明知而故纵之，官府又惜情顾势，怀谗畏讥，而不为厉禁。民将何所措其手足哉。然则何贵吾而为民上者哉。此大乱之道也。夫势豪所

① （明）霍韬：《渭厓文集》卷7《与冢山书十一》，《四库全书存目丛书》集部第69册，齐鲁书社1997年版，第168页。

② 郭肇乾、字体刚，号冢山，广东南海人，湛若水弟子，后帮霍韬主持四峰书院事务。

③ （明）霍韬：《渭厓文集》卷7《与冢山书六》，《四库全书存目丛书》集部第69册，齐鲁书社1997年版，第166页。

④ （清）金光祖修：《广东通志》卷14《名宦》，清康熙三十六年刻本。

⑤ （明）霍韬：《渭厓文集》卷7《与冢山书六》，《四库全书存目丛书》集部第69册，齐鲁书社1997年版，第166页。

⑥ （明）刘廷元：《南海县志·艺文志》，《屠应坤禁西樵等处采石疏》，明万历刻本。

恃者，官府为之蔽盖而已。若官府不得已而发其奸，军民何所惮，而不与之敌。或曰：广民多懦，其畏乡商官尤甚于司府，谚有之曰：不怕篱步。只篱件言，司府业任满即去，乡官常在，终能祸福之也。民之畏之，谁敢言者。①

这份禁令详细地记述了嘉靖年间，在地方官员的默许下，广东的势宦乡豪霸占墟市、埠头的管理权，从事各项买卖，并对各种商品收取私税，垄断市场的情况，广东乡民深受其害，却敢怒不敢言。霍氏家族正是这种势宦乡豪的典型代表。

霍韬家书中提到："分水头地②只可做房，与人赁住，本家却不可在此抽地头钱物，及假借人声势做各项买卖，必招大祸。"③可知霍氏在汾水头取得了权益。汾水正埠码头被称为"佛山的咽喉"，重要地位不言而喻，霍韬家书中的分水头正是龚大稔所指的"要津"。家书声明汾水头地只可以建房子出租，不可以在此处抽地头钱物，假借霍氏作为官宦之家的声势从事各种买卖。霍韬苦口婆心地劝诫说："赵丹山未到，如到京，有别说话，我就拈笔退此田，与他决不要。"④从侧面证实霍氏在汾水码头从事各项不法行为。而霍韬另一封家书指责家人"乃闻又去布政司取椒票，是何道理？"⑤"椒票"不知为何物，考《福州府志》引明代何乔远《闽书》记载，弘治年间进士陈珂"转左布政使，设振贷法，定县役之条，宽舶商椒票之征。"⑥可推测椒票或许与行船商货有关，可能是一种征收税款的凭证，霍氏三番五次去布政司取椒票，或许与霍氏在汾水正埠码头从事的活动有所关联。

直到清前期，霍氏还将汾水埠作为祖业。为此，雍正九年（1731）官府颁布汾水头《官埠碑示》，其中涉及霍氏十一世祖"宦孽霍文元等控占佛山忠义乡汾水正埠渡头"，"汾水渡头乃往来官埠，固不得指为霍姓税业，即闸内一亭地居中央，亦不得引为霍姓祖遗也。"⑦据《石头霍氏族谱》记载，霍文元，字贯三，生康熙乙亥八月，广东乡试武举人⑧。霍文元称汾水头为"霍姓祖遗"，可知霍氏对汾水头的控占一脉相承。正如上文项乔所说的"乡官常在，终能祸福之也。民之畏之，谁敢言者。"势宦乡豪为害乡里程度之深，不言而喻。

3.攘夺寺产

嘉靖初，"广东提学魏校以毁淫祠为名，毁诸名刹，其田数千亩，尽入方西樵、霍渭厓诸家。镆至广，命追夺还官方，霍恨甚，至是遂与张、桂合议排之。"⑨当时方献夫、霍韬等高官之家通过"毁淫祠"获得大量寺田。值得注意的是在毁淫祠后的嘉靖六年（1527），霍韬向朝廷推荐官员，魏校赫然有名⑩，时间上的巧合，不得不让人怀疑魏校是否在广东任官时给了霍氏家族一些好处，石头霍氏在此次毁淫祠活动中获利匪浅却是

---

① 黄佐：《广东通志》卷25《民物志六·墟市》，广东省地方史志办公室誊印1997年版，第609—610页。

② 清同治元年南海石头书院刻本作"汾水头"。西江在佛山西北20里的王借岗处分为两个支流，流经佛山的支流称为汾水，汾水头是汾水中最深的一处，作为码头最为合适。

③ （明）霍韬：《渭厓文集》卷7《家书》，《四库全书存目丛书》集部第69册，齐鲁书社1997年版，第173页。

④ （明）霍韬：《渭厓文集》卷7《家书》，《四库全书存目丛书》集部第69册，齐鲁书社1997年版，第173页。

⑤ （明）霍韬：《渭厓文集》卷7《家书》，《四库全书存目丛书》集部第69册，齐鲁书社1997年版，第172页。

⑥ （清）徐景熹修：《福州府志》卷46《名宦一》，乾隆二十一年刻本。

⑦ （清）吴荣光：《佛山忠义乡志》卷13《官埠碑示》，道光十年序刊本。

⑧ （清）霍绍远，（清）霍熙：《石头霍氏族谱》卷3，清光绪二十八年睦敬堂刻本。

⑨ （明）雷礼辑：《国朝列卿纪》卷107，明万历徐鉴刻本。

⑩ （明）过庭训：《本朝分省人物考》卷110，明天启刻本。

事实：

> 大宗祠地原系淫祠。嘉靖初年，奉勘合拆毁发卖，时文敏公（霍韬）承买建祠。嘉靖初年又奉勘合，拆毁寺观。简村堡排年呈首西樵宝峰寺僧奸淫不法事，准拆寺卖田。时文敏公家居，承买寺田三百亩，作大宗蒸尝。①

石头大宗祠原是淫祠，由霍韬承买建祠，不久西樵山的宝峰寺"僧奸淫不法事，准析寺卖田"，霍韬承买寺田三百亩，将其作为大宗祠蒸尝，霍氏通过这种方法占有大量寺田。《石头录》记载，在嘉靖二年（1523）六月二十一日，霍韬"移家入西樵"，根据霍韬门人沈应乾的注释：

> 嘉靖初，督学魏公校大毁淫祠，西樵山宝峰僧以奸情追牒，寺在毁中。邑人黄少卿承买，公以寺在西庄公（霍韬父）墓左，与兄弟备价求得之。至是，移家居焉。

可以看出，此次承田有些波折。宝峰寺的寺田先是被同乡人黄少卿承买，霍韬以其父墓在附近为由买下。黄少卿为何将已经得来的土地转手给霍家，其中缘由已经不得知了。后来这次买田似乎招致了一些质疑，此后南海一直流传关于霍韬抢占宝峰寺的传说。例如"霍尚书亦尝取寺基为宅，浼县令逐僧，僧去，书于壁云：'学士家移和尚庙，会元妻卧老僧床。'"②当时霍韬迁入西樵山引发了质疑，以致霍韬次子霍与瑕在修纂家谱时特意提到这件事情：

> 西樵书院、御书楼坐四峰山上，系嘉靖五年丙戌十月十四建，先是九江乡宦黄重承作为馆舍。文敏公葬山时，乃具书黄家求作行祠，往来书札现在录，于此以折浮议。毋致奸人谓："占寺作祠"，子孙不可不知也。③

霍与瑕在万历年间开始著家谱，当时已有舆论称霍氏"占寺为祠"，引起霍与瑕的注意。由此推测霍韬承买宝峰寺田并非那么光明磊落。

当时霍韬买得宝峰山的寺田的价格应该非常低廉，以致在霍韬去世后的几年，没有了礼部尚书高官的庇护，有司两度将此处寺田"复奉勘合发卖增价"，与瑕、与瑺，霍韬两位官位最高的儿子因寺田的税额过高而向有司诉求减饷：

> 嘉靖十九年，文敏公薨。二十一年，寺田复奉勘合发卖增价，佥事与瑕，分宣与瑺增价买回，内将二顷入祠堂，将五十亩入社学，五十亩赡族。嘉靖三十九年，复奉勘合增价，瑕、瑺兄弟哀诉于两广郑军门，行府县议减纳饷，乃得为祭祀。计田二顷，僧米十石七斗，又加虚税粮二石七斗。所入甚薄，而粮差甚重，每岁春秋祭祀外存积不多，与瑕虑寺田终有更变，乃樽缩前租，买到简村堡田数十亩，永做大宗蒸尝。④

从这一细节可以看出，石头霍氏确实利用霍韬的特权，通过魏校毁淫祠活动而以低价获取诸多寺田，充实霍氏的族产。

---

① （清）霍绍远，（清）霍熙：《石头霍氏族谱》第1册，广西师范大学出版社2015年版，第73页。
② （明）蒋一葵：《尧山堂外纪》卷96，《续修四库全书》第1195册，上海古籍出版社1996年版，第167页。
③ （明）霍绍远，（明）霍熙：《石头霍氏族谱》第1册，广西师范大学出版社2015年版，第75页。
④ （明）霍绍远，（明）霍熙：《石头霍氏族谱》第1册，广西师范大学出版社2015年版，第75页。

### 4.开发沙田

嘉靖年间正是珠江三角洲开发和发展期，其中沙田开发的问题值得关注，这与霍氏增殖族产有密切关系。谭棣华的研究认为沙田的含义相当广泛，它不仅仅局限于可耕作的冲积田地而言，凡是一切淤积涨生的田坦均属沙田范畴。诸如围田、潮田、桑田、桑基、葵田、葵基、渔塘、草坦、水坦、单造咸田、荒田、洲园、鱼塭、蚝蚬塘坦等，均属沙田之内①。明中期关于沙田的法律不完善，所有权不明确，导致珠江三角洲时常发生争夺沙田的诉讼。霍韬曾就沙田问题发表看法："东莞、顺德、香山之讼，惟争沙田，盖沙田皆海中浮涨之土也，顽民利沙田交争焉。"针对所有权不明的沙田纠纷时，霍韬建议争讼沙田所有权收归官府，"官召民承买，而取其价以供公需。"②然而，霍氏也参与沙田的开发与竞争。上文龚大稔指控霍韬接受高要人的投献，争过沙塘一案是霍氏争夺沙田利益的一个案例。霍韬家书多次劝诫霍氏不可再开发沙田：

> 予累有戒谕。今后田土不许再经营了，沙田不许再做了，家业不许再增了。如何又与人做香山沙，可是不遵戒谕。③

嘉靖年间的《安溪县志》记载说"寄，寓也。得业之民，原非土著，以其寓居于田庄者而立户。"④霍氏所经营的香山沙是在外香山县购买的土地，属于寄庄田的范畴。嘉靖《香山县志》载："本县沿海一带腴田，各系别县寄庄，田归势豪。则田畔之水埠，海面之罾门，亦将并而有之矣。"⑤当时香山沙田的开发十分兴盛，几乎被番禺、顺德、南海的势族占有，霍氏就是其中之一。当时关于沙田的法律不明确，小民的利益很容易受到侵害，因此有些农民认为，直接向国家纳税倒不如把土地投献给乡绅以免除赋役，于是他们选择了自身成为佃户确保土地的耕种权。结合龚大稔之说，霍氏获取沙田可能是接受投献。家书提"有引做田人，此处访问""肇庆人来哄去干崇报田"等，当时存在土地中介人的角色，给霍氏提供了"待有田即与买给"的便利。霍韬家书所言肇庆人与龚大稔提到高要县民暗合，又给霍氏接受投献添一佐证。另外，霍氏还利用其特权，以低于市场的价格购买土地。《家书》说：

> 我家买田凡减价者与璞皆与访实，召原主给领原价，勿贻后患，就无后患。亦折子孙承受，不得为补欠价。只查山中书院递年所收租银，将两年所积就可补足。如兄弟不听我言，听尔所置之田自利自保，我决不肯为此。⑥

霍韬让长子与璞走访查实霍氏"减价买田"的情况，并按原价付钱给卖主。为补上缺价，霍韬命令家人查得四峰书院递年所收租银，用两年的积余可补足，推测霍氏减价买田的数目应该不在少数。

---

① 谭棣华：《清代珠江三角洲的沙田》，广东人民出版社1993年版，第6页。

② （明）霍韬：《渭厓文集》卷10《两广事宜》，《四库全书存目丛书》集部第69册，齐鲁书社1997年版，第323—324页。

③ （明）霍韬：《渭厓文集》卷7《家书》，《四库全书存目丛书》集部第69册，齐鲁书社1997年版，第173页。

④ （明）林有年：《安溪县志》卷1《舆地类》，嘉靖三十一年刊本。

⑤ （明）邓迁修，黄佐纂：《香山县志》卷3，《政事志》，嘉靖二十七年刻本。

⑥ （明）霍韬：《渭厓文集》卷7《家书》，《四库全书存目丛书》集部第69册，齐鲁书社1997年版，第177页。

# 三、霍韬的宗族建设

霍韬作为石头霍氏的实际管理者，对霍氏拓产活动了然于心。实际上，霍韬一开始并不反对霍氏拓产，甚至在早期还参与其中。然而，霍氏一再膨胀的欲望引起了一部分乡人、士绅及广东官员的不满，以龚大稔为代表的官员的控告，既是亲家又是当时南海士大夫一员的冼桂奇对霍氏所行不法之事的规警，使得霍韬不得不反思霍氏活动。随着霍韬在官场的浮沉，其与夏言为代表的官僚的矛盾愈发严峻，霍氏的居乡不法事时常被霍韬政敌利用，并成为攻击霍韬的武器，这不仅会影响霍韬仕途，甚至有覆宗绝嗣殃及全族的危险。他在回复冼桂奇[①]的信中说："家中兄弟皆农人，不识礼，小有势便妄自恃，妄作过恶，此庸态也。况亲戚朋友又从谀媚，几何不自造罪罟纳身其中也。"[②]一针见血地指出了霍氏所为不法的结症所在，这也是他的切实之感。为了纠正家族行为，霍韬在考取功名之后，他试图通过儒家礼法的教化，以此规诫家人追求私利的活动，从而陆续施行了一系列的宗族建设，最终达到"保家"的目的。霍韬的宗族建设主要包括建宗祠、兴书院、制家训和构建婚姻网络四个方面：

1.建宗祠

霍氏大宗祠建于嘉靖四年（1525）。

> 大宗祠地原系淫祠。嘉靖初年，奉勘合拆毁发卖，时文敏公（霍韬）承买建祠。嘉请初年又奉勘合，拆毁寺观。简村堡排年呈首西樵宝峰寺僧奸淫不法事，准析寺卖田。时文敏公家居，承买寺田三百亩，作大宗蒸尝。[③]

霍韬将土地划拨到供奉祖先的祠堂名下，转化为宗族公共财产，供奉霍氏"始高曾祖考妣主"，是维持家族制度的主要经济支柱。霍韬理想的家族秩序是"同居共食"[④]，霍韬更是在"合爨"后将自己"所置产业悉与同祖兄弟子孙共之。"[⑤]现石头霍氏家庙侧壁有一块清嘉庆十五年（1810）碑铭："本宗尝业，向在西樵、金瓯、大桐、九江等处，共税一百六十四亩零，系六世祖文敏公送出，以为蒸尝留祭之用，历数百年收租奉祀无异。"[⑥]可知嘉靖时期霍韬送出的西樵、金瓯、大桐、九江蒸尝田历经明清两朝三百多年还在经营。

霍韬十分重视宗族的祭祀，不仅为宗祠置办专供祭祀的蒸尝田，还设立"宗子"主祭祀。霍氏的宗子与家长并不混为一体，宗子能否成为家长要看其有无贤能。霍氏家族拥有大量的族产，管理家族并不简单。而宗子更倾向于是一个礼仪的象征，在祭祀时起着特殊的作用。宗子作为宗族的象征，宗子的培养对于霍氏来说十分重要。据《石头霍氏族谱》记载，石头霍氏到了四世祖厚一这代已经分居。而霍氏家族的宗子并非从始祖长房长子，而是以他父亲西庄公的支系作为标准。他哥哥霍隆在合爨之后担任了霍氏第一任家长兼宗

---

① 冼桂奇：字奕倩，号少汾，一号秋白。南海人。嘉靖十四年进士，与霍韬为儿女亲家。

② （明）霍韬：《渭厓文集》卷7《与冼奕倩》，《四库全书存目丛书》集部第69册，齐鲁书社1997年版，第162页。

③ （清）霍绍远，（清）霍熙：《石头霍氏族谱》第1册，广西师范大学出版社2015年版，第74页。

④ （明）霍韬著，（明）霍与瑕增辑：《石头录》，广西师范大学出版社2015年版，第153页。

⑤ （明）霍韬著，（明）霍与瑕增辑：《石头录》，广西师范大学出版社2015年版，第155页。

⑥ 该碑现在石头村霍氏家庙侧壁。

子。霍隆长子霍与重作为下一任的宗子，是霍韬重点培育对象，重视程度甚至超过了自己的儿子。早在嘉靖六年（1527），霍韬便将自己当时出生的几个儿子婚事定了下来，其中霍与重是霍韬侄子中唯一由他亲自出面下聘的①。

不仅如此，霍韬在家书中多次问及与重的学业，当时霍韬官至詹事府詹事，考满三年可以荫一位子侄。霍韬以"家中自合爨以来，田土布粟皆伯兄振先主之。""祖先福泽不敢私吾子，吾子勿预。"②与重作为霍氏的宗子，霍韬希望他"当官之以奉祭祀"。但与重不贤，"才不堪官"。嘉靖十三年（1534），霍韬写信回家：

> 予五月初二日考三年满，该荫一人入监，前日要斥出与重，不荫他，思之各子侄皆未知谁可荫者。③

最终的处理方式是"乃自重弟与球以下诸侄十数人书名至筒中告于祖考卜之，得与球吉。奉旨入监读书，后历仕三十年，所至以廉慎称。"④

宗祠是宗族活动的重要场所，供奉祖先灵位，神圣不可侵犯，宗族的所有重大的事情都在祠堂举行，维系着宗法的执行，是宗族权力的象征，祠堂的地位非常重要。科大卫在《明清社会礼仪》中认为宗族的普及，得力于两种制度，即白纸黑字的族谱和被称为家庙的符合官方规制的祠堂⑤。以霍氏家族为例，祠堂不仅是祭祀祖先的场所，还是霍氏"考功最"和"会膳"举行的场地。宗族内部议事，对于个人或者集体的处罚或嘉赏、宗族的教化，宣读宗族重大事件决定等都是在祠堂。在祖宗赋予的神圣权力之下，祠堂变成宗族行使宗族权力的舞台，一切宗族活动几乎都与祠堂紧密相连。建立宗祠是将宗族的管理与祖先联系起来，在儒家理学思想的包装下，通过血缘关系，赋予家族管理者"家长"管理宗族的权力。

2.兴书院

霍氏的教育场所有两处，一处在石头乡的石头书院，一处在西樵山的四峰书院。霍韬于嘉靖四年（1525）十月在"大宗祠左"建石头书院"一连三进"。书院按照年龄分层，学习的内容也不同。"后堂延宿儒为师，合乡族子弟十八岁以上者，听讲程朱训，习四礼。前堂延小学师，聚乡族童子，教之遵守家规。"⑥当时的石头书院类似于社学，霍氏子弟、乡里子弟都可以在这里接受教育。

四峰书院只招收霍氏子侄，是石头霍氏的族学。四峰书院的前身是宝峰寺，霍韬在取得宝峰寺寺田之后，举家搬入西樵山，刚开始只是霍韬的居所。嘉靖五年（1526）八月嘉靖帝御赐《文献通考》一百卷，送到佛山，四峰书院的御书楼于十月建成。之后皇上陆续赐《洪范》《敬》一箴，当时的四峰书院只是霍韬的住所兼具藏书，还不具备族学的功能。

到了嘉靖十一年（1532），"童生入樵"，四峰书院真正成为霍氏家族教育后代的族学。"时诸子侄入樵。公延郭公肇乾、罗公一中、刘公模、梁公大畜相继为之师。"四峰书院不

---

① （明）霍韬著，（明）霍与瑅增辑：《石头录》，广西师范大学出版社2015年版，第160页。

② （明）霍韬著，（明）霍与瑅增辑：《石头录》，广西师范大学出版社2015年版，第219页。

③ （明）霍韬：《渭厓文集》卷7《家书》，《四库全书存目丛书》集部第69册，齐鲁书社1997年版，第172页。

④ （明）霍韬：《渭厓文集》卷7《家书》，《四库全书存目丛书》集部第69册，齐鲁书社1997年版，第160页。

⑤ 科大卫：《明清社会和礼仪》，北京师范大学出版社2016年版，第11页。

⑥ （清）霍绍远，（清）霍熙：《石头霍氏族谱》第1册，广西师范大学出版社2015年版，第74页。

仅重视举业，也重视实学，每个月"朔望师生肃揖，考订疑义，为剖析大略。"课业安排十分细致，"每日考德问业，一遵公所作蒙规。学业晚集，外堂诸生皆立，复为剖析疑义。十日一试举业"重视德才培养，由于其家出身于白丁，先祖创业艰辛，霍韬希望子侄能体会耕读之苦，奋力读书，"诸子书暇则令耘菜灌园。"①

霍氏诸童子入樵后第二年，霍韬出山任官，霍韬以"教弟子之责付霍任"，其弟霍任"居四峰精舍三十余年如一日"②。实际上，分析霍韬与家人、友人之间的往来书信，不难发现霍韬在世时，霍氏的实际管理者是霍韬。假如家族出现了严重的问题没有妥善解决，不仅家族无法保全，他的仕途也会受到牵连。结合霍韬特殊的双重身份，身居要职，除了正德年间曾居家七年和嘉靖年间因丧母归乡丁忧四年外，其它时间很少居家。故霍韬将家族的宗族建设托付给他的兄弟、好友，有时候甚至会让友人代为惩处子侄，行使霍韬作为实际家长的权力。

嘉靖十四年（1535）三月，霍韬几个儿子、侄子到京城探亲。在检查了他们的功课之后，霍韬很不满意，随即给家里写了一封家书回家：

> 各童生经书未熟、三场未通，勿送进学，感因入学又坏了。与璞等如不早来，书皆生了，务外驰骋之故也。与珠书却熟了，今念《诗经》到《豳风》。岁尽，《诗经》皆熟了。如来岁还着通熟《书经》《春秋》，乃许进学。如书未熟，进学无益也。此帖可粘书院，使各生自省。③

从上面的记载可以看出，四峰书院教习的内容为"四书""五经"，与举业密不可分。四峰书院每十日举行一次与举业相关的考试，子侄如果经书不熟，三场考试没有通过的话，就不能"送进学"，这里的送进学应该是到广州府学或是南海县学，即官方学校进修。

霍韬对书院的管理十分严格，当他得知侄子与瑶在书院抗拒先生的事情之后异常生气。在他眼中抗拒老师，不惜学业是为不肖子孙，便责令把与瑶"发回大宗祠前，朔日会众打二十棍"，再犯还要送县监问责，"子孙违犯教令罪名，斥出，不许入膳。"④"斥出"相当于被宗族抛弃，失掉了身份的认同，是对宗族内部人员最严厉的处罚之一。

他认为子侄的作风对于其德行的塑造、将来功名取得与否很重要，有部分子侄在家族富裕之后出现"乡官之家骄奢益甚"的势头，口头警告家人："衣服饮食动踰礼制，千万禁约本家。子侄未三十，不许饮酒食肉。与璞等不许食白饭，着好衣服。本家接受人馈送饮食，千万均与族人，勿留在家。恣子侄口腹，他日坏了破家也。"⑤霍韬希望自己的子侄能戒骄戒奢，作风清白。听说子侄私自让小厮跟随的情况后，提出"今后各子侄不许各取小厮跟随"，意识到情况的严重性，他决定用严格的处罚方式让子侄摈弃坏习惯，甚至将这条规定收入《家训》，让子孙后代谨记，切不可再犯。其具体内容如下：

> 四峰书院除旧仆外如有新来的人，皆送石头大厓（霍隆）验过堪用乃许收用，如

① （明）霍韬著，（明）霍与瑕增辑：《石头录》，广西师范大学出版社2015年版，第200页。

② （明）霍韬著，（明）霍与瑕增辑：《石头录》，广西师范大学出版社2015年版，第207页。

③ （明）霍韬：《渭厓文集》卷7《与冢山书六》，《四库全书存目丛书》集部第69册，齐鲁书社1997年版，第165页。

④ （明）霍韬：《渭厓文集》卷7《家书》，《四库全书存目丛书》集部第69册，齐鲁书社1997年版，第175页。

⑤ （明）霍韬：《渭厓文集》卷7《家书》，《四库全书存目丛书》集部第69册，齐鲁书社1997年版，第169页。

不送验，擅自收用及各生擅取小厮跟用，系生员，掌院人呈送提学道，将生员降青衣，罚念《礼记》白文一部，烂熟乃收复。若童生，发回石头牧牛挑粪一年，亦罚念《礼记》一部，乃许回书院，如不遵，禁令仍故犯，以子孙违犯教令律，送宪司问罪枷号，三个月斥出，不许共膳。此例一粘四峰书院，一粘石头祠堂，俱着颜体大书禁令示，仍存此作家训。①

此外，霍韬还担心外人进入西樵山会影响山中童子学习，所以他规定"四峰书院不许交接外人进内宿歇"，对子侄的日常管理也相当严格，不许独自出入书院，"违者罚念《书经》白文一部"。另外"各生出广考试须叔辈一人押去，事毕押回。"②

霍韬重视教育，兴建书院和社学，是为了让下一代学习儒业，取得功名，保家业不堕。霍韬时刻关注子侄学习，曾不远千里寄笔给子侄，勉励他们勤奋读书"尚思卓自树立，勿落人后。"③从《石头霍氏族谱》统计，在霍韬之前，六世有35名成年男子，考取进士1人，其他生员类3人；七世祖成年男子80人，考取进士1人，举人、贡生2人，其他21人④。霍韬之后的二代至四代，成年男子有48人，考取进士1人，举人或贡生4人，各类生员有23人⑤。从霍韬后代考取功名人数看，霍韬对子侄的教育非常成功，进入了"功名世家"。

3.制家训

霍韬年轻时，有志于整合宗族，在他二十一岁的时候，便作《家训》二十篇：

> 公自弱冠即志在修齐治平，著家训二十篇，……居同财之制，合三代同居，冠婚葬祭悉如其训日，以表正乡闾，兴复古道，为事其立朝也。⑥

《霍渭厓家训》有两个系统，一个是《家训前编》之"防检之式"，即家族管理条例；一个是《家训续编》之"诲喻之意"，即注重道德修养的教育。霍韬制定家训目的是通过治家以达到"将永保家"。

霍韬中进士之后，随着官品的升迁以及家族产业积累，到了嘉靖八年（1529），整个家族产业已经有了一定的规模，他将《家训》删润成十四篇，是为《家训前编》。科大卫和刘志伟指出：《霍渭厓家训》重点实不在礼仪，而是在家族的维系，尤着重于族产的管理⑦。《家训前编》的目录几乎都与产权的维持和资金的汇集有关，霍氏家族是一个"同居共㸑"的家庭单位，费里德曼⑧相关研究将这些家族单位称为"incorporation"，也就是公司的意思。这些家族以理学的礼仪来包装自己，并以家训等形式将族产管理固定下来，形成

---

① （明）霍韬：《渭厓文集》卷7《家书》，《四库全书存目丛书》集部第69册，齐鲁书社1997年版，第173页。

② （明）霍韬：《渭厓文集》卷7《家书》，《四库全书存目丛书》集部第69册，齐鲁书社1997年版，第173页。

③ （明）霍韬：《渭厓文集》卷7《家书》，《四库全书存目丛书》集部第69册，齐鲁书社1997年版，第173页。

④ 数据统计于（清）霍绍远，（清）霍熙：《石头霍氏族谱》第1册，广西师范大学出版社2015年版，第95—271页。

⑤ 数据统计于（清）霍绍远，（清）霍熙：《石头霍氏族谱》第1册，广西师范大学出版社2015年版，第141—357页。

⑥ （明）李时行撰：《太子太保礼部尚书霍文敏公传》，《石头录》，广西师范大学出版社2015年版，第95页。

⑦ 科大卫、刘志伟：《宗族与地方社会的国家认同——明清华南地区宗教发展的意识形态基础》，《历史研究》2000年第3期。

⑧ Maurice Freedman：英国人类学家，著有《中国的氏族和社会》等。

一个控制财产的制度，以血缘关系为纽带来执行，并通过在特定的时间在具有宗族象征意义的祠堂里举行仪式来执行这些制度。例如石头霍氏的"考功最"制度就是一个很好的例子。

> 凡石湾窑冶，佛山炭铁，登州木植，可以便民同利者，司货者掌之。年一人司窑冶、一人司炭铁，一人司木植，岁入利市，掬于司货者，司货者岁终，咨禀家长，以知功最。[①]

家长作为家族管理者，家事统于家长，田纲领和司货管理家族的"岁费制度"，配合家长的工作。每年正月初一，霍氏所有成年男子，在家长的主持下在大宗祠的祠堂当着祖先的灵位举行"岁报功最"仪式，并以功最的高下行赏罚：

> 凡岁终，考纲领田事者勤惰功程，考其会计，考其出纳，考其分派工作当否，以验能否，行赏罚。

> 凡岁报功最，以田五亩，银三十两为上最。田二亩，银十五两为中最。田一亩，银五两为下最。

> 凡报功最，田过五亩，银过三十两者，计其积余，十赏分之一。

> 凡报中最、下最，无罚无赏，若无田一亩，无银一两，名曰无庸。……三岁无庸，……荆二十。[②]

除了岁考功最之外，霍氏家族每三年还会有一次大考功最，将各家的货实"大陈于堂"，"覆验虚伪"，以此提高家族成员的积极性。按照规定，霍氏家族成家的男性成员要求全部参加考功最，一年没有参加，"罚十荆"，两年不参加，"罚二十荆"，三年不参加，则"告于祖考，斥出"。由于霍氏族产涉及很多方面，所以考功最还分为"农租最"和"货最"。获得功名的族人拥有特权，可以不用亲耕，也可以凭其功名考功最：生员视下最，举人视中最，官视上最。

霍韬在家书中谆谆教诲，但家人屡教不改，故霍韬作《家训续编》以示"诲喻之意"。《家训续编》中，霍韬在前人的基础上，归纳出治家的三要素，即"守礼法以御子弟，治家之本也；量入为出，费有节制，治家之法也；裁省冗费，禁止奢华，治家之要务也。"[③]《家训续编》延续了宋元的传统，记叙历史上名人贤德之事或名门望族之举，加以霍韬自己的评价以劝诫家人"勿生事，勿求官司，勿得罪乡里过人"，以期兄弟子侄"做第一着人事，做第一等人物，占第一等地步。使乡邦称为忠厚家，称为谨慎家，称为清白家，称为勤俭家，称为谦逊家。"[④]

### 4.构建婚姻网络

为了家族的长期发展，霍韬通过后代与南海士大夫之间的联姻，稳固霍氏在南海的根基。

---

① （明）霍韬：《霍渭厓家训》，广西师范大学出版社2015年版，第37页。

② （明）霍韬：《霍渭厓家训》，广西师范大学出版社2015年版，第38—40页。

③ （明）霍韬：《霍渭厓家训》，广西师范大学出版社2015年版，第138页。

④ （明）霍韬：《渭厓文集》卷7《与冢山书十二》，《四库全书存目丛书》集部第69册，齐鲁书社1997年版，第168页。

表 1　霍韬儿子通婚表①

|  | 功名 | 婚配 | 生卒年 |
|---|---|---|---|
| 与璞 | 附生 | 归币于梁氏。(公自注，儿璞聘。) | 生于嘉靖壬午（1522）年，卒于嘉靖壬寅（1542）年，寿21。 |
| 与瑺 | 进士金宪 | 嘉靖六年（1527）聘于何氏。娶顺德甘道学于盘女。 | 生于嘉靖壬午年（1522）卒于万历戊戌（1598）年，寿77。 |
| 与珉 | 附生王府典仪 | 娶罗园罗参政列女。 | 生于嘉靖癸未年（1523）卒于万历庚子（1600）年，寿78。 |
| 与玦 | 廪生 | 娶黎涌伦会状文序孙女，解元进士通议以谅女。 | 生于嘉靖甲申年（1524），卒于嘉靖丙辰（1556）年，寿33。 |
| 与斌 |  | 今礼部尚书方石泉（方献夫）先生择婿焉。 | 生于嘉靖乙酉年（1525），卒于嘉靖戊子年（1528），殇。 |
| 与琨 |  |  | 生年不详，卒于嘉靖癸巳年（1533），殇。 |
| 与璎 | 举人 | 娶良滘何督宪孙女。 | 生于嘉靖甲午年（1534），卒于嘉靖庚申年（1560），寿27。 |
| 与澄 | 附生 | 娶澜石梁布政延宸女。 | 生于嘉靖丙申年（1536），卒于万历戊子（1588）年，寿53。 |
| 与璨 | 举人知县 | 娶佛山陈副使善女。 | 生于嘉靖己亥年（1539），卒于万历丁未（1607）年，寿69。 |

霍韬在嘉靖五年（1526）和六年（1527）已将几个儿子的婚事定下来，嘉靖五年（1526）与玦只有两岁，嘉靖六年（1527）与璞、与瑺均五岁，与珉四岁，与斌两岁。这两年是霍韬仕途中上升最快的时期，这段时期霍韬与珠江三角洲士大夫之间的联姻，其中很可能包含着错综复杂的利益关系。与霍韬结成亲家的除了无法确定的之外均为士大夫，他们活跃的时间几乎一致，都在正德、嘉靖年间；地缘也一致，均在珠江三角洲一带；都取得功名、或是官员。其中与玦聘于伦以谅的女儿，与斌聘于方献夫的女儿。霍韬有五个女儿，除三女、四女嫁入一般人家外，另三位女儿均嫁入仕宦之家，其中长女嫁举人陈万，次女嫁给了湛若水儿子湛涞之，五女嫁给了冼桂奇的儿子冼梦竹②。伦以谅、方献夫、湛若水、冼桂奇都是当时南海响当当的人物，而方献夫、湛若水、霍韬三人的关系更是十分密切，三人都在嘉靖年间大礼议事件中，支持嘉靖帝考兴献王而受到重用。

> 遭际圣明御极，应召而起，咸获登用。予（方献夫）忝厕内辅，霍子（霍韬）为宗伯，入弼东宫，湛（湛若水）为留都大司马，参赞机务，同时并显，世所难也。③

我们有必要关注一下霍韬次子与瑺的婚事变动。先是在嘉靖六年（1527）聘于何氏。到了嘉靖十九年（1540），霍韬病重，口吐红痰，决定让与瑺娶甘于盘的女儿。理由是"营营

①资料来源于（清）霍绍远，（清）霍熙：《石头霍氏族谱》第1册，广西师范大学出版社2015年版，第133页；（明）霍韬著，（明）霍与瑺增辑：《石头录》，广西师范大学出版社2015年版，第156—160页。

②（清）霍绍远，（清）霍熙：《石头霍氏族谱》第1册，广西师范大学出版社2015年版，第133页。

③（明）方献夫：《西樵遗稿》卷6《石泉书院记》，《四库全书存目丛书》集部第59册，齐鲁书社1997年版，第125—126页。

富贵者不足轻重"，"士有负气而贫者，子女亦不落寞。"当时霍氏家族风评不是很好，故劝诫兄弟"勿惹闲气，勿作富贵相……何为低头为世俗诋笑？"但效果不佳。当时霍韬已经病重，"衰年百病皆作眼前，子侄无可恃者，不如尚早收敛。"为了挽回家族的名声，"今娶贫女，少救为富不仁之过。"①娶贫家女儿，可弥补"为富不仁之过"，与前文所提到霍韬收敛之策是一脉相承的。

霍氏一族与岭南士大夫的联姻构建的权力网络，有利于宗族发展。罗一星认为南海士大夫通过联姻，建立了盘根错节的"姻党"关系②。联姻之前，他们均为好友，官场上互相帮衬。联姻之后他们的关系更加密切，姻亲关系稳固了他们的联系，使得他们之间利益相连，牵一发而动全身，彼此联姻的家族在地方上的活动再不是仅仅代表单个家族利益，而是代表了它与之联姻的各个家族的利益。

# 四、"霍韬模式"的思考

## 1.白丁家族的上升流动

何炳棣在研究中国社会史时，很重视儒家意识形态渗透到各阶层的程度，他提到在唐中期以后的一种新的社会现象："科举的成功，以及随之而来在官僚体系中的地位，不再依靠家庭地位。"③社会形成了一种单一的价值观，即万般皆下品，惟有读书高。《石头录》记载了这样一个故事：

> 时乡人解户赴藩司，藩司曰："取霍会元帖子来，与尔解户。"乡人挟金以请甘于盘语公曰："四五百金之惠二亲。"甘旨之需也，公笑曰"渭先可以数百金易一帖耶？"卒谢乡人。

正德十年（1515），也就是霍韬中进士的两年后，他回乡成亲并没有正式的官职。如果这个"数百金易一帖"故事是真实的话，可以想象在儒家意识形态渗透下的科举社会的读书人一旦考取功名，不但拥有朝廷赋予他的官职和地位，而且取得功名被认为是"光宗耀祖"，会令整个社会刮目相看，甚至可以得到一些特权。

石头霍氏从白丁之家跃为"功名煊赫"之家，可谓是"朝为田舍郎，暮登天子堂"，是白丁家族崛起的典范。白丁家族的流动途径，据宗韵研究可归纳为：农耕、商及其他人户通过积累财富进入富户行列，再经过教育进入儒户，然后通过科举进入宦族之家④。霍韬也自知身居高位与此密不可分，所以在后来的宗族建设中特别强调这两点。但霍氏家族与普通的白丁家族相比，显得更为特殊，石头霍氏到了第六代还是很贫穷，并没有达到富裕的程度。据霍韬自记年谱《石头录》的记载，霍韬年幼时霍家可能在满足口腹之欲的边缘，有些许闲钱供霍韬一辈读书，霍韬与兄弟很有可能需要一边读书一边参加农耕，这或许是霍韬编撰《家训》时，特别强调耕读重要性的原因所在。

在明朝官僚社会之中，官员在死后不能将生前的官位世袭给自己的后代，霍韬在《家书》感慨道："曾几何时，或升外任，或休致，或物故，则亦平人之家耳。……苟死矣，则子孙有求为平民，不可得者矣。"①只有宗族的子弟通经入仕，才能光耀门楣，为家族谋得庇荫和特权，这是保持家业不堕最核心的一环。由此不难理解霍韬为何如此重视子孙后代的教育问题，称儒业为"本源之虑"，万事"以教子侄为先。"他坚信一个家族，只要"有好子侄，不患家法不立，家业不长也。"②

2. "霍韬模式"与珠江三角洲的宗族建设

明朝的一大成就，即是为乡村整合到国家的意识形态和管理机构设定了框架，宗族的建立突出了宗族对国家的依附关系③。明中后期里甲制日渐式微，朝廷礼法制度的上传下效并不及时充分，"乡民僻远不获见，朝廷制度法律苟不与之讲切修明，而随所便安以为率，则或踰于礼，或习于陋，而不自知，故士大夫居乡不可以不慎也。"④霍韬作为天子之臣，有责任在地方"奉圣主教化也，圣上敕谕俱传与乡间父老知之。"⑤

珠江三角洲的许多宗族从15世纪末到16世纪初以祠堂为宗族组织的核心，这时候的士绅化进程是由士大夫推动的，他们一方面是朝臣一方面是乡宦。霍韬的地位来源于科举，他的社会地位由国家最上层赋予，故他的宗族建设源于对"正统"的提倡，与"大礼议"密不可分。

霍韬着手整合宗族是在嘉靖四年（1525），正是"大礼议"事件高潮期，这整个事件的焦点是"孝"，霍韬在自己家乡石头村建立家庙，被认为是宣扬孝道支持皇帝的做法。在大礼议之后，霍韬官运亨通，平步青云。"大礼议"一方面是朝廷上层的礼仪之争，一方面又因为士大夫的中间作用影响到民间的礼仪问题，其中比较突出的是祭祖问题。围绕展开的还涉及到"家庙式"祠堂在民间的建立，以及祭祀祖宗的时间，祀奉祖先的代数等诸多问题。霍韬在大礼议期间归家的几年里，建立"家庙"式的大宗祠，其中缘由不仅与霍韬为了家族发展的"保家"的宗族建设有关，还体现了他的政治立场，即"礼非从天设地产，因人情耳"，从而支持世宗的"孝道"。"大礼议"与民间的宗族建设息息相关，珠江三角洲的宗族建设几乎与"大礼议"同时进行，与霍韬、方献夫等参与"大礼议"并支持嘉靖帝的朝臣有很大的关联。虽然在当时这些官员做法并不合理法，僭越了礼制，不但并没有在朝野招致过多的反对，甚至还得到当局的默许。霍韬的宗族建设是十分成功，珠江三角洲地区的宗族建设在霍韬之后才开始大量的扩散⑥。

根据明朝祭祀祖先的规定，只有皇帝才能在冬至祭祀所有的祖先。但到了嘉靖八年（1529），朝廷修改礼制，允许品官建立祠堂。嘉靖十五年（1536）朝廷又修改了礼制，允许品官在冬至祭祖。中央放宽了礼法的限制，迎合了地方的豪族大姓，官宦之家通过建立

① （明）霍韬：《渭厓文集》卷7《与林汝桓》，《四库全书存目丛书》集部第69册，齐鲁书社1997年版，第145页。

② （明）霍韬：《渭厓文集》卷7《与冢山书六》，《四库全书存目丛书》集部第69册，齐鲁书社1997年版，第167页。

③ 科大卫：《明清社会和礼仪》，北京师范大学出版社2016年版，第114页。

④ 吴荣光撰：《佛山忠义乡志》卷5《乡俗·习尚》，道光十年刻本。

⑤ （明）霍韬：《渭厓文集》卷7《家书》，《四库全书存目丛书》集部第69册，齐鲁书社1997年版，第169页。

⑥ 任建敏：《从"理学名山"到"文翰樵山"——16世纪西樵山历史变迁研究》，广西师范大学出版社2012年版，第192页。

宗族获取社会地位，巩固家业的需求。在此之后，祠堂的修建在珠江三角洲非常兴盛。嘉靖十五年（1536）夏言上疏："乞诏天下臣民冬至日得祭始祖""乞诏天下臣工建立家庙"[①]，顺应了当时宗族建设的整体趋势。《佛山忠义乡志》记载："明世宗采大学士夏言议，许民间皆得联宗立庙。于是宗祠遍天下，吾佛诸祠亦多建自此时。"[②]

# 结　语

16世纪的佛山镇"重以处省会之上游，水陆交通，百货总至五方，杂处九市，殷填日积月盛。"[③]工商业发达，是珠江三角洲的贸易中心之一，石头霍氏家族崛起于此时此地，时也势也。霍氏从贫苦的白丁之家一跃成为煊赫的功名宦族，拥有了合法优待的特权，朝廷规定的特权是有限的，而霍氏日益膨胀的欲望却是无限的。霍氏利用特权，勾结官府，在南海县及附近府、县积极拓产。在田产上，通过接受投献或减价购买等方式聚积直营田、租佃田与寄庄田等大量土地；在商业上，或经营陶瓷业、冶铁业、木植业等；或利用特权从事开采矿石、售卖私盐、霸占要津等商业活动。霍氏超越限度追求私利，短时间内累积了大量的财富。然而我们需要在当时商品化的浪潮下来考虑霍氏活动，抛开当时其与小民争夺利益，损害国家税收等一系列负面影响；从长时段的历史进程看，霍氏在追逐私利的过程中对沙田的开发、码头买卖的经营等各种商业活动，在一定程度上促进了珠江三角洲的开发与商品经济化。

族人肆意妄为，引起了乡里、同朝为官士大夫的不满，甚至影响霍韬仕途，为了抑制家人膨胀的欲望，以"永保家业"和名声。在经济富足之余，霍韬希冀用儒家礼仪规范霍氏的行为，建立大宗祠，书院、社学，将田产作为蒸尝田收归大宗祠、四峰书院、石头书院名下，建设宗族组织。其中，大宗祠的建设，在整合家族核心的部分，它将家族的经济组织通过血缘和宗法固定下来，并通过祖先赋予家长和宗子管理家族的权力，真正将家族统一在宗族制度之下。《家训》的编写是霍韬为"永保家业"将宗族的管理成文化、制度化的努力。而重视教育则是为了给家族提供源源不断的人才，家族的某位成员取得功名是表达宗族与政治联系一个非常有效的途径。

霍氏家族奋起于白丁，因家族成员入仕后，置办产业变成富贵之家，通过宗法维系、家训规范、后代教育，从经济富有之家转变为功名望族的一系列努力，以维持家业不堕。霍韬怀着"做个好样子与乡邦视效"的理想，为佛山宗族建设提供了一种模式[④]。这个宗族形态不仅是礼法组织，还是经济组织。通过立族产、建宗祠、兴书院、制家训等形式构建了珠江三角洲一个成功的宗族形态，此外霍韬还对外发展了社交网络，通过后代与南海士大夫之间的联姻，形成类似杜赞奇所提出的"权力文化网络"[⑤]，使得家族取得在乡村的威信和地位。

① 《明世宗实录》卷195，嘉靖十五年闰十二月癸亥条。

② 汪宗准等修，冼宝干等撰：《佛山忠义乡志》卷9《氏族志·祠堂》，民国十五年刻本。

③ （清）吴荣光撰：《佛山忠义乡志》卷1《乡域志》。

④ 常建华：《儒家文明与社会现实：明代霍韬〈家训〉的历史定位》，载温春来主编：《"中华文明视野下的西樵文化"国际学术研讨会会议论文集》，广西师范大学出版社2012年版，第131页。

⑤ ［美］杜赞奇：《文化、权力与国家：1900—1942年的华北农村》，江苏人民出版社1996年版，第2页。

# 张采生平、交游与著述考论①

毛星懿　曾肖②

张采（1596—1648），字受先，号南郭，初号来章③，私谥贞毅先生④，苏州府太仓州（今太仓市）人。崇祯元年（1628）进士，曾两度短暂任官，崇祯时期任临川（今江西省抚州市）知县；南明时期（1644）出任弘光朝礼部仪制司主事，升礼部员外郎。晚明结社之风盛行，张采与张溥并称"娄东二张"，皆为应社的核心成员，后成为复社的领袖。张采人生中大部分的时间居住故乡，养病、读书，成为当地一名热心民生、风俗的乡绅，在太仓发起武术社团观德社。

张采的生平事迹主要见于《明史·文苑传》《小腆纪传》《启祯野乘二集》《雏闽源流录》《太仓直隶州志》，黄与坚《礼部员外郎张南郭先生墓志铭》、葛芝《故礼部员外郎张先生行状》等记载中。本文以上述史料为基础，结合张采的诗文创作所反映出来的史事、思想，来考察其生平交游与著述情况。

## 一、家世与生平

张采家世贫薄，据《先考赠君行略》记载："家世单寒。始祖讳拱者，相传为州沙溪镇人，生东园公。东园公少孤，冒姓陆，则未知陆所从，或为外家姓。"⑤始祖张拱，沙溪镇（今苏州市太仓市沙溪镇）人。生子张文泰为张采高祖，号东园，自幼父母双亡，或为外家寄养而改姓陆。陈际泰的《观海张公暨配苏孺人合传》记载道："所称陆东园，云姓之更将从其母，与未知其孰有之也。"⑥张文泰白手起家，迁居太仓城之南郭，此后五代均居于此。为人积善修德，时人矜为楷模，生子恢复张姓。张采曾祖张卿，号秋田，娶妻姜氏，育有二子，长子即张采祖父张用宾，次子张洋山。

至祖父辈，张家成为书香之家。祖父张用宾，号海山。娶妻顾氏，育有二子。张用宾与文名籍甚的苏茂才联姻，长子张凤异娶苏氏女时，聘礼仅《大学衍义》一部、白金二两，一时传为佳话，清人的笔记仍有记载："太仓张海山，为其子观海聘苏景山女，黄门采之母，用《大学衍义》一部、白金二两成礼。贫士法此，便不难于婚娶。"⑦可见两家重

---

① 本文获中央高校基本科研业务费专项资金资助。

② 作者简介：毛星懿，女，1995年生，暨南大学文学院2017级中国古典文献学硕士研究生；曾肖，女，1976年生，暨南大学文学院副研究员，主要研究明清文学文献。

③ （清）王宝仁：《娄水文征姓氏考略》，江庆柏主编：《江苏人物传记丛刊》第33册，广陵书社2011年版，第68页。

④ 凌祖诒：《太仓乡先贤画象》，江庆柏主编：《江苏人物传记丛刊》第34册，广陵书社2011年版，第75页。

⑤ （明）张采：《知畏堂文存》卷八《先考赠君行略》，《四库禁毁书丛刊》集部第81册，北京出版社2000年版，第648页。

⑥ （明）陈际泰：《己吾集》卷八，清顺治李来泰刻本。

⑦ （清）龚炜著，钱炳寰整理：《巢林笔谈续编》卷上第36条，中华书局1981年版，第184页。

文知礼、轻视财物的门风，为当时民间的婚嫁习俗树立了典范。

张父名凤异（1557—1616），字伯鸣，号观海。张凤异崇尚孝悌之义，行事依古道。苏茂才精于性理，生徒遍娄，张凤异十四岁跟从苏茂才游学。二十岁，张凤异童试第一，补州庠生，但终不得志①。张凤异娶苏茂才之女苏氏为妻。苏氏为人慷慨大度，勤苦持家，曾典衣沽酒为丈夫接待客人，据《赠文林郎张太翁封孺人苏太母合葬墓志铭》记载："赠君性好客，客至即呼孺人具酒食，孺人计无所出，则典衣絮；后衣絮尽，则坐吁一室中。故终赠君世，孺人日夜如操作新妇，未尝一日主家政，往往得心气疾，亦不闻之赠君也。"②二人育有三子二女，第三子为张采。

张采的长兄张瑞（1580—1584），四岁夭折。仲兄张士鲁（1580—1610），字敏生，三十岁英年早逝③。张士鲁娶曾氏，数月后曾氏去世，继娶杨氏，育有三子。张士鲁亡后，杨氏守寡，崇祯年由御史祁彪佳赠贞节牌坊④。张士鲁影响着张采的学问取向，《先兄敏生公状略》有云："兄质迟，时得诃让，然读经史，必切理属事，务极解说，所解复覃覃，则赠君又深相许。"⑤张士鲁钻研经史典籍，常与三五好友举行小型的文会，其勤勉为学、孝顺长辈、以文会友的行为，深深影响着张采。

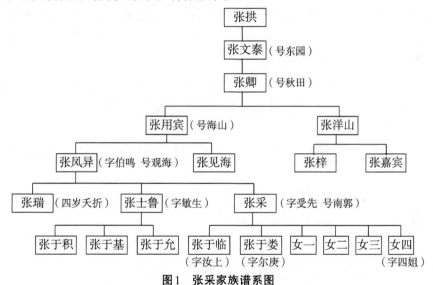

**图1　张采家族谱系图**

① （明）陈子龙：《赠文林郎临川县知县张公暨配苏太孺人合葬墓表》，上海文献丛书编委会编：《陈子龙文集》卷十二，华东师范大学出版社1988年版，第643页。

② （明）张溥：《赠文林郎张太翁封孺人苏太母合葬墓志铭》，（明）张溥撰，曾肖点校：《七录斋合集》，齐鲁书社2015年版，第298页。

③ （明）张采：《先兄敏生公状略》："兄生万历庚辰七月某日，卒于万历庚戌正月某日。"《四库禁毁书丛刊》集部第81册，北京出版社2000年版，第656—657页。

④ （明）张采：《先兄敏生公状略》："兄死，杨氏嫂方二十三岁，茹荼守，娶一妇，嫁一女，四十而卒。祁御史巡方，旌门曰'贞心匪石'。"《四库禁毁书丛刊》集部第81册，第657页。（清）王昶：嘉庆《直隶太仓州志》卷四十二："杨氏，张士鲁妻，二十而寡，抚三孤俱成立。崇祯七年，御史祁彪佳给'贞心匪石'额。"清康熙四十七年金陵吕仲荣刻雍正元年增修本。

⑤ （明）张采：《知畏堂文存》卷二《先兄敏生公状略》，《四库禁毁书丛刊》集部第81册，北京出版社2000年版，第656页。

张采生活在崇祯二十四年（1596）至南明淮王朱常清（1648）之间，经历了万历、泰昌、天启、崇祯四朝，曾在崇祯朝任官两年，后于南明弘光朝短暂任职。结合他活动区域的变化，其生平可分为五个阶段：读书与访学、结社与应举、任职临川、归乡太仓、再仕南明。

1.读书与访学（27岁前）

张采自幼从学于兄长张士鲁和父亲张凤翼，受到的管教极严，其父常常伴读至深夜。张采自幼受《易》学浸染，张凤翼"每谓《易》学衰绝，学者安于陋义，徒取便文，即举卦德、卦体、卦象、卦变，罔或分解，遂使图说隐沦，当篇莫究。用是开晓门人，极陈数理，一时以为宗"[1]。张采老师兴公亦以《周易》劝学，"语采归当读《易》，用知进退得丧"[2]。故张采在《易》学上有一定造诣，颇知进退之理。

万历四十年（1612），十七岁的张采在文章上显露出天赋，"为文惊其长老"[3]，补弟子员。弱冠成年（1615）开始折节读书，醉心经史。年少时于贡士周文潜家学经，与乡人陆文声为同学。

泰昌元年（1620），张溥补博士弟子，声名渐起，张采与之订交[4]。天启三年（1623），因张采"善戴氏学，有声黉序"[5]，张溥以馆宾的名义，邀请张采于七录斋共读五年。"七录斋"因张溥读书手抄、七录七焚而得名。张溥如此勤苦，张采也深受感染，毫不懈怠，《祭张天如文》记录下二人的读书场景：

> 兄每辰出，夜分或过子刻入，两人形影相依，声息相接，乐善规过，互推畏友。时设疑难，必尔我畅怀，归于大理。金母从窗户窥听，每称二子不但勤学，乃从未见惰容嬉色。[6]

张溥也回忆过二人的共读生活："两人起止不离书卷，而闲说时有不废，顾所说者，其亦志也。"[7]

天启三年（1623）冬，张采、张溥二人拜访周钟，相励考古[8]。周钟是金沙望族，文名籍显，《房选华锋》一书使其地位超越江西四大家，"由是向日推豫章者，相率而推金沙矣"[9]。据《复社纪略》卷一记载："先是贵池吴次尾应箕与吴门徐君和鸣时，合七郡十三

① （明）张采：《知畏堂文存》卷八《先考赠君行略》，《四库禁毁书丛刊》集部第81册，北京出版社2000年版，第648页。

② （明）张采：《知畏堂文存》卷二《甲戌文规序》，《四库禁毁书丛刊》集部第81册，北京出版社2000年版，第562页。

③ （明）葛芝：《故礼部员外郎张先生行状》，《卧龙山人集》卷十，《四库禁毁书丛刊》集部第33册，北京出版社2000年版，第412页。

④ （明）张采：《知畏堂文存》卷八《庶常天如张公行状》，《四库禁毁书丛刊》集部第81册，北京出版社2000年版，第641页。

⑤ （明）陆世仪：《复社纪略》卷一。

⑥ （明）张采：《知畏堂文存》卷八《祭张天如文》，《四库禁毁书丛刊》集部第81册，北京出版社2000年版，第661页。

⑦ （明）张溥：《七录斋合集·张受先稿序》，《四库禁毁书丛刊》集部第81册，北京出版社2000年版，第158页。

⑧ （明）张采：《知畏堂文存》卷二《朱子强〈苍崖子〉序》，《四库禁毁书丛刊》集部第81册，北京出版社2000年版，第551页。

⑨ （明）陆世仪：《复社纪略》卷一。

子之文为匡社，行世已久。至是，共推金沙主盟。"可见周钟作为匡社的盟主，也是当时文坛的中心人物。二张拜访周钟，三人辩难五昼夜，订立盟约，见《复社纪略》卷一：

> 闻周介生倡教金沙，负笈造谒之。三人一见，相得甚欢，辩难五昼夜，订盟乃别。溥归，尽弃所学，更尚经史，试乃冠军。

金沙访周归乡后，二张坚定研习经史的方向，闭门苦读，与周钟保持着应和。张溥《房稿表经序》云"去介生之居五百里，而动静语言，若与之应"①。

此后他们相约结社，交往频频。但四库禁毁本《知畏堂集》刻意模糊周钟的影响。四库禁毁本《知畏堂集》所收《朱子强〈苍崖子〉序》曰："是书也成，予为子行之。既通问天如。"②《苍崖子》明末崇祯本的收文作"既通问介生、天如"③。四库禁毁本《知畏堂集》所收《陈大士集序》一文更是有三处改动：其一，"其时艺初成，习科举者，怪不敢视，久且姑置，我社诸子章而明之"句④，"我社诸子章而明之"，抄本《知畏堂集》作"我友介生章而明之"；其二，四库禁毁本"方我社推大士时"，抄本作"方介生推大士时"；其三，四库禁毁本"故一呼不应"，抄本为"故介生登高，一呼海内不应"。周钟的被模糊化，应与其投降李自成的变节之举有关，但据抄本《知畏堂集》与其他史料来看，周钟坚定了二张以研治经史来改易文风的信念，是不争的事实。

2.结社与应举（28—31岁）

张采早年在家乡读书，与张溥、周钟、顾梦麟等人的交游、论学，和杨彝的联姻，皆可视作为结应社而准备。张采与张溥在拜访周钟后，积极结交当时的名士，与同仁结应社，开始了分治"五经"的学术实践。据《王敬之寿序》"岁乙亥春……忆十二年前，始交麟士"，可推算张采于天启三年（1623）与顾梦麟问交，互通姓名。天启四年（1624）冬，二张过常熟拜访杨彝，始于杨氏凤基园见到坐馆杨家的顾梦麟，张采《杨子常四书稿序》记载道：

> 追癸亥，始通姓氏。甲子冬，始与张子天知同过唐市，问子常庐，请见。唐市者，虞山北野镇，去娄可七十里，子常所居地也。子常方与麟士同业，宾主叙述如平生，因遂定应社约，约之词曰："毋或不孝悌，犯乃黜；穷且守，守道古处；在官有名节；毋或坠，坠共谏，不听乃黜；洁清以将，日慎一日。"叙年，子常长，登坛申约，诸兄弟曰"喏"。⑤

经过二张与杨顾四人筹建，应社之初有十一名成员⑥，日后渐渐发展壮大。应社以尊经复古为宗旨，致力编选《五经征文》，由此，应社社员之间出现分工与合作的现象，各主

① （明）张溥：《房稿表经序》，曾肖点校：《七录斋合集》，齐鲁书社2015年版，第147页。

② （明）张采：《知畏堂文存》卷二《朱子强〈苍崖子〉序》，《四库禁毁书丛刊》集部第81册，北京出版社2000年版，第551页。

③ （明）张采《苍崖子序》，（明）朱健：《苍崖子》，明刻本。

④ （明）张采：《知畏堂文存》卷二《陈大士集序》，《四库禁毁书丛刊》集部第81册，北京出版社2000年版，第544页。

⑤ （明）张采：《知畏堂文存》卷二《杨子常四书稿序》，《四库禁毁书丛刊》集部第81册，北京出版社2000年版，第557页。

⑥ 这十一名成员包括：杨彝、顾梦麟、杨廷枢、吴昌时、钱梅、周钟、周铨、张采、张溥、王启荣、朱隗。

一经：

> "五经"之选，义各有托，子常、麟士主《诗》，维斗、来之、彦林主《书》，简臣、介生主《春秋》，受先、惠常主《礼》，溥与云子则主《易》，振振然白其意于天下。①

张采与王启荣负责《礼记》经义，这与张采早期"善戴氏学"的学术修养有关②，也有助于张采日后整理《周礼合解》。应社"五经"分治的方法，推动了选文的专业化与深度化，大大提高了选文的质量，因而应社声望日渐提升。

天启七年（1627）秋，张采乡试中举；崇祯元年（1628）以第三甲第四十名中进士，张溥覃恩选贡，二人先后入京。据《复社纪略》卷一记载：

> 丁卯，受先、九一与介生弟镳皆乡举，而罗文止、蒋八公各举于其乡。明年戊辰，溥以覃恩选贡入京，受先第三，九一、八公皆告捷，江西黎友岩元宽已冠礼闱，为主试所抑，置之第二，皆社中才杰也。

科考的成功进一步扩大了应社的影响力，为日后复社的发展做好了铺垫。张采、徐汧和周镳皆成为日后复社的骨干，同年身份也让他们增添一分紧密的连接感。

在吏部给进士分配官职时，首选自然是在朝为官，张采刚开始得入翰林馆，却出现阻滞，转授地方县官，见《复社纪略》卷一记载：

> 德璟授编修，汧考庶吉士，元宽授礼部主政，镳授南礼，采授江西临川县知县。采初期得馆选，不意失之，及尹临邑，转怒为愉曰："人臣致身，何官不可效！吾今入文学礼义之乡，得挹罗一峰、邹守益之高风，与闻良知宗旨，相与切劘道学也。"

葛芝为张采所作《故礼部员外郎张先生行状》（下文简称《行状》）也有所印证："明岁戊辰，崇祯改元，礼部中式第三名，名动京师。政府欲引入翰林，辞之，谒选得江西临川令。"③张采未获授翰林一职，改任临川知县，这一人生际遇并没有让他感到沮丧与失意。能到理学渊薮、文学礼义之乡任职，张采表现出对前辈乡贤的敬仰，对临川地方文化的热爱，以及为临川百姓和当地学术文化效力之心。

得职临川知县后，张采与张溥一同归乡。在等待上任的这几个月里，张采联络当地乡绅，有意整顿太仓的民风。对于当地豪奴滑仆依仗主人势力作威作福的行径，张采早已深恶痛绝，其父及好友张溥皆受到过恶奴的欺辱，张采曾发誓："使吾得志，不更其俗者，愿以身祭百虫。"④此次归乡，张采邀约乡绅在城隍庙集结，共同盟誓："毋纵仆夫横，毋使宗党子弟肆里门，毋使私家属隶籍官府，傅虎翼有失约者，众斥之。"⑤有力地扭转了当

①（明）张溥：《五经征文序》，曾肖点校：《七录斋合集》，齐鲁书社2015年版，第129页。

②（明）葛芝：《故礼部员外郎张先生行状》，《卧龙山人集》卷十，《四库禁毁书丛刊》集部第33册，北京出版社2000年版，第412页。

③（明）葛芝：《故礼部员外郎张先生行状》，《卧龙山人集》卷十，《四库禁毁书丛刊》集部第33册，北京出版社2000年版，第410页。

④（明）葛芝：《故礼部员外郎张先生行状》，《卧龙山人集》卷十，《四库禁毁书丛刊》集部第33册，北京出版社2000年版，第410页。

⑤（明）葛芝：《故礼部员外郎张先生行状》，《卧龙山人集》卷十，《四库禁毁书丛刊》集部第33册，北京出版社2000年版，第410页。

地风俗。

张采在肃正民风之余，还积极打击魏党势力。崇祯元年（1628），魏忠贤党羽顾秉谦藏匿于太仓家中，二张发檄文驱赶，使得顾秉谦仓皇出逃，二张因此事扬名天下[1]。《复社纪略》卷一记载道："溥矜重名，采尚节概，言论丰采，目光射人，相砥濯自砺。时魏珰败，鹿城顾秉谦致仕家居，方秉铎于娄中；溥与采率诸士驱之，檄文脍炙人口，郡中五十余人敛赀为志镌石，由是天下咸重天如、受先两人矣。"

崇祯元年（1628）冬天，张采从太仓出发前往临川赴任，张溥送行至钱塘江，依依不舍，相对而泣。此后，江南社事领袖和社集的权力中心聚焦到张溥身上。据《复社纪略》卷一载："遂与溥归，偕同志扬挖社事，而后赴任。由是，海内同人翕然共宗天如矣。"

3.任职临川（32—34岁）

张采初上任时，在处理争讼事件时经验不足，十分谨慎，"复恐恐同夜行，胥史攒列，闻声即疑，疑不即决，执笔移时，无有明理"[2]。后在金溪知县余鹍翔的指点下，渐渐得心应手。金溪县与临川县接壤，知县余鹍翔，字诞北，天启进士，在任金溪时惩奸除恶，巧妙设计抓获窝藏于两县之界的盗贼，声望极大[3]。张采《余诞北报政录序》云："如是半月而诞北来，来则欢如旧交。余虚心请益，曰：'子过来者，窃问路焉。'诞北披襟鞅掌，于凡民生休逸之致，征输简近之略，津津相授，乃竟其所说，无复卑己承人，邀求禄利之病，于是心仪曰：'诞北子庶几有道乎！我其知所归矣。'"[4]通过余知县的点拨，张采逐渐摸索出为政之道和实战经验，判决刑讼之争迅速而公正、准确，《临川县志》记录下张采的裁决方式："两造列庭，一言立判。民持升米，十钱即决一讼去。……爱民如子，惟扳陷良善者，引寘通衢，严刑共弃。"[5]《抚州府志》也有类似的记载："双方列庭，一言立判，岂弟溢于词色，惟扳陷良善者，引寘通衢，严刑共弃。"[6]判案果断、高效，不必使用酷刑。

张采任临川知县期间，与当地文士多有来往，主要与江西四大家陈际泰、罗万藻、章世纯和艾南英，往来密切，前三人后来加入了复社，而张采与艾南英因为文学论争而渐渐疏离。当张溥在苏州成立复社之时，张采也积极响应，在临川倡立合社。陈际泰《合社序》云："合社，未始大合也，合之端存焉耳。将有其合，故以合言之。其人皆英少，文皆高远微隽，而皆受知于邑侯张受先先生之门。"[7]陈际泰将张采誉为"提择鼓而起之者"[8]，方志也有相应的记载："张采……振兴古学，临士争自淬励，以得出门墙为快。"[9]

① 丁国祥：《复社研究》，凤凰出版社2011年版，第120页。

② （明）张采：《知畏堂文存》卷三《余诞北报政录序》，《四库禁毁书丛刊》集部第81册，北京出版社2000年版，第576页。

③ （清）谢旻等修，（清）陶成、恽鹤生纂：雍正《江西通志》卷六十"名宦"，清雍正十年版。

④ （明）张采：《知畏堂文存》卷三《余诞北报政录序》，《四库禁毁书丛刊》集部第81册，北京出版社2000年版，第576页。

⑤ （清）刘绳武等修，（清）纪大奎纂：道光《临川县志》卷二十一"名宦"，清道光三年版。

⑥ （清）刘玉瓒修，（清）饶昌胤等纂：康熙《抚州府志》卷十，清康熙四年版。

⑦ （明）陈际泰：《太乙山房文集》卷四，李士奇明崇祯六年刻本。

⑧ （明）陈际泰：《太乙山房文集》卷四，李士奇明崇祯六年刻本。

⑨ （清）刘绳武等修，（清）纪大奎纂：道光《临川县志》卷二十一"名宦"，清道光三年版。

"（张采）与陈际泰、艾南英诸子昌明古学，尊尚名教，临士争愿出其门。"①足见张采对临川文化风气变革的带动作用，他热心地方文化，积极提携当地士子。

崇祯三年（1630）秋，母亲苏氏生病，张采也旧病复发，乞病归乡。任职临川知县不到两年，张采的官宦生涯就此告一段落。

### 4.归乡太仓（34—47岁）

张采乡居的大多数时间是在养病，闲余精力读书，有时亦参加社集聚会。作为乡绅的他，同时积极为太仓的地方事务管理贡献力量。

崇祯四年（1631）七月，苏氏去世，张采为母亲守墓。期间，张采反复遭受病痛的折磨，其文章《医说》一篇记载了当时病情："余自辛酉得肠澼，年余平减。辛未，老母弃藐孤，越在墓庐，乃复剧，一孔出阴底。时医指为悬痈。壬申冬，复旁穿一孔，时医指为囊痈，精气日下陷。癸酉，且大败，友人以宗甫请。余恐如时医奇痛，谢姑缓，乃宗甫出一卷示余。"②张采的病几经反复，数度病危，十分折腾，还作为典型案例被载入明末清初的医书《寓意草》中。

张采归乡时，张溥高中进士，入选京城翰林庶吉士。两年后张溥归乡，二张复如当年七录斋共读时那般亲密共处。归乡后，张采参与了不少文事活动。崇祯六年（1633）、崇祯十年（1637）参与虎丘大会，密切关注复社发展；沟通联合竟陵派，与复社魁目共同评点谭元春《新刻谭友夏合集》，参评第十一卷游记。此外，张采还参与当地方志的编撰。崇祯六年（1633），刘士斗任太仓知州，请张采与乡人吴仲超编撰方志。后刘士斗被罢官，张采身患重病，吴仲超客死京城，方志修撰工作中断。直至崇祯十四年（1641），新任太仓知州钱肃乐再次聘请张采纂修方志，董理旧稿，钱肃乐负责编写《赋役志》。凭借钱肃乐捐助的俸禄，该方志于崇祯十五年（1642）刊印。

刘士斗与张溥为同年进士，钱肃乐则是复社成员，与二张关系密切，时常集会，诗歌唱酬。张采有《东郊》四首，作于刘士斗离任前，张采约张溥、吴伟业等人同游刘士斗开辟的东郊园地，集会相送，诗序云："作是诗以伤其意，又不敢云饯送，以冀公之来，故曰《东郊》也。"③张采、张溥与钱肃乐也常集会，有诗《希声钱侯同天如过俭斋夜集次韵》二首。

张采作为太仓乡绅，又拥有地方官的治理经验，热心协助知州管理地方政务，关心民生。对于救济灾民、浚水治河有功，繁难的案件诉讼，他也热心支招。据《礼部员外郎张南郭先生墓志铭》记载："先生居家久，州守刘公士斗、钱公肃乐先后重之，凡立保甲，作常平仓，讲乡约，辛巳设粥赈饥民，率先生所建。"④《故礼部员外张先生行状》也记载道："先生白钱公作常平仓，讲乡约，演六谕，立保甲，诸法凡有利于民无弗为。钱公既

---

① （清）谢旻等修，（清）陶成、恽鹤生纂：雍正《江西通志》卷六十"名宦"，清雍正十年版。

② （明）张采：《知畏堂文存》卷十一《医说》，《四库禁毁书丛刊》集部第81册，北京出版社2000年版，第690页。

③ （明）张采：《知畏堂诗存》卷三，《四库禁毁书丛刊》集部第81册，北京出版社2000年版，第730页。

④ （清）黄与坚：《礼部员外郎张南郭先生墓志铭》，《江苏人物传记丛刊》第34册，广陵书社2011年版，第369—373页。

雅敬先生，睹先生条记，益叹服。凡邑中有疑事，辄问先生，或大狱不决，辄问先生。"[1]

他为初上任的钱肃乐提供了许多实质性的建议[2]。太仓原有习射的历史，后来射义荒废。张采在钱肃乐的支持下，倡立观德社，以砥砺武功，一方面"以古是仿"，受到理学大儒陆九渊的启发，"每暇试子弟射，既江西寇，独不过金溪"；另一方面，在晚明社会动荡的背景下，张采认为世爵子弟辈受皇恩，当效命国家。钱肃乐也作《观德社序》加以表彰："天下方有事，人皆袖手却步，而二三君子独慨然发愤，以自解其牵跛之耻，且手持不仁之器，而大之以复古之名曰观德，不尚功也。"[3]可知晚明的江南地区，以张采为代表的仁人志士已洞察到国家的危机，在民间实行军事化的操练，做着防御性准备。

乡居时期，张采的生活并不安宁，而是卷入了各种的政治论争中。崇祯六年（1633），首辅温体仁的弟弟温育仁欲入复社被拒，温体仁命人作《绿牡丹传奇》一剧讥讽复社。二张奋起反击，结下仇隙。浙江学臣黎元宽与张采同年，也是复社成员，在黎元宽的帮助下，《绿牡丹传奇》演出被禁，事情渐渐平息。

同年秋，太仓岁歉，张采作《军储说》，张溥作跋，为刘士斗提供赈灾策略。时任苏州推官的周之夔因社集选文等原因，对二张素有夙怨。因《军储说》的建议打破了例行的漕规，周之夔借此攻讦刘与二张。刘士斗被罢太仓知州，转任江西按察司知事。二张写檄文揭露周之夔监考受贿之事，诸生奋起驱赶，周之夔无奈辞官返回福建老家。

崇祯九年（1636），同乡的陆文声为报复张采曾经当众鞭打的私仇，也加入攻讦复社的队伍中。在温体仁的纵容下，针对复社及二张的批评蜂起。

崇祯十三年（1640），托名嘉定徐怀丹的《复社十大罪檄》一文构陷复社十宗罪，直指二张遥秉朝政。崇祯帝大怒，责令二张回奏。崇祯十四年（1641）五月，张溥去世，张采一人上朝，作《具陈复社本末疏》辩解。

在《具陈复社本末疏》中，张采强调张溥所组织的复社宗旨是复古，主要是"楷模文体，羽翼经传耳"，性质是一个文社而没有政治企图，强调"窃惟文者昭代之所重，社者古义所不废……未尝有一毫出位跃冶之思也"，对张溥死后仍遭人诬陷而感到不平。叹憾张溥有经世之才、报国之志而未得施展："独念溥日夜解经论史，矢心报称，曾未一日服官，怀忠入地，即今严纶之下，并不得泣血自明，良足哀悼。"展现出为好友竭力辩驳、仗义执言的胆识。同时，说明自己并未实际参与复社事务："谓复社是臣事，则出处年月不符；谓复社非臣事，则溥实臣至交，生同砥砺，死避罗弋，负义图全，臣不出此。"[4]张采独自一人面对问责，回答周全。在御史刘熙祚、给事中姜埰、首辅周延儒的回护下，复社一案终告平息。

5.再仕南明（47—53岁）

甲申年（1644）三月，李自成破京师，五月清兵入京。福王朱由崧在南京监国，史称南明弘光朝廷。值此动荡之时，怀抱报国之念的张采出任南明朝礼部仪制司主事，后升礼

① （明）葛芝：《故礼部员外郎张先生行状》，《卧龙山人集》卷十，《四库禁毁书丛刊》集部第33册，北京出版社2000年版，第411页。

② 丁国祥：《复社研究》，凤凰出版社2011年版，第284页。

③ （明）钱肃乐著，卿朝晖点校：《钱肃乐集》，浙江古籍出版社2014年版，第69页。

④ （明）张采：《知畏堂文存》卷一《具陈复社本末疏》，《四库禁毁书丛刊》集部第81册，北京出版社2000年版，第527页。

部员外郎。张采上任后，上奏《在礼言礼疏》，提出"清制举""严学校""正人心""昭圣德"四项具体举措，力图挽救国家颓势，重整社会秩序。张采与御史祁彪佳交好，积极向其举荐人才，希冀新朝廷有一番作为。民间传言福王要选妃，人心惶惧，湖广顾景星作诗《花鸟使拟元积体上家礼部尚书张受先员外》上言张采，诗云："当时使者势绝伦，墨诏满怀求丽嫔。穿闺入屋匿不得，翁啼妪号那敢嗔。"①弘光帝只顾自己享乐，无心国政，马士英、阮大铖执掌朝事，极力打击东林党人和复社成员。目睹弘光朝的党派倾轧、腐败乱象之后，张采心灰意冷，作《辞礼部主事疏》乞归。

弘光元年（1645）五月，南京城破，宿怨者趁乱报复张采，借口哄骗，绑至城隍庙殴打。被利锥巨锤击打的张采奄奄一息，幸被一僧人救下，乡民们也赶来营救。《陈确庵日记》记录下了张采罹难的过程：

> 五月十七日，受先方卧起，忽有数人求白事，受先出不意，短衫秃巾迎之。数人者仰谓曰："有大案未了，可至州辨状。"即牵之走。甫出门，以两木夹之行，自南关外至州治前，惨毒备至。又拥至城隍庙，铁石并下，受先已垂绝。又惧其苏也，用利锥自耳旁及腰腹下锥入数寸，汲井水沃之，系索于顶，曳地而走，头击地有声。至演武场作坎埋之，复欲持锄断其首，旁有不平者呵之，乃止。数人者气尽，各散去。一沙弥过之，探鼻微息，乃毁寺中绰楔，与好义者舁归其第，得苏，扁舟亡去。阅一月，而此事微闻于上台，移檄至州，浦君、舒牵为首二人斩于市，人人称快。②

此后三年，张采隐姓埋名，漂泊异乡。据《故礼部员外郎张先生行状》记载："东西窜伏不常，始避地嘉定之乡，既寄居昆山湖滨，又过常熟，依其女，后又寓昆之范氏庄居。"③方志亦载，《昆新两县续修合志》云："先后寄居昆山之湖滨及范氏庄。寻卒。"④《唐市志》云："明末，采匿影杨彝凤基园，自称山衣道人。"⑤张采晚年在《题十景诗序》中自述道："乙酉秉国难民变，娄何人毙张子都市，逾日而苏，死状近范雎，所以死近阳处父。张子遂不能归故乡，流离匿唐墅，婶直亡身得窜，幸矣。"⑥张采晚年十分消极，寄居杨彝凤基园，杨彝以柳宗元、苏轼遭流放而不废文字的事迹来激励，张采作消极回应："我亡人也。亡人胆魄丧矣，恶能文？""张子者，一未死称山衣道人者也。"⑦他常常南望故乡，痛苦不已，郁郁而终。

---

① 郭秋显：《海外几社诗史研究：以陈、夏及海外几社三子抗清完节为主轴》，厦门大学出版社2015年版，第123页。

② （清）王昶纂修：嘉庆《直隶太仓州志》卷五十九，清嘉庆七年版。

③ （明）葛芝：《故礼部员外郎张先生行状》，《卧龙山人集》卷十，《四库禁毁书丛刊》集部第33册，北京出版社2000年版，第412页。

④ （清）金吴澜、李福沂修，（清）汪堃、朱成熙纂：光绪《昆新两县续修合志》卷三十四"游寓"，清光绪六年版。

⑤ （清）倪赐纂修，（清）苏双翔续纂修，（清）龚文洵再续纂修：《唐市志》。

⑥ （明）杨彝：《〈谷园集〉序》，清道光二年谭天成家版。

⑦ （明）杨彝：《〈谷园集〉序》，清道光二年谭天成家版。

# 二、张采的交游考述

明代苏州地区文化发达，人杰地灵。太仓又是复社活动的中心，据统计，有明一代，苏州中进士的复社成员就有二十六人[①]。张采的交游圈广泛，上有台阁宰辅，下有复社魁首，后进之士，还有南明的抗清志士。

1.至交好友：复社盟主张溥

张溥（1602—1641），字天如，初字乾度，号西铭，私谥仁学先生，太仓人。崇祯四年（1631）进士，选庶吉士。与张采并称"娄东二张"。天启三年（1623），张溥邀张采共读于七录斋，达五年之久，勤学苦读。二人主动拜访、联络当时名士周钟、杨彝、顾麟士等人，以尊经复古为号，倡立应社，后壮大为复社，张溥也逐渐成为社集的首领。二张的人生经历几乎都交织在一起。

从天启三年（1623）至七年（1627），张采与张溥相伴读书，两人相互熟悉与依赖，表现在文学上，是彼此间的高度信任，可授权对方代为文字。如张采亲戚龚南虞六十大寿，张溥代作《龚南虞六十序》一文，从张采的身份视角出发，称赞龚南虞："名虽中外，义犹一家，相与以德，且世世矣。"[②]这不仅是对寿星品性的高度认可，也是对张采家族门风的肯定。张采认为张溥的这篇代笔："使予为此，非不有其情，其如格格不出，何独天如代予言？则次第如书，横观古今，惟司马、欧阳足称耳。"[③]崇祯二年（1629），复社于苏州成立，其时张采在临川任职，张溥再次为张采代笔，作《国表序》，点出当时"无不知有复社者"的盛况[④]。即便是代笔之作，张溥对张采当时的心境十分了解，代其云："入春以来，兄弟之戚，其音日至。公幹之亡也，云子、石兄之丧其母也，华之之奔其父之丧也，东望而涕泣者，数数矣。独闻复社之言，则怡然心开，此予所览是编而怀故国也。"[⑤]张溥细腻地洞察张采为好友家中丧事而心情低落的状态，而复社的成立与社集《国表》一选足令其心情好转，思念故乡。周钟曾评价张溥为张采所作文集序曰："谓之受先序可，谓之自序亦可，再更一手，即失其情矣。"[⑥]一语道破二张之间的亲密情感以及二人思想上的趋同。

从应社到复社，从轮流讲经到聚众论学，张采的俭斋和张溥的七录斋常是社集活动的场所。张采的《夏日集七录斋步与游韵》描绘出聚会情景："兄弟聚时皆道古，礼文略处欲忘年。"[⑦]大家相聚一起，所论皆为复兴古学。张溥有诗《秋夜同豫瞻、人抚、骏公、僧弥集受先斋》两首、《同孟朴、姜周、骏公、僧弥集受先斋》和《同子常、勒卣集受先斋》，描写三五同好共聚张采的俭斋，时常聊至深夜，诗中"月波""看星""踏灯"的意象，足见众人兴致盎然。

---

① 朱子彦：《中国朋党史》，东方出版中心2016年版，第502页。

② （明）张溥：《龚南虞六十序》，曾肖点校：《七录斋合集》，齐鲁书社2015年版，第191页。

③ （明）张溥：《龚南虞六十序》，曾肖点校：《七录斋合集》，齐鲁书社2015年版，第191页。

④ （明）张溥：《国表序》，曾肖点校：《七录斋合集》，齐鲁书社2015年版，第162页。

⑤ （明）张溥：《国表序》，曾肖点校：《七录斋合集》，齐鲁书社2015年版，第163页。

⑥ （明）张溥：《张受先稿序》，曾肖点校：《七录斋合集》，齐鲁书社2015年版，第158页。

⑦ （明）张采：《知畏堂诗存》卷三，《四库禁毁书丛刊》集部第81册，北京出版社2000年版，第730页。

二张有着截然不同的性格。《明史》有云："溥性宽，泛交博爱。采特严毅，喜甄别可否，人有过，尝面叱之。"①张溥也曾说："临事之际，受先有气敢往，排捍在前，复善以礼颜相开，担夫孺子必谕之，晓晓然使得疏明。而余多敛不即发，恒私自意念，彼必能先见也。"②张采爱憎分明，为人严毅，刚正不阿；而张溥亲切随和，待人宽容。两人一严一宽，一刚一柔，皆坦诚直率，重情厚义，结交广泛。吴伟业《朱昭芑墓志铭》中说道："吾师张西铭、友人张受先读其文，愿与交。两公之友满天下。"③

张采与张溥曾两度联姻。天启四年（1624），张溥友人沈承病故，其妻随后离世，留下不满一周岁的孤儿。张溥怜惜沈承的才华，收养沈承遗子，取名张忱。天启六年（1626），张采第四女出生④，将其许配给张忱。可惜此女与张忱双双早夭，二张首次联姻失败。崇祯三年（1630），张采卸任归乡，张溥妻子将侄女许配给张采长子张于临，此次联姻使二张关系更为紧密，张采曰："两家交不系姻，然成姻亦自密也。"⑤

二张皆年少失祜，与母亲相依为命，十分孝顺。张溥《张伯母膺封序》说道："溥与受先同为少子，未成人皆失怙，惟母氏之依，动静与俱。……然我母与太母艰难有同，而溥与受先所以事母者不无或异，此尤溥所反复勤切、叹为弗遑也。"⑥二人亲如兄弟，信赖有加，视对方母亲如己母，可相互托付；二人的母亲也情如姊妹，视对方的孩子如己出。天启七年（1627），张采进京赴考，将母亲托付给张溥："弟泣托老母，兄泣应。"⑦崇祯四年（1631）张溥入翰林，托付张采护送其母入京，据张采《祭张天如文》记载："辛未兄成进士，选庶吉士，弟送金母之北，拜河下，自谓犹子。"⑧

在张溥病故后，张采极力维护张溥，为复社一事辩解，为复社澄清了"罪状"，也为张溥恢复了声誉，这是二张患难与共的友情的有力论证。

2. 任上结交：江西四大家

张采在临川知县任上，与江西四大家皆有往来，有意结交陈际泰、罗万藻、章世纯，推介三人加入复社，对复社的拓展有着积极作用。艾南英在选文标准、学术立场上与复社存在矛盾分歧，张采有意排斥。张采与这四人的关系也有着微妙而复杂的变化。

陈际泰（1567—1641），字大士，号方城，江西抚州府临川县人。崇祯七年（1634）以六十八岁高龄中进士，授行人，崇祯十二年（1639）任贵州副主考。《明史》有传，记其自小嗜好读书，十岁读《诗经》，"踞高阜而哦，遂毕身不忘"⑨。《烈皇小识》评曰："先文肃本房，首拔临川陈际泰，名震都下。"⑩陈际泰勤苦聪颖，可以用三个月的时间就点校完《二十一史》。著有《太乙山房集》《己吾集》《周易翼简捷解》《易经说意》（又名

① （清）张廷玉：《明史》第六册，台湾商务印书馆股份有限公司2010年版，第3178页。

② （明）张溥：《七录斋合集》，齐鲁书社2015年版，第159页。

③ （清）吴伟业：《梅村家藏稿》第四十六卷，清宣统三年董氏诵芬室刻本。

④ 张采的《殇女圹铭》所记为第四女，但他在《祭张天如文》为第三女，两处矛盾。《殇女圹铭》写作较《祭张天如文》更早，故取前者的说法。

⑤ （明）张采：《知畏堂文存》卷九，《四库禁毁书丛刊》集部第81册，北京出版社2000年版，第662页。

⑥ （明）张溥：《张伯母膺封序》，曾肖点校：《七录斋合集》，齐鲁书社2015年版，第202页。

⑦ （明）张采：《知畏堂文存》卷九，《四库禁毁书丛刊》集部第81册，北京出版社2000年版，第661页。

⑧ （明）张采：《知畏堂文存》卷九，《四库禁毁书丛刊》集部第81册，北京出版社2000年版，第662页。

⑨ （清）张廷玉：《明史》第六册，台湾商务印书馆股份有限公司2010年版，第3177页。

⑩ （清）文秉：《烈皇小识》卷二。

《易经正义》）等。

　　陈际泰中举虽晚，文名甚著，位列"临川四才子"之一。张采对陈际泰十分激赏，为其《之燕草》集作序："方余行大士古集，凡缀文之士，人置一册，拟为方规，或几案间不备，即谓不可以道古，交相讥诃，大士尊于时如此。"①肯定陈际泰文集的价值，足以成为复古的典范之作，文人必备的案头书。张采折服于陈际泰的人品，在《陈大士稿序》中说道："有诋呵大士者，大士有言：'吾辈如山中之鹤，无意争人间腐鼠，独表其声为清高，犹欲杀而烹之乎。'骤接此语，可为恻恻。"②陈际泰亦肯定张采的选文与品评能力，曾写信给陈子龙云："选手虽多，他日悬国门而藏名山，非受先必卧子也。"③陈际泰还为张采作《张受先先生〈礼记新艺〉叙》，称赏道："其志甚大，其规甚达，其事有成，古人不足绝也。"④

　　章世纯（1575—1644），字大力，江西抚州府临川县人。天启元年（1621）举人。崇祯朝任柳州知府。明朝覆亡时，章世纯于任上抑郁而死。章世纯精于理论，文风幽深沉鸷，下笔深刻，有《四书留书》《己未留》。工于时文，以选艺著称，江西四家"章、罗、陈、艾"的排序，可知其地位较高。

　　罗万藻（？—1647），字文止。天启七年（1627）举人。《明史》有传。崇祯年间以口吃为由拒不出仕，在南明弘光朝任上杭知县，后又任南明隆武朝的礼部主事。罗万藻致力于八股文复兴运动，文风清微淡远，著有《此观堂集》《十三经类语》。

　　张采为临川知县时，常与大士、大力、文止等人饮酒座谈，陈际泰《诗社序》云："常与章大力共饮张受先署中。受先因言比杨子常、顾麟士方集诗社，持论甚刻，欲作齐秦等风，各肖其方之气。余时答言：'今时文字，政得清楚为难。诸君所言，是固贤者之远矣。'"⑤肯定张采等人举诗社的意义。张采与三人为学理念相近，认可"去靡存质，以归玄旨"的观点⑥，张采在《郄陆奕稿序》中说道："未尝有矜色，于大力、文止为最深，尝自评其文曰：'此义惟大力知我。'予每云：'大士、大力，足称两大。'"⑦众人互通声气，激励后学，共同推动临川的文化发展。

　　陈、章、罗三人对于张采在临川的施政亦十分肯定："共论先生之所为，自均马政、制豪猾、恤行户、禁赌博，其法皆可通行，而行之亦既效矣。"⑧张采辞归之时，陈际泰作《邑侯张公受先归娄东序》，历举张采禁攀窝、禁图赖、禁投献的三大政绩，感念其奉献。崇祯四年（1631），张采母亲去世，陈际泰作《观海张公暨配苏孺人合传》以追悼。

　　艾南英（1583—1646），字千子，号天傭，江西抚州府东乡县人，世称"东乡先生"。天启四年（1624）举人。《明史》有传。艾南英倡立豫章文社，以八股文选名动海内。著有《天傭子集》，选有《历代诗文集》《四家合作摘谬》等。艾南英与陈际泰、章世纯、罗

①（明）张采：《知畏堂文存》卷二，《四库禁毁书丛刊》集部第81册，北京出版社2000年版，第553页。

②（明）张采：《知畏堂文存》卷二，《四库禁毁书丛刊》集部第81册，北京出版社2000年版，第554页。

③（明）陈际泰：《己吾集》卷二，清顺治李来泰刻本。

④（明）陈际泰：《太乙山房文集》卷五，李士奇明崇祯六年刻本。

⑤（明）陈际泰：《己吾集》卷二，清顺治李来泰刻本。

⑥（明）张采：《知畏堂文存》卷三，《四库禁毁书丛刊》集部第81册，北京出版社2000年版，第570页。

⑦（明）张采：《知畏堂文存》卷二，《四库禁毁书丛刊》集部第81册，北京出版社2000年版，第554页。

⑧（明）陈际泰：《己吾集》卷五，清顺治李来泰刻本。

万藻同结豫章社，合称江西四大家。其后陈、章、罗加入复社，艾南英却因选文理念和选政转移而与复社产生矛盾，四人间出现分歧，关系复杂。

张采未赴任临川前，便与艾南英相识，崇祯元年（1628），艾南英与二张同结"燕台十子社"。同年冬，艾南英于太仓舟中作《初答临川张侯书》，直以"老父母"称呼张采，云："老父母文章经术，照映江左，曩时辱收不肖于声气之末。"①而艾南英，与多位复社成员书信往返，辩难不休，亦多次写信与张采讨论。崇祯二年（1629）夏，艾南英《三答临川侯书》，言辞讽刺："今有人遇周孔而知敬，及遇盗跖亦以为周孔，则周孔何地可以自容？""学问渊源，尝为评其品地，不可向盐醋缸中埋杀。即老父母文章经术，亦当有以自明。将来取盐醋缸中物同类而并称之，老父母甘之乎？"②信中不仅批评了江西四家中的章、罗、陈三人，还将张采也揶揄了一把。在张采临川卸任后，崇祯三年（1630），艾南英编选了《四家合作摘谬》，批评了章、罗、陈三人。复社亦合词布告，除名艾南英。崇祯四年（1631），"受先、东乡相为水火矣"③。

3.同乡之交：苏州名士

张采常居太仓，与苏州名士交情颇深，其中与张采感情最为深厚的，当属杨彝、王志庆与许元溥。杨、王二人与张采家有着姻亲关系，政治理想、人生追求与文学理念相近，常有诗歌唱和。

杨彝（1588—1661），字子常，号谷园，私谥渊孝先生。苏州府唐市（今常熟）人。崇祯八年（1635）岁贡生，入国子监，后选授松江府学训导。与顾梦麟并称"杨顾"。顾梦麟（1585—1654），字麟士，号织帘，晚号中庵，人称织帘先生。杨彝家有藏书室凤基楼，可媲美钱谦益的红豆山庄与毛晋的汲古阁。杨彝著有《谷园诗集》，与顾梦麟辑《纂序四书说约合参大全》。

张采久慕杨彝之名，但未得结交④。天启三年（1623），二人始通姓名。次年冬，张采与张溥偕同管君售、朱令古到唐市拜访杨彝，也结交了正在杨家坐馆的顾梦麟。众人会面，一见如故，订立盟约。杨彝记录下二张初次来访时的情境：

> 时在乙丑，娄有《名文匡选》，张天如与张受先为之。先是余拟《文史选》，凡《四书》典故题目，摘出梓行，往求友之为史者。余时有微名，二张子应予选，亦多史题文。阅兹尚嫌排砌，天如局横，受先气爽，较近制举义。麟士以告，二张托谢，名未有通也。一日，二张子偕管君售、朱令古造我门，颇骇。问之，曰结社，益骇。社又主读书修行，余大之，然窃疑其易之矣。余居唐市，市湫隘，客座而外，未尝辟有书室。四子猝至，促膝连床，明发即议社事。⑤

虽然二张等人突然到访，主动提议结社，让杨彝感到震惊，但是双方通过文章早有神交，社事之议也能顺利进行。彼时杨彝幼子杨静四岁，张采有初生女，因而两人结为亲

---

① （明）艾南英：《新刻天佣子全集》卷五，艾为珫清康熙三十八年刻本。

② （明）艾南英：《新刻天佣子全集》卷五，艾为珫清康熙三十八年刻本。

③ 王炜：《明代八股文选家考论》，武汉大学出版社2015年版，第214页。

④ （明）张采：《知畏堂文存》卷二《杨子常四书稿序》："二十年前，余方冠，即知虞山有杨子常，读其文章，辄叹士不虚有名。"

⑤ （明）杨彝：《〈谷园集〉序》。张采文集所记应社成立时间"甲子冬"与杨彝自序"时在乙丑"有出入，张涛以张采《题十景诗序》"岁乙丑定应社"考定应社成立在1625年。

家。杨静性行醇厚，惜在崇祯十四年（1641），年仅二十二岁便去世，张采作《杨生传略》记之，借用诸葛亮"早慧不成"之句来表达痛惜之情。

张采盛赞杨彝为人清白、耿介，《杨子常四书稿序》："六七年来，窃社事以卖名声者变百出，子常介然玉立，既绝摇濯，复不急自别白，即此可占体用。"①《题杨子常生像》仅仅百余字，对杨彝的人品赞赏有加。二人曾出游苏州虎丘、太仓东郊，张采有诗《同子常、麟士宿虎丘次韵》《九月同子常东郊即事》。此外，张采还有诗《忆旧作答杨子常》《怀子常再次前韵》，唱和往来，情谊深厚。杨彝在张采出任南明朝廷时，作《问受先选后事，时为礼郎职此》："礼自中官出，乐从倡女传。问君何办作，为报职名然。"②作为好友，杨彝十分了解张采，从侧面说明了张采出任的原因。可惜张采没能在弘光朝施展抱负。张采被恶人报复，殴打近死，离乡投靠杨彝。张采病卒，杨彝作《挽山衣道人》两首表达哀思。

王志庆（1591—1642），字与游，号汉阴丈人，苏州府昆山县人。天启七年（1627）举人。王志庆出生于官宦家庭，从学于兄长王志坚、王志长，三人皆学有根柢，时人称"一凤三雏"。王志庆著有《丙园诗文稿》《古俪府》等。王志庆好作诗，推而学古，进而学道，其诗显示出风雅之义。张采为其《慎尔斋诗稿》作序，称赏道："以意逆，皆'三百篇'遗则也。王子深乎诗教矣。"③

张王两家有联姻，王志庆将孙女许配给张采次子。二人于天启七年（1627）同中举人，有同年之谊，却无深交。直至张采临川卸任归乡后，二人才渐渐熟稔。王志庆有弱志斋，斋西墓地开辟为丙园，张采常常到访，在《祭王与游交》曾回忆道："每求友声，辄扁舟西发，至则止我弱志斋西室。既辟丙园，或止丙园旁舍，无不流连日夜，忘谁主客，即僮仆亦不分谁主客也。"④崇祯八年（1634），复社成员刘城编《甲戌论文》时，张采曾与张溥于王志庆丙园逗留一月，期间张采也投笔作文，留心时艺⑤。崇祯十一年（1638），张采、王志庆和许元溥三人出游，作《游邓尉山记》以记游。此外，张采还作诗《舟行灵岩山下》《从虎山桥过湖问路入山》《登徐墓小楼读李长蘅题壁》《登南山看石壁》《嵩际逢净室僧并值石壁主僧》《邓尉山司徒庙前双柏》《同与游父子入郡约孟宏看梅舟行二首，时初八为谷日》《登虎丘佛阁》《归自吴门舟行风雨》等，一一描写了此次行程所游历的各处景点。

王志庆年长张采五岁，在为人处世方面多有提点，"一言出入，一事参差，意见偶殊，必反复规切，期于大中"⑥。与张采一样，王志庆也是热心地方的乡绅，急义好施，关切民瘼，积极为太仓政事献言献策。崇祯十三年（1640）夏，市场米价异常，王志庆上书知州钱肃乐《赡乡民议与署侯钱希声》⑦，作《减价粜米议》，提出约法来平米价。崇祯十四

① （明）张采：《知畏堂文存》卷二，《四库禁毁书丛刊》集部第81册，北京出版社2000年版，第556页。

② （明）杨彝：《〈谷园集〉序》，清道光二年谭天成家版。

③ （明）张采：《知畏堂文存》卷二，《四库禁毁书丛刊》集部第81册，北京出版社2000年版，第549页。

④ （明）张采：《知畏堂文存》卷九，《四库禁毁书丛刊》集部第81册，北京出版社2000年版，第663页。

⑤ （明）张采：《知畏堂文存》卷三，《四库禁毁书丛刊》集部第81册，北京出版社2000年版，第582页。

⑥ （明）张采：《知畏堂文存》卷九，《四库禁毁书丛刊》集部第81册，北京出版社2000年版，第664页。

⑦ （清）金吴澜、李福沂修，（清）汪堃、朱成熙纂：光绪《昆新两县续修合志》卷四十五，光绪十七年刻本。

年（1641）饥荒，饿莩载道，民间出现人食人的现象，王志庆闻之落泪①。崇祯十五年（1642），王志庆病死，张采作《孝廉与游王公墓志铭》追忆好友的一生，又作《祭王与游文》表达深切的哀悼。

许元溥（1596—?），字孟宏，号鸿公，自号千卷生，私谥孝文先生，苏州府长洲县人。他与杨廷枢、郑敷教、陆坦并称"吴门四孝廉"。崇祯三年（1630），许元溥中举人。他曾与刘城、黄宗羲等人倡立抄书社，之后加入复社。崇祯十一年（1638），许元溥署名声讨阮大铖的《留都防乱公揭》。明亡后，许元溥坚不仕清，流落吴淞地区。著有《吴乘窃笔》《读史通》《宋遗民续录》等。

许元溥与张采同岁，其萧闲斋也是复社成员时常聚会的场地，张采《集许孟宏萧闲斋》二首，表现了朋友聚会，闲适自在之态。张采与王志庆相约已久的出行，因为许元溥的加入，而使得行程更加难忘，张采有诗《同与游父子入郡约孟宏看梅舟行二首时初八为谷日》，其中"自是天公与闲旷"句透露出与好友出行的轻松与欢愉②。

顺治三年（1646），许元溥将父亲许自昌的梅花墅改为僧寺③。是年，张采作《丙戌七月望日次孟宏韵》二首，有句"愁来逐夜占前梦，谁道凄凉病夏畦"④。

张采又有《八月四日孟宏同士敬来访，随去，越日各用前韵见怀，赋此酬之》，与上诗同韵，其中"梦里索妆文物会，愁中得句泪痕题"的诗句，流露出二人作为明遗民的隐痛。明亡后，两人都漂泊游荡，国破家亡，人事变迁，易代的哀痛，深深烙印在他们心中。

吴伟业（1609—1671），字骏公，号梅村，别署鹿樵生、大云道人、灌隐主人。苏州府太仓州人，是"娄东诗派"的代表作家之一。明崇祯四年（1631）高中榜眼，初授翰林院编修。后讲学东宫，升迁至左庶子。出任过南明弘光朝少詹事一职。入清后，先是隐居不出，后于顺治十年（1653）屈身仕清，任秘书院侍讲，升至国子监祭酒。四年后以奉嗣母之丧为由告归。著有《梅村家藏稿》《梅村词》《绥寇纪略》《复社纪事》等。

天启五年（1625），吴伟业拜师张溥，与张采相识，此后常在社集活动中共游，时相唱和。张采有《次吴骏公韵怀德杨机部》《和吴骏公病起韵》《闻吴人抚除刑部和骏公韵》诗，收在抄本《知畏堂集》中。

## 三、著述与编纂情况

张采生平不废经史之学，涉猎广泛，参与应社时主治礼学。为兴复古学，他对汉代至南朝齐国的文章进行编辑。结合文社的举子业活动，张采编选了房书制义《房书艺志》《礼质》《试棂》等，未见存世。张采潜心创作，著有诗文集《知畏堂集》。

朱彝尊曾称赞张采考征文献的功劳。《明史·艺文志》著录张采《宋名臣言行录》十六卷，《周礼合解》十八卷，《知畏堂文存》十一卷，《知畏堂诗存》四卷。《四库全书总

---

① （明）张采：《知畏堂文存》卷七，《四库禁毁书丛刊》集部第81册，北京出版社2000年版，第627页。

② （明）张采：《知畏堂诗存》卷四，《四库禁毁书丛刊》集部第81册，北京出版社2000年版，第741页。

③ 刘致中：《许自昌家世生平著述刻书考》，《文献》1991年第2期。

④ （明）张采：《知畏堂诗存》卷三，《四库禁毁书丛刊》集部第81册，北京出版社2000年版，第739页。

目》著录张采《周礼注疏合解》十八卷①。《持静斋藏书记要》著录《东汉文》二十卷②。《中国古籍善本书目》著录张采《周礼注疏》十八卷，崇祯《太仓州志》十五卷，《宋朱晦庵先生名臣言行录》前集十卷后集十四卷续集八卷别集十三卷外集十七卷，《西汉文》二十卷，《东汉文》二十卷，《三国文》二十卷，《西晋文》二十卷，《东晋文》四十卷，《南朝宋文》二十八卷，《南朝齐文》十二卷，《知畏堂文存》十二卷，《知畏堂诗存》四卷。《中国古籍总目》著录与《中国古籍善本书目》基本相同，多《纂订名公四书觉路讲意孟子》七卷。

### 1.经史著述

《周礼合解》是张采整理《周礼》的十八卷读本，其中《天官》《地官》《春官》《夏官》《秋官》《考工记》各三卷。该书除经文外，还附有郑玄注与贾公彦疏，同时也选编了其他儒者的观点，因而取名"合解"。卷首有张采自序，后接明代陈仁锡、孙攀、徐常吉、郎兆玉、郭正域、宋代王安石、郑樵、丘葵，元代吴澂等人的序文与考证共十八篇。正文页左右双边，半页八行十八字，小字双行，正文后有"注""释""疏"，天头有小字批注。

该书存在同书异名的情况，共有三种名称：一是《明史·艺文志》记为《周礼合解》。二是《中国古籍总目》著录为《周礼注疏》，有明末张采刻本，藏于中山大学图书馆；另有明刻本，藏于湖南师范大学图书馆、上海辞书出版社图书馆。三是《四库全书总目》记载的《周礼注疏合解》两淮马裕家藏本，现藏上海图书馆，《四库全书存目丛书》据此影印，附《四库全书总目》提要："采与溥为复社领袖，在当日声望动天下，然此书疏浅特甚，岂亦托名耶？"③四库馆臣认为此书水平与张采的声望不符，疑为托名之作。四库馆臣对张溥《诗经注疏大全合纂》《春秋三书》亦评价较低，曾肖指出清人没有将二张的"经学著作放在明末特殊的学术背景下进行分析，得出的评价难免过低"的问题④。

崇祯《太仓州志》，署名张采辑纂，钱肃乐修订。全书共十五卷，内容涉及封域、营建、官师、学校、风土、选举、水利、赋役、海运、兵防、海事、名宦、人物、艺文、琐缀，门类丰富，纲目完备。书前有钱肃乐序，后附有清康熙太仓知州朱士华序、地图九幅、凡例，弘治与嘉靖年《太仓州志》序录，此外还汇辑了陈伸《太仓事迹》和陆容《太仓志稿》的序言。

现存四个版本：一是明崇祯刻本，国家图书馆藏全本，江苏省常熟市图书馆存残本⑤。二是明崇祯刻、清康熙十七年（1678）修补印本。国家图书馆、复旦大学图书馆藏有全本，《原国立北平图书馆甲库善本丛书》第313册影印此版本；湖南省社会科学院图书馆、苏州大学图书馆藏有残本⑥。三是明崇祯刻、清康熙重修本，缪朝荃校对，现藏于复旦大学图书馆。四是江苏省南通市图书馆藏抄本。目前，广陵书社对《太仓州志》进行了整

① （清）永瑢：《四库全书总目》，中华书局1987年版。

② （清）莫友芝著，邱丽玟、李淑燕点校：《宋元旧本书经眼录　持静斋藏书记要》，上海古籍出版社2009年版，第234页。

③ 《四库全书存目丛书》经部第84册，齐鲁书社1997年版，第333页。

④ 曾肖：《复社与文学研究》，人民文学出版社2018年版，第87页。

⑤ 常熟市图书馆藏崇祯《太仓州志》十三卷，卷三至卷十五。

⑥ 湖南省社会科学院图书馆藏崇祯《太仓州志》十二卷，卷四至卷十五；苏州大学图书馆藏崇祯《太仓州志》三卷，卷五至卷七。

理，以康熙十七年（1678）修补本为底本，结合民间私家藏本，辅之以抄补的手段，于2014年重新影印出版。

《宋名臣言行录》又名《宋朱晦庵先生名臣言行录》，由宋代朱熹纂辑，李衡校正，张采评阅，宋学显、马嘉植参正。该书于崇祯十一年（1638）出版，分为《前集》十卷、《后集》十四卷、《续集》八卷、《别集》十三卷、《外集》十七卷。张采在评阅完《宋名臣言行录》，作有《读言行录前集》《读言行录后集》《读言行录续集》《读言行录别集》《读言行录外集》五篇文章。另有《宋名臣言行录题辞》1篇，表明他评阅该书的意图是"教人学为人也……受之以前言往行，使夫知所乡方，则可以与于道矣"①，期望以宋代名臣的嘉言懿行为今人树立行为模范。

现有三个版本：一是明崇祯六年（1633）序古吴聚锦堂刻本，共二十三册，现藏于日本爱知大学霞山文库、原东亚文会、霞山会。二是崇祯十一年（1638）张采、宋学显等刻本，共二十册，现藏故宫博物院图书馆、中共北京市委图书馆、复旦大学图书馆等多地。三是日本风月庄左卫门1667年刊印《前集》《后集》的和刻本，共六册。封面印有"京摄四书堂合梓"，卷首有张采题辞、焦竑扬州版旧序、杨以任应天府学版旧序、纪事、《读前集》、朱熹原序、总目、补遗正误。正文页四周单边，半页十行二十字，汉字旁有日本训读符号，天头小字批注，未标明评者。现藏于日本早稻田大学图书馆，《和刻本四部丛刊》史部第49册刊印此本。

2.别集

《知畏堂集》是张采的自选诗文集，包括《知畏堂文存》和《知畏堂诗存》。该书本应于崇祯十六年（1643）出版，因明亡世变，三十年后才得以刊行。据书目载有六个版本，笔者调查所得，现存三个版本，具体如下：

一是康熙十二年（1673）金起鳞、方瑛刻本，现藏国家图书馆、上海图书馆。此本收《知畏堂文存》十二卷、《知畏堂诗存》四卷。卷首有张采学生黄与坚于1673年所作序，序言页四周双边，版心上方注"序"及相应页数，半页六行十五字。序前首栏有藏书印三枚，分别为"谭天成曾过眼""北京图书馆藏""吴兴刘氏嘉业堂藏书记"，序尾有"黄与坚印""忍庵"两枚藏印。正文页左右双边，半页九行十九字，单鱼尾，版心上方刻"知畏堂集"。前有总目，每卷另有细目。《知畏堂文存》版心下方标"文卷"及相应卷次、页数；《知畏堂诗存》版心小字双行，注明"四言古诗""五言律诗"等体裁及"诗卷"卷次、页数。《知畏堂文存》目录页首栏有"王曾印""□秋兰回□□""谭天成曾过眼"三枚印记，张采外甥金起鳞、方瑛校对；《知畏堂诗存》目录页有"谭天成曾过眼"一印，张采之子张于临、张于娄校对。《四库禁毁书丛刊》《明别集丛刊》《清代诗文集珍本丛刊》均影印此版本②。比较上述丛书所收《知畏堂集》，内容一致，但《明别集丛刊》漏印《知畏堂诗存》卷四的十五页至十九页③。

二是康熙十三年（1674）刻本，现藏于国家图书馆。《知畏堂文存》十二卷，《知畏堂

---

① （明）张采：《知畏堂文存》卷五，《四库禁毁书丛刊》集部第81册，北京出版社2000年版，第608页。

② 陈红彦、谢东荣、萨仁高娃主编：《明别集丛刊》第19册、第20册，国家图书馆出版社2017年版。

③ 《清代诗文集珍本丛刊》第19册、第20册所载《知畏堂集》，与《四库禁毁书丛刊》本、《明别集丛刊》本内容一致。此三种丛书所收《知畏堂集》皆是康熙十二年版。而《清代诗文集珍本丛刊》更为清晰，称"珍本"当之无愧。

诗存》四卷，卷首有陈乃乾于民国十九年（1930）手批识语，序末有"乃乾"印记一枚。陈乃乾此前以为二张为亲兄弟，读罢《知畏堂集》，才明白二张为同邑、同学，而非同族，嘉赏二张的品行和情谊。后有复社成员郑敷教于"阙逢摄提格"序，序言页左右双边，版心上方注"序"及相应页数，半页六行十三字，序末有"桐庵敷教""字士敬"印记两枚。《原国立北平图书馆甲库善本丛书》第903册影印该版本[①]。

三是清抄本，收《知畏堂文存》十二卷，《知畏堂诗存》四卷，四册。卷首有郑敷教序，半页六行十三字，天头宽，版心注有"郑序"及页数。有总目，金起麟、方瑛校对《知畏堂文存》，张采二子校对《知畏堂诗存》。正文页半页九行十九字，有句读。首卷有两枚印记："上海图书馆藏""王培孙纪念物"。该书现藏于上海图书馆，未标记年代，因有郑敷教序，不早于1674年，从而断定为清代本。经比对，抄本内容与康熙十二年（1673）版、康熙十三年（1674）版相同，但《知畏堂文存》卷八缺《先兄敏生公状略》一篇，《知畏堂诗存》卷四多六首诗。

《知畏堂集》还有三种版本见于书目著录：一是《千顷堂书目》与《明史·艺文志》记《知畏堂文存》十一卷，《知畏堂诗存》四卷[②]。《明史·艺文志》沿袭《千顷堂书目》的记载。二是《传是楼书目》记《知畏堂集》八卷，四册[③]。三是《禁毁书目》记《知畏堂集》三册，在军机处第五批进奏全毁的书目中有记载："《知畏堂集》三本。查《知畏堂集》系明张采撰。采本复社渠魁，专以声气交通，其人本不足重，且入国初尚存，而书中挖空处，皆系指斥字句，应请销毁。"[④]上述三种版本皆未见存世。

3.编校张溥遗作《七录斋近集》

张溥的《七录斋近集》十六卷，周钟评阅，张采校对，现存明崇祯十五年（1642）吴门正雅堂刻本，藏于复旦大学图书馆[⑤]。该书在张溥离世后，由张采整理刊印。张采序中说道："（张溥）殁前二日，犹手执雠较，则后死者不忍有删益，故仍其自名。"[⑥]张采对史论部分进行调整，合为《史论后集》[⑦]。所作序言称赞张溥"尝逾时废翰墨"的勤苦，点明张溥"拟修宋元二史，编集本朝故实"的志向[⑧]。

4.编选汉魏晋南朝文

《两汉文》四十卷包括《西汉文》《东汉文》各二十卷，于崇祯六年（1633）刊行。《两汉文》体例相仿，收录有诏令、章疏、策对、移教、书记、著撰，不同在于《西汉文》另收有《史记论赞》、五行说，《东汉文》另收有《汉书论赞》《汉纪论赞》。张采编选《两汉文》时，目的是"使风规显明，有所因据"[⑨]。《两汉文》收文范围和内容广博，被后世作为汉文编选的参照，如钱泰吉评价宗元豫《两汉文删》二十四卷说道"虽逊梅鼎祚、张

---

① 《原国立北平图书馆甲库善本丛书》第903册，国家图书馆出版社2013年版。

② （清）黄虞稷撰，瞿凤起、潘景郑整理：《千顷堂书目》，上海古籍出版社2001年版，第671页。

③ （清）徐乾学：《传是楼书目》，《原国立北平图书馆甲库善本丛书》第461册，国家图书馆出版社2013年版，第1075页。

④ 《禁毁书目》，《续修四库全书》史部第921册，上海古籍出版社2002年版，第498—499页。

⑤ 曾肖：《〈七录斋集〉主要版本列表》，（明）张溥撰，曾肖点校：《七录斋合集》，齐鲁书社2015年版，第1页。

⑥ （明）张采：《知畏堂诗存》卷二，《四库禁毁书丛刊》集部第81册，北京出版社2000年版，第550页。

⑦ （明）张采：《七录斋近集凡例》，（明）张溥撰，曾肖点校：《七录斋合集》，齐鲁书社2015年版，第657页。

⑧ （明）张采：《知畏堂文存》卷二，《四库禁毁书丛刊》集部第81册，北京出版社2000年版，第550页。

⑨ （明）张采：《知畏堂文存》卷五，《四库禁毁书丛刊》集部第81册，北京出版社2000年版，第603页。

采两家之博然"①。

《两汉文》现存版本有二：一是明崇祯间金阊委宛斋刻本，现藏于北京大学图书馆、中国科学院图书馆、北京大学图书馆，日本筑波大学附属图书馆、内阁文库亦藏，《域外汉籍珍本文库》据此本影印②。二是明崇祯五云居刻本，现藏于国家图书馆、湖北省图书馆、浙江省图书馆等地。两版本内容基本一致，卷首有张溥序、张采题辞和纪事，接着有总目，每卷另有小目。正文页九行十九字，提格注小字双行，天头有批注。两版本的不同之处在于委宛斋刻本的张溥序有句读，五云居刻本没有；《西汉文》五云居刻本正文有红色圈点，委宛斋刻本没有。据《中国古籍总目》等其他书目来看，《两汉文》中的《东汉文》《西汉文》各有单行出版。

《三国文》二十卷，收录有魏、蜀、吴三国文章。该书出版于崇祯十年（1637）七月，由陈子龙、徐孚远鉴定。卷首有张采题辞，说明编选目的是"以别风会，整齐文教"③。《三国文》体例与《两汉文》相仿，收录有诏令、移教、檄状、章疏、对议、书记、著撰。该书为张溥编辑《汉魏六朝百三名家集》提供了基础，严可均在《全上古三代秦汉三国六朝文》目录后案语："张氏（张溥）《百三家集》，以张采文钞为蓝本，唯有赋有诗为异。张采本二千余家，而仅取百三，约之又约矣。"④

《三国文》现存两个版本：一是明崇祯刻本，十册，无总目，每卷有细目，现藏于国家图书馆、首都图书馆、北京大学图书馆等地。二是题为《三国晋文》的金阊五云居印本，二十册，有总目，每卷另有细目，现藏于国家图书馆。两版本内容基本一致，正文页左右双边，九行十九字，有句读，天头有小字批注。不同之处在于明崇祯刻本无总目；五云居印本卷一有"归安胡惟德印"印记。

《东晋文》四十卷，刊印于崇祯十年（1637），由徐孚远、陈子龙鉴定。该书收录有诏令三卷、章疏七卷、策对六卷、书记十卷、著撰九卷、附令五卷。上海图书馆藏有《东晋文》两个版本：一是崇祯十年（1637）刻本，二十册。二是明崇祯十年（1637）刻本，十九册，四十卷。正文页左右双边，卷首有张采自序："知其义而始可论东晋之世，读东晋之文矣。"⑤有总目，每卷另附细目。正文半页九行十九字，小字双行。版心上方刻"东晋文"及"诏令""章疏"等体裁，下方标卷次、页数。卷五第十八后至卷八有朱色圈点。天头有少量批注。

《西晋文》《南朝宋文》《南朝齐文》，由于时间及条件有限，未得经眼，暂不展开论述。

表1　张采作品一览表

| 类别 | 书名 | 内容 | 刊印时间 |
|---|---|---|---|
| 经史著述 | 《周礼合解》 | 18卷，张采汇集《周礼》注疏，加以整理 | |
| | 崇祯《太仓州志》 | 15卷，与吴仲超、钱肃乐合纂 | 明崇祯十五年（1642） |

① （清）钱泰吉：《曝书杂记》卷一，《续修四库全书》史部第926册，上海古籍出版社2002年版，第14页。

② 《域外汉籍珍本文库》第三辑集部第2—4册，西南师范大学出版社、人民出版社2012年版。

③ 明崇祯本《三国晋文》封面，现藏于国家图书馆。

④ （清）严可均：《全上古三代秦汉三国六朝文》附目，清光绪二十年黄冈王氏刻本。

⑤ （明）张采：《知畏堂文存》卷五，《四库禁毁书丛刊》集部第81册，北京出版社2000年版，第605页。

| 类别 | | 书名 | 内容 | 刊印时间 |
|---|---|---|---|---|
| 著述校订选文 | | 《宋名臣言行录》 | 《前集》10卷，《后集》14卷，《续集》8卷，《别集》13卷，《外集》17卷，共62卷。张采作评语 | |
| | 著述 | 《知畏堂集》 | 《知畏堂文存》12卷，收张采散文140篇；《知畏堂诗存》4卷，诗319首 | 清康熙十二年（1673） |
| | 编校张溥遗作 | 《七录斋近集》 | 16卷，张采整理、校对，并作序 | 明崇祯十五年（1642） |
| | 编选汉魏晋南朝散文 | 《两汉文》 | 《西汉文》20卷，《东汉文》20卷 | 明崇祯六年（1633） |
| | | 《三国文》 | 20卷 | 明崇祯十年（1637） |
| | | 《西晋文》 | 20卷 | 明崇祯十年（1637） |
| | | 《东晋文》 | 40卷 | 明崇祯十年（1637）十月 |
| | | 《南朝宋文》 | 28卷 | 明崇祯十年（1637） |
| | | 《南朝齐文》 | 12卷 | 明崇祯十年（1637） |

张采生平、交游与著述考论

# 法国耶稣会士聂仲迁在华传教活动考述
## ——兼谈《鞑靼统治下的中国历史》一书的史料价值

### 汤开建

在明清入华耶稣会士的璀璨群星中，法国耶稣会士聂仲迁（Adrien Greslon）并不是很引人注目的一位，但却是十分重要的一位。其在华传教的四十年间（1656—1696），正是中国天主教事业在顺治后期获得蓬勃发展，在康熙初年惨遭"历狱"之灾，在康熙亲政后又获得恢复发展的重要时刻，聂仲迁正是完整经历了这一重要时刻的为数不多的几位传教士之一。聂仲迁不仅仅自己完整地亲身经历了这一时期，而且还为这一时期的中国天主教史留下了一部较为详实而又十分可靠的"实录"：*Histoire de la Chine sous la domination des Tartares: les plus remarquables qui sont arrivées dans ce grand Empire, depuis l'année 1651 qu'ils ont achevé de le conquérir, jusqu'en 1669.*（鞑靼统治下的中国历史——自 1651 年鞑靼征服后至 1669 年期间帝国所发生之大事录）。我们知道，关于明清天主教早期传华史，利玛窦（Matteo Ricci）神父死前完成的由金尼阁（Nicolas Trigault）神父 1605 年修订出版的《耶稣会与天主教进入中国史》应是最早和最为重要的记录；而曾德昭（Alvaro Semedo）神父于 1638 年出版的《大中国志》则是第二部详细记录和介绍天主教在华传播的历史著作；第三部对天主教早期在华传播历史介绍的重要著作应该就是卫匡国（Martino Martini）神父的《鞑靼战纪》。在《鞑靼战纪》之后，几乎同时出现了有关天主教早期传播史的三部重要著作，一部为毕嘉（Dominique Gabiani）神父的《鞑靼人入关后中国天主教之发展概况》，一部为鲁日满（Francois de Rougemont）神父的《鞑靼中国史》，还有一部就是今天要谈的聂仲迁的书。客观地说，如果从史料价值和历史著作的编撰手法，三者很难分以伯仲。毕嘉的著作部头最大，聂仲迁次之，鲁日满第三。但是如果说从完整地经历顺治后期天主教的发展，康熙初年天主教的教难，再到康熙亲政后天主教的恢复发展这一历程而言，聂仲迁的记录则是最为完备的。所以，我们如果要完整地了解"康熙历狱"前后天主教在华传教史的情况，其最为可信且具有极为丰富的史料可资征用和采撷者，当属聂仲迁书。

一

要介绍聂仲迁的著作，首先应该要了解聂仲迁其人。遍查海内外相关的研究，除费赖之（Louis Pfister）和荣振华（Josephe Dehergne）两位神父为其撰写过简略的传记外，几乎无一人涉及，故学术界对于聂仲迁在华传教活动所知甚鲜。中文资料《道学家传》对聂仲迁也只有寥寥二十余字的介绍："聂仲迁，字若瑞，法郎济亚人，顺治十四年丁酉至，传教江西，著《古圣行实》。"①故此，我想将各种零星资料参稽汇考，大致勾勒出聂仲迁在华传教活动之概貌，以加深学术界对聂仲迁的认识。

聂仲迁1614年生于法国夏朗特的奥贝特地区，1643年进入耶稣会初修院，同年晋铎为神父，1647年至1650年间曾在加拿大休伦族人中传教，还曾在该地不同的公学里面教授文学和神学，后返回法国②。关于他来华前的情况，我们所知甚少，也未见有专门著作对其进行介绍。聂仲迁神父来华应与罗历山（Alexandre de Rhodes）神父的征召有关，罗历山1649年返回法国后，征召了一批对传教事业学有专长且极为热诚的传教士，在葡萄牙国王若奥四世（João IV）的大力支持下，分为四批送赴中国，聂仲迁就是第一批随同刘迪我（Jacques Le Favre）神父一起被送往中国的传教士③。费赖之神父称聂仲迁神父1656年到达澳门④，而荣振华神父称聂仲迁神父1656年6月中旬到达澳门，他依据的是法国图书馆法文手稿第25055号，第140页⑤。在1656年6月中旬后，聂仲迁应该是在澳门一边学习中文，一边等待进入中国内地的机会，因为当时在澳门的传教士一共有12人到15人，都在等待时机进入中国内地⑥。1657年，刚刚抵达澳门不久的傅沧溟（Jean Forget）神父被派往海南岛传教⑦，聂仲迁亦随同傅沧溟神父同往海南岛⑧，故毕嘉神父称1657年聂仲迁与傅沧溟一起来华⑨。奇怪的是，根据费赖之和荣振华的资料，聂仲迁是先到广州，后去海南，我认为这一顺序可能有误，既然是随傅沧溟神父同往海南岛，而傅沧溟神父是1657年就去了海南岛，故聂仲迁也应该是1657年去的海南岛，不仅与他同时到澳门的毕嘉神父是这样说，而且他自己亦称："我到了澳门后，随即就被派往海南，与傅沧溟神父一起前往。"⑩清代胡璜《道学家传》亦称聂仲迁"顺治十四年丁酉至。"⑪这个"至"即指来华，顺治十四年即1657年，也就是说中文资料也认为聂仲迁是1657年进入的中国内地。这是否可以判定费赖之和荣振华所根据的资料有误？准确地说，1657年聂仲迁应该是跟随傅沧溟神父去了海南。他在海南至少停留了有两年时间，然而其在海南的活动并没有任何记录。据聂

① 钟鸣旦等编：《徐家汇藏书楼明清天主教文献》第3册，《道学家传》，辅仁大学神学院1996年版，第1198页。

② ［法］荣振华著，耿升译：《在华耶稣会士列传及书目补编》上册，中华书局1995年版，第291—292页；［法］费赖之著，梅乘骐、梅乘骏译：《明清间在华耶稣会士列传（1552—1773）》，天主教上海教区光启社1997年版，第336页。而费书记录聂仲迁的出生地不同，称其出生于法国佩里格（Périgueux）地区。

③ ［法］费赖之著，梅乘骐、梅乘骏译：《明清间在华耶稣会士列传（1552—1773）》，天主教上海教区光启社1997年版，第334—335页。

④ ［法］费赖之著，梅乘骐、梅乘骏译：《明清间在华耶稣会士列传（1552—1773）》，天主教上海教区光启社1997年版，第336页。

⑤ Josephe Dehergne, *Répertoire des jésuites de Chine : de 1552 à 1800*, Roma : Institutum Historicum S.J., Paris: Letouzey & Ané, 1973, p.119. 耿升译本将1656年误为1650年。

⑥ ［法］高龙鞶著，周士良译：《江南传教史》第2册，辅仁大学辅大书房2013年版，第61页。

⑦ ［法］荣振华著，耿升译：《在华耶稣会士列传及书目补编》上册，中华书局1995年版，第238页。

⑧ ［法］费赖之著，梅乘骐、梅乘骏译：《明清间在华耶稣会士列传（1552—1773）》，天主教上海教区光启社1997年版，第337页。

⑨ Joanne Dominico Gabiani, *Incrementa Sinicae Ecclesiae a Tartaris Oppugnatae*, Viennae: Typis Leopoldi Voigt, Universitatis Typographi, 1673, p.18.; Louis Moréri, *Le Grand Dictionnaire Historique ou le Mélange Curieux de l'Histoire Sacrée et Profane*, p 372. 当时的欧洲人均将澳门视为葡萄牙"领地"，故称"入华"均是指进入中国内地，而非澳门。

⑩ Adrien Greslon, *Histoire de la Chine sous la domination des Tartares*, Paris: Chez Jean Henault, 1671, p. 276.

⑪ 钟鸣旦等编：《徐家汇藏书楼明清天主教文献》第3册，《道学家传》，辅仁大学神学院1996年版，第1198页。

仲迁自述:"傅沧溟神父怀着极大的热忱投身教务三年后,临近1660年新年时不幸亡故。他一去世,我立即被调往南雄开设一个新的会口。"①这个说法也不太准确,我认为,聂仲迁离开海南的时间不是在傅沧溟神父死后,而是在傅沧溟神父死前将近一年就离开了海南岛去了广州。荣振华提供的一条材料亦可证明,聂仲迁于1659年1月23日在澳门发出了一封信②,这就可以确证聂仲迁在1659年1月之前即已从海南岛返回澳门。高龙鞶(Augustin Colombel)神父提供的一条史料则更能证明:

> 1659年初,澳门神父以为遇到了输送传教士进入中国的好机会,澳门总督与广州官员发生了纠葛,请神父们到广州调停,于是便派遣了富于才学且被人视为优秀的算学家聂仲迁与一直在内地传教的李方西神父一起去广州。因为两人的疏忽,没有遵照清王朝颁布的剃发结辫的命令,被广州官吏强指为南明王朝的探子,被捕入狱。最开始将聂、李二人判处死刑,后又改判两人罚缴巨款,当时担任澳门圣保禄学院院长的利玛弟(Mathias da Maya)神父火速将此事告知北京的汤若望(Johann Adam Schall von Bell),清廷立即命令广州当局将二人释放。③

李方西(François Ferrari)神父1657年至1659年在澳门担任耶稣会中国副省司库,1659年他第二次回到陕西④。李方西从澳门进入中国内地的时间,亦可证明与其同行者聂仲迁亦于1659年初离开澳门进入广州。据魏特(Alfons Väth)《汤若望传》:由于汤若望的周旋,1658年后到达澳门的十几位传教士都获得了进入中国内地的牌照⑤。聂仲迁和李方西都应该是这一批获得了牌照而进入广州的欧洲传教士。

聂仲迁在广州被释放后,所有的资料都可以说明,他去了南雄。正如荣振华所称,聂仲迁1660年到达南雄府⑥,其自述亦言:"1660年,我立即就被调派至南雄开设一个会口,但因遇到了重重阻碍,最终未能成功。三年后我将上司派遣的两个神父留下,然后离开了。"⑦南雄是利玛窦时代开辟的传教点,虽然南雄一直未成为耶稣会传教的重点,但由于该地处于粤赣交通的咽喉要道,所以耶稣会还是十分重视这一传教点的保存,并在该地设有教堂和住院,但没有常驻神父⑧。1644年,耶稣会费奇观(Gaspard Ferreira)神父还准备重建南雄住院,但未能成功⑨。几年后,聂仲迁被耶稣会派往南雄开辟会口的目的,很明显是想发展当地的传教事业,并建设一个稳固的据点。他在南雄驻扎有三年之久,似乎传教并不成功,于是他又被派往江西,其派往江西的时间应该是1663年。

江西是利玛窦在中国内地继广东之后开辟的第二个天主教传教区,在利玛窦时代,南昌即已建有住院,而到明朝灭亡之前的后利玛窦时代,江西的天主教事业已经发展有南昌和建昌两个住院以及数千基督徒的规模。然而,明清鼎革的残酷战争,至使江西天主教事

---

① Adrien Greslon, *Histoire de la Chine sous la domination des Tartares*, Paris: Chez Jean Henault, 1671, p. 276.

② [法] 荣振华著,耿升译:《在华耶稣会士列传及书目补编》上册,中华书局1995年版,第292页。

③ [法] 高龙鞶著,周士良译:《江南传教史》第2册,辅仁大学辅大书房2013年版,第60—61页。

④ [法] 荣振华著,耿升译:《在华耶稣会士列传及书目补编》上册,中华书局1995年版,第172页。

⑤ [德] 魏特著,杨丙辰译:《汤若望传》第2册,商务印书馆1949年版,第344页。

⑥ [法] 荣振华著,耿升译:《在华耶稣会士列传及书目补编》上册,中华书局1995年版,第292页。

⑦ Adrien Greslon, *Histoire de la Chine sous la domination des Tartares*, Paris: Chez Jean Henault, 1671, p. 276.

⑧ 刘耿:《十七世纪耶稣会中国年信研究》,复旦大学历史地理研究中心博士学位论文,2018年,第71页。

⑨ Antônio de Gouvea, *Annua da V.Província do Sul na China de 1644*, BAJA, 49-V-13, ff530v.—531.

业遭受到前所未有的惨重屠戮，南昌、建昌及江西大部分地区都成为了残酷厮杀的战场，不仅教民被难，教堂被毁，就连当地的欧洲传教士如谢贵禄（Tranquillo Grassetti）、梅高（José Estevão de Almeida）两位欧洲神父和中国修士陆有机均惨遭清军杀害，到17世纪50年代前，江西的天主教基本上已经消失[1]。顺治八年（1651）后，国内战争基本上平息，江西的天主教教务在许甘弟大、许缵曾母子和佟国器等人的帮助下逐渐得以恢复，最先到达江西南昌的是由福建泉州过来的当时已经年届七十的意大利老神父聂伯多（Pierre Canevari），他1652年抵达南昌。紧接着，法国人穆尼各（Nicolas Motel）和穆迪我（Jacques Motel）兄弟于1656年年末也抵达南昌，但穆尼各三个月后即1657年1月在南昌去世[2]。聂伯多、穆迪我初到南昌时，南昌的教堂和住院因多年失修毁坏，在许缵曾的资助下，穆迪我神父对南昌教堂加以修复，1660年再进行扩建[3]。后许缵曾去四川任职，穆迪我随其入川，遂由聂伯多神父主持南昌教务。当时南昌据称有基督徒一千人，许甘弟大夫人还支持聂伯多在南昌城内新造了一座教堂[4]。我们在中文文献中找到一条宝贵的资料，李奭《〈续答客问〉序》：

> 愚鲁罕闻，常窃订朱子《答客问》，以当请业石宗聂先生，更手授圣教诸书，俾复采缀，另为续编，深愧非才负委。甲辰季夏，始脱稿本，虽所诠次，非西贤鸿述，即中土伟裁。而循省芜陋，易根恒误，成铁多惭。尤嗤烛钥之蒙，莫适高深之助，仅可覆瓿，未堪灾木也。吾师慈悯，其何以振我乎？引用诸书，别列著述名氏，兹不复。时天主降生一千六百六十四年圣若翰保第斯大致命日筑西学人李奭谨识。[5]

《续答客问》成书的时间为康熙三年（1664）。李奭，瑞州府新昌人，他与他的三位同乡漆宇兴、蔡铁、吴宿于顺治十七年（1660）在南昌受洗于穆迪我[6]。此四人不仅是基督徒，还是江西瑞州地区的上层人士。李奭，字召若，又字南公，廪生，被称为瑞州"巨士"[7]；漆宇兴，字梦雏，顺治十七年（1660）举人，考选知县；蔡铁，字石奴，新昌岁贡生，并著有《山中集》；吴宿，字汉重，新昌岁贡生，广信府训导[8]。据费赖之书，聂伯多，字举家，而荣振华称聂伯多字石宗，此处称"石宗聂先生"，故知荣振华的记录是准确的。从上条材料可以反映，穆迪我在离开南昌之前，曾经授洗了一批瑞州地区上层人士

---

① 汤开建，周孝雷：《"后利玛窦时代"江西地区天主教的传播、发展与衰亡（1610—1649）》，《北京行政学院学报》2018年03期。

② ［法］荣振华著，耿升译：《在华耶稣会士列传及书目补编》上册，中华书局1995年版，第452页。

③ ［法］费赖之著，梅乘骐、梅乘骏译：《明清间在华耶稣会士列传（1552—1773）》，天主教上海教区光启社1997年版，第343页。

④ ［法］高龙鞶著，周士良译：《江南传教史》第2册，辅仁大学辅大书房2013年版，第83—84页。

⑤ （清）刘凝：《天学集解》卷6，李奭《〈续答客问〉序》，俄罗斯圣彼得堡公共图书馆藏清抄本，第47页。

⑥ （清）刘凝：《天学集解》卷6，蔡铁《〈重订答客问〉序》，俄罗斯圣彼得堡公共图书馆藏清抄本，第41页称："庚子夏，挈同梦雏诸子，领洗于吉晖穆先生。"又刘凝：《天学集解》卷6，漆宇兴《〈答客问〉序》，俄罗斯圣彼得堡公共图书馆藏清抄本，第41页称："庚子客章门，从庚兄李南公、蔡石奴诸君，领洗于穆吉晖先生。"又刘凝：《天学集解》卷6，吴宿《〈答客问〉今本序》，俄罗斯圣彼得堡公共图书馆藏清抄本，第42页称："征于知有天学，追随李子南公领洗于穆先生。"

⑦ （清）刘凝：《天学集解》卷6，蔡铁《〈重订答客问〉序》，俄罗斯圣彼得堡公共图书馆藏清抄本，第41页。

⑧ 以上参见（清）黄廷金修：同治《瑞州府志》卷14《人物·文苑》，同治十二年刻本；（清）朱庆萼纂修：同治《新昌县志》卷12《选举·举人》，同治十一年活字本；（清）蒋继洙纂修：同治《广信府志》卷6，同治十二年刻本。

和文人，聂伯多还协助这些文人编撰天主教书籍，可以反映这一时期南昌地区天主教教务的发展，更反映了该地区天主教发展的质量。江西建昌亦是耶稣会的重要驻点，1660年在许甘弟大和佟国器的保障下，意大利耶稣会士殷铎泽（Prospero Intorcetta）神父被调至建昌，殷神父到建昌后，立即修建住院一所，并将过去的老堂修复，两年内付洗两千余人，此外他还兼管附近的七所堂口①。江西南部是传教士从广东进入中国内陆的交通要道，新传教士进入中国，他们都要从广州坐船至南雄，然后越过梅岭，再到赣州搭乘船只，沿赣江北上，进入中国内陆。所以赣州成为了耶稣会在江西重点发展的地区。当时负责南赣地区的巡抚佟国器邀请刘迪我神父到赣州来开辟天主教事业，1658年他为神父们在赣州建起了一座庄严的圣堂，又购置了一处宽敞的宅邸作为神父的住院。1659年，佟国器又帮助神父们修复了建昌府的教堂和住院。1662年由江西的官员们资助，在吉安府也建立了一处小堂②。

聂仲迁就是在江西天主教事业正处于恢复与发展的重要时刻进入江西的，1663年刘迪我神父被任命为南京住院院长，也就在这一年聂仲迁来到赣州，准备接替刘迪我在赣州的教务。刘迪我北上后，把赣州教务托付与聂仲迁，当时赣州住院管辖赣州、吉安以及福建的白家镇、汀州各堂口，赣州为总堂③。这就是说，聂仲迁到江西后，他一个人负责整个江西南部地区以及福建汀州地区的全部教务，可见其教务之繁重。聂仲迁到赣州后，凭借着南赣巡抚佟国器的支持和帮助，迅速地发展江西南部的天主教事业。据荣振华所供资料，他到达江西赣州府后，就创建一座学院（Collège），荣振华解释称这座学院即其他数座住院都附属之的一所主要住院，即总堂之意④。这座学院还应附有培养中国修士的任务。荣振华引用聂仲迁的一封信称，他曾经要求上级培养中国的耶稣会士神父⑤。他也应该是最早提出要培养中国籍神父的耶稣会士之一。1668年，时耶稣会总会长G.P.奥里瓦曾要求对聂仲迁创建的这一学院进行调查⑥。可知，聂仲迁在江西传教期间，十分注重对教会士人基督教教义的培训与熏陶，甚至创立学院，准备着手培养中国籍神父。聂仲迁神父在江西传教期间，十分注重教堂、住院、会口的建设。他到赣州后不久，又在吉安府开辟第二住院，随后又修复汀州住院，聂仲迁亲自访问了汀州的各会口，牧养当地旧有的八百名教徒，还给一些新的入教者付洗⑦。大约经过两年多时间的努力，"教化大行"⑧。到1664年时，赣州已经发展有教徒2200人，城内有住院一所，四郊有会口多处。吉安有教堂一所，

　① ［法］费赖之著，梅乘骐、梅乘骏译：《明清间在华耶稣会士列传（1552—1773）》，天主教上海教区光启社1997年版，第566页。

　② ［法］费赖之著，梅乘骐、梅乘骏译：《明清间在华耶稣会士列传（1552—1773）》，天主教上海教区光启社1997年版，第328—329页。

　③ ［法］高龙鞶著，周士良译：《江南传教史》第2册，辅仁大学辅大书房2013年版，第54页；［法］费赖之著，梅乘骐、梅乘骏译：《明清间在华耶稣会士列传（1552—1773）》，天主教上海教区光启社1997年版，第337页。

　④ Josephe Dehergne, *Répertoire des jésuites de Chine : de 1552 à 1800*, Roma : Institutum Historicum S.J., Paris: Letouzey & Ané, 1973, p.119.

　⑤ ［法］荣振华著，耿升译：《在华耶稣会士列传及书目补编》上册，中华书局1995年版，第292页。

　⑥ ［法］荣振华著，耿升译：《在华耶稣会士列传及书目补编》上册，中华书局1995年版，第292页。

　⑦ ［法］高龙鞶著，周士良译：《江南传教史》第2册，辅仁大学辅大书房2013年版，第84页。

　⑧ 徐宗泽：《明清间耶稣会士译著提要》卷9，《译著者传略》，中华书局1989年版，第387页。

教徒200人。汀州有会口多处，有教徒800人①。聂仲迁领导的赣州总堂发展教徒总人数已达3000余人，成为了江西省内超越南昌与建昌两个老教区的新兴教区。

1664年末，"历狱"案爆发，清廷对传教士的迫害，除了在北京进行外，很快就席卷全国各地。佟国器巡抚南赣时，曾对江西南部地区天主教的发展提供了极大的支持和帮助，而且他本人就是建造赣州府教堂之人，这一地区所有的教堂都留下了他深深的痕迹。而他闻知清廷迫害天主教士的风声后，迅速改变了态度，不仅将所有教堂中刻有他名字的牌匾、碑石和书籍全部销毁，而且还借口搜查宗教书籍，将教士们赶出教堂。聂仲迁和另外两位刚刚来到赣州的神父瞿笃德（Stanislas Torrente）和方玛诺（Germain Macret）就是在这一年的圣诞节被逐出赣州教堂的②。紧接着，清廷下达了将各地方传教士抓捕送往北京的命令，江西省的官员立即予以执行。当时，负责江西教务的有三位耶稣会神父，南昌府为聂伯多神父，建昌府为殷铎泽神父，赣州府即聂仲迁神父。最先抓捕的就是负责建昌府教务的殷铎泽神父，几天后，聂伯多神父也在南昌被捕，当时聂仲迁还在吉安，所以他是最后一位被押捕的江西神父。1665年6月13日，聂仲迁被押送至北京，先解礼部，然后与其他教士一起被关押在利类思（Lodovico Buglio）和安文思（Gabriel de Magalhes）两位教士的住院中③。

1665年9月6日，礼部提讯各省押送来的教士，9月12日宣布除北京的四位教士仍然留京外，其余二十五名传教士（包括四名多明我会士和一名方济各会士）全部解往广州，羁押看守于广州老天主堂。教士们在广州羁留约五年之久，在这一段时间，聂仲迁完成了《鞑靼统治下的中国历史——自1651年鞑靼征服后至1669年期间帝国所发生之大事录》一书。康熙九年（1670）十二月，清廷为传教士平反，下令原送往广州的二十余位传教士，"内有通晓历法者，起送来京，其余令归各省居住"④。但圣旨传到广东正式执行的时间则是康熙十年（1671）九月：

> 礼部题称，准两广总督金光祖咨称，看得西洋人栗安当等，准部文，查内有通晓历法，起送来京；其不晓历法，即令各归本省本堂。除查将通晓历法之恩理格日耳曼国人、闵明我意大理国人二名送京，不晓历法之汪汝望法兰西国人等十九名，送各本堂讫。⑤

聂仲迁是属于不晓历法者，故聂仲迁离开广州返回江西的时间应在康熙十年九月后（即1671年10月）。故1671年10月后，江西来的传教士聂伯多返回南昌，聂仲迁则返回赣州住院⑥。此时殷铎泽已同多明我会士闵明我（Dominique Navarret）同赴罗马，故没有返回江西⑦。

1671年聂仲迁返回江西后，一份藏于法国国家图书馆的聂仲迁手稿，记录了聂仲迁谈及1672年中国天主教徒的状况：

① ［法］高龙鞶著，周士良译：《江南传教史》第2册，辅仁大学辅大书房2013年版，第88页。

② Adrien Greslon, *Histoire de la Chine sous la domination des Tartares*, Paris: Chez Jean Henault, 1671, pp 215—216.

③ ［法］高龙鞶著，周士良译：《江南传教史》第2册，辅仁大学辅大书房2013年版，第129页。

④ （清）黄伯禄：《正教奉褒》，中国天主教史籍汇编本，辅仁大学出版社2003年版，第520页。

⑤ （清）黄伯禄：《正教奉褒》，中国天主教史籍汇编本，辅仁大学出版社2003年版，第522页。

⑥ ［法］荣振华，耿升译：《在华耶稣会士列传及书目补编》上册，中华书局1995年版，第292页。

⑦ ［法］高龙鞶著，周士良译：《江南传教史》第2册，辅仁大学辅大书房2013年版，第180页。

我们约一年前回至住所及教堂，心中万分欣喜，对上帝之庇佑感恩不已。尽管皇帝敕令仍未解禁，我们无法开展重建、发展新教徒以及召集旧教徒来教堂亦困难重重……但我仍成功为约300人施洗，星期天及节日慢慢亦有教徒汇聚教堂。①

不久，吴三桂即举起了反清旗帜，江西地区又成为了清军与叛军反复争夺的战场，先是叛军攻占南昌、吉安等地，后来清军又反攻夺回江西的失地，在这些拉锯战争中，大批人员死亡，据说南昌城内死亡人数就达十万以上②，教务摧残殆尽。但聂仲迁所在江西南部地区情况稍微好一些，教务"尚可维持，公进行不馁，力谋建设，期圣教重兴于赣中。"③据荣振华的资料：

从1673年至1678年这五年间，聂仲迁自流放归来后，在此施洗493人。很久以来，大家都想在此地将住院转为一处修院（Collège），其它住院都隶属它管辖。1685年，巴黎外方传教会的颜珰（Charles Maigrot）想在赣州设立一处住院。1686年，聂仲迁不在此地时，巴黎外方传教会另一神父前来施行了3000次坚振礼（confirmations）。1692年，聂仲迁与卫方济（François Noël）在此传教。④

可以反映，聂仲迁返回江西后，除少数时间离开赣州外，一直坚持在赣州地区传教。直到1691年，他七十七岁时，还外出传教，在赣州府信丰县的坪石地方创建了一个天主教会口⑤。又据费赖之书称，比利时耶稣会士万惟一（Guillaume Van der Beken）神父，1694年到达澳门，在那里逗遛一年，此后被派往江西赣州，协助聂仲迁神父，1697年间，不到五个月，就给五百多人付了圣洗⑥。

根据上述资料，可以知道江西南部的赣州教区从聂仲迁1671年返回后直至去世之前，共付洗人数达1300余人，可以反映聂仲迁为赣州地区天主教事业的恢复做出了巨大的贡献。1696年，聂仲迁神父在赣州府信丰县坪石会口去世，卒年八十二岁⑦。

聂仲迁于1663年从南雄进入赣州，一直到1696年他在坪石去世，除羁押广州五年外，一直主管江西南部赣州总堂的教务，时间长达二十八年之久，故可以称聂仲迁是江西天主教传教史上最为重要的人物之一。值得注意的是，到17世纪80年代后，欧洲的另一古老天主教修会奥斯定会开始派传教士入华，协助耶稣会传教。他们最先在广东北部的韶州和南雄两地建立住院，到1685年时，又在江西南安府建立住院。聂仲迁去世以后，万惟一管

---

① Ms. Clairambault 1077, Département des Manuscrits, Bibliothèque Nationale de France.

② ［法］费赖之著，梅乘骐、梅乘骏译：《明清间在华耶稣会士列传（1552—1773）》，天主教上海教区光启社1997年版，第338页。

③ 徐宗泽：《明清间耶稣会士译著提要》卷9，《译著者传略》，中华书局1989年版，第387页。

④ Joseph Dehergne, La Chine Centrale vers 1700: les Vicariats Apostoliques de l'Intérieur (FIN)—le Kiangsi, In *Archivum Historicum Societatis Iesu*, Anno XXXVI. FASC 72, Romae, 1967, p.228.

⑤ ［法］荣振华著，耿昇译：《在华耶稣会士列传及书目补编》上册，中华书局1995年版，第292页。

⑥ ［法］费赖之著，梅乘骐、梅乘骏译：《明清间在华耶稣会士列传（1552—1773）》，天主教上海教区光启社1997年版，第560页。

⑦ ［法］荣振华著，耿昇译：《在华耶稣会士列传及书目补编》上册，中华书局1995年版，第292页。

理赣州教务不到一年，即去了淮安①。于是，赣州总堂的教务全部拨归奥斯定会士管理②。

## 二

聂仲迁的著述并不算太多，一共有十种，主要是西文著作，其中最重要的当然是本文所要介绍的《鞑靼统治下的中国历史——自1651年鞑靼征服后至1669年期间帝国所发生之大事录》；第二种为他和汪儒望（Jean Valat）神父合著的《论中国之斋戒》；第三种是《关于中国礼仪之记录》；第四种是《1669年在北京朝廷上发生的有关耶稣会神父和历法问题的最重要事件》；第五种是《对多明我会士闵明我神甫所著一书的该注意之点》，第六种是《神甫们发配广州后之遭遇》，另外还有两封为耶稣会撰写的年度报告和几份私人的信件③。聂仲迁完成的唯一一部中文著作即《古圣行实》，该书共分为四册，现藏于法国国家图书馆及徐家汇藏书楼。聂仲迁的中文学习应该是从1656年抵达澳门后开始的，到1696年在江西逝世，他先后在中国共四十年，其中文水平经过长期的学习和锻炼，应该达到了较高的水平，这从他《古圣行实》清晰流畅的中文译文中即可看出。再从他的中文名字来看，其姓聂，当取自于其姓的"Gre"音节，而仲迁，因为他本人是历史学家，故自诩为仲迁，意为司马迁第二，而其字若瑞，则取自"蔼若瑞玉"，来源于《旧唐书·郑朗传》，能够如此熟练地在中国历史中为自己取中文名，足以反映其中文水平之高。我们还能从他与中国人辩论一个教徒的教名中看出其对中文的理解能力很强：

> 一名天主教徒打算为他人施洗，就给了其中一个人起教名尼古拉（Nicolas），另一个人教名菲利普（Philippe）。对此，僧侣们控诉他是打算引发混乱，意图得到统治权，将这个国家最尊贵的权利送给他的同党。当称呼第一个人"尼阁老"（Nicolao）时，汉语中"Ni"意思是"你"，"Colao"意思是你会成为"阁老"；而给另外一个人名字"Lype"，并称为"fum"，意思是"封"，"Lype"意思是"礼部"。后面这个名字的文字曲解意义更是显而易见。因为他们不用"fi"音（这可能不能让他们得逞），他们使用"fum"音为他们的诬告狡辩。④

在他的这部《鞑靼统治下的中国历史——自1651年鞑靼征服后至1669年期间帝国所发生之大事录》一书中，对清政府各个行政部门进行了比较详细的介绍，其中还多次引用了《大清会典》和清朝的律令，从这些引用和介绍可以看出他对中文词意理解的准确性。但遗憾的是，我们未能见到这位在中国生活了四十年的法国神父留下更多的中文作品。

聂著《鞑靼统治下的中国历史——自1651年鞑靼征服后至1669年期间帝国所发生之大事录》是一部记录顺治八年（1651）清军完成对全国的征服直到康熙亲政后（1669）十八年间的中国基督教史，该书实际上是由两部书组成，第一部是详细地记述这十八年中国

---

① ［法］费赖之著，梅乘骐、梅乘骏译：《明清间在华耶稣会士列传（1552—1773）》，天主教上海教区光启社1997年版，第560页。

② ［法］高龙鞶著，周士良译：《江南传教史》第2册，辅仁大学辅大书房2013年版，第222页。

③ 以上参见［法］费赖之著，梅乘骐、梅乘骏译：《明清间在华耶稣会士列传（1552—1773）》，天主教上海教区光启社1997年版，第338—339页。

④ Adrien Greslon, *Histoire de la Chine sous la domination des Tartares,* Paris: Chez Jean Henault, 1671, pp. 211 & suite.

天主教会在顺治后期的发展，在康熙初年遭受的教难，以及康熙亲政后各地教会恢复情况的历史。第二部是该书的续编，称之为《中国历史续编》，实际是公布了四封重要的原始文件，作为前者的补充。作者基本上是按照编年史的方式将顺治后期至康熙初期的中国基督教史分为三部分展开叙述，分别为第一部分：顺治帝在位期间发生的事件；第二部分：康熙帝未成年时期发生的事件；第三部分：康熙帝未成年后期及亲政初期发生的事件。第一部分记录的主要是汤若望神父在顺治朝的受宠及杨光先对以汤若望为代表的天主教进行攻击；第二部分记录的主要是康熙"历狱"爆发的全过程，以及教难爆发时期各省的教务情况；第三部分记录的主要是在教难中被抓捕的传教士押解北京和流放并圈禁在广州的全部情况。虽然所记录历史的时间并不长，但其中有关来华天主教传教的每一件事、每一个与天主教相关的重要人物及每一个在华天主教的传教区多有较为丰富和详实的记录。这一点，在其他的早期天主教传教史著作中是比较少见的。

首先是关于康熙"历狱"的研究，可以说聂著应该是记录中国早期天主教史这一最重要事件的最为原始和最为详尽的记录。由于作者本人亲身经历了教难的全过程，正如鲁日满神父所称："他不仅是见证者，还是这场悲剧中的人物。"[1]他与教难中的多位重要人物均有直接的接触，甚至有很长时间的相处，比如当时在南赣地区担任巡抚的佟国器，曾就是大力支持聂仲迁赣州教务的重要清朝官员，而他又是康熙"历狱"所涉及的最为重要的人物之一，所以在聂书中所记录的佟国器就不再是全力支持天主教甚至敢为天主教献身的虔诚基督徒。书中以大量的事实记录了佟国器在教难发生后出现的反教面目，虽然是出于不得已，但他销毁曾经支持天主教而留下的各种痕迹，为了避嫌，他甚至在中央的命令尚未到江西时就开始将教士驱逐出教堂。怪不得聂仲迁在书中发出了这样的哀叹："既然连佟国器，这个曾公然以天主教徒庇护者自居的人，如今都已采取了如此极端的手段，那么情势可想而知。"[2]许缵曾即被谓为中国天主教的保护神许甘弟大的儿子，是一名自幼受洗的基督徒，又担任过四川布政使，曾经是最为热心扶助和支持天主教的清朝大吏，在江西、湖广、四川多次出钱资助天主教会建设教堂、住院，但教难的风暴一开始，他立刻改变了以往的面貌，"北京的这场风暴开始了，就在他对此毫无防备且一无所知时，许缵曾因为已经通过几封来信得知了朝廷中的消息，立即将自己以前贴在神父大门上、赞美天主教义的颂词条幅给撕下来。他又派快使前往全省各地他曾为我们建造的各处教堂，将那些类似的颂词都撕掉。"[3]"到目前为止，我们对许缵曾的行为还是大加赞赏，但接下来，从一些事情的发展上，我们开始怜悯他了。一到北京，他就来到礼部刑堂。神父们也被带来参加他的庭审。这位在幼年即受洗，其母德行高尚，祖先中亦有那么一位虔诚的、曾官至阁老的教徒——杰出的保禄，然而他却被恐惧打败了。官员们询问他是否是天主教徒，他坦承说在他幼年时就已受洗，在数年间他公开主张信仰天主教，但在年龄稍大后，就不再遵守教规了。"最后，聂仲迁哀叹说："我们无法言说，当他母亲得知在这样一个重要的场合她的儿子隐瞒自己的宗教信仰时，她那难以言说的悲痛。她不住地哭泣，希求儿子可以悔过。"[4]这样真实感人的"历狱"案细节，如果不是亲身经历、亲耳听闻的人，是不可能

① ［比］鲁日满著，何高济译：《鞑靼中国史》第3部，中华书局2008年版，第287—288页。

② Adrien Greslon, *Histoire de la Chine sous la domination des Tartares*, Paris: Chez Jean Henault, 1671, p.212.

③ Adrien Greslon, *Histoire de la Chine sous la domination des Tartares*, Paris: Chez Jean Henault, 1671, p.127.

④ Adrien Greslon, *Histoire de la Chine sous la domination des Tartares*, Paris: Chez Jean Henault, 1671, p. 128.

获得的。这也为我们了解早期天主教传播过程中华人基督徒信教艰难曲折的心理历程提供了真实的案例。

第二，聂著在记录教难爆发时全国各地天主教会及当地传教士的活动，也是早期天主教史中最有价值的历史记录。聂著在记录教难时全国各地教会的情况涉及到以下几个省：山东、山西、江西、湖广、四川、浙江、福建、陕西、江南及广东。

一、山东省。在教难爆发前，山东省的主要传教神父是隶属于不同的天主教教会的三位神父，多明我修会的西班牙籍神父郭多敏（Dominique Coronado）、西班牙籍的方济各修会利安当（Antoine de Sainte Marie）神父以及耶稣会士汪儒旺（Jean Valat）神父。先是利神父和汪神父两人共同生活在省城济南府，相处融洽。两人将该省教务按地域分成两部分，利安当神父致力于省城东部及北部所有事务，汪儒旺神父负责西部及南部，后来他们将教务活动扩展到北直隶。郭神父在教难之前来到这里，于是两位神父将自己的一部分工作分给他，而省城济南则是三人共同管理。他们彼此制定了严格的制度，一般不会出现两个人同时缺席，而是依次轮流去巡视农村的教会。当时山东省教会出现了日益繁荣的景象。泰安州距离济南府有三日路程，周围的乡镇中散布着许多曾受教汪儒旺神父教化的信徒。一个月以前，郭多敏神父刚到山东省济宁州，那是一个距离省城约三四天路程的城市。郭多敏神父在那里买了一所房子，建立了一个新的会口[1]。

二、山西省。在教难发生之前，山西省的教会呈现一片繁荣景象。弗拉芒的金弥格（Michel Trigault）神父，三十多年来精心打理这里的教务。他居住在绛州，修建了二十二座礼拜堂，并照料着分散在省内各处的教徒们。恩理格（Chrétien Herdtrich）神父曾在两年半的时间里协助他处理这些教务。后来他去了河南，并在那里建造一座教堂，后来又回到了绛州。神父们在太原府有一所住院，教难时官员下令将教堂关闭。在一个距离绛州只仅一里地，大约有五千户人家的小镇里有两个教堂，被一个叫做亚历山大·颜（Alexandre Yen）的信徒照看。在距离绛州五里远的太平县，有一位清朝官员，对该地的教徒进行迫害。在临近的洪洞县，也有一些天主教徒。在平阳府，知县下令天主教徒立即上缴所有的圣像、念珠、圣牌和其它圣物[2]。

三、江西省。在江西省有三个耶稣会士照料着当地的天主教徒：聂伯多神父照管省城南昌的教堂，殷铎泽神父照管建昌府的教堂，聂仲迁神父照管赣州府、吉安府的教堂及福建汀州地区的一些会口[3]。

四、湖广省。当这次全国性的教难开始之前，神父们在湖广省建立教堂已经四年了。在这个教堂周围，已有了两千名天主教徒各自分散在八个不同的会口。打理这个教堂者为穆迪我神父。在许缵曾启程后不久，他的母亲（许甘弟大）就四处探寻，想购买一所房屋为武昌府的教徒们建造一座教堂，不久新教堂落成[4]。

五、四川省。鞑靼战争前四川的教徒们曾经拥有一处教堂，但后来在战火中损毁。许缵曾去四川任职时，提出拟在四川重庆重新建造一座教堂，并请法籍耶稣会士穆格

---

① Adrien Greslon, *Histoire de la Chine sous la domination des Tartares,* Paris: Chez Jean Henault, 1671, p. 196.

② Adrien Greslon, *Histoire de la Chine sous la domination des Tartares,* Paris: Chez Jean Henault, 1671, pp. 203—204.

③ Adrien Greslon, *Histoire de la Chine sous la domination des Tartares,* Paris: Chez Jean Henault, 1671, pp. 211—212.

④ Adrien Greslon, *Histoire de la Chine sous la domination des Tartares,* Paris: Chez Jean Henault, 1671, pp. 223—224.

我（Claude Motel）随同他前往四川建造新教堂。他还曾在保宁府建有一座教堂①。

六、浙江省。浙江省的教堂是中国最老的教堂之一，建成已有六十多年了。先前五十年间只有耶稣会士在此地活动传教。十年前，为促使更多百姓皈依天主教，圣多明我会的神父来到这个省份。他们在兰溪县城建造了他们的第一所住院，并在那里找到了五十个天主教徒。此后他们又到了司辖兰溪城的金华府，并在那里建造了第二座住院。全国教难开始之初，那里有三个这个修会的神父：西班牙神父闵明我（Dominique Navarret）及费理伯（Philippe Leonardo）、西西里神父巴道明（Dominique de San Pietro）。第一位神父住在金华府，其他两个神父则住在兰溪县。这个省只有唯一一位耶稣会会士，就是洪度贞神父（Humbert Augery），他住在省会杭州府的教堂里②。

七、福建省。在福州拥有一处教堂，亦有多处教堂散落分布在其他府，即在其七个二级城市，以及多个州和县。事实上，该省曾在很长一段时间内深受战争蹂躏，大多数教堂完全被摧毁殆尽。后来，有几处教堂得以修缮，当迫害开始的时候，教徒们正在积极努力修复另外几处。该省只有两位耶稣会神父，都是葡萄牙籍：七十四岁的何大化（Antoine de Govea）神父和六十三岁的郭纳爵（Ignace D'Acota）神父。何大化神父居住在福州府已有几年，深受近两千多名天主教徒的爱戴。除了福州府，他在其它城市另有几处教堂。近三四年来，教会事业日益繁荣，但教徒数量未获大幅增长，一直未超过两千名。圣多明我修会的神父们在这个省定居已经有三十年了。在教难伊始，他们有三处住院，管理着十处教堂。一共有七位教士：包括神父黎玉范（Jean Baptiste Morales）、施若望（Jean Garcia）神父、赖蒙笃（Raymond de La Valle）神父、万济国（François Varo）神父、卫而日神父（Jacques Verger），都是西班牙人，还有意大利籍神父利胜（Victoir Ricci）和中国本土神父罗文藻（Gregoire Lo）。上文提到的七个多明我会神父当中，黎玉范神父已经身故。他是该修会最早进入中国的人之一，1664年9月17日卒于福宁州教堂，享年七十岁。在福安县及其"穆洋"镇，神父们分别各有一处教堂③。

八、陕西省。据统计陕西省约有12000名天主教徒。该省有两处住院，一处在西安，意大利神父李方西（François Ferrari）在该处居住；另一处在汉中府，距离西安教堂约十二日路程，法籍穆格我（Claude Motel）神父在该教堂居住。西安府城内有两座教堂：一座是为男子所设的天主堂，另一处是为女子所设的圣母堂。在省城下辖的其它城市中共有八座教堂，教徒众多，分散各地。在另外一座名为"渭南县"的城中，天主教徒们在不久前修建了一所教堂。穆格我神父，负责四川省与陕西省汉中府的天主教徒。这两处教堂非常之大，亦彼此相距甚远，这让神父疲劳不堪④。

九、江南省。江南省有七名耶稣会士：传教会会长法国人刘迪我（Jacques le Favre）神父，西西里的潘国光（François Brancato）神父，两位葡萄牙籍神父成际理（Felicien Pacheco）、张玛诺（Emmanuel Jorges），皮埃蒙特的毕嘉（Dominique Gabiani），弗拉芒的柏应理（Philippe Couplet）神父和鲁日满（François Rougement）神父。鲁日满神父负责照料常熟县和苏州府的天主教徒。他还曾照料扬州府和镇江府的住院，两地间距离路程仅仅只

---

① Adrien Greslon, *Histoire de la Chine sous la domination des Tartares,* Paris: Chez Jean Henault, 1671, pp.224—230.

② Adrien Greslon, *Histoire de la Chine sous la domination des Tartares,* Paris: Chez Jean Henault, 1671, pp. 231—232.

③ Adrien Greslon, *Histoire de la Chine sous la domination des Tartares,* Paris: Chez Jean Henault, 1671, p.243.

④ Adrien Greslon, *Histoire de la Chine sous la domination des Tartares,* Paris: Chez Jean Henault, 1671, p.251.

有四里。他自感本人有幸在两地开教，故能继续成功地让传教事业得到了发展。刘迪我神父照管南京这座大城的天主教徒，彼时副省会长利玛弟神父已委任他担任中国传教会会长①。

十、广东省。在广东省，有三处住院，一处在省城，人们或者称呼它为"广州府"，另两处在海南岛。聂仲迁到澳门不久后就被法籍神父傅沧溟（Jean Forge）派往该岛。省城的天主教徒们将那不勒斯神父陆安德（André Lubelli）视作牧养人，他是不久前被派来陪伴刚从印度来的两位葡萄牙籍神父杨若瑟（Joseph de Magalhans）和罗阁伯（Jacques Sotomayor）的。瞿笃德神父，也是从海南岛被传召回来的神父之一②。

如果将聂著中所记录的康熙"历狱"之前以上十省天主教传播的情况与教会统计的《1664年全国教务情形表》进行比较，就可以发现聂著对上述十省天主教传播的情况记载的更为详实，不仅有教堂、教友的数量，而且还记录了传教者，很多内容均为现存文献所缺。我相信，教会统计的《1664年全国教务情形表》其中很多资料都应该是出自于聂仲迁的著作。我们不敢说聂著中公布的以上有关康熙"历狱"前各省天主教教务发展的情况是一份十分完备的数据，可以肯定，其中缺漏之处仍然不少，有很多省份传教情况仍语焉不详。但是，在一本教史著作中，将一个时期全国天主教传播的情况介绍得如此详细者，这还是首见。特别是关于耶稣会士恩理格于清初在河南重新开教及许缵曾全力赞助开封府修建天主教堂之事，更是罕见的独家记录。我们知道，河南天主教因明末李自成之乱，曾掘黄河之堤灌淹开封府，导致全城三十万人溺毙，开封府数千教友及神父费乐德（Rodrigue de Figueredo）全部死亡，河南之教务亦全部停顿。所以，清初河南重新开教当为早期天主教史极为重要的事件。这在聂著中就有较为详细的记录：

> 许缵曾抵开封府上任后，即准备建造一所最奢华壮丽的教堂安置神父，他花费了大约五六个月终于找到一处最漂亮的地方，并自己出资，而以汤若望神父的名义购买了那处房屋，同时以汤神父的名义建造那座教堂。房屋一买到，许就给山西的恩理格神父寄了封快信，邀请他从绛州前来开封。神父即刻动身来到了开封，受到了极为恭敬的接待。次日，许缵曾将他所购房屋产权书交予神父。随之他偕同神父一起前去拜访城中大小官员，以求在必要时刻可以得到他们的庇护。许缵曾还替他将所有必需的礼物备齐，并依据每个官员的官职头衔安排妥当所赠之物。所有的官员都热烈欢迎恩理格神父。他们也回拜他，带来礼物，甚至其中几人还邀请他赴宴。不久，许缵曾还将当地最优秀的建筑师派遣给恩理格神父设计教堂，并将所需材料备齐。神父在一间自己用来做礼拜的厅里挂了一幅耶稣画像。大批的异教徒都去拜访神父，听他讲述我们的奥义，他都几乎无暇做日课。不仅省城的居民，而且周边的城市及村镇都有大批的人前来，他们中间有些人邀请神父去他们的地方，向他许诺会和全家一起成为天主教徒。也有几位有身份的官员不畏路途遥远前来邀请神父去那些城市，为之建住院，传授天主教义。他们信誓旦旦，也会在当地建造教堂。③

① Adrien Greslon, *Histoire de la Chine sous la domination des Tartares,* Paris: Chez Jean Henault, 1671, pp. 269—270.

② Adrien Greslon, *Histoire de la Chine sous la domination des Tartares,* Paris: Chez Jean Henault, 1671, pp. 276—277.

③ Adrien Greslon, *Histoire de la Chine sous la domination des Tartares,* Paris: Chez Jean Henault, 1671, pp. 125—126.

《1664年全国教务情形表》中亦提到河南省开封有圣堂一座，1664年开堂①。与聂著记载完全相合，只不过聂著提供了更为详细的开封重新开教以及许缵曾对河南开封重新开教所做的种种贡献的资料。这一段许缵曾在开封修建教堂之事，不见于其他文献，甚至在审讯许缵曾的中文记录中都没有提到其在开封修建教堂，足见这一段史料的珍贵。

还有，聂著中关于多明我会士在浙江兰溪传教之事，也罕见于其他文献。明代金华府开教始于1642年，当时有贾宜睦（Jérôme de Gravina）神父来兰溪传教，并给30人授洗②。学者保罗根据西班牙文档案考出，官员依纳爵（Ignacio）于1642年入教，其四个儿子也由贾宜睦神父洗礼入教③。入清以后，1646年卫匡国重返杭州时，在兰溪建造圣堂一座④，并给50人授洗，包括祝石⑤。1648年，兰溪天主教转交给了多明我会接管，在聂著中对此事就有较为详细的记录：

> 十年前，为促使更多百姓皈依天主教，圣多明我会的神父来到这个省份。他们在兰溪县城建造了他们的第一所住院，并在那里找到了五十个天主教徒。此后他们又到了司辖兰溪城的金华府，并在那里建造了第二座住院。全国教难开始之初，那里有三个这个修会的神父：尊敬的西班牙神父闵明我及费理伯、西西里神父巴道明。第一位神父住在金华府，其他两个神父则住在兰溪县。⑥

《1664年全国教务情形表》提到浙江省仅杭州有两座圣堂，教友1000人，而根本没有提及金华府和兰溪县的传教⑦。这是一条多明我会早期在华传教士的重要资料，为我们了解多明我会早期进入浙江兰溪等地传教提供了极为重要的信息。如此事例甚多，不再赘述。

早期天主教史研究，最为缺乏者，即是各地传教的具体情况，如教堂的建设，教友的受洗人数，以及教士们传教的事迹。大多数教史著作，多以阐扬教义、昭示灵迹为多，而不注重人、地、事、时等史学要素，导致早期天主教史无具体素材可供采撷，而聂著中所记录的大量天主教史中的人、地、事、时，却正好给我们提供了较为丰富的且极为珍贵的教史资料。故费赖之编撰"明清入华天主教人物传记"时，高龙鞶撰写"江南传教史"时，就可以大量地采用聂仲迁著作中的历史素材。所以，上面辑录的聂著中有关的教难时期全国各地天主教传播情况，就是一份极为难能可贵的资料。尤其是其中涉及山东、浙江、福建三地的方济各和多明我两个天主教修会在华早期传教的资料，则更属凤毛麟角，而这些资料又是出自于一位耶稣会士的记录，则更加可贵。

第三，该书的续编，即《中国历史续编》，则公布了四封原始信件。在1671年7月8日

---

① （明）徐宗泽：《中国天主教传教史概论》第8章，上海书店出版社1990年版，第238页。

② Joseph Dehergne, les *Chrétientés de Chine de la Période Ming (1581—1650)*, Reprinted from Menementa Serica Vol. XVI, p.18.

③ ［西］保罗（Pablo Robert Moreno）：《〈兰溪天主教徒致罗文藻主教书〉考》，《澳门理工学报》2017年第4期，第83页。

④ ［法］费赖之著，梅乘骐、梅乘骏译：《明清间在华耶稣会士列传（1552—1773）》，天主教上海教区光启社1997年版，第292—293页。

⑤ Joseph Dehergne, les *Chrétientés de Chine de la Période Ming (1581—1650)*, Reprinted from Menementa Serica Vol. XVI, p.18.

⑥ Adrien Greslon, *Histoire de la Chine sous la domination des Tartares,* Paris: Chez Jean Henault, 1671, pp. 231—232.

⑦ （明）徐宗泽：《中国天主教传教史概论》第8章，上海书店出版社1990年版，第239页。

刊印聂著的前编时，当时还在广州的聂仲迁神父收到了从北京寄来的两封呈给国王忏悔神父的信件的抄件①。这两封信详细记录了南怀仁与钦天监的伊斯兰教徒对天文历法验证的详细过程，其结果是钦天监的伊斯兰教徒计算失误极大，而南怀仁所标示的天文现象则是分毫不差。南怀仁得到了康熙皇帝的信任，也使欧洲数学的精妙征服了在场二十余位大臣。杨光先仍不甘心，他在两位辅臣的支持下，再次给皇帝上了一份奏章，企图阻扰欧洲天文学在朝廷的重新获势，并建议皇帝不要任用南怀仁神父。但被康熙帝斥为可恶之徒，并决定从此由南怀仁负责修订历法。南怀仁获得康熙帝的信任，势必为"历狱"的平反打下良好的基础②。

信中还公布了汤若望、南怀仁以及其他神父呈现给先皇顺治帝和当今皇上的一些西洋器物：两架天体仪，一架比例规，一架配有钟表、可做多用途天文仪器的银鱼饵，一架用于观测白天结束、可知行走里程的仪器，一架是辅助将大小画幅随意调整的仪器，一个装有几件稀奇对象的匣子以及一个星盘，一个用弹簧控制行走的木偶：一个上尉，右手持一把出鞘的剑，左手拿着盾牌，可以在一张桌上行走一刻钟，另外一个是南怀仁神父亲手做的机器：一个八九岁的孩童都可以借助它轻易地将重达四五十吨的东西撬起，还有一幅由利类思神父指导和培训的中国画家所绘的画，将欧洲及中国的宫殿、北京的山及河流皆绘其中。一件带战争音乐的自鸣钟，皇后极为喜爱，放在自己的寝室。先前送给先帝的三幅画：一幅是施洗者圣约翰（Saint Jean Baptiste），另一幅是圣马可（Saint Marc）站在铜片上，第三幅是圣母怀抱圣子（琥珀色）。康熙帝还向神父们表明，他非常希望可以为他制作一架银制地球仪，为此会将所需银子赐给神父们，并任由他们差遣需要的工匠。不久，神父们向皇帝呈上那架巨大的银制地球仪，皇帝龙心大悦。南怀仁神父介绍了基本使用方法后，皇帝就可以灵活操作。随后，南神父向他完完整整地讲解了其余用法，虽然汤若望神父已经用汉语编写完成。这一批顺治后期和康熙初期传进清宫的欧洲器物和艺术品，一方面可以反映顺治和康熙两位皇帝对西学的亲近和喜好，另一方面，也反映了这一时期清宫的中西文化交流的频繁。而康熙帝对欧洲物件的喜好进一步地为康熙"历狱"的平反进行了铺垫③。

信中关于康熙亲政后逮捕和惩罚鳌拜等四辅臣之事件也有详细报道：

> 6月14日清晨，皇帝召各位宗室亲王入宫练习射箭。不久，皇帝突然脸色大变，严厉斥责他们对鳌拜的恶劣行径视而不见，无视他所犯的滔天罪行以及颠覆朝廷的险恶用心。亲王们个个都不敢发言，立即伏地磕头，胆战心惊地向皇帝请罪。皇帝随即下令几位年长的宗室亲王立即前去捉拿鳌拜及其全家，不得延误半刻。有人上奏请求将其三代以内的所有亲属及其党羽皆捉拿归案，人数达到900人，其中包括一位宗室亲王，一名阁老以及几位高官显臣，几乎都是鞑靼人。首先，先是对鳌拜进行控诉，他每日都要身带镣铐、被重兵押守，坐在牛车上被带到宫中在亲贵宗室面前受审。第一次受审时，鳌拜担心若否认的话要重新审判，就全盘承认了所控罪行。皇帝下令扣押他的财产，罚没充公，长子及那位阁老以及六七位大臣处死，其他所有的子孙及亲

① Adrien Greslon, *Suite de l' Histoire de la Chine,* Paris: Chez Jean Henault, 1671—1672, p.1.

② Adrien Greslon, *Suite de l' Histoire de la Chine,* Paris: Chez Jean Henault, 1671—1672, pp.4—12.

③ Adrien Greslon, *Suite de l' Histoire de la Chine,* Paris: Chez Jean Henault, 1671—1672, pp.19—21.

属为奴并流放各地。至于鳌拜本人，皇帝鉴于他曾经在征战时期为国立下的战功以及立国之时的业绩，赦免死罪，但终生圈禁，严加看守，不久悔恨而死。

而至于另外一位辅臣遏必隆，是皇帝的亲戚，他并不恶毒阴险，也不像鳌拜那般受到大臣们及民众的仇恨。审查后，发现他并未过多涉及到首辅的谋反事件。这也是为何皇帝对他的处罚宽容的缘故。皇帝将其召至御前，严厉斥责遏必隆在处理政务时面对同僚的罪行及贪污行为隐瞒不报，皇帝鉴于他所犯过错并非恶意为之，而是因胆小懦弱、头脑简单，赦免了他的死罪，但将其逐出贵族之列，褫夺其所有头衔、封号，减少薪俸。①

信中还控诉了四位辅臣极端敌视天主教的教义，充当杨光先教案煽动者及保护者的角色。神父们也借此机会为天主圣教进行了辩护，并要求康熙帝为神父们昭雪平反，宣告神父们的清白②。

信中还记录了从8月10日开始皇帝命令亲王和大臣们召开会议，对当时流行的天主教及欧洲天文学进行评价，这种会议一共接连召开了五次，即8月10日、8月11日、8月14日（召开了两次）、8月28日，最后达成了一致的认识，就是在不开放教堂的前提下，允许天主教传教，或者发展教徒。这次集会的决议后，在京的神父们写信给广东的神父说，已经允许重开教堂，并在北京传教。他们将自己三人所居住原是汤若望神父的教堂打开，房屋也已修葺完毕。皇帝禁止他们前去地方各省传教，但允许在北京城内进行③。

前两封信信息量极大，对康熙"历狱"平反之前传教士在朝廷的活动以及康熙帝对传教士的态度均有十分详细的记录，此为中国文献所未见者，亦为我们了解康熙"历狱"的平反提供了大量的有价值的史料。

第三封信是耶稣会士玛尔多纳（Jean Baptiste Maldonat）神父于1670年12月9日从澳门寄来的。信中介绍了在两年前对澳门海外贸易的禁令已经解除，澳门可以自由地前往中国内地任何一处港口贸易。而恢复贸易局面的原因有三：第一，澳门将圣沙勿略作为该城的保护神；第二，满洲人已经完全掌控了全国的局势，故逐渐降低了对外国人的戒备；第三，则是葡印总督以葡王的名义向中国皇帝派遣了尊贵的使臣，大使进京收到了隆重的接待，葡王给康熙帝进献了精妙绝伦的礼物。

第四封则是恩理格神父在广州写给法国皇帝的忏悔神父弥耶（Philippe Miller）的信，一共讲了十二件事情。其中除了报道杨光先染上瘟疫而痛苦死去及清廷对杨光先的宣判外，还公布了几条极为重要的信息：

八十年来在中国从未能够出现如此支持天主教的情况，神父们已经开始传教，因为这是由这个伟大的国度中最高最显赫的内阁所给予的正式许可④。

由于这份判决书（即前面提及的清廷会议的决议）中有一项限制条款，即神父们不许再传教。南怀仁神父在皇帝面前百般求情，泪流满面，竭力争取。最终为自己以及与他一同在北京的两位同行求得全权传教的许可。皇帝为示真心宠信以及心甘情

① Adrien Greslon, *Suite de l' Histoire de la Chine,* Paris: Chez Jean Henault, 1671-1672, pp.26—28.

② Adrien Greslon, *Suite de l' Histoire de la Chine,* Paris: Chez Jean Henault, 1671-1672, pp.29—30.

③ Adrien Greslon, *Suite de l' Histoire de la Chine,* Paris: Chez Jean Henault, 1671-1672, pp.41—49.

④ Adrien Greslon, *Suite de l' Histoire de la Chine,* Paris: Chez Jean Henault, 1671-1672, p.58.

愿，在次日就准许了这项请求。①

　　"在福建省，一位多明我的神父万济国（François de Varo）藏匿在一个中国教徒家中。地方官得知后将他捉拿入狱，随即就进行了针对他的预审，几日后审问一结束，就被送至北京的礼部，并被带至皇帝面前。然而不幸并非仅仅限于这位神父的遭遇，同一个修会的闵明我（Dominique Navarret）神父对其他被流放的神父进行隐瞒后，从广州的监狱中逃脱。这两起意外事件引发了人们的恐惧，情况又陷入混乱。随后，北京的所有神父在上帝旨意支持下，未曾放弃过向皇帝请求获得在他的整个帝国中全权传教的许可。皇帝似已明白地得到神父们的清楚解释，即众所周知：他们来到中国并未有其它意图，唯传播天主教义而已，这是他们为之奋斗的唯一目的。"②

　　皇帝不惜动用自己的银库，为汤若望神父的葬礼提供花费最奢靡的部分费用，下令让人将之筹办得异常华丽庄严。③

　　皇帝的叔父以及礼部尚书再次向神父们表达信任，要将那些流放至广州，擅长数学的神父们召回北京。尤其恩理格神父，是皇帝叔父指名道姓尽快进京的人员之一。④

以上四封信件，都应该写作于1670年底康熙皇帝发布谕令让广州的传教士"奉旨归堂"之前。这四封信中所蕴涵的极为丰富的原始史料向我们证明了康熙皇帝亲政后，通过以南怀仁为首的宫廷传教士自身的努力，获得了康熙皇帝的信任，康熙帝亦借机清除宫廷的反教势力，表示了对西学及欧洲传教士的亲近和有限度的防范，最后完成了对康熙"历狱"的平反。以上四封信，虽然是以附件形式出现的，但由于都是原始文献，是最为珍贵的第一手资料，因此它为聂著在中国基督教史研究中所具有的特殊史料价值更增添了分量。

　　（本文所使用的法文资料全部由暨南大学外国语学院法语系副教授解江红博士翻译）

法国耶稣会士聂仲迁在华传教活动考述——兼谈《鞑靼统治下的中国历史》一书的史料价值

---

① Adrien Greslon, *Suite de l' Histoire de la Chine,* Paris: Chez Jean Henault, 1671—1672, pp.58—59.

② Adrien Greslon, *Suite de l' Histoire de la Chine,* Paris: Chez Jean Henault, 1671—1672, pp.60—61.

③ Adrien Greslon, *Suite de l' Histoire de la Chine,* Paris: Chez Jean Henault, 1671—1672, pp.61—62.

④ Adrien Greslon, *Suite de l' Histoire de la Chine,* Paris: Chez Jean Henault, 1671—1672, pp.61—62.

# 清代广东铁业立法及其实践研究①

## ——以《分类广东清代档案录》为中心

刘正刚　朱睿

铁业是历代最重要的经济行业之一，铁农具的产生与发展是古代社会经济进步的重要动力。中国自西汉武帝开始，就实行国家盐铁官办的官营垄断制度，历朝历代沿之不变。学术界对官府专营制度的研究主要以历代盐为中心，对铁的专营制度研究明显不足，业师黄启臣先生曾出版《十四—十七世纪中国钢铁生产史》②一书，这是一部专门论述明代铁的生产、管理与税收等问题的学术专著，其中大量涉及广东铁的问题。学术界对广东铁的研究主要框定在明清时期，重点也是围绕佛山展开，多数成果均以经济层面为主，涉及明清广东铁炉形态、铁冶政策、铁冶炉饷征收等问题③。然而，这些研究对清代广东铁业研究不足，尤其是清代广东官府有关铁冶立法，至今尚无专文讨论。本文拟以《分类广东清代档案录》为主干资料，兼及《粤东省例》《两广盐法志》等文献，着力于清代广东铁业立法研究，揭示在清代广东铁矿开采、冶炼、贩运等工商业兴盛状况下，我国矿业发展的取向。

## 一、《分类广东清代档案录》的由来及其价值

《分类广东清代档案录》，清抄本，不分卷，行草书体，编著者姓名不详。每半页9行，每行字数不等，遇到"谕旨""圣旨""上谕""先农神"等，俱抬二字。凡10册，其中第1册粜务，第2册沙坦，第3册商渔·渡船·关税，第4册市廛·粮食·海防，第5册杂类，第6册谷米，第7册户役·田宅·山坟，第8册养廉（俸银廪膳附）·解支·杂项·承追，第9册盐法·铁炉，第10册审断·捐助·孤贫。收录条文时间上限为雍正七年（1729），下限至光绪十五年（1889）。原书各册均无页码。至于目录，各册也不统一，即有的册有目录，有的册则无。还有就是第1册在书口处，对条目题名，均用红圈将题名减缩概要表述。但第2册有目录，书口处则无减缩题名。另从第6册"谷米"出现"卷三"以及"仓谷、民米、省米、兵米、耗米、社谷附"等判断，此书仅是初稿本。又书中少数地方出现眉批"待查""须查"等字样，也说明此书尚未定稿。

---

① 本文系国家社会科学基金重大项目"明清孤本法律典籍整理与研究"（项目批准号：16ZDA125）成果之一。

② 黄启臣：《十四—十七世纪中国钢铁生产史》，中州古籍出版社1989年版。

③ 陈学文：《明清时代佛山经济的初步研究》，《理论与实践》1959年第8期；李龙潜：《清代前期广东采矿、冶铸业中的资本主义萌芽》，《学术研究》1979年第5期；曹腾騑、谭棣华：《关于明清广东冶铁业的几个问题》；邓开颂：《明至清代前期广东铁矿产地和冶炉分布的统计》，皆载于《明清广东社会经济形态研究》，广东人民出版社1985年版。罗一星：《明清佛山冶铁业研究》，《十四世纪以来广东社会经济的发展》，广东高等教育出版社1992年版。

该书现藏于加拿大不列颠哥伦比亚大学（The University of British Columbia）图书馆，此馆为北美库藏中国古籍之重镇，所藏中国古籍逾6万册，其中最知名的为"蒲坂藏书"[①]。"蒲坂藏书"为澳门内科医生姚钧石旧藏。1958年底，历史学家何炳棣赴香港与澳门从姚钧石处购得"蒲坂藏书"4.5万余册[②]。"蒲坂藏书"中的《分类广东清代档案录》收录了大量关于铁业的立法，涵盖了从"开矿炼铁""生铁贩运""铁器制造""铁器销售"等一系列的法律条文。

《分类广东清代档案录》封面在标注"某册"旁均有"姚钧石"字样，说明该书题名由姚钧石所为。每册扉页均盖有"蒲坂书楼"与"姚钧石藏书"印章。据考证，该书原为广东著名的南州书楼收藏，后为澳门藏书家姚钧石私人收藏。1959年流入加拿大大不列颠哥伦比亚大学图书馆。该书个别条目的内容与复旦大学图书馆藏抄本《粤东省例》《广东省例》以及流传较广的广东官修《粤东省例新纂》有些微相像，但表述不一样。又该书的某些条文，与清季广东番禺人朱启连抄录的《粤东钱谷事例类编》（现残存三册）也有相似度。其中第1册"枭务"、第4册"市廛""粮食"、第10册"捐助"，均在《朱启连稿本》中有相同条目，仅个别字句有出入。朱启连抄录《粤东钱谷事例类编》极有可能是其在两广总督张之洞衙门作幕僚时所为[③]。又该书多处在记录时间、人名、地名等时，多用圆圈或三角形符号代替。整理时，均根据其数量，用"某"字表示。该书收录的条文，几乎都是广东所属府州县呈递给巡抚衙门以及藩臬等衙门的文书，经批复后，又通行全省或特定地区，其中名"章程""事宜"等较常见。这些制度性的规定与同治《河南省例》在体例上有众多雷同。也因此之故，我们认为该书具有地方性法规性质。

## 二、清代广东铁矿开采与炉冶立法

广东铁及其铁制品闻名天下，至少始于明代，尤以佛山镇最著名。万历时期，南海人霍与瑕在《上吴自湖翁大司马》中请求开广东"龙门铁冶之利"时说："古者，富国强兵之术，以盐铁为首务，两广铁货所都，七省需焉。每岁浙、直、湖、湘客人，腰缠过梅岭者数十万，皆置铁货而北。"[④]铁货好是与原材料铁联系在一起的，清初番禺人屈大均就说："铁莫良于广铁。"[⑤]这些记载显示至少从明代开始，广东士人已经注重对本地所产铁进行宣传。

清代广东铁矿分布地比明代广泛，明代48处，分布在广州、惠州、潮州3个府，清代有186处，分布在广州、惠州、潮州、肇庆、韶州、嘉应、罗定、连州等府州[⑥]。冶炼铁炉

---

① 谷敏：《加拿大不列颠哥伦比亚大学藏"蒲坂藏书"的收藏特点——以蒲坂别集为视角》，《图书馆论坛》2019年第10期。

② 谷敏：《加拿大不列颠哥伦比亚大学"蒲坂藏书"地方志初探》，《图书馆论坛》2019年第7期。

③ 程存洁编：《朱启连稿本初探》，文物出版社2014年版，第2—3页。

④ （明）霍与瑕：《霍勉斋集》卷12，《广州大典》第56辑，第11册，广州出版社2015年版，第184页。

⑤ （清）屈大均：《广东新语》卷15《货语》，中华书局1985年版，第408页。

⑥ 邓开颂：《明至清代前期广东铁矿产地和冶炉分布的统计》，《明清广东社会经济形态研究》，广东人民出版社1985年版，第171—176页。

分两种，一为大炉，直接在山区边开采边炼铁，"查大炉一项，系开山取矿铸铁"①。大炉"司炉者二百余人，掘铁矿者三百余，汲者、烧炭者二百有余，驮者牛二百头"②。集开矿、冶炼及相关辅助者为一体，一炉约近千人。二为小炉，又称土炉，一般不采矿，主要利用生铁或旧烂废铁生产铁器，"其小炉收买旧烂废铁，止系铸造农具"③，又说"开设土炉一口，收买旧烂废铁以及大炉经税铣铁，铸造锅头、农具等物"④。小炉人少，一般以砧为单位，"其炒铁，则以生铁团之入炉，火烧透红，乃出而置砧上，一人钳之，二三人锤之，旁十余童子扇之，童子必唱歌不辍，然后可炼熟而为镴也。计炒铁之肆有数十，人有数千，一肆数十砧，一砧有十余人，是为小炉。"⑤可见，小炉不需在矿山附近。实际上，大炉冶炼生铁，小炉则在生铁基础上再加工为铁器产品。

一座拥有近千人的大炉位于山中，自然会引起官府的警觉。出台法规管控也顺理成章。清初，广东多以"告示"的形式动辄加以封禁，顺治十八年（1661）有矿徒朱挺元等在清远县秦王山"开炉煽铁"，因"开煽聚寇"而祸害社会，官府颁布《封山禁市告示》：

> 顺治十八年七月初五日，奉钦命总督两广部院李批，据本道呈详，看得大秦王山虽坐于清远，实畛接广宁、四会、三水诸县，毗连池水阳山，且崇山峻岭，茂林丛菁，人迹罕到之地。……再照此递（指朱挺元）启衅之因，皆由开炉煽铁，招致祸尤。更请宪台严饬，将秦王山市永为禁绝，不许复开……所有秦王山炉市，合并封禁。为此，示谕清远里排居民人等知悉，其山上铁炉及山下市镇，开煽聚寇，生民已受无穷之害。⑥

该告示由道上呈总督，得到批允后，张榜公布，属地方立法范畴。从中可见铁的开采与冶炼均在山上，冶炼后的生铁则在"山下市镇"交易。

广东在明清鼎革之际作为双方较量的最后场地，直到康熙初年才基本稳定，随后二藩入粤，康熙五年（1666）五月，朝廷将广东铁炉饷银纳入官员考成范围，"康熙五年四月内，奉准户部咨，粤东炉饷载入《全书》，历年于杂税内奏销。"⑦说明此后广东冶铁只要缴纳炉饷，就会受到官府保护。但是，一旦与地方社会发生冲突，就会被封禁。这一年九月，清远县颁布《禁秦王山铁炉告示》，封禁从龙门到清远开矿的炉商蔡砥中。

> 广州府清远县为残黎炉害已极……蒙广东分守岭南道布政司参政张宪牌，准海盐道手本，奉总督两广部院卢批，据本道呈详，看得秦王山界连英（德）、阳（山）、怀集数县，岭峻地僻，群丑窟穴其中，兼之创炉煽铁，伙聚更集人多，每酿莫测之祸，致里排宗家相等激控，宪台禁革。荷蒙批道移查，今准分守岭南道行据清远县查勘申称，原有上炉二座，经废，尚有下炉一座，现系蔡砥中开煽。第称该商原在龙门设炉，嗣因贼害，改移清远桑木坑车公峒，与秦王之山相隔。……彼所煽之铁虽经输

---

① 《事隶炉饷者藩司主政，事隶铁税者运司主政，饷税相牵者会同核办》，《分类清代广东档案录》，《广州大典》第37辑，第41册，广州出版社2015年版，第531页。

② （清）屈大均：《广东新语》卷15《货语》，中华书局1985年版，第408—410页。

③ 《铁炉私铸私贩治罪》，《分类清代广东档案录》，《广州大典》第37辑，第41册，广州出版社2015年版，第535页。

④ 《详请承开土炉（式）》，《分类清代广东档案录》，《广州大典》第37辑，第41册，广州出版社2015年版，第537页。

⑤ （清）屈大均：《广东新语》卷15《货语》，中华书局1985年版，第408—410页。

⑥ 康熙十一年增刻本《清远县志》卷11《外志·时政》。

⑦ 《炉饷铁税递年分别造册奏销附征火耗》，《粤东省例》，清道光抄本，复旦大学图书馆藏。

饷，然开煽贵与地方相安，今既大拂民情，合请宪台概行封禁驱逐……蔡砥中尚敢肆而踞煽，大干法纪，仰移该道协同立行擒究，仍照前批，将上下三炉尽行铲平，永为勒禁。[①]

上述两个告示显示秦王山延伸区域涉及清远等多县，但又以清远"炉害"最深。因此，蔡砥中即便输饷开采，也遭到里排反对，而被列入封禁之列，官府要求将三炉"尽行铲平"。这份告示由里排上呈两广总督，经总督批给岭南道，道行县。经县查勘后发布告示。同年同月，两广总督根据驻军副将呈文，得知秦王山一带，先后有蔡良柱、龚昌斌等开矿铸铁，而成为地方大害。现蔡砥中的开采，又引起里民不满，为了"绝盗源"，遂发布《督院禁山告示》，要求严拿蔡砥中，实际就是封禁秦王山：

> 总督两广文武事务兼理粮饷兵部右侍郎兼都察院右副都御史卢，为请绝盗源以靖地方事。康熙五年九月初九日，据韶协林副将呈称，清远山心界连番、从二县，山菁路岐，丛集崎险之处，前因蔡良柱聚夫铸铁，奸歹潜藏。奉宪批行赶逐，渐获平宁。今据上下冠带等乡又有异县商民雇伴动至数百，开山烧炭，甚属隐忧。……据此，为照开山煽铁，平林焚谷，聚众匪奸，久为地方大害。然无如清远为最，先年，秦王一山始有龚昌斌之奸，踞险设炉，蔽贼肆劫，远近居民受其荼毒，田野为之荒墟。继复有蔡砥中，托名车公峒，传焰流殃，挖矿烧炭，里民宗家相等哭诉流涕本部院严拿铲穴……本部院阅之，不胜发指。除批行严拿外，合再申禁。[②]

从上述两份告示可知，县令颁布需要申报上级批准，总督则可以直接出台法规。

康熙二十年（1681）后，随着"三藩之乱"的平定和台湾的收复，社会经济走上正轨，开矿炼铁又被提上议程。广东各级官府对偷挖开采的立法管理发生变化，一改之前简单封禁的手段，要求查勘山场，在官府备案。康熙四十九年（1710）两广总督赵弘灿上疏：

> 窃照广东韶州府属地方山深菁密，其中多矿坑。自禁止开采之后，不法之徒每每潜行偷挖，或无砂可得，或借铁炉佣工为名，则合伙抢夺，由是附近村庄零星散处者，恒有劫掠之事。臣屡行地方文武各官严加查拿，因康熙四十九年复有矿徒出没，臣与抚、提二臣会商，委官查勘山场，于要紧隘口如青岗等处添设汛防，安兵驻守……（开炉煽铁）招集工丁，土著与外来者相杂其间，俱系赤贫无赖之辈，炉商随便容留，来则不查其踪迹，去则任听其所之，是以往往入于匪类，迨迫捕急迫则又窜匿。……因铁炉课饷攸关，未便停止。现饬各该县将炉内工丁逐一清查，如果来历明白者，炉商出具保结，方许容留，仍将各工丁年貌籍贯造册，呈缴文武各衙门存案……圣鉴敕部议覆施行。[③]

赵总督所说的"自禁止开采之后"，是否就是康熙五年（1666）时的告示，不得知之。但康熙四十九年（1710）韶州府各山场多处出现铁炉，吸引本土和外地者前往佣工，不时有

---

① 康熙十一年增刻本《清远县志》卷11《外志·时政》。

② 康熙十一年增刻本《清远县志》卷11《外志·时政》。

③ （清）赵弘灿：《请添设汛防疏》，雍正《广东通志》卷62《艺文》，影印文渊阁《四库全书》，第564册，台北商务印书馆1983年版，第872-874页。

劫掠之事发生，遂拟添设驻兵防守，而不是之前的一味封禁。因为"铁炉课饷攸关"，所以只要炉商对矿工实名造册，出具保结，就可以继续开业。这个奏疏得到朝廷"议覆施行"，反映此时地方关于铁的立法必须上报朝廷。

康熙后期针对山区采矿课饷的这一政策，一直在贯彻实行。乾隆时期，广东对大炉、小炉征收炉饷的数额有具体规定，乾隆四年（1739），经两广总督批准，将原来各处小炉"饷之轻重原无定额"，对小炉饷银征收进行立法统一：

> （土炉）令每炉一口，认输饷银五两三钱，或小炉十口作大炉一口，共饷银五十三两，以全书开载之例全出，每山只许开设大炉一口，于岁奏册内列造报。倘山光矿尽，地方官据实查报，准其停止，仍于岁奏册内注明豁除。①

即小炉每口5两3钱，大炉则53两。当然，也可以将一肆中的小炉十口认定为大炉一口，按大炉征饷额征税。同时规定，每座山只许开设大炉1座。由此可见，小炉饷银以大炉名义汇入《奏销册》造报，从而间接将其列入官员的考成范围。可见，至少从康熙五年（1666）开始，广东炉饷已被载入《赋役全书》，历年均将完欠数目列入《奏销册》上报。此与之前官府出于社会稳定而颁布告示不同，此时立法因涉及国课，需经过朝廷批准才能执行。

广东炉饷作为地方财政每年上报朝廷奏销，炉饷征收被纳入地方官考成的内容。乾隆十六年（1751）大学士傅恒就粤东炉座停歇，饷银无法按时征收，影响官员考成，对之前的大小铁炉税额进行调整，并要求对停歇者即时报部开除：

> 《粤东全书》附载铁炉饷银一项，例应按年将完欠数目入于奏销册内造报。缘历年久远，海阳、大埔、罗定、东安、镇平五州县铁炉十座，先后停歇，商人逃亡，应征饷银三百余两。经地方各官设法拨抵，仍作商人完纳，以副考成。迨乾隆六年以后，长宁、龙门等县续有商人承开炉座，遂以所收饷银抵无着之项。十二年以后，各属小炉渐增，除抵完旧欠，每年余剩一二百两及三百两不等，留于司库，为地方公用。……嗣后如有承开炉座，查明大小，酌定额饷，按年造报。如有停歇，亦即报部开除等语……粤东铁户饷银，每年额征，按其炉座大小，每炉一座自十八两七钱五分至四十四两七钱五分不等，俱系按年完纳，汇入各该年奏销册内咨部。②

这次对铁炉大小的征税，对之前大小的固定额进行了调整，估计是按照炉座的实际大小，"每炉一座自十八两七钱五分至四十四两七钱五分不等"。这一规定显然对小炉不利，小炉原定5两3钱，现在至少为18两以上，大炉税额反而降低。

乾隆时期，一些炉座可能因为税饷等原因，将原本应开设"大炉"者，想方设法改为"小炉"经营。乾隆十八年（1753）十一月，广东出台大炉改小炉的具体规定：

> 查粤东炉座各有大小，原属因地制宜，以为区别。如有山场广阔，矿砂采取不竭，即设立大炉饷开场，间有山场细小，土浮矿软，短少水源，挽运维难，不堪设立大炉者，准开小炉输饷……况该州县于商呈承，履勘之始，其应设立大炉，或应设立

---

① 《开炉承饷》，《粤东省例》，清道光抄本，复旦大学图书馆藏。

② 《新承炉饷，按年列册报部，停歇者亦准咨部豁免》，《分类清代广东档案录》，《广州大典》第37辑，第41册，广州出版社2015年版，第520册。

小炉之处，彼时已属判然。无如炉商奸计百出，希图免纳税银，往往以山残矿尽，改设小炉。矿未镕铸抵饷名色，以遂避重就轻之计，该州县上顾考成，不加亲勘，每每被其掩饰，据呈代详，请改小炉，勒限镕铸，究其实在依限停止者十不得一，此等情弊并宜禁止。应请嗣后炉座，除新承者遵照定例，查明炉座大小，酌定饷银办理，毋庸议外，所有从前原开大炉改设小炉，饬令该州县会营亲诣勘明……总以原勘为准，凡有续请改设小炉者，概行永远禁止。①

据此可知，炉商设立大小炉之申报，均经过所在州县亲自勘查而确立。但在具体的操作中，州县往往"不加亲勘"，由炉商自报，炉商为了"免纳税银"，多采用"避重就轻"之计，以小炉申报。因此，针对炉商将大炉改做小炉的现象，此次立法重点是要求"州县会营亲诣勘明"炉矿，划定炉之大小，并禁止不再准许新开小炉。其中的"会营"，说明勘查工作是由当地驻军配合完成，同时也说明炉座附近有驻军监守。

乾隆十八年（1753）的立法趋向是鼓励开设大炉，估计还是和炉饷有关。因此，大炉停煽也要上报朝廷备案，乾隆十九年（1754）户部议覆广东巡抚苏昌奏疏说：

据丰顺县属原设铁炉五座，共纳银二百五十两，历年完解，汇入潮州府铁饷册内造报，并未开列商名。今五座之内，有商人刘文缘承开南溪桃子坪炉一座，黄利苏承开黄沙坑炉一座，均于雍正十二年承开，每年各输饷银五十两。今该商以开山年久，山光水尽，毁炉停煽，具呈告退。该县会营查勘属实，取有并无捏饰甘结，加结转送，请自乾隆十八年起，于奏销册内减除饷银一百两造报，等因。详请具题，前来。臣复查无异，理合具题。②

从"铁炉五座，共纳银二百五十两"看，丰顺县五座应属大炉，其中南溪桃子坪炉、黄沙坑炉于雍正十二年（1734）承开，每年各纳饷银50两，"历年完解"，均列入《铁饷册》内造报。乾隆十八年（1753）两座铁炉因山光矿尽停煽，故要求在《奏销册》内减除饷银100两，得到户部允准。

小炉的开设自乾隆十八年（1753）严格限制外，到了乾隆二十五年（1760）又逐渐放开，但管控明显加强，"嗣后承开小炉，务令该商将厂内丁役，逐一造具花名册，按季缴查"③。换句话说，承开小炉只要如实将厂内丁役造具花名册，按时上报即可。小炉纳饷也逐渐列入奏销册内，乾隆五十五年（1790）小炉（土炉）饷银纳入《铁税册》内造报。

乾隆五十五年，据兴宁县民罗展成呈请，将收存民间旧烂废铁开设土炉，改铸农具，请领旗票，赴就近市镇销售，每口纳银五两三钱等情。随经运司衙门详请咨部，递年征收税饷，附入省运座铁税册内造报，等因。旋奉准部咨，余将从前办过报开炉口，认输饷银成案，钞录送部备核，等因。④

① 《山广矿多设大炉，山小矿软准开小炉，铸造农具就地销售，原开大炉矿尽，准其另觅移置开煽，如无告停豁饷，不许改设小炉》，《分类清代广东档案录》，《广州大典》第37辑，第41册，广州出版社2015年版，第521页。

② 《新开及停歇炉座毋庸具题随时咨部仍于年终汇入奏销册内声明》，《分类清代广东档案录》，《广州大典》第37辑，第41册，广州出版社2015年版，第524—525页。

③ 《承开小炉务将所用工丁及出铁并铸造农具数目列册缴报》，《分类清代广东档案录》，《广州大典》第37辑，第41册，广州出版社2015年版，第525页。

④ 《炉饷铁税递年分别造册奏销附征火耗》，《粤东省例》，清道光抄本，复旦大学图书馆藏。

乾隆五十五年（1790）兴宁县民罗展成开设土炉，交纳银五两三钱，这是按照大炉十分之一的数额征收，且是"递年征收税饷"，附入省运炉座《铁税册》内造报。说明自乾隆五十五年（1790）以后，朝廷将小炉（土炉）的饷税纳入国家考成之中。

以上的分析表明，乾隆年间，所有的炉商都要承担税额，而且都要"按年完纳"。对"无力复煽"的炉商，则可由其他殷实商人承办。乾隆十八年（1753），广东官府根据南海县炉商在转承中出现的问题，专门颁布了相关转承的规定：

> 南海县民梁瑰成承供东安县永广铁炉一案，内开：查承煽炉座，关系额饷。嗣后各炉如有批招供商承煽者，应请务照雍正十年供商麦云峰无力复煽，呈明地方官招请殷商黄大有承供，查明取结，由藩司详奉批准，方准入山。兴煽之例办理，毋得私自相接顶，等由。……嗣后铁炉招批供商，饬由该县查明殷实，取具保邻各结，加结详府，解司详院批允，方准入山，毋得仍前私赴盐运宪衙门呈承。①

这一规定再次强调"承煽炉座，关系额饷"，严禁炉商之间私自接顶，必须由地方官出面招请殷商承开，而且要有"保邻各结"，并由县"加结"上报所在府，然后呈报布政使司和盐运司，再经过巡抚批准，才算手续完备，"方准入山"承煽。广东炉商转承手续的规定至少从雍正十年（1732）已开始，说明广东官府通过立法掌控炉饷的征收管理。

乾隆五十六年（1791），针对炉商之间转承增加的现象，广东官府根据平远县萧太来顶开商人曾奕发、河源县商人黄元玉承顶李亮铁炉，又出台了相关法规四条：

> 凡承开铁炉，应由营县会勘，如果并无干碍民人粮业、庐墓，取具山主、地邻甘结，该商的名殷实，土著供结，并将该山周围四至里数，何处结炉，何处取矿取炭，绘具妥图，加具营县联衔印结，由府申详咨部，方准呈开。

> 承顶炉座，应取原商亲书退结，现商认饷亲供，山主里邻各结，绘图详道。其承开之炉是否原处，抑系另在别处结炉取矿，亦应声明。如在别处，又当分别绘图，取结同送。

> 商人无力停歇，应取该商退结，营县会勘，加结具详，请余商名豁饷。如有商人愿顶炉座，又应照前取结详充。

> 商人如非土著，即应讯查原籍户口，移查原籍州县，取具地邻、族长甘结，加具印结移覆，仍由开炉州县取具各结，照前申详。②

所谓承顶，就是转手。官府参与了承顶的各项手续，而且再次派人会勘，对所有的供结加以检验。承顶者若非土著，还要向原籍查询户口，原籍相关人员要提供甘结担保。尤其是其中规定"原商亲书退结，现商认饷亲供"，重点还是饷银缴纳，同时又要求"山主里邻各结"，则表明得到他们的同意，根据以往的经验，一旦山主里邻不同意开采，则炉商无法营业。这一次的不同之处还有就是均要画图上报，而且都要在"咨部"后，才能正式开工，足见官府对铁炉转承的管理日趋严格。

乾隆五十九年（1794）又出台《事隶炉饷者藩司主政，事隶铁税者运司主政，饷税相

---

① 《炉商无力兴煽批招供商务须呈明地方官查明殷实之人取结详奉批允方准入山》，《分类清代广东档案录》，《广州大典》第37辑，第41册，广州出版社2015年版，第522页。

② 《开煽铁炉》，《分类清代广东档案录》，《广州大典》第37辑，第41册，广州出版社2015年版，第515页。

牵者会同核办》的办法，将之前管理不统一的地方重新理顺，进一步控制了对铁业的控制。

> 向来奏销征收饷项，以及准承定饷，与停歇豁饷，悉由藩司衙门详请宪台衙门核明题咨，仍将新承豁除之案，随案移知运司衙门征输铁税，并于递年春季汇总列册，移付查照。……又奉宪台批开，凡承开铁炉事案，统由运司衙门专政核办，等因。本司查征输国课，炉座完饷，铁斤完税，如有专司，毋容挽越漏废。现在各属所开土炉，专由运司准承，藩司衙门并无案据，亦无并不照例赴藩司解纳饷项，办理参差，渐至有大炉无饷，日久易滋流弊。既据运司具详，宪台咨部有案，自应遵批专归运司承办，以专责成。但藩司衙门炉饷奏销，案关题达。今改易章程，相应详请宪台察核案由，改归运司专政核办之处，会御咨明大部。凡有承开铁炉及停歇移易炉座，应题应咨一切事宜，统归运司衙门办理。所有递年应输炉饷，亦解运司衙门免收，造册奏销，以归画一，免致两歧，实为公便。
>
> 惟承开炉铁饷银，系载入全书。自康熙年间以来，历由藩司衙门承办，递年征输饷银，亦由藩司衙门造册，详请抚宪衙门奏销，并于乾隆十六年一月内，奉准户部咨，如有新开、停歇，悉令藩司据实办理，等因。今奉宪台批饬，所有承充事案，悉由运司核办。是藩司仅理征输饷银一项，而炉座大炉则由藩司征收，土炉又由运司征收，同一炉饷，归两衙门征收，已属办理两歧。至承充停歇及接顶移炉一应事件，皆由运司核办。虽属随时备移知照，但递年饷银，檄行各属征解，文缴（檄）方行，或炉已停歇接顶，往返移查，动多周折，且承充事既归运司承办，则饷由炉出，藩司衙门亦断不能舍炉座而核稽饷银之势，公务必须画一，未便稍涉纷歧。[①]

这样做的目的是因"国课攸关"。所以明确了藩司和运司的责任，"请将土炉之饷，归于藩司衙门征收，附入大炉奏销。报其税，仍由运司衙门给发旗票，照旧征解。俾税饷两项各有专司，免致歧误。一切案件，事隶炉饷者，由藩司主政，事隶铁饷税者，由运司主政。其税饷相牵者，会同核办等情。所议仍属周妥，仰即查明会同另叙简详，呈请咨明大部，毋违。"在这一条例后还附有《两广盐运使司盐运使常谨禀》说："本司伏查，各属呈承炉座，向有大炉、土炉之分，大炉开山取矿一切应题应咨、奏销饷项各事宜，向系藩司衙门办理。至各属承开土炉，收旧铸新，就地输税销售，岁底将征收土炉饷税，并大炉税规各款银两，随同盐课造册奏销，由运司衙门核办详咨。此历来藩、运二司衙门，分承大小炉税饷多寡之章程也……本司再三筹度，惟有恳请宪台俯赐察照，准土炉五两三钱定饷，归与藩司衙门征收，附入大炉奏报其税，仍由运司给发旗票，照旧征解。俾饷税两项，如有专司，免致歧误。"

这一规定在嘉庆二年（1797）七月还在被重申，即《大炉藩司征饷，运司征税，土炉呈承征收税饷，统由运司主政，照旧办理部行》说："两广盐运使司为详请等事。嘉庆二年七月十六日，奉太子少保总督两广觉罗吉宪牌，嘉庆二年七月初十日，奉准户部咨，山东司案呈，嘉庆二年五月十五日，准两广总督吉咨称，粤东开设炉座，藩、运分别征收饷税。奉部行查，藩、运两库同一征收，因何土炉饷银，必须改由藩库征收，始可防弊，应

---

① 《事隶炉饷者藩司主政，事隶铁税者运司主政，饷税相牵者会同核办》，《分类清代广东档案录》，《广州大典》第37辑，第41册，广州出版社2015年版，第531—532页。

咨该督查覆，并取具该运使从前报承土炉并无以多报少印结送部，等因。查各属开设大炉，系在藩司衙门报承，藩司征饷，运司征税，其土炉向在运司衙门呈承饷税各银，统由运司征解奏销，历办无误。"

乾隆末年，社会矛盾较为尖锐，南方地区爆发了林爽文起义、王聪儿起义，尽管最后被镇压下去。但官府对山区开炉也提高了警惕性。嘉庆四年（1799），广东官府颁布了《铁炉土炉除报明额定炉座外一概不准增开》的规定：

> 嘉庆四年十月十一日，奉督宪吉批，盐运司具禀：查呈开铁炉，多在深山挖矿烧炭，动用工丁数十人，其中良歹不一，诚恐炉户约束不严，或有贪利营私，多开炉座，以大报小，难免私造刀枪，接济奸匪之弊。至收旧铸新土炉，虽近文武衙门，所用工丁无几，但恐地方官未能实力稽查，或有迁移炉座，私卖漏税及私运违禁器械，亦未可定。诚如宪札，自应严查究办。嗣后铁炉、土炉，除报明额定炉座外，一概不准增开，以杜私造滋弊缘由。奉批，所禀甚是，仰即转饬实力稽查，倘有私开透漏情弊，立即严拿究办，毋稍疏纵干咎，此缴，等因。奉此。通行遵照。[①]

这一规定的语气，又回到了顺治、康熙时期的维稳状态。即位于深山中的大炉，"难免私造刀枪，接济奸匪"；而位于他处的小炉也存有"私卖漏税及私运违禁器械"的嫌疑。因此，官府除了维持原来已经上报的大小炉数额外，对申请新开者一律停止。此一规定的重心是指陈开炉存在各种不利于社会稳定的弊端，对税收则着墨不多。可见，官府对铁炉开采的政策会随着社会环境的变化而变化。

## 三、清代广东铁业运输贩卖的法规

清代广东各地大炉冶炼的生铁，小炉生产的铁制品，必须要经过流通流域的运输贩卖，才能进入市场销售。因此，立法规范运输也是官府关心的大事。广东官府对铁业运输的规定至少在康熙时期已经开始。

> 粤东粤西铁政，向归盐院衙门统输，定例：铁商告运铁斤，每票以十万九千斤为率，不及十万斤或四五万斤者，听从商便。如告运一万九千斤，商人先具单，赴运库完纳军饷银三两，盐商（饷）银四钱，牙税银一两，加饷银六钱，共银五两。又每万斤六十吊，每吊抽银五厘，共纳吊饷银三钱，又每万斤余铁二十斤，每斤价银二厘一毛，共纳斤价银四钱二厘，通共银五两三钱四分二厘。库大使填给库收缴司，（运司）填写白旗运票，实收列明其数盖印，缴院用印，到日注定限期，给发商人收执，前往炉场照运。至省河商人，将原领运票缴司查销。运司填明报销月日，有无违限字样，同盘册单、黄旗，编立字号，每船乙只，黄旗一面，缴院檄发盘掣过，将黄旗给商照船，如有盘出多铁，行司知照，每百斤追纳饷斤吊银五分三厘四毛二丝，运司即将奉院印发卖票，填注给商，照运铁斤，往佛山发卖，限定半月内，同黄旗缴销，司填明核销月日，有无违限字样，转缴核销。康熙五十九年，将盐院裁汰，归并督院兼理，

---

① 《铁炉土炉除报明额定炉座外一概不准增开》，《分类清代广东档案录》，《广州大典》第37辑，第41册，广州出版社2015年版，第534页。

其衙门驻札肇庆，印判旗票动需时日，有稽商运议行运司，备呈空白旗票，汇请印发存贮，遇有铁商上饷送运，即将旗票填判给发，实随收缴，报至铁商，运铁回省，向委运司监掣，雍正七年经运司王文纬详准，转委运司经历监掣，商人先具盘单册及原领运票缴司核发，经历司监掣折报运司缴回白旗，转给黄旗，折开盘过数目旗票单册，转缴察销。[1]

从中可知，在康熙五十九年（1720）裁汰盐院之前，铁商告运都由盐院统一管理。这里出现的"白旗""黄旗"等都是运输过程中必备的证据，其发放都是由盐院下属的库大使、运司等审查签发。另从康熙《从化县新志·盐铁志》[雍正八年（1730）续修本]记载：大水桥铁炉，离城三百里，"商人伦有五于康熙二十一年九月内，领提督侯牌开采，递年饷银五十三两，系本县印批文，交该商解赴布政司投纳。其告运铁斤，该商先在盐道衙门请领旗票照运，投龙门县盘验，截角具文申缴，铁由龙门县地方出水。"[2]古田长兴炉，离城一百四十里，"商人张日升于康熙二十一年七月内，奉抚院李批允开煽，递年饷银五十三两，给批该商赴布政司投纳，其日逐告运铁斤，该商先在盐道衙门请领旗票照运，投县盘验，截角具文申缴。"可见，康熙年间，从化的两座铁炉均属大炉，其运输均是"请领旗票照运"，时间在康熙二十一年（1682）开炉之时。换句话说，只要开炉，就会涉及到运输。

请领旗票作为运输贩卖铁，逐渐成为制度。清代广东的铁冶中心是靠近省城的南海县佛山镇，对生铁的需求量比较大，所以很多地方的生铁都源源不断地运往佛山。《铁政条规》计12条，其中涉及运输贩卖4条，目的地都是佛山。所有从炉场将铁运输到目的地，都必须要到官府领有"旗票"作为输运执照，沿途过关检查也以"旗票"为准。另从"广州府税馆严加查诘"来看，旗票也是官府征税的凭据。节选如下：

> 炉场运铁至省，饬令运司经历盘掣，除正耗之外，盘有多余，即饬补税，给换黄旗、买票、转运佛山销售。

> 嗣后告运铁斤，务候领到旗照，赴炉验照配铁，起运铁斤，必须铁照相随，依限缴销。如有违限十日以下，照依原例追罚。倘有已往奉司告运纳税，不候领到旗票，先行配铁起运，沿途无照票可验，即属影冒漏私，许关津汛哨、保甲人等，查拿解究。如系炉商自运，即行究革。若是客贩卖运，即系炉商通同舞弊，应将炉商一体究拟治罪。

> 再查地方需用农器，原属有限，奸商每藉农器名色，假其形似，将质体加厚数倍，铸成各器仿佛模样，招集亡命，私运佛山，卖与铸锅炉户，得以瞒匿税银。迨奉行查缺税缘由，奸商即勾通附近各小炉，以一炉商出名，每次告运二分或三分不等，掣旗领运，以为影射护符。过关上税之后，将旗久延不缴，彼则藉旗在手，将附近各小炉私铁，用船装载，扯起黄旗，扬帆鼓棹而至佛山，卖与炉户，以致遍地皆是私铁，而运库税银日见短少。应请嗣后上税过关之后，即押令解缆，前往佛山起卸，照例过关，五日之内，立将原旗缴销，迟则不罚而重治其罪，以杜藉旗私运之弊。仍责成广州府税馆严加查诘，凡无旗票告运铁船，即是私铁，立即拿解。

---

① 《粤东省例》卷13《铁志》，清道光抄本，复旦大学图书馆藏。

② 清雍正八年续修本《从化县新志·盐铁志》。

佛山锅铺，只准专铸大小锅只，不许换铸犁头农具，越界营销，以免彼此充赚，影射漏税。至于场商，不许就炉铸锅，只许照例就炉铸造农具、铧铁、犁头，纳税领旗，告运销售，并不许将铧炒熟，打造别样农具。①

上述4条关于运输条款中都涉及"旗"和"票"。从中可知，对于炉商而言，总是想方设法规避纳税，利用五日缴销旗的空档，或者故意将旗"久延不缴"，多次将铁零散运输，造成私铁在佛山流行。

乾隆时期，官府出于饷银的考量，对铁业开采有所松动。也因此对运输环节更为重视，乾隆四年（1739）在《开炉承饷》中就有关于稽查运输的规条，强调的是稽查：

至稽查之法，照广州府所议，如有铸出农具售卖，令该商将铁斤数目运往地面，插立某炉字号，取结报明，请县给票。其小商转改，亦令该商照例给单，经过塘汛查验。如卖完之日，缴票涂销，其中碎铁铸出砖块，即照例赴盐法道衙门，请旗告运。……今本署司等议请，嗣后各属如有呈开小炉，除碎铁镕化成砖块者，仍照例输税，领旗告运，毋庸置议外，其铸农具，令其一体赴盐法道衙门领给旗票，赴内地贩卖，不得私往别售，以杜偷越之弊。所有前详议令，将斤重数目，插立字号，请县照票贩运之处，饬行停止，毋庸置议。②

从这一规定可知，在乾隆四年（1739）之前，小炉生产的铁农具，令商人取结报明，赴县请票，卖完以后，缴票涂销。但若是将碎铁铸成铁砖块售卖，则照例赴盐法道衙门请旗告运。而自乾隆四年（1739）开始，不管是铁农具还是铁砖块等，都要赴盐法道衙门领旗告运，收回了州县发照的权力。领旗告运的最主要目的还是"铁税输纳"，此在乾隆八年（1743）的规条中有明确表述："至于铁炉煽出铁斤，自应呈明上税，领旗告运，方准售卖。缘粤东原有铁税输纳，递年奏报，均需四五千两，始免大部驳查。是铁税一项，断难缺少。"这一规定与乾隆元年（1736）户部的规定不同，"部议覆，除近海沿边并近苗产铁处所，仍遵旧例禁缉外，嗣后内地兴贩，听从民商自便，毋庸呈报有司，转详给票。"广东则将民和商分开执行：

永安县民朱俊茂与炉商陈协邦、伙伴邹祥玉，运贩铁斤共二千三百八十九斤往惠属售卖，是就内地贩运，与奉行之例相符，毋庸呈报有司。但陈协邦煽出铁斤应遵奉粤省定例，呈明上税，领旗告运。是罪不在俊茂而在协邦。今应将现获铁斤照依县拟，给返朱俊茂领卖归本，陈协邦之伙伴邹祥玉不候上税，私行售卖，应照匿税律，笞五十。③

从中可见，朱俊茂因为是县民，故其运销到惠州售卖，不需要呈报有司。但是炉商陈协邦则必须遵守广东地方法规，"呈明上税，领旗告运"。陈协邦触犯了广东地方法规，因而受到法律惩罚，"应照匿税罪，笞五十"。这里的律是《大清律例》："凡客商匿税，不纳课程

---

① 《粤东省例》卷13《铁炉》，清道光抄本，复旦大学图书馆藏。

② 《开炉承饷》，《粤东省例》，清道光抄本，复旦大学图书馆藏。

③ 《炉座煽出铁斤，呈报领旗上税（内地贩卖均免查究），方许售卖，炉户买客私运，均照律治罪（内地贩卖均免查究）》，《分类清代广东档案录》，《广州大典》第37辑，第41册，广州出版社2015年版，第519页。

者，笞五十，物货一半入官"①。不过，上引朱俊茂因没有核实陈协邦是否上税，就参与其中，也受到了处分，"朱俊茂并不查明曾否上税，即行买运，应照县拟，依违令律，笞五十。"同时，通饬各属："嗣后炉座煽出铁斤，务遵定例，据实呈报，领旗上税，方许售卖，仍照部行兴贩者，听从商民自便，毋庸呈报，有司转详给票，兵役不得借端掯勒，致滋扰累。倘炉商煽出铁斤，并不领旗上税，买客未经查明移运，均应照律科断。如此则与历奉部行不悖，而粤东铁税亦无缺少之虞矣"。也就是说，自此以后，包括铁商在内的买客，若没有核实炉商所产生铁是否领旗告运，就将其售卖，也要被追究责任，这就在制度上堵塞了运输过程中可能存在的漏洞。

乾隆十一年（1746）又规定将小炉十口归为一大炉输入饷银，"如有承开小炉，除铁镕成砖块，仍照例输税，领旗告运外，其铸出农具，令其一体赴盐道衙门，领给旗票，赴内地贩卖，不得私往别售，以杜透越之弊，所有前详，令将勘重数目，插立字号，请县给票贩运之处，饬行停止。所输饷银，仍照前详，每小炉十口，认足额饷银五十三两，列册报部，准其照大炉之例，给示开采。如有认饷不足额数，概不准承。所有从前已开之小炉，饬令照现议之例办理。"②原来小炉的砖铁只要有"县给票"即可贩运，现在则是十口小炉准作一大炉，"列册报部"。乾隆十八年（1753）正月规定《炉场不许制造铁锅》，这是因为官府在查勘中获悉，铁商在炉场铸锅，"最易走漏"匿税，"告运日久，额饷必缺"。因此规定"嗣后炉场除详定犁头农具告运，毋许走漏外，所有铁锅器具，一概不许在炉制造告运。倘有不遵，私行铸造，以及铸出犁头等项，妆点成色，捏作废铁，不行告运，拏获即作私私铁治罪。"③这一年的八月又出台《炉场除详定犁头农具造运，毋许走漏外，所有铁锅器皿等项，一概不许在炉制造告运》，"倘有不遵，私自铸造，以及铸出犁头等项，妆点成色，捏作废铁，不行告运，拿获即作私铁治罪"。④

从地方到朝廷之所以不准大炉制造铁器，就是为了防止铁税的流失。乾隆二十七年（1762）五月，广东官府出台《岁首通颁列单由县转给炉商填报运铁并无旗票即属私铁立拿解究》规定：

> 乾隆二十七年五月初十日，奉两广督部堂李批，本司呈详，查看得各属铁商承开炉座，煽铸铣铁，例由本司衙门报税，请领旗票，运佛镇销售，岁底造册报销，从前均于岁首查开炉座，呈请宪台，列单通发给商，按日所出铁数，填注单内，每月缴县，转报查核，以杜隐匿私贮、就近销售、走漏税课之弊，历经遵照在案。迨乾隆十四年以后，前司未经请发，是以停给。兹据清远县详请，比照往例，通发列单，转给炉商填报，等因前来。本司伏查铁税一项，课饷攸关，税从铁输，铁凭单核。近年各商告运寥寥，铁税日少，未始不由停单，无以稽查走漏所致，似应俯如该州县府所

---

① （清）徐本、三泰纂，刘统勋续纂：《大清律例》卷13《户律》，影印文渊阁《四库全书》，第672册，台北商务印书馆1983年版，第595页。

② 《砖块农具一体领旗告运，小炉十口准作大炉一口，岁输饷银五十三两，认饷不足额数，概不准承》，《分类清代广东档案录》，《广州大典》第37辑，第41册，广州出版社2015年版，第519页。

③ 《炉场不许制造铁锅》，《分类清代广东档案录》，《广州大典》第37辑，第41册，广州出版社2015年版，第521页。

④ 《炉场除详定犁头农具造运毋许走漏外，所有铁锅器皿等项一概不许在炉制造告运》，《分类清代广东档案录》，《广州大典》第37辑，第41册，广州出版社2015年版，第520页。

221

清代广东铁业立法及其实践研究——以《分类广东清代档案录》为中心

请，仍循往例，嗣后每年岁首，由司查开各属炉座商名，呈请按照通颁列单，下司转发该县，给商填报，仍饬该县随时稽查。自乾隆二十七年为始，如有隐匿私贮、就地售销、走漏税课等弊，严拿详究。……所谓照依往例，给发列单稽查，以裕课税，甚属可行。仰即查开各属炉座商名，印刷列单呈缴，以凭印发转发各属给商，按日填报，仍令各该县留心稽查，如有隐匿、就地私售，即行究报，并即移行文武官，不时查察。倘所运铁斤并无院颁旗票，即属私铁，立拏解究，以杜私源。①

从这个规定中屡屡出现"报税""税课""铁税"来看，官府对运输管理的重心就是税收的问题。乾隆三十二年（1767），广东官府又出台《载铁并无旗票照验及影冒重运走漏税课即拿解究详报》，仍继承乾隆二十七年（1762）的规定：

> 遵查粤东炉商承开大小炉煽出鈇铁，例应纳税，由运司衙门征收，票报宪台奏报拨饷。惟思恐各商违例漏税，向来定有章程，每年向运司衙门刊刷请单，呈送宪台用印，发回转发各州县给商收领，将炉座煽出鈇铁多寡，逐日填注单内，按月缴州县查明，送司汇缴宪台查考。此外，奉宪颁发运照卖票，炉商欲在炉场运铁销旧，先赴运司衙门报明运铁数目，上纳税银，然后将告运铁斤、纳税数目、日期，并回销限期，填写运照，同白旗一面给商，赍赴炉场，照验配铁，运至省城，饬运属经历司，至船盘制，除正耗之外，如盘无多余，即饬补税，换给黄旗卖票，转运佛山销售。
>
> ……今再议，印截虽属为杜弊起见，但设炉煽铁，多在深山，相离州县衙门远近不一，往返守候既需时日，且恐书役藉端滋扰，于商不便，请免印截，仍循其旧。第恐日久法弛，应请再申宪令，通饬各州县移行文武，一体留心稽查，并出示晓谕各炉商客贩遵照，嗣后告运铁斤，务候领到旗票，赴炉照验，配铁税运，必须铁照相随，依限缴销。如有违限十日以下，照依原例追罚，免其查讯外，若违限十日以上者，即饬州县讯明因何迟延，有无藉票重运情事，分别追罚究治。倘有已经在司告运纳税，不候领到旗票，先行配铁起程运，沿途无票照验，即属影射冒税漏税，许关津汛哨、保甲人等查拿解讯，如系炉商自运，即行究革。若是客贩买运，即系通同弊混，将炉商一体究拟治罪。②

官府正是抱着商人"违例漏税"的心态，除了强调务必领旗票外，还规定要在指定的时间内"依限缴销"。

乾隆三十二年（1767）立法规范的是深山开采冶炼的炉商运输销售纳税，差不多在同一时间，官府对"废铁告运"也出台了相关规定。乾隆三十三年（1768），《设馆收买废脚等铁如有告运之年照例纳税外仍照大炉一座例输饷》即是针对此而言：

> 查看得，番禺县民因（周）时遇向自备本，在广南等府属各炉场贩买鈇铁，领旗告运。近因山场产铁无多，告运鲜行，呈请备本在广、南、韶、惠等府所属各处市镇，设馆收买民间用旧破烂铁锅犁废铁及炉场遗下脚铁，积有成数，照例先赴运库报

---

① 《岁首通颁列单由县转给炉商填报运铁并无旗票即属私铁立拏解究》，《分类清代广东档案录》，《广州大典》第37辑，第41册，广州出版社2015年版，第525—526页。

② 《载铁并无旗票照验及影冒重运走漏税课即拏解究详报》，《分类清代广东档案录》，《广州大典》第37辑，第41册，广州出版社2015年版，第528—529页。

税，请领旗票，运往佛山销售，等情，到司。随批发番禺县查明取结具详去后。兹据该县查取供甘各结，加结详覆前来。本司伏查，铁商开炉在佛山煽鍊，定例先赴运库纳税，领旗告运，赴佛镇销售。递年定应造册奏报，完纳充饷，所有民间用旧破烂锅犁及炉场遗下脚铁，虽系脚废置之物，亦堪供佛镇铸锅炉户，配同鍊铁销用。若商人收买废铁告运，乃属鍊废流通，于商民均有利益，且可杜私影射，而无干铁政，事属可行。是以乾隆十六年四月内，南海县民姚昌利承买湖南桂阳州炉场所出脚铁，赴司纳税，领旗运回佛山转卖。又乾隆十七年十二月内，有番禺县黄宏远承买广南等府废铁，照例输税领旗，运佛山销售，均经前司详奉前宪批允，在案。兹周时遇呈请备本，在广、南、韶、惠等府属市镇，设馆收买废铁告运，查与姚昌利等收买废铁事例相同，亦属裕课之道。……但乾隆十六年奉前督宪奏明，饷银尽数报拨充饷，则现在周时遇收买废铁，应输饷银，未便复立充公名色，似应俯如该县所议，如遇废铁告运之年，于例照纳税之外，仍照大炉一座之例，令该商另输饷银五十三两，随同铁税完纳运库，一并汇入各属炉座铁税册内报销，以符奏案。①

可以看得出，乾隆三十三年（1768）关于"废铁告运"之规条，应该是针对大宗贸易而言。而且这一规定早在乾隆十六年（1751）就已经有规定。乾隆三十三年（1768）则规定"如遇废铁告运之年，于例照纳税之外，仍照大炉一座之例，令该商另输饷银五十三两"。

然而，随着社会的发展，这些地方法规被逐渐突破。嘉庆年间，铁商私铸私贩的现象在广东各地又有所抬头。嘉庆十四年（1809），广东出台《铁炉私铸私贩治罪》记载：

> 广东按察使司、广东布政使司、两广盐运使司宪札，嘉庆十四年八月二十六日，奉两广总督部堂百批，前司等会详，查锅项农具，乃民间日用所必需，粤东铁政，向设炉座铸造售卖，原以上裕国课，下利民用。无论大小炉商，均系咨准部覆给照，始准承开，大炉在山场采矿煽鍊，递年炉饷由藩司衙门征收，煽出鍊铁赴运司衙门输税，填给院颁旗票，前往炉场挽运回省，盘掣明白，换给旗票，运往佛山，卖与铺户炒熟铸器销售。而民间买用铁器，惟锅头店居多，凡有锅炉户，俱在佛山聚居，铁商运到铁斤，各炉户向买铸造，在内地四散货卖，所以粤东各属大炉鍊铁，俱运佛山，即广西怀集、贺县等县铁炉，其炉饷虽由西藩司衙门完纳，所出鍊铁亦赴运司衙门输税告运，载往佛山销售。其小炉收买旧烂废铁，止系铸造农具，递年炉饷由运司衙门征收，铸出农具，赴该县输税，由县填给奉颁旗票，运赴内地就近市镇发卖。饷税银两批解运库，汇同省运造册报销，是承饷之大小炉商，止许照例分别铸造铁斤农具，毋许在炉铸锅，无饷之炉铸造贩卖，即属私铁。②

广东官府对"私铸私贩"的处罚一时找不到法律依据，"查例载，商人贩买铁斤，除近苗产铁处所，令呈明地方官外，其内地兴贩，悉听民便。若在沿海地方云云等语。此系专指商贩私运出洋而言，其余私铸私贩作何治罪，律例并无明文。惟《铁志》内载，禁行私贩如盐法。若无旗票照运，即属私铁，比照私盐治罪。自应援引办理。"也就是说，对

① 《设馆收买废脚等铁如有告运之年照例纳税外仍照大炉一座例输饷》，《分类广东清代档案录》，《广州大典》第37辑，第41册，广州出版社2015年版，第526—527页。

② 《铁炉私铸私贩治罪》，《分类广东清代档案录》，《广州大典》第37辑，第41册，广州出版社2015年版，第535页。

販卖私铁采用了《大清律例》中的"私盐律"量刑，"凡贩私盐者，杖一百，徒三年，盐货车船并入官。牙人及窝藏寄顿者，杖九十，徒二年半，挑担驮载者，杖八十、徒二年……盐场灶丁人等私煎货卖者，同私盐法总催知情故纵，及通同货卖者与犯人同罪……文武各衙门巡获私盐，即发有司归勘。若有司官吏通同脱放者，与犯人同罪，受贿者计赃，以枉法从重论。"①

综上所述，未经"领旗告运"的铁，即属"私铁"，广东官府对铸造、贩卖私铁的量刑办法，嘉庆十四年（1809）前，未有统一标准，之后，则以"贩卖（无引）私盐"的量刑标准作为铸造、贩卖私铁的量刑标准。广东官府鼓励举报铸造、贩卖私铁的行为，"惟炉商耳目最近，稽查较易，应谕饬各炉商就近查拿解究，如拿获私炉铁斤锅头农具，禀解到官者，即将所获私铁，照例给赏。"②官府鼓励对炉商私铸私贩铁进行监督予以奖励，也是参考了《大清律例》"私盐律"中的"非应捕人告获者，就近将所获私盐给赏"条。

## 四、立法禁止铁器出境出洋

铁不仅具有重要的生产生活用途，同时也是军事器具所需的原材料。顺治三年（1646），清朝首部法典《大清律例》出台，延续了《大明律》所设"私出外境及违禁下海"条：

> 凡将马牛、军需、铁货、铜钱、缎匹、绸绢、丝绵，私出外境货卖及下海者，杖一百……若将人口、军器出境及下海者，绞……该官司及守把之人通同夹带，或知而放纵者，与犯人同罪。③

可见，清朝建立伊始，铁器尤其是"军需铁货"均被禁止出境及下海，若有违反者，则杖一百，一旦涉及军器出境及下海贸易，则会被处以绞刑，足见铁在军事中的重要性。

广东属于沿海省份，而且是明清鼎革的最后决战地。但限于史料，尚不清楚清初广东有无执行这一规定。有案可查的资料是雍正年间，广东出境贩卖铁器现象的频繁，可见《大清律例》的规定在广东落实并不理想，雍正九年（1732）广东布政使杨永斌奏称：

> 铁器一项，所关綦重，不许出境货卖，律有明禁，乃粤东地方出产铁锅，凡洋船货买向未禁止。臣到任后，检察案册，见雍正七、八、九年造报夷船出口册内，每船所买铁锅，少者自一百连至二三百连不等，多者买至五百连，并有至千连者。按：铁锅一连大者二个，小者四、五、六个，每连约重二十斤不等，百连约重二千余斤，如一船带至五百连约重万斤，带至千连约重二万斤，计算每年出洋之铁，为数甚多，诚有关系。④

---

① （清）徐本、三泰纂，刘统勋续纂：《大清律例》卷13《户律》，影印文渊阁《四库全书》，第672册，台北商务印书馆1983年版，第595页。

② 《铁炉私铸私贩治罪》，《分类广东清代档案录》，《广州大典》第37辑，第41册，广州出版社2015年版，第537页。

③ 《大清律集解附例》卷15《私出外境及违禁下海》，杨一凡、田涛主编：《中国珍稀法律典籍续编》第5册，黑龙江人民出版社2002年版，第279页。

④ 《大清会典则例》卷24《吏部》，影印文渊阁《四库全书》，第620册，台北商务印书馆1983年版，第465页。

广东布政使杨永斌奏折中的"向未禁止",肯定是有一个相当长的时间段,至少可以上推到康熙年间,甚至更久,他为此请求朝廷出台政策:

> 请嗣后此项铁锅,应照废铁之例,一例严禁,毋论汉、夷船,概不许货卖出洋,违者该商船户人等即照捆载废铁出洋之例治罪,官役通同徇纵,亦照徇纵废铁例议处。凡遇洋船出口,仍交与海关监督一例稽察。⋯⋯至于商船每日煮食之锅,仍照旧置用,官役不得藉端勒索滋扰。⋯⋯尺铁不许出洋,例有明禁,而广东夷船每年收买铁锅甚多,则与出洋之功令不符矣。①

从杨永斌的奏折中可知,中外商船即所谓的"汉、夷船",均从事过铁锅出洋贸易。他建议对贩卖铁锅出洋者,要参照"废铁之例"议处。

广东的出境和出洋还牵涉到一个问题就是海岛。广东岛屿林立,尤以海南岛最大。但是海南岛和陆地毕竟隔着海洋,一旦货船到了海上,如何才能保证不私下贩卖,确实是官府一直在考虑的问题。乾隆元年(1736),广东官府出台《商人由广贩运铁锅农具等项赴琼售卖者照旧结报给票运卖》:

> 琼郡虽属远海,仍属内地,民间铁锅、农具、器皿等项,原须客商运往售卖,是以先于雍正九年奉准部咨,一件请严私贩废铁等事案内,奉前宪准关部咨行,仰司将商船贩运铁锅、农具各项,往琼贩卖,作何稽查,速议通详,等因。经前司行据查明议定,各商开明纠数同行家结,地方官给以印照,赴关上饷,再给关部印票,运琼发卖,沿途关汛验明票货放行,不许捎阻。倘无印票,或夹带废铁不成器之物,查出照例治罪。其票照到琼之日,地方官仍按季造报,关部查核,等由。详奉批回,移行转饬遵照,在案。兹虽奉准文行,有在内地兴贩,毋庸给票之语。查琼郡虽属内地,而运往实须出口过洋,若亦以为内地兴贩,不行给票,窃恐奸商人等巧藉兴贩往琼名色,竟行潜贩出洋,无从缉禁,诚有未便。其与近海沿边,仍行禁缉之例未符,应如该府所请,凡客商由广运铁锅、农具等项,赴琼售卖者,仍照雍正九年定议之例,转饬移行,出示晓谕,照旧结报,给票运卖,以杜奸贩越境运洋之弊,仍再严饬沿途关汛,止许验票放行,不许留难捎阻,以滋扰累,可也。②

据此可知,商人在贩运铁器渡海往琼州时,会出现"潜贩出洋""越境运洋"之现象。其中要求客商贩运铁锅、农具等赴海南岛售卖,"仍照雍正九年定议之例",即给票运卖。乾隆三年(1738)广东又出台规章对海滨铁器交易进行规范:

> 各属应禁贩运铁斤一案,内开:广南等九府及罗、连、嘉三州共五十州县,均属内地,毋庸禁止。其广州府属之南海等县,惠州府之归善等三县,雷州府之海康、徐闻二县,高州府属之茂名等四县,廉州府属之合、钦二县,共二十七州县,虽近海边滨,究属内地,农具等物,仍听民间于村庄市集自相交易,仍令营汛关隘,严行

① 《大清会典则例》卷24《吏部》,影印文渊阁《四库全书》,第620册,台北商务印书馆1983年版,第465—466页。

② 《商人由广贩运铁锅农具等项赴琼售卖者照旧结报给票运卖》,《分类清代广东档案录》,《广州大典》第37辑,第41册,广州出版社2015年版,第516页。

稽查。①

由此可见，铁斤在内地交易不受限制，沿海地区也"究属内地"，但因易于出洋，所以"令营汛关隘严行稽查"，以防止出洋下海。乾隆四年（1739），又将前往琼州贩卖铁器的政策推行到广东东部的南澳岛。

> 会看得，番禺县申报，茭塘司巡检在于属内狮子洋面，捉获违禁走私铁锅一案云云。本司道等伏查，前经前宪会题内开，广州府之南海、番禺、东莞、顺德，虽近边海，究属内地。农具等物，向来俱听民间村庄市集自相交易，各有营汛关隘稽查，无从远贩外洋。然亦有内地之物贩至琼州、南澳地方售卖，以资彼地之用，应宜通融，不在禁止之例，令各商同铺户行家将物料报明，地方官取结，给与印信路（票），赴关上税，听候发给路票，方许运往。沿途塘汛海口官弁验票放行，如无照票，照例治罪，等因。奉有部覆通行钦遵，在案。②

从"奉有部覆通行钦遵"来看，这个是经过朝廷允准的。与此可见，王朝对铁器出洋的高度重视。所以广东官府严格执行这一规定，商人稍有逾越，就会受到惩处。《粤东省例》即有一则法规，描述了乾隆十九年（1755）新会县余家宪通过海洋贩运铁斤案：

> 今余家宪所贩铁斤等项，虽该县确讯，实系运往新宁海宴地方上铺货卖，并非潜出边境外洋等弊。但自新会县而至新宁，道经虎门海口，海口之外即属大洋，辄行寄运，殊属不合。应如该县府所拟，余家宪枷号一个月，满日折责四十杖。船户叶永靖不行揽载，亦属不合，应如所拟减一等，枷号廿五日，满日折责卅五杖，以杜希图走漏之弊。……念属愚民无知，分别给还收领，免其入官。至铁货器皿，为民间日用必需，内地贩运，例所不禁，所禁潜入外洋耳。而往往贩在内地，营汛亦以附海捉拿，一经拿解，又未轻放，即如本案铁斤，如果运回新宁地方货卖，应予宽免。若系偷潜出境，即应照例充军。今县府所拟，以枷杖发落，请将铁斤给还者，因其属在疑似之间，权宜办理。惟查前因，营弁误拿羁累……若在内地贩卖，并无偷漏出口实据，即无照者，亦不得混拿滋累。应请通饬各营，嗣后一概载运铁斤器具，如船只已逾边口地界，果有潜越情弊，不论有照无照，一体严拿，按律问以军罪及徒。③

新会县民余家宪雇船贩卖生铁到新宁县海宴岛贩卖，在经过虎门海口时，涉及到海口之外即是大洋，违反了铁货下海的规定，最后被新会县以"希图走漏"的嫌疑而受到处罚。但案情上报后，广东省官府认为新宁县海宴属内地而不是海外，故以"念属愚民无知，分别给还收领，免其入官。"这里涉及到外洋的具体界定问题，也涉及到官兵捕拿时的判断问题，固有"其属在疑似之间"的说法。如果撇开官兵勒索敲诈因素外，其实还是对朝廷政策的严格执行而已。

乾隆十九年（1754），广东官府颁布《在佛山贩卖铁锅五十连以上赴同知衙门给照》，

---

① 《炉座煽出铁斤，呈报领旗上税（内地贩卖均免查究），方许售卖，炉户买客私运，均照律治罪（内地贩卖均免查究）》，《分类清代广东档案录》，《广州大典》第37辑，第41册，广州出版社2015年版，第519页。

② 《在内地载运铁锅农具等项或载往琼南货卖已赴关上税者概免拿究》，《分类清代广东档案录》，《广州大典》第37辑，第41册，广州出版社2015年版，第516页。

③ 《载运铁斤器具已踰海口不论有照无照一体严拿按拟》，《粤东省例》，清道光抄本，复旦大学图书馆藏。

还是规范内海外洋的贩运铁锅的事宜：

> 乾隆十九年五月，盐运司会同布政司呈详，为呈商事。查看得，商贩铁锅给照运
> 卖一案。……随据该同知以佛镇乃铸卖铁锅总汇之地，是否各贩均应给照，抑专给琼
> 商贩印照，其余仍归地方官给照，等因。具详请示，前来。又经批饬广州府查议去
> 后。兹据该府覆称，无论内海外洋，均应仰邀一视同仁，获免往返守候，原未专指琼
> 商一处而言，应请嗣后如有商贩在佛山贩卖铁锅，数过五十连以上者，均各赴该同知
> 衙门稽查给照运卖，以免往返守候，俾臻画一办理等因，（缘）由前来。本司等伏查
> 铁锅出洋，久干严例。兹该府所议毋论内海外洋，均归该同知给照运卖等语，不无渐
> 开透漏外夷之弊，似属未协。查琼州一郡虽远居海外，究属粤省内地，非可目作外
> 洋，应请嗣后除贩运出洋，仍遵例禁外，其余商贩，无论运往琼南及内河市镇地方，
> 如在佛镇贩买铁锅数过五十连以上者，均令赴该同知衙门一体给照，仍饬该同知严查
> 署役人等，毋许掯勒阻挠，并移行前途文武，一体遵照稽查。[①]

可见，从雍正九年（1731）规定至琼州售卖铁锅等需"请给印照"，到乾隆四年（1739）
又将适用范围扩大到南澳，现在又想扩大到"内海外洋"。最后没有得到上级的同意，即
"似属未协"，不过对贩运内海的铁锅数量由之前不加限制的请给印照，到乾隆十八年
（1753）规定超过50连，只需向佛山同知申请"印照"，不需要再去南海县请照。乾隆十九
年（1754）七月，《商贩在别地方买运铁锅应就近各该地方官给照》也再次申明这一规定：

> 为查铁锅原奉文行，除贩运出洋，仍遵照例禁外，其余客贩无论运往琼南、内河
> 市镇地方，如在佛镇贩卖铁锅数过五十连以上者，俱赴卑职衙门给予印照，移行前途
> 文武稽查验放，等因。业经移行前途一体遵照去后。兹准韶州府关移前因，卑职伏
> 查，铁锅系自佛山贩卖数过五十连以上者，系赴卑职衙门给予印照告铸运外。至若从
> 各州县炉座买运者，卑职驻扎佛山，无凭查考，应否令其就近赴地方官，请给印照，
> 赴关验报，以臻画一，庶无冒认影射之弊。是否有当，理合详请宪台核夺批示，通饬
> 遵（照）缘由。[②]

佛山同知的建议，获得了宪台的批准。这一规条还被《粤东省例》以《贩锅请照》收入：
"运司范批佛山厅详请，嗣后商贩在佛山贩卖铁锅，数过五十连以上，俱赴卑职衙门，给
予印照告运，并移知前途文武，一体稽查外，至（荒答）[若]从各府州县炉座买运者，
卑职驻扎佛山，无凭查考。应令地方官衙门，请给印照，赴关报验。等因。奉批，查各商
在外地买运铁锅，自应就各地方官衙门，请给印照，赴关报验。"[③]

到了乾隆二十七年（1762），广东直接出台《内地贩铁锅五十连以下例不请照》的规
定，再次重申贩运50连以下者不需请照：

> 乾隆二十七年，广督苏批，臬、运二司会详，廖亚二贩运铁锅被获一案。缘廖亚

---

① 《在佛山贩卖铁锅五十连以上赴同知衙门给照》，《分类广东清代档案录》，《广州大典》第37辑，第41册，广
州出版社2015年版，第523—524页。

② 《商贩在别地方买运铁锅应就近各该地方官给照》，《分类广东清代档案录》，《广州大典》第37辑，第41册，
广州出版社2015年版，第524页。

③ 《贩锅请照》，《粤东省例》，清道光抄本，复旦大学图书馆藏。

二籍隶南海，与弟亚标向在香山澳门开张杂货店。乾隆二十六年五月初五日，在佛山买有铁锅四十连，共计二百口。次日，附搭沙头渡夫吴仲恢载至香山，初六日，转交澳门渡，夹带往货卖，船至下闸汛地方，被兵盘获解县，讯议通详，奉批核议。本司等覆查，兹贩运铁锅，先经前司议定章程，嗣后内地载运［五十连］以下，免其给照查挈。今廖亚二所运铁锅，既经县讯，实止四十连，且在佛山运至澳门，系属内地，并非出洋，应如县议，请将原获铁锅给还廖亚二收领，免其置议，并请饬令守口营弁，嗣后遵照章程，贩运铁锅出口，详即拿解。①

澳门是乾隆二十二年（1757）实行广州一口通商的最重要口岸，是外国商人的汇聚地。按理说，铁锅进入澳门贸易就有可能被贩运出洋，但该规定明确说澳门属内地，铁锅少于50连就可自由进入澳门贸易。言外之意就是只要超过50连，就要凭照贩运，即使内地也是如此。

由于利益的诱惑，又由于官府设置的50连界线，这就为商人贩运铁锅、铁钉等铁器制品留下了可钻的漏洞，各种逃避检查的出洋走私行为时有发生。嘉庆五年（1780）颁布的《查禁铁器硝磺米谷章程》规定：

佛山铸造食锅、农具，运赴各处销售，定以五十连为额，在佛山同知衙门请照。乃有奸商，或以五十连分为两船，或不足五十连之数，故为规避，或铸成锅头厚至数寸，就用其锅心图其铁，更有收买粗烂锅头，单内填写米字，用粗字之傍，此即其暗号。又有洋钉一项，名色不一，长一寸以至五寸不等……以上铁锅、铁钉，一经买就，即雇小船，或搭渡船，由东莞、香山、新宁、新安等县近洋地方，搬过大船，扬帆而去。此佛镇私铸透漏之情形也。又请嗣后贩运铁锅，总以凑足五十连之数，始准给照。如不足五十连，并无印照，影射出口，即将奸民及出单铁铺，照依夹带私铁例治罪，并查封铺屋，食锅入官。其锅头务照日用式样铸造，不得过厚，粗烂锅头废铁，概不许运往别处。违者，一并究治。至洋钉，尤为洋匪修葺盗船所必需，稽查更宜严密。请饬各乡不得打造，先令袷者地保出具保结，由佛山同知通送各修造军工战舰及盐船运船，着匠赴厂打造。买卖船只，须报明佛山同知需若干，开明斤口数目，给单照造。②

嘉庆四年（1779）《覆奏禁革軐标铁锅铁器出洋情形》规定，对涉及出洋的雷州、琼州等地，要将每年所需往佛山购买铁锅、铁钉等数量先上报，再报给佛山同知备案，最后"照依额数给照运往"。

臣查粤东炉户，多在佛山镇铸造食锅、农具等项，运赴各处售卖，其由海运赴雷、琼二郡者，均在佛山同知衙门给照出口，食锅等项数至五十连以上，即行给照，以便海口稽查。其间侔利奸商，因铁器出洋获利数倍，例不许多带，或托名修船多带铁钉，或潜将铁锅铸厚，或将船桅多用铁箍，朦混出口，亦难保其必无。臣现在饬行雷、琼二郡，将所用铁锅、农具，每年需用成数查明具报，并饬佛山同知详查，照依

---

① 《内地贩铁锅五十连以下例不请照》，《分类广东清代档案录》，《广州大典》第37辑，第41册，广州出版社2015年版，第526页。

② 《查禁铁器硝磺米谷章程》，《分类广东清代档案录》，《广州大典》第37辑，第41册，广州出版社2015年版，第284页。

额数给照运往，仍将铁锅、农具细数注明，并严禁厚锅，一概不许夹带，违者治罪。客商船桅有用铁箍者，各令海口登记，回时查验。①

嘉庆十九年（1814），广东省颁布《详定商民贩运废铁数至五百斤以上即赴地方官请领印照运至卖地禀缴无照废铁数至五百斤以上即以私铁论》，将之间的三百斤以上改为五百斤以上。其中说，嘉庆十七年（1812）"藩、运二司会议，以三百斤为限，客贩废铁至三百斤以上，务令呈明地方官给照运销，其废铁斤数不及三百斤者，毋庸置议。"但在执行中"商民亦多领缴之烦"，故经两广总督批复改为："买运废铁五百斤以上者，应先赴地方官请领印照，注明斤两及贩往何处，运至卖地，即将所领运照禀缴该管地方官查对，汇缴该司衙门查核，如贩运无照废铁数至五百斤以上者，即作私铁论"②。

# 结语

清代广东铁业立法主要包括铁矿开采与冶炼、生铁与铁器品的运输、铁业的出洋贸易等，其实就是铁矿开采、铁器生产、铁器贩卖等环节。《分类广东清代档案录》以及《粤东省例》等至今尚未引起足够关注的孤本文献，均较详细地收录了清代广东官府在不同时间因时制宜所做的各种有关铁业的规定，是本文研究的最重要文献。

清代广东的铁矿开采与冶炼是以炉为单位进行运作，大炉均在深山密林中设立，每一大炉的各种工人在近千人左右，通过分工将开采出来的铁矿石冶炼成生铁，这是政府立法管控的重点。广东的小炉，又称土炉，主要通过购买大炉冶炼的生铁及废旧铁来铸造铁器品。本文研究显示，清初至康熙中叶，广东作为明清鼎革的最后主战场，双方拉锯争取控制权，所以这一时期由清廷任命的广东官员，主要通过《告示》等形式，禁止山区的大炉开采铁矿，以防止人群聚集而带来社会动荡。康熙中叶以后，清廷基本上完全控制了全国局势，恢复经济也成为王朝关注的重心，此时开海、开矿业得到了朝廷的许可，这之后，广东官府对铁业的立法重点由之前关注社会稳定转向征收饷税。

清代康熙之后，广东出台的关于铁饷税的征收，分为大炉和小炉的不同饷税额。这些税额并非一成不变，而是随着社会经济的发展不时进行调整。所有开办大炉和小炉的商人都必须要向官府申请，而且须有各种甘结作保，并将矿丁的情况登记上报。官府在批复之前，往往还要会同地方驻军勘查矿山所在地，最后才决定是否批准。

无论是大炉还是小炉，其最终的产品都要经过流通才能产生利润，对官府而言则是税收的重要来源之一。因此，朝廷和广东官府对运输领域管控也十分重视。在广东铁业立法中规定的"领旗告运"，即是对生铁及铁器的贩卖征收饷税的具体操作程序。与运输相关联的就是严禁生铁及铁器下海及出洋贸易，清前期广东对外贸易发达，铁及铁器是商人贸易的重要商品，铁器既关系民生，也关乎军事武器，而广东海岛众多，因此在内海外洋的法律实践中容易出现错位现象，故乾隆至嘉庆年间广东不时调整内海外洋立法，在内地民用与出洋助匪的铁货贸易的矛盾中进行平衡。

① 《覆奏禁革乱标铁锅铁器出洋情形》，《分类广东清代档案录》，《广州大典》第37辑，第41册，广州出版社2015年版，第323页。

② 《贩运废铁五百斤以上不领照票者以私铁论》，《粤东省例》，清道光抄本，复旦大学图书馆藏。

# 晚清名臣潘世恩之行迹与品格

陈文源　　李敏

潘世恩（1769—1854），字槐堂，号芝轩，谥号"文恭"。历仕乾、嘉、道、咸四朝，曾任职于翰林院、詹事府、礼部、户部、兵部、吏部、刑部、都察院、内阁、军机处等，服官五十余年，荣寿兼考，赏赉无算。后人对潘世恩之官运福祉多有记载，如《郎潜纪闻》："本朝耆臣，生加太傅者五人，重宴琼林者八人，状元作宰相者八人，惟潘文恭公兼之。又大拜不阶协办，枢廷不始学习，皆异数也。富贵寿考，子孙继武，公之福祉，三百年一人而已。"①纵观清朝二百余年历史，潘世恩所遇荣禄确属罕有，冯桂芬为潘世恩作墓志铭称："初赐紫禁城骑马，继命乘轿，赐第海淀，内廷给扶，赏穿黄马褂，用紫缰；再赐寿，重与鹿鸣、恩荣两宴。先后延赏子若孙有差，赐御笔'熙载延祺''三朝耆硕''琼林人瑞'三额，楹联二，岁时颁上方珍异，不可胜纪。"又称其"以第一人为第一官"②。然而清朝中后期如此重要的历史人物，学界对其行迹事功却少有讨论，实属罕见。究之缘由，或为史料匮缺所致。据其子称："公自入枢禁，小心谨慎，退直后焚香默坐，时手一编以自娱，从无一语及内廷事，故密勿论，思不孝等无由知而载之。"③职此之故，徐世昌感叹说："文恭相宣宗秉二十年，世不甚传其相业。"④潘世恩作为一个时代的精英，四朝元老，实不应被遗忘，在此不揣剪陋，拾掇散见各典籍之记载，尝试勾勒其一生之行迹，略述其事功，兼及时人评骘，以观其大概。

## 一

潘世恩出身江南望族，其父潘奕基虽屡困科场，但其学识渊博，经史兼长。弃科名后"业儒家居"，望子成龙，因此潘世恩幼承庭训，四岁便同兄世荣从学于谭兰皋门下，习读"四书"，八岁起兼课经书。九岁时改从学于舅氏黄国华，其后又从学于莫潍、陆廷襄、蒋华诸师，十五岁肄业平江书院。乾隆四十九年（1784），十六岁的潘世恩应吴县试，名列第九。复试时考官杨懋珩以"范文正公天下为任"嘱对，潘世恩答曰："韩昌黎百世之

① （清）陈康祺：《郎潜纪闻》卷一，《续修四库全书》第1182册，上海古籍出版社2002年版，第172页。

② （清）冯桂芬：《显志堂稿》卷七《光禄大夫太傅武英殿大学士文恭潘公墓志铭》，《清代诗文集汇编》第632册，上海古籍出版社2010年版，第604、606页。

③ （清）潘世恩：《思补老人自订年谱》，《北京图书馆藏珍本年谱丛刊》第133册，北京图书馆出版社1999年版，第307页。

④ （清）徐世昌：《晚晴簃诗汇》卷一〇九，中国书店1988年版，第140页。

师。"①此次县试中，潘世恩凭借才思敏捷深受诸考官的赏识，被视为状元宰相之才。之后潘世恩考取苏州府学第十九名，正式入泮。同年肄业紫阳书院。乾隆五十一年（1786）补苏州府廪生。五十七年（1792）赴金陵乡试，中第五十三名举人。五十八年（1793），潘世恩入都会试，得第八十六名贡士，复试列二等第五名，殿试列一甲第一名，为癸丑科状元，赐进士及第，授翰林院修撰。乾隆六十年（1795），充武英殿纂修、国史馆协修。嘉庆三年（1798），大考列一等第二，升翰林院侍读，后升詹事府左春坊左庶子。四年（1799），升侍讲学士，旋转侍读学士，又升詹事府少詹事、詹事府詹事、内阁学士，是年潘世恩由五品骤登二品，官运亨通自此始之。六年（1801），升任礼部右侍郎，此后官历兵部右侍郎、兵部左侍郎、户部左侍郎、吏部右侍郎、吏部左侍郎。十七年（1812），授工部尚书，次年调户部尚书。十九年（1814），丁母忧。越二年，以父亲年迈陈情乞养，嘉庆皇帝认为潘世恩子登乡举，又系一品大员，理应进京具折谢恩，陈请之举实属草率，遂令将其"降为侍郎、准其终养"②。

嘉庆二十一年（1816）至道光七年（1827），潘世恩随父居苏城钮家巷临顿里。十余年间，他除了陪侍父亲之外，还谨遵父训，"补读有用书"③，辑录《正学编》八卷、《读史镜古编》三十二卷。道光四年（1824），丁父忧。越三年，服阕进京复职。

道光七年（1827）五月，潘世恩抵京递折，蒙获召见，奉旨署工部左侍郎。寻补吏部左侍郎，十月迁都察院左都御史。十年（1830），授工部尚书，次年调吏部尚书。十三年（1833），拜为体仁阁大学士，兼管户部事务，后转兼理兵部。十四年（1834），入军机处。十五年（1835），调管工部，授东阁大学士，复管户部。十六年（1836），任上书房总师傅。十七年（1837），加太子太保。十八年（1838），授武英殿大学士。二十八年（1848），晋太傅。二十九年（1849），奏请开缺，宣宗慰留给假，仅解枢务。三十年（1850），准请开缺，以大学士致仕，赏食全俸。咸丰四年（1854）卒，谥文恭，入贤良祠。

## 二

潘世恩仕清五十载，从翰林编撰升至军机大臣，襄赞机务，可谓位极人臣。然而揆之史籍，其所涉之时代大事、彰显其才干者寥寥，兹对《清实录》《上谕档》及其个人文集、自订年谱等文献史料进行整理爬梳，撷取其为官期间的点滴事迹，以窥其事功与为官之道。简而言之，大致归纳为以下三个方面。

第一，整顿科场，力拔真才。潘世恩入仕之初，数掌文衡，曾任云南、浙江、江西三省之学政。嘉庆四年（1799），潘世恩初次奉差巡视云南学政，其父潘奕基致函勖勉："汝蒙圣主隆遇，当尽心校阅、遴拔真才。"④嘉庆九年（1804）七月，潘世恩巡视浙江学政，

① （清）潘世恩：《思补老人自订年谱》，《北京图书馆藏珍本年谱丛刊》第133册，北京图书馆出版社1999年版，第112页。

② 《清仁宗实录》卷三二三，嘉庆二十一年十月己亥，中华书局1986年版，第270页。

③ （清）潘世恩：《思补老人自订年谱》，《北京图书馆藏珍本年谱丛刊》第133册，北京图书馆出版社1999年版，第186页。

④ （清）潘世恩：《思补老人自订年谱》，《北京图书馆藏珍本年谱丛刊》第133册，北京图书馆出版社1999年版，第133页。

其父以亲身之经历，叙述举子"铁砚磨穿、皓首不得一第"的残酷现实，要求其批阅、举荐尤需谨慎与公平，做到无愧于心①。嘉庆皇帝对其也是谆谆劝勉，"少年得晋崇阶，又系鼎甲，宜爱惜声名，切勿恣志，前程远大，莫贪小利，秉此寸忱，以匡朝政，勉之慎之。"②这对其在巡视各地学政时所秉持的原则产生了深远之影响。

嘉庆四年（1799），潘世恩初次奉差巡视云南学政，对科场红案银的处理，即体现其对科场弊端的痛恨。红案银，为新进童生所交纳的银两，因学政取定新生所发榜示称"红案"而得名，此项银两被用作书役饭食及朱价、卷价、棚厂等费支出。但事实上，"此等棚规、红案银两，原系相沿陋规。"③当时贵州官员陈奏科考过程中所缴红案银数目与日俱增，且存在书役借端需索之情弊。朝廷有旨，令各省学政"不得藉有应得分例，任意加增"④。潘世恩到达云南后，发现云南科考之红案银陋习犹在，是年十月，潘世恩遂出示禁榜："念书吏等枵腹办公，因即新生覆卷向由提调者，改归各学，初覆、再覆卷费各五钱，书吏等作为工食，此外不得丝毫有所取，咨明督抚存案，严饬提调稽查。"⑤希望借此铲除积弊已久的陋习。故禁令一出，士人百姓无不心悦诚服、拍手称快。

嘉庆十六年（1811），潘世恩巡视江西学政，发现"有匿丧冒考、捏称考后丁忧者"，为此他特别订立审核监督机制，据其自订年谱记载："江西童试取进，后有院试卷与县府原卷笔迹不符者，有覆试卷与正场卷不符者，每棚覆试，端坐堂皇，另编堂号，起讲稿完即令誊真呈阅。与原卷符者，仍令归正场坐号；文理不符者，完卷时当堂讯明，或钞袭窗稿，扣除免究；其笔迹不符者，取具供词，发提调严办。科试南昌查出笔迹不符一名，丰城二名，本童扣除发审，廪保斥革。又，进贤文理不符一名，扣除另补。自此次严办后，各棚间有文理不符，无笔迹不对者。是年，届选拔之期，合岁、科原覆卷并诗、古卷比较拔取。又恐复试场规较宽难免情代，试日，在堂上监视起讲，誊真面交……而所拔庶可得真才矣。"⑥这些措施为肃清流弊，还原科场清净、公平的秩序起了积极的作用。

相比之下，武举较文举，考官与举子更易于勾联舞弊。道光十三年（1833），潘世恩以大学士管理兵部事务，发现当年十月武会试正考官白镕、副考官胡达源因未认真履行职责，"置双好而中单好，至有六名之多"，而后派员复试，果然发现"中式单好武举六名，技艺俱极平常"⑦。为了拔除武举流弊，选取真才，潘世恩提议对武会试进行磨勘复试制度，并对磨勘流程及取士标准都作了进一步规范："应请于榜发次日，令提调司员检齐各围监射、较射、监试箭册、内场取中试卷，一并交派出之大臣，公同将马步箭、技勇六项双好、单好字号比较核计。双好中式，毋庸置议。如双好不敷中额，或该省本无双好，武举准于单好内取中。但单好内弓、刀、石三项亦须比较强弱，不得仅凭中箭多少以为去

---

①（清）潘世恩：《有真意斋文集》，《清代诗文集汇编》第495册，上海古籍出版社2010年版，第720页。

②（清）潘世恩：《思补老人自订年谱》，《北京图书馆藏珍本年谱丛刊》第133册，北京图书馆出版社1999年版，第135页。

③《清仁宗实录》卷三九，嘉庆四年二月甲寅，中华书局1986年版，第464页。

④《清仁宗实录》卷四〇，嘉庆四年三月癸亥，中华书局1986年版，第473页。

⑤（清）潘世恩：《思补老人自订年谱》，《北京图书馆藏珍本年谱丛刊》第133册，北京图书馆出版社1999年版，第136页。

⑥（清）潘世恩：《思补老人自订年谱》，《北京图书馆藏珍本年谱丛刊》第133册，北京图书馆出版社1999年版，第168—170页。

⑦《清宣宗实录》卷二四四，道光十三年十月乙丑，中华书局1986年版，第676页。

取。"同时，潘世恩就外场较阅章程也给出了完善意见："八力弓系属三号，虽定例内有一二项头二项为合式之语，而弓力究嫌过软，殊乖挽强命中之义，此后乡会试武生武举仅开八力弓，而刀、石并无头号者，应遵旨不准挑入好字号，俟奉旨后臣部纂入例册通行直省遵办所有。"①潘世恩认为在武试外场中，不应该以中箭多少为选取标准，八力弓和刀、石理应并重，重点考察武生的综合技能，避免过分倚重某项作为标准导致选拔失衡。此次改革有利于整肃考官的取士纪律，提高了武举考试的公平性与公正性。

潘世恩居官选人任贤，素重"真才"，有时甚至不避恶党，勇于护才荐才。道光年间，潘世恩就曾为后生何浚向琦善求情。何浚为道光九年（1829）进士，其人刚正不阿，为官为民，治政卓著有声。在担任直隶栾城县知县期间，"钦使琦善过境，其仆从婪索供张，出言不逊，浚怒杖之。琦善将加重谴，时潘世恩最重浚，力为缓颊，乃免。"②又，道光三十年（1850），咸丰帝即位后下旨令朝内外大臣荐奏人才，潘世恩以八秩之躯，不顾年迈体衰，且素知穆彰阿、耆英等人对林则徐、姚莹存在较深的偏见，依然"疏荐前总督林则徐、按察使姚莹、员外郎邵懿辰、中允冯桂芬。"③虽然最终穆彰阿还是以"林则徐柔弱病躯，不堪录用"④为由，反对咸丰帝起用林则徐，但从此事可以看出，潘世恩与穆彰阿同处军机处，在平常政务中"心以为非，不能显与立异"⑤，而在事涉国运兴衰的大是大非的问题上，潘世恩还是会以一种特殊的方式表达其不同的主张。

第二，整肃流俗，严正官箴。经历康乾盛世之后，清王朝积弊日显，制度废弛，吏治败坏，社会呈现衰颓之势。潘世恩凭一己之力，自难以力挽狂澜，然其心感朝廷宠荣，遇事力持公允，正本清源，在一个浊腐的社会中也不失为一股清流。道光十三年（1833），清政府就查办了一起荆州动用马干银充公案件。此案源于嘉庆五年（1800），荆州将军弘丰未经兵部裁准，擅自裁减军马以节省马干银两，用作贴补添设兵丁之经费。此后各官沿袭，且不报部备案。潘世恩经查实，历任荆州将军、副都统、协领虽无克扣侵冒情弊，但"亏短营马，挪用钱粮"之罪难逃。认为荆州之事始自弘丰，按例理应将其革职。至于接任各员"均系照弘丰等所定旧章办理，惟不知事理轻重，因循相沿，未曾查明申奏，较之弘丰等情节似觉稍轻。且事阅多年经手，屡易其人"⑥，故建议给予从轻处分。

道光二十五年（1845）七月，潘世恩又查处一起书吏舞弊、私存解银的案件。在道光十八年（1838）莫尔赓阿与阿龄阿互控地亩一案中，阿龄阿为地亩被盗卖的受害人，莫尔赓阿因为诬告及与人合污被派充军。不过，阿龄阿仍需补交一半的漏税银，总计五百余两。随后阿龄阿陆续交纳还欠银，道光二十四年（1844），他又交纳银一百二十五两一钱九分七厘，其所交银两应由蠡县解交到户部，然而数月过去，户部仍未收到解银。潘世恩认为蠡县"去京不远，何以经月累旬前项银两尚未解到，其中显有情弊"。经查发现，蠡

① 《奏为遵旨妥议武会试磨勘章程情形》，台北"故宫博物院"藏《军机处档折件》，道光十三年十月八日，编号065730。

② 张培爵等修，周宗麟等纂：《（民国）大理县志稿》卷二一《人物部》，《中国地方志集成·云南府志辑》第74册，凤凰出版社2009年版，第298页。

③ 《清史稿》卷一〇九《选举志》，中华书局1977年版，第3188页。

④ 《清文宗实录》卷二〇，道光三十年十月丙戌，中华书局1986年版，第294页。

⑤ 《清史稿》卷三六三《潘世恩传》，中华书局1977年版，第11419页。

⑥ 《奏为议奏那当阿等马短少马干银两一案情形》，台北"故宫博物院"藏《军机处档折件》，道光十三年六月十日，编号063953。

县已经专差县役朱青莲解送到部，但回批上并无户部钤印。按规定程序来，朱青莲应当堂呈交，无须托人转手经办。后经传讯，朱青莲表示当时与阿龄阿一同将银交于鲁姓书吏，即户部俸饷处镶蓝旗贴写鲁祖培，让其代交，至于回批无印一事，朱青莲表示并不知情。通过后续审问，潘世恩查出书吏间存在私相授受、串通舞弊的行为。原来，鲁祖培并未将解银及公文上交，而是继而转送至镶蓝旗经承孙锦处，孙锦又以无加平银为由私自收存解银，并且事后也没有将此事汇报。在审讯时孙锦仍捏饰实情，用暂存银两作以搪塞调查。潘世恩在审理此案过程中，认为书吏舞弊干政，主司也有失察之过①。要求刑部严肃处理相关官吏。

在清朝档案、实录文献中，记载潘世恩处理官僚营私舞弊的案件很多，潘世恩处理此等案件时，大多依法行事，做到有理有节，令犯事者心服口服。他始终站在统治者的立场处理问题，惩罚只是手段，回归制度与规章乃是目的，缺乏摆脱传统窠臼的革新求变之勇气。

第三，严督赋税，以实库储。嘉道以后，清朝面临内忧外患，各级财政支绌日甚，地方官员或挪移、或拖欠，或贪蚀，积弊丛生，致使国库日渐空虚。道光年间，潘世恩入阁以后，督理户部事务十余年，严肃财税原则，催解积欠。道光二十三年（1843）因张诚保捐银舞弊，"库吏分银不均，内自攻讦"，而揭开多年户部库银亏空案②。道光皇帝得知此事，下旨"此案著交军机大臣会同刑部严刑审讯"③。同年三月十八日，潘世恩等汇总案情缘由上奏。道光帝认为"此等积惯舞弊之人，恐盗用已不止此一次"，因而"钦派大臣将库项全数盘查"④。经审查，发现库丁盗窃、管库大臣与查库御史收受规银，致使户部库银亏空"九百余万两之多"。道光帝极为震怒，痛斥其"行同背国盗贼"⑤，为此严惩历任银库司员、管库王大臣、查库御史、查库王大臣等共321人。当时潘世恩乃军机大臣，协理追缴事宜，而琦琛在户部亏空案中被查出曾收受贿赠，遭罚赔银7200两，但琦琛在限期内只交了300两，还差6900两未缴，潘世恩遂建议将琦琛送往刑部"监追完缴"⑥。

户部银库亏空案发生后，朝廷严明"国库"的收支纪律，对各省银库赋银的监督尤严。道光二十五年（1845），潘世恩发现各省藩库罚赔银两已完缴33万余两，其中有10万余两仍未解部，他认为"此项银两库贮攸关，未便任其延宕，相应请旨饬下各该督抚迅速派委妥员解银赴部归款，以重国帑而实库贮"⑦，遂上奏请求催解。道光二十七年（1847），御史毛鸿宾奏参山东藩司疏于约束库项，朝廷令柏葰、陈孚恩前往调查，发现实

---

① 《奏为书吏鲁祖培隐匿官项业经查明请饬交刑部讯办事》，台北"故宫博物院"藏《军机处档折件》，道光二十五年七月二十七日，编号074941。

② （清）欧阳昱著，恒庵标点：《见闻琐录》，岳麓书社1986年版，第81页。

③ 《嘉庆道光两朝上谕档》第四十册（道光二十三年）。

④ 《嘉庆道光两朝上谕档》第四十册（道光二十三年）。

⑤ 《清宣宗实录》卷三九〇，道光二十三年三月己巳，中华书局1986年版，第1014页。

⑥ 《奏为查明库储亏短案内已革前任乌鲁木齐领队大臣琦琛应交罚赔库储银两展限期满仍未全完奏明请旨》，台北"故宫博物院"藏《军机处档折件》，道光二十五年四月十三日，编号073612。

⑦ 《奏报库贮亏短案内各省藩库完缴银两延不解部请旨饬催事》，台北"故宫博物院"藏《军机处档折件》，道光二十五年十二月十八日，编号076544。

存现银与核计数不相符，且"收发及例借抵拨各名目缪辖纷纭，不能知其果否无亏"①，遂令藩司衙门造册上交户部进行核办。潘世恩核对造册时发现，虽然原报册内与柏葰等人盘查数目相符，但前任"王笃任内报部拨册所开收支存剩各款截清年月、分款勾稽，即有前后参差，款目互异，以及借支各项未经奏咨有案者"②。随后，潘世恩又进一步核查，发现自道光十一年（1831）至二十七年（1847）山东省积欠银六十余万两。潘世恩认为"其中显有亏缺挪移情弊，自当趁此彻底清查之际据实根究"③，最终查出山东藩库积欠银约九十万两。

然而，即使潘世恩在催解各省积欠、规范养廉银两开支、肃清漕运积弊等方面做了不少工作，但实际上并无法从根本改变清朝吏治的恶习。在嘉道年间，户部清查近百次之多，然而其弊端始终得不到应有肃清，这与当时的官吏业态有较大的关系。众官员即使明知实情，或为贪蚀，或明哲保身，集体隐忍不发，变相助纣为虐，侵蚀国体。况且，当时潘世恩与穆彰阿同处军机处，穆彰阿乃王族，有道光帝加持。在户部银库亏空案中，穆氏罪行深重，潘氏曾欲借此铲除穆氏，最终穆氏仅受罚银，仍可"革职留任"，国体之溃烂由此可见一斑。

三

潘世恩自幼课经读史，高中状元，身居要位，传统士人的修身、齐家、治国、平天下乃其终生的追求，立功、立德、立言乃其奋斗的终极目标。因此，在参理朝政之余，潘世恩研经探史，作诗赋词，记录了个人的生活轨迹，亦书写了自己的人生哲学。其著述类型十分丰富，包括辑著、奏疏、诗文集、日记、笔记、年谱等。大致可分为以下几类：一是辑录经典，主要从圣贤经典或正史中，辑录名言警句、先贤为人立行之事迹。此类书总体来说是述而不作，很少揉杂作者的个人评语。其目的仅是为学子提供品德修养的方向与做人做事的榜样。尽管如此，读者仍然可以从其摘录的内容与原则中，判断其人生之价值取向。二是朝政事迹，包括其于从事朝政过程中奏议、日记等，保存其处理政务时的决策、意见与实施的措施。三是交游与诗赋创作，包括诗文集、随笔等，汇集其一生交游情况以及诗赋唱和之创作。四是家族史乘，包括年谱、遗训、家书等。经世致用乃潘世恩平生所执着的准则，学术创造并非其终极追求，因此虽然著述数十种，但是学术创见并不明显。要探索潘世恩的学术思想，唯有通过考察其辑录著作的旨趣、教育门生子弟的箴言以及处理朝政的准则，方可拔见端倪。概而言之，主要表现在以下三个方面。

第一，以理学为宗。关于潘世恩的学术特点，冯桂芬曾作概括："为学一本程朱，而

---

① 《奏为遵查山东藩库款目由》，台北"故宫博物院"藏《军机处档折件》，道光二十八年二月二十九日，编号081314。

② 《奏为遵查山东藩库款目由》，台北"故宫博物院"藏《军机处档折件》，道光二十八年二月二十九日，编号081314。

③ 《奏为遵议山东查办亏挪积弊请照所拟章程勒限催提清查》，台北"故宫博物院"藏《军机处档折件》，道光二十八年三月十三日，编号081454。

不为门户之见。"① "一本程朱"则清晰地指出了潘世恩的学术源流，冯桂芬认为他是宗理学者，承袭了宋明理学的思想，以其所著《正学编》为代表。潘世恩之所以以理学为宗，主要有两个方面的因素。

一是家学渊源。潘氏家族素有尊崇理学的传统，据族谱记载，苏州潘氏历代族人都有尊崇理学之举。潘暄迁吴后，潘氏族人仍行朱子家礼，朱熹著述亦常置于潘姓族人之案头。潘世恩堂兄潘世璜为学好古，潜心理学，尝辑宋明诸儒著作，汇成《不远复斋遗书》。其后，潘曾玮、潘希甫等人皆沿袭理学传统，如潘曾玮于同治年间重读其父《正学编》并作疏解，付梓刊行以承父志。

二是时代学术的转向。经历明中后期的心学、清中前期的考据学的发展，从乾隆后期起，学术风气再度发生转向。嘉道中落，内忧外患，社会矛盾日益激化，士大夫开始在思想上寻求出路。一批有识之士开始批判乾嘉繁琐考证，亦反对理学空谈心性，他们提倡读书治学与社会实际相联系。正如魏源所言："君臣民物心，食货兵刑事，斯皆道所形，能跻大庭世。儒通天地人，四海民命寄。"②在治学路径上，越来越多的人兼采汉宋之学，不为门派源流所禁锢，而是博采众家俾使于现实有益之说。作为这个时代的佼佼者，潘世恩的学术旨向也顺应了时代的发展。其所辑著的《正学编》，开宗明义，目的就是为了辨卫"儒者之学"。他批评当时的一些士子，但求举业，而无视此心存亡之端，导致浮华相尚、学风空疏，故呼吁并提倡"正学"。何谓"正学"，潘世恩在序言中曾予以解释："儒者之学，本末兼赅，体用备具，可不谓正与！"③其子潘曾玮对"正学"的意义则作了更为详尽的阐释："窃谓正学明则人心正，教化兴，风俗盛，政治隆，内而天德，外而王道，一以贯之。"④可见潘世恩所崇尚者乃儒家"内圣外王"之学。

潘世恩尊宗理学，并非孜孜于经典的疏解，而是更着重于对圣言之熟悉与实践。潘世恩在《宋元学案序》中说："所望后之学者，追绍前修，不存门户之见而深矩矱之思，不侈口耳之资而敦景行之实，是尤儒先之所重赖者矣。"⑤认为明法度、敦笃行是士子修身的基本准则。为了让后之学子更方便掌握与理解圣人之言，潘世恩编辑了《正学编》，摘录了宋、元、明、清从周敦颐到李二曲共四十人的学术精言，并给每人配以小传，叙述其治学经历、学术精要，并附后世诸儒的评论。他坦言："辑诸儒要语之切于日用者，以便朝夕省览。"⑥晚年订立遗训时，尤重此举，曰："宜守此一编，朝夕省览，悉心体味，自有入处。即他日居官，亦不至漫无把握。"⑦

与此同时，潘世恩还辑录了《读史镜古编》，此书主要从正史、通鉴中辑录了由汉迄明先贤践行圣训的事迹，为后之学子修身处事提供典范。该书凡三十二卷，六十三目，其中卷一至卷十一为立身之要，包括孝行友爱、睦族亲师、读书治学、敬事忘私等内容；卷

---

① （清）冯桂芬：《显志堂稿》卷七《光禄大夫太傅武英殿大学士文恭潘公墓志铭》，《清代诗文集汇编》第632册，上海古籍出版社2010年版，第605页。

② （清）魏源：《魏源集》下册《家塾示儿者》，中华书局1983年版，第653页。

③ （清）潘世恩：《正学编》，《续修四库全书》第951册，上海古籍出版社2002年版，第669页。

④ （清）潘世恩：《正学编》，《续修四库全书》第951册，上海古籍出版社2002年版，第670页。

⑤ （清）潘世恩：《有真意斋文集》，《清代诗文集汇编》第495册，上海古籍出版社2010年版，第726—727页。

⑥ （清）潘世恩：《思补老人自订年谱》，《北京图书馆藏珍本年谱丛刊》第133册，北京图书馆出版社1999年版，第186页。

⑦ （清）潘世恩：《潘文恭公遗训》，《晚清四部丛刊·第七编》第64册，文听阁图书公司2012年版，第16页。

十二至卷二十九，皆为居官之典要，包括荐举选试、军政抚驭、刑法听察、河防漕运、救灾教化等纲目，内容涵盖"事亲、事君、立身之要"[1]，为潘世恩平日读史随手所录。此书刊刻后，便颇受时人赞誉。曾燠曰："科名祇要逢时技，勋业须看《镜古编》。"[2]门生何绍基曰："金瓯事业书为镜，玉树才名笏在床。"[3]或许正是其具有较强的实用性，后来张之洞在拟定教科书改革所列举九种古学书目，《读史镜古编》即为其中之一[4]。光绪二十九年（1903）京师大学堂拟定的学堂书目中，《读史镜古编》亦名列其中[5]。通过比较与分析，不难看出，《正学编》和《读史镜古编》实为姐妹编，前者注重鸿儒的经典精言，后者侧重先贤践行圣训的事迹。两书的编纂将潘世恩尊崇理学的思想以及重视实践的精神贯穿其中，集中反映了潘世恩思想与行事的风格。

第二，倡行实用之学。潘世恩素重"有用之学"，这与其出身也有一定的关系。潘氏乃生长于一个儒商家庭，幼承家训，早期习读经学目的为了科考中榜，光耀门楣，入仕后则重有用之学，可以说，重实用乃潘氏家族教育的传统。即使潘世恩侍养在籍时，父亲潘奕基对其仍敦敦教导，要读有用之书："汝蒙圣恩高厚，宜补读有用书，为异日报称地。"[6]因此，在潘世恩的思想中孕育了强烈的实用主义精神，这也成为了其参与朝政及社会教化活动的基本准则。

入仕为官后，潘世恩十分注重从历史典籍挖掘有资于参与朝政的素材，如《汉书·循吏传》《后汉书·循吏传》《七姬志》《史记·春申君传》就对其产生了较大的影响。归养期间所辑著的《正学编》主要辑录圣贤经典中"切于日用"的精言，以方便"朝夕省览"。《读史镜古编》从正史、通鉴中摘录圣贤行迹中关于"事亲""事君""立身"的事例，以为士子修身处事的楷模。这些都体现其一贯的经世致用的精神。

在子弟门生的训导上，潘世恩也是秉持其一贯的作风，十分强调史书经世资鉴的作用，他从个人的经历现身说教："连日读《国语》《国策》、太史公文，颇有乐趣。因思少年幸得备员词林，一无事事必应静坐读有用书，留心史鉴，以待异日报称，方于自己有益。"[7]告诫后辈："读史所以长识见资，阅历治乱兴衰之故，贤奸邪正之分，了然于胸，足以考镜得失，临事乃有把握。若徒摭拾浮华，自矜淹博，玩物丧志，何足取耶？"[8]为了警示子弟不忘本，潘世恩在其遗训中不厌其烦地强调读有用之书的重要性。在其子入庠学时语之曰："范文正为秀才时，先忧后乐，何等怀抱。汝甫得一衿，正宜自刻勉，多读有

① （清）潘世恩：《有真意斋文集》，《清代诗文集汇编》第495册，上海古籍出版社2010年版，第700页。

② （清）曾燠：《赏雨茅屋诗集》卷二〇《潘芝轩尚书告养在里时值正月上日与石琢堂、吴棣华、吴蔼人三君会饮互有唱酬成卷携至京师属题其后》，《清代诗文集汇编》第456册，上海古籍出版社2010年版，第271页。

③ （清）何绍基：《东洲草堂诗钞》卷八《次韵和潘芝轩相国师重游泮宫》，《清代诗文集汇编》第604册，上海古籍出版社2010年版，第84页。

④ 其余八种为：朱子《小学》，陈宏谋《养正遗规》《教女遗规》《训俗遗规》，司马光《通鉴·目录》《稽古录》，齐召南《历代帝王年表》，鲍东里《史鉴节要便读》。见璩鑫圭、唐良炎编：《中国近代教育史资料汇编：学制演变》，上海教育出版社1991年版，第104页。

⑤ 张静庐辑注：《中国近代出版史料初编》，中华书局1957年版，第229页。

⑥ （清）潘世恩：《思补老人自订年谱》，《北京图书馆藏珍本年谱丛刊》第133册，北京图书馆出版社1999年版，第186页。

⑦ （清）潘世恩：《潘文恭公遗训》，《晚清四部丛刊·第七编》第64册，文听阁图书公司2012年版，第26页。

⑧ （清）潘世恩：《潘文恭公遗训》，《晚清四部丛刊·第七编》第64册，文听阁图书公司2012年版，第7页。

晚清名臣潘世恩之行迹与品格

用书，增长识见，勿自满也。"①潘曾莹中式举人后，潘世恩亦劝勉曰："未初散直后接到喜条，知汝中式第二十四名举人，甚慰。此后宜益努力经书，讲求实践，不可存自足之念。"②曾莹被选为庶吉士，潘世恩又劝诫："恩馆选，当补读有用书，以冀报称万一。""翰林为国家储才之地，文章经济皆出其中，宜益留心经世之学，以待设施，勤以积学，严以立品，端其志向，勿负清班，勉之慎之。"③为此，他还曾经分列十个事项，以考察子辈对圣贤精言的理解程度，所谓："翰林职业清间，正宜涵养心性，通达事理。今命汝作词林圭臬十首，曰立品、读书、慎言语、择交游、戒浮薄、勤功课、教子弟、肃家政、体人情、知世务，每题可作五古一篇，以观汝学识焉。"④至于内阁之官，他更强调经济实用之学，称："阁学专司批答，职掌清间，正宜留心经济，读有用书，以图报称。"⑤可以看出，潘世恩认为官员除了各司其职之外，更要结合当前形势明晰自身职责，日益勤勉，留心经济，未雨绸缪。总之，潘世恩主张学以致用，否则"读书不适用，徒多无益。"⑥

潘世恩重视史书资治作用，提倡读有用之书、留心经世之学，就本质上而言，就是要求士子做到"知行合一"。他一生勤于著述立说，其初衷都是为了将学术与朝政相结合，为现实提供借鉴。虽然潘世恩经世的程度不及嘉道年间林则徐、姚莹、张际亮等经世派代表人物那么深刻，但他面对复杂的社会危机，能顺应学术思潮，倡导经世之学，并努力践行之，期望从经典史籍中找到解决现实问题的答案，这也体现了其进步的一面。

第三，成"三不朽"之业。儒学以内圣外王作为人生终极目标，要求做人内有圣人的高尚德行，外有治国平天下之伟业，因此修身、齐家、治国、平天下被历代儒士视为人生路径。同样在潘世恩身上，我们既可以看到普通士人重德立品的人格追求这一面，也可以看到儒家士大夫经邦济世、施展政治抱负的一面。立德、立功、立言乃传统士大夫孜孜以求的一种人生的终极目标，故称之谓"三不朽"。潘世恩平生以先圣为楷模，其言其行无不以先圣的精言为准则，在其著述中反复提及"三不朽"。

在立德方面，潘世恩受族训与求学经历的影响，十分注重个人品德修养。从大阜潘氏族谱记载来看，潘氏家族尊崇儒学尤其是程朱理学，主张克制物欲，修炼品性。潘世恩性情端稳，毕生以儒家圣人君子的标准律己。他劝诫子孙要顺势而行，安于义理，为人应向善积德。《遗训》中有曰："人情莫不贪生而畏死，然往往有自绝于生者，背理而行，肆无忌惮，居心阴险，做事刻薄，弃祖宗之训，伤天地之和，是身未死而心先死矣，苟能安于义？命勉力为善，光明坦白，可质鬼神，犹复戒谨，恐惧无时。或问斯仰不愧、俯不怍、存顺没，安何快如之。此即孟子'修身立命'之谓也。"⑦在潘世恩许多诗文中，他也反复宣扬"德行"的重要性。

在立功方面，潘世恩服官数十年，兢兢业业，在改善国计民生、科举取士、整肃吏治上皆有建树。作为朝廷中枢大臣，潘氏对于"立功"的理解，并非仅仅是军功伟业。人之

---

① （清）潘世恩：《潘文恭公遗训》，《晚清四部丛刊·第七编》第64册，文听阁图书公司2012年版，第6—7页。

② （清）潘世恩：《潘文恭公遗训》，《晚清四部丛刊·第七编》第64册，文听阁图书公司2012年版，第14页。

③ （清）潘世恩：《潘文恭公遗训》，《晚清四部丛刊·第七编》第64册，文听阁图书公司2012年版，第24页。

④ （清）潘世恩：《潘文恭公遗训》，《晚清四部丛刊·第七编》第64册，文听阁图书公司2012年版，第25页。

⑤ （清）潘世恩：《潘文恭公遗训》，《晚清四部丛刊·第七编》第64册，文听阁图书公司2012年版，第38页。

⑥ （清）潘世恩：《潘文恭公遗训》，《晚清四部丛刊·第七编》第64册，文听阁图书公司2012年版，第30页。

⑦ （清）潘世恩：《潘文恭公遗训》，《晚清四部丛刊·第七编》第64册，文听阁图书公司2012年版，第17—18页。

官阶有高低之分，能力有大小之别，面对社会所遇到的问题也不同，因此"立功"之表现，看其是否勤政为民，为朝廷百姓做出实事。邹鸣鹤原为开封府知府，道光二十一年（1841）黄河决口于祥符，开封遂为危城。邹鸣鹤七十余天里始终坚守危城，尽心堵御，最终水退城安。事后邹鸣鹤撰《守城善后纪略》一卷，向潘世恩求序。潘世恩有感于邹氏的"智周力勇、临事不惑"，称其有功于社稷。后邹鸣鹤改授江右督粮道，又撰《道齐正轨》并索序。潘世恩盛赞其"治汴有善政"，认为"先以循吏著声而洊至大位、卓为名臣者，列史尚不乏人"，但是"君无以吏职自限，继自今，历台司而跻开府，所泽于民愈大，而收名愈达远"，因此"视古循吏无少愧"①。邹鸣鹤官阶不高，所事也非惊天动地的大事业，但潘世恩对其评价甚高，原因就在于邹氏之所事，事事关涉百姓的生命安全与切身利益。这从一个侧面也反映了潘氏的功绩观。

在立言方面，潘世恩一生勤于著述，通文章而达于政事，留心经济之学，并在著述中表达了自己的理想追求。其《正学编》摘取先贤之精要，以便于后人学习与理解。例如《读史镜古编》虽取材于诸史典籍，也没有个人的评述，但从其分类编排以及先贤事迹的摘录亦可见潘世恩的思想，他在序言中指出"孝为百行之原"②，故将"孝行"诸事列于是编卷首，由立身到事亲再到事君，其实这大致沿袭了修身、齐家、治国、平天下的儒家人生理想之路。总的来说，潘世恩对"三不朽"的儒家价值目标有着执着的追求，终其一生，孜孜以求。潘氏虽然没有个人的宏论，但是通过编纂的方式，扬善抑恶，为士子提供内修的方向。在潘氏看来，立言不必创作高深宏旨，但凡有益于社会日用民生的发展，均为功德无量之事，"有躬行实践之德，然后有扶世立教之言"③即是阐释。如张井为河道总督，于平治河患方面卓有政声，潘氏对其赞誉有加，并乐意为其诗集作序。在序中，潘世恩称："读君诗文知立功、立言所谓不朽之三者，君已兼之。"④

从潘世恩对"三不朽"解释可以看出，他的政绩观与其为政思想一脉相承，强调"务实"精神，归根结底，就是无论立言、立功终归要对百姓施之以"仁"。在潘世恩的著述里，有较多论述儒家仁政之处，如"催科敢不力，寓以抚字仁"⑤"庭轩朗镜秋霜肃，户载仁风冬日温"⑥"我方事催科，未暇心抚字。不知催科中，即寓抚字意"⑦等诗句，《读史镜古编》中"化俗""宽征""农桑""水利""修举""利济""革弊""止奸"等子目记载着古之官吏广施仁政、利民便民的事迹。他反复提及《史记》《汉书》等传统史籍中的循吏事迹，一般来说，循吏都十分注重教化兴学、修举水利、移风易俗、抚盗安民、爱惜民力等，这些均是儒家主张仁政的具体体现。潘世恩在与后学唱和时，也常常以循吏的事

①（清）潘世恩：《有真意斋文集》，《清代诗文集汇编》第495册，上海古籍出版社2010年版，第729页。

②（清）潘世恩：《有真意斋文集》，《清代诗文集汇编》第495册，上海古籍出版社2010年版，第700页。

③（清）潘世恩：《有真意斋文集》，《清代诗文集汇编》第495册，上海古籍出版社2010年版，第732页。

④（清）潘世恩：《有真意斋文集》，《清代诗文集汇编》第495册，上海古籍出版社2010年版，第733页。

⑤（清）潘世恩：《思补斋诗集》卷二《送玉年大令之环县任》，《清代诗文集汇编》第495册，上海古籍出版社2010年版，第640页。

⑥（清）潘世恩：《思补斋诗集》卷三《郑梦白廉访祖琛之任闽中诗以赠之》，《清代诗文集汇编》第495册，上海古籍出版社2010年版，第654页。

⑦（清）潘世恩：《思补斋诗集》卷三《补循吏诗》，《清代诗文集汇编》第495册，上海古籍出版社2010年版，第656页。

晚清名臣潘世恩之行迹与品格

迹与精神相激励，如"况有牧民谱，希风汉吏循"①之句。对于一切能够施政以仁者，不论同僚与后学，也不论官阶之高下，均予以较高的评价。嘉庆年间，李鸿瑞任江苏新阳知县，于吏治、刑狱、水利等多方面皆有惠政，他去世后，新阳百姓为了缅怀他，遂为之建立祠堂，并请潘世恩题记。潘世恩欣然应允，在道光二年（1822）题有《新阳李侯祠堂记》中，将李鸿瑞类比古之循吏。其后特举两个案例："公受词，限日即召鞫。每卜书旁午，心决手判，至夜分不得休。或虑其意，劝少息。公曰：'令长民父母，今一狱待质，多至十数人，戚友之候视者倍之，少淹则伤财失业，而吏复因缘为奸。吾自图逸而困吾民，不忍也'。会征赋银，价暴贵，吏请益其直如他邑。不许，则又介所亲以请。公答以书曰：'吾誓不得罪于民。加价之举，一增则不得减，吾不忍也。'噫！此不忍之心，仁政之所以出也。"②李鸿瑞判案及征银，均忧民所忧，设身处地为民着想，其心怀百姓，广施惠政，正是儒家思想之"仁政"的具体表现。潘世恩对李鸿瑞的褒扬，实际上也体现出了其治国理政、立德树人方面的真实态度。

# 四

潘世恩为官五十载，官至军机大臣，可谓位极人臣，然而其宦迹却少有外宣，这与其谨言慎行的品格有很大的关系。冯桂芬为潘世恩撰写墓志铭时，对潘的为政风格进行了精要的总结，曰："性厚重不泄，泊入枢垣益慎密，十有七年之间，不与疆吏交一牍，上前所陈奏，或有所论荐，非宣示终不以告人。"③《清史稿·潘世恩传》亦言："在枢廷凡十七年，益慎密，有所论列，终不告人。"④实际上，潘世恩日常生活中深谙"慎"字的生活哲学。潘世恩曾在遗训中曰："诸葛一生惟谨慎，非拘谨之谓。处事谨慎，则精细周密，大事决大疑，从容不迫，而措置咸宜，所谓胆欲大、心欲小也。"⑤他反复告诫子孙，为人处事要谨慎，如："勿妄语，勿戏谑，勿师心自用，勿矜己长，勿议人短。塾中勿聚谈，勿晏起。功夫勿间断，书籍勿随手抛弃。坐立勿欹斜。见尊长勿惰慢、勿谗言，待童仆勿苛刻。此人德之要务也。""读书断不可有浮躁之气，处事接物尤宜慎之。""行坐宜端重，言语宜详慎。略不经意，则惰慢浮躁之气，不觉自生矣。""'慎言语、节饮食'六字最可实。"⑥

潘世恩倡言谨慎并非临事惧畏，或为明哲保身而随大流，所谓"办理公事，宜顾惜大体，同堂商议，不为立异，不为苟同，惟其是而已。"⑦他劝诫子孙："无论本任署缺，总须矢勤矢慎，实力实心，始终如一，以期于公事稍有裨益。若但论时地之久暂，苟且塞

---

① （清）潘世恩：《思补斋诗集》卷二《送玉年大令之环县任》，《清代诗文集汇编》第495册，上海古籍出版社2010年版，第640页。

② （清）潘世恩：《有真意斋文集》，《清代诗文集汇编》第495册，上海古籍出版社2010年版，第694页。

③ （清）冯桂芬：《显志堂稿》卷七《光禄大夫太傅武英殿大学士文恭潘公墓志铭》，《清代诗文集汇编》第632册，上海古籍出版社2010年版，第605页。

④ 《清史稿》卷三六三《潘世恩传》，中华书局1977年版，第11419页。

⑤ （清）潘世恩：《潘文恭公遗训》，《晚清四部丛刊·第七编》第64册，文听阁图书公司2012年版，第42—43页。

⑥ （清）潘世恩：《潘文恭公遗训》，《晚清四部丛刊·第七编》第64册，文听阁图书公司2012年版，第1页，第6页，第11页，第15页。

⑦ （清）潘世恩：《潘文恭公遗训》，《晚清四部丛刊·第七编》第64册，文听阁图书公司2012年版，第43—44页。

责，因循误事，不独有负委任，即反之，此心安乎否乎？"①又说："事无论大小，切宜详慎，子细若应事之时，稍有疏忽，则苟且因循之弊乘之，所谓'一事苟其余事无不苟也'，可不谨哉。"②潘世恩在吕坤《明职篇》作序时曾为"官职"之义作了阐释，曰："《周礼·太宰》以八法治官府，二曰官职以辨邦治。明官之务，审其职也。职重则难胜任，职繁则难理，职轻而简则又易玩以怠，越职则为侵官，职不办则为旷官。伊古以来，虽辅相如伊吕，执法如皋苏，将兵如颇牧，治民如龚召，退其实，不过尽职而已。夫舆台之贱，矇瞍之愚，苟能尽其职，则虽小而有功。否则即以过人之才居得为之，势而纷纭废弛，何裨豪末？"③从这些言论中，可以看出，潘世恩之谨慎是建立在明晰职责、尽心勤勉的基础上，做到在其位、谋其政，不枉不纵，忠心职守。

也许正是潘世恩为官处事"慎密"，在波云诡谲、政争残酷的时代，方可历仕四朝，一生官运亨通，位极人臣。从《上谕档》《清实录》中有关潘世恩的旨谕中可以看出，潘世恩的为人为官也得到了朝廷的肯定。兹列表于下：

表1　潘世恩获赞圣谕一览表

| 原文内容 | 时间 | 出处 |
| --- | --- | --- |
| 阮元甫经简任协办大学士资格较新，潘世恩学问素优，办事尚属认真，现系吏部尚书，著补授大学士，管理户部事务。 | 道光十三年四月初九日 | 《嘉庆道光两朝上谕档》，第179页。 |
| 大学士潘世恩在内廷宣力有年，端方勤慎，遇事细心。现届七旬，精神强固，著加恩赏戴花翎，以示优眷。钦此。 | 道光十八年十二月二十一日 | 《嘉庆道光两朝上谕档》，第492页。 |
| 大学士潘世恩、穆彰阿、协办大学士王鼎，克勤克敬，不愧赞襄。 | 道光十九年正月庚子（初三）日 | 《清宣宗实录》卷293，第543页。 |
| 大学士穆彰阿、潘世恩、王鼎，矢慎矢公，赞襄攸赖。 | 道光二十年正月丁巳（二十六）日 | 《清宣宗实录》卷330，第13页。 |
| 大学士穆彰阿、潘世恩、户部尚书祁寯藻、工部尚书赛尚阿、户部侍郎何汝霖，夙夜在公，勤劳备至。 | 道光二十三年正月乙丑（二十二）日 | 《清宣宗实录》卷388，第796页。 |
| 大学士潘世恩年逾七旬，襄赞纶扉，精神强固，十年以来夙夜趋公，宣勤佐治，朕心嘉悦之至，允宜特沛殊恩以节劳勋，著加恩在紫禁城乘轿，用示朕优礼耆臣至意。 | 道光二十三年八月二十六日 | 《嘉庆道光两朝上谕档》，第445页。 |
| 大学士穆彰阿、潘世恩、户部尚书赛尚阿、祁寯藻、兵部尚书何汝霖，精勤襄赞，一德一心。 | 道光二十六年正月己卯（二十三）日 | 《清宣宗实录》卷425，第339页。 |
| 大学士潘世恩由乾隆年间供职词垣，嘉庆年间荐擢尚书，经朕简任大学士、军机大臣、充上书房总师傅，襄赞纶扉，宣勤日懋。现在年登八秩，精神强固，朕心嘉悦实深，允宜特沛恩施，以昭优眷。 | 道光二十八年十二月二十日 | 《嘉庆道光两朝上谕档》，第459—460页。 |
| 大学士穆彰阿、潘世恩，户部尚书赛尚阿、祁寯藻，刑部侍郎陈孚恩，赞襄庶政，矢勤矢慎。而潘世恩年逾八旬，精神强固，尤属罕遇，朕甚嘉焉。 | 道光二十九年正月辛卯（二十二）日 | 《清宣宗实录》卷463，第851页。 |

① （清）潘世恩：《潘文恭公遗训》，《晚清四部丛刊·第七编》第64册，文听阁图书公司2012年版，第44—45页。

② （清）潘世恩：《潘文恭公遗训》，《晚清四部丛刊·第七编》第64册，文听阁图书公司2012年版，第47页。

③ （清）潘世恩：《有真意斋文集》，《清代诗文集汇编》第495册，上海古籍出版社2010年版，第699页。

| 原文内容 | 时间 | 出处 |
|---|---|---|
| 潘世恩年逾八旬，公勤素著。 | 道光二十九年十月甲申（二十）日 | 《清宣宗实录》卷473，第948页。 |
| 潘世恩四朝旧臣，扬历有年，经皇考宣宗成皇帝擢任纶扉，夙夜勤劳，益昭敬慎。 | 道光三十年六月初三日 | 《嘉庆道光两朝上谕档》，第254页。 |
| 致仕大学士潘世恩，历事四朝，荐登揆席，嘉谟硕学，望重纶扉。 | 咸丰二年四月二十六日 | 《咸丰同治两朝上谕档》，第164页。 |
| 予告大学士潘世恩，立品端方，学问醇正……超登揆席，简任纶扉，总理部务，入直上书房，夙夜宣勤……服官五十余年，小心谨慎，克称厥职。 | 咸丰四年四月己丑（二十一）日 | 《清文宗实录》卷128，第263页。 |

关于潘世恩事功与品格，殷兆镛曾有过这样的评述："立朝五十余年，未尝崖柴树异，不务为赫赫功，然至大端所系，沈几卓识，确不可拔。"①冯桂芬也曾说过："公相业之大者，人莫能窥也。"②这些可谓知人之言。然而，后人的评述对这些官场的褒言与同僚友人的称赞似乎并不认可，甚至有讥贬之意。《清史稿》评价他为"恪恭保位者耳"③，徐世昌也记载："相宣宗垂二十年，世不甚传其相业。"④更有甚者，如李星沅在日记中记载了赵州桥店壁书的内容，主要展现北方人民对道光官场极度的批判和不满，壁书云："四个奴星焰太张，一丸赤日淡无光。状元宰相全无用，枉听黄莺巧弄簧。"⑤其中"状元宰相"直指潘世恩。在吴地也有人作画讥讽潘世恩为官缄默："吴人刊芝相行乐图，售于市中，绘一大锁锁其口，又绘数铁钉钉其手，盖讥其伴食默默也。"⑥笔记小说《大清见闻录》也指出："公之事业，虽不知视古名相何如，亦足愧后之模棱伴食、坏国事于无形者。"⑦大多批评其居高位，持箴默，任由穆彰阿等乱政误国。

清嘉道时期，官场缄默已然成为一种风气。魏源曾撰文对此风气加以挞伐，斥之为"鄙夫"之行为。其文称："历代亡天下之患有七：暴君、强藩、女主、外戚、宦寺、权奸、鄙夫也。暴君无论矣，强藩、女主、外戚、宦寺、奸相，皆必乘乱世阍君而始得肆其毒，人人得而知之，人人得而攻之。惟鄙夫则不然，虽当全盛之世，有愿治之君，而鄙夫胸中，除富贵而外不知国计民生为何事，除私党而外不知人材为何物；所陈诸上者，无非肤琐不急之谈、粉饰润色之事；以宴安耽毒为培元气，以养痈贻患为守旧章，以缄默固宠为保明哲，人主被其薰陶渐摩，亦潜化于痿痹不仁而莫之觉。岂知久之又久，无职不旷，无事不蛊，其害且在强藩、女祸、外戚、宦寺、权奸之上；其人则方托老成文学，光辅升平，攻之无可攻，刺之无可刺，使天下阴受其害而已，不与其责焉。古之庸医杀人，今之

① （清）潘世恩：《有真意斋文集》，《清代诗文集汇编》第495册，上海古籍出版社2010年版，第691页。

② （清）冯桂芬：《显志堂稿》卷七《光禄大夫太傅武英殿大学士文恭潘公墓志铭》，《清代诗文集汇编》第632册，上海古籍出版社2010年版，第605页。

③ 《清史稿》卷三六三《潘世恩传》，中华书局1977年版，第11419页。

④ （清）徐世昌：《晚晴簃诗汇》卷一〇九，中国书店1988年版，第140页。

⑤ 李星沅：《李星沅日记》，中华书局1987年版，第461页。

⑥ 不著撰人：《软尘私议》，中国史学会编：《鸦片战争》第五册，上海人民出版社1957年版，第530页。

⑦ 天台野叟：《大清见闻录》中卷，中州古籍出版社2000年版，第415页。

庸医不能生人，亦不敢杀人，不问寒热虚实、内伤外感，概予温补和解之剂，致人于不生不死之间，而病日生日痼。故鄙夫之害治也，乡愿之害德也，圣人不恶小人而恶鄙夫乡愿，岂不深哉！诗曰：多将熇熇，不可救药。"[1]魏源针贬时弊之文，是否指向同时代的潘世恩，笔者不敢妄测，但潘氏于世人的形象恐难置身事外。

道光三十年（1850），曾国藩上《应诏陈言疏》，论及入清以来官场风气的演变，称："我朝列圣为政，大抵因时俗之过而矫之，使就于中。顺治之时，疮痍初复，民志未定，故圣祖继之以宽；康熙之末，久安而吏弛，刑措而民偷，故世宗救之以严；乾隆、嘉庆之际，人尚才华，士骛高远，故大行皇帝敛之以镇静，以变其浮夸之习。一时人才循循规矩准绳之中，无有敢才智自雄、锋芒自逞者。然有守者多，而有猷有为者渐觉其少。大率以畏葸为慎，以柔靡为恭。"[2]此文道出了当时官场箴默乃时势所然。揆之潘氏所为，道光二十三年（1843），潘氏曾欲借户部亏空案扳倒穆彰阿而事不果。咸丰登基时力荐林则徐、姚莹等人，"上韪之"[3]，乃非不为也，实不能为也。

对于潘世恩的评价，应当综合时势、个人主张进行考察。据民国文献评述，道光年间，朝廷"满首揆之席，穆彰阿占之。江苏吴县潘世恩，为汉首揆，皆直机务。惟世恩资望虽重，而枚卜已在垂暮之年，故军国大事，悉为穆彰阿一人所主。"[4]潘世恩若与穆彰阿为忤，则意味着与"穆党"为敌，结果必然受到更大的打压。朝廷失却潘世恩这样的"清流派"，穆党恐怕更加肆无忌惮。事实上，潘世恩对穆彰阿的所作所为"心以为非"，却隐忍与之共事十余年，没有同流合污，已实属不易。总之，在对潘世恩进行评价时，不仅要结合大的时代背景，也要联系其为官交际的环境。潘世恩素来不好争斗，且潘、穆力量悬殊，他也无法与之正面抗衡，他的为官之道不如说是其生存之道。故认为潘世恩被冠以"恪恭保位"的评价，太过于求全责备[5]。

潘世恩具有典型的传统士大夫形象，吃皇禄，谋皇事，矢志不移。年逾六旬时留下了"壮志销难尽，幽怀诉未平"[6]诗句，诉说壮志难酬之烦闷。到了古稀之年，他在与同年吴云的书信中，依然不忘报效朝廷的初心，曰："弟年已七十，衰态日增，向平之愿已毕，疏广之贤可思。惟念平生遭际有逾泛常，虽当致仕之年，敢忘致身之义？是用夙夜兢兢冀图报于万一。"[7]潘世恩致仕后自撰挽联曰："乡梦久无凭，那有闲情问松菊。主恩曾未报，尚留余悃付儿孙。"[8]这是其忠贞赤诚之心的真情流露，也蕴涵对往事的遗憾。其晚年以"思补老人"自娱，其中意蕴唯有逝者自知。

纵观潘世恩一生享年八十有余，由状元及第而入翰林，从此平步青云，官至内阁大学士，掌枢垣机务十余年，于其个人而言，可谓是福寿兼备、荣禄延绵。然而，这是一个处

① （清）魏源：《魏源集》上册《默觚下·治篇十一》，中华书局1983年版，第66—67页。

② （清）曾国藩：《曾国藩全集·奏稿》，岳麓书院1994年版，第6—7页。

③ 戴逸：《清通鉴》，咸丰四年四月二十一日，山西人民出版社1999年版，第6337页。

④ 辜鸿铭、孟森等著：《清代野史·奴才小史》，巴蜀书社1998年版，第543页。

⑤ 李贵连：《吴中潘氏家族及其文学研究》，南京大学博士学位论文，2013年，第76—78页。

⑥ （清）潘世恩：《思补斋诗集》卷四《寒蛩》，《清代诗文集汇编》第495册，上海古籍出版社2010年版，第661页。

⑦ （清）潘世恩：《有真意斋文集》，《清代诗文集汇编》第495册，上海古籍出版社2010年版，第716页。

⑧ （清）潘世恩：《思补老人自订年谱》，《北京图书馆藏珍本年谱丛刊》第133册，北京图书馆出版社1999年版，第306页。

于裂变的时代，在盛世的光耀下，学术之呆滞，民情之汹涌，内政外交之困顿，使社会危机日趋加重。部分有识之士，愤社会之危情，思变革之出路。这对于抱有经世济民、报效朝廷、立不朽伟业之理想的潘世恩而言，无疑也是一次人生的选择。

从潘世恩的经历来看，他的选择属于中庸之道。在学术思想上，他尊崇宋朝理学，摒弃繁琐的乾嘉考据之学，鄙视清议之风，主张躬行圣训，经世务求实用。他认为，人人均可实现"三不朽"之伟业，于其看来，衡量立德、立功、立言之标准，并非一定是高官硕儒之嘉言懿行，即使是中下层之官吏，但凡其言有益于教化、其行有助于民生者，均可视为不朽之业，这也充分展现其"务实"的精神。

潘世恩由状元及第而入翰林，入仕之后，不论是出任地方学政，还是高居庙堂之巅，总能兢兢业业、矢勤矢敬，效力于朝廷。其数掌文衡，始终秉持力拔真才的取士理念，整肃科场纪律，慎重选材，同时也知人善用，积极举荐人才，尤其在道咸之际举荐林则徐、姚莹等人，可谓其政治生涯中的高光时刻。入掌兵部时，面对军纪涣散、营务废弛的现象，他赏罚分明，整饬军队纪律，严厉打击官员贪腐的行为，极力整肃官场风气。入掌户部时，衡平财政，开源节流。他重视发展屯垦，但却坚持因地制宜，开垦适度。面对灾变，能体恤民瘼，鼓励捐输，减免赋税，组织赈灾救荒，保障民生福祉。

潘世恩为官五十年，正值波谲云诡的时代，社会激变，官场缠斗，其却平步青云，波澜不惊，历仕四朝，享尽人臣之荣华，自有其为人处事之道。其一，为官"慎密"，恪守修身立品之道；其二，勤勉踏实，忠于职守，几十年如一日；其三，重经世之学，讲求经世致用，充分体现了其"圆融"与"务实"的作风。后世论者讽其"恪恭保位"，或嫌其未能毅然与"穆党"之属正面抗争，以其"四朝元老"之身份，为朝廷为社会奉献更多。然而，不管哪一个朝代，既有忠贞奋激者，也有营私为恶者，但更多的是循规蹈矩者。历史的追忆，不仅仅要扬善惩恶，而且也应当给予"平凡者"适当的肯定。潘世恩一生，广读圣贤书，躬行圣贤言，尽心朝政，理政为民，于"平凡"中成就伟业，其事迹理应给予关注，其角色也值得反思。

# 清同治年间广东厘金制度研究

黎俊棋　赵利峰

太平天国起义爆发后，原有的中央集权财政体系和经制兵力已逐渐不能适应当时的局势，清廷被迫给予地方大员自主募兵、筹饷的权力，在这一背景下，一些行省开始向商贾征收厘金。厘金是一种在各级官府、地方大员主持下，以流通商品数量、价格或商行营业额为依据，以商人为征收对象的款项，由于早期税率约为值百抽一，故名"厘"。在创办初期，厘金主要可以分为向行商征收的行厘和向坐贾征收的坐厘。

据《中国厘金史》载，广东省厘金创办于咸丰八年（1858）[①]。但实际上，广东省电白县、新会县地方官绅出于防盗御匪的考虑，在咸丰四年（1854）前后就开始向当地商人征收厘金，两地厘务主要由当地官绅主持，督抚鲜有过问[②]。咸丰八年（1858），在农民起义以及英法殖民者侵略的双重冲击下，广东财政日见拮据，新任两广总督黄宗汉在佛山镇设立了厘务总局，开办佛山、芦苞、后沥三厘厂，开始抽收来往行商厘金[③]；咸丰九年（1859），劳崇光继任两广总督，他在前任的基础上先后设立惠州白沙厂、顺德陈村厂、鹤山茶厘局，并开始向佛山镇商户征收坐厘[④]；咸丰十年（1860），耆龄任广东巡抚，驻扎韶州府，开办韶州厘局，同时还分设韶东关厂，韶西关厂，河西尾分卡，抽收韶州府内往来行商厘金[⑤]。显然，这一时期广东各地厘权分掌于两广总督、广东巡抚、各地方官绅手中，

---

① 罗玉东：《中国厘金史》，中华书局2010年版，第25页。

② （清）聂尔康：《冈州公牍》，《广州大典》第341册，广州出版社2015年版，第78页；光绪《高州府志》卷50《纪述三·事纪》，清光绪十六年刊本。

③ 三厂设立时间参见罗玉东：《中国厘金史》，中华书局2010年版，第345—346页，原文无注。但罗玉东曾据《咸丰十年闰三月三十日朱批两广总督及广东巡抚劳崇光折》确定广东开办厘金时间，参见罗玉东《中国厘金史》，中华书局2010年版，第25页。目前，此折尚未查到收藏在何处，已出版的史料集中亦未见刊载，故不能详悉其内容。但中国第一历史档案馆编《清代军机处随手登记档》第92册，第684页记录了该折有条目，折名为"试办抽厘情形等由"，朱批内容是"户部查核该督所收厘银有无指拨具奏"；又查《晋江黄尚书全集》以及《第二次鸦片战争》中收录的黄宗汉奏折，没有对开办厘金的具体时间有相关说明。故可推测关于三厂设立时间罗玉东所据仍是咸丰十年闰三月三十日的劳崇光奏折。又宣统《高要县志》称后沥厂设立咸丰五年，显然是错误的。（宣统《高要县志》卷25，《旧闻编·纪事》，民国二十七年刊本）

④ 光绪《惠州府志》卷18，《郡事下》，清光绪十年刊本；据《广东财政说明书》载，陈村厂设于同治元年；但据劳崇光奏报，咸丰十一年时，陈村厂就已经解厘款至省军需局，故陈村厂最晚应在同治元年以前就设立了。参见广东清理财政局编：《广东财政说明书》卷5《第六类·厘金》，《广州大典》第320册，广州出版社2015年版，第431页；《奏报本年春季分收支厘金银两数目》（咸丰十一年五月二十九日），台湾"故宫博物院"藏宫中档奏折，档案号：406014563；《曾维照录赫德原禀》，中山市档案馆编：《香山明清档案辑录》，上海古籍出版社2006年版，第799—800页；罗玉东：《中国厘金史》，中华书局2010年版，第117页。

⑤ 罗玉东：《中国厘金史》，中华书局2010年版，第346页；广东清理财政局编：《广东财政说明书》卷5《第六类·厘金》，《广州大典》第320册，广州出版社2015年版，第431页。

互不隶属，故省内厘金制度亦因地而异，"各自为政"。此外，由于广东厘金制度初创，纰漏甚多，征解过程中侵冒浮收之事时有发生，加之英法殖民者于厘金抽收多加掣肘阻挠，故全省范围内的厘金收数亦甚少。

同治以后，在晏端书、毛鸿宾、郭嵩焘、瑞麟、蒋益澧等广东地方大员的整顿下，广东厘金制度逐渐走向成熟，不仅抽厘的地域范围大大拓宽，而且关于厘金征解的名目、程序以及厘务人员管理的条文规章日趋规范化、合理化，制度的实际运作也走上了正轨。目前，关于同治年间广东厘金制度的研究仍存在不少可深入和拓展的空间①，本文拟在前人的基础上，以同治年间广东厘金制度的发展历程作为研究对象，并将制度的动态演变置于这一时期广东地方社会变迁中进行考察，同时注意制度背后所牵涉到的人和事，以求勾勒出比以往研究更为详细、具体的制度演进线索。

## 一、晏端书时期的广东厘金制度（1862—1863）

同治元年（1862），清军与太平军的战斗进入了白热化的阶段，其中在江浙皖三省作战的湘军需饷尤巨，且旧欠军饷为数甚多。是年二月，清廷要求曾国藩等官员就御史朱潮提议让四川、广东协济军饷的奏折进行议奏②。此前，湘军统帅曾氏兄弟及手下幕僚属官就已经有了以粤省厘款协济湘军军饷的想法③，故曾国藩立即上奏朝廷，希望能够派委"京卿"，驻扎韶关，督办广东通省厘金，协济江浙皖三省军饷。曾国藩在奏折中对于广东厘金的收入非常乐观，称"厘金一宗，如佛山、韶关、肇庆等处，著名繁富。咸丰十年间，巡抚耆龄于韶关复设一新卡，未及一年，收税至五十余万。藩司周起滨议于肇庆府河设卡，每年亦得四十余万。此外巨镇大卡，不一而足。"④同治元年（1862）四月，清廷接纳了曾国藩的提议，决定"派晏端书前往广东督办厘金矣"，并让曾国藩"遴委贤员，随同赴粤办理"，"所得厘金，即照议分解浙江、江苏、安徽等处军营，镇江、扬州两台，并抵解广东省应解红单艇船经费。"⑤

晏端书，字彤甫，江苏仪征人。咸丰年间，曾先后担任山东布政使、浙江巡抚、江北团练大臣等职，几次在江浙皖地区举办劝捐，筹集军饷⑥。晏端书与曾国藩颇有交情，所以曾氏兄弟对清廷委派晏端书督办广东厘金，协饷江浙的结果颇为满意，并拟派黄冕、赵

① 谢起章、杨奕青曾对曾国藩奏办粤厘接济湘军军饷的经过进行考察，当中虽然也涉及到了这一时期晏端书、毛鸿宾、郭嵩焘办理粤省厘务的情况，但由于该文主要还是以曾国藩"谋取"粤厘济饷作为研究的立足点，所以难免忽视了晏、毛、郭三人办理过程中的许多细节。参见谢起章、杨奕青：《对曾国藩奏办粤厘济饷一案的考察》，《近代史研究》1997年第2期。

② 《饬议朱潮统筹东南大局折》，同治元年二月二十一日，湖湘文库编辑出版委员会：《曾国藩全集》第4册，岳麓书社2011年版，第75—76页。

③ 《致黄南叟》，同治元年二月，梁小进主编：《曾国荃全集》第3册，岳麓书社2006年版，第150—151页；《致黄南坡》，同治元年三月，梁小进主编：《曾国荃全集》第3册，岳麓书社2006年版，第156页。

④ 《遵旨议复请派员督办广东厘金折》，同治元年三月初八日，湖湘文库编辑出版委员会：《曾国藩全集》第4册，岳麓书社2011年版，第109—112页。

⑤ 《饬李鸿章赴沪晏端书督办广东厘金及派员募勇》，同治元年四月初十日，湖湘文库编辑出版委员会：《曾国藩全集》第4册，岳麓书社2011年版，第181—183页。

⑥ 王钟翰点校：《清史列传》第14册《晏端书》，中华书局1987年版，第4306—4309页。

焕联、蔡应嵩、李瀚章、丁日昌等人赴粤协助晏端书①。

## (一) 粤厘协饷：晏端书对粤省厘务的接管和整顿

同治元年（1862）六月初一日，晏端书抵达广东②，逐步开始接管广、肇、韶、惠四府的官办厘务。粤省办厘初期章程尚未统一，管理相当混乱，尤其是省城和佛山地区实行充商包抽制征收坐厘，致使粤省物议沸腾，众商抵制。包充之人又往往是"市侩刁徒"，多借包充厘金敛财，"一经批准，则加派重抽、以多报少，坐卡之人不谙轻重，窥笥探箧，无异盗贼，上与下俱受其累，而彼则坐享中饱之利也"③。而以报效获得承充各厂书巡之职者，与包充者彼此勾结，恣意苛敛④。故有人认为，推行此制，粤厘"名为归官，实则仍不归官。"⑤为了剔除弊端，更好地整顿粤省厘务，晏端书马上废除了充商包抽制，将包充商所有前缴报效银两概行给还，规定"无论包抽、散抽，均于各行归一承总之人认缴，不敷则准减，有余则令补。"⑥

七月初十日，晏端书在省城朝天街设立厘务总局（下文简称"总局"），以取代劳崇光所设的旧局，"总理委蒋道、职道并预委李道三员，随办委吴丞，叶令并预委陶令三员"；又于七月十六日"委吴道、李守、伍绅等员"开设省城西关厘务分局⑦。分局开办后，丁日昌会同广州府李福泰、绅士伍崇曜等人"逢单日必到该局议事"，并开始与省城各商行酌商抽收坐厘事宜。八月，丁日昌在寄曾国藩的信中提到：

> 现在各行举出公正绅士，认定二分数目，按旬一报，倘有报不足数，轻罚重办。目前业经议定三行，其余各行亦有眉目，再加情喻理劝，一两月内总可一律定夺。此时试办数目，其中果有弊端，再当改弦易辙。缘省中坐贾数年来屡办不成，故不能不顺导舆情，以求事之有济。其余征收行商各厂，均系按货抽厘，俾无弊窦。⑧

九月，晏端书等人决定省城以及佛山、陈村、江门实行分行认捐制征收坐厘⑨。分行认捐主要有两种形式，一为包办，一为认额配赋。前者是由该行承办商依照承办章程所定课征标准及课征率，向各商户征收，是即尽抽尽缴；后者是由各行值理人照各该行摊派各

① 《拟派办理广东厘金各员片》，同治元年五月初三日，湖湘文库编辑出版委员会：《曾国藩全集》第4册，岳麓书社2011年版，第211—212页。

② 《上曾中堂书二》，同治元年，赵春晨编：《丁日昌集》下册，上海古籍出版社2010年版，第871—872页。

③ 《赣州途次上曾宫保书》，同治元年，赵春晨编：《丁日昌集》下册，上海古籍出版社2010年版，第869—870页。

④ 罗玉东：《中国厘金史》，中华书局2010年版，第117页。

⑤ 《致伯兄家书四》，《云卧山庄尺牍》卷8，沈云龙主编：《近代中国史料丛刊正编》第12辑，文海出版社1966年版，第467页。

⑥ 《复晏端书》，同治元年七月二十六日，湖湘文库编辑出版委员会：《曾国藩全集》第25册，岳麓书社2011年版，第450—452页。

⑦ 《上曾中堂书二》，同治元年，赵春晨编：《丁日昌集》下册，上海古籍出版社2010年版，第871—872页。

⑧ 《上曾中堂书三》，同治元年，赵春晨编：《丁日昌集》下册，上海古籍出版社2010年版，第872—874页。

⑨ 广东清理财政局编：《广东财政说明书》卷6《第六类·厘金》，《广州大典》第320册，广州出版社2015年版，第431页；"至是年钦使晏端书来粤省办通省厘金，陈村一厂招商承办"，参见民国《顺德县志》卷23《前事》，民国十八年刻本；广东省政府财政厅编：《广东财政要览》乙部《广东省省库税收·厘金》，广东省立中山图书馆藏民国十八年七月陈铭枢序刊本。

户标准汇缴，是即匀抽匀缴。各行所认岁缴额数，得视商情盛衰，随时酌量增减①。之前的包充制，政府只须提高捐额，即有包商出而竞争承充，现在实行分行认捐制，因经理者为同行之人，故对于本商行利益，必能维护，且以团结有力，对于政府增税，亦可获得一种磋商权利，能与政府有讨价还价的余地，无疑更利于商人②。

紧接着，晏端书又委员前往旧设的十一个厘厂（卡）③进行整顿，首先革除了厂内的书巡，要求原办行厘的各厂卡仿照韶关章程抽取行厘（按货价百之一二抽收），并仿照江楚章程刷发三联印票，以一票给本商，一票缴总局，一票备存查，骑缝已大书号数、银数，由前卡员役验票、验舱，时加访察，以防弊端④。此外，咸丰年间由四会县地方商绅经办的两个厘厂，亦由总局委员前往开征行厘。

为了规范广、韶、惠、肇四府的厘金征收，厘务总局于同治元年（1862）仿照江西省章程制订了新的厘务章程和货物抽厘例则。虽然，货物抽厘例则现已失传，但从其他史料中我们可以得知，该例则按货价每两抽厘银二分的标准，拟定了多种货物单位数量的纳厘数，对于应抽但未载例则的货物，规定由征厘人员查取商人底薄，每两抽收一分⑤。而新的厘务章程主要包括以下五个方面的内容：

第一是关于征厘机构和征厘人员的管理⑥：

> 一粤省厘务向归军需总局兼理。自同治元年，奉旨特派钦差督办，始另立厘务总局办理通省厘务，其各府、州、县前设厘厂，均归本总局督办。
>
> 一总局遵奉颁用关防，其各分局厘厂，均由总局刊发关防，以凭信守。
>
> 一各厂委员酌定一年一换，著有成效者，准其留办。凡接办之员仍令出具接收，交代清楚，保证送查。
>
> 一各分局及各厂所设各府、州、县市镇地面大小不同，厘金旺淡不等，如有一年之内所收厘金比较常时加倍，地方商民相安，足证该委员实心筹饷，经理得宜，由总局随时备叙劳绩，详请随案保奖，以示鼓励。如不得力，由总局随时禀撤。

第二是关于厘票的规定：

> 一粤省旧章各厂收厘照票未能一律，自另设本总局后，概由本总局刊刻三联照票并流水簿，盖用总局关防。其三联照票一给本商，一缴总局，一备各厂存查，饬令各委员将截存照会、照根及用过号簿，按月缴局查核。自改章程之后，如有不用总局颁发票簿者，照侵吞军饷例，详请严参。

---

① 广东清理财政局编：《广东财政说明书》卷6《第六类·厘金》，《广州大典》第320册，广州出版社2015年版，第433页。

② 罗玉东：《广东厘金史》，中华书局2010年版，第117页。

③ 十一厂卡即指芦包厂、后沥厂、白沙厂、江门厂、陈村厂、佛山厂、韶关五厂卡；所谓"前卡"，即在一厘卡缴纳厘金后经过的下一厘卡。

④ 《上曾中堂厘务条陈》，同治元年，赵春晨编：《丁日昌集》下册，上海古籍出版社2010年版，第1049—1050页。

⑤ 广东全省厘务局编：《广东各厂上下水货抽厘例则》，《广州大典》第323册，广州出版社2015年版，第685—686页。

⑥ 广东全省厘务局编：《广东各厂上下水货抽厘例则》，《广州大典》第323册，广州出版社2015年版，第711—712页。

一各厂间有另刊小票者，弊窦最多，自应严行禁止。嗣后如有刊用小票者，一经查访得实，立即详请奏参。

第三是关于厘局（厂）征收厘金的规定：

一各府、州、县私抽厘金，即应行禁止。嗣后如有从前未经票报及已票请设局未经核准，并以后并不票报本总局私行抽收者，毋论作何公用，均作擅动军饷，详请严参。

一各厂所收俱系洋银，而拨解军饷必须易换纹银。查粤省洋银易纹银，每百两应补水银七八九两不等，韶郡分局所拟章程，每洋银壹百两作纹银九拾贰两，尚属适中，应即照办。如有盈余，由总局报明，以济公用。抽收厘金，应择其生意稍大者认真劝办，至肩挑肩贩、手摊小本营生者，一概不抽，以示体恤。其不抽各物，由该厂票请督抚宪出示晓谕，俾得一律周知。

第四是关于厘局（厂）运解厘金的规定：

一各厂所收厘金及支用数目，按月造报。上月所收银钱，务于下月初三日以前扫数批解，不准存留。另造四柱清册呈核，仍将一月内收过某客某货厘金若干，分别晓单二纸，一实贴本厂，俾商人核对了然，一送总局查验，如有不实不尽，即照侵蚀例办理。总局汇齐各厂收数，每月申报督抚宪，按季咨部。

一各厂所有厘金离省较近者，径解总局，其距省过远，离分局近者，即解交分局转解，仍报明总局查核。

第五是关于偷漏厘款的处罚规定：

一厘务之有罚款，原为严禁偷漏而设。但恐各厂委员、丁役因有罚款给赏充公之章，遂致藉端加罚，扰累商民。然小民惟利是趋，隐匿绕越，瞒漏厘金，亦势所不免，若不示罚，又不足以示惩敬。兹各厂查有偷漏绕越，无论有心无心，均照应完之厘罚加三倍，以两倍充公，按月批解总局，以一倍给赏，仍令补缴正厘。其委员、丁役有藉端扰累得实，详请严办。

章程还规定行厘的征收分一起一验，即货物运往其他贩卖，在途经第一个厘卡和第二个厘卡时需要根据例则分别缴纳起厘和验厘。晏端书通过新章，确立了厘务总局在全省官办厘务系统中的核心地位，明确了总局、分局、各厂卡之间的关系和分工，对行厘征收的程序进行了规范，删改以往办厘过程中不合理的举措，完善了对厘务人员的管理。

虽然，晏端书以钦差身份赴粤办厘协饷，并得到曾国藩集团的大力支持，但在一开始接管粤省厘务的过程中，劳崇光的掣肘却让他遭受到了不少困难和挫折。

广东厘务由劳崇光、耆龄二人把持数年，当中利益纠葛错综复杂，而劳、耆二人又均与曾国藩有过节[①]，故要在粤省办厘协济湘军，绝不可能一帆风顺。当初，曾国藩希望黄冕和赵焕联能够赴粤协助晏端书办理粤省厘务，两人素以善于办厘著称，但最后都先后以

---

① 《复杨岳斌》，咸丰十一年四月初九日，湖湘文库编辑出版委员会：《曾国藩全集》第24册，岳麓书社2011年版，第335页。

各种借口拒绝前往，粤厘之难办由此可见一斑①。

耆龄已于同治元年（1862）四月调任赴闽，但在新的巡抚到任前，广东巡抚一直由劳崇光兼署。晏端书到粤后不久，劳崇光就在未咨商他的情况下，自行裁决北江盐厘事务："允商人所请，各引完厘批归，一律每包二钱"，但经晏端书"咨驳"后，"韶州府仍照旧章矣。"②同时，劳崇光又将韶关地区五月份征收的五万两行厘、盐厘全部扣存省库，并准备将韶州茶捐收归军需总局开销。晏端书多次协商后，劳崇光同意将五万两厘银归还韶州厘局，但茶捐的归属则"以有碍捐输名目为辞"，一时间"相持未决也"③，最终还是在晏端书的争取下，茶捐改归厘务总局提解④，由厘务总局给发实收，汇请晏端书奏奖⑤。另外，劳崇光还通过影响地方商绅给晏端书制造障碍。七月初，赴粤协助晏端书抽厘的丁日昌抵南雄、韶关一带时，"即闻制府复函，有痛陈粤省瘠困、厘务万不能办之语。及见各官绅，则家有其书。商民观望，未始不由于此。"⑥

当晏端书通知芦包、后沥、白沙、江门、陈村、佛山六厘厂，"以七月为始，所有厘金一概解归总局，俾可转解皖浙各饷"时，军需局却让各厂"暂且缓解，一面详请星使将芦包六厂仍归本省支拨军饷，俟高州军务告竣后再行改归总局"。对此，晏端书一开始是强烈反对，后因为"司道等仍复再三牍请面求，以为此举不谐，高州必致饷匮兵哗，于饷源大有关碍"，又经丁日昌"细加察访，似属实在情形"，"兼之各厂自奉本省上司严札，亦递观望不解"，最终同意将七月份六厂所收厘银三万余两，"暂且拨回本省支用，八月后不得援以为列。"⑦八月开始，六厂按月解款至省城，由厘务总局调拨协饷。

由于身受"皇命"，晏端书往往可以积极应对和克服来自劳崇光的阻挠⑧。而清廷为了争取短时间内扩充粤厘收入，支持湘军军需，在人事安排上也做出了调整。同治元年（1862）七月任命黄赞汤接任广东巡抚⑨。同治元年（1862）闰八月，受"许庆瑢案"影响，清廷以劳崇光"督办广东厘金，信任非人，措置乖谬，着先行交部议处，寻议降三级调用"⑩，随后又改任刘长佑为两广总督⑪。十月，劳崇光被派往贵州查办事件。黄赞汤、刘长佑未到任前，由晏端书署理两广总督和广东巡抚⑫。这一系列的人事变动让粤省官办厘务终于摆脱了劳崇光的掣肘，曾氏兄弟对粤省办厘协饷形势也瞬间乐观起来，曾国荃说到"晏彤甫先生兼权督抚两院，想粤厘益无扞格之政矣。倘若择贤任使，当日起而有功

① 《复左宗棠》，同治元年六月十二日，湖湘文库编辑出版委员会：《曾国藩全集》第25册，岳麓书社2011年版，第371页。

② 《上曾中堂书二》，同治元年，赵春晨编：《丁日昌集》下册，上海古籍出版社2010年版，第872页。

③ 《上曾中堂书二》，同治元年，赵春晨编：《丁日昌集》下册，上海古籍出版社2010年版，第871页。

④ 《上曾中堂书三》，同治元年，赵春晨编：《丁日昌集》下册，上海古籍出版社2010年版，第873页。

⑤ 《上曾中堂书四》，同治元年，赵春晨编：《丁日昌集》下册，上海古籍出版社2010年版，第874页。

⑥ 《上曾中堂书二》，同治元年，赵春晨编：《丁日昌集》下册，上海古籍出版社2010年版，第871页。

⑦ 《上曾中堂书三》，同治元年，赵春晨编：《丁日昌集》下册，上海古籍出版社2010年版，第873页。

⑧ 谢起章、杨奕青：《对曾国藩奏办粤厘济饷一案的考察》，《近代史研究》1997年第2期。

⑨ 《清实录广东史料》第5册，同治元年七月二十四日，广东省地图出版社1995年版，第197页。

⑩ 《清实录广东史料》第5册，同治元年闰八月初七日，广东省地图出版社1995年版，第203—204页。

⑪ 《清实录广东史料》第5册，同治元年闰八月二十四日，广东省地图出版社1995年版，第205—206页。

⑫ 《清实录广东史料》第5册，同治元年十月初五日，广东省地图出版社1995年版，第210页；王钟翰点校：《清史列传》第12册《劳崇光》，中华书局1987年版，第3817页。

矣"①。新任广东巡抚黄赞汤，字莘农，号征三，江西庐陵人，咸丰七年（1857）时总理西楚两岸盐饷事务，劝捐八十余万两助饷曾国藩；新任两广总督刘长佑，字子默，号荫渠，湖南新宁人，曾在咸丰六年（1856）率军入赣增援曾国藩。故曾国藩认为刘、黄二公莅任，广东"厘务当有起色"②。

### （二）"不尽如人意"的粤省厘务

晏端书督办下的粤厘收入和协款数目一直低于曾国藩等人的预期。前面提到，曾国藩一开始对于粤厘收入甚为乐观，同治元年（1862）三月初八日，他在写给曾国荃的信中提到："广东全省抽厘专供江浙军饷一折，本日拜发。大约秋冬以后，每月可添银二十万两。"③但是年十月，接到李瀚章称广东厘金"将来办成，不过月得十余万金"的信函后，曾国藩"殊失所望"。而实际上，当时粤省厘金每月收入尚不足十万两④，平均每月协款仅数万两。故曾国藩向晏端书表示，以粤厘协济湘军"不特弟得专利之名，而无救贫之实，即阁下以星使筹饷，若所得太少，亦与体制不称"⑤；又向李瀚章说到："粤东殷阜之区，厘金如此歉薄，大乖所望"⑥。

曾国藩寄望于刘长佑的到任能够让粤厘有所起色，于是与晏端书、李瀚章约定：

> 印帅到任后，诸事可期水乳。请以三个月为约：如三月办成，每月可得二十万金，则借重台旆在粤多驻时日；若印帅到任三个月，而厘金不满二十万金，则请阁下主稿，会列印帅、鄙人三衔具奏，将厘金仍归地方经理。每月协解敝处若干，左处若干，听印帅酌定数目。印与左本系至交，待弟亦甚厚也。⑦

同时，由于军情告急，勇员伤情严重，各路湘军在同治元年（1862）冬均添募新勇以保持战斗力，仅曾国藩一军就增额三万人，每月增饷银将达十八九万两，但其饷源"并未稍增"，"除粤厘外，别无可以生发者"⑧。湘军对于粤厘的需求更加迫切。

---

① 《致伯兄》，同治元年十二月二十八日，梁小进主编：《曾国荃全集》第5册，岳麓书社2006年版，第191页。

② 《复黄冕》，同治二年正月初七日，湖湘文库编辑出版委员会：《曾国藩全集》第26册，岳麓书社2011年版，第348—350页。

③ 《致沅弟》，同治元年三月初四日，湖湘文库编辑出版委员会：《曾国藩全集》第21册，岳麓书社2011年版，第8页。

④ 粤省厘金自同治元年七月至同治二年七月总收数超过了一百万两，平均每月收数八万余两（《复蔡应嵩》，同治二年十一月初九日，湖湘文库编辑出版委员会：《曾国藩全集》第27册，岳麓书社2011年版，第286页）；又同治元年粤省厘金"冬来收数减色，坐贾稍增，恐未足以相抵"（《复李瀚章》，同治元年十二月十七日，湖湘文库编辑出版委员会：《曾国藩全集》第26册，岳麓书社2011年版，第296页）；综上可推测，同治元年末每月粤厘收入应不足十万两。

⑤ 《加晏端书片》，同治元年十月十四日，湖湘文库编辑出版委员会：《曾国藩全集》第26册，岳麓书社2011年版，第111—112页。

⑥ 《复李瀚章》，同治元年十二月十七日，湖湘文库编辑出版委员会：《曾国藩全集》第26册，岳麓书社2011年版，第296—297页。

⑦ 《加晏端书片》，同治元年十月十四日，湖湘文库编辑出版委员会：《曾国藩全集》第26册，岳麓书社2011年版，第111—112页；《复李瀚章》，同治元年十二月十七日，湖湘文库编辑出版委员会：《曾国藩全集》第26册，岳麓书社2011年版，第296—297页。

⑧ 《加晏端书片》，同治元年十二月十八日，湖湘文库编辑出版委员会：《曾国藩全集》第26册，岳麓书社2011年版，第303页。

同治元年（1862）十二月，刘长佑抵粤上任，但不久后就被调任直隶总督，前后在粤仅一个月[1]。曾国藩得悉后不禁又"怅惘"起来[2]。

粤省厘金虽然由晏端书继续办理，但微薄的粤厘收入在湘军有增无减的军需开销面前宛如杯水车薪。到了同治二年（1863）初，即使曾国藩屡屡写信表明军情之紧急，处境之窘迫，让晏端书设法扩充粤厘收入，但粤厘仍旧没什么起色，湘军所得协款依然不敷开销。然而，曾国藩完全没有要放弃粤厘的意思，他在给李瀚章的信中说到：

> 今收数未见加旺，本不足餍饥渴之求，若改归本省，则将并此区区而不予畀，欲其久要不忘，岂可必得？鄙人虚负专利之名，迄无救贫之实，情殊不甘。项复商莘帅，微特不可截留，且须力求扩充，大约惩土豪之包抗，难于立威，惩绅富之阻挠，难于任怨，从两者切实讲求，非每月办至十六万金，誓不歇手，虽阁下屡函称难臻此数，而鄙人赊望曾未少减。渴思吞海，饥思舐天，痴人往往有此。[3]

为了改变粤厘收入鲜有起色的局面，清廷再次做出了一系列的人事调动。同治二年（1863）五月二十一日，清廷以"办理湖南厘务章程诸臻妥协"为由任命毛鸿宾为两广总督，同时又谕"黄赞汤自简任巡抚以来，尚未见有所设施，其人近于巧滑一流，而毁誉参半"，让毛鸿宾到任后"留心察看黄赞汤是否能实心任事，若令久于其任，能否得力，据实密报。"[4]毛鸿宾趁机弹劾了黄赞汤和广东藩司文格，同时向清廷保荐郭嵩焘和李瀚章，认为郭"堪任粤抚"，李"堪任藩司"[5]。六月二十九日，清廷任命郭嵩焘署理广东巡抚，并要求他"迅速前赴署任，将该省军务、厘务及地方吏治妥为整顿"[6]。晏端书不再督办粤省厘务，一切事宜重新改归地方督抚办理。

劳崇光调任后，粤省官办厘务由晏端书一人主持，不再受制于人，但仍旧难有起色，究其原因，应该还有下面几点：

其一，粤省货物来源以及流通情况较他省复杂，同时又无牙行总理贸易，故在办理粤省厘务时难以有的放矢，做全盘规划。"他省厘务皆先查明物产处所、营销地方，统核其资本之多寡，利息之盈歉，然后酌中定数，取少于多，既免偏枯，亦难巧避。粤东则货物不尽产于本地，多半自外夷售销，不全在乎中华，兼可行之异国，来去之源流莫定，即子母之衰旺难稽"，"他省货物皆有官帖牙行总持贸易之大纲，物价之低昂，消行之通滞，易于推求，起货落货呈验行户报单，即纤悉不能自隐。广东则货不归行，悉听商贾自便，既

---

① 邓辅纶、王政慈编：《刘武慎公（长佑）年谱》，同治元年，沈云龙主编：《近代中国史料丛刊正编》第51辑，文海出版社1966年版，第128—131页；《清实录广东史料》第5册，同治二年五月二十一日，广东省地图出版社1995年版，第236页。

② 《复郭嵩焘》，同治二年五月二十七日，湖湘文库编辑出版委员会：《曾国藩全集》第26册，岳麓书社2011年版，第397页。

③ 《复李瀚章》，同治二年五月初一日，湖湘文库编辑出版委员会：《曾国藩全集》第26册，岳麓书社2011年版，第597—598页。

④ 《清实录广东史料》第5册，同治二年五月二十一日，广东省地图出版社1995年版，第236页。

⑤ （清）赵烈：《能静居日记》第3册，同治六年六月十九日，台湾学生书局1964年版，第1890页。

⑥ 《清实录广东史料》第5册，同治二年六月二十九日，广东省地图出版社1995年版，第240页。

无总汇之所，即乏稽核之方。"①

其二，官府在地方推广抽厘，或设法接管地方自办厘卡时，地方商绅聚众阻挠，借端要挟的问题依然没有得到很好的解决，致使粤省厘源得不到扩充。当时仅有广州、韶州、惠州、肇庆四府的厘金由官府"一律办理"货厘。其余廉州、琼州、潮州等府，或为地方把持，或尚未举办，官府若派员前往接管或开办，"即有殴官罢市之举"②。如同治二年（1863）"广东有高州绅士③前往廉州府城劝捐抽厘，因委员办理不善，至该绅被殴，几酿人命"④；同年又有委员至海口行抽厘务，"激变其事，遂寝"⑤。即使是已经设厂抽厘的广韶惠肇四府，地方商绅亦会设法抵制，如南海等县的绸行人就聚众歇工，借端恳免抽厘⑥。但是官府并没有采取强硬的措施去遏制这些行为，故后来毛鸿宾向清廷奏到"自开办厘金以来，哄闹者不止一处，亦不止一次，而历时既久，从未闻办过一案，惩过一人，无非用计消弭，含糊了事"⑦，此说虽有过于夸张的嫌疑，但也透露出在处理抗厘事件时官府往往是采取一种息事宁人的态度，甚至会撤换地方官以讨好地方势力，如琼州府和惠州河源厘局被毁后，闹事之徒未见有严惩，而当地知府、知县却分别被"撤参"。官府一系列妥协软弱的做法让粤省"奸民之风日长，筹饷之术日穷"⑧。

其三，晏端书虽然颁布了新章程，但在地方上的推行不够彻底，而且"分行承包"制的实行亦滋弊甚多。"自劳崇光去任后，所办厘务名为悉易新章，实则举仍旧章。"⑨郭嵩焘更听闻粤省"各处厘金仍是包局"⑩。实行各行店包抽包缴制，充商包抽制时的"贿充"问题得以解决，但是承包人中饱的问题依然存在，同时又产生了如"贿免"等问题⑪。另外，还有行户于水口"设立私卡，侵碍官厂，影射行商，藉以充抵门市坐厘"⑫。这些都影响了官办的厘款收入。

① 《沥陈广东厘务情形折》，同治二年十一月十六日，《毛尚书（鸿宾）奏稿》卷11，沈云龙主编：《近代中国史料丛刊正编》第61辑，文海出版社1976年版，第1107—1115页。

② 《清实录广东史料》第5册，同治二年七月二十二日，广东省地图出版社1995年版，第244页。

③ "前署督臣晏端书委候补知府吕铨、安徽候补知州江国华前往清理，至于被殴，并不一加惩办，纲纪法度废弛为甚。"参见《广东办理厘捐情形片》，同治三年十月初九日，梁小进编：《郭嵩焘全集》第4册，岳麓书社2012年版，第204—205页。

④ 席裕福等编：《皇朝政典类纂》卷98《征榷十六·内地厘金》，沈云龙主编：《近代中国史料丛刊续编》第89辑，文海出版社1976年版，第459页。

⑤ 光绪《定安县志》卷10《杂志·纪事》，清光绪四年刻本。

⑥ 《清实录广东史料》第5册，同治二年七月二十二日，广东省地图出版社1995年版，第244页。

⑦ 《沥陈广东厘务情形折》，同治二年十一月十六日，梁小进编：《郭嵩焘全集》第4册，岳麓书社2012年版，第49—52页。

⑧ 《缕陈广东大概情形疏》，同治二年七月二十四日，梁小进编：《郭嵩焘全集》第4册，岳麓书社2012年版，第18—19页。

⑨ 《上曾中堂书》，同治元年，赵春晨编：《丁日昌集》下册，上海古籍出版社2010年版，第870—871页。

⑩ 《致伯兄家书三》，《云卧山庄尺牍》卷8，沈云龙主编：《近代中国史料丛刊正编》第12辑，文海出版社1966年版，第464—465页。

⑪ "贿免"即"各行厘金，每年可得巨万者，辄以多金贿通求免"，参见《上曾中堂书》，同治元年，赵春晨编：《丁日昌集》下册，上海古籍出版社2010年版，第870—871页。

⑫ 《沥陈广东厘务情形折》，同治二年十一月十六日，《毛尚书（鸿宾）奏稿》卷11，沈云龙主编：《近代中国史料丛刊正编》第61辑，第1107—1115页；《沥陈广东厘务情形折》，同治二年十一月十六日，梁小进编：《郭嵩焘全集》第4册，岳麓书社2012年版，第49—52页。

其四，粤省积弊日久的吏治给晏端书带来了不少麻烦。"地方大吏本乏推行尽利之术，而绅商则习为巧伪，官吏则甘坐卑污，流风所染，涤荡实难。"①受贿官员作为既得利益者，当然不会积极配合晏端书整顿厘务。所以省城厘务总局开办时，晏端书下令让"司道设局与奏派委员传集客商酌议章程。其时委员呼应不灵，司道又莫肯任事，迟至三月之久始定分行承总包缴之局。"②

其五，虽然英法殖民者已从广东撤军，但粤省厘捐"亦时为洋人所牵掣"。当时广东"所有省河扼要海口，其地全属之洋人，而香港尤为行户屯聚之地，一二大行店，皆移设香港，以图倚附，夷人便其私计，一切劝捐抽厘从不敢一过问，其有意规避捐输者亦多寄顿香港，希图幸免统计出入各货，凡大宗经纪，皆由香港转输"，"至广东则买卖人等，往往恃夷人为鳌援，借轮船为快捷方式，有不便于己者，辄勾通夷人，横生枝节，遂使情法两穷，甚或捏造情节，铺张事实，刻入新闻纸，既以鼓励洋人之议，又以炫惑远近之人听闻，官不畏考成而畏挟制，绅不为清议而畏流言。凡属捐输厘金与绅商富民有相关涉者，造言阻挠为尤甚"③。

其六，同治元年（1862）至二年（1863）间，粤省军情迭起，如粤西地区贼匪横行，高州信宜县城为农民起义军占据多时；肇庆地区又有土客械斗，这些都对粤省商贸产生了一定的影响，故厘金收入亦随之减少。

其七，晏端书个人行政能力尚不足以整顿纷繁复杂的粤省厘务。郭嵩焘曾就晏端书督办厘务一事评价到："粤厘，特举也，而实正办。彤公廉谨，然无任事之力，无审机之才，又气局稍褊，不能用人。广东厘务积弊太深，会城黄雾四塞，自非豪杰特识则艮其限、列其夤，而危在熏心，蒙窃虑之。原疏派员会办，当为主谋赞画，岂谓仅资差委者耶！璞山循良之吏，责之理财，非所能任。"④

## 二、毛鸿宾时期的广东厘金制度（1863—1865）

毛鸿宾，字寄云，山东历城人，道光十八年（1838）与曾国藩同中进士，成莫逆之交，咸丰十一年（1861）开始担任湖南巡抚⑤，在湘军添募丁勇，筹饷备械的过程中起到重要作用。郭嵩焘，字筠仙，湖南湘阴人，为官清廉，曾在山东设局举办抽厘。毛、郭二人相交匪浅，毛鸿宾在京城因欣赏郭嵩焘的文采，主动与之结交，任湘抚后又将郭招入幕府⑥，故二人一起共事应能相互配合，相得益彰。

---

① 《缕陈广东大概情形疏》，同治二年七月二十四日，梁小进编：《郭嵩焘全集》第4册，岳麓书社2012年版，第18—19页。

② 《缕陈访闻粤东情形折》，同治二年六月十三日，《毛尚书（鸿宾）奏稿》卷10，沈云龙主编：《近代中国史料丛刊正编》第61辑，文海出版社1976年版，第997页。

③ 《沥陈广东厘务情形折》，同治二年十一月十六日，《毛尚书（鸿宾）奏稿》卷11，沈云龙主编：《近代中国史料丛刊正编》第61辑，文海出版社1976年版，第1107—1115页；《沥陈广东厘务情形折》，同治二年十一月十六日，梁小进编：《郭嵩焘全集》第4册，岳麓书社2012年版，第49—52页。

④ 《致曾国藩》，同治元年五月初七日，梁小进编：《郭嵩焘全集》第13册，岳麓书社2012年版，第73—76页。

⑤ 《清实录广东史料》第5册，同治二年五月二十一日，广东省地图出版社1995年版，第236页。

⑥ （清）赵烈：《能静居日记》第3册，同治六年六月十九日，台湾学生书局1964年版，第1890页。

### （一）旧有厘务的整顿与新厘厂的开办

毛、郭两人到任后虽然仍按晏端书所立旧章征厘，但针对过去的弊端亦采取一些整顿措施：

第一，对厘金局卡的人事进行调整。广东厘金重归粤省督抚办理后，之前受曾国藩委任前来办理厘金的丁日昌、蔡应嵩等人，陆续销差离粤。于是毛、郭二人对督办厘务总局、厘务分局的人员重新进行了安排，由广东布政使吴昌寿会同前派各员督办总局，司道屠继烈督办分局。另外，命前江西福安县陈朴接办白沙厂①。

第二，整顿厘卡事务。如芦苞厂，"厘局诸公言，司事不开报，例由委员自请。此次拟派三数司事一往，似亦可行。"②

第三，整顿行户包抽，裁撤行户私卡。"现在将总抽之法，酌量变通，如有呈报不实及隐匿遗漏者，分别酌增补办，以昭公允"。"其有各行户于水口立私卡，侵碍官厂，影射行商，藉以充抵门市坐厘等弊，概行查明禁革。"③

同时，自同治三年（1864）起，原只征收行厘的白沙、芦苞两厂，也开始兼办坐贾厘金④。厘厂征收坐厘，一般是在商货运到之时进行征收，并填给厘票。票为两联，一为收照，给商收执，一为存根⑤。

不过，毛、郭二人认为"坐贾之厘不逮行商远甚，即再加扩充为数，亦属有限"，故决定增设官办厘厂，提高行厘收入，"除已经设立官厂之处无事更张外，其余水陆各要隘，有应行添设厘卡者，查明酌量添设，其外府州县未经举办之处，亦拟次第开办。"⑥由于此时粤省境内的农民起义基本被平息，故毛鸿宾、郭嵩焘对于在各地增设官卡行厘还是比较乐观的，认为"从前地方不靖，恐民间聚众阻挠，今各路次第勘定匪徒，咸知敬惧，谅不敢再肆诪张，果能逐渐推行，当不患其终无起色。"⑦

然而，官府随后在各地增设厘厂厘卡的过程并不顺利。首先，原已设立多个厘厂的广州府，虽在同治三年（1864）又设驻了增城县新塘厘卡，征收东江下游一带行厘⑧。但是年毛、郭两人在奏折中提到，该府"石龙、西南、九江、三多祝各处巨镇，无虑十余处，省河下游各国贸易及牛庄、烟台、江浙、福建之海船，尤为厘捐巨款，皆以举办艰难，未

---

① 《致毛鸿宾》，同治二年，梁小进编：《郭嵩焘全集》第13册，岳麓书社2012年版，第113—116页。

② 《致毛鸿宾》，同治三年，梁小进编：《郭嵩焘全集》第13册，岳麓书社2012年版，第122页。

③ 《沥陈广东厘务情形折》，同治二年十一月十六日，《毛尚书（鸿宾）奏稿》卷11，沈云龙主编：《近代中国史料丛刊正编》第61辑，文海出版社1976年版，第1107—1115页；《沥陈广东厘务情形折》，同治二年十一月十六日，梁小进编：《郭嵩焘全集》第4册，岳麓书社2012年版，第49—52页。

④ 《广东历年办理厘务出力各官绅请奖疏》，同治四年十二月初五日，梁小进编：《郭嵩焘全集》第4册，岳麓书社2012年版，第609—613页。

⑤ 罗玉东：《中国厘金史》，中华书局2010年版，第113—114页。

⑥ 《沥陈广东厘务情形折》，同治二年十一月十六日，《毛尚书（鸿宾）奏稿》卷11，沈云龙主编：《近代中国史料丛刊正编》第61辑，文海出版社1976年版，第1107—1115页；《沥陈广东厘务情形折》，同治二年十一月十六日，梁小进编：《郭嵩焘全集》第4册，岳麓书社2012年版，第49—52页。

⑦ 《沥陈广东厘务情形折》，同治二年十一月十六日，《毛尚书（鸿宾）奏稿》卷11，沈云龙主编：《近代中国史料丛刊正编》第61辑，文海出版社1976年版，第1107—1115页；《沥陈广东厘务情形折》，同治二年十一月十六日，梁小进编：《郭嵩焘全集》第4册，岳麓书社2012年版，第49—52页。

⑧ 民国《增城县志》卷6《财政·岁入》，民国十年刻本。

敢强行。"①

而在之前官府尚未委员开办或主持厘务的粤西诸府，所遭遇到的阻力更大。据上揭文，咸丰六年高州地方官绅在电白县设立了水东厘厂，征收进出口货厘，到了咸丰七年（1857）安铺地方亦开始设卡征收洋药厘金，弥补当地经费；随后不久，雷、廉二府的地方官绅亦陆续开始在当地设厂抽厘：

> 雷、廉各属名曰西海。沿西海府、县地势椭长，内界广西、琼州，又南悬海外，所产糖靛、桂皮，贩运各省，为出海大宗。廉州海口最著者，名曰北海；雷州海口最著者，名曰海安；地方设卡抽厘，据为私利已阅数年。②

同治三年（1864），原在西江做乱的匪徒已基本肃清，另一方面湘军攻陷天京后，太平军余部流窜至闽粤交界，粤东防务一时变得紧张起来。为了扩充饷源，弥补军费，毛鸿宾、郭嵩焘二人于是派员前往高雷廉钦琼地区"因地方私厂之旧，裁撤整顿，添设海西分厂"，但却遭到了当地商民的强烈抵制。有大臣闻讯后即向清廷建议裁撤廉州府北海厘厂，毛、郭二人于是奏到：

> 海西添设之厂，又惟抽收出进海口之桂通、青靛、油麸、棉花、沙纸、糖包等共八大宗，此外百货皆无厘捐，其抽收既他省为轻，其办法又视他省为略，苟且将就，以图无事。言者更欲裁撤北海厘捐。臣等不解，何以私收营利，办理数年，官吏竟能相容，改归官抽，商民已肆其阻难，京师且传为过举。前访闻新选长宁县教谕王师祥主谋滋事，经委员候补知府吕铨禀揭有案，已咨部将该教谕暂行斥革，研讯确情，归案拟办。原奏称尚未得主名，一似指陈前后厘捐情形，而于此等案由，竟全无所闻，可见传闻无实之辞，影射趋避，挟私求逞，断难凭信。恐部臣或照案拟，准责成裁撤，致商民藉端以相抗拒。臣等虽能据情奏请照旧办理，而政体之伤损已多。③

然而，清廷最终还是下旨要求裁撤廉州府厘厂，郭嵩焘得悉后大感"愤懑"④。

## （二）粤厘协饷的结束

毛、郭二人到任后虽然积极整顿粤省厘务，但官府厘金收入仍旧没有太大起色，"合省厘金极旺之月，收银不过七八万"⑤，与晏端书时相差无几。故粤厘能够给予湘军军需的支持依然是有限的。同治三年（1864）五月，曾国藩向曾国荃提到：

> 接胡莲舫咨，广东解银四万八千零至金陵大营，不知到否？自贼窜江西，余即寄信与云仙，恐江右道梗，请将粤饷全由海道径达上海，以解金陵。云仙之复信早已接

---

① 《广东办理厘捐情形片》，同治三年十月初九日，梁小进编：《郭嵩焘全集》第4册，岳麓书社2012年版，第204—205页。

② 《广东办理厘捐情形片》，同治三年十月初九日，梁小进编：《郭嵩焘全集》第4册，岳麓书社2012年版，第204—205页。

③ 《广东办理厘捐情形片》，同治三年十月初九日，梁小进编：《郭嵩焘全集》第4册《奏稿四》，岳麓书社2012年版，第204—205页。

④ 《同治三年十一月廿六日》，梁小进编：《郭嵩焘全集》第9册《日记二》，岳麓书社2012年版，第39页。

⑤ 《粤东厘金目前万难协济陕甘片》，同治四年五月二十七日，梁小进编：《郭嵩焘全集》第4册，岳麓书社2012年版，第409—411页。

到，而饷则至今未到，粤厘日见日减，良可深虑。①

粤厘不仅每次协款数额少，而且协济周期也不稳定，于湘军来说宛如"鸡肋"。所以曾国藩在同治三年（1864）三月上奏清廷："一俟军务稍定，臣即当奏明先还广东七成之厘，次罢湖南东征之饷，断不肯久假不归，蹈专利之陋习而不自觉，此心筹之熟矣。"②同时，粤省督抚屡以度支艰窘为由，希望可以停止对各省协饷③。

同治三年（1864）六月，湘军攻陷天京，历时十余年的太平天国运动宣告失败，停止粤厘协饷之事也开始提上日程。七月二十九日，曾国藩奏请"所有广东厘金，截至本年八月三十日止，全充本省兵饷，毋庸再解臣营"，"此项厘金，自元年七月起至本年四月止，除留归该省军需局外，实解皖营及浙江军营一百一十万两，若截至八月底，当在百二十万以外"，"将粤厘照一百二十万两之数，加广东省文武乡试永远定额各四名。"④八月，清廷下谕允准增加广东文武乡试中额，但却以"裁勇之欠饷，征兵之口粮，需款仍巨"为由，让粤厘继续筹解湘军，"俟各营饷项稍充"，再由曾国藩奏请停办⑤。

此外，天京克复后，太平天国将领李世贤、汪海洋率余部南窜至闽粤交界，继续做乱，粤东边界警报频起。故曾国藩接到清廷暂缓停解粤厘的寄谕后，马上致信郭嵩焘，提到"此时本省三成，万不敷用，请阁下与寄帅商酌，江、粤各分一半"⑥。同时，毛鸿宾亦以防务吃紧，用度匮乏为由，截留京饷以供应军需⑦，并希望清廷"准如两江督臣曾国藩之请，将七成厘金全数留粤，以充军饷"⑧。

清廷接到毛鸿宾截留京饷的奏疏后下谕，要求广东不得截留本年应解京饷及粤海关欠解银，但允许暂时挪用地丁银一半并盐课帑息银，粤省援江、皖厘金七成内准留四成，以

① 《致沅弟》，同治三年五月二十三日，湖湘文库编辑出版委员会：《曾国藩全集》第21册，岳麓书社2011年版，第291页。

② 《沈葆桢截留江西牙厘不当仍请由臣照旧经收充饷折》，同治三年三月十二日，湖湘文库编辑出版委员会：《曾国藩全集》第7册，岳麓书社2011年版，第291页。

③ 《沥陈广东度支艰窘请缓解协拨各款并现催张运兰一军赴闽疏》，同治三年六月初十日，梁小进编：《郭嵩焘全集》第4册，岳麓书社2012年版，第133—139页。

④ 《奏请停解广东厘金并加广该省学额中额折》，同治三年七月二十九日，湖湘文库编辑出版委员会：《曾国藩全集》第7册，岳麓书社2011年版，第347—348页。

⑤ 《粤厘充饷有功准加广东文武乡试中额并饬暂缓停征以应军需》，同治八年八月十四日，湖湘文库编辑出版委员会：《曾国藩全集》第7册，岳麓书社2011年版，第348页。

⑥ 《复郭嵩焘》，同治三年八月十九日，湖湘文库编辑出版委员会：《曾国藩全集》第28册，岳麓书社2011年版，第117—118页。

⑦ 《截留京饷以供军需片》，同治三年八月二十一日，《毛尚书（鸿宾）奏稿》卷14，沈云龙主编：《近代中国史料丛刊正编》第61辑，文海出版社1976年版，第1383—1388页。

⑧ 《请留七成厘金充饷片》，同治三年九月十七日，《毛尚书（鸿宾）奏稿》卷14，沈云龙主编：《近代中国史料丛刊正编》第61辑，文海出版社1976年版，第1401—1404页。

备粤省防剿之用①。曾国藩则向毛鸿宾表示"如尊处军事紧急，尽可全留本省"②。

十月，曾国藩、毛鸿宾又先后奏请将广东厘金全数留粤③。十一月，清廷下谕："嗣后广东厘金即着该省全数截留，俟军事稍平，再行酌解曾国藩军营弥补欠饷。"④至此，为时两年的粤厘协饷终于结束。

## 三、瑞麟时期的广东厘金制度（1865—1874）

同治四年（1865）二月，毛鸿宾因湖南巡抚任内失察等案被革职，改由吴棠任两广总督。吴棠到任前，由瑞麟署理两广总督⑤。瑞麟，字澄泉，满洲正蓝旗人，先后任热河都统、广东将军，从同治四年（1865）开始出任两广总督，一直到同治十三年（1874）在任上病逝，前后主政两广近十年时间，曾与郭嵩焘、蒋益澧、李福泰、张兆栋等广东巡抚共事。

### （一）太平军余部的侵扰与潮、嘉地区的设厂抽厘

天京陷落后，太平军余部于同治三年（1864）下半年南窜至闽、粤边界后，屡屡进犯广东潮州、嘉应等地，毛鸿宾、郭嵩焘不得不委派方耀、李福泰等人领粤军到潮、嘉一带驻防，在抗击太平军余部侵扰的同时，伺机进剿。同治四年（1865）五月以后，瑞麟派员在潮州府城内外（位于海阳县）以及嘉应州大埔县三河壩设置厘厂，各厂征得厘款连同汕头洋药厘金，均用于潮州防堵经费。而整个潮、嘉地区的厘务由时任惠潮嘉道张铣总理⑥。至同治五年（1866）初，在左宗棠所率湘军的配合下，太平军余部在嘉应州被基本剿灭。

然而在剿匪期间，在潮、嘉地区所征得的厘款，对粤军军需的补给实属有限。同治四年（1865）底，率军赴粤作战的左宗棠来到大埔县，"晤潮郡官绅士民，询及潮郡厘税"，被告知"杂货之厘、洋药之厘、汕头行厘、船捐"一年仅得三万余两，"不足六千人一月之饷也"。对此，左宗棠在奏折中认为："潮州为粤东腴郡，而厘税之少如此，外此已可类推。闻海关各口所收，每岁不下二百万两，其解京之数无从稽考。此项若能由督抚臣设法

---

① 《广东厘金照旧征解裁勇补兵着照所议仍饬访查洪福瑱下落扫除余匪并指示处理伪听王陈炳文投诚事宜及防剿鄂皖残贼》，同治三年九月二十八日，湖湘文库编辑出版委员会：《曾国藩全集》第7册，岳麓书社2011年版，第493页。

② 《复毛寄云》，同治三年，中国社会科学院近代史研究所资料室编：《曾国藩未刊往来函稿》，岳麓书社1986年版，第141页；《复毛鸿宾》，同治三年十月十五日，湖湘文库编辑出版委员会：《曾国藩全集》第28册，岳麓书社2011年版，第199—200页。

③ 《江粤盐厘请酌实分解诸处济军片》，同治三年十月二十二日，湖湘文库编辑出版委员会：《曾国藩全集》第8册，岳麓书社2011年版，第69页。

④ 《广东江西厘金各归本省经收苏皖盐务厘卡所入仍照旧拨解曾国藩提用》，同治三年十一月初五日，湖湘文库编辑出版委员会：《曾国藩全集》第8册，岳麓书社2011年版，第70页。

⑤ 《清史列传》第12册《毛鸿宾》，中华书局1987年版，第3809页；《清实录广东史料》第5册，同治四年二月十六日，广东省地图出版社1995年版，第292页。

⑥ 《潮州近闻》，《中外新闻七日录》同治五年六月廿九日；据《玉池老人自叙》，梁小进编：《郭嵩焘全集》第15册，岳麓书社2012年版，第774—775页，潮州厘务因"潮州距省太远，久成化外，不敢率意经营。直至张寿荃署惠潮道，始以任之"，又据《派委张铣署理惠潮嘉道疏》，同治四年五月初七日，梁小进编：《郭嵩焘全集》第4册，岳麓书社2012年版，第378—379页，可知张铣于同治四年五月以后才任惠潮嘉道，故潮、嘉各厂开办时间应在这之后。

筹办，于正供固期无误，而于该省筹饷大局实裨非浅。"①此前，左宗棠已就粤省拒绝为外省兵勇供饷以及粤军作战不力的问题，多次向清廷奏参，暗指广东督抚用人、办事不力，故与两广总督瑞麟、广东巡抚郭嵩焘日生龃龉②。左宗棠关于潮州厘款短少的指摘进一步引起了郭嵩焘不满，郭在给曾国藩信中认为左宗棠此折"犹为丧心病狂"，其目的是希望借此向朝廷举荐浙江布政使蒋益澧来取代自己担任广东巡抚③。而关于潮州厘金征收所得不甚理想的原因，郭嵩焘在多年后的自叙中解释到："某公知潮州厘捐之少，而不知潮州开办之独迟。张寿荃固言潮州绅民可以顺道而不可强制，但邀允准，陆续犹可增加。贼势方急，而与绅民相持，此危道也。"④

潮州府虽早在咸丰年间就已开征洋药厘金，督抚亦委员前往经理整顿，但由于潮州府离省城路程遥远，同时咸同之际广东督抚的重心主要还是放在解决省城及港澳地区的英法殖民者问题和平定粤西地区的农民起义上，故潮、嘉地区事务往往被置于次要地位，洋药厘务难有起色亦能够想象；同治四年（1865）潮、嘉设厂抽收货厘，从开办到左宗棠剿灭太平军为止，前后仅数月，各项制度以及人事安排仍处于草创阶段，同时战乱对当地商贸必定造成了一定的影响，加上闽粤交界的商人在地方上势力颇大，官府骤然抽厘，与之必定时有摩擦，暗相较劲，故一开始所征厘款短少亦实属合理。左宗棠对潮州厘务的指摘，一方面是源于他对近数年来粤省省情的不了解、不熟悉，但更深入层次的原因，可能正如郭嵩焘所言，左宗棠与瑞麟、郭嵩焘交恶后，在不断寻找机会对两人进行参劾，并借此引荐交好的蒋益澧等人来粤取代郭嵩焘，方便自己行事。

由于任粤抚期间先后与毛鸿宾、瑞麟、左宗棠交恶，"心灰意冷"的郭嵩焘于同治四年（1865）底向清廷奏请调任⑤。同治五年（1866）二月，清廷以蒋益澧代替郭嵩焘为广东巡抚⑥。是年六月前后，因商力疲乏，潮州府城内外以及三河坝的各厘厂被撤销⑦。汕头地区的洋药厘金征收得到了保留，但却屡遭驻扎在当地的外国领事阻挠，经瑞麟向领事说明洋药厘金"只向华商征收"，"洋商运到口岸洋药，如未经售卖，不征厘税；若一经出售，即为中国货物，厘金征自华商之手，与洋商毫无干涉，自应照章征收"后⑧，汕头洋药厘金的征收应较之前要顺利。

① 《左宗棠全集》，《奏稿二》，《陈明广东兵事饷事片》，岳麓书社2009年版，第308—309页。

② 关于郭嵩焘与左宗棠的恩怨关系，特别是两人交恶的经过，以及郭、左两人与瑞麟交恶的经过，可参见刘永华：《左宗棠传信录》，岳麓书社2017年版，第192—240页。

③ 《复曾国藩》，同治六年五月十八日，梁小进：《郭嵩焘全集》第13册，岳麓书社2012年版，第206页。

④ 《玉池老人自叙》，梁小进编：《郭嵩焘全集》第15册，岳麓书社2012年版，第774—775页。

⑤ 郭嵩焘在同治七年四月十三日的日记中提到："在粤两年，为毛寄云、瑞澄泉两君屈抑过甚，此但坐一忌字，发愤一参，稍得自伸，而遽为左季高所陵，藉此蓄意援引蒋湘泉，但坐一私字。幸得归家矣。"参见梁小进编：《郭嵩焘全集》第9册，岳麓书社2012年版，第325—326页。

⑥ 《清实录广东史料》第5册，同治五年二月二十六日，广东省地图出版社1995年版，第345页。

⑦ 《潮州近闻》，《中外新闻七日录》同治五年六月廿九日。

⑧ 《复昌太守》，光绪三年三月初八日，欧阳辅之编：《刘忠诚公遗集》，《书牍》卷15，沈云龙主编：《近代中国史料丛刊》第26辑，文海出版社1976年版，第7565—7567页。厘税的"税"字"系指落地税而言，若关税则洋货于入口时已完纳矣。"参见原文注。

清同治年间广东厘金制度研究

### （二）广、韶、肇、惠四府厘金制度的完善

同治四年，广、韶、肇、惠四府官办厘务由于已办理数年，故征厘体系较为完备。瑞麟上任后，不仅继续在四府内增设厘厂，而且在盛产土丝的省、佛地区更是单独设立土丝厂进行征厘。同治五年（1866），新厘务章程和货物抽厘例则颁布后，原有的征厘程序和管理，得到了更进一步的规范。同治八年（1869）以前，四府主要征收的是内河百货（包括鸦片）行厘和坐厘，随后坐厘曾一度取消，改征埠厘。同治八年（1869）以后，为了筹解陕甘协饷，又重新恢复了坐厘的征收，并开始对省河进出口货物征收补抽厘。同时，由于进口鸦片的走私问题越来越严重，对鸦片厘税的征收造成严重影响，故瑞麟在新安、香山两县所属海口地方设立了多处专门征收洋药厘金的厘厂。

1.厘厂的增改和新厘务章程的颁布

同治四年（1865），瑞麟在西江开办大洲厘厂。同时，北江来省木箪商民，呈请芦苞厂于完厘时带抽护箪厘费，用作雇勇护送，每货银一两抽银一分①。

同治五年（1866），瑞麟、新任广东巡抚蒋益澧陆续增设了东江菉兰厂、石龙厂及石龙厂管辖之金鳌分卡，西北总汇之河口厂及河口管辖之马口、乌石冈二分卡②，并在河口、马口厘厂设大巡船三只，小巡船一只，舢板四只，在石龙抽厘设巡船九只，用作缉私③。设立巡船的经费一般来自于厘厂对货物的加抽④。

同治五年（1866）九月，省城厘务总局颁行了新的厘务章程和厘厂上下水货物抽厘例则。新章程在同治元年（1862）的基础上作了一些修改。关于行厘，章程规定到："凡行厘厂起票抽一次，验票抽一次，均照新刊则抽收，无论经过几处，行厘厂总以一起一验为率，余悉查验放行，不得多抽"；各府州、县私自抽厘"照因公科敛入己者，并计赃以枉法论"；厘局（厂、卡）委员如果实心筹饷，经理得宜，由藩司衙门核详请奖；新的货物抽厘例则将征厘单位由制钱改作银，并在原来例则的基础上，将日用所需各货应征厘数按照时价以及比较湖南、广西等省例则进行了改订，且加重了对珍宝等件的征厘⑤。

是年，盛产生丝的省城和佛山分别设立了土丝厘厂，对土丝分上、中、下三等征收厘金，上等每百斤抽银四两九钱，中等每百斤抽银二两八钱，下等每百斤抽银二两四钱，抽缴一次后，再经行厘各厂免其重抽。但如果土丝不赴省、佛两厂，而在其他行厘厂报验的话，照省、佛两厂征收数额一半分"一起一验"抽收厘金。省城、佛山土丝厂一开始是作为专抽土丝厘金，但到后来也慢慢开始附收其他的货厘，如绒线在同治九年（1870）改归

①广东清理财政局编：《广东财政说明书》卷6《第六类·厘金》，《广州大典》第320册，广州出版社2015年版，第431b页。

②广东清理财政局编：《广东财政说明书》卷6《第六类·厘金》，《广州大典》第320册，广州出版社2015年版，第431b页。原文注：乌石冈每年春初水涨，雇船前往停泊，秋末水涸即行撤回。

③光绪《广州府志》卷74，《经政略五》，清光绪五年刊本。

④如同治元年，晏端书批准惠州府知府华定祁等添设巡船水勇，轮流护送上下水客货船只的请求，由白沙厘厂和后来开设的菉兰厘厂，将东江上下水货船每货银一两约计抽银一分，作为护送客帮船勇口粮，余银解赴厘务局。参见广东清理财政局编：《广东财政说明书》卷6《第六类·厘金》，《广州大典》第320册，广州出版社2015年版，第442b页。

⑤广东全省厘务局编：《广东各厂上下水货抽厘例则》，《广州大典》第323册，广州出版社2015年版，第685—686页。

官办后，由省、佛土丝两厂带抽，每百斤抽银一两四钱四分；又如铅、锡两款亦在光绪三年（1877）改由省、佛土丝两厂带抽。值得注意的是，土丝厂带抽的这些货物，一般是参照土丝章程，一次抽缴，无分起验，但如在行厘各厂报完者，则照土丝厂额数各半起验分抽[1]。

同治七年（1868），为了节省"靡费"，韶州分局被裁撤，东、西关、河西尾三厂厘务改归韶州府进行督办[2]。

### 2.坐厘的废复和埠厘的开征

同治五年（1866），广东巡抚蒋益澧专折奏免厘金数十款，粤省"贾棕感德，市廛腾欢"[3]。这次奏免的主要是坐厘。当时省城、佛山、陈村、江门等处的坐厘征收"向由商贾或绅衿暗地把持，包缴坐贾，往往浮取商人，较官抽或加数成，或加一倍，不免徒滋中饱，未能涓滴归公，而商贾受其抑勒，尤为利少弊多"，故首先将江门、陈村等处坐贾，概行停免。然后在省城和佛山"择其本小利微者，先行刊示，酌免九十八行。"[4]但同时开始在江门、陈村、佛山三地设立了厘厂，征收行厘[5]。如江门地方，由厘金总局委员前来设立江门厘厂，并附设东口、西口、会河三分卡，征收"一起一验"行厘。但江门厘厂开办后"总无船到，无货可抽"，而且开办仅数日后就遭到了毁坏。再次担任新会知县的聂尔康向广东巡抚蒋益澧分析到：江门地方"路路可通，无要可扼"，过往货船往往可以绕越，而且进出口费时甚久，各厘厂卡又相距甚近，反复抽厘，一货往往至三抽、四抽、五抽，所以商船多不愿意进入江门地方。蒋益澧得知后马上批复："凡江门往来货物，无论进口出口，均只抽收一起，免抽一验，以免商贩裹足观望。"[6]

是年九月，厘务总局颁布的新章程和抽厘例则提出，对已设厂开征行厘的江门、陈村、佛山改征埠厘，作为对免征坐厘的弥补，原设的行厘厂亦改称为埠厘厂。埠厘的征收，即由埠厘厂对当地入口、出口货物，照新刊例则减半各抽一次，无论转贩几处，埠厘厂总以抽过进口、出口各一次为限，此埠如已抽足两次者，彼埠亦不再抽。另外，行厘与埠厘各不相混，已纳行厘者到埠，仍纳埠厘，已纳埠厘者，往各江仍纳行厘。惟有后沥、四会、芦包、白沙四厂有向来带抽竹篾等十行之厘，各埠厂概免再抽验照[7]。到了同治六年（1867），省城、佛山所有行店不再需要缴纳坐厘[8]。

但到了同治七年（1868）十月，清廷为筹拨左宗棠西征军饷，下谕广东等省督抚查核"各该省厘金，除必需之款酌留接济外，每省每月究可提存若干，迅速复奏，听候指拨"；又谕"广东从前抽厘济饷，坐贾行商一律征收，集款甚巨。自蒋益澧改为止征行商不征坐贾，遂至走漏包私，利归中饱，收数大不如前"，让瑞麟"体察情形，应如何将抽厘章程

① 广东厘务总局编：《广东续辑厘务章程》，《广州大典》第323册，广州出版社2015年版，第720页。

② 刘坤一等修：《两广盐法志》卷14《厘金》，《广州大典》第327册，广州出版社2015年版，第342页。

③ 《拟请建蒋芗泉中丞专祠议》，王韬：《弢园文录外编》卷7，上海书店出版社2002年版，第165页。

④ 广东全省厘务局编：《广东各厂上下水货抽厘例则》，《广州大典》第323册，广州出版社2015年版，第685页。

⑤ 《禀抚宪》，聂尔康：《冈州再牍》卷2，《广州大典》第341册，广州出版社2015年版，第397—400页。

⑥ 《禀抚宪》，聂尔康：《冈州再牍》卷2，《广州大典》第341册，广州出版社2015年版，第397—400页。

⑦ 广东全省厘务局编：《广东各厂上下水货抽厘例则》，《广州大典》第323册，广州出版社2015年版，第685—686页。

⑧ 广东省政府财政厅编：《广东财政要览》乙部《广东省省库税收·厘金》，广东省立中山图书馆藏民国十八年七月陈铭枢序刊本。

变通整顿之处，妥筹办理"①。

为了防止商民偷漏应纳厘款，增加厘金收入，筹解西征军饷，同治八年（1869），省城、佛山、陈村等地开始恢复坐厘的征收，同时亦陆续取消了埠厘的征收。省城、佛山、陈村三地坐厘的征收与同治六年（1867）之前一样，由各行商就商贾情形酌定后，认数呈缴；其他地区的行店坐厘，则陆续开始由官办厘厂带抽②，按照同治五年（1866）所定例则五成，不分起验，一次抽缴，但江门厘厂则按与当地行店商定数额征收③。省、佛、陈行商不肯认缴的货物，也由厘厂带抽坐厘④。

3.补抽货厘的开征

由于当时海运盛行，轮船日增，大帮货物多由海道绕越，而香港、澳门轮船载运在省河、陈村、佛山、江门海口进出的货物，向不完厘，故同治八年（1869）厘务总局决定对此类货物进行补抽。首先，在省城厘务总局内附设了补抽货厘公所，接着又让佛山、陈村、江门三厂一律补抽海口货厘⑤。一开始，补抽货厘的征收方式与当地的坐厘的征收十分相似，"省城、佛山、陈村均照从前坐贾章程，由各行认数承缴，一应抽收章程，各就商贾情形酌定，与厘则不同"，"江门补抽局虽仿照行厘验货抽缴，惟抽收各货大都仍照从前商办坐贾包缴章程，亦与厘则不同，各款均应照旧办理"⑥，最后，坐厘与补厘均汇缴到当地的补抽厂。发展到后面，陈村补抽厘则从最初的各行商认缴，改由补抽厂验货补抽；佛山除土丝外，补抽厘和坐厘一直由各行商认定饷额，照数解缴，不再验货补抽⑦。而随着补抽厘的征收，烟、酒两项货物亦被纳入到了征厘的范围⑧。

同治十一年（1872），瑞麟先后设立了横门补抽丝茶货厘厂，由绅包办的鹤开茶货厘金分局及该局管辖的坡山分厂。同治十三年（1874），又设立了磨刀口补抽丝茶货厘厂⑨。横门、磨刀口两厂对没有在内河报验缴厘的土丝，照省佛章程分别查验补抽；"鹤山开平等处土茶贩赴澳门出口者，由鹤开、坡山两厂每百斤抽银四钱五分，再经横门、磨刀口外海两厂，查有未经完厘者，照鹤开一律每百斤补抽银四钱五分。"⑩

4.新香洋药厘厂的设立

同治初年，从广东省河进口的鸦片在缴纳关税后，售与华商运往内地，然后由沿途各厘厂卡对华商抽收厘金。同治四年（1865）六月以后，广东官府开始征收洋药帖饷，并设

① 刘坤一等修：《两广盐法志》卷14《厘金》，《广州大典》第327册，广州出版社2015年版，第342页。

② 如芦苞厂、河口厂、马口厂、后沥厂、四会厂、白沙厂。《广东省同治九年上半年收解厘金数目折》，同治九年八月二十六日，台湾"故宫博物院"藏军机处档折件，档案号：102802。

③ 广东厘务总局编：《广东续辑厘务章程》，《广州大典》第323册，广州出版社2015年版，第718页。

④ 广东清理财政局编：《广东财政说明书》卷6《第六类·厘金》，《广州大典》第320册，广州出版社2015年版，第432b页。

⑤ 广东省政府财政厅编：《广东财政要览》乙部《广东省省库税收·厘金》，广东省立中山图书馆藏民国十八年七月陈铭枢序刊本。

⑥ 广东厘务总局编：《广东续辑厘务章程》，《广州大典》第323册，广州出版社2015年版，第718页。

⑦ 广东省政府财政厅编：《广东财政要览》乙部《广东省省库税收·厘金》，广东省立中山图书馆藏民国十八年七月陈铭枢序刊本。

⑧ 民国《广东通志未成稿》第38册《税收一》。

⑨ 广东清理财政局编：《广东财政说明书》卷6《第六类·厘金》，《广州大典》第320册，广州出版社2015年版，第431b页。

⑩ 广东厘务总局编：《广东续辑厘务章程》，《广州大典》第323册，广州出版社2015年版，第720—723页。

洋药帖饷卡，兼抽洋药厘金。不久，帖饷卡又改办为省河洋药厘厂①。然而，这一时期中外鸦片商人以香港、澳门为依托向广东走私鸦片的现象非常严重。有鉴于此，为了疏导走私鸦片走入正轨，增加地方厘税收入，两广总督瑞麟在同治五年（1866）规定，华商民船载运洋药至东莞、顺德、香山和开平四处，只需缴纳低额厘金，就能销行内地。但洋药走私的现象并没有因此得到好转，历年以来洋药厘金岁入并没什么增色。瑞麟等人认为这是由于"洋药发源海口，一入腹地，则港汊纷歧，奸商私贩绕途偷越，防不胜防"，所以同治七年（1868）与英国驻广州领事布鲁克·罗伯逊爵士（Sir Brooke Robertson）商议后，决定在新安、香山两县属海口地方分段设厂，专抽民船载运的洋药厘金，并随即派文武员弁前往新香地区查勘。是年六七月间，新香各厘厂陆续开办，"以九龙寨为总厂，以汲水门、佛头洲、沙田、渡口、长洲、榕树湾、前山、石角、关闸九处为分厂，并派拨轮船巡艇常川驻扎，梭织巡查。一面出示晓谕商民，赴总厂报抽厘金，发给印花印票后，此外经过各处厘卡，只须验票放行，免其重纳"，每箱洋药抽收十六两厘金。开办一年后，"除局用巡船经费外，陆续报解厘金共银二万六千七百五十余两，倍于历年各厘厂带抽之数"②。

当初，瑞麟决定在新香海口地方设厂后，于同治七年（1868）二月十一日派署大鹏协副将彭玉前往澳门拜访澳门总督柯邦迪（José Maria da Ponte e Horta），并向柯邦迪呈送了一封公文，表明了瑞麟希望在香港和澳门周边设置洋药厘厂的意图。柯邦迪表示自己对此不能接受，认为此举是在蚕食葡萄牙人在澳门的"主权"，但决定委派使团前往广东省城与瑞麟当面商谈此事。澳门使团于是年二月二十五日抵达省城，次日中午与瑞麟进行了会面。使团向瑞麟表示"基于现在葡萄牙与中国的关系，（澳门）总督阁下唯一的回答只能是允许在（距离澳门）三海里之外的范围内设立海关，这样的距离既能起到监察作用，也不会严重损害我方的'自主权'"。瑞麟回答到："虽然本人对尊敬的澳门总督所做出的关于设立海关一事的回答十分满意，但该计划想要现在实行还面临一定的困难。最主要的困难便是本人现在缺乏得力的下属。"③显然，双方没有在澳门附近设立厘厂的问题上达成共识。六月前后，苏沙（Sergio de Sousa）接替柯邦迪出任澳门总督一职，不久后，他就收到了瑞麟寄来的公文，内称在港澳周边设立洋药厘厂一事，北京方面已经取得了英国使者的认可，并很快会派专员到澳门洽谈相关事宜。苏沙试图以威胁"殖民地"的"领土"和炮台为借口，继续反对在澳门附近设立厘卡。但当他听闻香港四周的厘厂已经开始稽查走私洋药的情况后，亦不再反对在澳门附近设置厘厂，并在与瑞麟进行沟通后，很快达成了共识。七月初十日，彭玉再次来到澳门负责处理设厂事务。七月十八日，澳门附近正式设立厘厂④。

由于厘金税率只有正税税率的一半左右，大量洋药开始由华商民船载运至内地，不再

① 《广东试办牙帖缘由片》，同治四年，梁小进：《郭嵩焘全集》第4册《奏稿四》，岳麓书社2012年版，第523—525页；《各局厂建设所及距省道里》，广东全省厘务局编：《广东各厂上下水货物抽厘例则》，《广州大典》第323册，广州出版社2015年版，第679页。

② 陈诗启：《中国近代海关史》，人民出版社2002年版，第245—246页；莫世祥等译：《近代拱北海关报告汇编：1887—1946》，澳门基金会1998年版，第2—3页；《两广总督瑞麟等奏报试办洋药总抽厘金已着成效折》，中国第一历史档案馆等编：《明清时期澳门问题档案文献汇编》第3册，人民出版社1999年版，第27页。

③ 《中国政府在澳门设置稽查点查禁鸦片》，[葡]庇利喇著，韩婷译：《澳门的中国海关》，澳门学译丛2014年版，第47—49页。

④ 《致海外咨询委员会》，[葡]庇利喇著，韩婷译：《澳门的中国海关》，澳门学译丛2014年版，第4—5页。

前往洋关纳税，粤海洋关收入因此受到了影响。有鉴于此，同治九年（1870），总税务司赫德向总理衙门提议让香港、澳门附近所设厘卡并征洋药正税。瑞麟拒绝后，赫德表示"粤省既未便承办，只可独责其成"，提出"拟在香港之佛头门、九龙、汲水门、长洲、榕树脚五处，澳门之拱北湾、关闸、石角、前山四处设立公所，代关纳税"，并且"已由总税务司将各关巡查洋税之轮船调赴广东，其巡船已札粤海关税务司备齐，拟委副税务司布浪专司其事"。清廷为防止海关税务司染指非通商口岸的常关征税权，谕令瑞麟与粤海关监督自行商办开征洋药正税，"毋庸由该税务司办理"①。瑞麟与粤海关监督随即对新香地区原有的洋药税厘厂进行了整合。同治十年（1871），先后设立了汲水门、九龙、佛头洲、长洲、马骝洲、前山六厂并征洋药正税和厘金，其中长洲厂下设榕树湾分卡，前山厂下设关闸分卡（旱卡）、石角分卡、吉大分卡。另外，还设有新香洋药厘总厂综理以上各厂卡，总厂也分设有沙田分卡（旱卡）、全湾缉私分卡②。

### （三）高、廉、雷、琼四府设厂征厘的尝试

据上揭文，毛鸿宾、郭嵩焘曾委员前往雷、廉各府接管地方旧有厘厂以及开办新厘厂，但由于遭到当地商民的强烈抵制，最终只能撤厂停抽。瑞麟上任后，多次尝试派员前往高、廉、雷、琼四府设厂抽厘，但遭受到的抵制丝毫没有减少。如同治五年（1866），候补巡检沈委员到高州府吴川县梅菉隔塘庙开办抽厘厂时，"土匪打之，廿日罢市"，最后不得不停止抽厘③；瑞麟和蒋益澧在是年亦宣布停征高、廉、雷、琼四府厘金④。

同治八年（1869）以后，为了筹集陕甘协饷和补给广东本省海防经费，瑞麟又开始委员至高、廉、雷地区设厂抽厘。

广东海岸线漫长，港口众多，海防任务非常繁重，一直以来需要防范、围剿流窜于洋面进行劫掠的各路贼匪，咸同以后还要严防黄埔、澳门等处匪徒拐带人口出洋。到了同治十三年（1874），日本以同治十年（1871）琉球漂民事件和同治十二年（1873）日本备中州小田县漂民事件为借口，悍然入侵台湾地区⑤。清廷除委派沈葆桢赴台严密设防外，还在五月三十日下谕让各省沿海口岸"应一体设防，为未雨绸缪之计"，两广总督瑞麟等沿海各省大员"统筹全局，于各该省沿海地方形势详细体察，何处最为扼要，何处必当设防"，"务当悉心会商，妥筹布置，奏明办理"。⑥

鉴于旧有巡船多废而未修，在"船坚炮利，精益求精"思想的指导下，瑞麟于同治六、七年间向外国购买了多艘外国轮船，配以拖船、火炮，"遴员管带，于各洋面认真巡缉"。但面对日益严峻的海防形势，瑞麟认为原有轮船"委实不敷分布"，必须再次购置轮船，装备炮火。由于一艘外国轮船"价费至数十万金"，加上制造枪炮的经费，故这一时

---

① 《同治九年闰十月十四日总理衙门奏折》，宝鋆等修：《筹办夷务始末》，同治朝，卷79，沈云龙主编：《近代中国史料丛刊正编》第62辑，文海出版社1966年版，第7337—7343页。

② 《各局厂建设所及距省道里》，广东全省厘务局编：《广东各厂上下水货物抽厘例则》，《广州大典》第323册，广州出版社2015年版，第679—680页。

③ 光绪《梅菉赋志》不分卷《自叙·灾祥》。

④ 《复总署》，光绪二年二月初六日，《刘忠诚公（坤一）遗集》，《书牍》卷14，沈云龙主编：《近代中国史料丛刊正编》第26辑，文海出版社1966年版，第7445页。

⑤ 叶纲：《1874年清政府驱日保台斗争方略研究》，《南京政治学院学报》2009年第1期。

⑥ 中国第一历史档案馆编：《咸丰同治两朝上谕档》第24册，广西师范大学出版社1998年版，第168页。

期粤省海防的开销非常高①。同治中后期，粤省入款以地丁、盐课、厘金三项为主，其中地丁、盐课均有定额，故瑞麟只能向之前尚未开征厘金的府县派遣委员设厂征厘，以增加厘金收入，弥补海防经费。

然而，在粤西诸府设厂抽厘依旧"举步维艰"。厘务总局委员虽然成功地接办了原为地方官绅把持的水东厘厂和安铺厘卡，但同治九年（1870），廉州府北海地区有抽厘委员被杀②；同治十二年（1873）七月，高州府黄坡地方设厂征厘"以舆情不惬，旋罢"③。同治十三年（1874）四月，厘务总局委员到琼州设局抽厘，当地商民"始则不准委员登岸，既而拥入县署、道署及厘金局，殴伤委员，事遂中止"④。

面对这种局面，瑞麟在粤西各府改以海防经费名目筹集款项，遭受到的阻力明显减少。究其原因，一方面是由于当时粤西洋面海防形势日趋严峻，高、雷、廉、琼四府商行的进出口贸易因为海匪的窜掠受到了不同程度的影响，另一方面海防经费主要交由当地商人包抽，一定程度上可以免受委员的盘剥。以雷州府为例，海防经费的开办最初虽然与设厂征厘一样并不顺利，同治十一年（1872），瑞麟派往雷州府开征海防经费的委员，"被商民殴击，两次均半途而废。"⑤但到了同治十三年（1874），雷州府各县商人开始愿意缴纳海防经费，这主要是由于同治十二年（1873）冬，越南洋匪窜入粤省洋面进行劫掠，与越南相邻的粤西海域首当其冲，雷州各县商行的进出口贸易无疑受到了较大的影响。洋匪被官府水师剿灭后，雷州当地商民开始意识到整顿海防，添设轮船缉捕，某种程度上亦是在保护商民⑥。雷州海防经费由该府下设的海康、遂溪、徐闻三县，各自按季催收，批解军需总局，其中遂溪县赤坎埠每年认捐一千六百两，由当地闽、潮、广、雷四大商行行商轮月对该埠进出口货物参照海关税则，酌抽二成⑦。又如琼州府，厘局停办后，当地商民愿意改捐海防经费，由商人包办，"并似由各行户抽捐"⑧，"每年共认捐海防经费银一万三百两，除就近拨支巡防拖船薪粮等项外，余银解交善后总局凑支轮船经费"⑨。

① 《奏为粤东筹办海防需费紧要请将协济各省饷需暂停起解》，同治十三年五月十三日，台湾"故宫博物院"藏军机处档折件，档案号：115402。

② 民国《合浦县志》卷5《前事志》。

③ 光绪《吴川县志》卷10《事略》，光绪十四年刊本。

④ 《复总署》，光绪二年二月初六日，《刘忠诚公（坤一）遗集》，《书牍》卷14，沈云龙主编：《近代中国史料丛刊正编》第26辑，文海出版社1966年版，第7445页。

⑤ 《密陈雷郡办厘将酿事变》，徐赓陛：《不自慊斋漫存》卷3《司榷书牍》，《清代诗文集汇编》第751册，第417页。

⑥ 《奏为粤东筹办海防需费紧要请将协济各省饷需暂停起解》，同治十三年五月十三日，台湾"故宫博物院"藏军机处档折件，档案号：115402。

⑦ 《通禀抽收海防经费办理情形》，徐赓陛：《不自慊斋漫存》卷2《遂溪书牍》，《清代诗文集汇编》第751册，第392—393页。

⑧ 《致王雨庵》，光绪二年二月二十二日，《刘忠诚公（坤一）遗集》，《书牍》卷14，沈云龙主编：《近代中国史料丛刊正编》第26辑，文海出版社1966年版，第7448—7450页。

⑨ 《致俊星东》，光绪五年六月三十日，《刘忠诚公（坤一）遗集》，《书牍》卷16，沈云龙主编：《近代中国史料丛刊正编》第26辑，文海出版社1966年版，第7729—7731页。

# 结语

　　同治元年（1862），清廷委派钦差晏端书办理粤省厘务，为原本分掌于各方手中的厘权带来了整合的契机。虽然一年后，粤省厘务重新交由广东督抚负责办理，但省内厘权的统一已成定局，通省厘金制度的发展亦呈现了体系化的趋势。同时，同治年间广东厘金制度发展的背后实际上牵涉到了清廷、广东督抚、地方官绅、商民之间基于自身利益展开的一系列博弈，可以说广东厘金制度的实际运作是各方之间妥协、调适的结果。

# 澳门语言教学演变历程探究

叶农　宁有余

16世纪中叶，东来的葡萄牙人入居澳门，澳门成为了外国居民的聚居地，语言成为了外国居民与澳门华人以及外国居民之间交流的重要媒介。华人在澳门接触与了解以葡萄牙文为代表的外国语言，而外国居民也在澳门学习与掌握汉语。19世纪中叶，葡萄牙人逐步取得了对澳门的控制权，在澳门地区推行殖民统治，葡萄牙语成为了进行殖民统治的重要工具。澳门回归以后，澳门特区政府逐步掌握了澳门语言教育的主动权，为澳门的繁荣稳定奠定了基础。

从历史发展过程来看，澳门地区官方语言的演进及语言教学活动的开展，是随着澳门地区管制权的变化而转换的。反之，以语言教学活动为代表的学术话语权的变化，也反映了澳门管制权的转换。在葡萄牙人入居澳门之后，中文一直都是官方语言，葡萄牙语是葡萄牙人内部交流的语言。而葡萄牙人取得对澳门的管制权后，葡萄牙语成为了澳门唯一的官方语言。在澳门回归之前，通过中文地位官方化之后，中文取得了官方地位。在葡萄牙人入居与控制澳门期间，葡萄牙人实际上控制了澳门语言活动的主动权。而澳门的回归，也包含着澳门语言活动话语权的回归。回归后，中文成为官方语言，而葡萄牙文，根据澳门基本法的规定，也系官方语言。随着回归以及葡萄牙文的殖民色彩的褪却，葡萄牙文在澳门受欢迎的程度也在上升。"一带一路"构想的实施与"粤港澳大湾区"的构建，一方面是澳门在联通葡语国家方面的重要作用，获得了肯定；另一方面，葡萄牙文将在葡语国家交流平台建设方面发挥重要作用。

目前学术界对澳门地区语言活动的研究工作，已经取得了相当丰硕的研究成果。主要集中在：澳门教育机构发展及其语言教学活动、语言现状及其语言策略与规划、普通话推广与教学、澳门学校中文教育的调查与研究、多语言教学政策与多语资源的优势、公务员的普通话能力及使用情况、学生对学校授课语言和语言政策的态度。

综上所述，澳门自从葡萄牙人入居之后，语言问题就成为了澳门生活中的一个重要问题。学习、掌握、使用异质语言，作为交流的工具，在澳门历史进程中，是澳门多元文化共存过程中的一个重要的文化现象。本文试图通过梳理澳门多元化语言发展过程，以反映澳门从葡萄牙人入居、推行殖民统治至回归祖国的历史发展过程。为此将探讨下列问题：澳门地区的语言接触、碰撞与融汇；葡萄牙籍汉学家江沙维在语言教学工作中的贡献与影响；后江沙维时代——澳葡殖民政府时期的语言教学工作；回归后澳门特区政府时期的语言教学工作。

# 一、澳门地区的语言接触、碰撞与融汇

澳门位于中国珠江口西岸，自明嘉靖三十三年（1554）葡萄牙人获准入居至今，澳门一直华洋杂处。除入居的葡萄牙人之外，还有英国、荷兰、日本、美国、意大利、德国、俄国，东南亚地区国家的商旅以及欧洲各国的传教士，先后涉足澳门，使这里成为了世界上少有的一个各种语言汇集之地，中外人士进行语言接触与碰撞的平台。双方在长期共存中逐渐学会了相互磨合与交往，通过翻译，相互学习对方的语言。从葡萄牙人入居澳门至18世纪末、19世纪初葡萄牙人江沙维在圣若瑟修院从事语言教学工作之前，是澳门地区语言活动的第一个时期——语言接触、碰撞、融汇时期[①]。

## （一）早期的语言接触与碰撞

澳门的开埠及繁荣逐步受到内地的关注，虽然当时信息不通畅，民众们未必能了解澳门的情况，但从零星的史料记载中，仍能看出朝野对澳门充满好奇，希望能到澳门亲眼目睹内地难以看到的异国风情。吴历、叶权、王临亨、汤显祖等传统的中国知识分子均带着强烈的好奇心，试图同寓居澳门的"赤发碧眼"洋人进行"对话"，希望对异族文化有更多的了解。然而，最初的"对话"并非一帆风顺，这主要反映在两个层面：一个是政治层面，一个是文化层面[②]。

从政治层面来看，葡萄牙第一名使者皮莱资（Tomé Pires）出使北京的失败，就是语言碰撞冲突的最好例证。1517年，皮莱资受葡王室委托随船来到广州，向中国明朝政府表达建立关系的愿望。1518年，他被允许在广州登陆，然后抵达南京，获正在南巡的明武宗正德皇帝接见，后按明武宗正德皇帝的指示来到北京。明正德十六年（1521），明武宗正德皇帝驾崩，明世宗嘉靖皇帝即位，中葡爆发屯门海战，皮莱资被明世宗嘉靖皇帝下令押解到广州听候处置。嘉靖三年（1524）五月死于广州监狱。

皮莱资出使北京的失败，除复杂的政治原因外，在很大程度上是由于"对话"不通造成的。跟随皮莱资出使的"通事"多为游荡于马六甲的华人，这些人没有受过正规的语言翻译训练，语言习得在很大程度上依赖于同葡人的日常交流。他们用于沟通的葡语很不规范，不仅在语义转达方面会出现失误，而且会由于经济利益或政治压力以及个人态度而使翻译节外生枝。因此，在同中国政府打交道时，使用这些人会冒有很大风险。皮莱资出使明廷的失败，与火者亚三等人自作主张的骄横态度不无关系。

澳门开埠初期，中葡双方相互之间尚不了解，充当双方沟通者的多为来自马来半岛的华人，其身份类似上文提到的"火者亚三"，葡人将这类人称为"jurubaças"或者

---

[①] 学术界对此已经取得了一批研究成果，单从程祥徽主编：《澳门人文社会科学研究文选：语言翻译卷》（澳门基金会2008年版）来看，该文选就收到了下列论文：刘羡冰：《澳门开埠前后的语言状况与中外沟通》，胡慧明：《〈澳门记略〉反映的澳门土生葡语语音面貌》，朱斌：《论贡沙维斯著作中清代官话的语音现象》，黄翊：《清代中文档案中的澳门汉语词汇现象》，汪春：《从Avo-gong说起——对澳门语话剧中澳门语的透视》，赵永新：《澳门早期对外国人的汉语教学及其特点》共五篇研究论文，而这些论文的著者，亦都是这个领域的专家学者。

[②] 参见李长森著：《对话十字门：澳门的语言碰撞与融汇及其影响》，载《澳门语言文化研究》2009年版，第161—167页。本节主要引用此文，未有注明之处，即系引用，特此说明。

"linguas"。这些人,被称为"舌人""通事",中葡双方主要依靠他们充当翻译,作为交流的媒介。刘羡冰指出:"葡萄牙人最早与华人通商来往,在1553年之前,大多是通过第三者的中介而进行的,这些第三者称为'舌人''通事',又称为'通译'。1517年,作为赴华的第一个葡国大使托梅·佩莱斯(Tomé Pires)就带五个译员。商业活动也靠舌人。《十六世纪中国南部行纪》编者博克舍(C. R. Boxer)说:'葡萄牙人和中国本土最早的交往是由一些冒险商人实现的,他们从马六甲乘坐当地的船只驶抵中国南方的海洋,而且他们发现把香料运往中国,和运往葡萄牙一样可获大利。'"①

这些"舌人""通事",开始是既通中文,又通葡文的马六甲人,后来是懂葡萄牙文的华人。刘羡冰指出:"首先为葡商服务的舌人,是能与华人沟通而又懂葡语的满剌加人,后来加入了懂葡语的华人。满剌加,即马六甲,是较早与华人通商的地方……1511年,葡萄牙占领了马六甲,建立了东方第一个商站。15、16世纪不少华人已在马六甲定居。明末清初,那里已有华人公墓,明代黄衷的《海语》说,那里'有奶街,为华人流寓者之居'。1511年攻占马六甲的葡将达·阿尔布尔克(D. Albuquerque)写的《纪事》中,已有马六甲第二国王沙肯达尔萨(Xaquendarsa)娶当地'中国船长大王'女儿的记载。1549年(明嘉靖二十八年)华人通事杨林曾编辑了一本《满剌加国释语》,即马来语和汉语的词典,收482个词,内容广泛,满足当地人和华人通商的沟通需要。满剌加人在葡人和中国人的最早交往中,起了中介作用。葡人与华人的早期接触,大多是商业活动。依靠舌人只是一个过渡阶段,不久即可直接对话,讨价还价,贸易成交。但是,作为外交活动,如前所述的葡使赴京,就必须备有通双语的舌人、通事,双语的人才是非常需要的。《明史·佛郎机传》记载托梅·佩莱斯使团东来一事比较完整。使团在未获准北上之际,获知明武宗南巡到南京,于是打通了宦官江彬的关节,托梅·佩莱斯即和通事'火者亚三'谒见皇帝。'火者亚三'通葡汉双语,能说会道,颇获皇帝的欢心。学者考证,'火者'是穆斯林,是当年这位通事自报的国籍。后来查明'火者亚三'实为华人。他可能是久居海外的华人后裔,生活在海上商旅之中,能通双语或多语,被聘为葡使团翻译,实际上是伪装的阿拉伯人,或者是相当阿拉伯化的海外华裔。"②

在文化层面,中葡双方都努力寻求对话,找到双方可以接受的契合点。

无论是西方的教士还是东方的儒生,都在著作中留下对对方的描绘和认识。利玛窦的《中国札记》和汤显祖的戏曲与诗作,均反映出对对方的探索和欣赏,但应该说他们了解的都是对方文化的表象,并未深入到社会的深层,因而在实际交流中会频频出现困难和障碍。

汤显祖在万历十九年(1591)从临川南行前往贬谪场所赴任,经广州乘船出珠江口顺访澳门。其时大约西方圣诞节前后,小城"碧眼愁胡"的外国商人和"花面蛮姬"的西方少女,与中国迥异的节日气氛,以及琳琅满目的异国商品使其大开眼界,留下深刻印象。

他在《听香山译者》一诗中这样写到:"占城十日过交栏,十二帆飞看溜还。握粟定留三佛国,采香长傍九洲山。花面蛮姬十五强,普薇露水拂朝妆。尽头西海新生月,口出

---

① 刘羡冰:《澳门开埠前后的语言状况与中外沟通》,载程祥徽主编:《澳门人文社会科学研究文选:语言翻译卷》,澳门基金会2008年版,第1页。

② 刘羡冰:《澳门开埠前后的语言状况与中外沟通》,载程祥徽主编:《澳门人文社会科学研究文选:语言翻译卷》,澳门基金会2008年版,第1—2页。

东林倒挂香。"①

诗句优美，令人回味，但毫无疑问，这仅是文化表象。由于他是听"香山译者"介绍的，并未同西人直接接触，因而研究并不深入，对真正葡萄牙人的描写并非准确。他的另一首诗《香岙逢贾胡》更是充满文学想象："不住田园不树桑，瑰珂衣锦下云樯。明珠海上传星气，白玉河边看月光。"②

### （二）澳门多语言社会的形成

随着时间的流失，特别是葡人在澳门定居之后，双方在长期共存中逐渐学会了相互磨合及交往的方式，"对话"变得实际、持久而深入。从语言角度看，主要体现在两个方面。一是翻译开始发挥重要作用；二是相互学习对方的语言。同时，这两个方面在很大程度上是结合在一起的。语言学习促进了翻译的发展，而翻译活动又带动了双方语言的推广与普及。

华葡两族联姻亦促进了语言的融汇。"香山县之澳门，久为番夷所僦居，我朝设一同知镇之。诸番家于澳，而以船贩海为业。女工最精，然不肯出嫁人，惟许作赘婿。香山人类能番语，有贪其利者往往入赘焉。"

释迹删在《寓普济禅院寄东林诸子》诗中说："但得安居便死心，写将人物报东林。番童久住谙华语，婴母初来学鴂音。两岸山光涵海镜，六时钟韵杂风琴。祇悉关禁年年密，未得闲身纵步吟。"③"婴母"即鹦鹉。

当时在澳门圣保禄书院学习天主教教义的内地教徒吴历，曾描绘两族居民相互学习语言的生动情景。他在《三巴集》中有生动的描述：性学难逢海外师，远来从者尽童儿；何当日课分卯酉，静听摇铃读二时。门前乡语各西东，未解还教笔可通。我写蝇头君鸟爪，横看直视更难穷。

根据澳门形势的变化，澳门语言交汇及翻译模式的形成与发展经历了不同的几个阶段。随着葡人逐渐在澳门定居，大量天主教传教士来到澳门，希望将澳门建成远东传播福音的基地。于是，各修会纷纷在澳门建立教堂，使"弹丸之地"的澳门半岛在16世纪末拥有数所教堂。

1594年成立的圣保禄学院以及后来成立的圣若瑟修道院更成为远东最大的传教士培训场所，在早期的西学东渐中发挥了重要作用。这一系列的举措，使传教士成为当时中西文化交流的急先锋，因而也成为中西对话的主要媒介。不仅著书立说，而且从事语言传播及翻译活动。

与此同时，民间交流亦十分重要。虽然这种交流往往是自发的，无意识的，以潜移默化形式进行的，在日常生活中不被人们所重视，但久而久之，这种交流就会对人们产生深远影响。澳门在相当长的历史时期内充当中西文化交流的平台，因此，居澳葡人，特别是土生族群在中西文化的碰撞中不仅成为中华文化的接受者，同时也成为西方文化的传播者，是华洋两族民间对话及交流的重要媒介。

## （三）以汉语为官方语言时期

16世纪中叶以后，其语言应以汉语为主，还有作为外语的葡萄牙语、马来语等①。至第一次鸦片战争之前，汉语是澳门唯一的官方语言。明清两代香山县治下达的文告全用汉语，官员巡视也是用汉语。其中不少官员来自其他省份，说的自然是官话，葡萄牙方面必备翻译才能与中方官员沟通，这种格局，一直维持到鸦片战争爆发之后。

双语人才直到18世纪还是十分缺乏的，但中国官方也曾以双语公布条例、守则。例如1748年，葡人晏些嚧杀死华人陈辉千事件后，清廷官员在议事亭就以中、葡双语勒石颁布，只可惜葡文本有不尽、不确之处②。

### 1.澳葡自治机构的翻译工作

在这个时期，因汉语系官方语言，葡萄牙人方面意识到为了更好地进行沟通，必须做好翻译工作。因此，葡萄牙方面开始加强中葡语之间的翻译工作，并在其自治机构内设立专门的翻译部门。

长期以来，人们对居澳葡人早期的翻译架构及运作情况不甚了解，尤其对开埠之初澳葡官方如何与强势粤方政府进行沟通的了解知之甚少。明清史籍中的记载，并未深入架构内部。

关于澳门翻译史的资料很难寻觅，但仍可在葡文史料中见到澳葡当局于1627年制订的《澳城通官、通事及文案章程》（*Regimento da Língua da Cidade e dos Jurubaças e Escrevaens*），可以看出澳门17—18世纪官方的语言政策及翻译架构的演变情况。《澳城通官、通事及文案章程》出现在葡人定居澳门七十年后。尽管葡萄牙人管理的只是半岛中南部的葡萄牙人社区，但不能没有与华人的沟通。随着管理体制的逐渐完善及与广东官方来往日渐频繁，居澳葡人意识到翻译工作的重要性，必须考虑翻译机制的建立。

17世纪初，澳门已经具备了设立政府正式翻译机制的条件。主要表现在：1.居澳葡萄牙人于1583年设议事亭，有了葡萄牙人管理澳门葡萄牙人社区的正式自治行政架构；2.于1587年正式设立理事官公署，有了同中国官方，特别是同广东及香山县政府打交道的正式机构；3.粤澳交往增多，关系日渐频密。

在这种情况下，澳门议事亭颁布《澳城通官、通事及文案章程》，以规范翻译活动。议事会有一名首席翻译（língua principal）、两名小翻译（jurubaças menores）和两名文案（escrivaens），通常都是华人，且必须是皈依天主教的华人。章程规定该小组的主要任务是担任官方的笔译及口译工作，负责与粤官方及华人交涉之一切事务，收集整理有关澳门的重要信息等。未经议事会同意，翻译小组不得自作主张擅自答复，尤其是在那一些有分量的事情上③。

---

① 参见刘羡冰：《澳门开埠前后的语言状况与中外沟通》，载程祥徽主编：《澳门人文社会科学研究文选：语言翻译卷》，澳门基金会2008年版，第5页。

② 参见盛炎：《澳门语言的历史、现状、发展趋势与未来的语言政策》，澳门理工学院2004年版，第13页。

③ Biblioteca da Ajuda, Jesuítas na Ásia, 49-V-8, fols. 245-251. 该档 Códice 49-V, 6，第457—463页有钞件。参见 Jorge Manuel Flores, *Comunicação, in formaçãoe propaganda: os 'Jurubaças' e o uso do português em Macau na primeira metade do século XVII*, in *Encontro do Português-Língua da Cultura*, pp.107—121，转引自吴志良、汤开建、金国平主编：《澳门编年史》第一卷，广东人民出版社2009年版，第413—414页。

澳葡自治机构建立正式翻译队伍的意义在于规范澳门官方翻译机制，确定翻译职能、责任、报酬及奖惩办法。其设立的文案制度沿用至今，为后来澳门官方翻译的发展奠定了基础。

2. 中外语言的相互影响

澳门土生文化名人黎祖治先生曾这样描绘中西文化的交融过程："澳门华人极其欣赏的一道菜肴葡国鸡，在当年葡萄牙人离开里斯本时是一种味道，而几代船员经过数十年后把这道菜带到澳门的时候，已成了另一种味道。"

在语言碰撞到对话的过程中，不同语言的中介者走过Jurubaca→传教士→华人→土生葡人的漫长历程。在这一过程中，不同语言相互影响，逐渐形成了澳门土生葡人使用的巴图阿语和葡式粤语；与此同时，在认同及接纳葡国文化的部分华人中出现了粤式葡语；在语言层面，葡汉语言都出现了词汇互相借用的现象。

清代印光任、张汝霖合撰《澳门记略》还论及华洋杂处的相互影响："西洋语虽殊，然居中国久，华人与之习，多能言其言者，故可以华语释之。"该书下卷还介绍了一位葡萄牙人吕武劳，说他"尤黠慧，往来澳门十三行，先后二十年，土语、华语及汉文字皆谙晓"。有了语言环境，加上文字天才，二十年就可以成就精通双语的人才①。

刘羡冰还指出："华人、葡人在日常生活中渐渐能直接沟通。明末官方规定中、葡人隔居，实为杂处，商人有贸易来往，当地居民向葡人供应食物和日用品。除了不良分子的诈骗和海盗抢掠外，在一般情况下，这些商业活动都是互利的。在相互沟通中，不少汉语词渗入了葡语，例如'茶''丝'等名词；也有不少葡语词为华人所使用，例如葡语não tem，是没钱的意思；澳门华人早就流行一句'荷包丁'——荷包里没钱了，显然是把葡语词引进了口语②。还有一些是辗转传入的外来词语，也反映不同语言群体之间的交往，例如'咖啡''喳喳'。汉语词'苦力'源于印度南部泰米尔语，是指出卖体力为生的人。19世纪后期，世界性的废除奴隶运动造成劳动力缺乏，因而人口贩子纷纷从中国（特别是厦门和澳门）、印度运送契约劳工到夏威夷、锡兰、马来西亚和加勒比海地区，从事采矿和搬运工作。欧洲人对这些陌生的亚洲人，特别是搬运工人，按泰米尔语音译为'cule'（葡语），'coolie/cooly'（英语），是一种轻蔑的称呼。'coolie/cooly'通过澳门葡人又传给华人。1751年完稿的《澳门纪略》，书后的葡语单词分类音译表中，有一条'挑夫—姑利'。今天，我们从任何一部汉语词典都不难找出'苦力'这个词。不知哪位高手译得如此音、义双绝！"③

当然，中葡之间的相互影响也不仅限于上述涉及的，其他情况可以参见下表：

表1　受葡语影响的汉语词汇举例

| 例词 | 粤语发音 | 普通话发音 | 葡语词义 | 汉语词义 |
| --- | --- | --- | --- | --- |
| 马介休 | ma-kai-yau | ma-jie-xiu | bacalhau | 鳕鱼 |

---

① 参见刘羡冰：《澳门开埠前后的语言状况与中外沟通》，载程祥徽主编：《澳门人文社会科学研究文选：语言翻译卷》，澳门基金会2008年版，第5—6页。

② 详见笔者与程祥徽先生合写的论文《澳门的三语流通与中文的健康发展》，载《中国语文》1991年第1期。

③ 参见刘羡冰：《澳门开埠前后的语言状况与中外沟通》，载程祥徽主编：《澳门人文社会科学研究文选：语言翻译卷》，澳门基金会2008年版，第5—6页。

| 例词 | 粤语发音 | 普通话发音 | 葡语词义 | 汉语词义 |
|---|---|---|---|---|
| 冷杉 | lang-sam | leng-shan | malhas de lã | 羊毛衫 |
| 素巴 | sou-pa | su-ba | sopa | 菜汤 |

表2 受汉语影响的葡语词汇举例

| 例词 | 粤语发音 | 普通话发音 | 葡语词义 | 相应汉字 |
|---|---|---|---|---|
| Panchão | pao-cheong | pao-zhang | Petardo | 炮仗 |
| tael | teng | ding | medida de peso | 锭（两） |
| tanca | tan-ka | dan-jia | familia tancareira | 蛋家 |

促进这种相互影响的重要因素，是宗教以及通婚。刘羡冰认为："通过宗教特别是通婚，中外的沟通得以加速实现。葡国商人、水手和士兵到了澳门，不少与当地的中国女性结合。女方很快能学懂日用葡语，男的学些粤语的条件更好，社会和家庭都是很好的语言环境。《澳门纪略》对华人入教、葡华通婚等社会现象都有记载。张汝霖《请封唐人庙奏记》中叙述：'澳门一处，唐夷杂处……其在澳进教者，久居澳地，集染已深，语言习尚渐化为夷。'笔者曾在土生葡人中进行调查，了解到差不多有华人血统的葡人家庭都有过农历年的习惯，汉化程度相当高。"①

## 二、葡萄牙籍汉学家江沙维在语言教学工作中的贡献与影响

葡萄牙籍遣使会传教士江沙维神父，是一位于19世纪上半叶在澳门活动的著名汉学家②。其汉学研究的丰硕成果，大大地促进了其语言教学工作，为澳门培养了一大批优秀的语言人士。这些人才，当时就活跃在澳门、香港、中国内地的外交界，他也成为了澳门语言教育界一个丰碑性人物。

### （一）江沙维的生平及语言教学工作

1781年3月23日，他出生于葡萄牙特拉—乌斯—蒙德斯（Trá-os-Montes）省（亦译"后山省"）的一个名叫多若（Tojal, Vila REal）的小镇③。他由布拉加（Braga）大主教在利蒙埃斯（Limões）圣若昂（S. João）教堂为他洗礼入教。1799年5月17日进入里斯本里那佛勒斯（Rilhafoles）修道院学习。于1801年5月18日起发愿，并在此担任教师④。

他申请前来中国传教并获得批准，1812年从里斯本出发，1813年抵达澳门⑤。其在澳

---

① 参见刘羡冰：《澳门开埠前后的语言状况与中外沟通》，载程祥徽主编：《澳门人文社会科学研究文选：语言翻译卷》，澳门基金会2008年版，第7—8页。

② 参见［葡］施白蒂（Beatriz Baxto da Silva）：《澳门编年史：十九世纪》，澳门基金会1998年版，第16页。

③ 参见［葡］费南度（Fernando Guedes）节略，安瑟摩（Anselmo Capas de Sabastião Rodrigues）释义：《葡萄牙——巴西文化百科全书》（*Enciclopédia Luso-Brasileira de Cultura*），第9卷，第746页。

④ 参见文德泉编：《澳门教区档案》之遣使会档，澳门出版，第717页；［葡］安东尼奥·阿雷斯塔：《若亚敬·亚丰素·江沙维士——教授兼汉学家》，载《行政》2000年第2期，第501页。

⑤ 参见［葡］施白蒂：《澳门编年史：十九世纪》，澳门基金会1998年版，第16页。

门的工作，除传教外，主要是在圣若瑟修院从事教学工作①。教授的内容主要是语言方面，有欧洲语言和汉语。加略利介绍道"江沙维神父在澳门的许多年里，他几乎持续不断管理着一些将准备去教堂工作的、中国青年人的教育工作。他对学生及一般的中国人很慈爱，并屈尊赐教。……在他生命的最后时期，他在学院里开设了一个英语免费课程。他的英语讲的很好，写作亦相当的正确，西班牙语亦同样的好，但意大利语及法语差一些。"江沙维在此修院教授语言，特别是中文教学②。1841年9月30日，他偶染风寒，由于未能及时治疗，于10月3日与世长辞③。

## （二）语言著作

其到达澳门后，首先是学习汉语④。后来因不能赴京，又再学习广州话。"一个以拉丁文及天主教文化培养出来的人，要以理智的态度及放弃以欧洲及种族为中心的情意结来自己的心扉，接受另一种截然不同的文明世界观，从这事实的反映来看，该会是颇为有趣的。他以有条理的方式及毅力学习艰涩的中文，这是他迈向中国的第一步。其后，便是适应无数的风俗习惯、日常生活的心理、文化、一般艺术或礼仪。时至今日，人们对于若亚敬神父能在短短数年间迅速学懂中文均表惊讶。不但能讲，而且能以极有深度的中文撰写大量的作品。"⑤

其语言著作，均由圣若瑟修道院印刷出版，按时间顺序，主要有以下这些：

1828年，出版首部著作——《中国青年实用拉丁文文法》（*Grammatica Latina, ad usum sinensium juvenum*），用于帮助华人学生学习拉丁文，按拉丁文语法原则编排。

1829年，《汉字文法》（*Arte China*）及《常用词汇和语法》完成。

1831年，《葡华字典》出版，有872页。

1833年，《华葡字典》亦出版，有1154页。

《汉字文法》与《葡华字典》（*Diccionario protuguez-china, no estylo vulgar mandarim, e classico geral*）、《华葡字典》（*Diccionario china-portuguez, no estylo vulgar mandarim, e classico geral*）是他的三部最为优秀的语言著作。

在随后的几年中，直到生命的最后一刻，江沙维把他的精力放到了编制拉丁与汉语间对照的字典上来。先后完成出版了《拉丁—汉语字典（洋汉合字典）》（*Vocabularium latino-sinicum pronuntiatione mandarina, litteris latinis expressa*）（1836），《拉汉小字典》（*Lexicon manuale latino-sinicum continens omnia vocabula utilia et primitiva etiam scriptae sacra*）（1839），《拉汉大字典》（*Lexicon magnum latino-sinicum, ostendens etymologiam, prosodiam et constructionem vocabulorum*）（1841）。

---

① 参见文德泉：《拉匝禄会士在澳门》，载《澳门教区月刊》第445号，第891—892页。

② 参见［葡］安东尼奥·阿雷斯塔：《若亚敬·亚丰素·江沙维士——教授兼汉学家》，载《行政》2000年第2期，第504页。

③ 参见《澳门教区档案》之遣使会档（澳门出版），第720页；［葡］安东尼奥·阿雷斯塔：《若亚敬·亚丰素·江沙维士——教授兼汉学家》，载《行政》2000年第2期，第501页。

④ 参见《19世纪传教士江沙维的对汉语的看法》。

⑤ 参见［葡］安东尼奥·阿雷斯塔：《若亚敬·亚丰素·江沙维士——教授兼汉学家》，载《行政》2000年第2期，第504页。

另有一部《汉拉大字典（汉洋合字典）》亦已完稿，但未能及时出版。

（三）语言教学工作的成就与影响

通过其在澳门圣若瑟修院的语言教学工作，江沙维取得了以下成绩：一是其教学工作促使他研究汉语。二是教学工作培养了一批双语人才。三是其所培养的学生，遍布港澳地区，在中国近代史上曾发挥过重要作用[①]。

# 三、后江沙维时代——澳葡殖民政府时期的语言教学工作

19世纪中期澳门语言政策发生了重大变化，使澳门的语言交流及语言教学活动进入一个新阶段。第一次鸦片战争之后，澳葡当局大肆扩张澳门管治范围，拆毁香山县丞衙署及粤海关设在澳门的关部行台，驱赶中方官员，并诱使清政府于1887年签订《中葡和好通商条约》，从根本上改变澳门的管治权，在澳门地区推行殖民统治。作为殖民统治的重要手段，澳葡政府确立了葡萄牙语作为唯一官方语言的地位。

从此，澳葡政府开始重视华务工作。另外，澳葡政府的管治权从葡人社会延伸至华人社会，亦需大量双语人才管理华人。在这种情况下，澳葡政府通过法令于1885年正式设华务机构，并在该机构下设立政府翻译团队。

在翻译人员构成上，亦改变任用进教华人的传统做法，转而在澳门土生葡人中培训翻译人才，并于1905年通过王室预算法令正式设立专门培训翻译的"华语学校"，改变了翻译人员由教会教育机构，如圣若瑟修道院培训的传统做法。在这种情况下，19世纪以来在澳门语言沟通方面发挥重要作用的转而为澳门土生葡人，其中许多人成为近代著名的翻译家和汉学家。

至1999年澳门回归祖国，在这一百余年的历史发展过程，澳门语言教学经历了从适应殖民统治葡萄牙语官方化，到顺应时代要求的中文地位官方化的转变。

（一）澳葡殖民政府的建立与葡萄牙语官方语言地位的确立

鸦片战争结束后，澳葡当局乘机在澳门地区推行殖民统治，将以前的澳葡自治当局，转变为殖民政府。1846年，亚马留（João Maria Ferreira do Amaral）出任澳门总督，在其任总督期间，澳葡当局完全建成早期澳葡殖民政府的政治架构。

从19世纪中叶以来，经过多次演变，最后澳葡政府形成了以由总督和立法会为首的管治机关（或称政府机关）及公共行政当局（俗称政府）组成的架构格局。在自治时期占主导地位的议事会，这时已经仅为澳葡政府的一个部门，改名为议事公会，只享有剩余权力，沦为单纯的市政机构。议事会的其他权力，分别被独立出来，成为澳葡政府的新政府部门。一是将原理事官从议事会中划出，转归总督管辖，后改设华政衙门。它的设立，是一个重大变化。华政衙门改直属于总督后，成为总督管理在澳华人的机构，并有部分初级司法权，在此以前澳葡政府是无权过问在澳华人事务的[②]。

---

[①] 参见［葡］安东尼奥·阿雷斯塔：《若亚敬·亚丰素·江沙维士——教授兼汉学家》，载《行政》2000年第2期，第504页。

[②] 参见吴志良：《生存之道——论澳门政治制度与政治发展》，澳门成人教育学会1998年版，第104—106页。

除将议事会的部门独立成为政府外，此时，还有一些为适应殖民统治的需求而设立的部门，如船政厅、译务司。总之，亚马留时期是澳葡政府政治架构演变最为重要的阶段。他推行的一系列措施，奠定了现代澳葡政府的基础。

鸦片战争后，澳葡当局夺得了对澳门华人的管辖权，而华人与澳葡当局为了管辖华人，需要建立专门的翻译机构。1847年3月27日，亚马留总督发布训令，将华政衙门（理事官署）从议事公局手中转入里斯本政府秘书处的执掌下，也就是说，转由总督控制。4月12日，他又颁布第10号总督训令，将理事官署单列出来，具体成员有：理事官，翻译官，一等普通口译，二等普通口译，衙役，华文先生，华文公告缮写员[①]。但至19世纪80年代，华政衙门因业务量剧增与人手短缺之间的矛盾日益突出，工作中存在的翻译迟缓、译文不可靠等问题造成严重损失，学习翻译官边学边干的模式效率低下，不利于翻译质量的提高，由华政衙门兼管翻译工作之现行体制的缺陷导致理事官难尽其职责被改组。1885年11月2日，葡王颁布王室敕令，对华政衙门加以改组，将译务科由华政衙门分出，另设一独立部门（Desligando a Secção do Expediente Sínicos da Procuratura dos Negócios Sínicos e formando uma repartição distincta），名为译务署（Repartição do Exediente Sínico），又称为"翻译房"。

澳门译务署在与华人的联系方面向澳葡当局各部门提供协助。作为一个与华政衙门平等的部门，要承担澳葡当局各部门的翻译工作。人员编制为：三名一等华文翻译，其中第一位为正翻译官，第二位为副翻译官，第三位为翻译官；三名二等华文翻译；一名华文先生及一名帮办；二名华人文案；一名华人办事员。还规定了其具体的工作职责[②]。

葡萄牙人在澳门确立殖民统治之后，在此后的一百余年里，澳葡政府一直管辖着澳门地区，葡萄牙语成为了澳门地区唯一的官方语言，处于"葡语独尊"的地位，而澳葡政府只注重为葡萄牙后裔提供教育条件，而不注重基础教育中的语言教育。张桂菊指出："葡萄牙人1553年登陆澳门改变了其开埠之前的单语社会，此后逐渐形成了汉语和葡语等双语和多语社会。1841年鸦片战争失败，葡语在澳门获得了官方语言的合法地位。当时实行的语言政策有三个特征：一是在官立及政府资助的中小学中推销葡语——将葡语作为教学语言或开设葡语课程；二是在招聘政府公职人员时，要求应聘者'必须懂得阅读及讲葡语'；三是要求所有招牌、海报、通告、餐馆等会所或场所都必须用葡语书写。这些语言政策在一定程度上起到了推广葡语的作用。总之，回归前澳葡政府推行的是语言霸权主义，采取'葡语独尊'的立场，坚持葡文教育政策，仅关心少数官立葡文学校的发展，为只占澳门4%的葡萄牙后裔提供相对较好的教育条件和支持。对基础教育中的语言教学，特别是占澳门绝大多数私立学校中的语言教学，长期'扮演着不闻不问、不负责任的角色'。"[③]

葡萄牙语在澳门的使用范围也很小。据分析，1991年澳门居住人口为401873人，3岁及以上的居住人口中，85.8%以广州话为家中常用语言，而普通话及其他中国方言分别占

---

① 参见吴志良、汤开建、金国平编：《澳门编年史》第四册，广东人民出版社2009年版，第1626页；张廷茂：《晚清澳门华政衙门研究》，社会科学文献出版社、澳门文化局2017年版，第47—48页。

② 参见张廷茂：《晚清澳门华政衙门研究》，社会科学文献出版社、澳门文化局2017年版，第191—194页；《澳门译务署译学馆建置考》，载《文化杂志》（中文版）2014年总第91期，第1—20页；《从翻译官公所到译务署——澳葡当局政府翻译机构沿革论考》，载《澳门研究》2017年总第85期。

③ 参见张桂菊：《澳门语言状况与语言政策》，载《语言文字应用》2010年第3期，第44页。

1.2% 及 9.6%；以葡语为家中常用语言的居住人口占 1.8%。

1996 年澳门居住人口为 414128 人，3 岁及以上的居住人口中，87.1% 以广州话为家中常用语言，而普通话及其他中国方言分别占 2.2% 及 7.8%；以葡语为家中常用语言的居住人口占 1.8%[①]。

回归以后，2006 年澳门居住人口为 502113 人，3 岁及以上的居住人口中，85.7% 以广州话为家中常用语言，而普通话及其他中国方言分别占 3.2% 及 6.7%；以葡语为家中常用语言的居住人口占 0.6%。

2016 年澳门居住人口为 519041 人，3 岁及以上的居住人口中，80.1% 以广州话作为家中常用语，较 2011 年下跌 3.3%。而普通话占 27.5%，较五年前显著增加 9.0%；以葡语为家中常用语言的居住人口占 2.3%，下降 0.2%[②]。

从上述数据可以看出，葡语在澳门使用的现状。究其原因，据程祥徽指出："葡语长期以来只在政府部门、葡国人家庭和葡语社交圈子通行。上一世纪 80 年代以前，由于政府公务员薪酬不高，加入政府的华人有限，葡语没有多少实际用途；80 年代开始，政府大幅提高薪酬，吸引许多华人加入公务员队伍。一些在大陆受过葡语高等教育的人涌来澳门，单凭葡语能力即可进入政府部门，个别人还得到了高官厚禄；本地学过葡语的青年也有机会进入政府部门担当中低职位，于是个别有志者便到葡国苦学一年半载，希望提高葡语水平后能有更好的发展。曾有一位立法会议员说澳葡政府的人事政策是'任人惟语（葡萄牙语）'在澳门，回归前的葡语是一种可用来谋生的语言、通向仕途的语言。"[③]

澳葡当局也不太重视葡萄牙语在澳门地区的推广。一位澳门土生葡人曾经就此吐露心声："据传媒报导，有一个老土生葡人接受香港一家电视台的记者访问说：'不在澳门的中文学校开办葡文课，我称为不幸；不在澳门的葡文学校开办中文课，我认为是我们政府的愚蠢。'看来，不幸与愚蠢的结果催生了'双语通则'。这位老土生葡人已经道出了回归前澳门人希望拥有自由使用中葡双语的心愿——符合当今社会语言生活从单语制走向双语制的大潮流。这是确定葡文在澳门特别行政区地位的社会基础。看来，那种认为澳门只能实行单语制的看法，既不符合澳门的民心，也不切合澳门的语言实际，更是有违社会语言生活从单语制走向双语制或多语制这一世界语言大趋势的。"[④]

葡萄牙语还衍生出一种相关的方言类的语言——土生葡语。澳门土生葡语，简称澳门土语，是一种由葡文、马来语、粤语、英文、古葡文以及少许荷兰文、西班牙文和意大利文混合而成的澳门方言，葡文叫"巴度亚"（Patuá），曾是澳门土生葡人常用的一种语言。澳门土语的基本词汇以葡萄牙语为基础，并加入来自马来语、僧伽罗语、粤语的词语混合而形成。澳门土语在过去一直是澳门葡人社区的共同语。2009 年，联合国教科文组织把澳门的土生土语（Patua）列为"垂危语言"。即将濒临"灭绝"。目前该语言已几乎绝迹。澳门最后一位以澳门土语进行创作的土生葡人作家是若瑟·山度士·飞利拉。土语有 10 个以上不同的名称：patois（帕萄亚语）、patuá（帕萄亚语）、patoá（帕萄亚语）、papêa（话语）、papiá（话语）、nhom、língu cristám（基督徒的语言）、lingual de Macau（澳门语）、

① 参见张桂菊：《澳门语言状况与语言政策》，载《语言文字应用》2010 年第 3 期，第 44—46 页。

② 数据来源，澳门统计暨普查司网站公布的数据。

③ 程祥徽：《澳门社会的语言生活》，载《语文研究》2002 年第 1 期，第 23 页。

④ 陈恩泉：《澳门回归后葡文的地位与语言架构》，载《学术研究》2005 年第 12 期，第 95 页。

dialecto macaease（澳门的方言）、macaísta（澳门土生葡语）、crioulo de Macau（澳门的克里奥尔语）以及língu maquista（澳门土生葡语）。其中lingual de Macau、dialecto macaease、macaísta、crioulo de Macau是比较正规的名称。我们留意到这12个名称没有一个含有"Portuguese"，葡萄牙人不承认这种语言是葡萄牙语，甚至连"葡萄牙语方言"的身份也不具备。澳门土语还被称为"Papia Cristam di Macau"（澳门基督徒的语言），诗人们也把澳门土语称为"Dóci Língu di Macau"（澳门甜蜜之语）、Doci Papiaçam（甜美的语言）。程祥徽指出："此外，澳门有一种十分特别的克里奥尔语——土生葡语，又称澳门语（lingua de Macau）、澳门的方言（dialecto macaense）、帕萄亚语（patois）等。这种混合语吸取了多种语言词汇和语法格式，其中以马来语和汉语的成分居多，也有日语、果亚语、英语、菲律宾语、印度葡语、印度英语、法语、荷兰语、意大利语等语言的成分。这种克里奥尔语的语法结构是混杂的，例如汉语粤方言的词根加葡语的后缀：阿妹=amuirona，阿婆=aporona（rona是葡语阴性名词的后缀）。这种土生葡语现在濒临绝迹，只在个别话剧脚本和个别人士口中残存。"[1]

### （二）中文地位官方化

在葡萄牙语一文独尊时，随着澳门回归脚步的临近，回归过程中的一个重要问题被提到了议事日程——中文的官方地位问题。1987年4月13日中葡两国政府关于澳门问题联合声明正式签署，并于1988年1月15日生效，自此，澳门就进入政权交接的过渡期。从1993年3月31日澳门基本法颁布，至1999年12月20日中国政府对澳门正式恢复行使主权，这段时间是澳门政权交接的后过渡期。澳门过渡期需要解决的问题很多，其中，公务员本地化、法律本地化和中文合法化是最重要的，被称为过渡期"三化"问题，也称"三大问题"。中文合法化后来改为正式的说法，叫"中文的官方地位"问题。由于以上这些历史形成的原因，因此有了所谓的中文官方地位的问题。也因此，落实中葡联合声明，与澳门基本法的规定相衔接，妥善地解决中文官方地位的问题，就成为实现澳门平稳过渡、政权顺利交接及将来特区政府正常运作的一个关键。

1.问题的提出

中文的官方地位问题是一个历史问题。郭济修指出："在鸦片战争后，葡萄牙逐步占领了整个澳门，在澳门实行殖民管治，葡萄牙文成为澳门唯一的官方语言，澳葡政府的行政和法律语文等都是使用葡萄牙文，占澳门人口97%的华人居民使用的中文没有法律地位。"[2]

大量华人因不懂葡萄牙语，而觉得生活非常的不方便，因此，在20世纪80年代，就提出了中文地位官方化的问题。"由于当时澳葡政府行政和法律等方面的文件都使用葡萄牙文，给绝大多数不懂得葡萄牙文的澳门华人居民带来很大的不便和麻烦，因此，澳门华人居民很早就提出中文合法化的要求。在1974年葡萄牙发生'四·二五'革命后，澳门的四个华人工商团体就向当时作为葡国新政府代表来澳门巡视的军官江沙维和李安道提出意见，希望能够简化手续，实行中文合法化，所有文件及表格都同时要有中文和葡文。不久

---

① 程祥徽：《澳门社会的语言生活》，载《语文研究》2002年第1期，第22—23页。

② 郭济修：《澳门的中文回归之路：兼读〈中文变迁在澳门〉》，载程祥徽主编：《澳门人文社会科学研究文选：语言翻译卷》，澳门基金会2008年版，第716页。

后，在会晤来澳访问的葡萄牙地区协调部长山度士时，工商界人士提出了12项问题，要求当局设法改善，其中一个问题就是要求澳葡当局所发的文件要加上中文，并逐步推行中文合法化。"①

澳门社会与学术界为推动中文官方化，亦做出了很多努力。"对于争取和推动中文官方地位的落实，民间方面也做了很大的努力，澳门社会科学学会和澳门语言学会等学术团体，以及澳门和内地的专家学者不遗余力地从理论方面和实践方面不断进行探讨。作为语言学家，程祥徽教授是其中的一个主要推动者，他组织了多次有关推动中文官方地位落实的研讨会，还发表了不少有关的论文和著述。他不久前由香港三联书店出版的《中文变迁在澳门》，把澳门的中文官方地位的发展过程归纳为舆论争取期、中葡政府谈判定案期和中文官方地位落实期三个时期，根据他参与争取和实行中文官方地位的经历，辑录了他部分有关这方面的论文，'以当事人的身份为历史作证'（代前言），提供了一个澳门中文官方地位进程的轮廓。程氏在书中通过一系列论文，探讨中文成为澳门官方语言的理论和实践，反映中文在澳门的变迁历程。其中，他写于1991年9月的《中文官方地位的提出与实现》一文，至今还有现实意义。他在该文中论述了澳门基本法是中文成为官方语言的立论依据，指出处理澳门的语言问题，制定本地区的语文政策，都必须看到特区与中央之间具有'同'与'异'两种关系；既不可以不加区别地与内地取同，也不可强调特殊性而与内地相异。只有对问题作合实际的探讨，才能制定出正确的政策措施。他同时论述，官方语言是政府、法庭和公务上使用的语言；官方地位的中文是中国的国语即普通话；应解开方言与共同语缠绕在一起的情意结；推广普通话有利于中文官方地位的实现；应设立本地区的标准中文工作委员会；方块汉字的使用可以'繁简由之'。据学者阮邦球研究：'澳门学前教育学生所接受的教学语言，中文占绝对大多数。自1996年到2000学年接受葡文和英文为教育语言的学生比例持续下降；由2001年到2003年，葡文和英文教育的学生所占比例有所回升；自2001学年，英文教育的占有率超越葡文教育晋升为第二位。'他认为：'澳门回归后，中文官方地位的提升和社会对母语教育的重视，另外赌权开放后的国际化，均对教学语言比例的改变提供了客观条件，这是值得进一步探讨社会政治环境与教育政策的关系。'"②

2.中文官方合法地位的取得

澳葡当局开始采取措施，推动解决中文合法化问题。"澳门华人要求中文合法化的呼声一直没有停过，到了1985年6月17日，澳葡当局成立了中文推广委员会。不过，中文推广委员会只成立不足一年。该委员会在1986年4月30日的最终报告书中表示，该委员会成立的目的是对中文被承认与葡文具有同一地位进行研究，因此，该委员会的职责并非推广中文或使中文合法化，而是进行必要的研究及提出建议，以便能够引导政府机关及人员增加使用中文及使中文被承认与葡文具有同一地位。该委员会在报告中向政府建议，在短中期内，中文应与葡文具有同一地位；在中长期内，中葡两种语言应在公务员各个层面同步发展。1989年12月10日，当时的澳督'鉴于澳门地区大部分居民使用中文；又鉴于应在

① 郭济修：《澳门的中文回归之路：兼读〈中文变迁在澳门〉》，载程祥徽主编：《澳门人文社会科学研究文选：语言翻译卷》，澳门基金会2008年版，第716—717页。

② 郭济修：《澳门的中文回归之路：兼读〈中文变迁在澳门〉》，载程祥徽主编：《澳门人文社会科学研究文选：语言翻译卷》，澳门基金会2008年版，第716—717页。

过渡期内逐渐提高中文的地位'，颁布了第11/89/M号法令，规定在行政、立法、司法部门中，必须致力提高中文的地位。具体措施方面，规定以后所有的法律、法令、训令和批示，必须连同中文译本颁布；居民与公务员沟通，得使用葡文或中文；政府的文件和表格，必须同时具有中、葡文。"①

《中葡联合声明》规定："澳门特别行政区政府机关、立法机关和法院，除使用中文外，还可使用葡文。"这给予了中文与葡文在未来澳门回归后官方语言的合法地位。"直到1991年2月22日，中国外交部部长钱其琛访问葡萄牙，就落实中葡联合声明中'澳门特别行政区政府机关、立法机关和法院，除使用中文外，还可使用葡文'的规定，与葡萄牙外长达成协议，中文从即日起成为澳门官方语言。1991年12月31日，葡萄牙政府颁布了第455/91号法令，正式宣布中文具有官方地位，并与葡语具有同等法律效力。虽然澳葡当局也在1991年年底公布法令，正式宣布中文成为澳门官方语言，并公布了一些措施，但实际上在落实方面却非常缓慢。"②

3.《澳门基本法》与中文地位问题

虽然中文被确立为官方语言，但中文地位仍然有模糊之处，引起了澳门社会的争论。"由于澳门特区政府对于语言问题采取模糊的政策，因此，澳门的官方语言问题和中文与葡文的地位问题等引起了民间的争论。1999年7月2日第八届全国人大常委会第二次会议关于澳门基本法的葡文本作为正式语文的决定指出：'葡文本中的用语的含义如果有与中文本有出入的，以中文本为准。'一般来说，除非法律文本中特别声明外，否则，都推定多语言文本具有同等的效力。……全国人大常委会对于澳门基本法葡文本作出这样的声明，是由于澳门基本法是中国全国人大制定及通过的，是中国的法律，并不是以中葡双语立法，当然要以中国的国语——中文为准。而基本法的葡文本是由全国人大法律委员会审定的，虽然撰写也很严谨，但显然不能与中文具有同等地位。必须指出，上述的规定只限于中国全国适用的澳门基本法，并没有规定澳门的法律也要以中文为准。澳门特别行政区的行政机关、立法机关和司法机关，按照澳门基本法的规定，除使用中文外，还可以使用葡文，葡文也是正式语文。行政法务司司长陈丽敏在2005年8月26日回答区锦新议员的质询时说：'第101/99/M号法令具体规范了正式语文的使用，而《刑事诉讼法典》及《民事诉讼法典》对诉讼行为使用的官方语言亦有规定。'这是官方首次正式对澳门特区语文问题包括'正式语文'和'官方语言'的表态。"③

相关法律对此问题有明确的规定。第101/99/M号法令第一条（正式语文）是这样规定的："一、中文及葡文均为澳门正式语文。二、两种正式语文具同等尊严，且均为表达任何法律行为之有效工具。三、以上两款之规定并不妨碍每一个人选择本身语文之自由，在个人与家庭范围内使用该语文之权利，以及学习与教授该语文之权利。四、行政当局应促进正式语文之教授及正确使用。"该法令虽然是澳葡时代制定的，但由于没有抵触澳门基

---

① 郭济修：《澳门的中文回归之路：兼读〈中文变迁在澳门〉》，载程祥徽主编：《澳门人文社会科学研究文选：语言翻译卷》，澳门基金会2008年版，第716—717页。

② 郭济修：《澳门的中文回归之路：兼读〈中文变迁在澳门〉》，载程祥徽主编：《澳门人文社会科学研究文选：语言翻译卷》，澳门基金会2008年版，第718—719页。

③ 郭济修：《澳门的中文回归之路：兼读〈中文变迁在澳门〉》，载程祥徽主编：《澳门人文社会科学研究文选：语言翻译卷》，澳门基金会2008年版，第719页。

本法，因而过渡成为澳门特区的法律。陈丽敏司长的答覆明确地指出中文及葡文均为澳门正式语文，而且具有同等尊严及法律效力。[①]

《澳门基本法》第九条规定："澳门特别行政区的政府机关、立法机关和司法机关，除使用中文外，还可使用葡文，葡文也是正式语文"。

### 4.确保中文官方地位

虽然经过努力，中文被确立为官方语言，但中文要真正成为官方语言，还是需要经过努力的。程祥徽指出："回顾历史，1992年以前澳葡政府执行的是单一的以葡语为官方语文的政策。1992年中葡两国政府确定中文在澳门也是官方语文以后，葡澳政府改行一条葡中两种语文都是官方语文的政策。这个政策表面看来公平已极，无可厚非，但在实施过程中却由单方面代表葡语利益的政府操纵，结果使葡语势力进一步加强。在当时，葡语早已成为强势的官方语文，中文作为官方语文才刚刚起步。如果想使中文真正具备官方语文的资格，那就应该让中文急起直追，迅速追赶葡语的地位。葡文在官方语文的轨道上提前跑了一百多年，法律都是用葡文制订的，行政运作都是用葡语葡文进行，澳葡政府让两种官方语言站在不平等的起点同时起步，哪有公平可言？直到回归前的最后日子，法律仍然用葡文制订，法庭依然用葡语审案，翻译成中文的法律条款还是不知说了些什么，政府的行政运作还是非葡语不能通行，政府任命官员丝毫没有改变对葡语的要求。中文呢？仍然被关在法律的制订和司法机关的门外；当时的政府为中文开了一扇窄门，但世世代代使用中文的市民无法从门中进出。"[②]

首先，克服澳门存在的中文不规范、充斥葡式中文的现象。郭济修指出："澳门华人为中文合法化进行了几十年的努力，现在澳门已经回归了，中文已经成为澳门的官方语言，然而，这并不等于中文地位会自然而然地提高，还需要特区政府和各界人士的努力才能提高。可惜的是，事实上，澳门华人居民长期争取的中文官方地位并没有很好地得到提高。政府文件中的中文不规范、充斥葡式中文的现象，经常受到居民和学者的批评；立法方面也还不能全面做到中葡双语立法，只有一部分法律和法规是用中文起草的；尤其是司法方面，很长时间，一些以中文为母语的居民投诉不能得到中文的法院判词或通知之类的文件。以前澳葡当局对于中文不重视，而且缺乏中文方面的人才，所以充斥不规范的、葡式中文。现在澳门回归祖国已经六年多了，还是继续让不规范的中文充斥行政、立法和司法的文件，这实在不值得原谅的了。虽然澳门实行'一国两制'，但澳门基本法已明确规定澳门特区的行政机关、立法机关和司法机关要使用中文，也就是说，使用正式语文——中文是'一国'的大事，正确使用中文是落实澳门基本法、依法施政所必须的，也是社会的需要，市民的诉求。'除使用中文外，还可使用葡文，葡文也是正式语文'，就是'两制'的体现。政府文件中的中文不规范的情况继续存在，主要是因为特区政府不重视，至今还没有制定清晰的、具体的语文政策和规划。《中华人民共和国国家通用语言文字法》把使用规范的语言文字提到很高的地位，认为推动国家通用语言文字的规范化、标准化及其健康发展，可以使国家通用语言文字在社会生活中更好地发挥作用，促进各民族、各地区经济文化交流（第一条）；国家通用语言文字的使用应当有利于维护国家主权和民族尊

---

① 郭济修：《澳门的中文回归之路：兼读〈中文变迁在澳门〉》，载程祥徽主编：《澳门人文社会科学研究文选：语言翻译卷》，澳门基金会2008年版，第719—720页。

② 程祥徽：《澳门社会的语言生活》，载《语文研究》2002年第1期，第25—26页。

严，有利于国家统一和民族团结，有利于社会主义物质文明建设和精神文明建设（第五条）；规定国家机关以普通话和规范汉字为公务用语用字（第九条）。特区政府也应该把正确使用中文，提高到作为落实基本法、维护国家主权和民族尊严的高度。"[1]

其次，加强澳门公务员中文（普通话）的培训，特别是要根据澳门实际来开展公务员普通话的培训工作。陈恩泉认为："学习普通话的热潮正在不断地升温。1986年开始的公务员普通话培训，开始每年只有10多个普通话班次，到1993年发展到每年有100多个班次。据有关统计，到目前为止，已接受普通话培训的公务员已达一万人次以上。澳门理工学院盛炎教授是第三次普通话学习热潮的亲身参加者和见证人。他认为，第三次学习热潮无论在广度和深度上都远远超过了以往两次。不仅公务员普通话培训发展很快，还初步建立了一个比较实用的公务员普通话培训体系。我们相信，随着澳门的回归，普通话学习热潮的持续，局限于公务员的普通话培训会扩展到旅游、商贸、教育、一般人员等领域，不断提高普通话在澳门特别行政区的社会功能地位，逐渐在汉语内部形成以普通话为主、粤方言为次的双语言制架构。总起来说，中·葡双语制和普·方双语言制语言架构，应该是澳门'三文四语制'语言架构及其发展路向的基础。"[2]

就如何开展澳门公务员普通话学习，盛炎指出："澳门公务员普通话训练是一种特殊的语言教育，有着自身的特点和性质：1.它是一种业余语言教育，不是一种专业语言教育。公务员的主要时间用于工作，学习的时间相对较少。工作冲击学习的事情经常发生。2.它是一种成人教育，不是一种儿童教育。公务员的思维成熟，只是语言有问题……3.教育类型多样化，但有一个共同的要求要结合工作，解决工作中迫切需要的中文问题。……我们认为，要做好公务员的普通话培训工作，必须抓好以下基本建设：1.修订《澳门公务员汉语（普通话）水平等级标准》，以此作为该种教学总体设计、制订教学大纲、编写教材以及课堂教学和测试的依据。这类标准至少可以分为两种：一种是把汉语普通话作为外语或第二语言的等级标准，用来衡量学员的汉语普通话作为外语或第二语言的听、说、读、写、译能力。另一种是把汉语普通话作为母语的等级标准，用来衡量汉语普通话作为母语的听、说能力……2.根据不同的教学对象的需要，编写不同的系列教材，教材的分组要跟等级标准一致起来。教材分两种：一种是土生葡人使用的普通话系列教材，另一种是中国人使用的普通话教材。"[3]

# 结语

自16世纪中叶葡萄牙人入居以来，语言教学历程，就是澳门社会生活的重要内容。语言教学历程，在澳门的发展经历了四个阶段。第一个阶段从葡萄牙人入居澳门至18世纪末、19世纪初，葡萄牙人江沙维在圣若瑟修院从事语言教学工作之前，是澳门地区语言活动的第一个时期——语言接触、碰撞、融汇时期。在此时期，澳门官方语言为中文，而以葡萄牙文为代表多种语言在这里接触、碰撞与融汇。

---

[1] 郭济修：《澳门的中文回归之路：兼读〈中文变迁在澳门〉》，载程祥徽主编：《澳门人文社会科学研究文选：语言翻译卷》，澳门基金会2008年版，第722—723页。

[2] 陈恩泉：《澳门回归后葡文的地位与语言架构》，载《学术研究》2005年第12期，第98页。

[3] 盛炎：《澳门语言的历史、现状、发展趋势与未来的语言政策》，澳门理工学院2004年版，第39—40页。

葡萄牙籍汉学家、遣使会传教士江沙维神父，是一位于19世纪上半叶在澳门活动的著名汉学家，其进行汉学研究的重要目的，在于其语言教学工作。丰硕的汉学研究成果，大大地促进了其语言教学工作，为澳门培养了一大批优秀的语言人士。

19世纪中叶以后，澳门的语言教学进入了后江沙维时代。澳门的语言交流及语言教学活动进入一个新阶段。第一次鸦片战争之后，澳葡当局，从根本上改变澳门的管治权，在澳门地区推行殖民统治。作为殖民统治的重要手段，澳葡政府确立了葡萄牙语作为唯一官方语言的地位。澳葡政府开始重视华务工作。另外，澳葡政府的管治权从葡人社会延伸至华人社会，亦需大量双语人才管理华人。在这种情况下，澳葡政府通过法令于1885年正式设华务机构，并在该机构下设立政府翻译团队。在翻译人员构成上，亦改变任用进教华人的传统作法，转而在澳门土生人中培训翻译人才，并于1905年通过王室预算法令正式设立专门培训翻译的"华语学校"，改变了翻译人员由教会教育机构，如圣若瑟修道院培训的传统作法。在这种情况下，19世纪以来在澳门语言沟通方面发挥重要作用的转而为澳门土生葡人，其中许多人成为近代著名的翻译家和汉学家。至1999年澳门回归祖国，在这一百余年的历史发展过程，澳门语言教学经历了从适应殖民统治葡萄牙语官方化，到顺应时代要求的中文地位官方化的转变。

葡萄牙人入居澳门四百余年来，澳门的语言经历了从中文（汉语）到葡萄牙语，再到中文的过程。1999年12月20日澳门回归后至今，澳门的语言问题，值得注意的有三个方面：中文官方地位受到挑战，特区政府需要培养大量语言人才与掌握语言教学的控制权。

回归以来，葡萄牙语洗掉了殖民色彩，在澳门获得了全新的地位，学习葡萄牙语的热情不断提高，担当起重要的角度，成为了澳门建设中与葡语系国家交流的重要渠道。

# 福汉会的创建及其与太平天国的关系

陈才俊　李芊敏

1844年，已在香港殖民政府担任"抚华道"（Chinese Secretary）的普鲁士传教士郭实猎（Karl Friedrich August Gützlaff 或 Charles Gutzlaff，1803—1851，亦名"郭士立""郭实腊"等），依然恪守自己来华的首要使命——传播基督福音。于是，他将自己的追随者组织起来，在香港创建一个全新的团体——"福音宣教圣会"（Christian Association for Propagation of Gospel）——后改名"福汉会"（Chinese Union 或 Chinese Christian Union，亦称"汉会"）。福汉会创建的宗旨是让中国的基督徒自己在同胞中传播基督宗教，并且深入到中国内地传教。该会是近代中国第一个以华人为主体、培训华人传道者、实现华人福音自传的传教组织。福汉会的诞生，亦标志着郭实猎推出一个全新的对华传教模式——由西方来华传教士组织的没有教派背景的独立传教团体，由中国信徒自己在华展开传教事工。

由于郭实猎本人是一位在19世纪上半叶中外关系史上既影响甚巨又颇具争议的人物，福汉会又是郭实猎在中国开启的一种既与众不同又广受诟病的传教模式，加之该会与太平天国的领导人颇多交集，所以，福汉会曾引起国内外学者的广泛关注[1]。

## 一、郭实猎与福汉会的创建

自1807年英国伦敦传教会（London Missionary Society，简称"伦敦会"）马礼逊（Robert Morrison，1782—1834）入华开始，基督新教传教士大多采取旅行访问和派发宗教小册子的方式传教。郭实猎来华之初，亦不例外。他在华传教十多年间深刻体会到，由于受传教对象、传教地域以及传教环境等因素的限制，教会迫切需要培养华人布道者，以充分发挥华人传教的特殊作用。

中英《南京条约》签订以前，西方来华传教士因受清政府"禁教"政策所限而一直止步于广州、澳门及南洋等地。虽然郭实猎曾多次搭乘船只到中国沿海游历，甚至抵达一些

---

① 代表性研究有：Jessie Gregory Lutz, *Opening China: Karl F. A. Gützlaff and Sino-Western Relations, 1827—1852*, Michigan: William B. Eerdmans Publishing Company, 2008, pp.215—258；Prescot Clarke, "The Coming of God to Kwangsi: A Consideration of the Influence of Karl Gützlaff and the Chinese Union During the Formative Period of the Taiping Movement," *Papers on Far Eastern History*, No.7, March 1973, The Australian National University, pp.145—181（［澳］彼得·克拉克著，曾学白译：《上帝来到广西——试论太平天国运动形成时期郭士立及汉会的影响》，载北京太平天国历史研究会编：《太平天国史译丛》第一辑，中华书局1981年版，第214—242页）；李志刚：《基督教早期在华传教史》，台湾商务印书馆股份有限公司1985年版，第296—304页；刘绍麟：《香港华人教会之开基》，中国神学研究院2003年版，第186—200页；吴义雄：《开端与进展：华南近代基督教史论集》，财团法人基督教宇宙光全人关怀机构2006年版，第77—98页；苏精：《上帝的人马——十九世纪在华传教士的作为》，基督教中国宗教文化研究社2006年版，第33—71页。

中国北方港口，但由于每次停留时间较短，传教活动也仅限于派发宗教小册子等，故传教效果并不明显。鸦片战争之后，清政府虽然对传教活动有所弛禁，但也仅限于通商五口范围之内，故此，郭实猎一直试图寻找一种有效的在中国传播基督福音的方法，也就是通过建立一个完全由华人为主体的社会团体来打开中国的传教大门。

郭实猎自1831年抵达中国之始，即主张利用华人信徒到中国内地传教。他曾经和美南浸信会（South Baptist Convention）牧师罗孝全（Issachar Jacox Roberts，1802—1871）合作，期冀实现这一传教计划。他们在1839年2月7日共同发表的一份"年度报告"称：

> 从这个（广东）省东部来的一位先生到这里禀告我们说，有几千个中国人，其中包括两名军官，已经放弃偶像崇拜，现在崇拜独一真神！他说他们没有宣教师，并说他乐意把我们的包含救主信条的书带给他们，如果可能的话，与我们建立起联系。他现在带着书走了，但我们还没有听到他成功到达的消息。[①]

在没有与外国传教士接触的情况下，居然有"几千个中国人"改信耶稣基督，显然令人质疑。不过，郭实猎是想借此报告说明，已经有中国人信仰基督宗教的"唯一真神"，并自愿到中国内地从事传教事工。

上述报告还称：

> 一位中国基督徒已到他自己的家乡去传播福音，该地位于广东省靠近江西的边界上。他在那里建了一所学校，由他的亲属在学校中教授我们的传道书；他带回一个少年，该少年的父亲希望做一名布道者。现在这个少年由郭实猎先生照管，他已开始向荣耀的救世主屈膝膜拜，而他的引路人最近已回到其同胞当中继续他的工作。……约有138个中国人，还有30到50个葡萄牙人，每周根据他们的需要可以得到一笔小小的津贴，还在他们当中分发寒衣。……有几个本地人受雇为教师、职员或助手；他们当中有几个有希望接受福音之光。[②]

由此可见，鸦片战争之前，郭实猎便开始实施培训中国信徒并派遣他们到中国内地传教的计划，而且已经派其华人助理外出传教[③]。鸦片战争期间，郭实猎伴随英国军队北上，其传教计划不得不暂时搁置。至1841年他返回澳门时，其原来雇用的中国助手也已解散，于是，他又重新将当地的中国信徒组织起来，讲授基督教义，指导如何传教。

1843年8月，郭实猎受聘于英国殖民政府出任香港"抚华道"（专责香港华人事务）之职后，旋即在香港开展传教事工。由于公务繁忙，他只能"日理公务，夜则传教"[④]。1844年2月14日，郭实猎经各方筹备，正式在香港创建福汉会，"意欲汉人信道德福也"[⑤]。而郭实猎也一再表明，福汉会不同于其他传教组织，是一个以华人为主体、通过

---

① I. J. Roberts, "Early Life of Charles Gutzlaff," *China Mission Advocate*, Vol.1, Kentucky, 1839, p.214.转引自吴义雄：《开端与进展：华南近代基督教史论集》，财团法人基督教宇宙光全人关怀机构2006年版，第83页。

② I. J. Roberts, "Early Life of Charles Gutzlaff," *China Mission Advocate*, Vol.1, Kentucky, 1839, p.214.转引自吴义雄：《开端与进展：华南近代基督教史论集》，财团法人基督教宇宙光全人关怀机构2006年版，第83—84页。

③ Jessie G. Lutz and R. Ray Lutz, "Karl Gützlaff's Approach to Indigenization: The Chinese Union," in Daniel H. Bays ed., *Christianity in China: From the Eighteenth Century to the Present*, Stanford: Stanford University Press, 1996, p.271.

④ 王元深：《历艰明证记》，《德华朔望报》第一卷第二期，1908年1月，第19页。

⑤ 王元深：《圣道东来考》，1907年版，第15页。

华人信徒向中国内地传播基督福音的社会团体。而且，该会所设主席之职由华人担任。郭实猎在福汉会中仅充当中介人的角色①。

郭实猎指出，如果要想在中国传播基督福音，"我们应当完全适应中国人的喜好；否则，如果我们拒绝这条唯一的准则，而炫耀写作艺术方面的高超知识，那么我们用生花之笔是不能使我们的读者得到益处的。"②福汉会创建之初，其运作模式是：以香港为基地，郭实猎吸收成员学习基督教义；当福汉会的成员对基督教义有一定了解之后，郭实猎为其施洗入教，尔后派往中国内地不同地方传教。按福汉会的规定，所派遣外出传教的成员必须品行端正，"不食鸦片，不哄骗"；"熟识圣诏遗书、耶稣言行论，并圣经之史等书。若此等书未能融会贯通，了然于心了然于口，亦毋庸请出外去以传道理也"③。另外，郭实猎将被派遣外出传教的成员分为"布道者"（preacher）和"散书者"（tracts distributor）两种。福汉会还规定，"各兄弟讲道理，必须恒时恳求圣神感化其心，赋俾才能所讲之道理。惟用圣书之词而叙述之，并不得谎谈无稽"；"出外派书之人，必昼夜巡行各处讲道，与男女老幼尊贵卑贱各品人听之，所带之书一一分派，并不遽然混分。遇有实心实意，丢去菩萨，永不拜山坟，痛悔前非，蒙圣神之力重生，则可以仰天父天子圣神之名而施之浸礼"④。由此可见，相对于其他西方来华差会的传教士，福汉会的成员从入会到成为布道者的过程极为简单。有些成员完成这种转变仅需几个月。当然，这也给福汉会后来的运作及其"合法性"带来负面影响。比如，其推行的这种模式，后来便受到各方传教士的非议，质疑其成员是否真正具备布道者的资格⑤。

可以说，郭实猎的这种传教方式，与其早年在柏林仁涅传教学院（Janicke Mission Schule）的学习经历有关。在仁涅传教学院，郭实猎深受摩拉维亚弟兄会（Moravian Brethren）精神的影响。摩拉维亚弟兄会主张生活之快乐在于灵性生活的实践，主张在室内举行礼拜，不设祭坛，只有唱诗、读经、祷告。正是郭实猎在摩拉维亚的经历，使他相信"能达到基督教救世的目的，就证明了所使用的手段之正当。因此，在郭士立看来，重要的是直接改信基督，而不是按某个教派或教会的教规去改信基督"⑥。在郭实猎看来，教会的装饰和仪式等都是不必要的东西，最重要的是信徒内心的信仰。故此，郭实猎一生传教事业皆随个人意志所为，不受传道会的约束。

另外，福汉会的这种传教方式也与郭实猎的个人传教经历有关。首先，郭实猎虽然1826年由荷兰传教会（Netherlands Missionary Society）派往南洋传教，但其1829年就脱离该会成为一名独立传教士，不受任何教会的控制。这给予他极大的自由，使其能遵从自己内心的信仰到各处传教而不受约束。其次，在郭实猎与中国人打交道的过程中，发现传教

① 参见郭文婷：《郭实腊与鸦片战争前后中西关系研究》，暨南大学硕士学位论文，2016年，第14页。

② ［澳］彼得·克拉克著，曾学白译：《上帝来到广西——试论太平天国运动形成时期郭士立及汉会的影响》，载北京太平天国历史研究会编：《太平天国史译丛》第一辑，中华书局1981年版，第220页。

③ DA19/3/1/1-4，Dr. Gutzlaff Papers，转引自刘绍麟：《香港华人教会之开基：1842至1866年的香港基督教会史》，宣道出版社2003年版，第188页。

④ DA19/3/1/1-4，Dr. Gutzlaff Papers，转引自刘绍麟：《香港华人教会之开基：1842至1866年的香港基督教会史》，宣道出版社2003年版，第188—189页。

⑤ 参见郭文婷：《郭实腊与鸦片战争前后中西关系研究》，暨南大学硕士学位论文，2016年，第15页。

⑥ ［澳］彼得·克拉克著，曾学白译：《上帝来到广西——试论太平天国运动形成时期郭士立及汉会的影响》，载北京太平天国历史研究会编：《太平天国史译丛》第一辑，中华书局1981年版，第217页。

士与当地民众之间隔阂太大，中国人始终不能从内心深处认可外来人士和西方宗教。故此，他认为，培养华人传教士可以消除这种隔阂，使中国人更易接受基督宗教。更重要的是，郭实猎认识到，传教士在传播福音的过程中应该努力向中国人贴近，使基督宗教"中国化"①。

福汉会初期成员都是生活在郭实猎身边的中国人，如秦继尧（Chin Ke-yaou）、杨志远（Yeang Chi-yuen）、吴卫（Wu Wei）等，均为港英殖民政府中文秘书处的雇员②。还有一些是由其他西方传教士——如美国浸信会（Baptist Triennial Convention）传教士叔未士（John Lewis Shuck，1812—1863）、粦为仁（William Dean，1807—1895）等——施洗入教的华人信徒，或与西方传教士有过接触的华人职员，如语言教师、抄写员等③。

福汉会成立不久，郭实猎便将部分早期会员派往中国内地传教。他们从郭实猎那里领取经费和传道书，前往指定地点传教。这些人一个非常重要的任务是发展新的信徒。有些被发展的新信徒被带到香港，由郭实猎亲自考察，然后在福汉会总部接受基督教义方面的培训，包括研讨《圣经》和传道书，参加礼拜仪式等。经过一段时期培训，通常一个月左右，当这些新入会的福汉会成员掌握基本的基督教义之后，便成为新的布道者和散书者，被郭实猎派到中国内地不同地方散书、传教，重复创始会员的工作。至于那些不到香港接受培训的信徒，则由引导他们入会的布道者负责保持联络④。

## 二、福汉会的发展及终结

福汉会1844年创建之始，由于郭实猎将该会定性为华人主导之社会团体，故最初只有郭实猎和罗孝全两名西方传教士参与其中。不久，由于罗孝全同年离开香港赴广州传教，所以从某种意义而言，福汉会创建之后很长一段时间是由郭实猎一个人支撑运作的。

福汉会刚成立时，由于其为西方人在华创建的宗教团体，所以华人成员为数甚少。那些略通基督教义并接受洗礼后的华人信徒被派往传教的地方，也仅仅限于香港周边的地区。但是，早期在郭实猎门下学习基督教义的华人信徒均为诚心向学者。据福汉会早期成员王元深（1817—1914）介绍，最初来学习者"不满十人"，但"皆自备资斧而来"⑤，且其"往港中各铺宣道，朋辈见之，鄙为服从西教，而弃菩萨与祖宗，多端毁谤，嫉之如仇，而觅工之事，亦无从问津矣"⑥。另一位福汉会成员戴文光（Tai Wum Kong）亦称，"郭实猎在成立福汉会之初，招收学员并不是一件易事。仅有肖涛明（Siao Tao Ming）和戴涛坤（Tai Tao Kium）以及其他一些人参加福汉会，并接受洗礼后成为基督徒到周边地区布道。那时候，他们的行为交谈是没有充斥着欺骗和谎言，他们完全是按照内心的信仰履行

① 参见郭文婷：《郭实腊与鸦片战争前后中西关系研究》，暨南大学硕士学位论文，2016年，第15—16页。

② Jessie Gregory Lutz, *Opening China: Karl F. A. Gützlaff and Sino-Western Relations, 1827—1852*, Michigan: William B. Eerdmans Publishing Company, 2008, pp.271—272.

③ 参见吴义雄：《开端与进展：华南近代基督教史论集》，财团法人基督教宇宙光全人关怀机构2006年版，第85页。

④ 参见吴义雄：《开端与进展：华南近代基督教史论集》，财团法人基督教宇宙光全人关怀机构2006年版，第85页。

⑤ 王元深：《圣道东来考》，1907年版，第15页。

⑥ 王元深：《历艰明证记》，《德华朔望报》第一卷第二期，1908年1月，第20页。

自己的职责，并按照他们的需要每个月给予补贴作为支持。"①除此之外，福汉会秘书郑启耀在1849年致该会英国支持者的报告《福汉会进程》（*Progress of the Chinese Christian Union*），虽然内容有很多虚假的成分，但在吸收福汉会成员的条件和判断一个成员能否成为合格布道者的标准的描述上，则具有一定的可信度。由此可见，早期福汉会成员的吸收是严格按照福汉会的规章制度执行的②。

福汉会创建约两年后，影响渐趋扩大，加入该会并接受洗礼的华人信众越来越多，仅靠郭实猎一人之力实在难以应付。于是，郭实猎写信给欧洲的巴色会（Basel Mission 或 Basel Evangelical Missionary Society，后改称"崇真会"）、巴勉会（Barman Mission，后改称 Rhenish Missionary Society，"礼贤会"），"谓华人求道甚殷，求遣人前来，相助为理"③。1846年，巴色会派牧师韩山文（Theodore Hamberg，1819—1854）和黎力基（Rudolph Lechler，1824—1908），巴勉会派牧师柯士德（Heinrich Köster，1821—1847）和叶纳清（Ferdinand Genähr，1823—1864），前来中国协助郭实猎处理福汉会的工作。翌年3月19日，四位牧师抵达香港。柯士德、叶纳清二人学习广府语，韩山文学习客家话，黎力基学习潮州语，均由郭实猎教导。经过短暂华语学习，他们便被郭实猎派遣与福汉会的华人布道者一起前往客家地区和广府地区传教。此时的福汉会因加入成员的剧增而迅速壮大④。

据王元深在《圣道东来考》论"福汉会人粤记"载：

> 时巴色会则遣韩山明、黎力基二人。礼贤会又名巴勉会，则遣柯士德、叶纳清二人。四位教士同船来华。于一千八百四十七年（道光廿七年）二月抵香港，助郭君传道，皆改易华服。是年六月罗琛源、王元深、刘展聪、黄德风等，游于郭门学道，同时领洗。道光廿七年十一月，郭君遣王元深、李清标，偕叶纳清，入内地，往东莞、虎门道，寓于镇口客店先以施医开路，地方官行查，知为施医，无甚禁阻。叶纳清后数月回香港，与黎力基再至镇口，乃立馆传道，此是西教士入内地立馆之始。

> 郭君又遣蔡福偕柯士德教士，往新会江门传道，为地方官阻，逐回香港。柯君旋染痢疾，卒于香港。郭君又遣潮人亚爱偕黎力基教士往汕头传道、又遣徐道生偕韩山明教士往新安入乡传道。此数位教士，皆在洲岛边隅之地传道，海禁未开，不敢入内地、时游郭门学道具者日众领洗者约一百余人，其间良莠不齐，扶同作弊者有之，郭君不暇察觉，叶黎韩三人知其弊，与郭君意向不同，恩此而分，各归本会自理。⑤

关于福汉会成员的具体人数，美国学者鲁珍晞（Jessie Gregory Lutz）根据郭实猎本人的报告与信件统计如下：1844年，会员20人，受洗信徒262人；1845年，会员80人，受洗信徒88人；1846年，会员179人，布道者36人，受洗信徒601人；1847年，会员300人，布道者50人，受洗信徒655人；1848年，会员1000人，布道者100人，受洗信徒487人；

---

① Theodore Hamberg: *Report Regarding the Chinese Union at Hong Kong*, Hong Kong: The Hong Kong Register Office, 1851, pp.11—12.

② 参见郭文婷：《郭实腊与鸦片战争前后中西关系研究》，暨南大学硕士学位论文，2016年，第16页。

③ 王元深：《圣道东来考》，1907年版，第15页。

④ 参见李志刚：《信义宗教会教士与太平天国之关系》，载李志刚：《基督教与近代中国文化论文集》（二），财团法人基督教宇宙光传播中心出版社1993年版，第85页。

⑤ 王元深：《圣道东来考》，1899年版，第15—16页。

1849年，布道者130人，受洗信徒695人[1]。由此统计可知，郭实猎所记载的福汉会成员人数增长非常迅速。1846年以前，该会成员活动范围主要在广东，1846年之后，渐渐有一半成员被派到广东与江西、广西、福建三省的边界地带。据郭实猎的报告，至1848年，其布道者已分布到中国18个省中的12个。他计划在北京这样的大城市建立传教中心，在各省都建立分支机构，并派遣其最可靠的助手负责掌管各省教务，最终实现每个省都由本省人来传教。为了培训这样的布道者，郭实猎打算在香港创建一个神学院。他声称，1847年，福汉会已在70个地方建立了稳固基地；到了1848年，又发展到80个。但是郭实猎所讲的这些数字，后来受到许多质疑[2]。

另据郑启耀1849年的报告《福汉会进程》称："福汉会的成员已经达到1800人，并且有不断上升的趋势"[3]。根据其提供的信徒发展统计表，1847年12月，福汉会的足迹已经遍及广东、广西、江西、湖南、湖北、云南等省。甚至甘肃的兰州、河南的开封、直隶的北京，都有福汉会设立的"小信徒团体"（small congregation）或"分散信徒"（scattered convert）。其中以广东的信徒发展情况最好，"大信徒团体"（large congregation）就有5个[4]。《福汉会进程》还宣称，直至1849年，"他们的足迹已遍及18个省，尽管有些地区才刚开始。同时，他们希望能将基督福音传至日本、交趾……老挝、柬埔寨等地"[5]。

虽然福汉会发展势头迅猛，但其成员的整体素质则随着人数的增加而每况愈下，甚至出现大量"白米教友"。王元深坦言，"其间良莠不齐，扶同作弊者有之"[6]。有不少华人参加福汉会是为了骗取钱财。他们长期蜗居家中，却假装来自遥远的省份；编写虚假的布道日记；把要求沿途派发的传教小册子低价卖给地摊小贩或堆放家中；甚至还找人冒充在其他省份发展的信徒，欺骗香港福汉会总部的管理者。然而，郭实猎却一直沉醉于其编织的让全部中国人信仰耶稣基督的美梦中，"不暇察觉"[7]。此亦成为其后福汉会广受非议的重要隐患。

为了维持福汉会的经济来源，郭实猎撰写许多介绍性文章、宣传小册子，发表公开信，宣扬福汉会的活动。他将福汉会成员的传教日记翻译成欧洲文字发表，让福汉会成员写信给欧洲的相关教会组织，希望使欧洲传教机构相信福汉会在中国的传教事业已经取得重大进展。虽然郭实猎在1829年脱离荷兰传教会成为一名独立传教士，但是他一直与欧洲各传教会保持着良好的关系。在华传教期间，郭实猎通过不断写信和发表文章向欧洲各界介绍基督宗教在华发展的状况，吸引愿意到中国传教的有志之士[8]。

1849年9月，郭实猎离开香港，重返欧洲游历，并展开一系列演讲宣传活动。这是郭实猎自1826年离开荷兰后首次回到欧洲。他走访欧洲各国，包括：英格兰、爱尔兰、苏格

---

[1] Jessie Gregory Lutz, *Opening China: Karl F. A. Gutzlaff and Sino-Western Relations, 1827—1852*, Michigan: Wm. B. Eerdmans Publishing Co., 2008, p.228.

[2] 参见吴义雄：《开端与进展：华南近代基督教史论集》，财团法人基督教宇宙光全人关怀机构2006年版，第89页。

[3] *Progress of the Chinese Christian Union*, Cork: Guy Brother, Stationery Hall, 1849, p.32.

[4] *Progress of the Chinese Christian Union*, Cork: Guy Brother, Stationery Hall, 1849, pp.33—34.

[5] *Progress of the Chinese Christian Union*, Cork: Guy Brother, Stationery Hall, 1849, p.32.

[6] 王元深：《圣道东来考》，1907年版，第16页。

[7] 王元深：《圣道东来考》，1907年版，第16页。

[8] 参见郭文婷：《郭实腊与鸦片战争前后中西关系研究》，暨南大学硕士学位论文，2016年，第19页。

兰、瑞士、日耳曼地区、波西米亚、奥地利、匈牙利、俄罗斯、波兰、芬兰、瑞典、丹麦、意大利、希腊等。除了挪威、西班牙、葡萄牙、土耳其以外，他几乎在一年多时间里踏遍欧洲各地，宣传其在中国的传教成就①。此次欧洲之行，郭实猎目的有三：一是会见欧洲地区支持福汉会工作的团体和赞助者，并寻求更多经济援助；二是消除部分欧洲民众对福汉会的疑虑；三是介绍中国传教工作的进展，并寻求更多同道者前往中国传教②。

郭实猎的欧洲之行基本实现了预期目的。首先，欧洲各地成立支持福汉会的团体。1850年1月，郭实猎抵达伦敦，与福汉会的支持者理查德·鲍尔（Richard Ball）会晤。"在理查德·鲍尔的引荐下，郭实猎在托特纳姆（Tottenham）参加一个由支持中国传教事业的群体举行的会议。会上，郭实猎通过其努力，使得霍德华家族（Howard Family）成立一个支持福汉会的社会团体——'推动中国及周边国家传播基督福音协会'（Association for Furthering the Promulgation of the Gospel in China and the Adjacent Countries by means of Native Evangelists），后改名为'中国福音会'（Chinese Evangelization Society）。"③中国福音会是欧洲支持福汉会的第二大社会团体，其成员包括律师、股票经纪人、商人和牧师等。然而，这仅仅是郭实猎欧洲之行的开始。随着郭实猎发表演讲的次数越多，也就有愈来愈多的地区成立支持福汉会的团体，直至郭实猎离开欧洲之际已达数百个。其次，获得更多的经济援助。福汉会的日常支出是由郭实猎负责的，但随着该会成员的渐趋增加，仅靠郭实猎一人之薪金已远远不够。于是，郭实猎不断写信到欧洲各界，希望得到支持者的援助。在1848年至1850年3月期间，郭实猎共收到捐款1023西班牙银元④。此次回到欧洲亦不例外。伴随郭实猎发表演讲而不断成立的支持福汉会的团体，大都带有募捐性质，甚至"连普鲁士国王都捐赠了400元"⑤。"中国基金会"（Chinesische Stifung）与"中国福音会"两大团体更是常年为福汉会募捐。再次，争取同道者到中国传教。为了使欧洲民众对中国有所了解，郭实猎在演讲中往往会介绍中国的现状。如在布鲁塞尔（Brussel）的演讲中，他就提到"中国由于地理和文化与其他地方的隔绝，形成其傲慢的性格，把外来人员统称为蛮夷"⑥。在卡塞尔（Cassel）的演讲中，他更呼吁女传教士前往中国，因为在其看来，"如果中国妇女没有信仰基督宗教的话，中国将仍是异教徒国家。中国妇女是整个中国信仰转变的关键"⑦。郭实猎的演讲颇具吸引力，他的呼吁也得到热心人士的响应。"在郭实猎离开欧洲之时，欧洲已成立一些支持女子运动的团体。从不列颠岛开始，他激励一批女性愿

① 参见陈莹真：《十九世纪前期传教士眼中的中国——以郭士立（Karl Friedrich August Gützlaff）为中心》，台湾师范大学历史系硕士论文，2013年，第82页。

② 参见郭文婷：《郭实腊与鸦片战争前后中西关系研究》，暨南大学硕士学位论文，2016年，第20页。

③ Jessie Gregory Lutz, *Opening China: Karl F. A. Gützlaff and Sino-Western Relations, 1827—1852*, Michigan: William B. Eerdmans Publishing Company, 2008, p.114.

④ Jessie Gregory Lutz, *Opening China: Karl F. A. Gützlaff and Sino-Western Relations, 1827—1852*, Michigan: William B. Eerdmans Publishing Company, 2008, p.231.

⑤ 雷雨田主编：《近代来粤传教士评传》，百家出版社2004年版，第152页。

⑥ Jessie Gregory Lutz, *Opening China: Karl F. A. Gützlaff and Sino-Western Relations, 1827—1852*, Michigan: William B. Eerdmans Publishing Company, 2008, p.232.

⑦ Jessie Gregory Lutz, *Opening China: Karl F. A. Gützlaff and Sino-Western Relations, 1827—1852*, Michigan: William B. Eerdmans Publishing Company, 2008, p.234.

意到中国开展传教工作，而事实上也有一部分真的到中国妇女和儿童中工作。"①无疑，郭实猎的欧洲之行是成功的。他通过良好的演讲口才和自身在中国的经历引起一批欧洲人对中国的兴趣，增强欧洲本地传教差会派遣传教士到中国传教的信心②。

郭实猎离开香港前，将福汉会的日常管理工作交给韩山文负责。韩山文接管福汉会后，发现该会内部有许多与郭实猎报告中描绘的不一致的地方。甚至韩山文的华文老师查（Cha）也指出，"整个福汉会成员的足迹遍布中国18个省是虚构的。在他们当中，有很多成员都是来自西乡、桂城、广州等邻近香港的地方，大部分让他们派发到中国内地的书籍都被转手卖给印刷商或带回家了。石昌（Shi-chang）告诉我，甚至有大量的福汉会弟兄是鸦片吸食者"③。因此，为了检验福汉会成员所说的话是否真实，韩山文做了个实验：他把48本《新约》在发放给福汉会成员前做下标记。还不到两个月，他发现其中有18本《新约》被印刷商重新卖给自己。当韩山文向印刷商戳穿此骗局后，印刷商宣称，是他的助手于其不在广东的这段时间里向当地小贩购买了这些书籍。对于此种现象的出现，有福汉会成员在后来的联合调查会上解释道："小额资金的补助根本不足以支撑其去其他省份布道，因此，他们宁愿呆在家中等待时间的过去"④。

为了进一步了解福汉会，韩山文致信罗孝全，要求弄清福汉会的构成。然而，作为早期一起与郭实猎创办福汉会的罗孝全，对福汉会的模式却不是十分赞同。罗孝全在回信中写道："（福汉会的）一些成员是聪明的，尽管我不确定他们是否有宗教信仰。但我想在中国，这种靠发放资金让成员去布道的模式，那些成员是不会有真正信仰的转变"⑤。除此之外，巴色会的黎力基亦坦言，福汉会主席明（Ming）的布道日记（宣称其在潮州已建立教堂和发展信徒）是作假的，因为黎力基曾派其助手前去潮州了解情况，却得知"明要求他保持沉默，不要提及任何有关基督教义的东西，因为当地居民对此非常反感"⑥。

郭实猎离开香港后，福汉会很快遭到其他在港西方传教士，尤其是"伦敦会"传教士理雅各（James Legge，1815—1897）的质疑。于是，1850年2月，以理雅各和韩山文为首的12名西方传教士在香港举行一次联合调查，采用福汉会成员的供词以及各方传教士的看法，试图揭开福汉会的真相。但此次调查并未得出一致的结论，仅在会后把调查会议的记录刊登出来⑦。

1851年，韩山文出版《关于香港福汉会的报告》（*Report Regarding the Chinese Union at Hong Kong*），披露很多关于福汉会的细节。在该报告中，韩山文对《郭实猎的中国报告》

① Jessie Gregory Lutz, *Opening China: Karl F. A. Gützlaff and Sino-Western Relations, 1827—1852*, Michigan: William B. Eerdmans Publishing Company, 2008, p.234.

② 参见郭文婷：《郭实腊与鸦片战争前后中西关系研究》，暨南大学硕士学位论文，2016年，第20—21页。

③ Theodore Hamberg: *Report Regarding the Chinese Union at Hong Kong*, Hong Kong: The Hong Kong Register Office, 1851, pp.1—2.

④ Theodore Hamberg: *Report Regarding the Chinese Union at Hong Kong*, Hong Kong: The Hong Kong Register Office, 1851, pp.1—2.

⑤ Theodore Hamberg: *Report Regarding the Chinese Union at Hong Kong*, Hong Kong: The Hong Kong Register Office, 1851, p.15.

⑥ Theodore Hamberg: *Report Regarding the Chinese Union at Hong Kong*, Hong Kong: The Hong Kong Register Office, 1851, p.15.

⑦ 参见郭文婷：《郭实腊与鸦片战争前后中西关系研究》，暨南大学硕士学位论文，2016年，第18页。

（*Gaihan's Chinesesche Berichte*）提及的一些地区进行实地调查，发现郭实猎的报告掺杂着一些虚假成分。此仅举两例：例一，郭实猎在报告中称在香港淡水布道的福汉会成员张（Tschang）告知他，淡水已有小礼拜堂对外开放，并且该地区的信徒人数有上涨趋势。但1847年，韩山文与黎力基曾到访此地，却并未发现有任何礼拜堂或教会[1]。例二，郭实猎在报告中描述香港尖沙咀的传教情况，韩山文与乌（Carl Vogel）牧师实地调查发现，当地并没有基督徒，但却发现一所由美国教会建立的学校。为了使报告更具可靠性，韩山文向曾去过此地的美国浸信会真神堂（American Baptist Board of Foreign Missions）的赞算·约翰（John W. Johnson，1819—1872）和巴勉会的罗存德（Wilhelm Lobscheid，1822—1893）了解情况，得知情况基本与韩山文所见相同。罗存德更坦言，"他以前曾多次与郭实猎一起到访此地，但当地居民并不欢迎他们，有时候甚至闭门相待。因此，他并不了解郭实猎写的基督教小村庄在哪"[2]。

另外，韩山文还发现，许多福汉会成员根本没有将郭实猎给予他们传道的《圣经》发送出去。韩山文指出，他指定外出散发传道书的16人中，有些人根本没有外出，而是将发给他们的200部《新约》以极低的价格（每市斤15或16枚铜钱）卖给原来承印这些书的书商，而书商又以高价将这些《新约》卖回给韩山文，其中有些还经过多次转卖[3]。"散书者"一面从郭实猎或韩山文那里领取路费和津贴，一方面还可以将大批的传道书册卖钱，这些布道者领取路费后却待在香港不走。《关于香港福汉会的报告》中还提到，福汉会成员中许多人吸食鸦片，正因为吸食鸦片需要钱，所以才有这么多人蒙骗郭实猎。

可以推测，郭实猎极有可能明知道自己报告中的一些内容是假的，却坚持将报告公诸于众。这或许是由于郭实猎对传教事工抱有极其乐观的态度，相信其未来会实现，亦或许是郭实猎想给福汉会支持者一个希望。

这次调查揭露出许多福汉会的虚假情形。尽管韩山文没有对福汉会作出一个结论，但联合调查组将会议记录印刷出来，寄到欧洲散发。1850年4月，这份记录开始在欧洲流传。自此，关于福汉会的负面消息便从未中断，使得越来越多的欧洲支持者对福汉会缺乏信心[4]。

1851年3月28日，郭实猎回到香港。巴陵会（Berlin Mission 或 Berlin Missionary Society，后改称"信义会"）的牧师那文（Robert Neumann）与郭实猎同期抵港。郭实猎为了反驳对福汉会的调查结果，便将过去的福汉会成员重新召集在一起，以从中搜寻可推翻调查结果的证据。他找到30个曾经承认自己有过错的福汉会成员，这些人声称自己遭到韩山文威胁承认自己从未犯过的错误[5]。郭实猎将这些说词公布于欧洲社会，企图证明韩山文、理雅各等人的行为乃属偏见，但影响及效果却非常有限。

---

① Theodore Hamberg: *Report Regarding the Chinese Union at Hong Kong*, Hong Kong: The Hong Kong Register Office, 1851, p.16.

② Theodore Hamberg: *Report Regarding the Chinese Union at Hong Kong*, Hong Kong: The Hong Kong Register·Office, 1851, p.17.

③ 参见吴义雄：《开端与进展：华南近代基督教史论集》，财团法人基督教宇宙光全人关怀机构2006年版，第93页。

④ 参见郭文婷：《郭实腊与鸦片战争前后中西关系研究》，暨南大学硕士学位论文，2016年，第18—19页。

⑤ 参见吴义雄：《开端与进展：华南近代基督教史论集》，财团法人基督教宇宙光全人关怀机构2006年版，第96页。

虽然韩山文后来对福汉会进行整改，郭实猎亦试图力挽狂澜，重新振兴福汉会，但均对福汉会的衰落无能为力。1851年8月9日，郭实猎在香港逝世，福汉会转由那文接管。但由于该会内部问题颇多，所受非议不断，最终不得不于1855年解散。可以说，福汉会是基督宗教在中国实行本土化的一种尝试。但是，由于福汉会在派往内地的布道者的挑选和运作方式等方面存在一些致命的缺陷，所以导致其日后广受非议，难以维系。

## 三、郭实猎及福汉会的传教影响

18世纪末19世纪初，西方传教士掀起一股向海外传教的热潮。拥有广袤疆土与庞大人口的中华帝国，自然引起许多西方传教士的关注。19世纪早期，由于清政府实行闭关锁国和禁教政策，新教传教士不得不采取一种与明清之际天主教传教士不同的传教方式：先从普通民众、乡村地区开始传播基督福音。郭实猎亦不例外。早在1827年，郭实猎受荷兰传教会差遣至南洋巴达维亚（Batavia，今雅加达）传教时，认识了"伦敦会"传教士麦都思（Walter H. Medhurst，1796—1857）。"麦都思向其介绍了恒河外方传教会（Ultra Ganges Mission）的传教方法，是以游行访问及派发布道书刊为主要。"[1] 无疑，旅行访问及派发布道书籍是19世纪前期新教传教士在中国使用最多、亦是最有成效的一种传教方式。对于一个对基督宗教几乎是陌生的国家来说，面对面的交流和派发传教小册子可能是打开中国大门的敲门砖。在1831年至1833年期间，郭实猎就尝试过这种传教方式，并认为此法行之有效[2]。

郭实猎对以旅行访问及派发布道书籍这种传教方法是赞同的。此不仅体现在其自身的传教活动，还体现于他领导的福汉会的运作模式。1839年2月，郭实猎在与罗孝全于《中国传教呼声》（*The China Mission Advocate*）刊登的年度报告中宣称，其在一个夏天就访问了40多个村庄，250—300卷书、经文和小册子被循环使用。通过他们的访问和派发小册子获得一些成效[3]。"在某些情况下，一些村民开始自发来这请求我们访问他们的村子并派发书籍。一位本地的绅士告诉我们，在他那有几千名中国人已经抛弃偶像崇拜，开始信仰上帝。而且在那几千人中还有两名是军官。因为他们那并没有老师，他十分愿意向他们村民转送我们关于基督教义的书籍，并希望有可能与我们面对面交谈。"[4]

除此之外，郭实猎还凭借其良好的写作能力，在1834—1850年间共撰写出版53本有关基督宗教的中文小册子。这些小册子均以小说或对话方式介绍与基督教义有关的知识，浅显易懂。其书籍派发的区域主要集中在南洋及包括澳门、香港在内的中国沿海地区[5]。据郭实猎书籍的出版赞助商美国福音传单协会（American Tract Society）1837年的年报记载："当年准备在新加坡以至邻近地区派发的书册，其中有10部新的书册是全由郭实猎或

福汉会的创建及其与太平天国的关系

---

① 李志刚：《基督教早期在华传教史》，台湾商务印书馆1985年版，第100页。

② 参见郭文婷：《郭实腊与鸦片战争前后中西关系研究》，暨南大学硕士学位论文，2016年，第21—22页。

③ 参见郭文婷：《郭实腊与鸦片战争前后中西关系研究》，暨南大学硕士学位论文，2016年，第21—22页。

④ *The China Mission Advocate*, Vo. I , No.7, February 1839, p.213.

⑤ 参见郭文婷：《郭实腊与鸦片战争前后中西关系研究》，暨南大学硕士学位论文，2016年，第22页。

著或编的。"①1839年1月，郭实猎写给美国福音传单协会的信中也提及自己小册子所带来的影响："我们的一个弟兄昌（Chang）一个月前从江西省边缘的一个地方回来。在那里，人们乐意接受他派发的小册子，并说服他认识的一位老师把这些小册子接收到他们学校。有一些人更是答应放弃偶像崇拜。"②同时，郭实猎还让美国福音传单协会帮忙招聘一些愿意到中国派发小册子的传教士。如果郭实猎报告属实，则其旅行访问及派发传教小册子已有成效，甚至有华人信徒参与到派发布道书籍的行列当中。

虽然郭实猎1829年脱离荷兰传教会成为独立传教士，但他对中国的传教事业一直满怀热忱，并希望得到更多的西方传教士关注。早在1833年，郭实猎写了《为了中国向基督徒呼吁》（An Appeal to Christians in behalf of China）一文，希望有更多西方传教士参与其中。之后，郭实猎不停撰写书籍和不断写信到欧洲，终于得到德国信义宗（Lutheranism）的响应。德国信义宗的三个传教差会——巴色会、巴勉会、巴陵会，俗称"三巴传教会"——1846年至1850年间，先后派遣传教士来华传教，其所遣传教士成为福汉会的重要布道者成员③。

巴色会主要以客家人为传教对象，以设馆教学为传教方式。1847年2月，韩山文和黎力基到达香港。郭实猎对两位传教士作出不同的安排："韩君学客家音，往新安（今深圳宝安）客家地区传道；黎君学潮州音，往潮州汕头传道"④，并派福汉会当地成员客家人徐道生和潮州人亚爱协助他们进入中国内地。但由于当地政府的种种限制，黎力基后改学客家话，与韩山文分别在新安东和墟、布吉墟传教。韩山文和黎力基除了一般的旅行访问和派发布道书籍外，还在布吉墟"设立书馆，教授生徒"。此为西方传教士在客家地区设馆传教之初⑤。信徒学有所成后可自己外出布道。据统计，仅1861年长乐彰村"男女信主入教者，共有四十余人"⑥。

巴勉会主要以东莞镇口和新安西乡、福永等地为传教地点，以施医设馆为传教方式。柯士德和叶纳清是与韩山文同期来港协助郭实猎的巴勉会传教士。不久，巴勉会又派罗存德来华传教。1848年11月，郭实猎"遣王元深、李清标偕叶纳青（清）入内地，往东莞、虎门传道"⑦。为了避免地方官员的阻挠，叶纳清等人采取施医传教的方式，在新安西乡"赁一馆，日间施医，夜间传道，听道者亦众"⑧，以"罗教士专理传教事，叶教士教授生徒"⑨。罗存德后来又将此法用于福永等地。除此之外，罗存德、王元深分别在福永、新桥设立教堂，"两堂渐次有人信道领洗，一年间，男女受洗者，廿余人"⑩。

巴陵会兼采教学生徒与施医传教的方法。与巴色会和巴勉会不同，巴陵会在1850年才

---

① *The Twelfth Annual Report of the American Tract Society*,1837, p.107.转引自黎小鹏编注：《赎罪之道传：郭实猎基督教小说集》，橄榄出版有限公司2013年版，第xxxi页。

② *The China Mission Advocate*, Vo. I, No.7, February 1839, p.217.

③参见郭文婷：《郭实腊与鸦片战争前后中西关系研究》，暨南大学硕士学位论文，2016年，第22—23页。

④王元深：《圣道东来考》，1907年版，第31页。

⑤参见郭文婷：《郭实腊与鸦片战争前后中西关系研究》，暨南大学硕士学位论文，2016年，第23页。

⑥王元深：《圣道东来考》，1907年版，第32页。

⑦王元深：《圣道东来考》，1907年版，第16页。

⑧王元深：《圣道东来考》，1907年版，第17页。

⑨王元深：《圣道东来考》，1907年版，第17页。

⑩王元深：《圣道东来考》，1907年版，第18页。

开始派那文一人来华传教。由于郭实猎逝世后福汉会转由那文管理，因此最初几年，那文基本是在香港周边地区传教。1855 年，巴陵会派韩士伯（August Hanspach）和郭念三（Heinrich Gocking）医生来华后，旋即开始在中国内地的传教。韩士伯主要负责在四乡一带"助教会书馆之先生教授耶稣圣经"[①]，郭念三则在归善荷坳的"蒲芦围立馆传道施医，兼教生徒"[②]。

随着中法《北京条约》的签订，清政府对传教士的活动进一步放宽。"三巴传教会"更是积极参与到社会救济、慈善、女子教育等公共事业中。"三巴传教会"可以说是最早进入中国内地的德国信义宗教会。而这一成效都源于郭实猎的号召，而郭实猎的号召亦源于福汉会的创建，因此，郭实猎被称为"中国信义宗的晨星传教师"[③]。

然而，由于郭实猎本人的传教理念以及华人信徒自身的素质局限，福汉会的传教效果并不理想。很明显，郭实猎本人的信念并不是关心华人改信基督宗教的方法，而是更关心信徒改信的行动本身。他并不像其时的大多数传教士那样毫无异议地接受宗教教条；他本人及其信徒们再怎么说也要被认为是可疑的。另一方面，他对基督宗教信仰的解释颇能被中国人接受，一部分原因是由于加入福汉会并不像加入西方教会那样，必得表现为生活方式上来一个大决裂；另一部分原因在于福汉会的基督宗教是由中国人自己传给他们的。毫无疑问，许多中国人加入福汉会是单纯为了找工作；但是同样可以肯定，也有一些福汉会成员是抱着偏爱接受了郭实猎的简单信条，而这些信条别人并不认为是"基督宗教的"[④]。

不管人们对郭实猎的评价如何，他对基督宗教在中国的传播所发挥的影响，终归比他同时代的任何一个人都大，引起的议论也比任何一个人都多。他在中国的旅行和他的传教活动大大改变了那种认为使异教的中国人改信基督宗教的时机还不成熟的流行看法。正如他自己所说：

> 各个教会长期以来难以解释地忽视了向千百万人民提供心灵上的需要，基督宗教不该再蒙受这种耻辱了。我们既然已经权衡了利弊得失，考察了各种困难，为救世主的事业作出了大胆的努力，那我们就应该依靠救世主的全能和仁慈，勇往直前，直到取得决定性的胜利。中国的大门对基督宗教的英雄和殉道者们是敞开着的，而对那些信仰脆弱、志向不坚的人则是关闭着的。[⑤]

郭实猎的传教风格虽然多少刺痛了许多西方在华传教士，但在欧美传教组织中却引起巨大的影响。其直接结果是，一些传教士迅速被派遣到中国，以期获得巨大的成果，并探索进一步的可能性。前文提到的美南浸信会传教士罗孝全即属典型。当然，被郭实猎吸引而来的西方传教士，虽然都燃起满腔的传教热情，但很快发现郭实猎在华南内地旅行和散发传教小册子的方法并不像他们原来所想象的那么容易。同时，中国官方正针对郭实猎的作法

① 王元深：《圣道东来考》，1907 年版，第 35 页。

② 王元深：《圣道东来考》，1907 年版，第 35 页。

③ 汤清：《中国基督教百年史》，道声出版社 2009 年版，第 276 页。

④ 参见［澳］彼得·克拉克著，曾学白译：《上帝来到广西——试论太平天国运动形成时期郭士立及汉会的影响》，载北京太平天国历史研究会编：《太平天国史译丛》第一辑，中华书局 1981 年版，第 225—226 页。

⑤ Charles Gutzlaff, *China Opened: or a Display of the Topography, History, Customs, Manners, Arts, Manufactures, Commerce, Literature, Religion, Jurisprudence, &c., of the Chinese Empire*, London: Smith, Elder and Co., 1838, p.237.

发布禁令。对这些传教士来说，事情很清楚。他们无法与郭实猎争胜，除非他们变成郭实猎。①正如"伦敦会"的麦都思所言：

> 人们提出了反对……说郭实猎为人性格热情，有事业心，天生多才多艺，因而他能够安然地到别人不敢涉足的地方去冒险，能够投身于困难之中，以自己的机巧从中脱身：他在语言方面的完美知识，对人民的深刻了解，以及同中国人多少有些相似的外貌，使他能够去做所有其他人都望而生畏的事情。也有不少人暗示，他的活跃的想象力和过于自信的期望导致他对事情的过度渲染：他为自己的热情所驱使，他所述说的是他希望和打算的事，而不是他实际经历的事。②

# 四、福汉会与太平天国

1851年初，有关太平天国的消息渐趋传到广州和香港，更传出太平军内部有基督徒的讯息。与此同时，太平天国一些公告的译文也证实了此种传闻。1854年，韩山文根据自己和洪仁玕（1822—1864）的谈话出版《太平天国起义记》（*The Visions of Huang-Siu-Tshuen, and Origin of Kwang-Si Insurrection*）一书，书中追述洪秀全（1814—1864）的早期经历及其同基督宗教的两次接触。韩山文的书出版以前，许多传教士要么假定，要么确信福汉会与太平天国的某种关系。这几乎是一种自然的反应。他们承认郭实猎的一些信徒在广西传教这个事实，因此认为，很明显，那些人必定以某种方式被卷进这场运动。甚至在韩山文的书出版之后，仍然不断出现零散的议论，认定是郭实猎和福汉会影响了早期的太平天国运动③。

澳大利亚学者彼得·克拉克（Prescot Clarke）认为，关于福汉会与太平天国的关系，有一个重要的依据，那就是，太平天国印刷和使用的《圣经》源自郭实猎的中文译本。虽然太平天国是在什么地方接触到郭实猎《圣经》译本的，尚缺少证据，没法完全确定，但是他们用的确实是福汉会广为散发的那个译本。在太平天国的首都天京，亦发现有福汉会发出的小册子。太平天国中存在着这些基督宗教著作，显然是福汉会本身不倦努力的结果。郭实猎所声称的在广东、广西工作的助手，其数目确实惊人，远远超过所有其他传教士所吸收的信徒人数的总和，据说1848年福汉会在广西有六个点。虽然对郭实猎所声称的情况必须有所怀疑，但是甚至他的敌人也承认，至少福汉会的某些活动确像其所说的那样发生过。故此，对韩山文在他的书中关于太平天国与基督宗教接触的这个问题所作的论述的全面性，必须提出一些怀疑。首位华人布道者梁发（1789—1855）的《劝世良言》（韩山文和其他人都认为它是太平天国的宗教理论的基础），可能太平天国成员，特别是洪秀全，的确曾经使用过。但问题在于：到底是洪秀全独自一人在其信徒中间传播基督宗教知识呢？还是在广西有许多人，他们都具有一些基督教义的基础知识，而且他们在1844至

① 参见［澳］彼得·克拉克著，曾学白译：《上帝来到广西——试论太平天国运动形成时期郭士立及汉会的影响》，载北京太平天国历史研究会编：《太平天国史译丛》第一辑，中华书局1981年版，第218页。

② Walter Henry Medurs, *China: Its State and Prospects*, London: Paternoster Row., 1838, pp.364—365.

③ 参见［澳］彼得·克拉克著，曾学白译：《上帝来到广西——试论太平天国运动形成时期郭士立及汉会的影响》，载北京太平天国历史研究会编：《太平天国史译丛》第一辑，中华书局1981年版，第215、226—227、228页。

1850年间联合到了一起？看来后者的可能性更大。梁发的《劝世良言》，如果里面所用的术语和《圣经》引文未经详尽解释，那必定是非常难懂的。而且，太平天国所采用的表达宗教概念的术语及其所用的人名，几乎完全是根据郭实猎的翻译，而不是根据梁发《劝世良言》里所用的术语①。

彼得·克拉克还指出，太平天国的研究者们大多忽略了两个重要问题。其一，没有把一件事情说清楚，即1847年罗孝全同洪秀全的接触这件事本身就是由于福汉会的帮助。洪秀全是通过一个名叫周道行的中国助手介绍给罗孝全的。周道行是福汉会成员。其二，忽视了罗孝全个人与福汉会的关系。从罗孝全1837年来华时起，他和郭实猎就在一起密切合作。1844年，罗孝全参加福汉会，他本人吸收的信徒也成为福汉会成员。虽然罗孝全声称在1845年结束了这种关系，并按照同样的方式组织自己的传教团体，以安抚诸多的批评者，使自己与受到攻击的福汉会分开，但他仍然继续接受郭实猎的财政支持，继续使用福汉会成员，并继续让他的中文笔名"阿罗哥"出现在福汉会的报告中②。

而中国学者徐如雷则认为，太平天国宗教的思想源流，是一个比较复杂的问题。它既包括农民阶级的平等思想，也吸收了中国古代的帝祖二元神的思想，同时还吸纳了西方基督宗教的某些教义并加以改造。如果仅就太平天国的宗教和西方的基督宗教的关系而言，那么无论从对上帝的称呼方面，上帝教的主要教义方面，还是从宗教术语和表达方式方面看，都应该说太平天国宗教的思想来源主要是梁发的《劝世良言》，而不是来自福汉会③。

太平天国的理论基础，应由洪秀全主导建构，而洪秀全的宗教思想和革命主张可说在1851年前已经形成。推言之，对于太平天国的宗教理论和革命理论的认识，应以洪秀全于1843年创立上帝会开始，至1851年起义前期的这一段时间，所从事的活动和发表的言论为主④。

洪秀全自行洗礼信仰耶稣，与教会传统由牧师主持洗礼有别。但洪秀全和李敬芳的洗礼是"自己灌水于顶上，自言：'洗除罪恶，去旧从新'。无疑受到梁发的《劝世良言》"⑤的影响。《劝世良言》在论及洗礼方面时有：《圣经约翰福音篇第三章论复生之义》《熟学真理略论》两文。《熟学真理略论》实为梁发信教的自述，其中有谓：

> 所以凡今之人，敬信耶稣代赎罪之恩，而领受洗礼者，皆得诸罪之赦，可获灵魂之救，有罪过不肯敬信之者，必落地狱受永远之苦，我遂问米先生（指米怜，William Milne，1785—1822）按即领受洗礼之意何解？米先生曰：洗礼者，以清水一些，洒于人头上，或身上，内意洗去人所有罪恶之污，可领圣神风感化其心，令其自领洗礼之后，爱善恨恶，改旧样而为新人之意，因为世上久人，皆犯了罪过之污，沾染其身，而其灵魂亦被污浊，故以洗礼之水洗其身，拜求神天上帝刚神风洗涤其灵魂之

① 参见［澳］彼得·克拉克著，曾学白译：《上帝来到广西——试论太平天国运动形成时期郭士立及汉会的影响》，载北京太平天国历史研究会编：《太平天国史译丛》第一辑，中华书局1981年版，第230—232页。

② 参见［澳］彼得·克拉克著，曾学白译：《上帝来到广西——试论太平天国运动形成时期郭士立及汉会的影响》，载北京太平天国历史研究会编：《太平天国史译丛》第一辑，中华书局1981年版，第234—235页。

③ 参见徐如雷：《太平天国的基督教和"汉会"的关系问题》，《文史哲》1979年第4期，第18页。

④ 参见李志刚：《信义宗教会教士与太平天国之关系》，载李志刚：《基督教与近代中国文化论文集》（二），财团法人基督教宇宙光传播中心出版社1993年版，第77页。

⑤ 简又文：《太平天国典制通考》（下册），简氏猛进书屋1958年版，第1656页。

*秽也*。①

韩山文的《太平天国起义记》一书，记载洪秀全甚爱阅读"诗篇"第19及33篇。此亦为梁发在《劝世良言》有所诠释的经文。由此可知，洪秀全早期思想受到梁发《劝世良言》的影响，是无可争议的②。

至于福汉会散发的《圣经》和布道小册子，好像还没有一本比《劝世良言》对洪秀全影响更大。1847年，洪秀全告诉罗孝全他得到的是《劝世良言》，不是别的书。他在罗孝全处读到的《圣经》是郭实猎的译本。洪秀全在文章中提到《旧遗》《新遗》。这《旧遗诏书》《新遗诏书》是郭实猎对"旧约""新约"的译名。当时流行的就是郭实猎译本《圣经》，太平天国之后根据这个译本印发，这也是很自然的。但是，洪秀全从《圣经》得到的启发不多。《十款天条》可能是根据《旧约》得知的"十诫"具体内容而制定。圣库制度也可能是从《新约·使徒行传》得到的启发。《太平天国起义记》也有类似的说明："前此各教徒已感觉有联合一体共御公敌之必要。彼等已将田产屋宇变卖，易为现金，而将一切所有缴纳于公库，全体衣食俱由公款开支，一律平均"③。这说明福汉会在思想上对太平天国的影响也是不大的。因此，从福汉会的宗旨、成员、活动时间和情况，以及洪秀全所受《劝世良言》的影响来看，似乎只能说，福汉会跟太平天国有一定关系，但并非决定性的关系。总之，太平天国的宗教思想主要还是来自《劝世良言》，而不是福汉会④。

如果郭实猎和福汉会在太平天国运动初期确实产生过影响能成立的话，那么可以看到，郭实猎本人的"基督宗教"比起多数在华传教士的教条来，会更易于为中国人接受和并入一套新的信仰之中。太平天国信仰一个全能而无所不在的上帝，相信上帝和基督直接干预他们的生活，相信有破除中国人所信奉的各种人造之神的必要性。这些信仰对郭实猎和福汉会以及对所有福音派传教士们的基督宗教都是共同的⑤。

## 结语

郭实猎是19世纪上半叶一位颇具才华的西方传教士。因为热衷于在中国传教，他将自己的一生贡献于中国。更因为秉持自己独特的传教理念，他在自食其力的生活中努力实践自己的使命。郭实猎在华整整二十年，由于始终坚持自己独特的传教理念，所以并未在中国境内建立一所西方模式的教会。1844年福汉会的创建，以及福汉会传教事业的发展，可谓郭实猎对自己传教理念的践行。福汉会是以培训华人信徒向华人传教的教育机构，主张以华人布道者为传教主力，外国传教士仅充担参与的角色和负教导和辅导之责。福汉会以培训华人布道者深入中国内地传教为原则，是最早进入中国内地的传教团体。

与郭实猎同时期在华的西方传教士，大多满足于居住在受到保护的外国人聚居范围之

---

① 梁发：《劝世良言》，基督教辅侨出版社1959年版，第85页。

② 参见李志刚：《信义宗教会教士与太平天国之关系》，载李志刚：《基督教与近代中国文化论文集》（二），财团法人基督教宇宙光传播中心出版社1993年版，第78页。

③ 中国史学会主编：《太平天国》（六），上海人民出版社1957年版，第870页。

④ 参见徐如雷：《太平天国的基督教和"汉会"的关系问题》，《文史哲》1979年第4期，第20页。

⑤ 参见［澳］彼得·克拉克著，曾学白译：《上帝来到广西——试论太平天国运动形成时期郭士立及汉会的影响》，载北京太平天国历史研究会编：《太平天国史译丛》第一辑，中华书局1981年版，第240—241页。

内，在里面试办并建立自己的教堂和学校。而郭实猎则选择一条更直接的途径，通过到中国内地散发宗教小册子，通过旅行以及走上街头直接布道。他凭借与摩拉维亚人相处的经验，着手创建独立于既有教会之外的华人信徒团体——福汉会，并利用福汉会去传播基督教义和培植新的团体。其他在华西方传教士很少有人像他这样信任中国人。他们认为，必须先在教堂里对信徒施以长期的训练，然后才能放他们到中国内地传教。

毋庸置疑，郭实猎的非凡个性，加上其对传播基督福音的切望和热情，使他对于自己认为可能增进事业发展的一切加以夸大。他的特性以及他拒绝墨守成规，使他遭到诸多非难。他那离经叛道、自我标榜的成功，引起其他受本国教会严密控制的在华西方传教士的嫉妒。所以，郭实猎经常受到其同时代人的诟病和嘲笑。

然而，无论对郭实猎有多少非议和诟病，他在基督宗教在华传播史上的地位都是不可小觑的。一方面，他本人是新教在中国内地传播的开创者；另一方面，其创建的福汉会开辟了新教在华传播的全新模式。郭实猎以华人信徒为主体在中国内地传教的主张，作为当时最激进的新教对华传教理念，是鸦片战争前他的沿海传教主张在新形式下的发展，二者都预示新教对华传教运动的演变趋势。即便是理雅各等曾经质疑和反对过郭实猎的人，也承认其关于由中国人向中国人传教的观念"极其重要"。郭实猎去世后相当长的一段时间，其对在华的传教事业的影响依然存在。德国信义宗的三个传教差会——巴色会、巴勉会、巴陵会，以及受郭实猎欧洲之行影响而成立的"柏林妇女中国传教会"（Berlin Women's Missionary Society for China）之在华传教活动，均与郭实猎和福汉会关联甚深。中国内地会（China Inland Mission）创始人戴德生（Hudson Taylor，1832—1905），由英国支援福汉会的中国福音会资助来华。戴德生在中国内地传教的方针和中国内地会避开教派背景的组织形式，均是受到郭实猎和福汉会的启发。

# 张竞生博士与美的书店出版物

廖粤　罗志欢

　　美的书店是张竞生博士于20世纪20年代在上海创办的一间书店，以编印、出版和销售性育、美学、译著三类书籍为特色。此外，张竞生又成立"新文化社"，主编《新文化》和《情化》杂志，这书店和杂志，成为张竞生编、译、著书籍出版、销售和文章发表的主要渠道。书店虽然存在时间不长，但其编印、出版、销售的书籍却打破常规，独树一帜，其人、其书、其店在上海闻名一时。文章略考美的书店的盛衰史，梳理美的书店编印、出版、销售书籍的内容以及学术界的评价，以反映张竞生的学术成就，为全面客观解读张竞生的论著，评价其学术思想提供参考。同时借此从侧面展示中华人民共和国成立前出版业的一面。

## 一、美的书店的创办与盛衰

　　20世纪20年代，在上海有一家以编辑出版性育和美学书籍而闻名一时的书店——美的书店。这家书店的创办者是广东学者张竞生博士。张竞生（1888—1970），幼名江流，学名公室，后受达尔文"物竞天择，适者生存"进化论思想的影响，遂改名为张竞生。广东省饶平人。1919年获法国里昂大学博士学位。1921年担任北京大学哲学系教授，主张将性学列为授课项目之一，同时提出了优生优育和节制生育的主张，并编写了《性史》一书，引起了巨大的社会反响。1926年至1928年，先后担任上海开明书店总编辑，成立"新文化社"，主编《新文化》《情化》杂志，开办"美的书店"。这书店和杂志，成为张竞生编、译、著书籍出版、销售和文章发表的主要渠道。书店虽然存在时间不长，但其编印、出版、销售的书籍却打破常规，独树一帜，其人、其书、其店在上海闻名一时。

### （一）创办时间、地点

　　关于美的书店创办的时间和地点，文献记载或语焉不详，或过于空泛。大部分学者认为，美的书店地址在上海四马路510号，创办时间为1927年5月。例如王鸣剑："1926年张竞生离开北大，前往上海，与友人合资开办'美的书店'"[①]，并未具体到何月何日。张培忠："1927年5月由新文化社附办的美的书店在上海四马路510号正式开张。"[②]这两种说法都不准确。笔者查阅了《申报》等资料，基本理清了美的书店创办时间和地点。如1927年6月7日和9日，美的书店分别在《申报》刊登了两次内容相同的广告："新文化社附办

　　① 王鸣剑：《张竞生与周氏三兄弟》，《渝州大学学报》（社会科学版）2000年第1期，第76—80页。
　　② 张培忠：《成亦性学，败亦性学：张竞生"美的书店"盛衰记》，《中外书摘》2009年第5期，第70—73页。

美的书店开幕……开幕期：六月八号。地点：上海四马路五百十号。"①两则广告明确告知的开幕时间为1927年6月8号，上海四马路510号是其创办时的地址。从1927年6月8日至1929年4月8日，美的书店历经三次搬迁：第一次是1928年3月："本店旧址翻造，现暂移往棋盘街（近五马路）五百念五号营业。"②第二次是1928年5月："美的书店迁移四马路四四二号，浙江路口大新旅馆隔壁。"③第三次是1929年4月："敝店原在福州路四百四十二号门市部现已停业，已于四月六号迁往北四川路九十八Ａ号总发行所内营业。"④

美的书店屡次搬迁，店址三易其地。这从侧面反映了当时社会图书出版、印刷、销售业的艰难险阻以及社会的黑暗一面，亦预示美的书店及其主人时运不济，命途多舛。

### （二）开办缘由、目的

美的书店原由新文化社⑤附办⑥。书店名称来自于张竞生的"美的人生观"，"美的人生观"是他美学体系当中重要的组成部分。他认为美的人生观"是一个科学与哲学组合而成的人生观，是生命所需要的一种有规则、有目的，与创造的人生观"⑦。

1926年，张竞生在《京报副刊》上刊登《一个寒假的最好消遣法》征稿启事，公开进行性意识、性经验调查等，后出版《性史》一书，一时举国哗然，张竞生因此被斥为"淫虫"和"性学博士"。虽然他一再声称："这部《性史》断断不是淫书，断断是科学与艺术的书。"⑧但公开表示支持他的只有周作人等寥寥数人。

在《性史》风波之后，张竞生到上海与友人合资开办了美的书店。关于美的书店开办的缘由，据张竞生自己的说法是"我因在北京大学教了四五年书，照例可请假与照领薪水到外国再行游学一二年，但当我到上海不久，大贼头张作霖打入北京，派了刘哲为北大校长，宣布一切教职员欠薪截止给发，一切蔡元培校长在北大的规制都被推翻了。我只好留在上海与友人合资开了美的书店"⑨。对此，亦有相似的说法，"张竞生当北伐军未达北京之前，既感环境之恶劣，又际北大欠薪累累之时，乃作南游之计，首至沪，拟办报，不成，乃集资开美的书店"⑩。但有的学者对此说法并不认同，例如陈存仁认为："租界当局禁止出售《性史》，京沪报章纷纷攻击北大有损校誉，蒋梦麟一怒而把张竞生请走，张竞生想北京既然不能存身，便认为若是到上海去一定可以发财，于是便到上海四马路开设了一间'美的书店'。"⑪还有吴永贵认为："许是急于给自己正名，抑或是看中出版的商业利益，还是别的什么文化企图，张竞生与他的潮州同乡谢蕴如合资，开办了自家的出版

①《美的书店开幕》，《申报》，1927-6-7（五），第19481号。

②《美的书店迁移大廉价》，《申报》，1928-3-6（五），第19744号。

③《美的书店迁移大廉价新书杂志》，《申报》，1928-5-25（三），第19824号。

④《美的书店迁移声明》，《申报》，1929-4-8（八），第20131号。

⑤"新文化社"由张竞生创立，以译述性育、文学、美术及科学等名著为主，曾编辑出版《新文化》月刊、《新文化性育小丛书》等，具体情况待考。

⑥《新文化附设美的书店招股启事》，《新文化》1927年第1期，第140页。

⑦张竞生：《审美丛书美的人生观》（导言），第6版，美的书店1925年版，第1页。

⑧张竞生：《性史1926》，世界图书出版公司北京公司2014年版，第30页。

⑨张竞生：《浮生漫谈》，生活·读书·新知三联书店2016年版，第161页。

⑩不二色斋：《忆美的书店》，《南报》，1937-5-14（2），第2页。

⑪陈存仁：《张竞生性史内幕》，《读书文摘》2008年第5期，第59页。

社——'美的书店'——名称来自他那'美的人生观'。"①

张竞生曾拟定书店的"总计划",书店为一人独办或多人合办。拟设立发行、编辑、印刷三部办事。其曾谈到开店宗旨、目的和志愿:"将欧美及世界名著作有系统的译述,使我国人得以最便宜的价钱买到最有效力的书籍,是为本书店的宗旨……使学子仅藉这些有系统的译籍,即可以得到各种高深的参考书,而免直接购求原本的艰难,是为本书店的目的……渐渐养成本国独立的学问,不至借梯外国文本以为求学的不二法门,这是本书店所抱的志愿。"②文中的"本书店"当指美的书店,张竞生正在实践并推广自己的营销方法。

### (三)营销方式、特色

美的书店最初是合股的,起始资本只有两千多元。总经理由出资最多的潮州同乡谢蕴如担任,张竞生为编辑。人员方面主要是聘请翻译家彭兆良等三四位编辑和雇用四五位年轻貌美女店员。美的书店起始资本弱小,如果经营不善,可能面临倒闭的风险。"若过一二个月书卖不出,只好关门,因为资本是不能再有加多可以移用了。"③但美的书店开张的第一天却是门庭若市,所有的书籍销售一空。有的学者认为是读者慕名而来,"市民听说是张博士开的书店,纷纷慕名而来,几乎每天都门庭若市……美的书店也因此声名大振"④。后来张竞生回忆说:"这间小小的书店……左近那些大书店如中华、商务等,若是与我们这间美的书店的门市一比,还是输却一筹。"⑤言语中充满了得意和自信。

为何美的书店开张不久便"门庭若市","声名大振"?张竞生认为,一是书的内容新奇引起了读者的兴趣,二是书比较便宜,三是书店经营方式比较新颖,即采用女店员。"各种讨论都是具有科学依据,自然在国人看来甚觉新奇可喜,价又便宜……我们的店员都是女性的而且是少年,也有些漂亮"⑥。

书籍价钱便宜,内容"新奇可喜"是美的书店与众不同的经营之道。张竞生在《美的书店征稿启事》云:本书店……打出一条……性教育大道路来。凡有关于新文化及情感性的译著,本书店极愿代为出版流通。"⑦从此则征稿启事可看出,关于性教育、新文化、情感译著的书籍乃美的书店编印、出版和销售的主要内容。据该书店1927年在《申报》《新文化》上刊登的广告,当时销售的书籍主要有《美的人生观》(张竞生)、《性书与淫书》(张竞生)、《妓女的性生活》(霭理斯)、《性冲动的分析》(霭理斯)、《美的社会组织法》(张竞生)、《爱情定则》(张竞生)、《留欧外史》(黎锦晖)、《卢骚忏悔录》(张竞生译)、《霭理斯婚姻论》(杨虎啸、金钟华译)、《拥护革命的情人制》(金满成)、《女子性的变态(女子同性爱)》(霭理斯)⑧、《性部与丹田呼吸》(张竞生),以及彭兆良或金钟华翻译的

① 吴永贵:《张竞生:既开风气也为先》,《出版科学》2011年第2期,第93页。
② 张竞生:《一个与文化关系最大和获利最厚的书店经营法》,《情化》1928年第1期(创刊号),第75页。
③ 张竞生:《浮生漫谈》,生活·读书·新知三联书店2016年版,第161页。
④ 杨群:《张竞生传性博士浮生乱世》,花城出版社1999年版,第166页。
⑤ 张竞生:《浮生漫谈》,生活·读书·新知三联书店2016年版,第162页。
⑥ 张竞生:《浮生漫谈》,生活·读书·新知三联书店2016年版,第162页。
⑦《美的书店征稿启事》,《新文化》1927年第1期,第3页。
⑧《美的书店》,《申报》,1927-5-20、21、22日,第19464、19465、19466号。

《爱与艺术方法》《性冲动的分析》《性期的现象》①《美的性欲》《视觉与性美》②等。"性学博士"开的书店加上选材新颖、内容开放大胆，虽贩夫走卒者流，也掏得起腰包的书籍，吸引了大批慕名和好奇的读者。

雇用女店员是美的书店别具特色的经营之道。在1927年5月20—22日《申报》上，连续三天刊登同一则"招请女店员"广告："四马路'美的书店'拟请女店员三人……"③。雇用女店员这种经营方式在此之前是没有的，"在那时的上海商店，都无雇用女店员，只有一间外国人杂货店有一二女店员吧"④。在现代中国，雇用女店员卖书，张竞生的美的书店是破天荒的第一例，其先见之明与拓荒之功不可低估。可惜鲁迅见不及此，只是以"商业文化"来定义和挖苦张竞生，他不无讽刺地说道："最露骨的是张竞生博士所开的'美的书店'，曾经对面呆站着两个年轻脸白的女店员，买主可以问她'《第三种水》⑤出了没有？'等类，一举两得，有玉有书。可惜'美的书店'竟遭禁止，张博士也改弦易辙，去译《卢骚忏悔录》，此道遂有中衰之叹了。"⑥鲁迅的批判有失公允之处。张竞生曾设想："由公家在每地方设立许多宏大美丽的商场而使女子为商人。优给伊们的薪水，重视伊们的地位。使伊们打扮得如天仙，如玉人，招待人如簧如箫的迷惑，殷勤时好似情人照顾的热诚……"⑦。张竞生以提倡女性就业作为提高妇女地位的一种手段，美的书店雇用女店员，是他设计商业经营的一次实践，也是他女权思想的一种体现。

### （四）经营困境、倒闭

正当美的书店春风得意之时，美的书店销售的书籍频频遭到上海巡警局的查禁。即所谓的"海淫之书"，其中包括张竞生的著作和美的书店销售的书籍，如《性史》《女性美》等书。警察厅训令各区署文略云："将函开各书，扫数没收解厅……如有售卖，送案究惩。"⑧1928年3月14日，美的书店又被搜查："兹悉该店于昨日复经捕房作一度之查……并闻著书人张竞生已被传，于今晨至临时法院审讯。"⑨张竞生等人平时只顾埋头苦干，既不与上海的大书局打交道，亦不熟悉当时书店行业的"黑幕"，以致屡屡被巡警局查封。"一味只知做我们的生意，与他们这班'书店土霸'毫无往来。"所谓的"黑幕"，是那时"在上海的书店业，都属江苏人的势力圈，凡非江苏籍要在上海开大书店，注定是不能成功的，或许老板不是此地势力中人，也当请'他们'为经理，同时当加入他们的'书业公会'才能站得住。"⑩巡警局每次起诉美的书店胜诉后，往往把美的书店的书一卷为空，前后六七次。不仅如此，巡警局还对美的书店提出了很多无理的要求，比如把《性心理丛

---

①《美的书店开幕》，《申报》，1927-6-7（五），第19481号。

②《新文化社与美的书店近状》，《新文化》1927年第1期，第2页。

③《美的书店》，《申报》，1927-6-11（三），第19485号。

④张竞生：《浮生漫谈》，生活·读书·新知三联书店2016年版，第162页。

⑤1927年，美的书店曾预告要出版《第三种水》。所谓"第三种水"是指张竞生在《性史》中论及的女性在性生活中达到极度兴奋时才能出现的一种分泌物。

⑥鲁迅：《书籍和财色》，《萌芽》1930年第2期，第263—264页。

⑦张竞生：《美的社会组织法》，北新书局1926年版，第186页。

⑧岂明：《南开与淫书》，《语丝》1926年第100期，第335—336页。

⑨《美的书店昨又被搜查》，《申报》，1928-3-15（十四），第19753号。

⑩张竞生：《浮生漫谈》，生活·读书·新知三联书店2016年版，第162页。

书》改名为《心理教育丛书》，把每本书的裸体图画删去，每月给巡警局所送一千元等。对此，张竞生说："我们不接受巡警局的条件，只好听他们继续摧残，至于关门倒闭的境地罢了。"①除了受《性史》等性书的影响外，促使美的书店倒闭的原因，或许还有张竞生自身的家庭原因，"张此际又际妻离子别之苦心，志既灰，美的书店遂停业闻矣"②。美的书店就在这样恶劣的环境中举步维艰，但最终也逃不过倒闭的命运。不久因合股人谢蕴如退股③，又屡遭巡警局刁难，"中间多少书店老板有意怂恿巡警局必要把美的书店关闭，然后甘休。我们又不识时势，未能与巡警局及时疏通，以致结局到了不可收拾！"④美的书店在短暂的春天后，大约于1929年上半年就关门大吉了⑤。

## 二、美的书店出版物及内容

美的书店编印、出版、销售的图书主要包括本店译著、各种图画、教育用品、外国书籍等，其中很大一部分是张竞生自编、自著、自译、自印的。其曾拟定一个编辑出版计划："世界名著小说集五百本，文学书五百本……以上共二千四百本书。"⑥其大量翻译英国霭理斯有关性学著作以及文学、美术、科学等方面的译著为大宗，目的是"以增高我们美的书店的位置。"⑦上述诸类书籍大多以丛书形式编印出版，如《审美丛书》《爱术丛书》《婚姻丛书》《浪漫丛书》《霭理斯丛书》《性育小丛书》等。

美的书店编印、出版、销售的书籍简目（部分）⑧：

美的人生观（第六版，张竞生著），审美丛书本

革命花（周民钟编）

性书与淫书（张竞生编）

实验小说论（左拉编，金辉译）

妓女的性生活（霭理斯编）

美的人生观（张竞生编）

革命花新诗集（周民钟编）

性冲动的分析（霭理斯编）

美的社会组织法（张竞生编）

爱情定则（张竞生著）

留欧外史（黎锦晖编）

---

① 张竞生：《浮生漫谈》，生活·读书·新知三联书店2016年版，第163页。

② 不二色斋：《忆美的书店》，《南报》1937-5-14，第2页。

③《美的书店股东谢蕴如退股声明》，《申报》，1928-2-12（三），第19721号。

④ 张竞生：《一个与文化关系最大和获利最厚的书店经营法》，《情化》1928年第1期（创刊号），第78页。

⑤ 推测美的书店倒闭时间的依据：《美的书店迁移声明》："敝店已于四月六号迁往北四川路九十八A号总发行所内营业"（《申报》1929年4月8日），张竞生："在美的书店倒闭后，不久我再到法国"（《十年情场》），张超《张竞生博士年表》："1929年，由陈铭枢提供经费再度赴法国研究地方自治及乡村社会组织法，并从事译述"（《汕头文史》第2辑，1985年）。

⑥《新文化社与美的书店近状》，《新文化》1927年第1期，第2页。

⑦ 张竞生：《情场十年》，昆仑出版社1988年版，第161页。

⑧ 据《申报》上的广告整理，由于出处不同，个别书目或有重复，仍予保留。

卢骚忏悔录（卢梭编，张竞生译）

蔼理斯婚姻论（蔼理斯编，杨虎啸、金钟华译）

拥护革命的情人制（金满成著）

女子性的变态（女子同性爱）（蔼理斯编）

新文化杂志（张竞生主编）①

性部与丹田呼吸（张竞生著），性育小丛书本

爱与艺术方法（彭兆良译）

性冲动的分析（金钟华译）

性期的现象（薛以恒译）②

美的性欲（张竞生）

视觉与性美（彭兆良译）

美的人生观（第五版）（北京大学讲义，张竞生名著）

美的社会组织法（第三版）（北京大学讲义，张竞生名著）

实验小说论（修匀译）③

各种新书、译有世界名著、科学与文学④

爱术丛书：爱情定则（张竞生等讨论集）、拥护情人制（金满成著）

婚姻丛书：各种名人讨论集

卢骚忏悔录（金满成译）

女子同性爱（金钟华译）

理想之美人（彭兆良）⑤

卢骚忏悔录（张竞生译），浪漫丛书本

情化杂志（张竞生主编）

爱情定则讨论集（张竞生等）

拥护革命的情人制（金满成）

留欧外史（黎锦晖）

蔼理斯婚姻论（杨虎啸、金钟华译）

蔼理斯丛书⑥

从内容上看，上列书籍大致有三大类：一是性育类；二是美学类；三是译著类。每类兹略举一二以见大概。

（一）性育类

张竞生曾强调"除编辑各种普通教科书外，应特注意者，（Ａ）为性教育各科书；

①《美的书店开幕》，《申报》，1927-6-7（五），第19481号。

②《新文化》，1927年第1期，第2页。

③《美的书店》，《申报》，1927-6-11（三），第19485号。

④《美的书店特别大廉价—另赠书券》，《申报》，1927-12-3（五），第19659号。

⑤《美的书店迁移大廉价》，《申报》，1928-3-12（五），第19750号。

⑥《美的书店迁移大廉价》，《申报》，1928-5-25（三），第19824号。

（B）为各种艺术书"①。有关"性育"问题，是张竞生学术研究的重要内容，也是美的书店编辑出版的主要种类和最畅销的书籍之一。如《性史》《爱情定则》等书。收入"新文化性育小丛书"的则有：张竞生著《第三种水与卵珠及生机的电和优生的关系》《性部与丹田呼吸》等，杨虎啸著《妓女的性生活》，彭兆良译《触觉与性美的关系》《视觉与性美的关系》等，薛以恒译《性期的现象》，金钟华译《性冲动的分析》等。从学界对这类书籍的评价中，可以窥见张竞生在性育方面的思想主张，是研究其性育思想的重要史料。

1.《性史》

《性史》一书虽然早在美的书店开办之前就编印出版，但从张竞生的出名，到"败走"北京，在上海开书店，再到后来美的书店被查禁和倒闭，都与此书有莫大的关系。因此，研究美的书店以及张竞生的经历、著作和评价，是绕不开《性史》（初名《性史第一集》）②一书的。

1926年，张竞生在《京报副刊》刊登《一个寒假的最好消遣法》的征稿启事③，公开向社会征集关于"您几岁春情发生？""您算到今日曾与若干人交媾？"等"性史"问题，希望投稿者"详详细细写出来"。先后收稿十几篇，张竞生择取7篇，编为《性史第一辑》。投稿者皆为大学生，他们所描述的内容，有懵懂的性启蒙、青春期的冲动与自慰的心情等，相当真实地反映出当时的性观念。此书1926年4月由"性育社"印行后引起轰动，林语堂对此有过生动的描述："出版之初，光华书局两个伙计，专事顾客购买《性史》，收钱、找钱、包书，忙个不停。第一二天，日销千余本，书局铺面不大，挤满了人，马路上看热闹的人尤多。巡捕（租界警察叫巡捕）用皮带灌水冲散人群，以维持交通。"④张竞生因此书而出名，也因此书而影响到他今后的人生。

对于《性史》一书的评价，自它面世之初，就争议不断。先是南开大学宣布《性史》一书为"淫书"，禁止学生阅读。紧接着天津市巡警局宣布查封《性史》，各大报纸、杂志纷纷发表声讨的文章，称张竞生为"淫虫"，宣扬淫秽，污浊社会，毒害青年等，甚至认为《性史》的编印只是张竞生个人想获得名利而已。"编印《性史》，刊行《新文化》以从事提倡，结果对于他个人是得着很普遍的采声和很丰厚的利润"⑤。对于这些质疑，张竞生作了一定的回应："我们《性史》的取裁乃在给阅者有些有兴趣的论料本身，而使阅者随事去领会几点，所以他能成为今日一般人所喜欢的本子，不是一些性的定则。"⑥与时人的嘲讽相比较，周作人对此书的评价却大为不同，"假如我的子女在看这些书，我恐怕也要干涉，不过我只想替他们指出这些书中的缺点或错谬，引导他们去读更精确的关于性知识的书籍，未必失色发抖，一把夺去'淫书'，再加上几个暴栗在头上。"⑦

与时人的激烈批判不同，今人却多持肯定的态度。例如张枫认为："《性史第一集》

---

① 张竞生：《一个与文化关系最大和获利最厚的书店经营法》，《情化》1928年第1期（创刊号），第80页。

② 2014年，世界图书出版公司北京公司再版，易名《性史1926》。

③ 张竞生：《一个寒假的最好消遣法——代"优种社"同人启事》，《京报副刊》1926年403期，第6—7页。

④ 《张竞生开风气之先》，载林语堂著，林林、韦人编译：《林语堂随笔幽默小品集》，浙江文艺出版社1992年版，第211页。

⑤ 昌群：《评张竞生的"性文化运动"》，《中国青年》1927年第6期，第631页。

⑥ 张竞生：《答周建人先生"关于性史的几句话"》，《一般》1926年第1期，第435页。

⑦ 周作人著，陈子善、张铁荣编：《周作人集外文1904—1948》，海南国际新闻出版中心1995年版，第127页。

的集结出版是扔向中国旧礼教的一颗重型炸弹，这个炸弹使封建卫道士震惊愤怒"①。虽然当时受社会观念的制约，一定程度上削弱了《性史》的影响力，但无论是在推动社会思想的解放方面，还是在批判旧礼教方面，《性史》一书都有其深刻的意义和价值。

2.《爱情定则》

1923 年 4 月 29 日，张竞生在北京《晨报副刊》发表《爱情定则与陈淑君女士事的研究》，掀起国内第一次爱情问题大讨论。1928 年，张竞生收集原发表在各大报刊上关于爱情定则讨论的文章，编印成《爱情定则：与 B 女士事的研究》一书在美的书店出版，这是美的书店《爱术丛书》中重要的一部书籍。卷首有作者自序。正文分为三大部分，第一是"爱情定则的讨论"，收录众多讨论者关于爱情定则讨论的文章共二十三篇（缺一篇），第二是"来信十一封"，第三是"答复'爱情的定则'讨论"，分上下篇收录张竞生对以上书信的回复。

"爱情定则"讨论的背景是，北大教授谭熙鸿丧妻不久，便要与妻妹陈淑君结婚，从而引起社会上对于爱情和婚姻的性质、关系等方面的讨论。在此之前，陈淑君与广东沈原培已有口头婚约，沈闻讯谭、陈二人结婚的消息后赶赴北京，在报纸著文痛斥谭、陈二人无情负义。后陈淑君虽著文声明与沈原培并无婚约一事，但是舆论仍然对谭、陈二人结婚一事进行抨击。就此事件，张竞生、周作人等人纷纷发表文章进行讨论，有批评者亦有赞成者。《爱情定则》一书主要就谭、陈二人结婚之事，讨论了什么是爱情、爱情与婚姻的关系等问题，以及张竞生对争论所提出的爱情定则。他认为爱情的定则有四项，即有条件的、是比较的、可变迁的、夫妻为朋友的一种。

关于《爱情定则》一书的评价，时人持怀疑态度的不少。例如鲁迅认为："至于张竞生的伟论，我也很佩服，我若作文也许这样说的。但事实怕很难……张竞生的主张要实现，大约当在 25 世纪"②。许广平对爱情定则亦有怀疑之处："张君爱情定则如果拿大学教授的资格，提出来教训青年，是很佩服的。如果因为解释事实，不惜迁就学理，而遂作为爱情定则，那讲的学理是很靠不住的，不敢领教的"③。

与时人对《爱情定则》的批判不同，现代学者多持肯定的态度。余华林认为"张竞生的'爱情定则'……虽然逻辑上并不严密，但是从今天的眼光来看，还是基本符合实际情况的"④。张培忠认为"这是对封建意识与传统礼教的一次正面冲击，是对妇女解放与恋爱自由的一次全面启蒙，是对男女平权与两性关系的全新诠释"⑤。

## （二）美学类

美学类的著作也是美的书店出版和销售的主要书籍之一，在数量和影响上仅次于性育方面的书籍，特别是《美的人生观》《美的社会组织法》等书在近现代中国美学史上具有重要的地位，两书都列为"审美丛书"之一。按照张竞生的计划，"审美丛书"拟刊行六

① 张枫：《张竞生博士年表及其性学术思想》，《韩山师范学院学报》1992 年第 1 期。

② 张竞生原作，李洪宽编著：《性学博士忏悔录》，内蒙古人民出版社 1999 年版，第 351 页。

③ 张竞生等著：《爱情定则：现代中国第一次爱情大讨论》，生活·读书·新知三联书店 2011 年版，第 86 页。

④ 余华林：《恋爱自由与双重爱情标准——民国时期关于"爱情定则"论争的历史透视》，《石家庄学院学报》2005 年第 2 期，第 77—83 页。

⑤ 张培忠：《现代中国第一次爱情大讨论始末》，《读书》2011 年第 2 期，第 103 页。

种："我于'行为论'（旧称为伦理学）上将刊行六种书：一为《行为论采用"状态主义"吗？》……希望在这书上解释行为论与状态主义的异同在何处；第二书是《行为论的传统学说》，于此中说明传统学说之不足倚靠；其第三书《行为论与风俗学》，则在研究风俗学和行为论互相关系之各种理由。这三本书既属于批评与破坏之性质，自然不能以此为满足，我于是再进而为建设与实行上的研究，后列三书即是其媒介：（1）《从人类生命、历史及社会进化上看出美的实现之步骤》；（2）《美的社会组织法》；（3）《美的人生观》。……上列三书本是一气衔接不能分开的。现在姑为阅者及印刷便当起见，暂各为单行本，而我先将《美的人生观》一书问世。"①但最终只有《美的人生观》和《美的社会组织法》成书。

1.《美的人生观》

《美的人生观》原是张竞生在北京大学讲"行为论"时的讲义。1925年整理出版，是为初版。后在美的书店再版。该书分两章，第一章主要是从美的衣食住行、职业、科学、性育等方面介绍。第二章主要是从美的思想、美的宇宙观等方面介绍。张竞生在序言里说："这本书所要说的与别书不同处，就在希望能够供给阅者一些创造与组织的好方法，和一个美的人生观的真意义。"②

《美的人生观》历来备受美学研究者的推崇，获得了较高的评价。时人周作人对此评价较高，"张先生这部书很值得一读，里边含有不少很好的意思，文章上又时时看出著者的诗人的天赋……"③，当今学术界对此评价毁誉参半，符晓认为："它不同于中国传统美学理论散见于对话、语录……而是效仿西方美论的著述特色，将美学理论比较集中、比较系统地呈现出来"④。而陈永生却认为："其实美的人生观与美的社会组织法是靠不住的，未必是他自己的思想，恐怕是东凑西合的法国舶来货呢"⑤。

2.《美的社会组织法》

《美的社会组织法》一书也是张竞生在北京大学讲"行为论"时的讲义，后整理出版，是为初版，1927年在美的书店再版，是为《美的人生观》的姊妹篇，两本书相得益彰。此书分为四章，另外还有导言和结论。其中第一章是写情爱与美趣的社会、情人制等；第二章是写爱与美的信仰和崇拜；第三章是写美治政策；第四章是写极端公道与极端自然的组织法。与《性史》的风靡相比，时人留意《美的人生观》《美的社会组织法》的却不多，但实际上"《美的人生观》及《美的社会组织法》乃是国内现代的上等作品"⑥。

学术界对《美的社会组织法》一书的评价亦是毁誉参半。李蓉、段圣玉等学者认为："在五四文化期间，张竞生通过《美的人生观》《美的社会组织法》等著作建构了他的性乌托邦理想"⑦。而有的学者批评张竞生的"情人制外婚制"等理论只是其个人的设想，

① 张竞生：《审美丛书·美的人生观》（导言），第6版，美的书店1925年版，第1页。

② 张竞生著，张培忠辑：《美的人生观：张竞生美学文选》，生活·读书·新知三联书店第2009年版，第10页。

③ 张竞生著，张培忠辑：《美的人生观：张竞生美学文选》，生活·读书·新知三联书店第2009年版，第3页。

④ 符晓：《生命、生活与张力——论张竞生"美的人生观"》，《沈阳大学学报》（社会科学版）2014年第4期，第566—570页。

⑤ 陈永生编著：《中国近代节制生育史要》，苏州大学出版社2013年版，第184页。

⑥ 中国社会科学院近代史研究所中华民国史组编：《胡适来往书信选》中，中华书局1979年版，第58页。

⑦ 李蓉：《论张竞生性话语的建构》，《中国现代文学论丛》2013年第1期，第31—43页。

"《美的社会组织法》是一部典型的乌托邦作品，包括'情人制外婚制'等在个人生活领域极大胆的设想。"①

### （三）译著类

张竞生曾设想"将世界名著的霭理斯性心理那部书译出"。他的计划是"预计每月可先出十万字而装成为几本《性育小丛书》。又拟在一年内将几本性育名著译完后再努力于译述文学、美术及科学等名著"②。1928年3月，张竞生草拟了一份着手实施大规模译书计划的公开信，向全国知识界、教育界、出版界广为散发，呼吁有识之士为文化计、为利益计，联合起来，共襄盛举。其在公开信中写道："据竞生个人实地在书店及编辑部经验所得，断定如有十万元资本，以之请编辑七八位，按时译书，则数年内可将世界名著二三千本，译成中文，其关系于我国文化至深且大。"③此时，张竞生因为出版《性史》而声名狼藉，由于种种原因，这套编译"世界名著"的计划最终没有实现。仍在北大任教的胡适接到北大学生聂思敬带来的这封张竞生的译书公开信后说："竞生也有大规模的译书计划。此意甚值得研究，不可以人废言。"④

1.《卢骚忏悔录》

《卢骚忏悔录》一书，是由美的书店在1928年翻译法国著名思想家卢梭的《忏悔录》而来的，译者张竞生。初版一千五百本，属于"烂漫丛书"之一。但出版不久，美的书店面临倒闭，版权转交给世界书局，世界书局分别在1929年、1931年和1932年再版发行。

《卢骚忏悔录》按照时间先后分类，一共分为十二书，主要是卢梭个人对生活和人生的反思，比较客观全面地反映了卢梭的思想。在美的书店翻译卢梭的《忏悔录》之前，国内尚未有人翻译此书。可以说"第一次较完整地将《忏悔录》译成中文的是张竞生"⑤。在美的书店倒闭以后，世界书局再版多次，可见此书受欢迎之程度。

蔡元培对张竞生翻译此书评价较高，"不但句斟字酌，一点不肯含糊；而且书中的固有名词，都注明来历，可以省翻阅他书的烦；这真是我们一般读书者所应该感谢的"⑥。今人对《卢骚忏悔录》亦有较高的评价，"作为一部活生生的个性解放的宣言书，《忏悔录》正适应了国人渴望根除以封建家长制为基础的、严重影响个体的合理发展的人性观念的需要。"⑦

此外，对《卢骚忏悔录》一书的质量，鲁迅指出，"张竞生博士译的'卢骚忏悔录'，头一句就不对，而潘会文先生译的'蟹工船'也是第一句就不对"，批评此书在翻译上的错误⑧。

2.《实验小说论》

① 马少华：《想得很美：乌托邦的细节设计》，中国青年出版社2011年版，第323页。

②《新文化社与美的书店近状》，《新文化》1927年第1期，第2页。

③ 胡适：《胡适全集》第31卷，安徽教育出版社2003年版，第127页。

④ 张培忠：《文妖与先知》，生活·读书·新知三联书店2008年版，第389页。

⑤ 邹振环：《译林旧踪》，江西教育出版社2000年版，第165页。

⑥ 高平叔编：《蔡元培语言及文学论著》，河北人民出版社1985年版，第234页。

⑦ 李利军：《卢梭〈忏悔录〉与中国现代自传》，《江苏社会科学》1996年第1期，第114—119页。

⑧ 傅光明主编：《论战中的鲁迅》，京华出版社2010年版，第123页。

《实验小说论》一书，由美的书店于1927年翻译法国文学家左拉的《实验小说论》而来。

《实验小说论》的翻译与当时国内的小说观念有待革新密不可分，"近年来，我看国内文学家，对于左拉的自然主义多有此误解：有些以为淫秽的小说，就是自然主义的作品；又有些以为左氏是主张照相式的描写的"①。

郭李飞对左拉的《实验小说论》评价毁誉参半。肯定之处："作为自然主义文学理论的奠基之作，它确实有其不可忽视的进步的方面，比如主张对人的表现开拓与充实了对人的写实，对二十世纪文学产生了显著影响。"②批评之处："左拉主张写小说像医学实验一样把人物放到手术台上毫不留情的解剖，人性中的恶赤裸裸的显现出来，这里已经没有美存在的余地，完全抹杀了小说的艺术性"③。

## 三、美的书店附属刊物

除了开办"美的书店"，成立"新文化社"，张竞生博士曾主编《新文化》《情化》等杂志，并由美的书店印刷、发行、销售，成为美的书店业务的一部分。

### （一）《新文化》月刊

《新文化》于1926年12月在上海创办，1927年元旦出版创刊号。美的书店的附出月刊，由新文化社编辑，张竞生担任主编。第1卷第1—3期分别由上海新亚公司、联泰书局、新文化社发行。从第1卷第4期起，由美的书店发行。同时，张竞生把在《新文化》上发表的作品汇集成册，以丛书的形式在美的书店销售。他认为《新文化》有两大特色："第一，他所选材料必定新奇可喜，当使阅者兴高采烈，不似一般杂志抄袭陈腐令人生厌；第二，专辟'辩论'一栏，务使各人对各种问题，淋漓发挥，尽情讨论……而最能使人满意者，则为本刊对于美育及性育二项，供给阅者得了充分研究的机会。"④

《新文化》共开辟了四大栏目：一是社会建设栏，主要研究教育、政治、经济、妇女等问题；二是性育美育栏，侧重于以科学与艺术的眼光，讨论性育与美育这两个问题；三是文艺杂记栏，主要刊登文学、艺术、风俗等有鲜明特色的内容；四是批评辩论栏，重点是中外学说批评、读者来信讨论的意见等。从创刊号到第二期，该刊以"社会建设栏"的方式，连续两期开展"妇女继承权"的讨论。并有《为"妇女继承权"事请国民政府造予施行书》等文章，在维护妇女权益方面可谓先锋模范。与此同时《新文化》刊登了大量关于性学方面的文章。如第一期的《怎样使性育最发展——与其利益》等；第二期的《第三种水与卵珠及生机的电和优生的关系》等；第三期的《性教育运动的意义》等；第四期的《触觉与性美的关系》；第五期的《大奶复兴》等；第六期的《性美》等，以及每期大量回

① ［法］左拉著，修勺译：《实验小说论》，《前言》，美的书店1927年第1期。

② 郭李飞：《左拉的〈实验小说论〉及其对日本近代自然主义文学的影响》，《文艺生活》（文艺理论）2015年第1期，第70页。

③ 郭李飞：《左拉的〈实验小说论〉及其对日本近代自然主义文学的影响》，《文艺生活》（文艺理论）2015年第1期，第70页。

④《新文化月刊宣言》，《新文化》，1926年第1期（创刊号），第128—129页。

答诸如"典妻"的陋俗、"共妻"的现象、试婚的可否等问题的性育通讯。

无论从刊发文章的数量上，还是从提出问题的前卫程度，《新文化》都堪称是中国第一本性教育杂志[①]。因该刊过于开放遭到当局封杀，1927年11月，该刊仅办六期即告停刊。

（二）《情化》月刊

《情化》于1928年5月在上海创刊。美的书店的附出月刊，由张竞生任编辑，美的书店发行。该刊卷首《此志目的》开宗明义："本志今后的目的，就在引导一班富于欲的青年而使为深于情与丰功伟略之人。"提出"性学的高深，莫如在利用其精力，为文化的升华"[②]，因此他们在介绍性学之外，更要求得到升华。刊载文章类型多样，大多介绍与情感有关的道德、人格与艺术类文章，希望使人的智慧有所升华。每月一期，所出总期数不详，上海图书馆藏有创刊号。该刊设有"论文栏""杂记栏""特载栏""建设栏""批评栏""情人通信栏"等栏目。"论文栏"中张竞生的《表情》一文，强调人不但要有情感，而且要好好表示出来，他将自己对表情的表示方法的相关研究成果陆续刊载，以期养成国人有富厚的情感，而使冷淡社会成为情化的世界。"建设栏"大多发表具有创见的文章，如觉余《实施情人制与废除婚姻》等；"特载栏"刊有《张竞生的一封公开信》等文；"批评栏"多评论社会时事，如《"奇女子"余美颜蹈海自尽》等。该刊物对于了解时人对性与淫二者之间区别的探讨，在追求精神升华所做的努力等方面具有一定的参考价值。

无论是美的书店、新文化社还是《新文化》《情化》杂志，均为张竞生博士编、译、著书籍出版、文章发表以及销售的主要渠道。在当时社会"黑幕"重重包围之下，美的书店硬是凭借自身特色的经营方式，在图书编印、出版、销售业闯出了一片新天地，在我国出版史上留下了一个有口皆碑的故事。虽然美的书店和这些杂志存在时间不长，但其编印、出版、销售的这些书籍杂志均是张竞生学术志趣的体现，对于推动中国美学、性学等方面的发展功不可没，后世观其文知其人，亦可体会其中深刻的思想精华。

① 张培忠：《文妖与先知》，生活·读书·新知三联书店2008年版，第622页。
②《此志目的》，《情化》1928年第1期（创刊号），第1页。

张竞生博士与美的书店出版物

# 后 记

这是我主编的《历史文献与传统文化》（第25辑）最后一辑。今年11月，根据工作安排，我离开了工作10多年的古籍研究所，重新回到历史学系工作。尽管全年皆受新冠肺炎疫情影响，但我们还是克服了各种困难，按时完成了今年的出版计划。

我在古籍研究所工作期间，最值得骄傲的事，就是重新启动创所人陈乐素先生创办的《历史文献与传统文化》，每年一辑，从第16辑开始到本辑止，恰好10辑，基本反映10年间中国古代史和历史文献学学科发展的轨迹。10年间，古籍所完成了新老交替，一批著名学者如邱树森、李龙潜、张其凡、王颋等已驾鹤西去，但他们为中国史建设所做出的贡献在《历史文献与传统文化》中留下了印记。10年来，我所引进了王京州、麦思杰等知名学者，又有李芳瑶、李旭和许起山等青年俊杰加盟，学科发展呈现朝阳势头。无论是已故去的老先生，还是健在的老同志；无论是业有所成的中年学者，还是朝气蓬勃的青年学者，他们都曾给过我巨大支持，我对此心存感激！

10年来，古籍所人才辈出，程国赋教授成为我校首个人文社科教育部长江学者，王京州教授入选国家青年万人计划，吴青教授入选广东省青年珠江学者。我为自己有机会能与这些特别优秀的学者打交道，感到万分荣幸！衷心感谢他们为古籍所带来的巨大学术荣誉！

古籍研究所的建制还有行政办公室和资料室。作为一个行政单位，麻雀虽小五脏俱全，感谢郑可敏老师和侯丽庆老师多年来为全所教师的教学和科研所付出的辛勤劳动！

我要特别感谢全国高校古籍整理研究工作委员会的安平秋先生，10年来对我所给予业务上的悉心指导，也给予了经费支持，促进了我所科研教学工作的良性发展。至2020年止，我所不同时期人员都承担过古委会项目，现在岗人员又全部承担过国家社会科学基金项目。目前，汤开建、程国赋、刘正刚、叶农、陈广恩和王京州等6位教授各自主持着国家社科基金重大项目，推动了中国史学科建设的发展。

我还要特别感谢暨南大学社科处、人事处、文学院、暨南学报、暨南大学图书馆等各相关单位，长期以来，他们在人才引进、经费使用、论著发表、购置图书等方面，力所能及地给予我所支持，使我所同仁能潜心研究与开展教学，且目标一直向好！

此辑出版，继续得到安徽师范大学出版社大力支持，责任编辑孙新文先生为此付出了辛勤劳动！在此致谢！本所办公室主任郑可敏老师初步排序。之后，由我对大作通览，并按出版格式微调。至于各位大作涉及学术问题，则由各作者自负！

刘正刚

2020年12月12日于历史学系412A室